OVERTRAINING in SPORT
edited by
Richard B. Kreider,
Andrew C. Fry,
Mary L. O'Toole

スポーツのオーバートレーニング

≫リチャード・B・クレイダー／アンドリュー・C・フライ／メアリー・L・オトゥール……………編著
≫川原 貴……………監訳
≫河野一郎・辻 秀一……訳

大修館書店

Overtraining in sport
edited by Richard B. Kreider, Andrew C. Fry, Mary L. O'Toole

Copyright © 1998 by Human Kinetics Publishers, Inc.

Japanese translation rights arranged with Human Kinetics Publishers, Inc.
through Japan UNI Agency, Inc., Tokyo.

序文　スポーツのオーバートレーニング：用語・定義・罹患率

競技者が最高のパフォーマンスを発揮するためには最適なトレーニングが必要である。トレーニングの足りない競技者は自らの潜在能力をフルに発揮することはできない。しかし，それとは逆に，あまりに頻繁で，かつ強度の強すぎるトレーニングを行っている競技者もやはりトレーニングに適応できず，パフォーマンスを低下させてしまうことがある。競技者やコーチにとって，適切な種類と量のトレーニング，すなわち最高のパフォーマンスを引き出し，なおかつ負のトレーニング適応も誘発しないようなトレーニングを決定することはひとつの大きな挑戦である。

残念ながら競技者にとって最適なトレーニング量を決定することは難しい。というのも，ある競技者にとって最適なトレーニング量であっても，他の競技者にとっては不十分であったり，あるいは過剰であったりするからである。さらに競技者であることの内的・外的な心理的プレッシャーが加わって負のトレーニング効果をもたらすこともある。

身体的なストレスであれ，心理的なストレスであれ，その結果としてひとたびトレーニングに対する不適合が起こってしまうと，休息をとったり，トレーニング量を減らしたりしても，数週間，時には数カ月にもわたってパフォーマンスが低下してしまうことがある。

オーバートレーニングに潜在的に存在している医学的な逆効果に加えて，長期にわたってパフォーマンスが低下することは，そのシーズンに支障を来し，競技者としてのキャリアそのものを破壊してしまうこともある。それ故，オーバートレーニングは競技者にとって極めて大きな問題なのである。

過去20年間にわたり，運動科学の世界では，頻繁すぎる，あるいは強度の強すぎるトレーニングによる生理学的，心理学的なマイナスの影響について大きな注目が寄せられてきた。また，オーバーリーチング，オーバートレーニングを監視，予防するための研究も数多く行われてきている。

1996年アトランタ五輪に先立つ形でメンフィス大学にて行われた「スポーツのオーバートレーニングに関する国際会議」の目的は，世界中からこの分野に関する第一線の研究者，医師，さらにはコーチを集め，スポーツにおけるオーバートレーニングの問題について議論することであった。また，スポーツにおけるオーバートレーニングに関する生理学的，生物医学的，心理学的な側面を分析した最初の包括的な本を出版するために協力していくこともこの会議の目的であった。

オーバートレーニングについて言及している文献では，オーバーワーク，オーバートレーニング，オーバーリーチング，オーバーストレイン，ステイルネス，バーンアウト，オーバーストレス，過労など，数多くの用語が使用されてきた。しかも同じ現象を説明するのに違う用語が使われていることもあり，これが本分野における文献を理解するにあたって多くの混乱を招いてきたといえよう。そこで，本書では以下のように定義する。

・オーバーリーチング：トレーニングによるストレスとトレーニング以外のストレスが蓄

積した状態で，オーバートレーニングの生理的・心理的な兆候や症状のあるなしにかかわらず，短期間パフォーマンスの低下を引き起こすもの。パフォーマンスの回復には数日間〜数週間を要する。

・オーバートレーニング：トレーニングによるストレスとトレーニング以外のストレスが蓄積した状態で，オーバートレーニングの生理的・心理的な兆候や症状のあるなしにかかわらず，長期間にわたってパフォーマンスの低下を引き起こすもの。パフォーマンスの回復には数週間〜数カ月を要する。

　上記の定義から以下のような事柄について注意しておくべきである。
　まず，我々が提案したいのは，トレーニングによってパフォーマンスが低下していることがオーバーリーチングやオーバートレーニングという現象を認定するにあたっての決定的な要素であり，これまでオーバートレーニング症候群として報告されている兆候や症状が単純にその指標となるわけではないということである。パフォーマンスの低下を示している競技者であってもオーバートレーニング症候群の明白な兆候や症状を示していない者もいる一方，逆にオーバートレーニング症候群の兆候や症状を示している競技者であってもパフォーマンスは低下していない者がいる。さらに，違った種類のトレーニングは違った種類のオーバーリーチングやオーバートレーニングの兆候や症状を誘発する。
　次に，我々は短期間のパフォーマンス低下（オーバーリーチング）を誘発するトレーニングとより長期にわたるパフォーマンスの低下（オーバートレーニング）を誘発するトレーニングを区別することが重要ではないかと考えている。オーバーリーチングとオーバートレーニングを区別することが困難であることは理解しているし，またアンダートレーニングから至適トレーニング，オーバーリーチング，オーバートレーニングは一連の連続したものであることも理解しているが，こうした区別を行うことは本分野における研究デザインや解釈にとっても重要であると考える。
　他の主題を扱った会議録のようなものとは違い，本書は各章が過度に重複することなく，オーバートレーニングに関する話題を幅広く網羅するよう，注意深く構成されている。さらに，オーバートレーニングに関する話題が競技者，コーチ，研究者といった幅広い層の興味・関心を引くテーマであることに鑑み，分かりやすい記述をすることに特に心を砕いた。
　さらに，オーバートレーニング研究は多分野にわたっており，また読者が必ずしも十分な背景知識を持ち合わせていないであろうこと等も考慮して，各章において十分な背景知識も提供するよう努めた。興味ある読者はそれぞれの分野における広範な知識がなくても十分内容を理解できるはずである。

　本書は七つの主要な部に分かれている。第Ⅰ部では持久系競技者におけるオーバーリーチング，オーバートレーニングの罹患率，生理的な反応，およびその監視と予防について扱う。第Ⅱ部では筋力／パワー系競技者におけるオーバーリーチングとオーバートレーニ

ングに影響する要素について——抵抗の量や強度を変更した際における生理学的な反応も含めて——論じる。第Ⅲ部ではオーバーリーチングとオーバートレーニングにおける心血管系，血液の反応，神経内分泌系の反応，筋骨格系／整形外科的な視点からの考察といった医学的な影響について論じる。第Ⅳ部ではオーバーリーチングやオーバートレーニングが競技者の免疫システムに与える影響について論じ，競技者の免疫抑制反応を防ぐ可能性のある手段についても扱う。第Ⅴ部ではオーバーリーチング，オーバートレーニング，および中枢疲労に影響を与える栄養学的な要因について論じる。第Ⅵ部ではオーバーリーチングやオーバートレーニングの心理学的な側面について論じ，同時に考えられる対処法や予防策についても扱う。最後の第Ⅶ部ではオーバートレーニング研究の状況を総括し，将来の研究の必要性，方向性を示す。

　オーバーリーチングやオーバートレーニングの潜在的な要因や手段について理解することに興味・関心を抱いている競技者，コーチ，研究者にとって本書が貴重な情報源となることが著者である我々の願いである。オーバーリーチングやオーバートレーニングの研究においてはまだまだ数多くの疑問が未解決のままであるが，本書が運動科学に対して多大なる貢献をするとともに，今後のさらなる研究に刺激を与えることを我々は望んでいる。

スポーツのオーバートレーニング
目次

序文 1

第 I 部 持久系競技者におけるオーバートレーニングの生理学

第 1 章 持久系競技者のオーバーリーチングとオーバートレーニング

はじめに 14
持久系競技者における有病率，徴候，および症状 15
 ランナー 15
 水泳競技者 18
 自転車競技者 18
 その他の持久系種目 19
 一貫しない諸徴候 20
過負荷：トレーニングの反応とパフォーマンスの改善 20
 トレーニングの量 22
 トレーニングの強度 23
過負荷：適応不全と改善しないパフォーマンス 23
持久系競技者のオーバートレーニングへの陥り易さ 25
 トレーニングの増加 25
 回復の低下 25
 その他の寄与する要因 26
参考文献 27

第 2 章 持久系競技者における短期・長期オーバートレーニングに対する生理的反応

はじめに 30
トレーニング量の増加とトレーニング強度の増加 32
 経験を積んだ競技者 32
 レクリエーショナルな競技者 34
短期（オーバーリーチング）と長期のオーバートレーニングの境界 37
Fosterの単調説 38
オーバートレーニングに対する生理的反応 39
 自律神経のバランス 39
 神経筋肉の興奮性 45
 ホルモンのバランス 45
オーバーリーチングにおける分子生物学的知見 49
要約 50
参考文献 52

第 3 章 持久系競技者におけるオーバーリーチングとオーバートレーニングのモニターと予防

はじめに 58

一般的考察　59
　持久系競技者の定期的なモニタリング　59
　競技力指標の利用　59
　生物学的指標の利用　60
オーバートレーニングの指標の基準　60
　オーバートレーニングの指標の感度　61
　至適トレーニングとオーバートレーニングの指標　62
　トレーニング負荷とオーバートレーニングの指標　63
オーバートレーニングの指標に干渉する因子　63
　急性運動　65
　生物学的リズム　65
　血漿量　67
　年齢　67
　食事の影響　68
オーバートレーニングの予防　68
要約　70
参考文献　72

第 II 部　筋力／パワー系競技者におけるオーバートレーニングの生理学

第 4 章　筋力／パワー系競技のオーバートレーニングに関与する因子

はじめに　80
筋力／パワー系競技者におけるオーバートレーニングとオーバーリーチングの研究　81
トレーニングの誤り　84
　運動の選択　84
　運動の順序　85
　運動の強度　87
　セット回数　87
　セットと運動の間の休息量　88
トレーニングにおける複合的・相互的な誤り　89
トレーニングの適合性：補助トレーニング干渉モデル　89
スポーツ競技　93
要約　94
参考文献　95

第 5 章　筋力／パワー系競技者におけるトレーニング量の増加

はじめに　98
概要と方法論　99
　トレーニングへの適応　101
　心拍数と血圧　103
　血液検査結果　103

結論 110
実際の適用 110
参考文献 112

第 6 章　レジスタンス運動におけるトレーニング強度の役割 オーバートレーニングとオーバーリーチング

はじめに 116
定義 117
レジスタンス運動によるオーバートレーニングのトレーニング量とトレーニング強度 119
オーバートレーニング発現の研究プロトコール 120
高強度レジスタンス運動のオーバートレーニングに対する生理学的反応 123
　関節を中心とするオーバートレーニング・メカニズム 126
　内分泌系の反応 126
　カテコールアミンの反応 127
心理的反応 129
要約 130
将来の研究 131
参考文献 133

第 III 部　医学的見地からみたオーバーリーチングとオーバートレーニング

第 7 章　血管と血液の変化

はじめに 140
心血管系の検討 141
　カーディアックドリフト 141
　心筋疲労 142
　オーバーワーク 145
血液学的検討 146
　激しいトレーニングへの反応 146
　オーバーリーチング 147
　オーバートレーニング 147
その他の考察 149
参考文献 150

第 8 章　オーバートレーニングの内分泌的側面

はじめに 154
急性運動ストレス及び慢性運動ストレスに対する視床下部－下垂体系の反応 154
　視床下部－下垂体－成長ホルモン（HPGH）系 155
　視床下部－下垂体－甲状腺（HPT）系 157

視床下部－下垂体－副腎（HPA）系　159
　　視床下部－下垂体－性腺（HPG）系　162
オーバーリーチングあるいはオーバートレーニングにおける神経内分泌系の関与　164
参考文献　170

第9章　筋骨格系と整形外科的考察

はじめに　178
細胞からみた筋骨格系オーバートレーニング　179
激しいスポーツ活動に関連した筋適応　180
　　可動域の適応　180
　　筋力における適応　181
骨格系の適応　182
オーバートレーニングが傷害の可能性に及ぼす影響　183
　　オーバートレーニング　183
　　過負荷による傷害　183
　　傷害が引き起こされるメカニズム　183
　　特定のスポーツにおける過負荷による傷害　184
　　過負荷による骨格系の傷害　187
　　過負荷による軟部組織損傷　187
特定の筋骨格損傷とその評価　189
　　骨の傷害　189
　　顕性軟部組織損傷　190
過負荷による損傷のリハビリテーション　192
傷害につながるオーバートレーニングの予防　193
要約　195
参考文献　197

第IV部　オーバーリーチングとオーバートレーニングの免疫学的側面

第10章　持久系トレーニングが感染率と免疫に及ぼす影響

はじめに　204
持久系競技者と非競技者における安静時の免疫機能　205
　　ナチュラルキラー細胞活性　205
　　好中球機能　206
　　リンパ球増殖反応　207
　　その他の免疫系の測定　210
長時間の有酸素運動に対する免疫系の急性反応　211
　　ナチュラルキラー細胞活性　211
　　コルチゾルの影響　212
　　好中球と単球機能　214
持久系競技者におけるURTIのリスク　215

感染症罹患中の競技者のマネージメント：実際の応用 218
参考文献 222

第11章 オーバーリーチングとオーバートレーニングが免疫機能に及ぼす影響

はじめに 228
 オーバートレーニングと免疫機能の実験モデル 228
 オーバートレーニング状態の競技者における罹患率 229
オーバートレーニングの免疫学的パラメータ 230
 免疫系の細胞 230
 可溶性因子 237
病気はオーバートレーニングをもたらすか？ 243
オーバートレーニングと高強度トレーニングによる免疫抑制メカニズム 243
要約 245
参考文献 247

第12章 トレーニング期間中の免疫抑制予防のための介入研究

はじめに 252
免疫調節薬，インターフェロン製剤，
 および免疫抑制の予防薬の使用と競技者における気道感染症 252
 エリート競技者における免疫抑制とウィルス性気道感染症の頻度 252
 競技者における免疫調節薬の試み 256
 競技者への免疫調節薬の使用 259
エリート競技者における身体的，精神的ストレスによる神経-免疫反応 263
 神経内分泌と免疫系の関係 263
 持久系トレーニング中，
  競技会期間中の安静時における神経内分泌学的，及び免疫学的プロフィール 265
 競技者において持久系トレーニングへの適応を改善する
  免疫調節作用を持つ成分の修飾作用の可能性 268
競技者における微量栄養素と免疫機能 271
 免疫機能に及ぼすビタミンと微量元素の役割 271
 競技者のビタミンと微量元素のプロフィール 271
 運動誘発性免疫抑制とオーバートレーニングにおけるグルタミンの役割 272
要約 273
参考文献 275

第V部 栄養学的見地からみたオーバーリーチングとオーバートレーニング

第13章 エネルギー摂取、食事と筋肉浪費

はじめに 282

エネルギー摂取 282
空腹に関連する要因 283
　空腹　283
　食欲　284
競技者のための栄養、バランスのとれた食事 285
　炭水化物　285
　蛋白質　286
　脂質の摂取　289
女性競技者の3徴 290
　女性競技者における月経不順の原因論　290
　オーバートレーニングのモデルとしての月経不順の競技者　291
結論 292
参考文献 294

第14章　持久系運動中の炭水化物の代謝

燃料の物質代謝 298
　蛋白質　299
　トリグリセリド　300
　炭水化物　301
体内の炭水化物とトレーニング 302
　炭水化物摂取と短期間のトレーニング（<2週間）　304
　筋グリコーゲンの超回復作用　306
　運動前の炭水化物摂取　307
　運動中の炭水化物摂取　308
　運動後の炭水化物摂取　309
　長期的にみる炭水化物摂取とトレーニング　311
要約 313
参考文献 314

第15章　中枢疲労仮説とオーバートレーニング

はじめに 318
中枢疲労仮説 318
　運動の血漿アミノ酸濃度への影響　318
　5-HT合成におけるアミノ酸濃度の変更の関係　319
　5-HT合成における基質の有効性の影響　320
　5-HTと疲労の関係　320
中枢疲労を遅らせることを意図した栄養的戦略 322
　理論上の原理　322
　炭水化物の補給　322
　BCAA補給　327
オーバーリーチングとオーバートレーニングへの示唆 331
要約 336
参考文献 338

第VI部　心理学的見地からみたオーバーリーチングとオーバートレーニング

第16章　オーバートレーニングに対する心理社会的要因を理解するための組織的モデル

はじめに　344
先行研究　345
　カールとハンターの場合　350
オーバートレーニングの複合システムモデル　351
　長期間に及ぶストレス：トレーニングメニュー　352
　個人：ストレスと適応　353
　複合システム的な見方　356
複合システムモデルからみたカールとハンター　364
予防と対処療法　369
　予防　369
　処置　373
処置問題：カールとハンターの場合　373
要約　374
参考文献　375

第VII部　要約、結論および将来の方向性

第17章　将来の研究の必要性と方向

はじめに　382
オーバートレーニングとオーバーリーチングに関する研究の現状　383
用語　383
予防　384
スポーツ競技生活を越えた示唆　387
標準化された方法　388
かかりやすさ　389
研究モデルの有効性　389
結論と新しい方向　390
参考文献　391

監訳者あとがき　393

索引　394

第 I 部

持久系競技者におけるオーバートレーニングの生理学

第1章

持久系競技者のオーバーリーチングとオーバートレーニング

Mary L. O'Toole, PhD

はじめに

　持久系競技者の成功の公式であるハードトレーニングは，同じくまた不幸なことに，失敗に終わる公式でもある。持久系運動パフォーマンスの明らかな限界とは，生理学的なシステムのどこにも故障や不適応を生ずることなく，前向きな諸適応を引き出すための激しいトレーニングに競技者が耐えうる能力のことである。

　残念ながら，オーバーリーチングやオーバートレーニング症候群に陥る可能性を最小限にしながら最適なパフォーマンスの改善につながるような，過負荷トレーニング刺激の実用可能なモデルはない。これらの不適応は，本質的には刺激と回復の間のアンバランスである。オーバーリーチングあるいはオーバートレーニング競技者における普遍的な所見は，パフォーマンスの低下である。付随している徴候および症状は幅広い原因によるものであり，結果として様々な特異的な生理学的症状を伴ったり伴わなかったりする全身的な疲労となる。言い換えれば，どこか特定の生理学的システムが破綻している。たとえば筋骨格系のある面が破綻すれば，疲労骨折のような使い過ぎ（オーバーユース）症候群になるかもしれない。

　ハードトレーニングとオーバートレーニングの境界は明瞭ではない。個人のトレーニングに対する応答の変動能力は大きく異なり，ある競技者にとっての適切なトレーニング負荷が他の競技者にはオーバートレーニング症候群を引き起こすこともある。さらに，パフォーマンスのすべての面が同時に，あるいは同じレベルで影響を受けているわけではない。

　持久系競技者について，オーバートレーニング症候群の予徴としての生理学的な指標を確認することも同じように難しい。いくつかの指標は相反的であり，たとえばオーバートレーニングのランナーでは安静心拍数の増加と減少が共に報告されている。オーバートレーニングの競技者でも特異的な症状を欠くことがあるが，それでもパフォーマンスの低下

と通常水準のトレーニングができない状態を経験する。

持久系競技者における有病率，徴候，および症状

オーバートレーニングは，持久系パフォーマンスに有害であるとして1920年代前半より認識されてきた。オーバートレーニングについて公表された初期の情報の多くは逸話的な記述に限られていたため，有病率を数量化するのは困難である。オーバートレーニングには複合した徴候と症状が伴っている。R. W. Fry ら[10]は，文献に報告された主要症状の詳細なリストを作成し，生理学的／パフォーマンス，心理学的／情報処理，免疫学的，生化学的な現象に沿って分類している。(表1.1参照)

パフォーマンス低下に陥った競技者なら，どの1つの症状，もしくはどの複数の症状の組み合わせでもあり得ることが明らかである。より最近では，横断的な研究，および短期間において意図的にオーバートレーニング反応を引き起こそうとする研究の報告がある[4]。これらの研究の多くは，ある1つの特定のオーバートレーニング反応のカテゴリー——たとえば免疫学——に狙いを付けている。短期間ながら非常に強いトレーニングのため，これらの研究では真のオーバートレーニングというよりはオーバーリーチングを作り出していることになる。

ほんの少数ではあるが，競技者の集団が1シーズン全体といった長期間モニターされていて有用な研究もある。これらの長期間の研究は，真のオーバートレーニングの問題について多くの情報を提供しており，そこには主要な徴候・症状と共にオーバートレーニングの有病率も含まれる。個別の持久系競技者集団での，問題の範囲と深刻さについての情報は，このようにして利用可能になる。

ランナー

中距離から長距離のランナーにおけるオーバートレーニング症候群の有病率が極めて高いのは明らかである。Morgan ら[23]は，エリートランナーの65％が競技経歴のどこかでステイルネスを経験したと報告している。しかしオーバートレーニング症候群はエリートランナーに特徴的なことではない[5,33]。最も陥りやすいランナーは，トレーニングの中に十分な回復時間を取り入れることに失敗した，大いに追い込む競技者のようである[10]。ランナーグループの競技シーズン期間におけるオーバートレーニングの有病率は，複合的な外的および内的な諸要因の相互作用によって実際の数が変動している。外的な要因には，シーズンの長さ，どの種目にむけてトレーニングしたか，競技会のスケジュールなどが含まれ，内的な要因には，トレーニングの強度と量，個人のバイオメカニクス，回復期間の長さ，などが含まれる。

オーバートレーニングは内的な発生機転であるので，あるランナーのシーズンまたは競技歴の経過に沿って，オーバートレーニングの進展を本当に評価している研究はほとんどない。多くの研究は短い期間，急性の過負荷の研究で，すべての被験者にオーバートレーニング(正確には，オーバーリーチング)を引き起こそうと狙ったものであった。R. W. Fry

表1.1 オーバートレーニングの主要な症状，文献に広く示されるもの

生理学的パフォーマンス
　パフォーマンスの低下
　過去に獲得した標準または基準のパフォーマンスに達することができない
　回復の遷延
　負荷に対する耐容量の減少
　筋力低下
　最大運動能力の低下
　協調の欠如
　動作の効率低下または範囲の低下
　すでに修正された誤りの再出現
　技術的な欠点の識別・修正能力の低下
　心電図での異常T波パターン
　軽い身体活動での心臓不快感
　血圧の変化
　安静時・運動時・回復時の心拍数の変化
　呼吸回数の増加
　深い呼吸
　体脂肪減少
　亜最大運動負荷での酸素消費量増大
　亜最大運動負荷での換気量と心拍数の増大
　乳酸曲線のx軸方向へのシフト
　夕方練習後体重の減少
　基礎代謝率の上昇
　慢性疲労
　寝汗を伴うあるいは伴わない不眠症
　口渇感
　神経性食思不振症
　食欲の喪失
　過食症
　無月経もしくは稀発月経
　頭痛
　悪心
　疼痛・苦痛を強く感じる
　胃腸障害
　筋肉痛または圧痛
　腱の愁訴
　骨膜の愁訴
　筋肉損傷
　C-反応性蛋白の上昇
　横紋筋融解

心理学的／情報処理
　抑鬱感
　全般的な無気力
　自尊心の減少または自我感覚の悪化

続き

感情の不安定
作業やトレーニングへの集中の困難
環境または感情ストレスへの敏感さ
競技に対する怖気
人格の変容
精密な集中力の減少
内的および外的な混乱しやすさの増加
大量の情報処理をする能力の低下
していることが大変になってくると諦める

免疫学的
　病気，カゼ，アレルギーにかかり易く重症化し易い
　インフルエンザ様疾患
　リンパ腺性不明熱
　小さな傷の回復が遅い
　リンパ節の腫脹
　1日風邪
　好中球機能活性の減少
　総リンパ球数の減少
　細胞分裂因子への反応の低下
　血液好酸球数の増加
　ヌル（ノン-T, ノン-B）リンパ球割合の減少
　細菌感染
　ヘルペスウイルス感染の再燃
　リンパ球のCD 4：CD 8比の有意の変化

生化学的
　窒素平衡のマイナス
　視床下部の機能不全
　耐糖能曲線の平坦化
　筋肉グリコーゲン濃度の抑制
　骨ミネラル内容の減少
　月経の遅れ
　ヘモグロビンの減少
　血清鉄の減少
　血清フェリチンの減少
　TIBC（総鉄結合能）の低下
　ミネラルの欠乏（亜鉛，コバルト，アルミニウム，マンガン，セレン，銅，その他）
　尿素濃度の増加
　コルチゾル水準の上昇
　尿中ケトステロイド類の上昇
　遊離テストステロンの低値
　血清ホルモン結合グロブリンの増加
　コルチゾルに対する遊離テストステロンの比率の30％以上の減少
　尿酸産生の増加

Fry, Morton, and, Keast 1991 より改変

ら[9]は，5人の鍛えられたランナーに10日間連続で2種類の強度の高いインターバルトレーニング練習を施行した。10日間のトレーニングの終りには，全員の走パフォーマンスが低下し，疲労と免疫器官の反応は基礎水準まで戻っていなかった。Verdeら[35]は，10人の高度に鍛えられた長距離ランナーのトレーニングを3週間にわたって38％増加させた。走行パフォーマンスには影響がなかったが，ランナー10人中6人が持続的な疲労と意欲の低下を報告した。安静時心拍数，亜最大強度運動中に観察される力の発揮，または睡眠のパターン，には役立つような変化は認められなかった。これらの過負荷プログラムは，オーバートレーニングと言うよりもオーバーリーチングの状態をより適切に反映している。

ランナーにオーバートレーニングを引き起こす研究には，短すぎて不適切な過負荷を掛けるように提案しているものもある。Marinelliら[22]は，遊離テストステロン／コルチゾル比（FTCR）を標高4000mでのマラソンの前後に測定した。彼らはFTCRが1回の一時的期間の強い運動によって急性の変化を示しうるので，フィットネス，オーバーストレイン，オーバートレーニングのモニタリングに有用であることを示唆している。Lehmannら[19]は，4週の間トレーニングマイル距離を2倍（86 km/週→175 km/週）にしたか，テンポ・ペースとインターバル走を152％増加させたランナーで神経―筋興奮性を比較した。中間広筋と大腿直筋の神経―筋興奮性は，量の増加にともなって低下したが，強度の増加ではそうならなかった。

水泳競技者

すべての持久系競技者の中で，水泳競技者はオーバートレーニングについて最も研究されてきたグループである。ある研究では19人のエリート水泳競技者が，ナショナルチーム選考の準備期間6カ月にわたって，トレーニングを妨げないようにモニターされた[12,13]。5人の水泳競技者が6カ月のトレーニング期間を全うできなかったが，主としてウイルス感染によるものであった。6カ月終了時点で，残り14人の水泳競技者のうち3人（21％）がステイルに分類され，事前の見積もりに匹敵する罹患率であった。これに加えて，5人の脱落者のうちの何人かは過重なトレーニングにより，感染によりかかりやすくなっていたようである。ステイルとステイルでない水泳競技者のトレーニングプログラムには有意の差はなかった。普段の生理学的指標（たとえば，心拍数，血圧，酸素摂取量と血液乳酸値）の変化では，ステイルとステイルでない水泳競技者を区別できなかった。テーパリング期間での好中球の高値と血清ノルエピネフリン水準はしかしながら，この2つのグループを区別できた。興味深いことに，シーズン中盤の競技者の睡眠と疲労の自己採点は，何週間か後でパフォーマンスが低下してくる以前にステイルネスを予見していた。Flynnら[8]は，2週間超ハードにトレーニングをした5人の水泳競技者を研究した。最初の9週間のトレーニングに比較して，テストステロン（総および遊離）レベルは低下し，オーバーリーチングの初期の徴候かもしれないことが示唆された。

自転車競技者

ランナーや水泳競技者と同じく，自転車競技者での極端な過負荷に対する反応を実験す

る研究では，トレーニングを強くする期間が短いオーバーリーチングの研究であり，通常2〜6週間であった。わずか2週間の強いインターバルトレーニング（2〜3時間/日の運動）後に，Jeukendrupら[15]は，最大出力パワーがタイムトライアルのパフォーマンスと同じように低下することを報告した。自転車競技者たちは矛盾する症状を示した。睡眠時の心拍数は増加し，KuipersとKeizer[17]によると，交感神経型のオーバーリーチングを示唆している。しかし，最大心拍数とタイムトライアル中の心拍数はどちらも低下していた。逆説的に，亜最大負荷での乳酸値は低下し乳酸4 mmol/lでの作業率は高くなっていた。最大乳酸値は最大50％まで低下していた。2週間のトレーニングの減量の後，乳酸の反応は上昇した。トレーニングの減量によってパフォーマンスは立ち直り，これらの競技者はオーバートレーニングと言うよりはオーバーリーチングであったことが示唆される。これらの研究者は引き続き，オーバートレーニングをパフォーマンスの低下，いらいらしやすさ，および眠れないことと定義をして，国代表クラスの自転車競技者を対象に最大および亜最大負荷時の乳酸値の低下を報告している。Snyderら[31]は，乳酸値／観察される力の発揮の比（HLa/RPE）が自転車競技者ではオーバーリーチングの初期の徴候になるかもしれないと示唆している。7人の十分にトレーニングをした自転車競技者が2週間普通に，その後2週間を極端な過負荷でトレーニングした。HLa/RPEの最大値は1週間で29％，2週間で49％低下した。彼らはHLa/RPE値が100より小さくなると自転車競技者はオーバーリーチングになったと示唆している。オーバーリーチングの状態を引き起こすために，Snyderら[32]は，8人の自転車競技者のトレーニングを2週間増加し，適切なグリコーゲンの充満がオーバートレーニングの予防に果たす役割を見極めようとした。被験者の全員が臨床的なオーバートレーニングの診断基準5つのうち少なくとも3つに該当したが，安静時の筋肉グリコーゲンのレベルは適正値を保っていた。この所見は，馬のオーバートレーニングで筋肉グリコーゲンのレベルが適正値を保っていたことを示したBruinら[2]の知見を確認したものである。

その他の持久系種目

スピードスケート競技者[1]とボート競技者[37]がオーバートレーニングの初期徴候を特定しようという試みでシーズン全体にわたってモニターされた。8人のエリートスピードスケート競技者のFTCRが8カ月のシーズンの間モニターされた。データでは30％かそれ以上のこの比の低下が不完全な回復の指標になることが示唆された[1]。Veroonら[37]は，ボート競技者のグループをオリンピック前の9カ月のトレーニングの間研究した。彼らはFTCRが過重なトレーニングで低下し，FTCRの30％以上の低下は不完全な回復と連関しているものの，必ずしもオーバーリーチングやオーバートレーニングを示していないことを示した。乳酸値4 mmol/lでのパワーも最大パワーも，FTCRの変化とは連関がなかった[37]。Urhausenら[34]もまた，テストステロン／コルチゾル比の有意な低下をボート競技者の過重なトレーニングに対する正常な反応として報告している。

一貫しない諸徴候

オーバーリーチングまたはオーバートレーニング症候群を引き起こそうという試みのもとに，Bruinら[2]は競走馬を過度にトレーニングした。適応が崩れた最初の徴候の一つは，オーバーリーチした馬が高強度のインターバルトレーニング練習を完了できなくなったことである。これはオーバートレーニングに特徴的な他の警告的徴候がないうちであった。たとえば，血清尿素濃度もクレアチンキナーゼ活性も，トレーニングと回復の間におけるアンバランスの良い指標ではなかった。それに加えて，筋肉グリコーゲン以外の何かの回復時間が不十分なことがオーバーリーチング状態の原因であることが明らかになった。というのも安静時の筋グリコーゲンレベルはこの研究を通じて正常に留まっていたからである。

オーバーリーチングとオーバートレーニングはほとんどすべての持久系スポーツで逸話的に報告されてきているが，有病率もしくは，オーバーリーチングまたはオーバートレーニングを示すような特異的な徴候および症状に関する，有用情報はほんのわずかしかない。いくつかの持久系競技者グループは，定期的に極端な量の身体活動トレーニングをこなしている。これらの競技者の内の何人かがオーバートレーニングになる一方で，多数の者はこれらの過酷さに適応する。たとえば，ハワイ・アイアンマン・トライアスロンに向けたトライアスリートたちのトレーニングでは，平均で1週間におよそ280マイルのスイミング，サイクリング，ランニングになると報告されている[25]。持久系競技者のオーバートレーニング問題の大きさについて，数量化してより良く理解するためにはさらに多くの情報が必要である。

過負荷：トレーニングの反応とパフォーマンスの改善

漸進的な過負荷はすべての成功するトレーニングの基礎である。Selye[28]によって最初に提唱された一般的な適応症候群によれば，ストレスは一時的な機能の低下をもたらし，その後に適応が起きて機能が改善される。トレーニング反応において，過負荷は疲労（身体運動能力の一時的な低下）を起こすストレスであり，改善されたパフォーマンス（疲労からの回復に引き続いて）が適応である（図1.1参照）。筋肉運動の間，すべての疲労は究極的には，パフォーマンスの必要を満たすのに十分な速さでエネルギーを産生することができない結果である。疲労の原因となる特定のエネルギー産生経路は，運動の型によっている。持久系競技者にとっては，筋肉に酸素を供給し燃料を届けるのに必要な生理学的システムは，エネルギーを引きだし発生させるシステムと同じく，より高い機能的な要請に適応するように，ストレスを掛けられて強いられざるを得ないシステムである。持久系競技者でのストレス，疲労，適応サイクルの良い例は，グリコーゲンの超回復の手順である。この良く知られている手順は，強い運動によって筋グリコーゲンの貯蔵を最少のレベルにまで減少させること（ストレス局面）を含んでいる。運動の耐容能力はこのようにして厳密に制限される。回復局面の間は，食事で摂取する炭水化物を増加することで，筋肉中に通常の1.5倍のグリコーゲンが貯蔵される結果となる。筋肉がより多くのグリコーゲンを

貯蔵するこの適応は，基質としての炭水化物の利用可能性が制限因子となるような競技，たとえばマラソン競走，のパフォーマンスの改善をもたらすことになる。同様に持久系パフォーマンスの他の側面についても，トレーニングの過負荷に対する反応として適応が起こり，結果として有酸素代謝の速度が改善する。良く知られた多くの適応，たとえばミトコンドリア酵素の数と密度の増加や，心血管系と体温調節機能の改善などの議論はこの章で扱う範囲外である。

　持久系競技者にとって，過負荷は量と強度の増加の何らかの組み合わせによって達成される。一般的なフィットネスのプログラムではこれらの因子は相互に関連している。つまり，同じフィットネスを獲得するのに，高強度短時間の運動はより軽い強度でより長時間の運動と同じに見なすことができる。しかしながら競技者にとっては，量と強度は競技会の特定の要請，特に特定のパフォーマンスのために必要なエネルギー産生速度の要求にもとづいて調節される。

　たとえば，マラソンランナーが2時間30分以内でマラソンを走りたければ，1マイル当たり5分45秒より少し速いペースで走らなければならない。ランニング効率の多少の差異を考慮に入れなければ，このペースを保てる計算上のエネルギー産生速度は56 ml/kg/分である。トレーニングプログラムでの過負荷は，このペースに見合うようになる諸適応を目標とすべきである。明らかに，最大酸素摂取量の改善をすることができる有酸素トレーニングの諸方法を最初に実施する必要がある。しかし，彼または彼女のマラソンランナーと

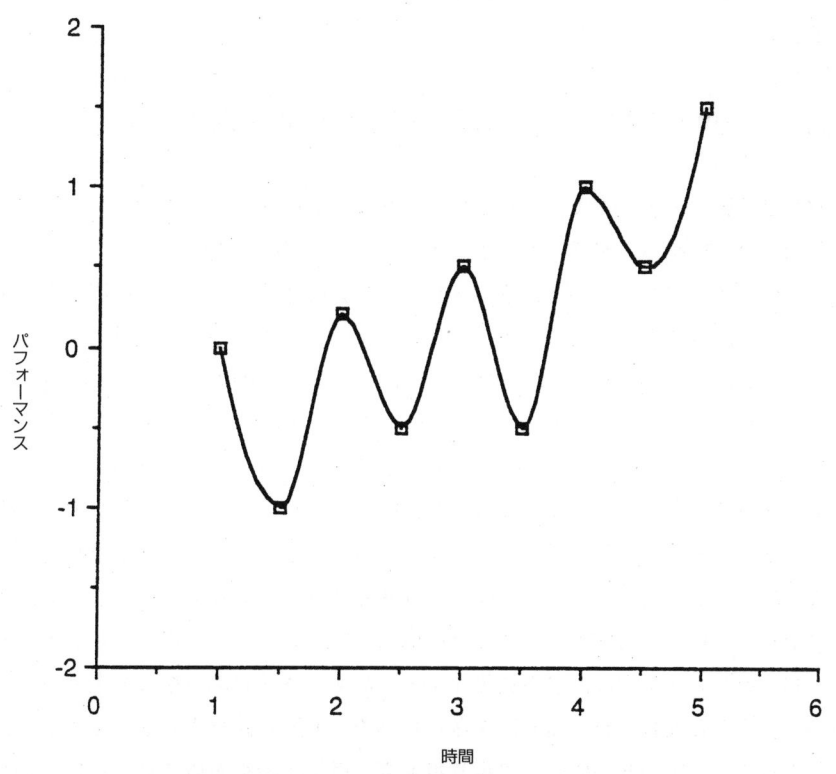

図1.1　トレーニング過負荷がパフォーマンス改善をもたらすシェーマ

しての最大能力を認識するためには，彼または彼女の有酸素能力を可能な限り最大に使えるようにすることが必要である．そこで，トレーニングにおいては無酸素作業閾値を可能な限り最大能力に引上げることも目標としなければならない．エリートマラソンランナーは，平均ペースで最大酸素摂取量（$\dot{V}O_2max$）の86％に相当するレースをし，このペースは彼らの4 mmol/L 乳酸閾値のおおよそ93％を表していると報告されている[30]．もっと遅いランナーたちは，最大酸素摂取量の65％に相当するペースでしか走っていないと報告されている．

トレーニングの量

ほとんどの持久系スポーツについて典型的なトレーニング量は文献に見られるにもかかわらず，パフォーマンス改善に最適なトレーニングの量を決定することは困難である．通常は1週間のトレーニング量が報告されるが，トレーニングの最適化には毎日のトレーニング量か，むしろ1回に実行するトレーニング量が重要である．

理想的な適応は，練習と休息の比率が適正な下で，量と強度の組み合わせを操作することができる結果として起きる．付け加えれば，個々人の耐容能力は異なるだろうから，同じトレーニング量が，ある人には多すぎる過負荷を起こしてしまっても，他のある人には十分な適応を起こすのに必要な量より少ないことがある．多くの競技者とコーチは量が多いことと成功とを同じに考える傾向にある．極端な量のトレーニングを行ったエリート競技者の逸話的な成果は数え切れないほどある．たとえばトライアスリートのDave Scottの行ったトレーニングの総量は伝説的であり，1週間に400マイルのサイクリングが含まれている．同様に1960年代半ばには，1週間に200マイル走るランナーは特別ではなかった[21]．多くの筋骨格系の障害については原因と影響とが明らかには確立できていないが，これらの使い過ぎ（オーバーユース）症候群（オーバートレーニングの筋骨格系への現われ）の多くは甚だしいトレーニング量を伴っている．

最近では，あるスポーツではパフォーマンスへの悪影響なしにトレーニングの量を半分にまで減らすことができるであろうという科学的根拠が蓄積されてきている．たとえば，同じような能力のスイマーの2グループで100ヤード競泳の泳ぎのパフォーマンス変化が4年間にわたって比較された．一方のグループは1日に10,000 m以上のトレーニングをし，他方は5,000 m以下であった．2つのグループにおける1年あたりのパフォーマンス改善率は同じ（共に平均0.8％）であった[7]．トレーニング量がパフォーマンスの改善に寄与する量は，競技の距離に関連しているようである．アイアンマン・トライアスロン（2.4マイルのスイム，112マイルの自転車，26.2マイルのラン）において，トレーニングを構成要素との関連について調べると，トレーニングの量の効果は構成要素の距離と関連していた．平均の週間トレーニングは，10マイルのスイミング，200マイルのサイクリング，45マイルのランニングを含んでいて，これは大半の基準からすると過剰であると考えられる量である．最も速い水泳競技者たちはより多くの距離をトレーニングし，かつ遅い水泳競技者たちよりも速いペースであったが，自転車競技者とランナーにおける速いか遅いかの唯一の違いは，より多くのトレーニング距離に帰因するもののみであった．

トレーニングの強度

　量的な過負荷に加えて，強度を操作することは特定の代謝経路に過負荷として作用する。回復間隔のタイミングと長さは，1つの運動セッションのセットの中でもセッションからセッションでも，ストレスの掛けられてきた組織系の特性によって決定されるべきである。たとえば，短い爆発的なオールアウトの活動は，高エネルギー燐酸系に過負荷を掛ける。最適な適応をおこすためには，次の刺激がある前に完全な回復が起きていなければならない。その一方で，高い乳酸レベルに耐性を作りあげるには，2回目の刺激を開始するのは完全回復の前が望ましい。しかし練習と練習の間で，その前の刺激からの回復に引き続くオーバーシュートの間に最適な反応が起きると考えられる。もし次のトレーニングセッションまでの時間が長すぎれば，この超回復は元の機能レベルに後退して，漸進的な改善は起こらない。逆に言えば，トレーニング刺激が頻繁すぎるように与えられれば，そのような刺激は回復と超回復の局面を中断し，適応は起こらない。もし過負荷が適正にデザインされていれば，漸進的なパフォーマンスの改善が結果になる。

過負荷：適応不全と改善しないパフォーマンス

　まさに漸進的な過負荷は成功するトレーニングの基礎であるが，それはまたオーバーリーチングおよびオーバートレーニングの原因となる可能性も持っている。たとえば，多数のハードトレーニングをするセッションでは，回復／再生の局面が危険にさらされるだろう。もしこれが時間的にかなりの期間継続すれば，オーバーリーチングが起こってパフォーマンスは下降する。不幸なことに，パフォーマンスの下降は競技者をしてたびたび彼／彼女のトレーニングをより一層増加させる。競技者たちは目一杯の超回復を刺激するために，意図的にオーバーリーチングを起こそうとするにもかかわらず，多くの場合オーバーリーチングは潜行的に始まり，気が付かれなければ最も経験を積んだ競技者ですらオーバートレーニング症候群にまで進んでしまう。このようなオーバーワークを継続することは，最終的にはパフォーマンスの質を著しく妨げ，競技者はどんどんオーバートレーニングに進んで行く（図1.2参照）。

　持久系競技者にとってのジレンマは，そこでいかにして，過負荷がいつ十分か，多すぎるか，または少なすぎるか，を知ることである。持久系競技者のなかには，オーバートレーニングよりはトレーニング不足のほうがましだという一般的なコンセンサスはあるが，生真面目にトレーニングする競技者ではそうではない[27]。適切な量のトレーニングをこなしている競技者では，パフォーマンスは継続的に改善する。逆に言えばパフォーマンスが低下することは適応不全の証しである。疲労は，休息時においても，適応不全の共通の症状であるものの，オーバートレーニング症候群に必ず付随する身体的徴候というものはこれまでの所発見されていない。付け加えれば，いくつかの身体的徴候は相反的であるかもしれず（たとえば，安静時心拍数の増加または減少や，亜最大負荷運動での乳酸反応の低値），しかも良くは理解されていない。筋骨格系の障害もしくは鼻カゼのような感染症へのかかりやすさが増加することは，オーバーリーチングまたはオーバートレーニングの状態

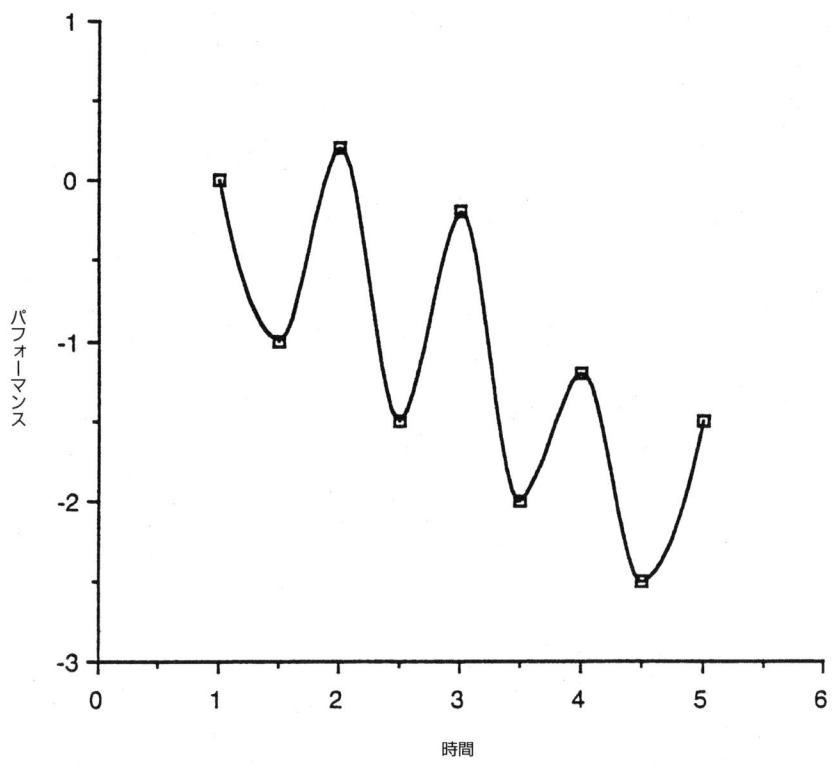

図1.2 トレーニング過負荷がパフォーマンス低下をもたらすシェーマ

である指標かもしれないのに，オーバートレーニング症候群の表れとしてよりは，単独の，局所的な問題として間違った解釈をされているかもしれない。

　いくつかの研究は，オーバートレーニングの進展の早期または中期の段階をより一層特徴づけるために，意図的に適応不全を引き起こそうとデザインされてきた。過度な量的過負荷と強度の過負荷の両方が，回復のための時間を減少させることと同じく，オーバーリーチ状態を引き起こすための刺激として用いられてきた。Jeukendrupら[15]はオーバーリーチングを引き起こすために，よく鍛練されたアマチュアの男性自転車競技者を使って2週間の強度を上げたトレーニングを行った。その強度を上げたトレーニングは，1日2〜3時間セッションの極端に重いインターバルトレーニングからなっていた。一定時間の運動の間の回復がおそらく不完全なこのタイプの高強度の過負荷では，多段階運動負荷テストで亜最大下の乳酸濃度の低下および，最大乳酸産生が最高で50％減少するという結果になった。これらの所見は，筋グリコーゲンが適切であったにもかかわらず起こっている。研究者たちは交感神経系の発動の低下またはカテコラミン感受性の減少がこれらの所見の原因ではないかと示唆している。これらの乳酸反応の適応不全と，実際のレースパフォーマンスの低下もしくはオーバートレーニングへの進行との関連については明らかではない。

　オーバートレーニング症候群の進展に過度なトレーニング量がどのような役割を果たすのかも，同様にはっきりしていない。Lehmannら[18,20]は長距離ランナーに，一方は週間のトレーニング量を3週間にわたって2倍に，もう一方はインターバルとスピード練習の量

を2倍にするという形で，それぞれ十分意図的に過負荷を掛けた。その結果トレーニング量の増加は，持久系パフォーマンスを頭打ちにし最大パフォーマンスの低下をもたらしたが，一方で強度の増加は結果としてパフォーマンスの改善につながった。Morganら[23]は，水泳競技者のオーバートレーニング症候群の罹患率をあつかって，疫学的に明らかなことはほとんどないと記している。彼らはこれはある点では，さまざまなプログラムの量的負荷の変動の結果であると示唆している。さらに彼らはオーバートレーニングは極大量が1日3000～5000ヤードに限られるプログラムでは起きにくいが，1日10,000～15,000ヤードも組み込むようなプログラムでは問題を潜在的に含んでいる，と示唆している。

持久系競技者のオーバートレーニングへの陥り易さ

　持久系競技者においてオーバーリーチングと，ついにはオーバートレーニング症候群に導くトレーニングと回復との間のアンバランスは，トレーニングの増加もしくは回復の低下の結果であろう。強い動機付けを持っている競技者が，パフォーマンスの頭打ちまたは若干の低下のどちらかを経験する時，彼らはトレーニングを増加する傾向にあり，オーバーリーチングまたはオーバートレーニングに特に陥りやすい。

トレーニングの増加

　トレーニングの増加には，強度の増加または量の増加のどちらもの形がありうる。オーバーリーチングまたはオーバートレーニングを引き起こそうと試みる研究は，これらの要因の一方または両方を増加させてきた。Bruinら[2]は，馬のモデルを使って，最初はインターバルトレーニングの各インターバル間に実施する作業の合計量を増加することで，トレーニングを増加させた。期待されたパフォーマンスの低下が2.5か月の内に起こらなかったので，20分間の持久ランニングの強度を増加することでトレーニングの強さをさらに増加させた。

　最初の場合では，強度の高い運動は量を増加してもパフォーマンスの低下を伴わず，2つ目の場合は，量的なトレーニングの強度を増加して望み通りの限界点に至らせたのである。Costillら[6]とKirwanら[16]はどちらも，水泳競技者のグループでトレーニングの量を10日間2倍にした報告をしており，その中で，パフォーマンスは低下せず，短い期間の過剰なトレーニングは危険がなさそうなこと，それゆえオーバーリーチングまたはオーバートレーニングの初期徴候を見付けることは困難であることを示唆している。Hooperら[12,13]は，エリート水泳競技者の標本集団の21%にみられたオーバートレーニング症候群の進展にとって，トレーニングの強度よりは量が主要な寄与因子であるらしいと示唆している。彼らはさらに，インドのバスケットボールナショナルチームの33%で現れたオーバートレーニング症候群の主要な因子も，量であったかもしれないと示唆している[36]。

回復の低下

　R. W. Fryら[10]は，適切な回復をさせられないことがオーバーリーチングまたはオーバ

ートレーニングの進行における主要なトレーニング関連要因であると示唆している。この仮説を支持して Bruin ら[2] は，高い強度の練習日が何日かの中強度の持久系トレーニングによって離されていれば，著しいトレーニング負荷の増加ですらも耐えることができることを証明した。持久ランニングの強度が増加した時，それによって回復時間も減少し，オーバーリーチングに到達させることができた。おそらく，低い強度の運動もしくは休息は生体を回復させて身体ストレスに順応させるが，他方でより強いトレーニングはホメオスタシスの完全な回復を妨げるのであろう。

　競技者の回復練習というものは詳細には研究されていないが，トレーニングの周期性の考え方はよく受け入れられている[10]。R. W. Fry ら[11] は，周期的なトレーニングが最大のパフォーマンスを引き出して，かつオーバートレーニング症候群を避けるために本質的ではないかと仮説を立てた。その最も単純な形式では，競技者は何年もの間にわたってきつい／楽なトレーニングパターンを繰り返してきた。より完成した形式では，トレーニングの年は主要な競技会に関連して特定のタイプのトレーニングを強調するいくつかのマクロ周期に分けられる。マクロ周期はさらにメゾ周期とミクロ周期に再分割される。ミクロ周期は極めて低いトレーニング負荷を含み，トレーニングの年を通じて定期的に回復と再生が起きるようにしている。付け加えれば，競技会前のハードトレーニングから適切な回復を促して，パフォーマンスを最大にするためのテーパリングの技術は世界的に認められている。テーパリングの間には，トレーニング刺激を減らすために，トレーニングの頻度，強度，量の組み合わせがある程度変更される。大半の例が示すように，かなり思い切って量を減らす（通常のトレーニング量の最大で 85〜90％）ことを短時間の強い練習と組み合わせることが最高の結果につながる[14,29]。このタイプのテーパリングで水泳競技者と長距離ランナーではおよそ 3％のパフォーマンス改善の結果が示されている。このテーパリングのパターンは，過剰なトレーニングの有害な効果を，気分の障害も含めて，避けるために，トレーニング量を減らすことと回復時間を増やすこと，についての間接的な根拠を提供する。テーパリングの後で気分の状態は，活力の増加と不安の減少を含めて，改善していることが示されている[23,24,26]。

その他の寄与する要因

　これらの重いトレーニング以外の諸要因が，トレーニング／回復のアンバランスを招くことがあり，以前には十分に耐えることのできたトレーニングプログラムへの応答としてオーバーリーチングを招くこともある[3]。下手な食事，また特に不十分な炭水化物と水分の摂取は，普通感冒のような一時的な感染と同じく，通常のトレーニング負荷にも耐えることを困難にするだろう。また，競技者がオーバーリーチングもしくはオーバートレーニングに陥りやすくなることには，社会的，学業的，また経済的な諸要因も寄与することがあるという逸話的な根拠もある[3]。（野田晴彦）

参考文献

1. Banfi, G., M. Marinelli, G.S. Roi, V. Agape. 1993. Usefulness of free testosterone/cortisol ratio during a season of elite speed skating athletes. *International Journal of Sports Medicine* 14: 373-379.
2. Bruin, G., H. Kuipers, H.A. Keizer, G.J. VanderVusse. 1994. Adaptation and overtraining in horses subjected to increasing training loads. *Journal of Applied Physiology* 76: 1908-1913.
3. Budgett, R. 1990. Overtraining syndrome. *British Journal of Sports Medicine* 24: 231-236.
4. Callister, R., R.J. Callister, S.J. Fleck, G.A. Dudley. 1990. Physiological and performance responses to overtraining in elite judo athletes. *Medicine and Science in Sports.and Exercise* 22: 816-824.
5. Costill, D.L. 1986. *Inside running : basics ofsportsphysiology*. Indianapolis: Benchmark Press.
6. Costill, D.L., M.G. Flynn. J.P. Kirwan. J.A. Houmard, J.B. Mitchell, R. Thomas, S.H. Park. 1988. Effects of repeated days of intensified training on muscle glycogen and swimming performance. *Medicine and Science in Sports and Exercise* 20: 249-254.
7. Costill, D.L., R. Thomas, R.A. Robergs, D.D. Pascoe, C,P. Lambert, S.1. Barr, W.J. Fink. 1991. Adaptations to swimming training : influence of training volume. *Medicine and Science in Sports and Exercise* 23: 371-377.
8. Flynn, M.G., F.X. Pizza, J.B. Boone Jr., F,F. Andres, T.A. Michaud, J.R, Rodriguez-Zayas. 1994. Indices of training stress during competitive running and swimming seasons. *International Journal of Sports Medicine* 15: 21-26.
9. Fry, R.W., J.R. Grove, A.R. Morton, P.M. Zeroni, S, Gaudieri, D. Keast. 1994. Psychological and immunological correlates of acute overtraining. *British Journal of Sports Medicine* 28: 241-246.
10. Fry, R.W., A.R. Morton, D. Keast. 1991 . Overtraining in athletes : an update. *Sports Medicine* 12: 32-65.
11. Fry, R.W., A.R. Morton, D. Keast. 1992. Periodisation and the prevention of overtraining. *Canadian Journal ofSports Science*17 : 241-248.
12. Hooper, S.L., L.T. Mackinnon, R.D. Gordon, A.W. Bachmann. 1993. Hormonal responses of elite swimmers to overtraining. *Medicine and Science in Sports and Exercise* 25: 741-747.
13. Hooper, S.L.. L.T. Mackinnon, A. Howard, R.D. Gordon, A.W. Bachmann. 1 995. Markers for monitoring overtraining and recovery. *Medicine and Science in Sports and Exercise* 27: 106-112.
14. Houmard, J.A., R.A. Johns. 1994. Effects of taper on swim performance : practical implications. *Sports Medicine* 17: 224-232.
15. Jeukendrup, A.E., M.K. Hesselink, A.C. Snyder, H. Kuipers, H.A. Keizer. 1992. Physiological changes in male competitive cyclists after two weeks of intensified training. *International Journal of Sports Medicine* 13: 534-541.
16. Kirwan, J.P., D.L. Costill, M.G. Flynn, J.B. Mitchell, W.J. Fink, P.D. Neufer, J.A. Houmard. 1988. Physiological responses to successive days of intense training in competitive swimmers. *Medicine and Science in Sports and Exercise* 20: 255-259.
17. Kuipers, H,, H,A. Keizer. 1988. Overtraining in elite athletes : review and directions for the future. *Sports Medicine* 6: 79-92.
18. Lehmann, M., P. Baumgartl, C. Wiesenack, A. Seidel, H. Baumann, S. Fischer, U. Spori, G. Gendrisch, R. Kaminski, J. Keul. 1992. Training-overtraining: influence of a defined increase in training volume vs training intensity on performance, catecholamines and some metabolic parameters in experienced middle- and long-distance runners. *European Journal of Applied Physiology* 64: 169-177.
19. Lehmann, M., E. Jakob, U. Gastmann, J.M. Steinacker, J. Keul. 1995. Unaccustomed high mileage compared to intensity training-related neuromuscular excitability in distance runners. *European*

Journal of Applied Physiology 70: 457-461.
20. Lehmann, M., U. Gastmann, K.G. Petersen, N. Bachl, A. Seidel, A.N. Khalaf, S. Fischer, J. Keul. 1992. Thaining-overtraining: performance, and hormone levels, after a defined increase in training volume versus intensity in experienced middle-and long-distance runners. *British Journal of Sports Medicine* 26: 233-242.
21. Lucas, J. 1977. A brief history of modern trends in marathon training. In *The marathon: physiological, medical, epidemiological, and psychological studies,* ed. P. Milvy, 858-861. New York: New York Academy of Sciences.
22. Marinelli, M., G.S. Rio, M. Giacometti, P. Bonini, G. Banfi. 1994. Cortisol, testosterone, and free・testosterone in athletes performing a marathon at 4,000 m altitude. *Hormone Research* 41: 225-229.
23. Morgan, W.P., D.R. Brown, J.S. Raglin, P.J. O'Connor, K.A. Ellickson. 1987. Physiological monitoring of overtraining and staleness. *British Journal of Sports Medicine* 21: 107-114.
24. Morgan, W.P., D.L. Costill, M.G. Flynn, J.S. Raglin, P.J. O'Connor. 1988. Mood disturbances following increased training in swimmers. *Medicine and Science in Sports and Exercise* 20: 408-414.
25. O'Toole, M.L. 1989. Training for ultraendurance triathlons. *Medicine and Science in Sports and Exercise* 21: S209-213.
26. Raglin, J.S., W.P. Morgan, P.J. O'Connor. 1991. Changes in mood states during training in female and male college swimmers. *International Journal of Sports Medicine* 12: 585-589.
27. Ryan, A.J., R.L. Brown, E.C. Frederick, H.L. Falseti, E.R. Burke. 1983. Overtraining in athletes: a round table. *Physician and Sportsmedicine* 11: 93-110.
28. Selye, H. 1957. *The stress of life.* London: Longmans Green.
29. Shepley, B., J.D. MacDougall, N. Cipriano, J.R. Sutton. 1992. Physiological effects of tapering in highly trained athletes. *Journal of Applied Physiology* 72: 706-711.
30. Sjodin, B., J. Svedenhag. 1985. Applied physiology of marathon running. *Sports Medicine* 2: 83-99.
31. *Snyder, A.C., A.E. Jeukendrup, M.K.C. Hesselink, H. Kuipers, C. Foster. 1993. A physiological/ psychological indicator of over-reaching during intensive training. International Journal of Sports Medicine* 14: 29-32.
32. Snyder, A.C., H. Kuipers, B.O. Cheng, R. Servais, E. Fransen. 1995. Overtraining following intensified training with normal muscle glycogen. *Medicine and Science in Sports and Exercise* 27: 1063-1070.
33. Town, G.P. 1985. *Science of triathlon training and competition.* Champaign, IL: Human Kinetics.
34. Urhausen, A., T. Kullmer, W. Kinderman. 1987. A 7-week follow-up study of the behaviour of testosterone and cortisol during the competition period in rowers. *European Journal of Applied Physiology* 56: 528-533.
35. Verde, T., S. Thomas, R.J. Shephard. 1992. Potential markers of heavy training in highly trained distance runners. *British Journal of Sports Medicine* 26: 167-175.
36. Verma, S.K., S.R. Mahindroo, D.K. Kansal. 1978. Effect of four weeks of hard physical training on certain physiological and morphological parameters of basketball players. *Journal of Sports Medicine* 18: 379-384.
37. Veroon, C., A.M. Quist, L.J.M. Vermulst, W.B.M. Erich, W.R. deVries, J.H.H. Thijssen. 1991. The behaviour of the plasma free testosterone/cortisol ratio during a season of elite rowing training. *International Journal of Sports Medicine* 12: 257-263.

第2章

持久系競技者における短期・長期オーバートレーニングに対する生理的反応

Manfred Lehmann, MD, PhD, Carl Foster, PhD, Nikolaus Netzer, MD, PhD, Werner Lormes, PhD, Jürgen M. Steinacker, MD, PhD, Yufei Liu, MD, PhD, Alexandra Optiz-Gress, MD, and Uwe Gastmann, MD, PhD

はじめに

　1996年ヨーロッパ選手権中，あるドイツの体操競技者が，かすかに頭を振って，ゆっくりと目を閉じ，元気なくアリーナから出て行った。彼は疲労の極限だった。「突然，私はもう何もできなくなった。ただ休みたかったんだ。」

　彼のスケジュールをみてその理由がわかった。3月に2度の国際大会，4月に世界選手権，5月中旬のヨーロッパ選手権，5月末にオリンピック選考会，6月には国内選手権と追加選考会が行われた（Suddeutsuche Zeitung, 1996年5月13日）。

　一方であるテニス競技者がATPのファイナル後，「私の最近の成功はテニスをする時間を少なくし，回復に励み，（けがの為に）強制的に休んだことによる。また私はそれによって，他の選手よりも疲労や体力消耗が少なかった。」(Suddeutsuche Zeitung, 1995年10月27日）と語ったことから，我々はある明らかなメッセージを受けた。

　また，ある自転車競技者は1995年に行われたGiro d'Italiaでの優勝のあと「私の今年の状態はいつもよりもよい。なぜなら，トレーニング量を減らしたからである。以前の私ならレース前にすでに疲労していた」と語った。(Neue Zurcher Zeitung, 1995年5月28日）

　そして，元サッカー競技者は「私は常になぜ他の選手はトレーニングのしすぎは必要ないということを学ばないのだろうと思っていた」と述べた (Suddeutsche Zeitung, 1995年9月2日）。

　また，あるテニス競技者はIndian Wellsでの開幕戦に敗れた後，こう語った。「私は休養を取らなければならない，そうしないと，ペースを維持できない。」(Stuttgarter Zeitung, 1996年3月14日）

　そのメッセージは明らかなようだが，その意味を果たして理解できているだろうか？　我々は「いいえ」と言わざるをえない。なぜなら60％以上のランナーが少なくとも1度は[60]，

そして半年のシーズンの間オーストラリアの水泳競技者の21%が[34,35]，6週間のトレーニング期間の間インドのバスケットボール競技者の33%[75]が，さらに50%のサッカー競技者が4カ月間におよぶ大会シーズンの後にオーバートレーニングを経験しているからである[46]。

それ故，ハイレベルでのスポーツ，特にプロフェッショナルスポーツの中での慢性的な問題として，トレーニング，大会，回復のサイクルの不均衡というリスクが頻繁に残り，それがバーンアウトやステイルネスと呼ばれるオーバートレーニング症候群の発生の原因となっている[8,11,18,19,36,41,49,51,54,60,65,68,73]。グリコーゲンの不足[9,10]，自律神経の不安定[36,39]，アミノ酸のアンバランス[53,62,66,67,78]，神経内分泌系の不安定[1,3,31,76,77]，そして異化・同化作用のアンバランス[1,28-30]はすべて，過剰なトレーニングや回復期間をほとんど持つことなく大会参加を行うことによって引き起こされる。社会的，教育的，職業的，経済的，栄養的，旅行要因[18,49,51,54]などのトレーニング以外のストレッサーと単調なトレーニング[7,18]が個人的な習慣の中で問題を引き起こす。

予後からみると，オーバーリーチング（短期間のオーバートレーニング）は長期的オーバートレーニングと区別しなければならない。長期的オーバートレーニングは，オーバートレーニング症候群，もしくはバーンアウトやステイルネス[11,18,19,32,41,49,65,73]と呼ばれる臨床状態を導く。レトロスペクティブな見解からすると，トレーニング量の増加と適切なテーパリングもしくは回復という1周期の後に超回復（定義は20を参照）が起こるなら，短期間のオーバートレーニングやオーバーリーチングが発生したということになる[13,18,20,41,49]。しかしながら，激しいトレーニングと適当な回復期間の後にもパフォーマンスの低下が持続し，疾患の可能性が除去できる場合には，その競技者はオーバートレーニング症候群に陥ったと考えられる[18,36,41,49]。しかし，この定義は競技者やコーチをオーバートレーニング症候群から避けさせる効果をあまり与えない。

オーバートレーニングとなった競技者の鍵となる兆候として，①パフォーマンス停滞の持続，②高度な不快感，③気分の変化，④生殖機能の抑制があげられる[8,11,18,29,35,36,41,60,65]。高度な疲労感，抑鬱状態，そして（個人によっては）筋肉の違和感という症状は，たいていトレーニング負荷と相互関係がある[18,35,36,49,60]。疾患はオーバートレーニング症候群と疑われるいずれのケースからも除外されなければならない[18,36,41,49,73]。持久系スポーツではオーバートレーニング症候群は高度な疲労感や無気力の持続が特徴で，副交感神経型オーバートレーニング症候群[36]もしくはステイルネス[11,66]として説明され，交換神経型とは異なる。（表2.1参照）これらの用語は自律神経系のアンバランスの可能性を述べている[36]。

トレーニング負荷とパフォーマンスの関係を表すグラフは逆Uカーブ型であり，最適のトレーニング負荷はある小さなターゲット範囲である[18]。アンダートレーニングもオーバートレーニングも効果がないことは，60年代終わりから70年代初めにかけて活躍した優秀な国際的長距離ランナーであるDr. Ron Hillなど競技者の間で共通して経験されている。Dr. Hillの最適なトレーニング量は約160～170 km/週であった[63]。というのも，トレーニング量が180 km/週を越えると，彼のマラソンの記録は悪化してしまうからである[18, 63]。ほぼ10年間のあいだ，Ron Hillはメジャーな大会の前でさえ，走らない日がなかった[63]。1972年のミュンヘン五輪でFrank Shorterがマラソンの金メダルを取ったという結果が示

表2.1 交感神経型及び副交感神経型オーバートレーニング症候群の症状

オーバートレーニング症候群	
交感神経型	副交感神経型
パフォーマンスの低下	パフォーマンスの低下
超回復の欠如	超回復の欠如
落ちつきのなさ，過敏	疲労，憂鬱，無感情
睡眠障害	睡眠障害なし
体重減少	体重維持
安静時心拍数の増加	安静時心拍数の低下
安静時血圧の上昇	安静時血圧の低下
運動後の回復の遅延	運動時心拍数反応の抑制
	運動時グルコース反応の抑制
	運動時乳酸反応の抑制
	神経筋興奮性の抑制
	交感神経活性の抑制
	カテコールアミン感受性の抑制
	視床下部／脳下垂体，副腎／性腺機能の変化

すように，Dr. Hill は，メジャーな大会でトレーニング・競技会・回復周期の慢性的なアンバランスのために，自分の可能性（実力）をほとんど発揮できなかったことが示唆される．

トレーニング量の増加とトレーニング強度の増加

経験を積んだ競技者

常識では，オーバートレーニング症候群はトレーニング量よりもトレーニング強度の増加の結果によるものと考えられる[39,65,75]．この考えは9人の競争ランナーを対象とした2つのプロスペクティブな実験研究において検討された[47,48]．最初の研究ではトレーニング量の増加（ITV）について研究し，トレーニング量を4週間内に基準から約100%増加させた．しかもそのトレーニングの93〜98%は単調な長距離走からなっていた．つまり，毎日がハードな日なのである！　この共同研究の1年後に今度はトレーニング強度の増加（ITI）について研究した．トータルのトレーニング量は約37%しか増えていないが，テンポーペース走とインターバル走からなる高強度トレーニングの割合は，ハードなトレーニングの日と軽いトレーニングの日を交互にまじえながら150%増加した[18]．

ITV 時には，パフォーマンスの停滞の持続（図2.1参照）と高度な不快感の持続[47]が観察された．すべての競技者がその後の3カ月間で個人の記録と同じもしくは，記録を高めることができなかった．ある競技者は典型的な言葉を述べている．

「そんなにスピードを上げても，何も起らない！」

ITV 研究とは反対に，ITI の研究ではストレスになるトレーニングの減少が示され，結果として最大下及び最大パワー発揮が改善し（図2.1参照），かつ不快感の指標は適度なレ

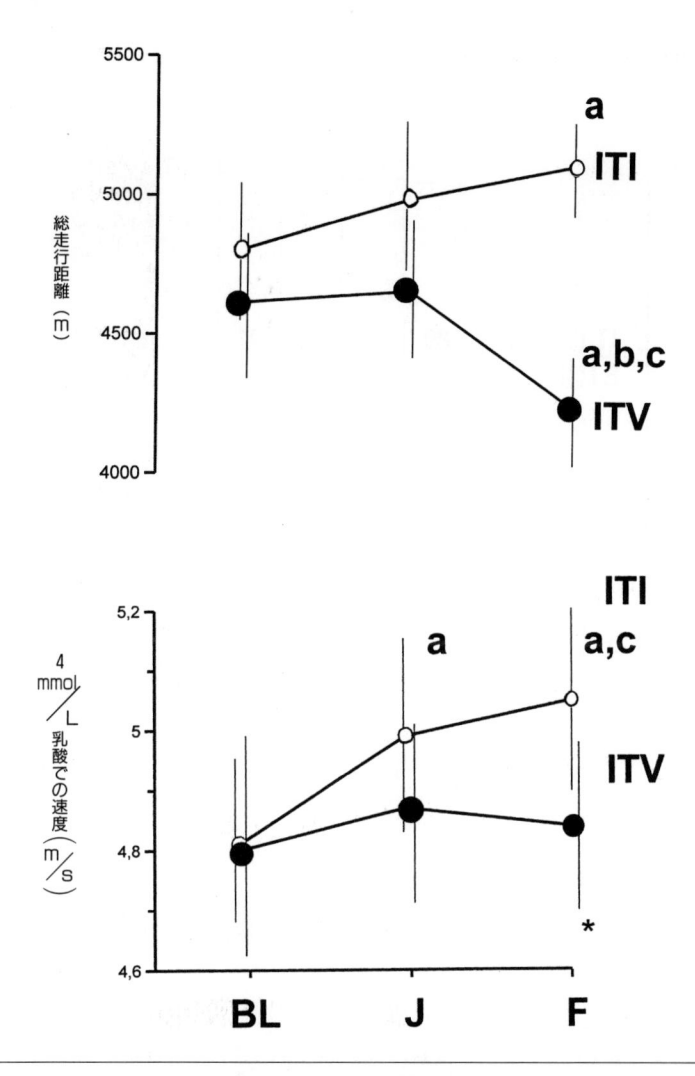

図2.1 9人のランナーを用いた2つのプロスペクティブな研究のシェーマ。最高値（最大漸増負荷テスト時の総走行距離）と最大下走速度（4 mmol/L 乳酸での速度）は，トレーニング強度の増加（ITI）研究時に継続的に増加したが，トレーニング量の増加（ITV）研究では，最高値の減少も最大下走速度の増加も示されなかった。
BL＝ベースライン，J＝中間，F＝最終テスト，index a, b：BL に対して有意，index c：ITV と ITI 間の有意

ベルを保った[47]。その競技者達は3カ月間ずっと個人的なベストパフォーマンスを記録し続け，また M.B という競技者は Baden-Wurttemberg で行われたクロスカントリーの大会で優勝した。平均9～23 km/週のテンポーペース走とインターバル走から高強度トレーニングの割合を4週間で150％増やしたにもかかわらず，競技者達はこのトレーニングの増加によく耐えた。これは①トータルのトレーニング量を制限したこと，②週に1日，休息日を設定したこと，③ハードトレーニング日と軽いトレーニング日を交互におくことで，頻繁に回復日を設定し，単調なトレーニングが明らかに減ったこと，によるものであろう。

他のオーバートレーニングの研究[21,34,35,37,71,72]でも一致したのは，体重，安静時心拍数，血圧などの生理的パラメーターは診断にはほとんど重要ではないということだった[47,48]。ITV

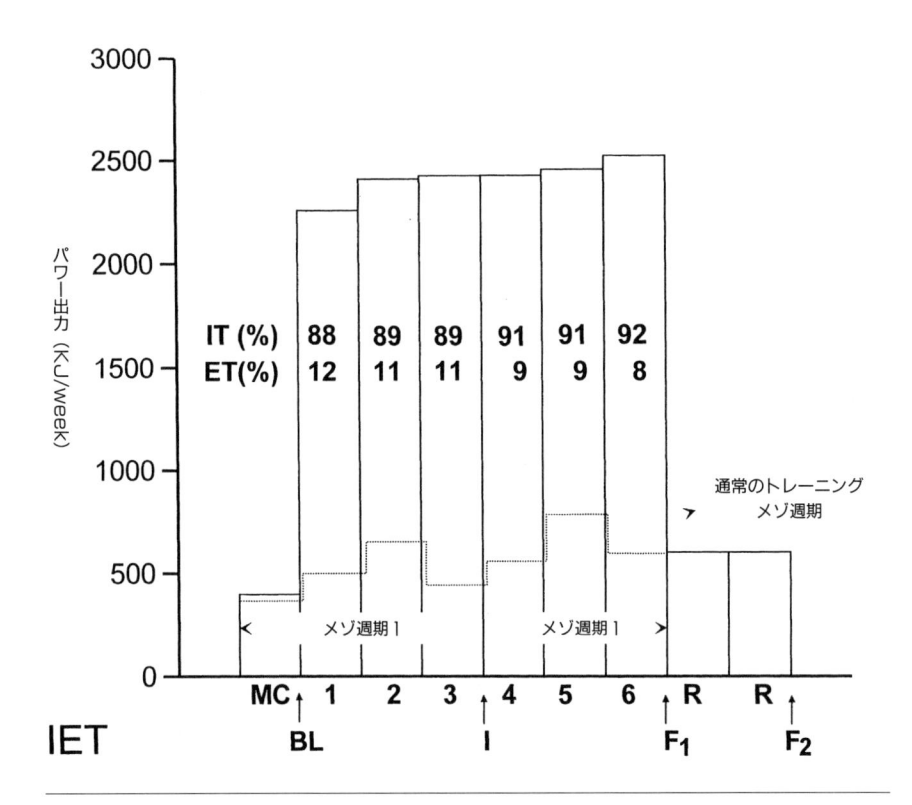

図2.2 6人の自転車競技競技者を用いた高強度の自転車トレーニング（IET）研究のシェーマ。また，通常の2メゾ周期のトレーニングが示されている。ミクロ周期1～6において，トレーニングは，通常の練習（ミクロ周期0）の6倍，そして，激しいテンポペースのインターバルトレーニング（IT）が88～92％，12～8％の広範囲（改造）トレーニング（ET）から構成された。
MC＝ミクロ周期，BL＝ベースライン，I＝中間，F＝最終テスト，R＝回復

はITIと比べて，血清アルブミン，総血清アミノ酸濃度，白血球数，血清フェリチン濃度，血清鉄濃度，あるいはエネルギー基質レベルの減少など[47,48]の血液学的及び血液生化学的パラメーターは多角的なアプローチに基づく診断をより容易にする。

レクリエーショナルな競技者

予想やITV研究に反して，ITIに伴うパフォーマンスの持続的低下や高度な不快感の持続を引き起こすことは不可能ではなかった。別のプロスペクティブな実験的アプローチとして，6人のレクリエーショナルな競技者を対象に，高強度の自転車トレーニング（IET）の研究が行われた[50]。被験者達は，高強度の一定負荷のトレーニング（4 mmol/l 乳酸閾値［4 LT］の90～96％）と40～60分/日のインターバル自転車トレーニング（4 LTの117～127％，短時間のウォーミングアップとクールダウンを含む）を週に6日間，6週間にわたって行った。筋が疲労困憊の日はトレーニングを中止した。第7日目（回復日）には約30～40分間の低強度のトレーニングを行った（図2.2参照）。3週目と4週目に回復のミクロ周期をいれずに，3～6倍のトレーニングを行った。最大下及び最大のパワー出力は，3週間後にほとんど有意に増加したが，3～6週間のあいだは改善が止まったり減少したりした（2 mmol/乳酸閾値［2 LT］でのパワー出力，図2.3参照）。ITV研究によると，最大下運動負荷で

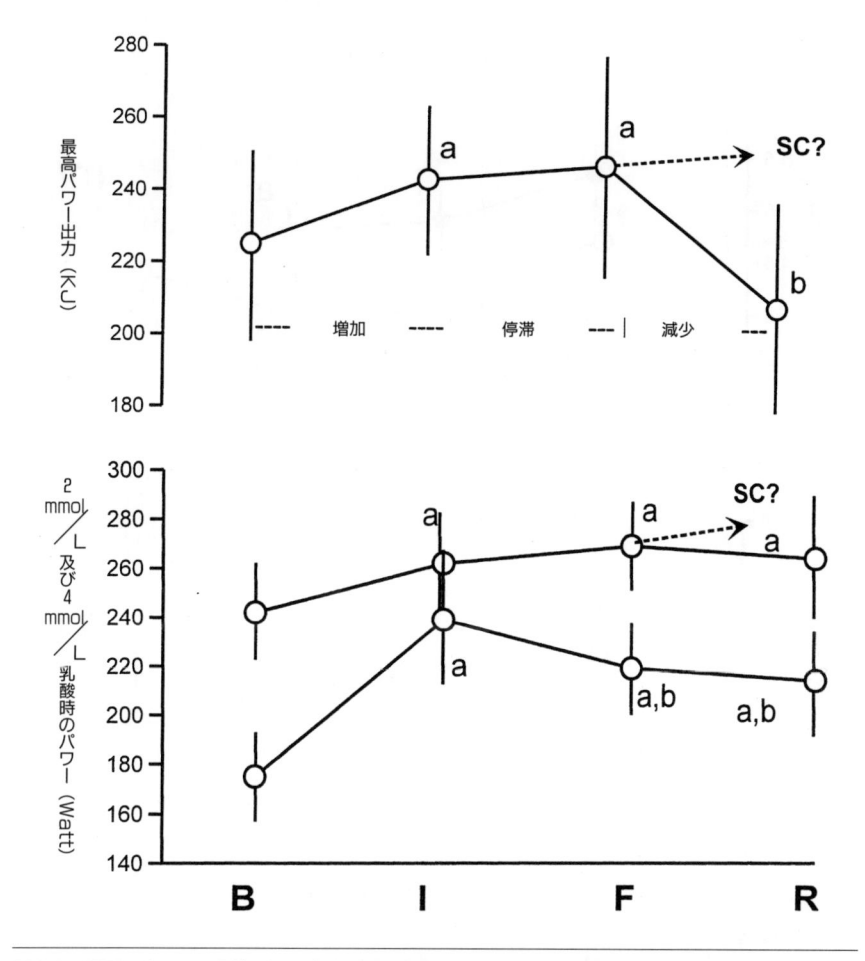

図2.3 IETにおいて，最高パワー出力（最大漸増テスト時）と最大下パワー出力（2 mmol/l 及び 4 mmol/l 乳酸時のパワー）は 3 週目に増加し（中間=I），6 週目（最終テスト=F）にはさらなる増加は示されないか減少し（2 mmol/l 乳酸時のパワー），回復 2 週間後（R）にはさらなる増加はみられず，または減少した（最高パワー出力）
a＝ベースラインとの有意差，b＝中間テストとの有意差，SC＝この研究では観察されなかった超回復

は，パフォーマンスと血糖，遊離脂肪酸，血中乳酸とのカーブの抑制が 6 週間後にはっきりと認められた（図 2.4 参照）。これは，基質貯蔵の減少とカテコールアミンに対する $\beta 2$-アドレナリン受容体の感受性の減少を反映しているようである。そのため，最大下パワー出力の過大評価と実際にはその減少をこの点で認めなければならない。一方でグリコーゲンの消耗はオーバートレーニングの過程では必ずしもあるわけではない[72]。加えて，IET 時の最終的な測定においてごくわずかに高い最大パワー出力を示したことは，高い最大乳酸（13.27 vs.12.47 mmol/L）によって反映されるように，より高いパフォーマンス能力よりはむしろ，より高いモチベーションを示唆している。

IET 研究では，2 週間の回復期間（約 2 時間/週のトレーニング）の後においても超回復がみられず，逆に最大パワー出力がベースライン以下に低下していることが観察された（図 2.3 参照）。つまりこれはオーバートレーニング症候群の徴候と理解してよいだろう。これらの知見は，長期的にコントロールされた実験に基づいてオーバートレーニング症候群の

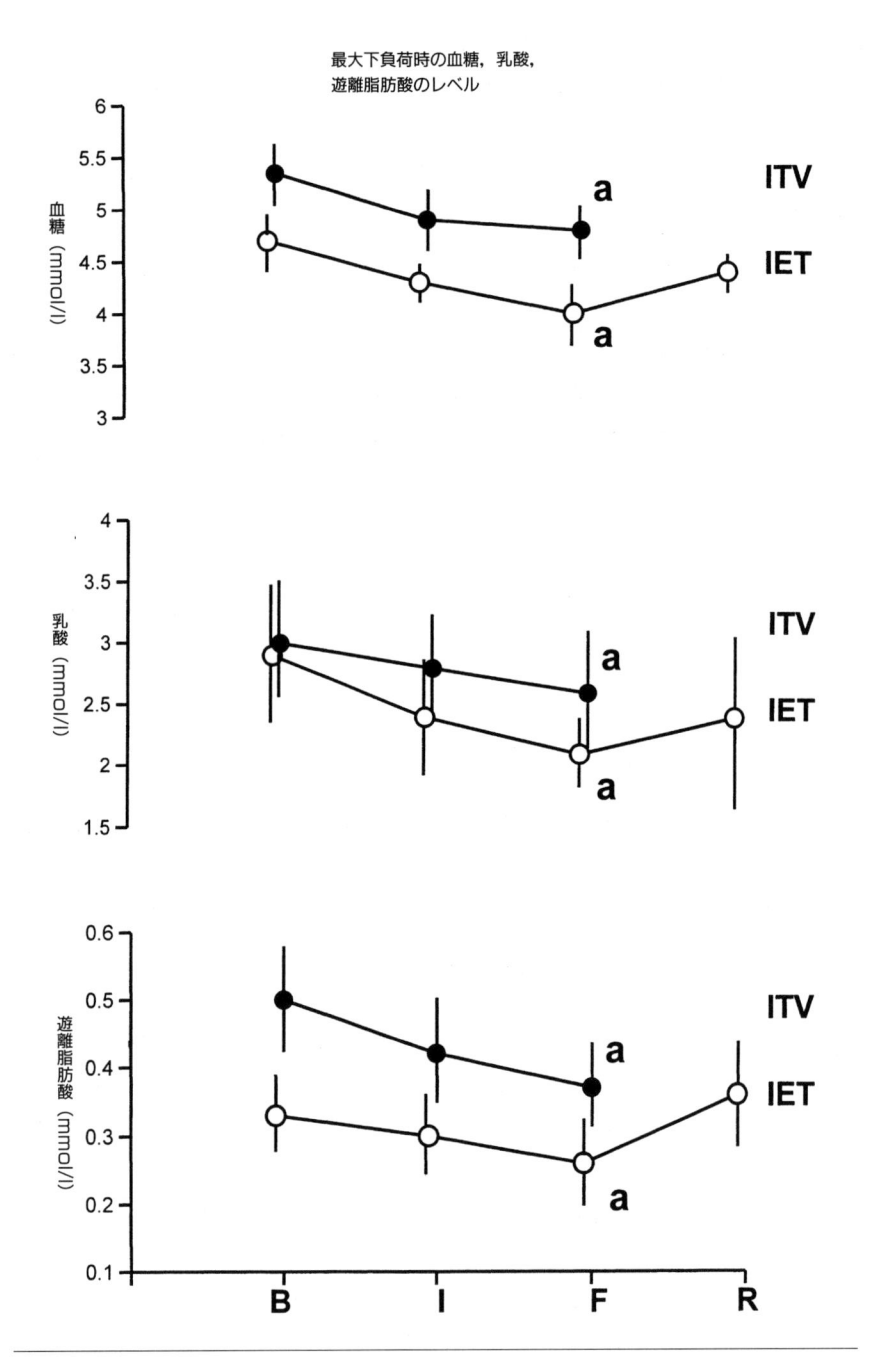

図2.4 ITV 及び IET オーバートレーニング研究において，一定の最大下負荷時の血糖，乳酸，そして遊離脂肪酸のレベルは，ベースライン（a：$p<.05$）に比べて，最終テスト（F）時に有意に低下し，また回復期（R）において再び上昇した。
B=ベースライン，I=中間

確固たる診断を下すことの難しさを反映していると同時に，競技者やコーチにとって，日常のトレーニングにおけるこの問題の複雑性を強調する結果となっている．

Fryら[21]，Jeukendrupら[37]，およびSnyderら[71,72]は10日間高強度のトレーニングを集中して行った特殊工作兵および14日間同様のトレーニングを行った経験豊富な競技者におけるパフォーマンスの低下を観察している．(2〜3時間/日のトレーニングで1〜2週間のテーパリング期間後には超回復がみられた)．

またDressendorferら[14]は，健康のためにジョギングをしている被験者(実験前の平均走行距離は17.1 km/週)に普段やり慣れていない量のトレーニング(129.2 km/週)を課したところパフォーマンス低下がみられたこと，さらにCostillら[10]は，エリート水泳競技者に10日間高強度の水泳トレーニングを課したところ何人かの競技者にパフォーマンス低下がみられたことをそれぞれ報告している．これらの結果とITV，IETの結果から，3週間にわたって高強度のトレーニング(例えばエルゴメーターを利用した高強度のトレーニング)あるいは期間を延長した単調な持久系トレーニング(トレーニング量の増加)を行った後には，オーバートレーニング症候群を発症するリスクを考慮すべきであると総括できる．

短期(オーバーリーチング)と長期のオーバートレーニングの境界

どのくらいの期間でオーバーリーチングが競技者に広まるかという決定的な問題については，Lormesら[56]が，ボート競技におけるオーバーリーチングの研究(ROS)において，ジュニア世界選手権にむけた準備期にあるエリートボート競技者を対象に追検討している．このチームは，国内及び国際大会の間(図2.5参照)，7〜10日間の5つの期間以上で調査された．平均トレーニング量は2.2時間/日(期間0, ベースライン)，2.9時間/日及び3.2時間/日(期間1及び期間2, 2日間の休息日を含む19日間)及び，おおよそ2.2時間/日(回復期，期間3及び期間4)であった．期間0に比べて期間2の後には，最大ロウイングテストにおいて4 mmol/L乳酸時のパワー出力の減少と(エイトを除く)，最大パワー出力の停滞が示された(図2.6参照)．しかしながら，世界大会での競技タイムは，国内大会時よりも良かったため，十分な回復がなされたといえる．このことは，4つの金メダルと1つの銀メダルを獲得したことでも証明される．

この研究は，持久系競技者における長期間のオーバートレーニングの危険ボーダーラインが，約3時間/日の高強度もしくは長時間のトレーニングを3週間くらい続けること，という意見を証明している．この期間を完全に利用するならば，オーバートレーニング症候群を避けるためには，完全な回復のために2回復周期(2週間)は必要であろう．週に1度の休息日と，ハードトレーニング日と，イージートレーニング日を交互に行うというトレーニングの原則に従うことによって，オーバートレーニング症候群のリスクを確実に減らすことができる．

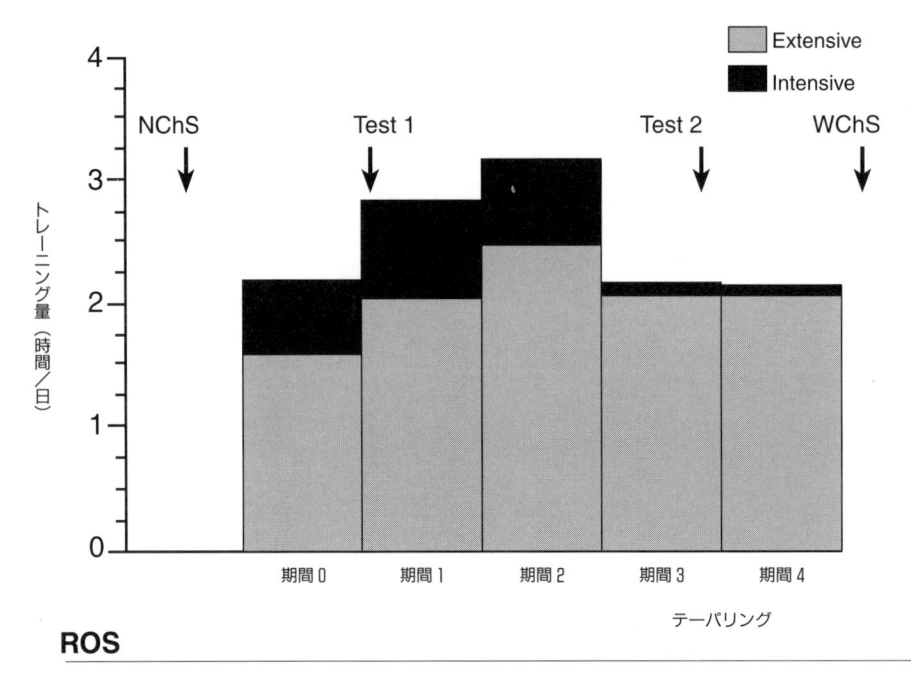

図2.5 国内選手権(NChS)と世界選手権の間に行われたボート競技のオーバーリーチング研究(ROS)のシェーマ。ベースライン期間後(期間0)と期間3後期(テーパリング期)にローイングテストを実施。各期間は7〜10日間で構成。

Fosterの単調説

　Bruinら[7]は，高強度負荷で単調なトレーニングを行うことは，トータルのトレーニング量と同じくらい，オーバートレーニング症候群の回復時の競走馬においては深刻であると述べている。このことは，競技馬が，ハードトレーニング日と，イージートレーニング日を交互に行うことに対してより耐性があるということを示している。ハードトレーニング日にトレーニングの激しさを徐々に高めたときでさえ，競技馬はかなり体調がよい。しかしながら，回復日にトレーニング負荷を増すと，ヒトのオーバートレーニング症候群に似通った状態が急速に馬にもたらされた。この観察は，FosterとLehmannによって，ヒトの競技者においても証明された[18]。トレーニングの単調さを定量化するために，Fosterら[15-18]は競技者のトレーニング負荷を推定するための自覚的運動強度(RPE)・トレーニング時間積算法(日々のトレーニング時間×Borgの10ポイント自覚的運動強度)を示した。

　トレーニングの単調性は，日々の平均トレーニング負荷の標準偏差と毎日の平均トレーニング負荷の比率を用いて，1週間ベースで評価されるだろう。小さい標準偏差と高い比率は日々のトレーニング負荷のバリエーションが小さく，単調性が高いことを示し，大きい標準偏差と低い比率はバリエーションが大きく，トレーニングの単調性が小さいことを示す[18]。このトレーニングのモニタリングのシェーマでは日々の詳細なトレーニングによらない。たとえば，非常に広範囲の，もしくは非常に高強度のトレーニングを行う日を交互

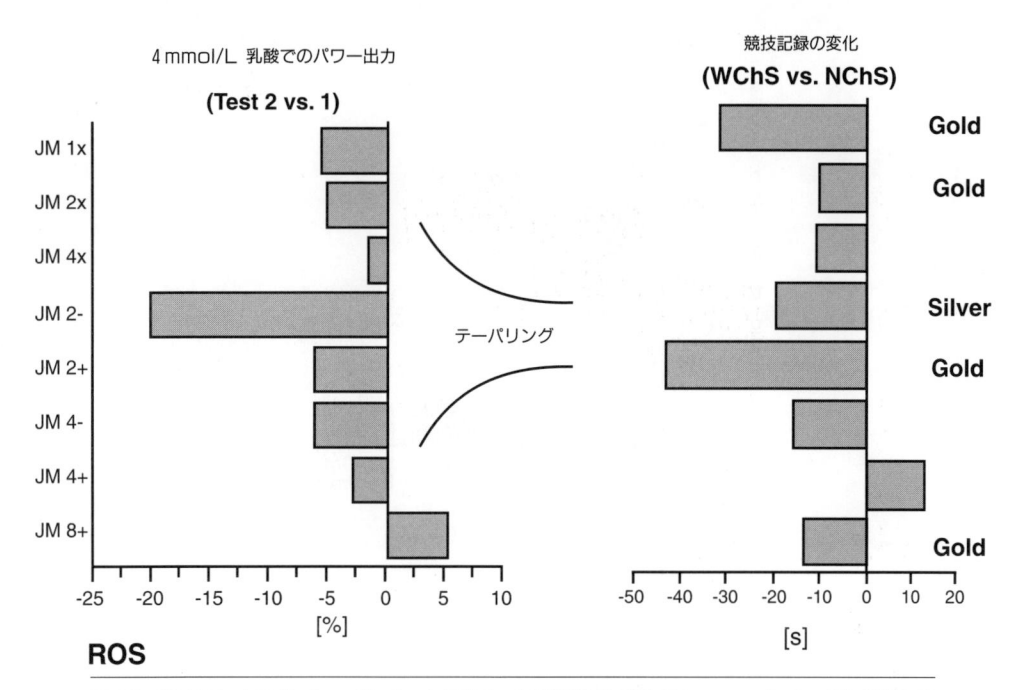

図2.6 ROSによるボートエイトチームのパワーと競技記録の変化のシェーマ。4 mmol/L 乳酸でのパワー出力はほとんどのチームで2つのオーバーリーチングトレーニング期間後に減少した（図2.5参照）。コックスエイト（JM 8：ジュニア男子 8）を除く。テーパリング後、WChS における競技結果は NChS に比べてよかった。これはオーバーリーチングが持続的なパフォーマンスの低下、例えばオーバートレーニング症候群を引き起こさなかったことを示している。

に変えることは，いまだに，毎日が高いトレーニング負荷の日となり，単調となると考えられるであろう。競技者のなかには，高いトレーニング負荷と単調性は低いパフォーマンスと，オーバートレーニング症候群の発生の現れである感染症への罹患頻度の増加と関連があった。これに対して，トレーニング負荷の減少及びトレーニングの単調さの減少は，個人のベストパフォーマンスと関係があった[18]。1995年の世界選手権の準備として行なわれた Miguel Indurain のトレーニングに関するレポートには，ある競技者がハードトレーニング日とイージートレーニング日を交互に行うというコンセプトに従うことによって，トレーニングの単調性をどのように避けることができたかが示されている[18]。

オーバートレーニングに対する生理的反応

自律神経のバランス

臨床的立場から，Israel[36]は長期のオーバートレーニングは交感神経—副交感神経系，もしくは自律神経系のアンバランスを引き起こすことを示唆している。疲労や無気力は副交感神経型オーバートレーニングによくあり，これは持久系スポーツで典型的に現れる。落ち着かない，また興奮しやすいという症状は交感神経型オーバートレーニングでよくみられるが，瞬発的なスポーツでさらに典型的であり，加えてトレーニング以外のストレスに関連している。夜間（基礎）尿中カテコールアミン排泄量の著しい増加が中距離ランナー

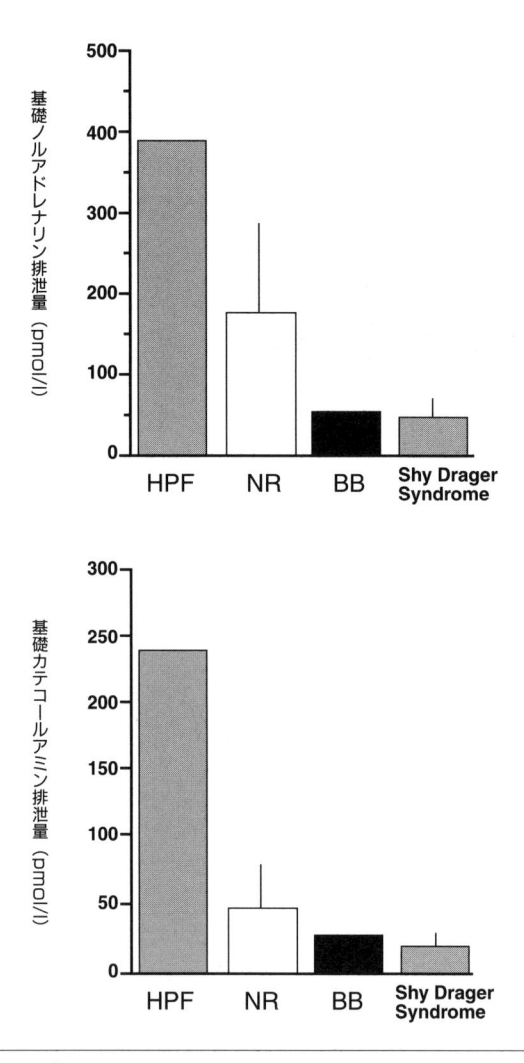

図2.7 中距離ランナー（H.P.F）の夜間尿中カテコールアミン排泄量は，十分にトレーニングされた対象（ITV研究前の8人のランナー；NR：正常域），バーンアウト症候群を患っているトップテニス競技者（BB），Shy Drager症候群患者におけるカテコールアミン排泄量に比べて，いわゆる交感神経型オーバートレーニング症候群を示している。

のH.P.Fにおいて観察されたことは，先の仮説と一致する。このランナーは，1984年ロサンゼルスオリンピック前にパフォーマンスの低下，興奮しやすい，落ち着きがないといった症状を呈し，予選には通ったが，個人的理由（トレーニング以外のストレス）によりオリンピックに参加しなかった。対照的に，ドイツのあるプロテニスプレーヤーはバーンアウト症候群（副交感神経型オーバートレーニング症候群）を示し，約4週間の間に3大陸におけるATP決勝で3度成功した後，基礎カテコールアミン排泄量の著しい減少を呈した（図2.7参照）。

内因性交感神経活性——ロード自転車競技者においても，1988年のソウルオリンピック前の週における高強度トレーニング期においてトレーニング負荷の増大に関連した基礎カテ

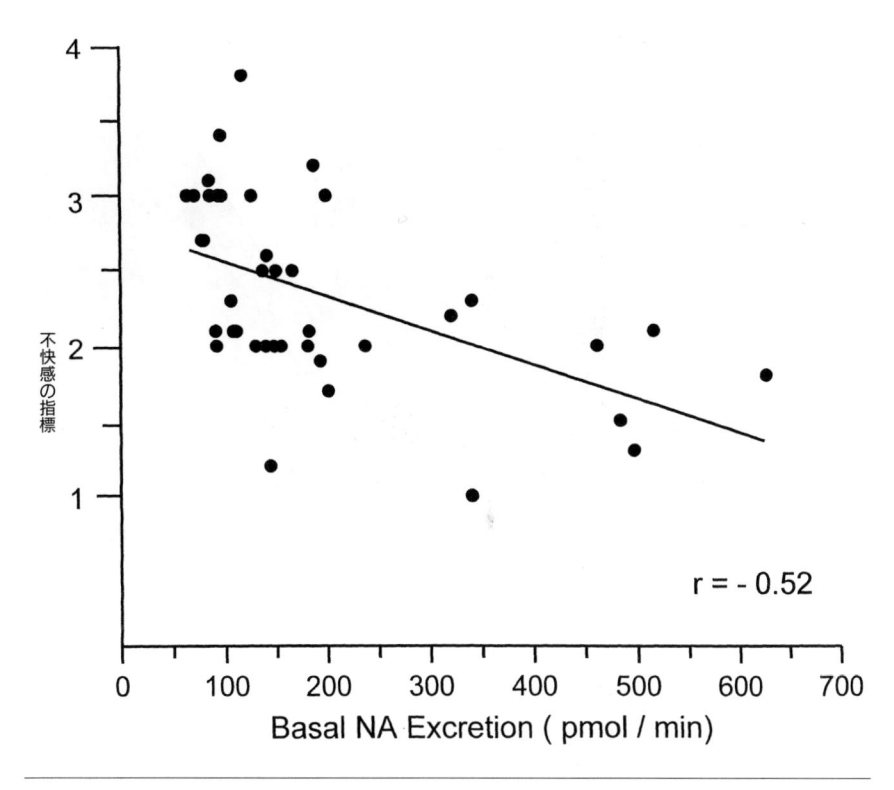

図2.8 トレーニング量の増加（ITV）研究において，不快度（4段階スケール）と基礎尿中ノルアドレナリン排泄量との間に負の相関が観察された。

コールアミン排泄量の減少が観察されたが，オリンピック競技会直前の回復期にはこの増加した排泄量は回復した[46]。このチームが2個のメダルを獲得することは予想できなかった。反対に，同時に測定したトラック自転車競技者の基礎カテコールアミン排泄量は競技会の直前まで最低値にいたらなかった。おそらく回復期が不十分であったためであろう[46]。これらの競技者は思いもよらず1988年の競技会の予選ラウンドを通過しなかった。そのようなカテコールアミン排出率の減少は交感神経機能不全患者(Shy DragerもしくはBradbury Eggleston症候群)[45]にのみ示されていたので，オーバートレーニングの競技者における基礎カテコールアミン排泄の著しい低下は一時的なカテコールアミン代謝作用の低下及び交感神経活性の低下などを示し，副交感神経型オーバートレーニングを示しているのかもしれない。この意見はITV研究[46-48]によって検証され，基礎尿中ノルアドレナリン排泄量と疲労が主要因の不快感の指標との間の負の相互関係が示されている（図2.8参照）。基礎カテコールアミン排泄量の著しい減少は，しかしながら，あとで分かる知見であり，オーバートレーニング症候群の発生を早期に示す指標ではない。基礎カテコールアミン排泄量の減少は，4カ月後にはっきり回復したものの，あるサッカーチームでトレーニングを増やして疲労のあるセミプロの競技者においても観察され[46]，このことは最近，Naessensら[61]によって証明された（図2.9参照）。基礎排泄量の減少はIET研究[50]では実証することはできないが，おそらく，自転車競技者[46]，サッカー競技者[46]，及びITV研究[47,48]と比較して，トータルトレーニング負荷とトレーニング以外による負担度が低いためであろう（およそ

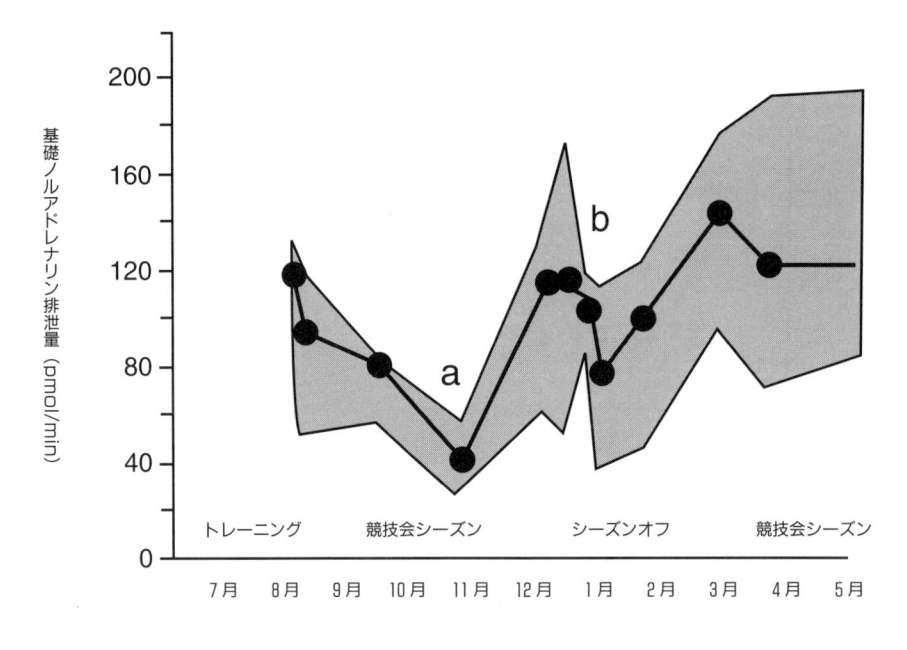

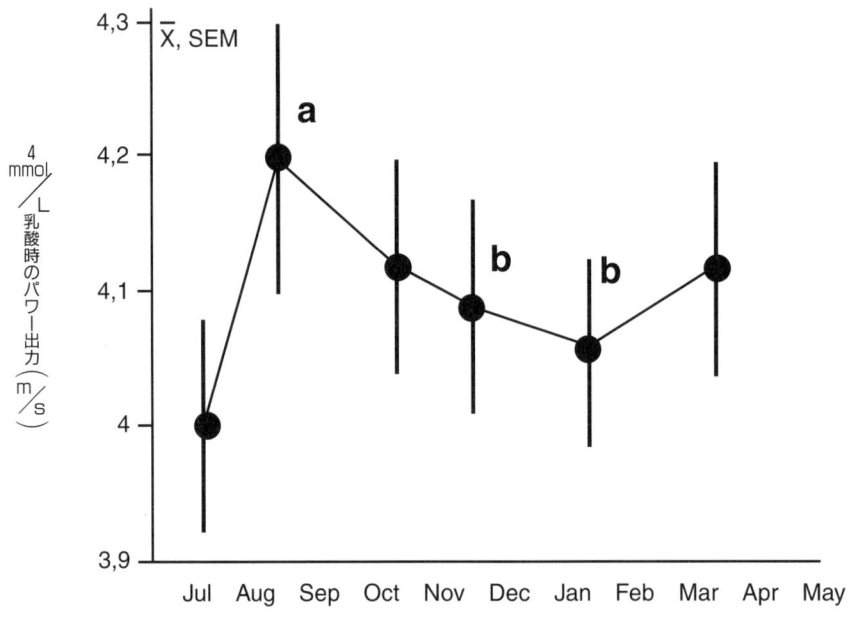

図2.9 疲労しているサッカー競技者のパワー出力と基礎ノルアドレナリン排泄量のシェーマ。基礎ノルアドレナリン排泄量と4 mmol/L 乳酸時のパワー出力の減少が，疲労したセミプロのサッカープレーヤーにおいて，8月から11月のあいだに観察された。その期間は大会シーズンの初期であり，リーグランク7位で終わった。基礎ノルアドレナリン排泄量は冬のオフの期間に再び上昇し，2月から3月の第2シーズン時に正常域を保ち，リーグ2位で終わった。
a＝ベースラインとの有意差，b＝その前からの有意差

1 h/d：3 h/d）。

　オーバーロードの筋肉からでる抑制された求心性の信号に加えて，減少した本来の交感神経活性は，筋代謝と脳の神経伝達代謝間の連鎖のような，オーバートレーニングによるアミノ酸のアンバランス[23,24,62,66,67]と関連のある可能性がある。この不均衡は，脳のフェニルアラニン，チロシン，及びトリプトファンの取り込みの増加，カテコールアミン前駆体（フェニルアラニン，チロシン），及びセロトニン（トリプトファン）によって特徴づけられる。中枢の抑制―興奮のアンバランスは，脳の芳香族アミノ酸の取り込みの増加，特にトリプトファンの増加によると仮説づけられる[62,66,67]。このオーバートレーニングに対する仮説の関係は15章で詳しく述べられている。

　カテコールアミン感受性――基礎カテコールアミン排泄量の減少は，運動前の血漿ノルアドレナリン濃度の有意な増加及び同一の最大下運動負荷での反応とともに起こることが，ITV 研究[47,48]で同時にわかった。つまり，基礎カテコールアミン代謝が低下したにもかかわらず，血漿ノルアドレナリンストレス反応はベースラインと比べて増加したのである。血漿ノルアドレナリン濃度の上昇は，最近オーバートレーニングの一流水泳競技者において，Hooper ら[34,35]により立証された。しかしながら，血漿ノルアドレナリンレベルの上昇は，IET 研究[50]における低いトレーニング負荷では認められなかった。その最大下負荷での血漿ノルアドレナリンストレス反応の増加は，低下した心拍数，血糖，乳酸，及び遊離脂肪酸の反応とともに起こる（図 2.10 参照）。それらは，組織のカテコールアミン感受性の減少を示唆している。この考えは Jost ら[38]によって立証されている。彼は，テーパリング期[38]に比べてトレーニング量を増加させた時期の長距離競技者及び水泳競技者において，β-アドレナリン受容体密度の減少とリンパ球のイソプロテレノールにより刺激されたサイクリック AMP 活性の低下を明らかにした。

　これは，長距離ランナーにおいて，トレーニング量増加ののち，高まった密度から非鍛錬者[43,44,58]の正常域に回復した多形核リンパ球にある 400 の受容体の β2-アドレナリン受容体の平均減少を示した我々の結果（未公開データ）と一致している。つまり，よく鍛錬された状態[43,44,58]に比べて再度正常化したアドレナリン受容体の密度とカテコールアミン感受性の減少は，日々数時間過負荷が与えられた受容体と，その後の受容体のメカニズムの結果と考えられ，これは Tohmeh と Cryer[74]によって実験的に観察された。観察された血漿ノルアドレナリンストレス反応の増大はカテコールアミン感受性の低下を補おうとする反応として解釈することができる。その減少したカテコールアミン感受性は競技者においてβ-ブロッカー[42]を投与したときの効果とよく似ており，"末梢疲労"のパラメーターとして用いられる。目標器官への異化シグナルの伝達は損なわれ，「そんなに急いでも何も起らない」というようなコメントを説明するかもしれない。

　したがって，副交感神経型オーバートレーニング症候群における迷走神経緊張優位は，本来の交感神経活性の一時的な減少と，オーバーロードによる細胞の非可逆的ダメージに対する目標器官の複合的な保護機能の一部としての器官カテコールアミン感受性の低下に基づいている。

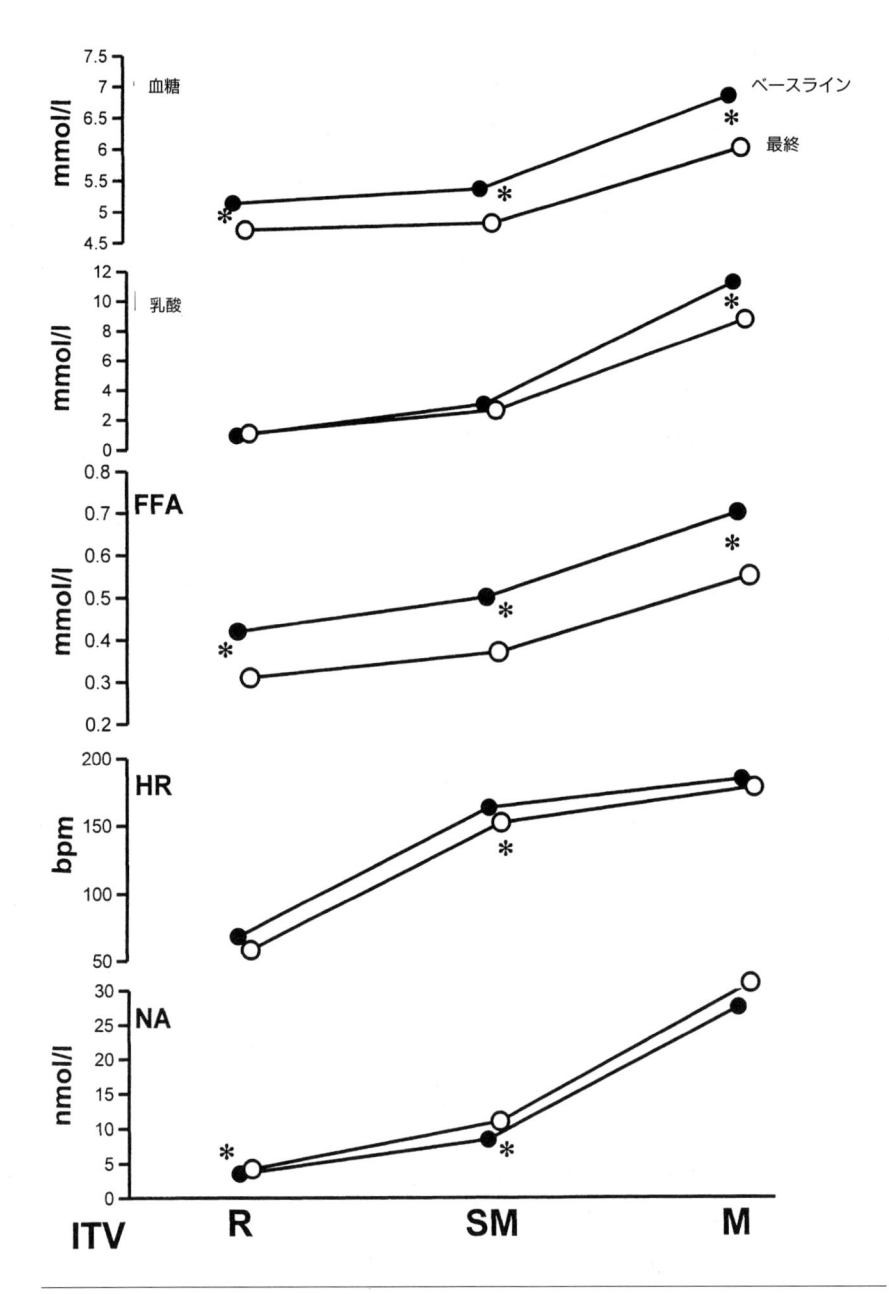

図2.10 最大下負荷時（SM）及び最大負荷時（M）における血糖，乳酸，及び遊離脂肪酸反応と，心拍反応は漸増自転車テストを用いたITVオーバートレーニング研究のベースラインに比べて，最終テストで有意に低下した。しかし，これらの減少は，高い安静時血漿ノルアドレナリン濃度及び最大下負荷時の血漿ノルアドレナリン反応と有意に関連していた。
R＝休息，FFA＝遊離脂肪酸，HR＝心拍数，NA＝ノルアドレナリン

神経筋肉の興奮性

よく鍛錬された持久系競技者には，鍛錬され，疲労のない筋の高い神経筋興奮性がみられる[5]。ストレスのかかった筋の神経筋興奮性(NME)の減少は長時間運動後にみられる[70]。片足ストレステストでは，この疲労はストレスのかかった足にのみ現れるだけである[70]。これは，神経筋の疲労反応は中枢機能に影響することが少ないことを示している。NMEの減少はまた，トレーニング量の増加に関する研究で，オーバートレーニングの競技者における夜間休息後にも認められた[52]。また，激しい自転車トレーニング研究後にもみられた[54]（図2.11参照）。先に議論されたアドレナリン感受性の低下の観察に匹敵して，これは主として，適応の過負荷による損失として解釈される[5,22,52,54]。神経筋興奮性の減少はまた目標器官へのシグナル伝達機能の障害，また末梢疲労のパラメーターとして解釈することができる。

ホルモンのバランス

遊離テストステロンとコルチゾルの血漿レベルは，組織の同化活動と分解活動を反映する[1,2,12,27-30,33,59,76]。同化—分解活動のアンバランスは，コルチゾル／遊離テストステロン比の増加とタンパク分解の増加を反映している血清尿素濃度によって示される。この比は，オーバートレーニング症候群[1]を初期に発見するための有益なパラメーターである。高い基礎コルチゾルレベルと，インスリン誘発性低血糖に対するGH，ACTH，コルチゾル，及びPRLの反応の低下は，オーバートレーニングの競技者における視床下部の機能障害を示している[3]。一方で，4 mmol/L乳酸での発揮パワーと最大パワーは，トレーニングシーズン中の一流ボート競技者において，ホルモンのパラメーターとの関連を示さなかった[76]。

有用なオーバートレーニングに関する研究[21,34,35,40,47,48,50]では，すでに強化された競技者においては，基礎コルチゾルと尿素の増加，あるいは遊離テストステロン減少のいずれの確証も認められなかった。黄体形成ホルモン(LH)の高分泌のない非鍛錬者における血清テストステロンの持久トレーニングによる減少は，定期的なトレーニングを開始した早期の適応と区別されるべきである[77]。

Wheelerら[77]によれば，ITV，IET，及びROS研究では，基礎コルチゾル濃度の増加も遊離テストステロンの減少も認められなかった（ただし，回復期後の未適応の競技者を除く；表2.2参照）。ROS研究においてのみ血清尿素の増加が観察されたが，オーバーリーチング期ではなく，その後の回復期後半にヘマトクリットと血清アルドステロンレベルの増加を伴ってみられた。このことは，トレーニングが主にテーパリング期に水中で行われて，あまり水を飲まなかったことにより説明される。

トレーニングのモニタリングのための血清尿素レベルの適正は，分岐鎖アミノ酸の補給やアミノ酸代謝の増加を伴う2時間を越える激しい運動時においても血清尿素レベルの増加が認められず，むしろグルタミン濃度の増加がみられたという観察によって論議された(23,24)。したがって，これらの状況下においては，アンモニアの解毒作用は尿素生成を通してではなく，グルタミン生成を通して行われると考えられる。

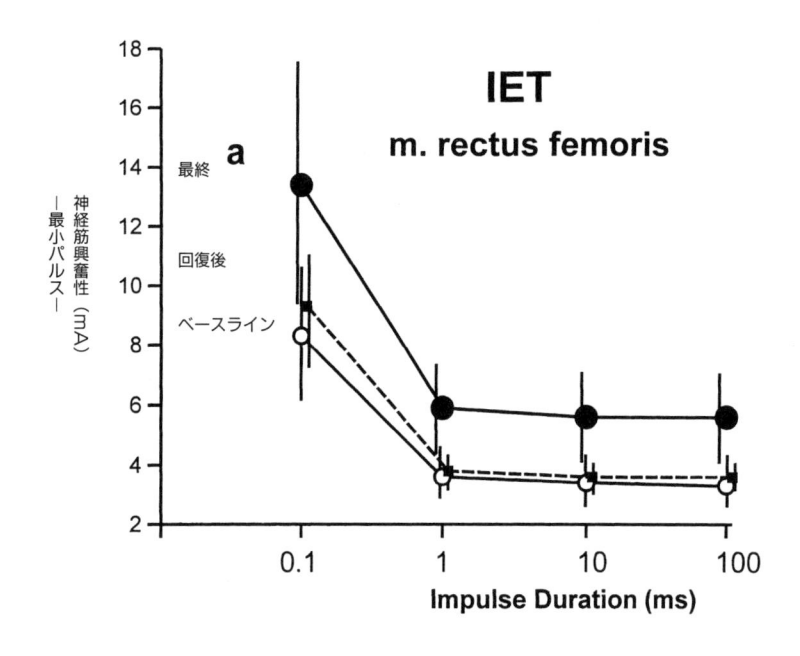

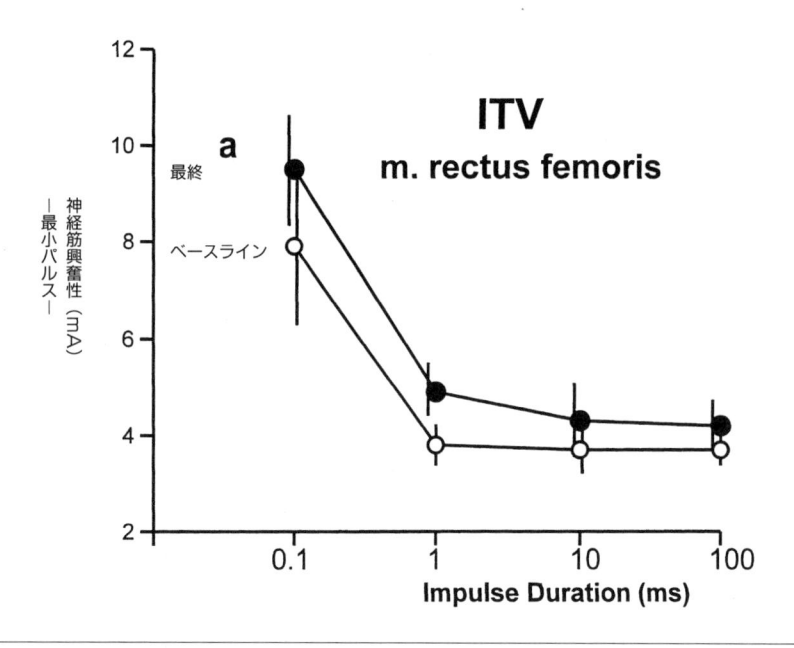

図2.11　神経筋興奮性の低下の指標として，対照の筋（大腿直筋）繊維の単一収縮を引き起こす最小パルスは，高強度の自転車トレーニング（IET）研究及びトレーニング量の増加（ITV）研究の両方の最終テストにおいて異なる刺激時間で有意に上昇（悪化）した。

副腎皮質刺激ホルモンに対する副腎の感受性──先に述べたように，基礎及び運動によるコルチゾルレベルは，オーバートレーニング時にはわずかに減少した[21,34,35,40,47,48]。これは，副腎皮質の過負荷，またアドレナリン受容体や神経筋構造の過負荷のためである。ゆえに，Barronら[3]によれば，長期間のオーバートレーニングの後には，コルチコトロピン分泌ホルモン（CRH）由来の脳下垂体の副腎皮質刺激ホルモン（ACTH）の分泌は約81％も高く，

表 2.2 様々なトレーニング研究やオーバートレーニング研究における，血清尿素，ヘマトクリット（Hct），血清コルチゾル，ゴナドトロピン（LHとFSH）のベースライン（B）とトレーニング後（F）の濃度

		ITV		ITI		IET		ROS		
		B	F	B	F	B	F	B	F	R
尿素（mmol/L）	x	6.1	6.0	6.0	5.8	5.1	4.3	6.5	6.0	8.5*
	SD	1.3	1.6	1.1	1.3	1.6	1.9	1.2	1.3	1.8
Hct（%）	x	42.7	40.7*	46.1	42.1*	43.7	42.9	46.5	45.5	48.1*
	SD	2.7	2.5	1.5	1.6	3.7	2.7	1.4	1.5	1.9
コルチゾル（mmol/L）	x	442	320	265	320	458	414	450	463	469
	SD	179	94	55	113	163	88	86	110	88
遊離テストステロン（pmol/L）	x	66	66	69	73	105	102*	87	83	94
	SD	21	17	20	21	34	49	16	15	23
LH（mU/mL）	x	2.8	3.0	2.8	3.0	2.3	2.0	3.6	3.6	3.0
	SD	0.9	1.3	0.8	1.2	0.4	0.5	1.2	1.0	0.8
FSH（mU/mL）	x	4.2	4.1	5.2	5.2	2.7	2.7	6.1	5.3	5.5
	SD	1.8	1.7	1.8	2.3	0.7	0.7	2.3	2.0	2.1

a 85±20 pmol/L（$p<0.5$）after 2 weeks of recovery（R）.
*$p<0.5$
ITI, ITV（p 32「経験を積んだ競技者」の項参照），IET（p 34「レクリエーショナルな競技者」の項参照），ROS

副腎からのコルチゾル分泌の約25％の低下を伴っていた[50]（図2.12参照）。また，彼らは，オーバートレーニングのマラソンランナーにおけるコルチゾル分泌の低下を観察した。しかしながら，これは基礎血漿コルチゾルレベルの増加と結合しており，それはプロスペクティブなオーバートレーニング研究と反対であり，より進んだ段階を示しているのかもしれない[21,34,35,40,47,48]。

したがって，副腎皮質は，過負荷のトレーニングの元では，アドレナリン受容体や神経筋構造のように，ACTHに対する感受性の減少を示す。下垂体から副腎までのシグナル伝達が低下するのは，過負荷によるダメージに対する細胞の保護と考えられる。生物学的に，我々人間を含むすべての動物は，疲れると休むようにつくられており，我々の生理機能にはたくさんのネガティブフィードバックの調整がある。しかしながら，プレーの役割をトップスポーツのビジネスに変えた社会的動物のような我々は，自分たちの生物学的プログラムをよく無視しているようだ。そのため，オーバートレーニング症候群は我々の生理学的特性における最終的なネガティブフィードバックであるかもしれない。

副腎コルチゾル反応の減少は，成長ホルモン刺激ホルモン（GHRH）や成長ホルモンの分泌に対する脳下垂体の感受性の増加とわずかながら関係している[50]。それゆえに，コルチゾル分泌に対する成長ホルモン分泌比の増加は，オーバートレーニング時において，より同化内分泌反応性（図2.13参照）に調整がシフトしていることを反映していると思われる。

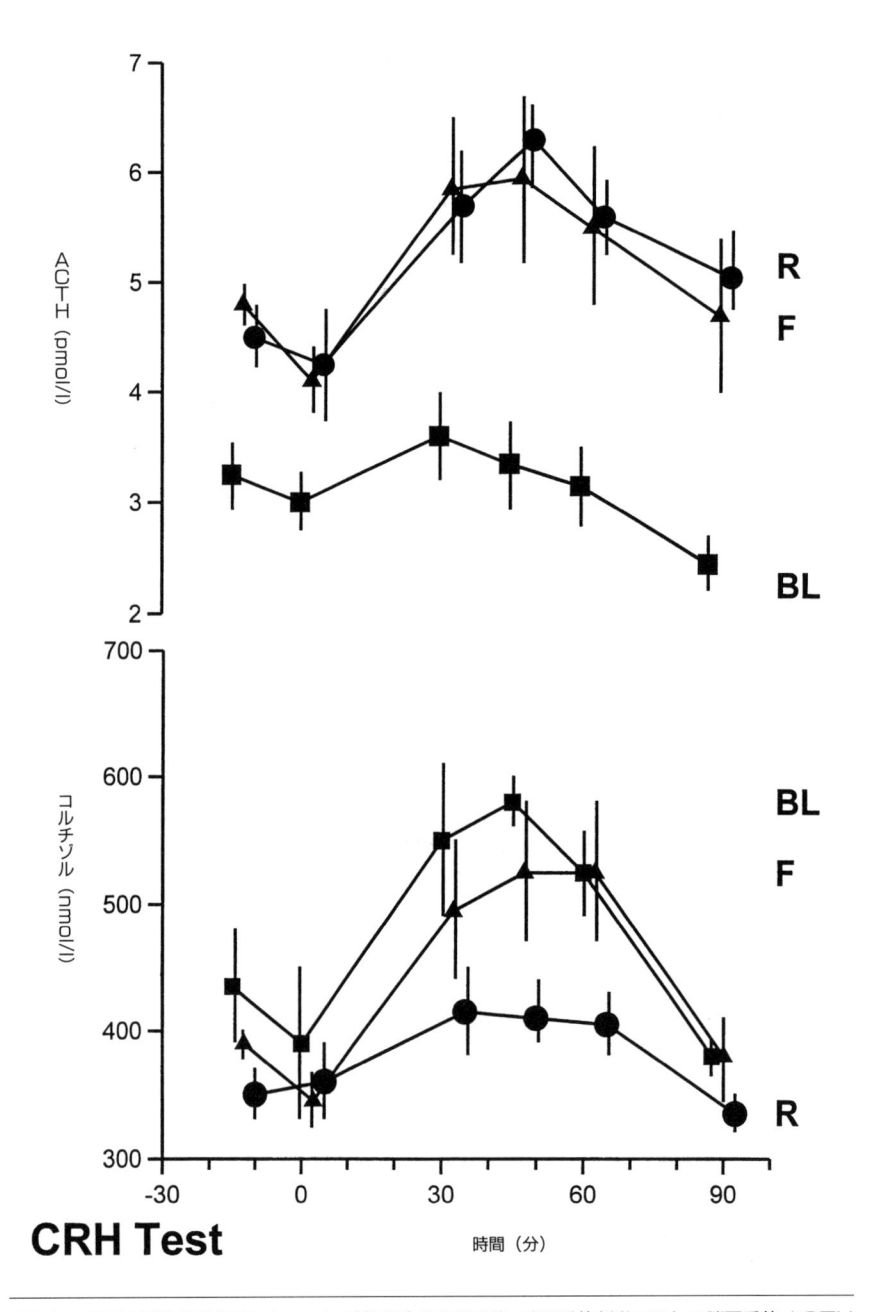

図2.12 単調な高強度自転車トレーニング(IET)の6週間後,脳下垂体刺激テストで脳下垂体ACTH反応がおよそ80％高く,副腎コルチゾル反応が25％低下したことが明らかとなった。これは,オーバートレーニングによるACTHに対する副腎感受性の低下を示しているかもしれない。
BL＝ベースライン,F＝最終テスト,R＝回復後

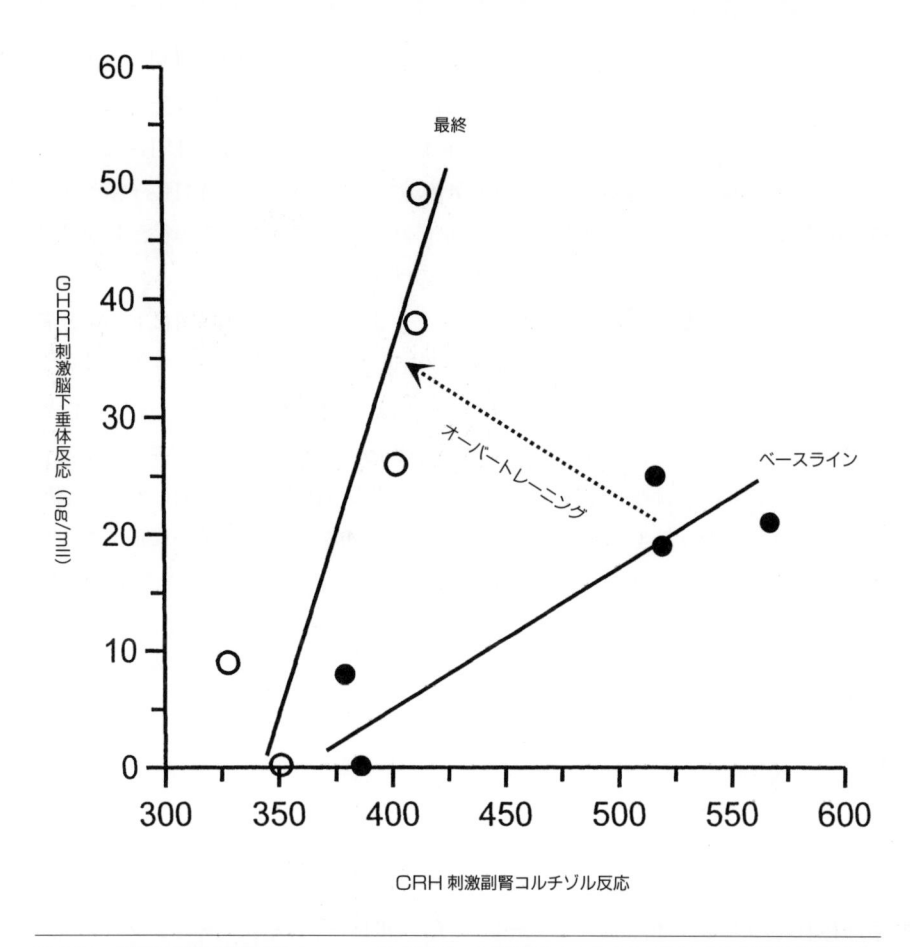

図2.13 単調な高強度自転車トレーニング（IET）の6週間後にGHRH刺激脳下垂体反応の増加とCRH刺激副腎コルチゾル反応の低下の比が有意に増加した。これは，オーバーリーチングやオーバートレーニング反応を反映しているかもしれない。

オーバーリーチングにおける分子生物学的知見

　運動は，熱や，代謝的及び酸化ストレス（ショック）を筋細胞に引き起こす。ストレス蛋白またはショック蛋白と呼ばれる一連の保護的ポリペプチドを合成することによって細胞は反応する。特に，いわゆるヒートショックプロテイン（HSP）は，ストレスを受けている細胞の耐性を増し，細胞の修復過程を管理する[69]。HSPはポリペプチド蛋白類，特に70 kDa蛋白類に属し，蛋白を保ち集める役割を果たしている[4,67]。ラットでは，HSP 70 mRNAは運動後1時間でピークに達し，運動後6時間後にベースラインレベルに減少するが，わずかに高値のままである[69]。

　細胞及び分子生物学的レベルでの筋肉の適応性は十分には解明されておらず，特にヒトの競技者ではHSP 70を加えて，Opitiz-Gress[64]が1995年の世界選手権に向けて準備をしているジュニアボート競技者を対象に，ミオシンH鎖のような遅いタイプと早いタイプの収縮性タンパクの転写レベルでの表出の変化を研究した。MHCは多遺伝子系の主要な収縮

性タンパクである(55,57)。慢性の電気刺激やストレッチ，力発揮，肥大，運動，ホルモンの影響，もしくは神経刺激などの異なった状況下でのMHCアイソザイム遺伝子解明の変化は動物モデルでは証明されている(6,25,26,57)が，ヒトや競技者ではほとんど証明されていない。ラットでは，前脛骨筋や長指伸筋の慢性の電気刺激は，遅いタイプのMHC mRNAの増加を急速に引き起こすが，刺激の停止後ゆっくりと減少するだけで，その後，対応する筋タンパクのそれぞれの相対的な変化が続いて起こる(6)。

　世界選手権に向けて準備中の9人のエリート・ジュニアボート競技者において，筋バイオプシーをベースライン(激しいトレーニング期の前)，高強度トレーニング期またはオーバーリーチングトレーニング期の中間期，テーパリング期早期，の3回行った。Blott分析及び化学ルミネセンス分析により，ベースラインと比べて激しいトレーニングとオーバーリーチトレーニング期では遅いMHC，速いMHC，及びHSP 70のMHCレベル(誘導型)が有意に高くなっており，トレーニング期よりも最終的な濃度はわずかに低くなっていることが明らかになった。HSP 70(HSC 70)の中期と最後の構造型に有意な変化はなかった。特に，激しいトレーニング期(オーバーリーチング期)における転写レベルでみられたHSP 70の増加は，過負荷による非可逆的な細胞ダメージに対する器官の複合的適応と保護的作用を補う。

要約

　競技者は，敗者と勝者を分けるパフォーマンスの最小限の差を求めて，自分の限界を押し出さなければならず，オーバーリーチング（短期間オーバートレーニング）は通常のトレーニングの一部となっている。オーバーリーチングが過度に大きすぎたり，単調で長期間継続しすぎたり，もしくは，試合やトレーニング以外のストレス要因が多すぎたりすると，結果としてオーバートレーニング症候群が起こり，競技者のパフォーマンスは，回復期間が延長されたとしても，予想したレベルに回復しないであろう。有用な研究を基礎として，持久系スポーツにおいて，トップ競技者が最大限耐えうるオーバーリーチングの持続期間は，3時間/日以上の高強度または長時間のトレーニングを行う場合，約3週間と推測される。オーバートレーニングのリスクは，①ハードトレーニング日とイージートレーニング日を交互に置かない，一方的にひたすら単調なトレーニングを行う，②1週間に1度の完全休養日がない，③トレーニング以外のストレス要因と結びつく高い総トレーニング量やトレーニング量の増加，④多すぎる競技会などによって増大する。現在知られている限り，持久系競技者のオーバートレーニングに対する生理的対応は，標的器官に対するストレス（異化）刺激の伝達抑制として総括される。例えば，①過負荷された筋肉の神経筋興奮性の減少，②アドレナリン感受性の減少（カテコールアミンに対する器官の感受性の減少），③長期のオーバートレーニング期におけるACTHに対するアドレナリン感受性の減少（コルチゾル反応の減少）と同化内分泌調整反応のシフトを反映するGHRHに対する脳下垂体感受性の増大，④オーバーロードに関連した細胞ダメージに対する器官の戦略を補うヒートショックプロテインの増加などの細胞内の保護機構，⑤脳内の神経伝達抑制物

質の濃度（いわゆる中枢機構）の増加による進行段階での交感神経活性の低下などである。観察されたオーバートレーニングに関連した β-アドレナリン受容体の密度の減少は，非選択的な β-ブロッカーのような働きをし，グリコーゲン分解，糖分解，脂肪分解，心拍反応，及び持久パフォーマンスの低下を結果的に引き起こす。（和久貴洋）

参考文献

1. Adlercreutz, H., M. Harkonen, K. Kuoppasalmi, H. Naveri, I. Huhtamiemi, H. Tikkanen, K. Remes, A. Dessypris, J. Karvonen. 1986. Effect of training on plasma anabolic and catabolic steroid hormones and their response during physical exercise. *International Journal of Sports Medicine* 7: S27-28.
2. Alen, A., A. Pakarinen, K. Htkkinen, P.V. Komi. 1988. Responses of serum androgenic-anabolic and catabolic hormones to prolonged strength training. *International Journal of Sports Medicine* 9: 229-233.
3. Barron, J.L., T.D. Noakes, W. Levy, C. Smith, R.P. Millar. 1985. Hypothalamic dysfunction in overtrained athletes. *Journal of Clinical and Endocrinological Metabolism* 60: 803-806.
4. Beckmann, R.P., L.A. Mizzen, W.J. Welch. 1990. Interaction of HSP 70 with newly synthesized proteins: implications for protein folding and assembly. *Science* 248: 850-854.
5. Berg, A., D.' Gunther, J. Keul. 1986. Neuromuskuldre Erregbarkeit und korperliche Aktivitat. I. Methodik, Reproduzierbarkeit, Tagesrhythmik. II. Riuhewerte bei Trainierten und Untrainierten. 111. Abhangigkeit von beeinflussenden Faktoren. *Deutsche Zeitschnft Sportmedizin* 37: S4-22.
6. Brownson, C., P. Little, J.C. Jarvis, S. Salmons. 1992. Reciprocal changes in myosin isoform mRNAs of rabbit skeletal muscle in response to the initiation and cessation of chronic electrical stimulation. *Muscle and Nerve* 15: 694-700.
7. Bruin, G., H. Kuipers, H.A. Keizer, G.J. Vander Vusse. 1994. Adaptation and overtraining in horses subjected to increasing training loads. *Journal of Applied Physiology* 76: 1908-1913.
8. Budgett, R. 1990. Overtraining syndrome. *British Journal of Sports Medicine* 24: 231-236.
9. Costill, D.L., R. Bowers, G. Branam, K. Sparks. 1971. Muscle glycogen utilization during prolonged exercise on successive days. *Journal of Applied Physiology* 31: 834-838.
10. Costill, D.L., M.G. Flynn, J.P.Kirwan, J.A. Houmard, J.B. Mitchell, R. Thomas, S.H. Park. 1988. Effects of repeated days of intensified training on muscle glycogen and swimming performance. *Medicine and Science in Sports and Exercise* 20: 249-254.
11. Counsilman, J.E. 1955. Fatigue and staleness. *Athletic Journal* 15: 16-20.
12. Cumming, D.C., G.D. Wheeler, E.M. McColl. 1989. The effects of exercise on reproductive function in men. *Sports Medicine* 7: 1-17.
13. Daniels, J. 1989. Training distance runners: a primer. In *Sports science exchange,* 1: 11. Barrington, IL: Gatorade Sports Science Institute.
14. Dressendorfer, R.H., C.E. Wade, J. Claybaugh, S.A. Cucinell, G.C. Timmis. 1991. Effects of 7 successive days of unaccustomed prolonged exercise on aerobic performance and tissue damage in fitness joggers. *International Journal of Sports Medicine* 12: 55-61.
15. Foster, C., A.C. Snyder, N.N. Thompson, K. Kuettel. 1988. Normalization of the blood lactate profile in athletes. *International Journal of Sports Medicine* 9: 198-200.
16. Foster, C. 1994. Exercise session RPE reflects global exercise intensity. *Journal Cardiopulmonary Rehabilitation* 14: 332.
17. Foster, C., L.l. Hector, R. Welsh, M. Schrager, M.A. Green, A.C. Snyder. 1995. Effects of specific vs cross training on running performance. *European Journal of Applied Physiology* 70: 367-372.
18. Foster, C., M. Lehmann. 1997. Overtraining syndrome. In *Running injuries*, ed. G.N. Guten, 173-188. Philadelphia: Saunders.
19. Fry, R.W., A.R. Morton, D. Keast. 1991. Overtraining in athletes: an update. *Sports Medicine* 12: 32-65.
20. Fry, R.W., A.R. Morton, D. Keast. 1992. Periodisation and the prevention of overtraining. *Canadian Journal of Sports Science* 17: 241-248.

21. Fry, R.W., A.R. Morton, P. Garcia-Webb, G.P.W. Crawford, D. Keast. 1992. Biological responses to overload training in endurance sports. *European Journal of Applied Physiology* 64: 335-344.
22. Gastmann, U., M. Lehmann, J. Fleck, D. Jeschke, J. Keul. 1993. Der Einfluß eines sechswöchigen kontrollierten Trainings auf das. Katecholaminverhalten und die Katecholamin-Sensitivität bei Freizeitsportlern. In *Sportmedizin: gestern-heute-morgen*, Hrsg. K. Tittel, K.H. Arndt, W. Hollmann, 191-193. Leipzig: Barth.
23. Gastmann, U., G. Schiestl, K. Schmidt, S. Bauer, J.M. Steinacker, M. Lehmann. 1995. Einfluß einer BCAA- und Saccharose-Substitution auf Leistung, Aminosauren- und Hormonspiegel, Blutbild und blutchemische Parameter. In *Bewegung uhd Sport: eine Herausforderung fur die Medizin*, Hrsg. W. Kindermann, W. Schwarz, 165. Basel: Ciba Geigy Verlag.
24. Gastmann, U., K. Schmidt, G. Schiestl, W. Lormes, J.M. Steinacker, M. Lehmann. 1995. EinfluB einer BCAA- und Saccharose-Substitution auf Leistung, neuromuskulare Erregbarkeit, EMG und psychometrische Parameter. In *Bewegung und Sport: eine Herausforderung*, Hrsg. W. Kindermann, L. Schwarz, 175. Basel: Ciba Geigy Verlag.
25. Goldspink, G., A. Scutt, P.T. Loughna, D.J. Wells, T. Jaenicke, G.F. Gerlach. 1 992. Gene expression in skeletal muscle in response to stretch and force generation. *American Journal of Physiology* 262: R356-363.
26. Gregory, P., R.B. Low, W.S. Striewalt. 1986. Changes in skeletal-muscle myosin isoenzymes with hypertrophy and exercise. *Biochemistry Journal* 238: 55-63.
27. Griffith, R., R.H. Dressendorfer, C.E. Wade. 1990. Testicular function during exhaustive exercise. *Physician and Sportmedicine* 18: 54-64.
28. Hackney, A.C., W.E Sinning, B.C. Bruot. 1990. Hypothalamic-pituitary-testicular axis function in endurance-trained males. *International Journal of Sports Medicine* 11: 298-303.
29. Hackney, A.C., S.N. Pearman 111, J.M. Nowacki. 1990. Physiological profiles of overtrained and stale athletes: a review. *Applied Sport Psychology* 2: 21-33.
30. Hackney, A.C. 1 99 1 . Hormonal changes at rest in overtrained endurance athletes. *Biology of Sport* 8: 49-56.
31. Hakkinen, K., A. Pakarinen, M. Al6n, H. Kauhanen, P.V. Komi. 1987. Relationships between training volume, physical performance capacity and serum hormone concentrations during prolonged weight training in elite weight lifters. *International Journal of Sports Medicine* 8: S61-65.
32. Hakkinen, K., A. Pakarinen, M. Al6n, H. Kauhanen, P.V. Komi. 1988. Serum hormones during prolonged training of neuromuscular performance. *European Journal of Applied Physiology* 53: 287-293.
33. Hakkinen, K., A. Pakarinen, M. Al6n, H. Kauhanen, P.V. Komi. 1988. Daily hormonal and neuromuscular responses to intensive strength training in 1 week. *International Journal of Sports Medicine* 9: 422-428.
34. Hooper, S.L., L.T. Mackinnon, R.D. Gordon, A.W. Bachmann. 1993. Hormonal responses of elite swimmers to oventaining. *Medicine and Science in Sports and Exercise* 25: 741-747.
35. Hooper, S.L., L.T. Mackinnon, A. Howard, R.D. Gordon, A.W. Bachmann. 1995. Markers for monitoring overtraining and recovery. *Medicine and Science in Sports and Exercise* 27: 106-112.
36. Israel, S. 1996. Zur Problematik des Ubertrainings aus internistischer und leistungsphysiologischer Sicht. *Medizin und Sport* 16: 1-12.
37. Jeukendrup, A,E., M.K.C. Hesselink, A.C. Snyder, H. Kuipers, H.A. Keizer. 1992. Physiological changes in male competitive cyclists after two weeks of intensified training. *International Journal of Sports Medicine* 13: 534-541.
38. Jost, J., M. Weiss, H. Weicker. 1989. Unterschiedliche Regulation des adrenergen Rezeptorsystems in verschiedenen Trainingsphasen von Schwimmem und Langstreckenltufern. In *Sport, Rettung*

oder Risiko fur die Gesundheit, Hrsg. D. B~ning, K.M. Braumann, M.W. Busse, N. Maassen, W. Schmidt, 141-145 . K6ln: Deutscher Arzteverlag.
39. Kindermann, W. 1986. Das Obertraining: Ausdruck einer vegetativen Fehlsteuerung. *Deutsche Zeitschnft Sportmedizin* 37: 138-145.
40. Kirwan, J.P., D.L. Costill, J.A. Hotimard, J.B. Mitchell, M.G. Flynn, W.J. Fink. 1990. Changes in selected blood measures during repeated days of intense training and carbohydrate control. *International Journal of Sports Medicine* 11: 362-366.
41. Kuipers. H., H.A. Keizer. 1988. Overtraining in elite athletes: review and directions for the future. *Sports Medicine* 6: 79-92.
42. Lehmann, M., J. Keul, K. Wybitul, H. Fischer. 1982. Effect of selective and non-selective adrenoceptor blockade during physical work on metabolism and syinpatho-adrenergic system. *Drug Research* 32: 261-266.
43. Lehmann, M., H. Porzig, J. Keul. 1983. Determination of β-receptors on live human polymorphonuclear leukocytes in autologous plasma. *Journal of Clinical Chemistry and Clinical Biochemistry* 2: 805-811.
44. Lehmann, M., H.H. Dickhuth, P. Schmid, H. Porzig, J. Keul. 1984. Plasma catecholamines, β-adrenergic receptors, and isoproterenol sensitivity in endurance trained and non-endurance trained volunteers. *European Journal of Applied Physiology* 52: 362-369.
45. Lehmann, M., K.G. Petersen, A.N. Khalaf. 1991 , Sympathetic autonomic dysfunction. Programmed subcutaneous noradrenaline administration via microdosing pump. *Klinische Wochenschnft* 69: 872-879.
46. Lehmann, M., W. Schnee, R. Scheu, W. Stockhausen, N. Bachl. 1992. Decreased nocturnal catecholamine excretion: parameter for an overtraining syndrome in athletes? International *Journal of Sports Medicine* 13: 236-242.
47. Lehmann, M., U. Gastmann, K.G. Petersen, N. Bachl, A. Seidel, A.N. Khalaf, S. Fischer, J. Keul. 1992. Training-overtraining: performance, and hormone levels, after a defined increase in training volume versus intensity in experienced middle- and long-distance runners. *British Journal of Sports Medicine* 26: 233-242.
48. Lehmann, M., P. Baumgartl, C. Wieseneck, A. Seidel, H. Baumann, S. Fischer, U. Spöri, G. Gendrisch, R. Kaminski, J, Keul. 1992. Training-overtraining: influence of a defined increase in training volume vs. training intensity on performance, catecholamines and some metabolic parameters in experienced middle- and long-distance runners. *European Journal of Applied Physiology* 64: 169-177.
49. Lehmann, M., C. Fosorer, J. Keul. 1993. Overtraining in endurance athletes: a brief review. *Medicine and Science in Sports and Exercise* 25: 854-862.
50. Lehmann, M., K. Knizia, U. Gastmann, K.G. Petersen, A.N. Khalaf, S. Bauer, L. Kerp, J. Keul. 1993. Influence of 6-week, 6 days per week, training on pituitary function in recreational athletes. *British Journal of Sports Medicine* 27: 186-192.
51. Lehmann, M., U. Gastmann, J.M. Steinacker, N. Heinz, F. Brouns. 1995. Overtraining in endurance sports: a short overview. *Medicina Sportiva Bohemica & Slovaca* 4: 1-6.
52. Lehmann, M., E. Jakob, U. Gastmann, J,M. Steinacker, J. Keul. 1995. Unaccustomed high mileage compared to high intensity training-related performance and neuromuscular responses in distance runners. *European Journal of Applied Physiology* 70: 457-461 .
53. Lehmann, M., F. Brouns. 1995. Fatigue and amino acid imbalance hypothesis. In *9th International Triathlon Symposium Kiel 1994*, eds. M. Engelhardt, B. Franz, G. Neumann, A. Pfützner, 161-171. Hamburg: Czwalina.
54. Lehmann, M., C. Foster, N. Heinz, J. Keul. 1996. Overtraining in distance runners. In *Encyclopedia of sports medicine and exercise physiology*, ed. T.D. Fahey. New York: Garland. (Project was

cancelled by Garland: manuscript can be requested from authors.)

55. Leinwand, L.A., R.E.K. Fournier, B. Nadal-Ginard, T.B. Shows. 1983. Multigene family for sarcomeric myosin heavy chain in mouse and human DNA: Iocalization on a single chromosome. Science 221: 766-769.

56. Lormes, W., J.M. Steinacker, M. Lehmann. 1996. Short-term overtraining in elite rowers preparing for world championships. International *Journal of Sports Medicine*. In preparation.

57. Mahdavi, V., S. Izumo, B. Nadal-Ginard. 1987. Developmental and hormonal regulation of sarcomeric myosin heavy chain gene family. *Circulation Research* 60: 804-814.

58. Martin, W.H., E.F. Coyle, M. Joyner, D. Santeusanio, A.A. Ehsani, J.O. Holloszy. 1984. Effects of stopping exercise training on epinephrine-induced lipolysis in humans. *Journal of Applied Physiology* 56: 845-848.

59. Miller, R.E., J.W. Mason. 1964. Changes in 17-hydroxy-corticosteroid excretion related to increased muscular work. *Walter Reed Institute Research* 137-151.

60. Morgan, W.P., D.R. Brown, J.S. Raglin, P.J. O'Connor, K.A. Ellickson. 1987. Psychological monitoring of overtraining and staleness. *British Journal of Sports Medicine* 21: 107-114.

61. Naessens, G., J. Lefevre, M. Priessens. 1996. Practical and clinical relevance of urinary basal noradrenaline excretion in the follow-up of training processes in semiprofessional soccer players. *Clinical Journal of Sports Medicine* in press.

62. Newsholme, E.A., M. Parry-Billings, N. McAndrew, R. Budgett. 1991. A biochemical mechanism to explain some characteristics of overtraining. In Advances in nutrition and top sport, ed. F. Brouns. *Medicine Sport Science* 32: 79-83. Basel: Karger.

63. Noakes, T.D. 1991. *Love of running*. 263-361. Champaign, IL: Human Kinetics.

64. Opitz-Gress, A., C. Zeller, Y. Liu, M. Steinacker, W. Lormes, M. Lehmann. 1996. Muscular adaptation in elite rowers: gene expression of MHC and HSP 70 on translation level. In preparation.

65. Owen, I.R. 1964. Staleness. *Physical Education* 56: 35.

66. Pany-Billings, M., E. Blomstrand, N. McAndrew, N. Newsholme, E.A. Newsholme. 1980. A communicational link between skeletal muscle, brain, and cells of the immune system. *International Journal of Sports Medicine* 11: S122-128.

67. Pany-Billings, M., R. Budgett, Y. Koutedakis, E. Blomstrand, S. Brooks, C. Williams, P.C. Calder, S. Pilfing, R. Baigrie, E.A. Newsholme. 1992. Plasma amino acid concentration in the overtraining syndrome: possible effects on the immune system. *Medicine and Science in Sports and Exercise* 24: 1353-1358.

68. Rowland, T.W. 1986. Exercise fatigue in adolescents: diagnosis of athlete burnout. *Physician and Sportsmedicine* 14: 69-77.

69. Salo, D.C., C.M. Donovan, K.J.A. Davies. 1991. HSP 70 and other possible heat shock or oxidative stress proteins are induced in skeletal muscle, heart, and liver during exercise. *Journal of Free Radicals in Biology and Medicine* 11: 239-246.

70. Schneider, F.J., K. Vdlker, H. Liesen. 1993. Zentral-versus peripher-nervale Belastungsreaktion der neuromuskularen Strukturen. In *Sportmedizin: gestern-heute-morgen*, Hrsg. K. Tittel, K.H. Arndt, W. Hollmann, 224-227. Leipzig: Barth.

71. Snyder, A.C., A.E, Jeukendrup, M.K.C. Hesselink, H. Kuipers, C. Foster. 1993. A physiologicai/psychological indicator of over-reaching during intensive training. *International Journal of Sports Medicine* 14: 29-32.

72. Snyder, A.C., H. Kuipers, B.O. Cheng, R. Servais, E. Fransen. 1995. Overtraining following intensified training with norrnal muscle glycogen. *Medicine and Science in Sports and Exercise* 27: 1063-1070.

73. Stone, M.H., R.E. Keith, J.T. Keamey, S.J. Fleck, G.D. Wilson, N.T. Triplett. 1991 . Overtraining:

a review of signs, symptoms and possible causes. *Journal of Applied Sport Science Research* 5: 35-50.
74. Tohmeh, J.F., P.E. Cryer. 1980. Biphasic adrenergic modulation of B-adrenergic receptors in man. *Journal of Clinical Investigation* 65: 836-840.
75. Verma, S.K., S.R. Mahindroo, D.K. Kansal. 1978. Effect of four weeks of hard physical training on certain physiological and morphological parameters of basketball players. *Journal of Sports Medicine* 18: 379-384.
76. Vervoom, C., A.M. Quist, L.J.M. Vermulst, W.B.M. Erich, W.R. de Vries, J.H.H. Thijssen. 1991. The behavior of the plasma free testosterone/cortisol ratio during a season of elite rowing training. *International Journal of Sports Medicine* 12: 257-263.
77. Wheeler, G.D., M. Singh, W.D. Pierce, S.F. Epling, D.C. Cumming. 1991. Endurance training decreases serum testosterone levels without change in LH pulsatile release. *Journal of Clinical Endocrinology and Metabolism* 72: 422-425.
78. Wilson, W., R.J. Maughan. 1993. Evidence for the role of 5-HT in fatigue during prolonged exercise. *International Journal of Sports Medicine* 14: 297-300.

第3章

持久系競技者における オーバーリーチングと オーバートレーニングの モニターと予防

David G. Rowbottom, PhD, David Keast, PhD, and Alan R. Morton, PhD

はじめに

　1990年代の競技スポーツの場において，オーバーリーチングやオーバートレーニングが競技者に高頻度に起こることが頻繁に報告され，競技者，コーチ，そして研究者から懸念されるようになってきた[14,37,103]。同様に明らかなことは，オーバートレーニング状態の競技者のリハビリテーションについて，きちんと研究された効果的な治療計画がほとんどないことである。オーバートレーニングに陥るはっきりとした病態生理学的な機序の大部分が未だ明確でないため，治療計画は科学的根拠が乏しくなりがちである。競技者に対する最も基本的な処方は，たとえば数週間もしくは数カ月にわたる休養で[60]，トレーニングや競技会から長期間離れることである。しかしながら，たとえ休養が治療の最も基本であることを理解していてもオーバートレーニング状態の競技者に対して，休養が必要であると納得させるのはきわめて困難であることが強調されている[13]。リハビリテーション計画の成功がこのように低いレベルに留まっている一方，研究者やコーチなどの間では一様にオーバートレーニングを治療するよりも予防することがより肝要であると，意見の一致をみている。

　予防の観点から，練習を制限して行うこと（アンダートレーニング）が，長期にわたる疲労を避けるのに最も確実な方法であろう[90]。しかしながら，アンダートレーニングは必然的に不十分な競技結果に結びつく。競技者が国際競技会において最大の能力を発揮しようとすれば，競技力と練習ストレスはそれゆえ最も効果的でなければならない（図3.1）。最高の競技力は，各自における練習ストレスと適切な回復との過不足ないバランスによってのみ達成される。残念ながら，至適トレーニングとオーバートレーニングの境界は，容易に定められないのは明らかである[52]。非常に多数の有能な持久系競技者，多くの場合若い競技者，が競技力の向上を求めて行き過ぎた激しい練習に陥りやすいので，彼らの練習

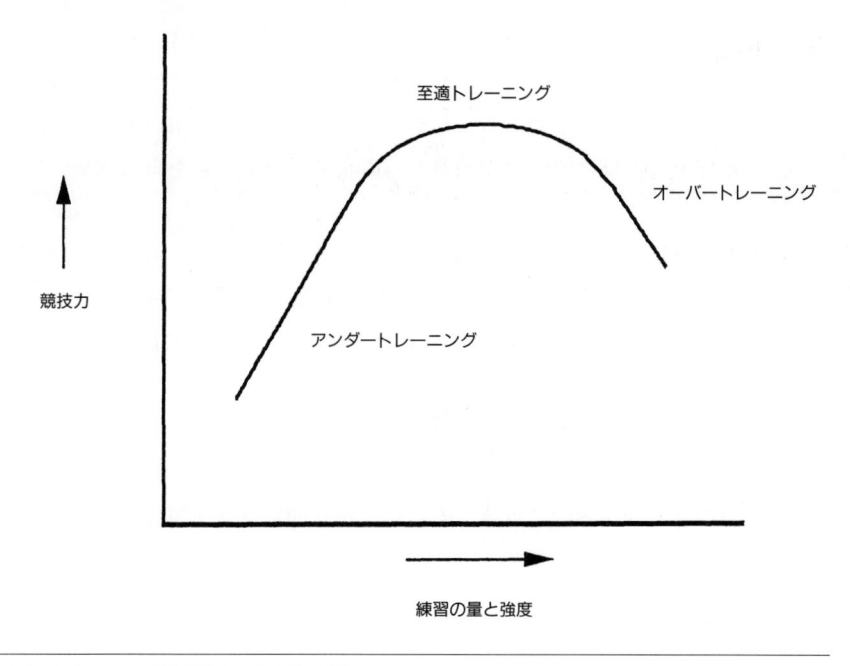

図3.1 トレーニングと競技力の関係概略図

の注意深いモニターとオーバートレーニングの予防を行うことが最も必要になってきている。

一般的考察

持久系競技者の定期的なモニタリング

　最近の多くの研究では，短期強化練習期間で競技者を故意にオーバーリーチの状態にすることが試みられている[35,50,54,58,65,67]。これらの研究は，トレーニング量と強度がいくぶん行き過ぎで現実的でない一方，重要な問題を提起している。これらの研究の多くは，たとえ筋グリコーゲンが維持されていたとしても[101]，競技力がベースラインレベルに戻るまで何日もの回復日を要する[35]ような，持久能力が著明に低下した強化練習期間をうまく利用して行われた[35,50,54]。しかし重要なことは，そのような研究の大部分は，わずか5日間[58]，10日間[35]もしくは14日間[54]の短期間で行われたことで，このような短期間の強化練習が顕著な競技力低下をもたらすかどうか問題である。そのような観察から持久系競技者におけるオーバーリーチングやオーバートレーニングの早期徴候を，定期的かつ頻繁に評価する必要があることが強調されている。

競技力指標の利用

　慢性疲労を伴う競技力の低下は，オーバーリーチングやオーバートレーニングの最もはっきりとした徴候で，多くの研究において疾患の診断に用いられてきた[35,36,54,67,68,100]。研究者は最大酸素摂取量[33,67]，乳酸4 mmol/L時の走行速度[67,68,112]，最大努力タイムトライア

ル[24,36,49,54]，そして一定速度トレッドミルでの疲労までの最大距離[35,36]など，持久能力を測定する各種の方法を用いてきた。用いられた競技力指標は，競技者個々の競技における競技力を真に反映することが基本である。しかしながら，研究者が用いる競技力指標はいろいろあり，これは上記指摘についての合意が得られていないことを自ら露呈しているものである。

さらに複雑なことは，オーバーリーチングやオーバートレーニングと診断されるまでに，どれくらい競技力が低下するかが重要な点としてあげられる[48]。オーバーリーチングのプロスペクティブな研究では競技力が29％まで低下することが報告されている一方[35]，オーバーリーチングやオーバートレーニングの初期徴候は非常に微妙であろうと思われる。多くの報告は，競技力の停滞がオーバートレーニングの十分な証拠であることを示唆している[50,62]。わずか2.5％の競技力低下は世界チャンピオンと予選落伍者の違いとなり得る[35,69]。よって，競技力の客観的な評価は重要であるが，統計的に有意な競技力の低下がオーバートレーニングと診断するのに必要かどうか，依然として明らかではない[35]。それゆえ，競技者をモニターし，オーバートレーニングを防止するために競技力指標を用いることは困難である。

生物学的指標の利用

回復のため強制的な休養期間を取らざるを得なくなるような状況を避けるために，競技力低下がはっきりと認識されてから練習内容を変更するようでは遅すぎるであろう。よって，オーバーリーチやオーバートレーニング状態の早期指標としての生物学的な指標の有用性が研究者の間で注目をひいている。この領域における研究の究極の目的は，競技者の練習体系をモニターする科学的方法を確立し，そしてオーバーリーチングやオーバートレーニングの早期検出のためルーチンに定期的に評価できる客観的方法を同定することである。ここ数年間，多くの研究者はオーバートレーニングの信頼できる指標を同定する試みを行ってきた。それはコーチや競技者がオーバートレーニングを回避し，かつ練習効果を最大とし，その結果競技力を最良とすることができるようにである[48]。しかし，一定の客観的な指標は確認されていないが，オーバートレーニング症候群[37]に関連して記録された臨床症状の多様性が，オーバートレーニングの問題の非常な複雑さを際立たせている（P 16〜P 17・表1.1）。血液[29,90]，生化学[36,54,56,85,86]，ホルモン[1,6,66,67,68,107]，免疫[35,72,110]などの幅広い領域の測定が，オーバートレーニングの可能性ある指標として検討されている。

オーバートレーニングの指標の基準

この章はオーバートレーニングに特異な生物学的指標に関する最新の知見を紹介することが目的ではない。むしろ，この領域における研究がオーバーリーチングやオーバートレーニング双方の信頼できる指標を確立しようとするならば，そのような指標を選択する基準が確立されなければならない。本章では，診断方法の効果的使用法の概説に加え，これらの本質的な根拠を提示しようとするものである。

オーバートレーニングの指標の感度

　競技力の停滞や低下がオーバーリーチングやオーバートレーニングの最も客観的な指標であるので，オーバートレーニングのどんな指標においても最重要基準は，競技能力との明確な相関の立証である。これをもとに，少なくとも理論的には競技能力と緊密な関係を持ついくつものパラメーターが示唆されてきた。例えば，ある研究は赤血球数，ヘマトクリットおよびヘモグロビン濃度と疲労に陥るまでの身体運動持続時間との間に有意な正の関係を報告し，[16,117] このような指標はオーバートレーニングの指標として提唱された[90]。初期の研究ではオーバーリーチング[29]やオーバートレーニング[90]に関連して，ヘモグロビン，ヘマトクリット，赤血球数の低下が報告されていたが，より最近の研究では，オーバートレーニング状態の競技者のすべての血液学的指標はフェリチンも含め正常値であると報告されている[48,53,88]。

　同様に，筋グリコーゲンは長い間，持久系競技力の重要なエネルギー供給源であると認識されてきた[8]。筋グリコーゲン枯渇と疲労とは強い関連がある。競技者は，たとえ炭水化物を利用に応じて摂取していても[57]，とりわけ，練習に見合う十分な炭水化物を取れない時[24]，例えば強化練習期間中やオーバートレーニング中には[22,24,57]，筋グリコーゲンの維持が困難であることを経験する。炭水化物の不十分な摂取と練習の増加が合わさることによって筋グリコーゲンの枯渇をもたらし[101]，オーバートレーニングが起こるのかもしれない。オーバーリーチングにおける最大および最大下運動時の血液乳酸濃度の低下はグリコーゲン枯渇を示唆しているかもしれない[24,54,65,100]。しかし競技力を低下させるグリコーゲン枯渇の程度ははっきりとしない。というのはオーバーリーチ状態としてある程度グリコーゲンを枯渇させた10日間の後の，水泳のタイムトライアルでは競技力は低下しなかったことが報告されているからである[24]。さらに近年報告されているように[101]，グリコーゲン枯渇がなくてもオーバーリーチングやオーバートレーニングが起こるのかどうか，はっきりとしていない。持久系競技者では，貧血（第7章参照）やグリコーゲン枯渇（第14章参照）を予防することが確実に必要であるが，オーバーリーチングやオーバートレーニングの指標としてこれらを用いることには限度がある。

　他の研究は，強化練習やオーバーリーチングに引き続いて起こる競技力の低下と，特異な生物学的指標の変化とを関連させる観察的手法を用いた。生物学的変化と競技力を関連づける直接の生理学的機序はいくつかの例では明らかではない[89]。とはいえ，このことは，それらをオーバーリーチングやオーバートレーニングの可能性のある指標として，決して否定するものではない。残念ながら，このように注目されいくつかの指標は誤解を招いている。例えば，クレアチンキナーゼ(CK)活性亢進は，筋障害の指標として[17]かつてはオーバートレーニング状態を示唆すると考えられたが[90]，今では競技力低下がなくとも[30,57]，また全く無症状の持久系競技者の通常の血液検査でも[3]報告されている。より最近の研究ではCK活性亢進のない競技者にオーバートレーニングを認めている[36,65,88]。水泳や自転車競技のように，非衝突性スポーツでは極端な疲労にもかかわらず血清CKが上昇しないこともある[62]。

　同様の成績がホルモンの観察でも認められる。血清コルチゾルの増加[6,57]，血清テストス

テロンの低下[1,33] そしてテストステロン／コルチゾル比の低下[1] がオーバーリーチングやオーバートレーニングに引き続き観察され，オーバートレーニング状態の早期診断に有益なパラメーターとして推奨された[1]。他の研究では，オーバートレーニングに陥った競技者においてコルチゾルは低下していたり[35,67]，変化を認めない[49,88] と報告された。またテストステロン／コルチゾル比の低下は強化トレーニングの結果として観察されている[109,111] が，この時競技力の低下は認められていない。

　これらの成績よりオーバーリーチングやオーバートレーニングに呼応して，着実で予知可能な変化を示す指標の必要性が強調される。オーバートレーニングを予防する方法として有益であるためには，そのような指標のいかなる変化であっても，少なくとも競技力の変化に符合し，かつ究極的にはそれより先行しなければならない。現在，取り入れられている研究の方法，すなわち競技者の練習を短期間，慎重に強度を高め，そして一連の生化学的変化を観察すること，は生じうる微妙な変化を捉えるには，充分には感度が高くはなく，あるいは現実的ではないかもしれない。

至適トレーニングとオーバートレーニングの指標

　生物学的指標がオーバートレーニングの初期段階を診断するのに有効であれば，オーバートレーニングに関連する変化と至適トレーニングに関連する変化を区別できるはずである。これは微妙な区別であり，異常反応から正常を区別するのはきわめて困難である。トレーニングに起因した競技力の向上と，オーバートレーニングによる競技力の低下の両方で，同じような変化があることが報告されており，大きな課題である。例えば，オーバートレーニング状態の競技者で血清テストステロンの低下が報告されているが[1,33,67]，訓練された男性持久ランナーはそうでない対照群と比較すると，血清テストステロンが低下しているという同様の結果が報告されている[44]。

　同じように，エリートの持久系競技者（ほとんどがオリンピック選手）と非競技者の比較対照研究で，血液学的指標の値は競技者において低いことが報告されており[18,102]，そのような指標は至適トレーニングでもオーバートレーニングにおいても同様に反応することを示唆している。最大下運動負荷時の血液乳酸値がオーバーリーチングやオーバートレーニングを示すのかもしれないが，正常なトレーニングの反応も同様の変化を示すことがまた明らかで[96]，こうした場合にはあやまってオーバートレーニングと診断されることとなる[53]。ある研究者は血液乳酸とRPE（自発的呼吸困難度）スコアの比を用い，与えられた作業負荷で至適トレーニングではRPEは低下するがオーバートレーニングでは低下しないとしたが[100]，その一方で至適トレーニングとオーバートレーニングを区別するのに，最大乳酸値を測定することが必要だと強調する研究者もいる[37,53]。より最近では，オーバートレーニングの指標として血漿グルタミン濃度の低下を確認した研究者が[56,85,88,89]，鍛錬された競技者とそうでない対照者[88] や不調な競技者[73] とを比べると，前者で血漿グルタミン濃度が高値であったことを報告した。

トレーニング負荷とオーバートレーニングの指標

　強化練習期間中に得られたデータは，その状態が明確に診断されたオーバートレーニングの反応と完全に区別されることが極めて重要である。オーバーリーチングやオーバートレーニングにこれまで関連づけられた多くの生物学的指標は，現在行われているトレーニング負荷の生理学的指標でしかなく，早期回復期の範囲を超えないであろう。コルチゾル[57]，テストステロン[107]，およびテストステロン／コルチゾル比[112]の動態は，行われているトレーニング期間から回復するには時間が不十分であることを示唆するに過ぎないことが言われている。筋障害，その非侵襲的指標であるCK活性[83]は，トレーニング負荷のレベルを反映するに過ぎないと議論されている[37]。強化トレーニング後の血清CK活性の上昇が多く報告されているが[4,30]，局所的な障害は全身へ波及することはないかもしれない。強化トレーニング後のカテコールアミン上昇に関するより近年の報告[49,50]は，オーバートレーニング自体よりもトレーニングのストレスに対する反応であると報告されている。

　オーバートレーニングの信頼性の高い指標が検査室レベルの研究で確立されるならば，これらの計画の構想の再評価が愁眉の急である。文献報告の多くは強化トレーニング終了時期の生物学的パラメーターについて，評価している。しかし，それはオーバートレーニングの反応自体とトレーニング負荷の反応とを実際に区別して記述できない。より効果的な研究方法は，トレーニング期間後何日にもわたる，強制的な休養期間を要するであろう。このことはトレーニングストレスから回復の際に起こる変化と，オーバートレーニングが顕著になる長期の変化を見ることとなろう。競技能力がこの回復期終盤に低下したままの場合のみ，オーバーリーチングではなくオーバートレーニング症候群として診断できる（図3.2参照）。今日まで，このような研究方法を行った研究は少数に過ぎず[35,56]，競技力の完全な復活がトレーニング終了後6日以内に起こったため[35]，このような研究で引き起こされたのはオーバーリーチングだけであると結論づけなければならない。かわりに多くの研究者が，オーバートレーニングの長期における生物学的影響を確定するための方法として，既にオーバートレーニング症候群に苦しんでいる競技者を特に研究した。我々の研究室や他の研究室の結果は，オーバートレーニング症候群の競技者達とトレーニングを中止せざるを得なかった競技者達とを区別する今日唯一の生化学指標として，血漿中のグルタミン濃度の低下を強調した[85,88,89]。

オーバートレーニングの指標に干渉する因子

　単純な血液検査結果を評価するにあたって，血液検査指標のあらゆる臨床的評価とともに，多くのライフスタイルや他の因子が考慮されるべきである。そのような因子はすべて多くの指標の「検査―再検査の再現性」を非常に簡単に混乱させ得る。生化学的指標が慣例として常に用いられるのならば，干渉する可能性のある因子を認識し，潜在的影響を最小とするための対策をたてることは基本である。オーバートレーニングに特異的な数々の主要な要件について述べる。

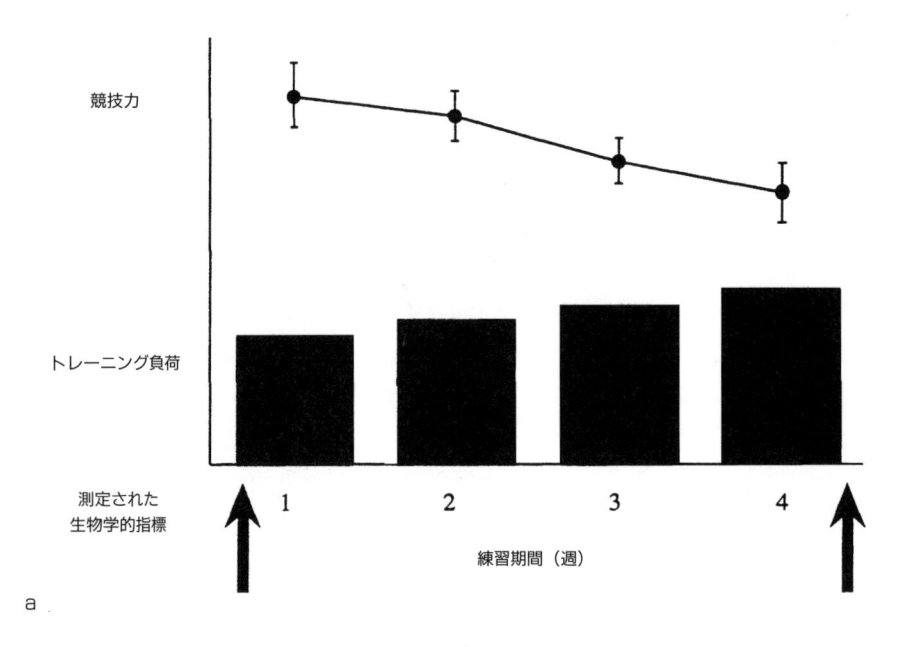

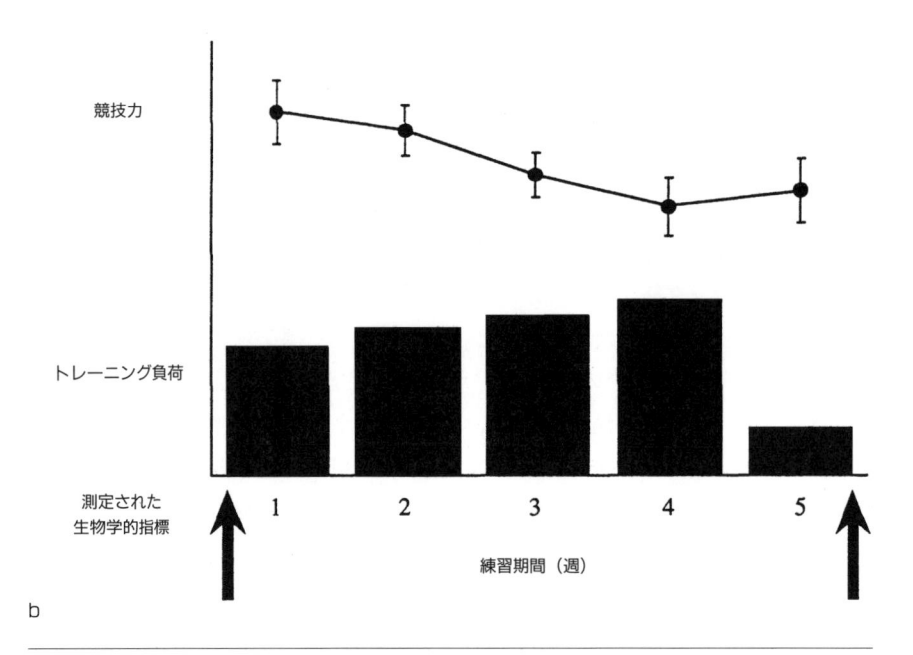

図 3.2 オーバートレーニングの指標を確定するために用いられた 2 つの研究デザイン
(a) 強化トレーニングの終了時に行われた評価は,オーバートレーニングとトレーニング負荷(オーバーリーチング)を分けることはできない。
(b) トレーニング後に続く強制的にとった回復期は,オーバーリーチングとオーバートレーニングを区別できる。

急性運動

　オーバートレーニングの診断の主たる問題の1つは，オーバートレーニングに関連した長期の変化と，単回で高い強度のトレーニング期間の結果起こる生物学的変化とを鑑別することであろう[35,37]。運動は身体の恒常状態の干渉と捉えることもでき，急性運動の最中や後に，多くの生化学的変化が起こることが報告されている。これら同じ生物学的パラメーターがオーバートレーニングの定まった指標として常に用いられるのであれば，オーバートレーニングに起因する変化は，急性運動に起因する変化と効率良く鑑別されることが明らかに重要である。よって，運動に引き続く，生物学的恒常状態の回復のタイムコースを理解することが肝要である。

　運動誘発による生化学的変化は一過性であり，運動中止後，数時間で運動前のレベルに戻る。血漿中の乳酸[34,47]，アンモニア[116]およびカテコールアミン[5,141]の値は，免疫システムのいくつかの指標[38,99]と同じように，2時間以内に運動前の値に戻ることが認められている。コルチゾル[41,75]やテストステロン[64,75]のような血清ホルモン濃度は，恒常状態に戻るのに，何時間もかかるであろう。同じく運動後のアミノ酸の血清濃度低下[87]，特にグルタミンの低下が[56,85]報告されており，回復時に数時間も低下したまま持続し得る[55,87]。

　逆に，完全な生化学的恒常状態は，一回のトレーニング期や競技会から24時間の休養後でも完全には元に戻らなかった，という多くの研究が報告されている。血漿尿酸値は運動後24時間でも，安静時よりも高値である[2,34,42,51]。他の多くの研究でも運動後24時間で，エピネフリン[74]と尿素[108]の高値，血清テストステロン[108]，コルチゾル[74]，アミノ酸[27]の濃度低下が報告されている。運動後の血漿CK活性上昇は広範に報告されており[46,77]，いくつかの例では7日間もしくはそれ以上の間認められた[31,71]。一方，持続性運動後の筋グリコーゲンは安静時の値まで完全に回復するのに最大72時間を要することが以前より確認されている[8]。さらに，筋グリコーゲン再合成は運動による筋ダメージにより阻害され得る[25,84]。これはマラソン競技会の6日後でも不完全な回復が報告されている[98]。1回のトレーニングに起因する生化学的恒常状態の乱れは，運動後最長で7日間持続するため，このような時期に得られた生物学的成績を解釈するには注意が必要である。運動に起因するある一定の生化学的変化の程度は運動方法[115]，強度[56,92]および期間[43]に依存したとの報告を十分に考慮しなければならない。基本的に，オーバートレーニングをモニターする最も適切なスケジュールは，それぞれの評価の前に強制的な休養と回復の期間を取り入れ，そして検査は次のトレーニングが始まる前に行わなければならないというものである。

生物学的リズム

　多くの生物学的機能は特徴的な概日周期(24時間)，月経周期(4週間)，概年周期(1年)を示すことが知られている。オーバートレーニングの可能性のある指標がそのような変動を示すならば，成績の解釈に重要な影響を与える。概日周期は，コルチゾル[61,114]，フリーおよび総テストステロン[21]，尿酸[28]，グルタミン[55]の血清濃度を含む一連の生物学的パラメーターで，また同様に筋グリコーゲン量[19]および数々の細胞性免疫のパラメーター[81]で認められている。コルチゾルの概日周期とテストステロン[21]と免疫機能[104]の両方が一致し

た報告は，周期的パターンの統合を示唆する。神経内分泌系と免疫系の間[9]に，緊密な分子レベルでの連係があるという重要な立証があれば，これらの所見は意外なものではない。身体活動や休息の日々におけるサイクルが，どの程度概日リズムの観察に影響を与えるか明確ではないが，24時間サイクルで最大3.5%の身体能力の有意な変動[7]もまた多くの研究で強調されている。よって競技力にせよ，生物学的指標にせよ，オーバートレーニングの早期検出のためのどのような定期的な評価も，一日のうちの時間を標準化して定めるべきであると推奨したい。女性競技者は，各種のホルモン変化に加え，月経周期の相に一致して，競技力の低下が報告されている[118]ため，女性の場合には，月経周期の相を標準化することが一層勧められる。

　このような勧告は複雑な問題の簡単な見方を提示するであろう。最近の研究で，早朝の光線浴[110]や早朝覚醒[106]などの変化は，いくつかの概日リズムにおいて，1ないし2時間の移行を引き起こすこと，特にコルチゾルのリズムについて顕著であることが立証されている。光周期や明暗サイクルにおける季節変動が，特に高緯度地域で著明であれば，日周的サイクルにおける季節相移動は予知できないものではない。実際，アラスカ[70]とノルウエー[113]で行われた研究では，ホルモンの概日リズムの著明な季節変動が観察された（図3.3参照）。もし，生物学的パラメーターが定期的にモニターされ，そして季節変動が考慮されなければ，明らかに誤診の可能性が発生する。

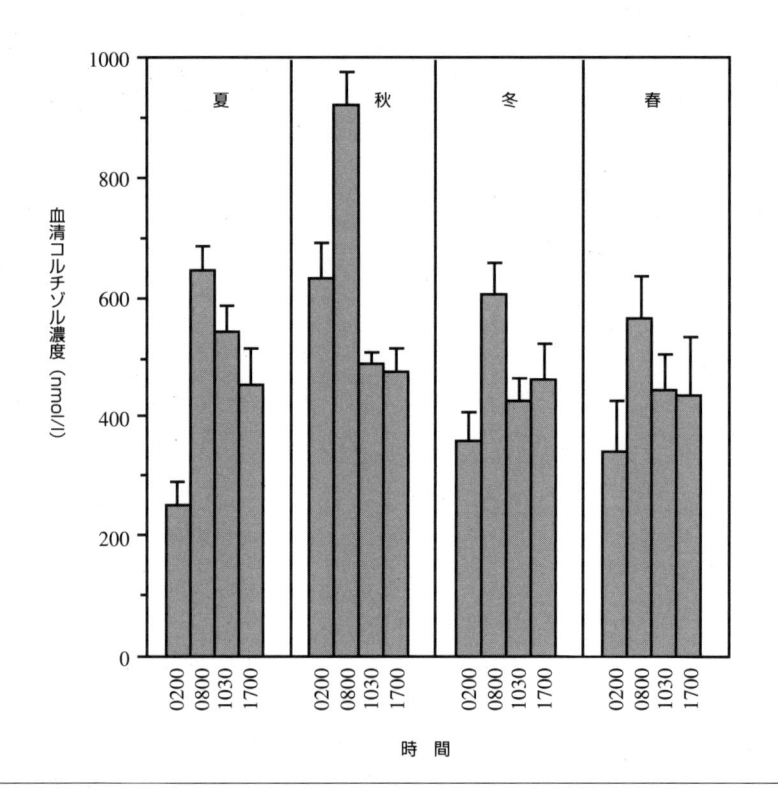

図3.3　アラスカにいる男性兵士における血漿コルチゾル濃度の概日および季節変動
0800時のサンプルにおいて，有意な季節変動を認めた（$p < .001$）

血漿量

　多くの研究は，異なった環境や生理学的状態で，血漿量の少なからざる変化を強調している。これらの変化は，一過性の体液移動，つまり血管スペースへの移動(血液希釈)，血管内スペースからの移動(血液濃縮)，によるものと考えられている[45]。もし，血漿成分濃度がオーバートレーニングの早期指標として慣例的に評価されるのならば，血漿量の動的性質を考慮することが肝要である。急激な一定期間の持久系運動は一過性の血液濃縮を起こし，しかも長距離走[26,78]，自転車エルゴメーター[23]，最大および最大下水泳練習[40]直後の競技者の血漿量は低下していることが報告されている。これらの変化は一過性で数時間しか持続しないが，他の研究では急性運動後のより長い時間の血液希釈が報告されている。ある研究ではマラソン競走の2日後の血漿量がレース前値より16%も上昇していたことが示されている[74,91]。Irvingらは[51]，ウルトラマラソン後，少なくとも6日間，血漿量が増加していたことを報告した。これらの血漿量変化は運動からの回復期において得られる生物学的データの解釈をかなり混乱させる要素であろうと長い間示唆されてきた[38,40,51]。さらに重要なことに，持久系トレーニングプログラムは，一般的にも血漿量の全体的な増加を起こすと認識されている[20,93]。よって，オーバートレーニングの指標として定期的に測定されている全ての血漿成分は，血漿量の変化で補正されねばならないことが重要であろう。このような注意なくして，その血漿中濃度だけに基づいた血漿成分の変化の解釈は，いずれも無効であろう。最近の成績では，血漿量変化で補正する評価を必要とする，一連のパラメーターを効果的に減らしながら，多くの生物学的指標は運動ストレスによって影響されないかもしれないことも示唆されている(Kargotichら，未発表の観察結果)。この必要性をさらに強調すると，血漿量の推移はまた，暑熱馴化[95]，給水状態[23]，体位[45]の変化と関連しており，これら全てが通常の評価の際に異なるかもしれない。

年齢

　若年(多くの場合思春期前)の競技者が至適トレーニングに励み，そして練習をしすぎる可能性がある傾向は，オーバートレーニングの早期指標をモニターすることに関して，さらなる問題を提起している。同様に，ベテランスポーツ競技会への参加選手の増加は，研究者が今や，生化学的指標の標準範囲に対して加齢が与える影響を考慮しなければならないことを意味している。加齢変化は，ヘモグロビン，ヘマトクリット，血清フェリチンレベル[105]，筋グリコーゲン量[80]，特に男性におけるトータルおよびフリーの血清テストステロン濃度[105]などの無数の神経内分泌変化[82]，多くの免疫機能のパラメーター[79]等の数多くの生物学的機能に影響することが報告されている。加齢は概日リズムや季節リズムの変動に関係しており，特にホルモン分泌の概日リズムや季節リズムの変動に関係していることが示されている[11]。一般人の被験者集団にテスト結果を単純に関連させることは論拠のないものであり，またオーバートレーニングの徴候を示すであろう微妙な変化を同定するには感度は十分ではないかもしれない。年齢に関するものや，あるいは他の変動する，どんな潜在的問題点をも回避するため，それぞれの競技者の今までの結果を自身の標準として用いるべきであることが広範に勧められてきた[37,90]。よって，データがオーバートレー

ニングを定義するのに用いられる以前に，競技者は通常のトレーニング状態にある時に，基準となるデータを得ておくべきである[90]。

食事の影響

カテコールアミン，コルチゾル[59]，尿酸[12]，アミノ酸[15,32]，およびその他の生物学的指標の血漿濃度に及ぼす食物摂取の急性効果が，記録されている。そして，臨床的評価のための血液検体は絶食期間後に採血がなされるべきであることが古くから認識されている。同様に，オーバートレーニングの血漿成分の変化についての研究では，絶食時の血液検体を用いることを明記している[33,35,109]。しかしながら，これは普遍的に明言されているものではない。我々が勧めるのは前夜絶食の翌日早朝の血液検体が，競技者の日課を乱す可能性を最低限に抑え，基準を満たす最良の機会を与えるということである。

オーバートレーニングの予防

オーバートレーニングの予防は，練習ストレスと回復の適切なバランスのとれた競技者各自の練習計画を構築することから始められなければならない。どの練習計画においても，必要不可欠な回復の要素が，あまりにも頻繁に見落とされている。残念ながら，研究者達は未だトレーニングと競技力との量的関係について詳細な洞察を有しているとは言い難い[66]。オーバートレーニングを予防しつつ，同時に最高の競技力のための練習計画を確信をもって作成することは，コーチと競技者にとって重要な問題として残る。練習ストレスと競技力を系統的にモニターする，一層注意深く管理された対照研究の必要がある。さらに競技者各自は，それぞれ異なったレベルのトレーニングと競技ストレスに耐え得ること[14]，そして回復に要する時間も各々異なることが以前から認識されている。よって，個人別の練習計画が不可欠である。特に水泳競技者に見られる単調なオーバートレーニングの問題を避けるため，変化のある練習もまた欠くことのできないものである[62]。

今もなお一般に広く認識される必要のあるトレーニングの1つの側面は，ストレスの蓄積性である。高度な外的ストレスがかかる期間には，それが環境，職業，教育，もしくは社会的なストレスのいずれであろうと，トレーニング量や強度は変更されるか，或いは減少させる必要があり得る。様々なストレスが重なると，適応するのに個人の能力を越えてしまうこともある[94]。通常には耐えられる運動の量と強度が行われていても，環境，職業，もしくは個人的な事情から他のストレスが同時に重なると，全く容易にオーバートレーニングに陥るであろう。

コーチが至適競技力のためのトレーニングを未だ確信を持って指示できないとはいえ，一方で競技者の練習計画の中に，科学的な検査プログラムを定期的に組み込むことは明らかに必要である。このプログラムは，オーバートレーニングの早期発見に適したパラメーターで構成されねばならない。結局，オーバーリーチングやオーバートレーニングに関連した変動因子の相関関係が複雑であるため，オーバートレーニング状態に特徴的な唯一決定的なパラメーターというものはないであろう。この領域における研究者達の前に立ちは

だかっている課題は，恒常状態の長期間の不均衡に関連したと考えられる各種パラメーターに基づく，一貫性のある一連の検査を開発することである．残念ながら，競技力と血液指標の両方を研究室で検査することは，時間がかかるだけでなく高価でもある．そのため，初期段階でオーバートレーニングと診断するために必要な最大限の情報を呈示するよう，適切な検査の精粋が考案されるべきであり，それは通常，競技力，生物学的および心理学的パラメーターなどを含むものである（16章参照）．

そのような検査方法はトレーニングに関連した恒常状態の変化とオーバートレーニングに関連した変化が混同されないような方法で，トレーニング計画に含まれなければならない．この反応の線引きのカギはトレーニング計画の構築にあるかもしれない[37]．トレーニングの周期化の枠組みの中でトレーニング期間に充分な回復が得られ，かつ検査が実行される，適切な時期が確立される．

ロシアのスポーツ科学者達の研究が，トレーニングの周期化の概念について多くの基礎を築いた．それは，年間を4つの大きな期間に分割することを提唱し[63,76]，これをマクロ周期（＝大サイクル）と名づけた．この概念は，ある種の競技能力の発達は，その他の能力にとって先行必要条件と考えられるという仮定に基づいている[10]．より重要なことは，オーバートレーニングの予防に関して，それぞれのマクロ周期を3週間から6週間のいくつかのメゾ周期（＝中サイクル）に分け，さらに，そのそれぞれが各トレーニング単位で構成される1週間のミクロ周期（＝小サイクル）に分割されることである（図3.4参照）．それぞれのレベルで，その様式は練習ストレスにおいて構造的，累進的な増加が組み込まれ，かつ再生を促すための適切でタイミングの良い，定められた期間の，軽減・縮小されたトレーニングや回復のための時期も取り入れられる．

各メゾ周期は通常4週間よりなり[63]，練習量と強度を増加させる3週間と，その後に続くリハビリテーションや回復のための4週目とから成る．この構成は，それぞれのトレーニング期相互間や，またさらに各ミクロ周期相互間での完全な回復を必ずしも見込めないかもしれないし，オーバーリーチングの段階に進行するかもしれない．この蓄積疲労は，回復期の適応や過代償へのより強い刺激となるかもしれないことが示唆されている[63]．しかしながら，メゾ周期は，競技者に強制的に回復期をとらせることによって，練習ストレスの蓄積性をコントロールできる．第4週目は休養日を増やし，練習の量と強度を減少させること[63,76]や，練習を全く禁じること[62]，それが故に，競技者に対する生理学的および心理学的な要求を軽減することで特徴づけられる．この期間は，練習計画の中の各4週間のメゾ周期において，定期的な検査を組み込むのに最良の機会を提供する．競技者はこの回復の週の終わりには完全に回復するはずである．つまり検査結果は練習ストレスの影響を受けず，しかも競技者の競技力の進歩についての最も特徴的な情報を与えるであろう．もし，恒常状態がこの時期に保たれておらず，オーバートレーニングの早期診断がなされれば，次のメゾ周期の開始前に回復期間の延長が勧められ，そしてそれに応じた練習計画の調整を行うことができる．

70　第Ⅰ部　持久系競技者におけるオーバートレーニングの生理学

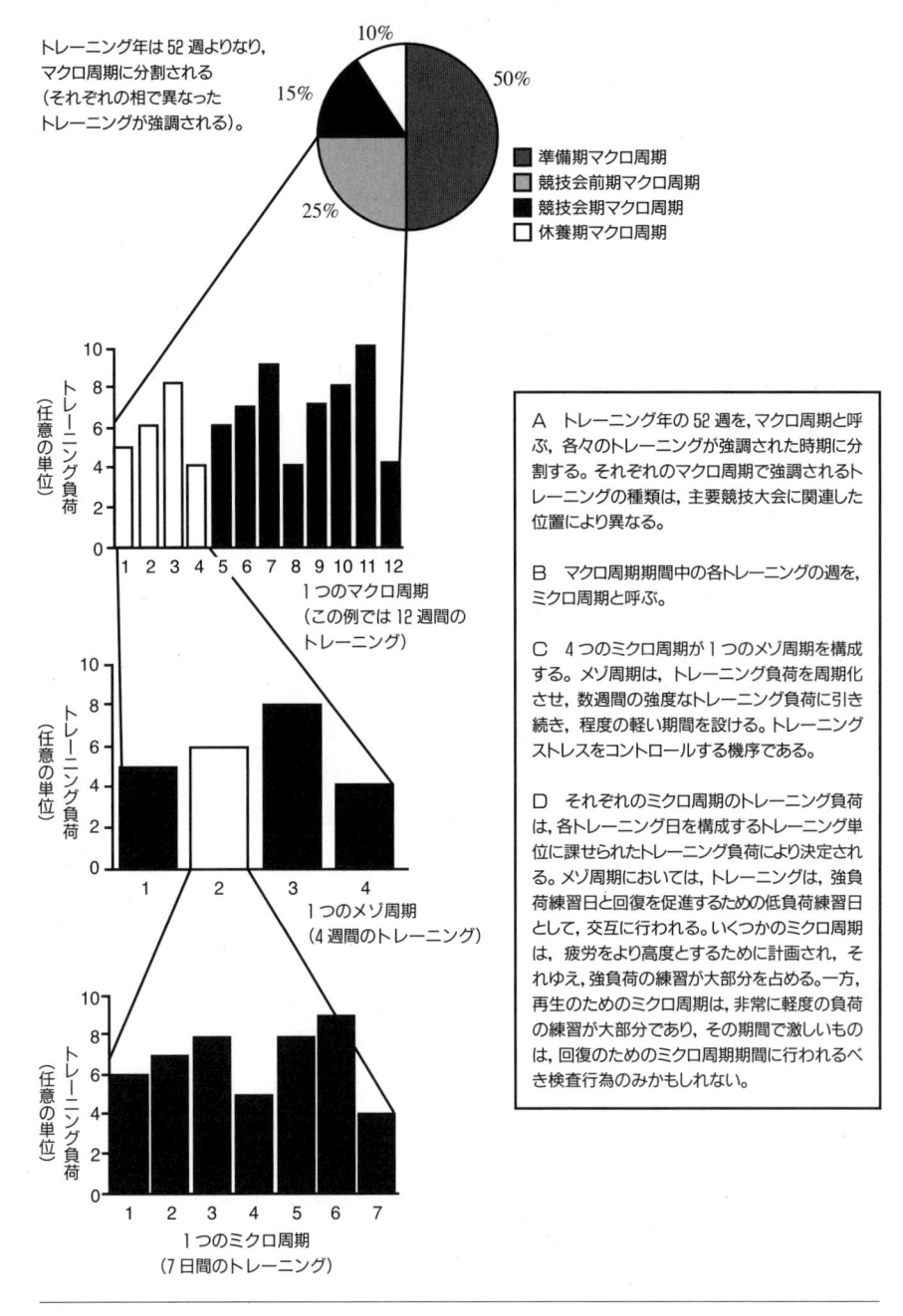

図3.4　周期的トレーニングの構築

A　トレーニング年の52週を、マクロ周期と呼ぶ、各々のトレーニングが強調された時期に分割する。それぞれのマクロ周期で強調されるトレーニングの種類は、主要競技大会に関連した位置により異なる。

B　マクロ周期期間中の各トレーニングの週を、ミクロ周期と呼ぶ。

C　4つのミクロ周期が1つのメゾ周期を構成する。メゾ周期は、トレーニング負荷を周期化させ、数週間の強度なトレーニング負荷に引き続き、程度の軽い期間を設ける。トレーニングストレスをコントロールする機序である。

D　それぞれのミクロ周期のトレーニング負荷は、各トレーニング日を構成するトレーニング単位に課せられたトレーニング負荷により決定される。メゾ周期においては、トレーニングは、強負荷練習日と回復を促進するための低負荷練習日として、交互に行われる。いくつかのミクロ周期は、疲労をより高度とするために計画され、それゆえ、強負荷の練習が大部分を占める。一方、再生のためのミクロ周期は、非常に軽度の負荷の練習が大部分であり、その期間で激しいものは、回復のためのミクロ周期期間に行われるべき検査行為のみかもしれない。

要約

　競技者の練習を周期化することは、定期的に定められた回復期を設け、練習に対する系統的な取り組みを提供する。それによりオーバートレーニングを評価する上で、潜在的問題点を排除する枠組みの中で、定期的かつ効率的にモニターすることができる。残念なが

ら，この領域における発表論文の多くは，実験的事実や推測の域を出ていない[39]。きちんと計画され，かつ系統だった研究で検討されるべき幅広い討論が今なお真に必要である。周期化の手法は，オーバートレーニング研究構想に対して，より効果的な構成を示し，それにより回復期間は競技力，生物学的および心理学的評価より優先され設けられる。このような方法で，オーバートレーニングと最も関連するパラメーターを直ちに確定することができ，そして競技者の定期的な一連の検査に加えることができる。その一方で，潜在的妨害因子を最小限にすることが可能である。（山澤文裕）

参考文献

1. Adlercreutz, H.. M. Härkönen, K. Kuoppasalmi, H. Näveri, I. Huhtaniemi, H. Tikkanen, K. Remes, A. Dessypris, J. Karvonen. 1986. Effect of training on plasma anabolic and catabolic steroid hormones and their response during physical exercise. *International Journal of Sports Medicine* 7: S27-28.
2. Allen, G.D., D. Keenan. 1988. Uric acid production and excretion with exercise, *Australian Journal of Science and Medicine in Sport* 20: 3-6.
3. Apple, F.S. 198 1. Presence of creatine kinase MB isoenzyme during marathon training. *New England Journal of Medicine* 305: 764-765.
4. Apple, F.S. 1992. The creatine kinase system in the serum of runners following a doubling of training mileage. *Clinical Physiology* 12: 419-424.
5. Bahr, R.,A.T. Hostmark, E.A. Newsholme, O. Gronnerod, O.M. Sejersted. 1991. Effect of exercise on recovery changes in plasma levels of FFA, glycerol, glucose and catecholamines. *Acta Physiologica Scandiuavica* 143: 105-115.
6. Barron, J.L., T.D. Noakes, W. Levy, C. Smith, R.P. Millar. 1985. Hypothalamic dysfunction in overtrained athletes. *Journal of Clinical Endocrinology and Metabolism* 60: 803-806.
7. Baxter, C., T. Reilly. 1983. Influence of time of day on all-out swimming. *British Journal of Sports Medicine* 17: 122-127.
8. Bergstrom, J.. L. Hermansen, E. Hultman, B. Saltin. 1967. Diet, muscle glycogen and physical performance. *Acta Physiologica Scandinavica* 71: 140-150.
9. Blalock, J.E. 1 989. A molecular basis for bidirectional communication between the immune and neureendocrine systems. *Physiological Reviews* 69: 1-32.
10. Bompa, T.O. 1983. *Theory and methodology of training*. Dubuque, IA: Kendall/Hunt.
11. Brock, M.A. 1991 . Chronobiology and aging. *Journal of theAmerican Geriatrics Society* 39 : 74-91.
12. Brule, D., C. Sarwar, L. Savoie. 1992. Changes in serum and urinary uric acid levels in normal human subjects fed purine-rich foods containing different amounts of adenine and hypoxanthine. *Journal of the American College of Nutrition* 11: 353-358.
13. Budgett, R. 1990. Overtraining syndrome. *British Journal of Sports Medicine* 24: 231-236.
14. Budgett, R. 1994. The overtraining syndrome. *British Medical Journal* 309: 465-468.
15. Castell, L.M., C.T. Liu, E.A. Newsholme. 1995. Diumal variation of plasma glutamine and arginine in normal and fasting subjects. *Proceedings of the Nutrition Society* 54: 118A
16. Celsing, F., J. Svedenhag, P. Pihlstedt, B. Ekblom. 1987. Effects of anaemia and stepwise-induced polycythaemia on maximal aerobic power in individuals with high and low haemoglobin concentrations. *Acta Physiologica Scandinavica* 129: 47-54.
17. Clarkson, P.M., C. Ebbling. 1988. Investigation of serum creatine kinase variability after muscle damaging exercise. *Clinical Science* 75: 257-261.
18. Clement, D.B., D.R. Lloyd-Smith, J.G. Macintyre, G.O. Matheson, R. Brock, M. Dupont. 1987. Iron status in Winter Olympic sports. *Journal of Sports Sciences* 5: 261-271.
19. Conlee, R.K., M.J. Rennie, W.W. Winder. 1976. Skeletal muscle glycogen : diurnal variation and effects of fasting. *American Journal of Physiology* 231: 614-618.
20. Convertino, V.A. 1991. Blood volume : its adaptation to endurance training. *Medicine and Science in Sport and Exercise* 23: 1338-1348.
21. Cooke, R.R., J.E.A. McIntosh, R.P. McIntosh. 1993. Circadian variation in serum free and non-SHBG-bound testosterone in normal men : measurements, and simulation using a mass action model. *Clinical Endocrinology* 39: 163-171.
22. Costill, D.L., R. Bowers, G. Branam, K. Sparks. 1971. Muscle glycogen utilisation during pro-

longed exercise on successive days. *Journal of Applied Physiology* 31: 834-838.
23. Costill, D.L., W.J. Fink. 1974. Plasma volume changes following exercise and thermal dehydration. *Journal of Applied Physiology* 37: 521-525.
24. Costill, D.L., M.G. Flynn, J.P. Kirwan, J.A. Houmard, J.B. Mitchell, R. Thomas, S.H. park. 1988. Effects of repeated days of intensified training on muscle glycogen and swimming performance. *Medicine and Science in Sports and Exercise* 20: 249-254.
25. Costill, D.L., D.D. Pascoe, W.J. Fink, R.A. Robergs, S.1. Barr, D. Pearson. 1990. Impaired muscle glycogen resynthesis after eccentric exercise. *Journal of Applied Physiology* 69: 46-50.
26. Davidson, R.J.L., J.D. Robertson, G. Galea, R.J. Maughan. 1987. Hematological changes associated with marathon running. *International Journal of Sports Medicine* 8: 19-25.
27. Decombaz, J., P. Reinhardt, K. Anantharaman, G. von Glutz, J.R. Poortmans. 1979. Biochemical changes in a 100 km run : free amino acids, urea, and creatinine. *European Journal of Applied Physiology* 41: 61-72.
28. Devgun, M.S., H.S. Dhillon. 1992. Importance of diurnal variations on clinical value and interpretation of serum urate measurements. *Journal of Clinical Pathology* 45: 110-113.
29. Dressendorfer, E.H., C.E. Wade, E.A. Amsterdam. 1981. Development of pseudoanemia in marathon runners during a 20-day road race. *Journal of the American Medical Association* 246: 1215-1218.
30. Dressendorfer. R.H., C.E. Wade. 1983. The muscular overuse syndrome in long-distance runners. *Physician and Sportsmedicine* 11: 116-130.
31. Evans, W.J., C.N. Meredith, J.G. Cannon, D.A. Dinarello, W.R. Frontera, V.A. Hughes, B.H. Jones, H.G. Knuttgen. 1986. Metabolic changes following eccentric exercise in trained and untrained men. *Journal of Applied Physiology* 61: 1864-1868.
32. Feigin, R.D., A.S. Klainer, W.R. Beisel. 1968. Factors affecting circadian periodicity of blood amino acids in man. *Metabolism* 17: 764-775.
33. Flynn, M.G., F.X. Pizza, J,B. Boone, F.F. Andres, T.A. Michaud, J,R. Rodriguez-Zayas. 1994. Indices of training stress during competitive running and swimming seasons. *International Journal of Sports Medicine* 15: 21-26.
34. Fry, R.W., A.R. Morton, P. Garcia-Webb, G.P.M. Crawford, D. Keast. 199 1 . Monitoring exercise stress by changes in metabolic and hormonal responses over a 24-h period. *European Journal of Applied Physiology* 63: 228-234.
35. Fry, R.W., A.R. Morton, P. Garcia-Webb, G.P.M. Crawford, D. Keast. 1992. Biological responses to overload training in endurance sports. *European Journal of Applied Physiology* 64: 335-344.
36. Fry, R.W., S.R. Lawrence, A.R. Morton, A.B. Schreiner, T.D. Polglaze, D. Keast. 1993. Monitoring training stress in endurance sports using biological parameters. *Clinical Journal of Sport Medicine* 3: 6-13.
37. Fry, R.W., A.R. Morton, D. Keast. 1991. Overtraining in athletes: an update. *Sports Medicine* 12: 32-65.
38. Fry, R.W., A.R. Morton, D. Keast. 1992. Acute intensive interval exercise and T-lymphocyte function. *Medicine and Science in Sport and Exercise* 24: 339-345.
39. Fry, R.W., A.R. Morton, D. Keast. 1992. Periodisation of training stress : a review. *Canadian Journal of Sport Sciences* 17: 234-240.
40. Goodman, C., G.G. Rogers, H. Vermaak, M.R. Goodman. 1985. Biochemical responses during recovery from maximal and submaximal swimming exercise. *European Journal of Applied Physiology* 54: 436-441.
41. Gray, A.B., R.D. Telford, M. Collins, M.J. Weidemann. 1993. The response of leukocyte subsets and plasma hormones to interval exercise. *Medicine and Science in Sports and Exercise* 25: 1252-1258.

42. Green, H.J., I.G. Fraser. 1988. Differential effects of exercise intensity on serum uric acid concentration. *Medicine and Science in Sports Exercise* 20: 55-59.
43. Guglielmini, C., A.R. Paolini, F. Conconi. 1984. Variations in serum testosterone concentrations after physical exercises of different duration. *International Journal of Sports Medicine* 5: 246-249.
44. Hackney, A.C., W.E. Sinning, B.C. Bruot. 1988. Reproductive hormonal profiles of endurance-trained and untrained males. *Medicine and Science in Sports and Exercise* 20: 60-65.
45. Harrison, M.H. 1985. Effects of thermal stress and exercise on blood volumes in humans. *Physiological Reviews* 65: 149-209.
46. Hellsten-Westing, Y., A. Sollevi, B. Sjodin. 1991. Plasma accumulation of hypoxanthine, uric acid, and creatine kinase following exhausting runs of differing durations in man. *European Journal of Applied Physiology* 62: 380-384.
47. Hermansen, L., I. Stensvold. 1972. Production and removal of lactate during exercise in man. *Acta Physiologica Scandinavica* 86: 191-201.
48. Hooper, S.L., L.T. Mackinnon. 1995. Monitoring overtraining in athletes. *Sports Medicine* 20: 321-327.
49. Hooper, S.L., L.T. Mackinnon. R.D. Gordon, A.W. Bachmann. 1993. Hormonal responses of elite swimmers to overtraining. *Medicine and Science i,1 Sports and Exercise* 25: 741-747.
50. Hooper, S.L., L.T. Mackinnon, A. Howard, R.D. Gordon, A.W. Bachmann. 1995. Markers for monitoring overtraining and recovery. *Medicine and Science in Sports and Exercise* 27: 106-112.
51. Irving, R.A., T.D. Noakes, S.C. Burger, K.H. Myburgh, D. Querido, R. Van Zyl Smit. 1990. Plasma volume and renal function during and after ultramarathon running. *Medicine and Science in Sports and Exercise* 22: 581-587.
52. Jakeman, P.M., E.M. Winter, J. Doust. 1994. A review of research in sports physiology. *Journal of Sports Science* 12: 33-60.
53. Jeukendrup, A.E., M.K.C. Hesselink. 1994. Overtraining: what do lactate curves tell us? *British Journal of Sports Medicine* 28: 239-240.
54. Jeukendrup, A.E., M.K.C. Hesselink, A.C. Snyder, H. Kuipers, H.A. Keizer. 1992. Physiological changes in male competitive cyclists after two weeks of intensified training. *International Journal of Sports Medicine* 13: 534-541.
55. Kargotich, S., D.G. Rowbottom, D. Keast, C. Goodman, A.R. Morton. 1996. Plasma glutamine changes after high intensity exercise in elite male swimmers, *Medicine and Science in Sports and Exercise* 28: S133.
56. Keast, D., D. Arstein, W. Harper, R.W. Fry, A.R. Morton. 1995. Depression of plasma glutamine following exercise stress and its possible influence on the immune system. *Medical Journal of Australia* 162: 15-18.
57. Kirwan, J.P., D.L. Costill, M.G. Flynn, J.B. Mitchell, W.J. Fink, P.D. Neufer, J.A. Houmard. 1988. Physiological responses to successive days of intense training in competitive swimmers. *Medicine and Science in Sports and Exercise* 20: 255-259.
58. Kirwan, J.P., D.L. Costill, J.A. Houmard, J.B. Mitchell, M.G. Flynn, W.J. Fink. 1990. Changes in selected blood measures during repeated days of intense training and carbohydrate control. *International Journal of Sports Medicine* 11: 362-366.
59. Knoll, E., F.W. Muller, D. Ratge, W. Bauersfeld, H. Wisser. 1984. Influence of food intake on concentrations of plasma catecholamines and cortisol. *Journal of Clinical Chemistry and Clinical Biochemistry* 22: 597-602.
60. Koutedakis, Y., R. Budgett, L. Faulmann. 1990. Rest in underperforming elite competitors. *British Journal of Sports Medicine* 24: 248-252.
61. Krieger, D.T., W. Allen, F. Rizzo, H.P. Krieger. 1971. Characterisation of the normal temporal pattern of plasma corticosteroid levels. *Journal of Endocrinology* 32: 266-284.

62. Kuipers, H., H.A. Keizer. 1988. Overtraining in elite athletes : review and directions for the future. *Sports Medicine* 6: 79-92.
63. Kukushkin, G. 1983. *The system of physical education in the U.S.S.R.* Mos-cow: Radugi.
64. Kuoppasalmi, K., H. Naveri, M. Harkonen, H. Adlercreutz. 1980. Plasma cortisol, andros-tenedione, testosterone, luteinising hormone in running exercise of different intensities. *Scandinavian Journal of Clinical laboratory Investigation* 40: 403-409.
65. Lehmann, M., H.H. Dickhuth, G. Gendrisch, W. Jazar, M. Thum, R. Kaminski, J.F. Aramendi, E. Peterke, W. Wieland, J. Keul. 1991 . Training-overtraining: a prospective, experimental study with experienced middle- and long-distance runners. *International Journal of Sports Medicine* 12: 444-452.
66. Lehmann, M,, C. Foster, J. Keul. 1993. Overtraining in endurance athletes: a brief review. *Medicine and Science in Sports and Exercise* 25: 854-862.
67. Lehmann, M., U. Gastmann, K.G. Petersen, N. Bachl, A. Seidel, A.N. Khalaf, S. Fischer, J. Keul. 1992. Training-overtraining : performance, and hormone levels, after a defined increase in training volume versus intensity in experienced middle- and long-distance runners. *British Journal of Sports Medicine* 26: 233-242.
68. Lehmann, M., W. Schnee, R. Scheu, W. Stockhausen, N. Bachl. 1992. Decreased nocturnal catecholamine excretion : parameter for an overtraining in athletes? *International Journal of Sports Medicine* 13: 236-242.
69. Levin, S. 1991 . Overtraining causes Olympic-sized problems. *Physician and Sports medicine* 19: 112-118.
70. Levine, M.E., A.N. Milliron, L.K. Duffy. 1994. Diurnal and seasonal rhythms of melatonin. cortisol and testosterone in interior Alaska. *Arctic Medical Research* 53: 25-34.
71. Lijnen, P., P. Hespel, R. Fagard, R. Lysens, E. Vanden-Eynde, M. Goris, W. Goossens, W. Lissens, A. Amery. 1988. Indicators of cell breakdown in plasma of men during and after a marathon race. *International Journal of Sports Medicine* 9: 108-113.
72. Mackinnon, L.T., S. Hooper. 1994. Mucosal (secretory) immune system re-sponses to exercise of varying intensity and during overtraining. *International Journal of Sports Medicine* 15: S 179-S183.
73. Mackinnon, L.T., S.L. Hooper. 1996. Plasma glutamine and upper respira-tory tract infection during intensified training in swimmers. *Medicine and Science in Sports and Exercise* 28: 285-290.
74. Maron, M.B., S.M. Horvath, J.E. Wilkerson. 1977. Blood biochemical alterations during recovery from competitive marathon running. *European Journal of Applied Physiology* 36: 231-238.
75. Mathur, R.S., M.R. Neff, S.C. Landgrebe, L.O. Moody, R.F. Kirk, R.H. Gadsden, P.F. Rust. 1986. Time-related changes in the plasma concentrations of prolactin, gonadotrophins, sex hormone-binding globulin, and certain steroid hormones in female runners after a long-distance race. *Fertility and Sterility* 46: 1067-1070.
76. Matveyev, L. 1981. *Fundamentals of sports training*. (Translated from the Russian). Moscow: Progress.
77. Maughan, R.J., A.E. Donnelly, M. Gleeson, P.H. Whiting, K.A. Walker, P.J. Clough. 1989. Delayed-onset muscle damage and lipid peroxidation in man after a downhill run. *Muscle and Nerve* 12: 332-336.
78. Maughan, R.J., P.H. Whiting, R.J.L. Davidson. 1985. Estimation of plasma volume changes during marathon running. *British Journal of Sports Medicine* 19: 138-141.
79. Mazzeo, R.S. 1994. The influence of exercise and aging on immune function. *Medicine and Science in Sports and Exercise* 26: 586-592.
80. Meredith, C.N., W.R. Frontera, E.C. Fisher, V.A. Hughes, J.d Herland, J. Edwards, W.J, Evans. 1 989. Peripheral effects of endurance training in young and old subjects. *Journal of Applied Physiology* 66: 2844-2849.

81. Moldofsky, H. 1994. Central nervous system and peripheral immune functions and the sleep-wake system. *Journal of Psychiatry and Neurosdence* 19: 368-374.
82. Mooradian, A.D. 1993. Mechanisms of age-related endocrine alterations. Part I. *Drugs and Aging* 3: 81-97.
83. Noakes, T.D. 1987. Effect of exercise on serum enzyme activities in humans. *Sports Medicine* 4: 245-267.
84. O'Reilly, K.P., M.J. Warhol, R.A. Fielding, W.R. Frontera, C.N. Meredith, W.J. Evans. 1987. Eccentric exercise-induced muscle damage impairs muscle glycogen repletion. *Journal of Applied Physiology* 63: 252-256.
85. Parry-Billings, M., R. Budgett, Y. Koutedakis, E. Blomstrand, S. Brooks, C. Williams, P. Calder, S. Pilling, R. Baigrie, E. Newsholme. 1992. Plasma amino acid concentrations in the overtraining syndrome: possible effects on the immune system. *Medicine and Science in Sports and Exercise* 24: 1353-1358.
86. Pyne, D.B. 1993. Uric acid as an indicator of training stress. *Sport Health* 11: 26-27.
87. Rennie M.J., R.H.T. Edwards, S. Krywawych, C.T.M. Davies, D. Halliday, J.C. Waterlow, D.J. Millward. 1981. Effect of exercise on protein turnover in man. *Clinical Science* 61: 627-639.
88. Rowbottom, D.G., D. Keast, C. Goodman, A.R. Morton. 1995. The haematological, biochemical and immunological profile of athletes suffering from the overtraining syndrome. *European Journal of Applied Physiology* 70: 502-509.
89. Rowbottom, D.G., D. Keast, A.R. Morton. 1996. The emerging role of glutamine as an indicator of exercise stress and overtraining. *Sports Medicine* 21: 80-97.
90. Ryan, A.J., R.L. Brown, E.C. Frederick, H.L. Falseti, E.R. Burke. 1983. Overtraining of athletes. *Physician and Sportsmedicine* 11: 93-110.
91. Schmidt, W., N. Maassen, U. Tegtbur, K.M. Braumann. 1989. Changes in plasma volume and red cell formation after a marathon competition. *European Journal of Applied Physiology* 58: 453-458.
92. Schwarz, L., W. Kindermann. 1990. Beta-endorphin, adrenocorticotropic hormone, cortisol and catecholamines during aerobic and anaerobic exercise. *European Journal of Applied Physiology* 61: 165-171.
93. Selby, G.B., E.R. Eichner. 1994. Hematocrit and performance: the effect of endurance training on blood volume. *Seminars in Hematology* 31: 122-127.
94. Selye, H. 1957. *The stress of life*. London: Longmans Green.
95. Senay, L.C., D. Mitchell, C.H. Wyndham. 1976. Acclimatization in a hot, humid environment: body fluid adjustments. *Journal of Physiology* 40: 786-796.
96. Sharp, R.L., C.A. Vitelli, D.L. Costill, R. Thomas. 1984. Comparison between blood lactate and heart rate profiles during a season of competitive swim training. *Journal of Swimming Research* 1: 17-20.
97. Shephard, R.J. 1984. Sleep, biorhythms and human performance. *Sports Medicine* 1: 11-37.
98. Sherman, W., D. Costill, W. Fink, F. Hagerman, L. Armstrong, T. Murray. 1983. Effect of 42.2-km foot race and subsequent rest or exercise on muscle glycogen and enzymes. *Journal of Applied Physiology* 55: 1219-1224.
99. Shinkai, S., S. Shore, P.N. Shek, R.J. Shephard. 1992. Acute exercise and immune function: relationship between lymphocyte activity and changes in subset counts. *International Journal of Sports Medicine* 13: 452-461.
100. Snyder, A.C., A.E. Jeukendrup, M.K.C. Hesselink, H. Kuipers, C. Foster. 1993. A physiological/psychological indicator of over-reaching during intensive training. *International Journal of Sports Medicine* 14: 29-32.
101. Snyder, A.C., H. Kuipers, B. Cheng, R. Servais, E. Fransen. 1995. Overtraining following intensified training with normal muscle glycogen. *Medicine and Science in Sports and Exercise* 27:

1063-1070.

102. Stewart, G.A., J.E. Steel, A.H. Toyne, M.J. Stewart. 1972. Observations on the haematology and the iron and protein intake of Australian Olympic athletes. *Medical Journal of Australia* 2: 1339-1343.

103. Stone, M.H., R.E. Keith, J.T. Kearney, S.J. Fleck, G.D. Wilson, N.T. Triplett. 1991. Overtraining : a review of the signs, symptoms and possible causes. *Journal of Applied Sport Science Research* 5: 35-50.

104. Tavadia, H.B., K.A. Fleming, P.D. Hume, H.W. Simpson. 1975. Circadian rhythmicity of human plasma cortisol and PHA-induced lymphocyte transformation. *Clinical and Experimental Immunology* 22: 190- 193.

105. Tietz, N.W., D.F. Shuey, D.R. Wekstein. 1992. Laboratory values in fit aging individuals-sexagenarians through centenarians. *Clinical Chemistry* 38: 1167-1185.

106. Touitou,Y., O. Benoit, J. Foret, A. Aguirre, A. Bogdan, M. Clodore, C. Touitou. 1992. Effects of a two-hour early awakening and of bright light exposure on plasma patterns of cortisol, melatonin, prolactin and testosterone in man. *Acta Endocrinologica* 126: 201-205.

107. Urhausen, A., H. Gabriel, W. Kindermann. 1995. Blood hormones as mark-ers of training stress and overtraining. *Sports Medicine* 20: 251-276.

108. Urhausen, A., W. Kinderman. 1987. Behaviour of testosterone, sex hormone binding globulin (SHBG) and cortisol before and after a triathlon competition. *International Journal of Sports Medicine* 8: 305-308.

109. Urhausen, A., T. Kullmer, W. Kindermann. 1987. A7-week follow-up study of the behaviour of testosterone and cortisol during the competition period in rowers. *European Journal of Applied Physiology* 56: 528-533.

110. Van Cauter, E., J. Sturis, M.M. Byrne, J.D. Blackman, N.H. Scherberg, R. Leproult, S. Refetoff, O.Van Reeth. 1993. Preliminary studies on the immediate phase-shifting effects of light and exercise on the human circadian clock. *Journal of Biological Rhythms* 8: S99-108.

111. Verde, T., S. Thomas, R.J. Shephard. 1992. Potential markers of heavy training in highly trained distance runners. *British Journal of Sports Medicine* 26: 167-175.

112. Vervoorn, C., A.M. Quist, L.J.M. Vermulst, W.B.M. Erich, W.R. deVries, J.H.H. Thijssen. 1991. The behaviour of the plasma free testosterone/cortisol ratio during a season of elite rowing training. *International Journal of Sports Medicine* 12: 257-263.

113. Weitzman, E.D. 1975. Seasonal patterns of sleep stages and secretion of cortisol and growth hormone during 24 hour periods in Northern Norway. *Acta Endocrinologica* 78: 65-76.

114. Weitzman, E.D., D. Fukushima, C. Nogeire, H. Roffwarg, T.F. Gallagher, L. Hellman. 1971. Twenty-four hour pattern of the episodic secretion of cortisol in normal subjects. *Journal of Clinical Endocrinology* 33: 14-22.

115. Weltman, A., C.M. Wood, C.J. Womack, S.E. Davis, J.L. Blumer, J. Alvarez, K. Sauer, G.A. Gaesser. 1994. Catecholamine and blood lactate responses to incremental rowing and running exercise. *Journal of Applied Physiology* 76: 1144-1149.

116. Wilkerson, J.E., D.L. Batterton, S.M. Horvath. 1977. Exercise-induced changes in blood ammonia levels in humans. *European Journal of Applied Physiology* 37: 255-263.

117. Woodson, R.D. 1 984. Hemoglobin concentration and exercise capacity. *American Review of Respiratory Disease* 129: S72-75.

118. Zaharieva, E. 1965. Survey of sportswomen at the Tokyo Olympics. *Journal of Sports Medicine and Physical Fitness* 5: 215-219.

第II部

筋力／パワー系競技者におけるオーバートレーニングの生理学

第4章
筋力／パワー系競技のオーバートレーニングに関与する因子

William J. Kraemer, PhD, and Bradley C. Nindl, MS

はじめに

　筋力とパワーにおけるオーバートレーニングは，トレーニングプログラムに誤りが生じた時に起こる問題である。誤りは，練習中の運動負荷を決めている急性プログラムの多様性にかかわっており，不適切な練習を長期間繰り返していると，オーバートレーニング症候群が進行する可能性がある。オーバートレーニングは，運動負荷に対する適応不良のためのパフォーマンスの低下とも定義できる。さらにそれにより，トレーニング効果が上がらずに，選手の潜在能力以下のまま運動能力がプラトーに達してしまうこともある。また，誤りを修正し，リバウンドによるトレーニング効果などを期待して，困難なトレーニングプログラムを実行させることにより，意図的にパフォーマンスの低下を起こすこともありうる。この概念は，オーバーリーチングとか，超回復と呼ばれる[12]。図4.1は適応能力との関連におけるトレーニングに対する反応を示したものである。

　トレーニングが直線的な反応を示さない間は，最適トレーニングプログラム適応能力の期間の上限に近づいていたり，最適なトレーニングのセット時間に近づいている（例，周期的トレーニングにおけるピーク相）。2番目の曲線は，より激しい練習のために運動能力に計画的な抑制を起こさせ，そのリバウンドで最適な潜在能力の近くまで上昇させるオーバーリーチング現象を示す。最終的に，もしトレーニングの誤りが，選手やコーチの計算違いや無知によるものであれば，運動能力の低下は何週間も何カ月も続き，選手はこれをオーバートレーニング症候群と考えるようになる。オーバーリーチングテクニックの使用はリスクの高いトレーニング方法であり，リバウンドの時期とトレーニング刺激の重要性を理解しておかなければならない。今もなお，エリート集団による競技では，わずかな運動能力の増加が金メダルと100位の差違となるかもしれないのである。それゆえ，競技スポーツ選手のためのトレーニングや試合は，健康増進のためのトレーニングより，もっと

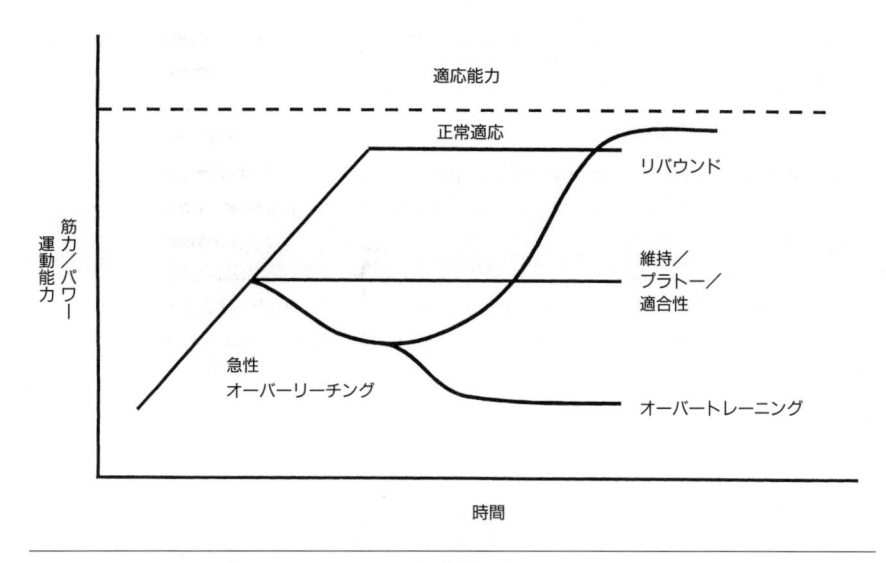

図4.1 適応能力との関連からみたトレーニングの理論的反応

注意深い計画とトレーニング刺激に対する理解を必要とする。

　トレーニングでもっとも多い間違いは，トレーニングを進める速さに関連するものである。もし，機械的かつ化学的な負荷が，運動能力の改善に必要な適応の変化（筋肉サイズの増加など）にともなう基礎的形態構造に損傷を与えるようなものならば，すぐにオーバートレーニングになってしまうであろう。例えば，小さな室内のセメントのトラックで，まっすぐ素早く走ってターンするスプリントによる補助的なスピード練習は，ハイレベルのせん断力を生むが，下肢の筋肉と結合組織にかなり大きなストレスとダメージをもたらす。生体構造の形態的損傷は，結果的に運動能力の低下をもたらし，続いて急性のオーバートレーニングがみられる。それはトレーニングの誤りであってオーバートレーニングではないと主張する人もいるかもしれないが，この場合のオーバートレーニングは補助トレーニング（すなわち，スプリントトレーニング）の間違いからきたものである。これは，オーバートレーニングの原因を，特別なスポーツ関連トレーニング手法によるものなのか(例，筋力／パワー系競技者に対するレジスタンストレーニングプログラム)，または，スポーツに対する特異的トレーニング手法以外のものなのか（例，ウェイトイベントに対するラントレーニング），両面から調査しなければならないことを示している。

筋力／パワー系競技者におけるオーバートレーニングとオーバーリーチングの研究

　現在までのところ，様々なタイプのオーバートレーニングを調査している研究はわずかである。実際，運動能力の慢性的な低下をもたらすのに必要な意図的に不適切につくられたプログラミングを実験的環境のなかで行うのは容易ではないし，オーバートレーニングの誤りと影響を証明するには，トレーニング中の選手を追跡調査する必要がある。しかし，

オーバートレーニングとオーバーリーチングを系統的に研究するためには，両方のアプローチが必要である．これらは他項で後述するが，いくつかの事実は，オーバートレーニングとオーバーリーチングに関与する基本的な因子を理解するのに有用である．Callisterらの研究[3]は，無酸素運動トレーニングが持久系オーバートレーニングと異なった型の症状を表しているかもしれないということを最初に示した．研究者達は，レジスタンストレーニング，ラントレーニング，およびアメリカ国内レベルの柔道競技者の練習量を週6日のプログラム以上に増やせば安静時の心拍数や血圧の増加が起こらないと考えた．しかし，実際には300mスプリントタイムの著明な運動能力の低下と等速運動能の低下がみられた．さらに，実行されたレジスタンストレーニングは最大強度（すなわち1RM）の運動能力を増強するにも効果的ではなかった．

A. C. Fry らの2つの研究[11,12]でも，研究室で強度特異的オーバートレーニングプロトコールを成功させるためには，運動能力の減少をもたらすためにある種の因子が必要であることが明らかとなった．最初の試みでは，強度特異的オーバートレーニングモデルの開発に休息の重要性と影響力を見いだした．

彼らは，一般の筋力トレーニングをしている人に，1RMの95%でマシーンスクワットのウォームアップ8回の後に練習させた．このプロトコールでは，6日間のオーバートレーニングの後，日曜日は休息にあてられた．その結果，1RMでは運動能力の低下はみられず，1分間に60度の，膝関節の等速度トルク産生における非特異的な運動能力の減少と，スプリントタイムと利き手でない側の敏捷速度の増加がみられた．すなわち，身体は1RMの高度なパフォーマンス発揮を保ち，残りの1日を休息に利用することによってプロトコールに対する耐容性を増すことがわかった．周期化プロトコールの理論的な開発のなかにプログラムされた休息と回復の重要性は，効果的トレーニングにとって重要であることが，この研究においても示された．しかし一方，末梢の運動能力の減少という結果は，何かがオーバートレーニングプロトコールによってネガティブな影響を受けているということも表している．すなわち，選手の全身的な運動能力を調べること，またひとつの集団で何もネガティブなことが起こらなかったからといって，オーバートレーニングが起きていないと仮定してしまわないことが，選手，コーチ，スポーツ科学者にとって重要なことである．例えば，パワーリフターにとっては，スプリントと等速度トルク産生における運動能力の低下は重要ではないかもしれないが，もしアメリカンフットボール競技者に同じことが起こった場合，その重要性は明らかである．

A. C. Fry らの続く研究[12]では，休息の1日をオーバートレーニングプロトコールから削除し，ウォームアップセットの後，それぞれの対象者に休みながら1RMのリフト10セットをさせた．この結果，オーバートレーニング研究に参加した対象者の73%に1RMの運動能力の著明な低下（4.5kg以上）をもたらした．興味深いのは，対象者の23%には4.5kg以下の低下しか起こらず，運動能力が向上したものも数例みられ，まだオーバートレーニング状態ではなかったということである．これは，オーバートレーニング状態での生理学的進展のタイムコースは個々人の反応の生まれ持った要素に高く依存しているということを示している．このモデルがオーバートレーニングやオーバーリーチングをきたしたか

どうか決定するためのフォローアップは行われていないが，強度オーバートレーニングは，大腿筋や膝関節の局所的なストレスのために，時間を延長して続けることは困難だろうということは明らかである．にもかかわらず，この研究は，比較的低容量の運動ストレス，しかし休息日なしで高い（100％以上の）比較的強力な負荷をかける方法であり，非特異的なテスト変数（例えば等速度の膝伸展ピークトルク，スプリントタイム）およびトレーニング様式に特異的な減少において，かなりの運動能力の低下をもたらしたことを示した．

A. C. Fry の指揮下でのこの強度-オーバートレーニングモデルのわれわれの研究所（WJK）における開発は，コントロールされた状態でのオーバートレーニングを研究するための最初の研究モデルを提供した．このことにより，私たちは潜在的な指標と作用機序を探求するために，神経内分泌的および神経筋系環境における相互変化を評価できるようになった．驚いたことに，神経内分泌パターンは持久力-オーバートレーニング研究に関する以前の研究から予測されたものにはならなかった．例えば，安静時のテストステロンやコルチゾルの減少は共通にはみられず，このことは神経内分泌反応は練習によってもたらされるオーバートレーニングと戦う第一線の反応であるとも考えられた．したがって，このデータは第 6 章でより詳細にのべられているが，オーバートレーニングの最初の段階では，身体は過度の肉体的要求を埋め合わせるための潜在的修復過程のすべてを請け負っているのかもしれない．もし身体がオーバートレーニングストレッサーの警告反応をうまく処理できなかったり，Selye の疲労モデル[40]に一致するような場合は，同化ホルモンの減少と異化ホルモンの増加反応が起きているのであろう．図 4.2 は強度オーバートレーニングモデルに対するこの理論上のホルモン反応を示している．

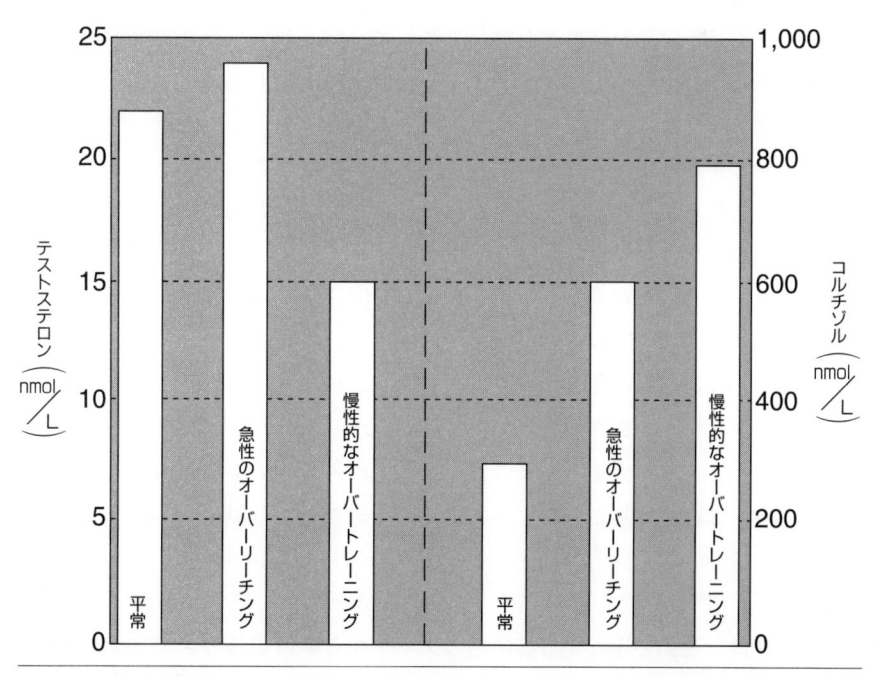

図 4.2　強度オーバートレーニングモデルに対するテストステロンとコルチゾルの理論上のホルモン反応

したがって，筋力とパワーの強度関連性オーバートレーニングやオーバーリーチングにおいては，不適切な運動刺激[35]に関連する生理学的適応不全を未然に防ぐための身体能力がないために，抑制されたテストステロンと上昇したコルチゾルの分泌増が，実際に運動能力のネガティブな反応の後に続いて起こる。すなわち，身体的運動能力の低下との関連における発現のタイムコースによるため，このタイプのオーバートレーニングを予測するためのこうしたマーカー（テストステロンやコルチゾル）の使用には問題もある。運動能力抑制の性質に関して記載する必要については，さらに疑問である。最終的な結果がオーバーリーチングや，そのまま真のオーバートレーニングになるのかはわからない。明らかなオーバートレーニングを終点（すなわち，何週間にもわたる運動能力の低下）とするこのような研究は倫理的に困難であり，運動能力が必須のこととして評価されるような選手集団においてはなおさらである。

トレーニングの誤り

前述したように，オーバートレーニングの出現は，実はレジスタンストレーニングプログラムやスポーツ補助トレーニングにおける誤った機能である。そういう運動刺激となる因子は何であろうか。どのような誤りがオーバートレーニング状態をもたらす可能性があるのだろうか。これらの疑問に対する答えは，まだ幾分理論的なものだが，レジスタンストレーニング刺激のより深い分析から，オーバートレーニング刺激を生む問題にいくつかの洞察が得られるかもしれない。さらに，最高の潜在的運動能力以下の状態で，プラトーになったり，運動能力を維持しているだけのような効果のないプログラムは，仮性オーバートレーニング状態といえるかもしれない。このような，過多過小に関わる間違いは両者とも運動能力に関して同様の結果をもたらすが，オーバートレーニング状態は，神経筋組織におけるより大きな損傷やネガティブな身体的変化と関連する。

急性プログラムの変数[9,10]には，①運動の選択，②運動の順序，③運動の強度，④セット回数，⑤セットと運動の間の休息量，がある。プログラムを進めるなかで，理論的にはこれらの変数のどこでも誤りが起こり，オーバートレーニング症候群をもたらしうる。しかし，運動能力の減少を仲介する機序は全く異なる。

古典的な言葉では，オーバートレーニングは，強度（急性のプログラム変数）と運動量（セット回数と強度の関数である全仕事量）における誤った機能と考えられている。オーバートレーニングを起こさないような発達を注意深く計画する目的で，このふたつの変数を利用するためにトレーニングの周期的なアプローチが試みられた。周期的アプローチの成功のなかでもっとも大きな因子のひとつは，それぞれのサイクルに計画的な休息を取り入れたことである。これまでみてきたように1日の休息でさえ力の産生には有益である。

運動の選択

運動の選択には，運動を遂行する筋活動のタイプから練習器具のタイプまで多くの要素が含まれる。筋肉活動は，等尺性，動的短縮性または動的伸縮性活動でなされるものであ

る$^{(25)}$。運動器具の一般的タイプは，いわゆる等張性，可変性レジスタンス，等速性，油圧，空気圧のものである。オーバトレーニングでは，不適切な器具を用いて運動することが運動能力の低下の原因となる。Newtonらの研究$^{(34)}$によると，ベンチプレス運動では，バーへのぶら下がり方が不適切だったりスピードを出して繰り返そうとしたりすることにより，結果的にパワーの減少と動きの減速をもたらした。これはスピードを繰り返す概念を利用することから意図される成果とは反対の結果であり，器具の選択の誤りである。すなわち，関節の可動域の末端でバーにぶら下がる場合は，減速しなければならない部分を加速するための運動量の波をつくる機械やフリーウェイトを選択しなければならない。したがって可動域の末端でウェイトが開放されるような器具（例えばメディシンボール）や，可動域の末端で減速しなければならない部分のない器具（等速度，油圧，空気圧の装置）の利用がよりよい選択である。ある部分を加速したり，より大きなパワーを発達させる方法で身体を鍛えることが目的の時，このような器具はパワーの低下と反応の減速をもたらさないからである。図4.3は2種類の運動状態に対する対象者の反応を示したものである。

　最初の状態では，対象者はバーにずっとつかまったまま，次の状態では可動域の末端部分を開放することができる。可動域を介して加速度とパワーに劇的な効果をもたらすことに注目して欲しい。

　器具は，その性質から固定型と自由型に分類することができる。固定型器具は，利用者の運動を可動域に維持させる。正しい位置とフィットすることが正しい使い方と効果的トレーニングに重要であって，さもないと使い過ぎ（オーバーユース）の問題が起きてしまう。自由型運動器具には，フリーウェイトや多平面の運動ができるマシーンが含まれるが，バランスを必要とする。ひとつの機械がある運動での動きのパターンを固定している時は，動かされる組織を固定しているということである。概して固定型運動器具は一つの特異的関節で筋肉を孤立させ，孤立した筋肉をトレーニングするには非常に効果的である。実際，ある関節周囲の運動（例，あるプログラムにおける both quad や hamstring exercises）の選択に気をつけないと，フリーウェイトトレーニングでみられるより早くに筋力のアンバランスが起きてしまう。筋線維の動員パターンに多様性がなかったり，多平面的な動作でバランスをとる必要性が欠けていたり，運動中の筋肉の使用があまり共働的でなかったりすることが，実際のスポーツや日常生活の活動へ反映する特異性を減少させる。さらに，レジスタンスが可動域で変化する場合(可変抵抗)，不適切な強度が，個人の強度曲線と器械のそれとの間の大きな違いによる使い過ぎ症候群を引き起こさないように，固定型器具ではその器具が個人にフィットするかどうかを確認しなければならない。

　運動プログラムにもたらす長所や短所，また不適切な身体刺激や障害によりオーバートレーニングの可能性を強めるネガティブな影響をもたらさないか各々の器具を分析しなければならない。

運動の順序

　練習の始めや終わりにスクワット運動を持ってくることは，用いられたレジスタンスの量に影響を与える。したがって，トレーニングの目標に関連したもっとも重要なものを練

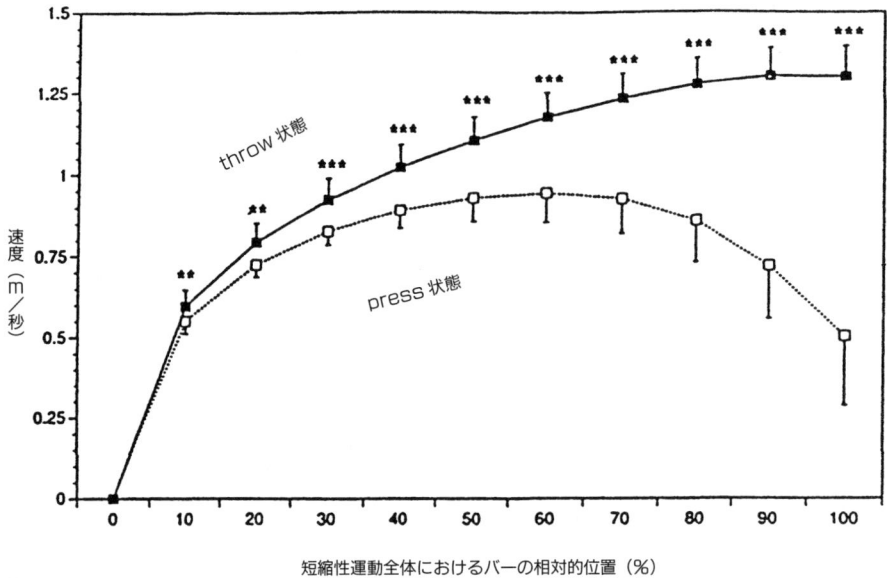

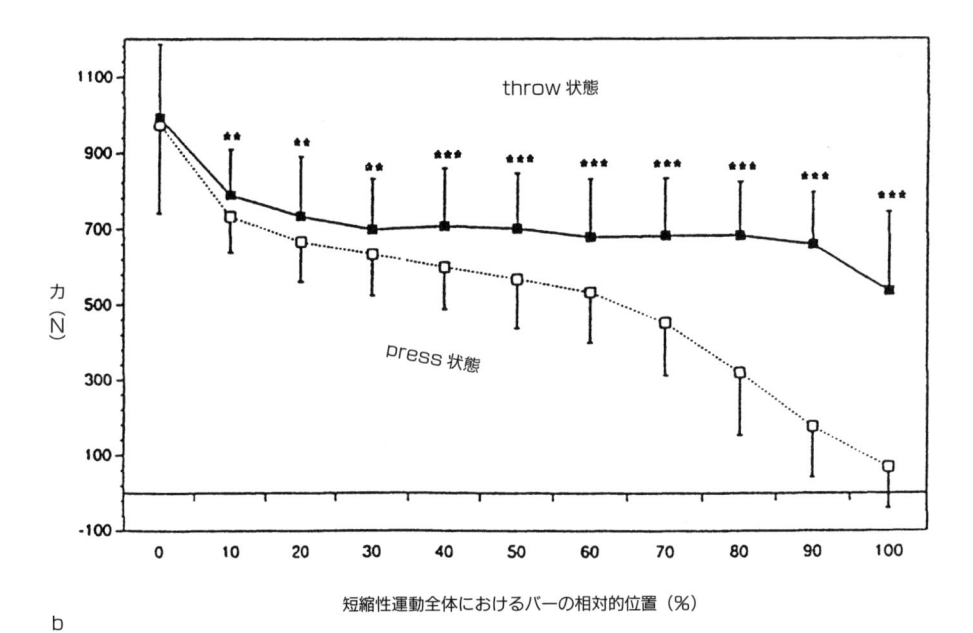

図4.3 (a) press（バーにずっとつかまったまま）（白抜きの四角□）と throw（可動領域の末端部分を開放）（黒塗りの四角■）状態における全体的同心性運動に関連した平均速度（±SD）
(b) press（□）と throw（■）状態における全体的同心性運動に関連した平均垂直力（±SD）
＊＊ $p<0.01$; ＊＊＊ $p<0.001$

習中前面に出すように，練習のなかの運動の優先順位を決めなければならない。トレーニング反応のプラトーは，疲弊状態で行われた練習の結果であり，最適な動員が達成できなかったり，トレーニングにおいて最大負荷が利用されなかったためである。前疲労テクニックは，この順序効果を用いたものであるが，実際は，最大の筋力やパワー運動能力が望まれる場合，神経組織によく適応するため，トレーニングでは最大負荷を用いなければならない。

　順序効果は，より大きな回復力を持つ腕から脚へ行われるよりも，むしろ腕から腕へ，または脚から脚へ行われるサーキットトレーニングにおいて，標的となる筋肉の刺激に対する発達速度に問題を生じさせる。もし，ある個人が同一の四肢の連続的な使用に適応していくことができない場合，その後の運動能力は低下するであろうし，強度も影響を受けるだろう。さらに，より複雑な運動と大きな筋肉群の練習は，典型的には運動能力や強度を最適化するための練習の始めにおかなくてはならない。運動の順序は，身体的効果に関して十分に考慮された練習計画の一部である。このように，レジスタンス―運動練習での順序のインパクトは，利用される強度の質と疲労の速度に関連する。

運動の強度

　前述したように，レジスタンス運動の強度は，強力な変数を与える運動の量と相互に影響する(すなわちセット×回数またはセット×繰り返し×強度)。これを間違うとオーバートレーニング現象を引き起こす。運動の強度は，一般的に様式に特異的なものである。例えば，外部の重量はフリーウェイトと機械で運ばれ，最大に近い，または最大の効果は等尺性運動で出現し，最大努力での運動速度は等速度レジスタンスで用いられる。特異的な力のセッティング（すなわち，水中や空中で）またはバンドの厚さは，レジスタンスセッティングでのほかの様々なレジスタンス様式で用いられる。

　一般的に，運動の必要量を定量化するために，repetition maximum が利用されたり（例，10 RM），repetition maximum の%が用いられる（例，1 RM の%または 10 RM の%）。利用されたレジスタンスで進行速度が速すぎることは最大のトレーニング適応をもたらさない。あるいは，尋常ではない（すなわち，2週間毎日 1 RM を 10 セット等）とみなされるような練習で起きているように，オーバートレーニングを引き起こす。選手が強い動機づけをされて大量の重い負荷を用いたり，そのような練習から回復するための休息が少なすぎることなどから，現実世界での誤りは頻回にある。歳をとるにつれて回復過程もまた遅くなるので，若い頃から進行フォーマットを調整していない熟練選手では，オーバートレーニングはもっと頻回に起こる。これは一部には，ホルモン環境が変化して若い選手のホルモン環境ほど筋肉や結合組織の再構築を素早く支えることができなくなったためである。特に 40 歳台から 60 歳台に移行する時にこの状態は当てはまる。

セット回数

　セット回数は全仕事量(J)や練習中の運動量の計算に重要な因子である。運動量は building program に分類されているプログラムにおける継続効果に重要であるとみられている。building programは，筋力，パワー，筋肉量を最適なものに改善しようと企画されたものである。反対に，不適切な運動量は，ストレスから回復する身体的能力を越えるプログラム刺激を生み出してしまう。いいかえれば，全仕事量が多すぎて警告反応が起こり，結果的に48時間以内に消失しないで残る疲労や過度の痛みをもたらす。長期間のトレーニングプログラムに誤りがあったりオーバートレーニングになったりした場合は，不十分な適応反応が起こる。セット回数に関連した誤りは，典型的には用いられた筋組織量に影響を与える。疲労はより大きな組織を使用しながら蓄積していくので，全仕事量の増加は，より多くの運動単位の関わりを必要とする。運動の量もまた量―強度相互作用をもたらす強度の変数と相互に作用する。そのため多くの人々は全仕事量をセット×回数×強度の関数として評価する。あまりに多くの仕事が極端に短期間の間に行われた場合，組織の回復がないため，全身の肉体的ストレスまたは精神的ストレスが過剰となり，エネルギー基質の枯渇のため，オーバートレーニングが起きてしまう。

セットと運動の間の休息量

練習プログラムのデザインにおいて見逃しやすい変数の一つが，セットと運動の間の休息量である。この変数は，筋肉と血液の酸塩基状態やエネルギー基質の利用と枯渇パターンに大きな影響を与える。Tharionら[44]は，短い休息の練習では，練習前に不安が増加し，痛みに関連した怒りさえも起こることを示した。このように，より大きなレジスタンス強度（すなわち，10 RM）を含み休息の短いプロトコールによってもたらされる肉体的過労は，精神的要素に対処しなければならなくなる結果をもたらす。また，練習を耐えることの精神的過労のためにオーバートレーニングが起きてしまうかもしれない。1分間休息の周期で，多数の運動や多数のセットを用いる練習は，血中乳酸濃度を10 mmol/L以上にし，熟練したリフターに短い休息（つまり，セットと運動の間の休息が1分未満）のプロトコールを与えると，血中乳酸濃度は20 mmol/Lを越すことが示されている。これは，筋肉と血液の両方の酸性化を緩衝するため，身体能力にものすごいストレスを与えていることになる[26-28]。筋疲労との直接のつながりは水素イオンと乳酸そのものの両方によるので，体内の酸塩基緩衝システム（例えば重炭酸塩システムや細胞内リン酸メカニズム）を発達させるには適当な期間（約8週間）が必要である[14]。

また，短い休息のプロトコールを進める速度が，最大の強度と健常なリフティングに対して非生産的な症状（吐き気，めまい，嘔吐，失神）をもたらす。トレーニングプログラムにおいて酸の負荷が大きすぎたり早すぎたりすることによる不適応のためオーバートレーニングが起きてしまうこともある。さらに，フリーラジカルの形成が組織の崩壊に拍車をかける可能性もある。また，運動に伴う血清コルチゾルの増加が練習後安静時レベルまで回復せず，異化作用環境を強めているかもしれない。運動の質は症状（例，吐き気，嘔吐）に関連しない。言い換えると，いわゆる副作用症状は多すぎるか早すぎることへの直接のサインであり，個々人の不適当なストレスを示している。休息時間を短くしていく速度の誤りは，他の原因（例，運動量過剰）から始まっているかもしれないオーバートレーニング症候群を悪化させる。

トレーニングにおける複合的・相互的な誤り

　オーバートレーニングが，付加的な現象をもたらす複数の原因によって起こることは明らかとなった。多因子オーバートレーニングモデルを調べた研究はないが，単一の練習の進行に関与する多数の変数から推測することは容易である。この過程に多くの間違いの可能性がたくさん含まれているからである。プログラム無効をもたらす多くの間違いや肉体的過剰負荷はオーバートレーニング状態を作り出す。いろいろな変数でどのくらいの小さな誤りがオーバートレーニング問題を引き起こすのかは不明であるが，精神的ストレスが，すでに存在している肉体的ストレスを副腎作用のようなシステムで増大させるということは容易に推察できる。我々の経験では，トレーニング刺激はコルチゾル産生レベルを高め，過度の精神的ストレスはコルチゾル産生をより多く刺激した。各々のストレスはそれ自身ではコルチゾル濃度を正常範囲を越えるほど有意には上昇させないが，それらの反応が同時に起こるとコルチゾル値は正常範囲外になりうる。そして，この増加したコルチゾルは蛋白代謝と免疫システムにネガティブに働く（例えばT細胞機能の低下）のに有意なほどのモル濃度になる。今後，特にスポーツの面において存在する多くのストレス誘発物を明らかにするために筋力／パワー系トレーニングにおけるオーバートレーニングの多数要素のモデルの詳しい研究がまたれる。

トレーニングの適合性：補助トレーニング干渉モデル

　最大の筋力と有酸素持久力の両方を同時に動員する同時トレーニングは，筋力とパワーの発達を妨げることもある。1980年Hickson[16]は，持久力プログラムが筋力トレーニングプログラムに加えられた場合，トレーニングの約2ヵ月後1RMの筋力改善が抑制されることを示した。この研究では，筋力トレーニングプログラムに有酸素持久力トレーニングプログラムを加えると，少なくとも筋力効果がプラトーに達してしまう誘因になることも示している。それ以来，筋力と持久力の同時トレーニングの肉体的適合性が大きな関心の的となっている[4,6]。いろいろな研究において，有酸素持久能力の低下はみられていないが，筋力は抑えられたり[6,15,16,19,31,32]，増加したり[2,18,39]と様々である。幾つかの研究では，筋力と持久力の両方が低下することが，特に長期間にわたる同時トレーニングや，高度にトレーニングされた選手において認められている[15,30,33,45]。

　同時トレーニングに対するこのような適応反応を取り次ぐ身体的メカニズムはまだ不明であるが，筋線維に対する刺激は神経補充パターンの変化と筋肥大の衰弱に関連する[4,7,8]。この身体的衰弱は実際オーバートレーニングという結果をもたらす（すなわち，運動能力の低下）[15,33]。同時運動トレーニングプログラムが正しく計画されている場合は，多くの運動能力需要にいくつかの超構造的かつ酵素的適応を同時に発達させるため，筋力とパワーが表れるのにより長い時間を要する可能性がある。さらに，筋力と持久力の両方とも高強度トレーニングプログラムでトレーニングされているとき，その組織（例，筋肉）のなかでも，適応の規模（例，ある筋線維の蛋白質増加量）は，同じではない可能性もある。

筋力と持久力の同時トレーニングでの筋線維レベルの変化を説明できる細胞のデータは少ない[38,41,48]。Kraemer らの最近の研究[21]は，筋力と持久力の同時トレーニングの利用に対する筋細胞の反応に洞察を与えるものである。これによると，同化および異化ホルモン（例，各々テストステロンとコルチゾル）は，筋力と持久力の同時トレーニングに対する異なった反応をもたらすのに重要な役割を果たしている可能性を示した。Kraemer ら[24]はスプリントと持久力の同時トレーニングが，スプリントまたは持久力いずれかひとつのトレーニングに比べると，異なるコルチゾル反応を生むことを以前に示した。また，Callister らによる研究[3]は，スプリントと持久力の同時トレーニングがスプリントの速度と跳躍力の発達に影響を与えることを示した。このように，ハイレベルの有酸素トレーニングが行われるとき，無酸素トレーニングに対する干渉が一致して起こる。

　非常に強度の筋力トレーニングは，筋細胞肥大に対する強い刺激をもたらす。その筋肉肥大というのは蛋白質合成の増加と収縮性蛋白質の増大によってもたらされると考えられる[8]。逆に，酸化的持久力トレーニングのストレスは，酸素取り込み動態を最適にするように，最終的に筋線維蛋白質を脱落させたり退化させたりすることによって，筋肉を反対の様式で反応させる[20,43,46]。同化および異化ホルモンはこのような代謝現象で鍵となる役割を果たす[13]。

　今までの報告の大部分は，筋力と持久力の同時トレーニングの身体的影響を調べるのに，それほどトレーニングされていない対象を用いている[4,7]。以前に活発であった，またはより高度の強度運動トレーニングプログラムに耐えられる人に利用された筋力と持久力の同時トレーニングの影響に関するデータはほとんどない[16]。Kraemer らの研究[21]では，身体的に活発な人々での強度と持久力の同時トレーニングに対する身体的適応を調べるため，3カ月間のトレーニングが行われた。

　この研究では，レジスタンストレーニングと持久系トレーニングを行うグループ（C），上肢のみのレジスタンストレーニングと持久系トレーニングを行うグループ（UC），レジスタンストレーニングのみのグループ（S），持久系トレーニングのみのグループ（E），これにコントロール群を含めた5つのグループが同じ間隔で持続ラントレーニングを行った。その結果，レジスタンストレーニングを行ったグループでは，筋組織はリフトで1RMの筋力が増加した。Sグループは，レッグプレス1RMでの%増加はCグループより大きいので，筋力の発達速度もより速いといえるかもしれないが，興味深いことに，Sグループだけが，上肢と下肢の試験でWingate ピークパワーの出力の増加を示した。他のグループはいずれも有意義なピークパワーの変化がみられなかった。この研究から，Dudley と Djamil[6]が以前に高速度の等速トルク産生で観察したのと同様に，パワー能力は強度の補助持久系トレーニングプログラムの追加によってオーバートレーニングになりやすいことが明白である。これは，神経筋機能に特異的に関連した広範囲の因子からくるものかもしれない[4,5,7,36-39]。パワーの発達は，低速度筋力よりも筋力と持久系トレーニングの組み合わせの反対作用の方をもたらす可能性がある[7,12,19]。Dudley と Djamil の研究[6]で周期的持久系トレーニングが用いられたという事実は，それがパワーとスピードの発達に逆作用する神経筋組織の変化をもたらすモダリティよりも過度な，組織に対する酸化的ストレスかもしれないという

ことを示している。

　Kraemerらの研究[21]および他の文献のほとんどで一致していることだが,最大酸素摂取量の改善は同時トレーニングによる影響を受けなかった。これは,2マイル走行時間におけるほとんど同一の改善によっても実証された。ランナー達に用いられているタイプを越えた筋力トレーニングプログラムの包括が,酸化的またはランニング能力に逆の影響を与えることはないということも示唆している。非オーバートレーニング状態が,個人の持久力の観点からは明かである。さらに,下半身の筋肉に対する大きな負担を相殺するために,ランナーがレジスタンストレーニングプログラム(よりスポーツ特異的な)を利用することを支持するものである。

　Kraemerらの研究[21]におけるさらに興味深い発見のひとつは,大腿部の筋組織の筋線維の特徴にみられた変化である。図4.4に示すように,トレーニンググループではtype II 筋肉の亜型の変換が起こった。先の研究[1,41,42]ではtype II Bからtype II Aへの変換がみられた。SグループとCグループでは,type II Bからtype II Aへの変換がほとんど完全にみられた。UCグループとEグループ,これは下半身筋肉にはラントレーニング(インターバルトレーニングを含め)のみを行っているグループであるが,彼らは,3カ月間のトレーニングの後,type II B筋線維の約9%が残存していた。これは,重いレジスタンストレーニングは,インターバルトレーニング(200〜800 mの距離)を含む持久系トレーニングよりはtype II B線維をより多く補充することを示している。さらに,持久系トレーニングを行っているグループでは,少量(3%以下)のtype II A線維はtype II C線維に変換される。オーバートレーニングの概念にとって興味深いことに,SグループはtypeⅠとⅡCとⅡA筋線維の増大がみられたのに対し,CグループではtypeⅡAでのみ筋線維のサイズ

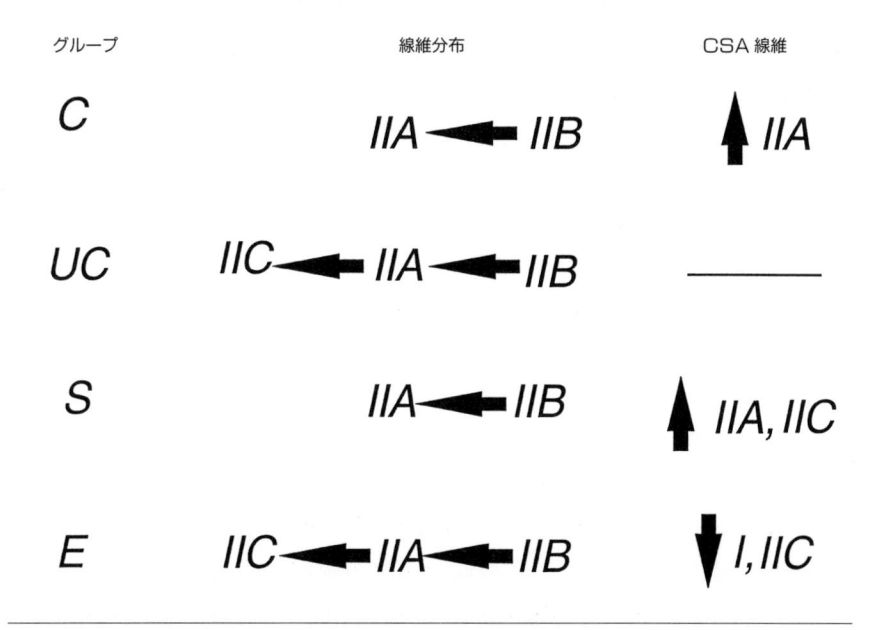

グループ	線維分布	CSA 線維
C	IIA ← IIB	↑ IIA
UC	IIC ← IIA ← IIB	———
S	IIA ← IIB	↑ IIA, IIC
E	IIC ← IIA ← IIB	↓ I, IIC

図4.4 トレーニンググループC,UC,S,Eのトレーニング後の筋線維型の変換。C=全身のウェイトトレーニングとランニングの組み合わせ,UC=上半身のウェイトトレーニングとランニングの組み合わせ,S=全身のウェイトトレーニングのみ,E=持久系トレーニングのみ,CSA=横断面領域

の増大がみられた。EグループはtypeⅠとⅡC筋線維で運動誘発性の減少がみられた。これは主に，Eグループの研究でみられた高いコルチゾルレベルと，毛細血管―細胞移動における酸素動態を強化するため短間隔にする肉体的必要性によると思われる。UCグループでは筋線維のサイズに変化がみられなかったことも興味深い。上半身運動で身体を固定する等尺力の発達の微妙な影響がレジスタンス刺激に対する筋線維の感受性を強調する。データは，持久系トレーニングはtypeⅠ筋線維のサイズの変化に重要な調節制御をおいていることを示している。typeⅠ筋線維は，典型的には蛋白質退化の減少によって肥大化するので，3カ月間にわたり，減少が起こらなかったと思われる。

　同時トレーニングは，typeⅠとtypeⅡ筋線維領域に変化をもたらさないか増加するかのいずれかの結果を示した[38,42]。われわれのデータは，同時トレーニングに対する筋線維タイプ領域の適応は，単一トレーニング様式の適応と異なるという概念を支持する。Sグループにおいて全筋線維が肥大した（typeⅡAに全て変換したtypeⅡB線維を除いて）という事実は，補充パターンが，typeⅠ線維は肥大と筋力／パワー要素の両方を含むこのタイプのプログラムによって補充されるという典型的なサイズの原則に従うということを示している[21]。パワーは典型的には速筋線維集団に関連するので，Cグループにおけるパワー発達の欠如は神経機序またはtypeⅡA線維の未知の変化の一つの機能かもしれない。このように，神経集団での変化は，筋力と持久力の両方の同時トレーニングで異なる。さらに，typeⅠとtypeⅡC線維のサイズの減少が最大酸素摂取量や2マイル走行時間に有益な点を示さないので，使いすぎ損傷のためにレジスタンストレーニングのなかにはランナーに正当化されるものもあるかもしれない。細胞レベルでサイズに拮抗するこれらの所見は独自のものである。Cグループでの持久力と筋力トレーニングの適応に，typeⅠとtypeⅡ筋線維は別々に関与していると思われる。CグループにおけるtypeⅠ筋線維は筋力トレーニングプログラムに反応して肥大化することはなく，SグループとEグループでそれぞれみられたような，持久系トレーニングプログラムに反応して減少することもなかった。typeⅠ筋線維のこのような中間的反応と，typeⅡ筋線維が1RMの筋力とパワーの運動能力に必要とされる肥大の大きさを明らかに補うことができないということは，筋力，パワー，持久力の減少量は，異なる筋線維の適応のためトレーニングが12週間以上に渡ってある程度まで影響するのかもしれないという仮説を支持するものである。

　オーバートレーニングは，筋線維レベルでの異なるトレーニング効果によって始まるのかもしれないが，筋線維領域におけるこのような異なる適応を取り次ぐ機序はまだ推論的なものである。最近の研究で，Deschenesら[5]は，持久系トレーニングを行ったラットで単一の筋線維の萎縮を示した。さらに，持久系トレーニングの異なる強度により，神経筋接合部の形態に異なる変化（例，高度の強度トレーニンググループでは，シナプスがより分散し，分枝の全体の長さがより長くなる）が起こることが観察されている。ヒトでの先の研究はまた，持久系トレーニングで筋線維サイズの減少を示した[20,43]。筋線維サイズの減少と神経細胞の分岐と形態の増加は，酸素利用と持久能力を推進する神経支配パターンにより最適な運動動態に寄与する[46]。逆に，このような変化は筋肉のサイズと筋力の適応を妥協するものと仮定される[4,7]。筋力トレーニングのみではtypeⅠとtypeⅡ筋線維領域の

両方で増加が起こるので，Cグループにおける type I 筋線維の変化の欠如と type II A 筋線維の増加は，筋力と耐久性の同時刺激の拮抗性を表す細胞の適応と考えられる。

テストステロンとコルチゾルは体内における同化と異化ホルモンの代表であり，内分泌組織のトレーニング適応を表すのに用いられている[13,22,35]。トレーニングプログラムは，そのプログラムコースにわたって筋肉と神経細胞のいろいろなホルモン環境を生み出す。ホルモン環境でのこのような差違は，基質利用や持久能力と同様に，蛋白合成，神経伝達物質合成，それに続く筋線維の適応に関連して細胞の変化に影響を与える[13,17,22-24,29]。Kraemerらの研究[21]では，Cグループはトレーニング期間にわたってテストステロンとコルチゾルの両方に変化を示した。Eグループでは，トレーニング期間にわたってテストステロンは一定したままだが，コルチゾル反応には起伏があった。逆に，Sグループでは，テストステロンは一定したままで，コルチゾル反応は減少した。このような変化は，それぞれ全体の同化および異化環境が強いレジスタンス運動と持久系運動によって誘発されることを示している。トレーニングの相反性は，大部分は高強度運動（それが持久系トレーニングであろうと筋力トレーニングであろうと）の全体量が副腎活性にもたらす過度のストレスによる。適応が成功するかしないかは，最終的に異化環境を無効にする様々な同化の代償的機序(例，テストステロン，インスリン類似成長ホルモン，成長ホルモン)の能力による[10,22]。異化環境に打ち勝つ能力は，持久系トレーニングプログラムと上半身の筋力トレーニングプログラムを行ったUCグループで部分的にみられた。12週まで，UCグループは全体のコルチゾル暴露反応（すなわち，AUC）がトレーニング前のレベルと違わなかった。また，下半身の筋力トレーニングプログラムを行わなかったことは，プログラムに関連する全仕事量の減少をもたらさなかった。Sグループ，Eグループと同様に，UCグループではトレーニングの12週間にわたり付随したテストステロンの反応には変化が起こらなかった。テストステロン／コルチゾル比に減少も増加もみられなかった間，トレーニングは異化環境を強化せず，type I と type II C 筋線維領域の変化の欠如に影響しているのかもしれない。

オーバートレーニング現象は相反性のものだろうか？　持久系運動のような補助トレーニング様式の不適切な利用は，特異的な運動能力変数に対するある組織(例，神経筋組織)の最適な適応に干渉する可能性があるかもしれない。運動能力が低下したり，期待以下のプラトー状態にとどまる時は，実行された補助運動量のトレーニングエラーによる可能性もある。現時点では，同時トレーニングを調べるために持久系と筋力／パワー系トレーニング両立様式のみが組み合わされている。

スポーツ競技

過度な量の身体的競技のような他の因子が，ある時期に関してはオーバートレーニングを引き起こす可能性もある。私たちの研究室では，大学生のエリートレスラー達は6％の体組織の減少に耐え，運動能力を保つことが観察された。ところがこれらの同じレスラー達が，2日間にわたるトーナメントでは握力と上肢筋力の等尺力運動能力をかなり失ってしまう（未発表データ）。同時に，フォースプレートでのパワー産生によって計測される全身の

パワーは有意義な変化を示さなかった。これらの報告は，競技者がそのスポーツの厳しさに特別に適応していること，そして唯一の確実な運動能力の特性によってより大きな競技の肉体的精神的ストレスに耐えられるのかもしれないことを示している。

要約

　筋力／パワー系競技者にとってオーバートレーニングは，スポーツに特異的な補助トレーニング，レジスタンストレーニング，トレーニングコンビネーションなどにおけるトレーニングの誤りによって起こりうる複雑で多様な環境であることは明白である。トレーニングと競技には高い相互作用性があることを知ることにより，数日間の休息のような簡単な解決法がオーバートレーニング問題を防ぐかもしれない[9]。運動と競技の強度と量がオーバートレーニングに最初に関与する二つの因子であるということを考慮すると，トレーニングとスポーツ競技を周期的に行うことが非常に重要な意味を持つ。どのようなプログラム変数もオーバートレーニング状態を引き起こす可能性があるが，その変数が問題であると気づけば，それを周期化することができる（例；セットと運動の間の休息時間の長さ，酸塩基耐性）。我々はいまだオーバートレーニングの生物学的基礎を全て理解するにはほど遠い。しかし，練習形態の変数や因子をてがかりに，オーバーリーチングの発見や防止に注意深く取り組む必要があるのである。（小松　裕）

参考文献

1. Adams, G.R., B.M. Hather, K.M. Baldwin, G.A. Dudley. 1993. Skeletal muscle myosin heavy chain composition and resistance training. *Journal of Applied Physiology* 74: 911-915.
2. Bell, G.J., S.R. Petersen, J. Wessel, K. Bagnall, H.A. Quinney. 1991. Physiological adaptations to concurrent endurance training and low velocity resistance training. *International Journal of Sports Medicine* 12: 384-390.
3. Callister, R., R.J. Callister, S.J. Fleck, G.A. Dudley. 1990. Physiological and performance responses to overtraining in elite judo athletes. *Medicine and Science in Sports and Exercise* 22: 816-824.
4. Chromiak, J.A. and D.R. Mulvaney. 1990. A review : the effects of combined strength and endurance training on strength development. *Journal of Applied Sport Science Research* 4: 55-60.
5. Deschenes, M. R., C.M. Maresh, J.F. Crivello, L.E. Armstrong, W.J. Kraemer, J. Covault. 1993. The effects of exercise training of different intensities on neuromuscular junction morphology. *Journal of Neurocytology* 22: 603-615.
6. Dudley, G.A. and R. Djamil. 1985. Incompatibility of endurance and strength training modes of exercise. *Journal of Applied Physiology* 59: 1446-1451.
7. Dudley, G.A. and S.J. Fleck. 1987. Strength and endurance : training : are they mutually exclusive? *Sports Medicine* 4: 79-85.
8. Dudley, G.A., P.A. Tesch, B.J. Miller, P. Buchanan. 1991. Importance of eccentric actions in performance adaptations to resistance training. *Aviation, Space and Environmental Medicine* 62: 543-550.
9. Fleck, S.J., W.J. Kraemer. 1996. *Periodization breakthrough!* Ronkonkona : Advanced Reach Press.
10. Fleck, S.J. and W.J. Kraemer. 1997. *Designing resistance training programs*. Champaign, IL: Human Kinetics.
11. Fry, A.C., W.J. Kraemer, J. M. Lynch, N.T. Triplett, L.P. Koziris. 1994. Does short-term near-maximal intensity machine resistance training induce overtraining? *Journal of Strength and Conditioning Research* 8: 188-191.
12. Fry, A.C., W.J. Kraemer, F. van Borselen, J.M. Lynch, J.L. Marsit, E. Pierre Roy, N.T. Triplett, H.G. Knuttgen. 1994. Performance decrements with high-intensity resistance exercise overtraining. *Medicine and Science in Sports and Exercise* 26: 1165-1173.
13. Galbo, H. 1983. *Hormonal and metabolic adaptation to exercise*. New York : Thieme-Stratton .
14. Gordon, S.E., W.J. Kraemer, N.H. Vos, J.M. Lynch, H.G. Knuttgen. 1994. Effect of acid-base balance on the growth hormone response to acute high-intensity cycle exercise. *Journal of Applied Physiology* 76: 821-829.
15. Hennessy, L.C., A.W.S. Watson. 1994. The interference effects of training for strength and endurance simultaneously. *Journal of Strength and Conditioning Research* 8: 12-19.
16. Hickson, R.C. 1980. Interference of strength development by simultaneously training for strength and endurance. *European Journal of Applied Physiology* 45: 255-269.
17. Hickson, R.C., K. Hidaka, C. Foster, M.T. Falduto, T.T. Chatterton Jr. 1994. Successive time courses of strength development and steroid hormone responses to heavy-resistance training. *Journal of Applied Physiology* 76: 663-670.
18. Hortobagyi, T., F.I. Katch, P.F. LaChance. 1991 . Effects of simultaneous training for strength and endurance on upper and lower body strength and running performance. *Journal of Sports Medicine and Physical Fitness* 31: 20-30.
19. Hunter, G., R. Demment, D. Miller. 1987. Development of strength and maximum oxygen uptake during simultaneous training for strength and endurance. *Journal of Sports Medicine and Physical Fitness* 27: 269-275.

20. Klausen, K., L.B. Anderson, I. Pelle. 1981. Adaptive changes in work capacity, skeletal muscle capillarization and enzyme levels during training and detraining. *Acta Physiologica Scandinavica* 113: 9-16.
21. Kraemer, W.K., J.F. Patton, S.E. Gordon, E.A. Harman, M.R. Deschenes, K. Reynolds, R.U. Newton, N.T. Triplett, J.E. Dziados. 1995. Compatibility of high-intensity strength and endurance training on hormonal and skeletal muscle adaptations. *Journal of Applied Physiology* 78: 976-989.
22. Kraemer, W.J. 1992. Endocrine responses and adaptations to strength training. In *The encyclopedia of sports medicine : strength and power*, ed. P.V. Komi, 291-304. Oxford: Blackwell Scientific.
23. Kraemer, W.J., J.E. Dziados, L.J. Marchitelli, S.E. Gordon, E.A. Harman, R. Mello, S.J. Fleck, P.N. Frykman, N.T. Triplett. 1993. Effects of different heavy-resistance exercise protocols on plasma β-endorphin concentrations. *Journal of Applied Physiology* 74: 450-459.
24. Kraemer, W.J., S.J. Fleck, R. Callister, M. Shealy, G. Dudley, C.M. Maresh, L. Marchitelli, C. Cruthirds, T. Murray, J.E. Falkel. 1989. Training responses of plasma beta-endorphin, adrenocorticotropin and cortisol. *Medicine and Science in Sports and Exercise* 21: 146-153.
25. Kraemer, W.J., A.C. Fry. 1994. Strength testing : development and evaluation of methodology. In *Physiological assessment of humanfitness*, eds. P. Maud, C. Foster. Champaign, IL: Human Kinetics.
26. Kraemer, W.J., S.E. Gordon, S.J. Fleck, L.J. Marchitelli, R. Mello, J.E. Dziados, K. Friedl, E. Harman, C. Maresh, A.C. Fry. 1991. Endogenous anabolic hormonal and growth factor responses to heavy resistance ex-ercise in males and females. *International Journal of Sports Medicine* 12: 228-235.
27. Kraemer, W.J., B.J. Noble, B.W. Culver, M.J. Clark. 1987. Physiologic re-sponses to heavy-resistance exercise with very short rest periods. Interna-tional Journal of Sports Medicine 8: 247-252.
28. Kraemer, W.J., L. Marchitelli, D. McCurry, R. Mello, J.E. Dziados, E. Harman, P. Frykman, S.E. Gordon, S.J. Fleck. 1990. Hormonal and growth factor responses to heavy resistance exercise. *Journal of Applied Physiology* 69: 1442-1450.
29. Kraemer, W.J., J.F, Patton, H.G. Knuttgen, L.J. Marchitelli, C. Cruthirds. 1989. Pituitary-adrenal responses to short-term high intensity cycle exercise. *Journal of Applied Physiology* 66: 161-166.
30. McCarthy, J.P., J.C. Agre, B.K. Graf, M.A. Pozniak, A.C. Vailas. 1990. Compatibility of adaptive responses with combining strength and endurance training. *Medicine and Science in Sports and Exercise* 27: 429-436.
31. Mitchell, J.H., B.J. Sprule, C.B. Chapman. 1958. The physiological meaning of the maximal oxygen intake test. *Journal of Clinical Investigations* 37: 538-547.
32. Murphy, M.M., J.F. Patton, F.A. Frederick. 1986. Comparative anaerobic power of men and women. *Aviation, Space and Environmental Medicine* 57: 636-641.
33. Nelson, G.A., D.A. Amall, S.F. Loy, L.J. Silvester, R.K. Conlee. 1990. Consequences of combining strength and endurance training regimens. *Physical Therapy* 70: 287-294.
34. Newton, R.U., W.J. Kraemer, K. Hakkinen, B.J. Humphries, A.J. Murphy. 1996. Kinematics, kinetics, muscle activation during explosive upper body movements. *Journal of Applied Biomechanics* 12: 31-43.
35. Nindl, B.C., K.E. Friedl, P.N. Fryknan, L.J. Marchitelli, R.L. Shippee, J.F. Patton.n.d. Physical performance and metabolic recovery among lean, healthy males following a prolonged energy deficit. *International Journal of Sports Medicine* in press.
36. Patton, J.F., W.J. Kraemer, H.G. Knuttgen, E.A. Hannan. Factors in maximal power production and in exercise endurance relative to maximal power. 1990. *European Journal of Applied Physiology* 60: 222-227.
37. Perrine, J.J., V.R. Edgerton. 1978. Muscle force-velocity and power-velocity relationships under

isokinetic loading. *Medicine and Science in Sports* 10: 159-166.
38. Sale, D.G., I. Jacobs, J.D. MacDougall, S. Garner. 1990. Comparison of two regimens of concurrent strength and endurance training. *Medicine and Science in Sports and Exercise* 22: 348-356.
39. Sale, D.G., J.D. MacDougall, I. Jacobs, S. Garner. 1990. Interaction between concurrent strength and endurance training. *Journal of Applied Physiology* 68: 260-270.
40. Selye, H. 1976. *The stress of life*. New York: McGraw-Hill.
41. Staron, R.S., R.S. Hikida, F.C. Hagerman. 1983. Myofibrillar ATPase activity in human muscle fast-twitch subtypes. *Histochemistry* 78: 405-408.
42. Staron, R.S., D.L. Karapondo, W.J. Kraemer, A.C. Fry, S.E. Gordon, J.E. Falkel, F.C. Hagerman, R.S. Hikida. 1994. Skeletal muscle adaptations during the early phase of heavy-resistance training in men and women. *Journal of Applied Physiology* 76: 1247-1255.
43. Terados, N., J. Melichna, C. Sylven, E. Jansson. 1986. Decrease in skeletal muscle myoglobin with intensive training in man. *Acta Physiologica Scandinavica* 128: 651-652.
44. Tharion, W.J., E.A. Harman, W.J. Kraemer, T.M. Rauch. 1991. Effect of different resistance exercise protocols on mood states. *Journal of Strength and Conditioning Research* 5: 60-65.
45. Volpe, S.L., J. Walberg-Rankin, K.W. Rodman, D.R. Sebolt. 1993. The effect of endurance running on training adaptations in women participating in a weightlifting program. *Journal of Strength and Conditioning Research* 7: 101-107.
46. Weibel, E.R., C.R. Taylor, P. Gehr, H. Hoppeler, O. Mathieu, G.M.O. Maloi. 1991. Design of the mammalian respiratory system. IX. Functional and structural limits for oxygen flow. *Respiratory Physiology* 44: 151-164.

第5章
筋力／パワー系競技者におけるトレーニング量の増加

Michael H. Stone, PhD, and Andrew C. Fry, PhD

はじめに

　トレーニングの量は，競技能力の改善，身体組成・健康指標の変化などと関連し[45]，オーバーリーチングおよびオーバートレーニング防止の観点からも重要である[13, 46]。Fryら[13]とStoneら[46]はオーバートレーニングの徴候や症状はトレーニング量の変化と相関することを示唆している(図5.1参照)。しかし多くの研究は有酸素運動競技者のデータを含んでしまっており，筋力／パワー系競技者のみを対象とした研究は数編のウェイトリフター(重量挙げ競技者)の報告があるのみである。

　ごく短期間のオーバーリーチングあるいはオーバートレーニングは，競技能力を向上させると考えられてきた[13,28,46]。筋力／パワー系競技者では一回のトレーニング量が多い場合，数週間[1-3]でオーバーリーチングの状態に到達する。オーバーリーチングは，競技能力の低下を含めた慢性のオーバーワークの症状をもたらすことがあるが重篤ではなく，適度のトレーニングに戻せば数日で回復する[13,28,46]。短期間の高負荷量トレーニングは，生理的な適応をもたらし，トレーニング量を戻した後に競技能力の向上をもたらす。理論的にはトレーニング量を戻した後，2～5週間で競技能力は向上する[13,28,46]。この競技能力の向上はトレーニング量を漸減することにより，さらに増強する可能性がある[46]。

　競技能力の向上はスポーツトレーニングの第一の目標である。この章の目的は，オーバーリーチングの概念に基づいたトレーニング量の調整は，重量挙げの競技能力を高めるという実際の証拠を示すことである。さらにトレーニング前の状態から，トレーニングの量の調整を経て，生理的適応状態を獲得するまでの変化のデータを示す。

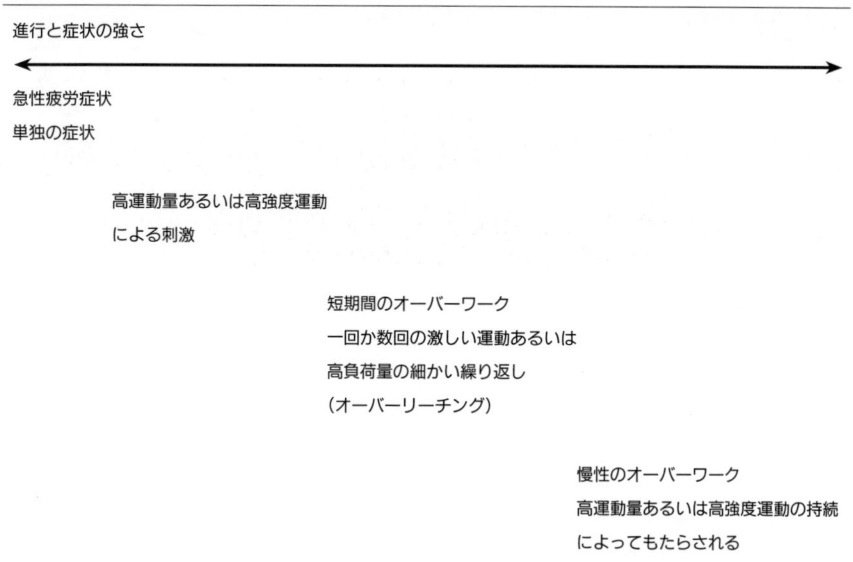

```
―――――――――――――――――――――――――――――――――――――――――――――――
 進行と症状の強さ
 ←―――――――――――――――――――――――――――――――→

 急性疲労症状
 単独の症状

         高運動量あるいは高強度運動
         による刺激

                     短期間のオーバーワーク
                     一回か数回の激しい運動あるいは
                     高負荷量の細かい繰り返し
                     （オーバーリーチング）

                                 慢性のオーバーワーク
                                 高運動量あるいは高強度運動の持続
                                 によってもたらされる
―――――――――――――――――――――――――――――――――――――――――――――――
```

図5.1　オーバートレーニング症状の変化

概要と方法論

　トレーニングの量を調整することの生理的効果，および競技能力に及ぼす効果を検討するため，14歳から20歳までの24人のエリートジュニア重量挙げ競技者を対象として観察した。この研究の詳細な課程は表5.1に示す。参加した24名はジュニア国内選手権において，それぞれの年齢・階級で3位以内に入賞した選手である。24名は全員が国内選手権級で，数人は国際級の選手でもある。研究はコロラドスプリングスにおけるUSOCトレーニングセンターでの1カ月間の合宿トレーニングにおいて施行した。トレーニングとテストの日程を図5.2に，テストのプロトコルを図5.3に示す。

　図5.3のテストプロトコルを採用した理由は，オーバートレーニングの症状を的確に反映するには，高強度の運動負荷に耐久性の要素（嫌気性チャレンジ）を付加することが適しているとされているからである[5,55]。またこのプロトコルはパイロット研究で，その実用性と有用性が証明されている[55]。

　運動能力は標準的な手技を用いて計測した。血液分析は認証されている解析方法を用いた。乳酸値とアンモニアはUSOCのスポーツ科学研究所で測定した。血糖値はDr. Robert Keith監修の下でAuburn大学の栄養・食品部門で測定した。ホルモン解析はDr. William Kraemer監修の下で，Pennsylvania州立大学スポーツ医学センターにてRIA法を用いて測定した。すべての血液検査の偏差は統計学的に受け入れられるものであった。食事記録は実験中に3回集められた。24時間の食事記録は第2, 3, 4週の水曜日と土曜日に集められた。食べ物の大きさを含んだ正式の食事記録は，第一回の食事記録収集日の前日に，被験者と討論の上で収集した。検者は被験者に与える全ての食物を呈示し，食事記録に記録した。食料は総熱量と蛋白質・炭水化物・脂肪質の組成が測定された。

　トレーニングは当初，スクワット，オーバーヘッドリフト，スナッチ，クリーン-アンド

表5.1　1ヶ月間のトレーニングによる生理的変化（24例）

	年齢 （歳）	身長 （cm）	体重 （kg）	体脂肪率 （%）	除脂肪体重 （kg）
T1	17.7±1.6	171.0±10.0	74.3±15.9	7.9±4.9	67.6±11.9
T2	17.7±1.6	171.0±10.0	73.7±16.2	7.9±5.0	67.4±12.1
T3	17.9±1.6	171.0±10.0	74.0±16.1	8.0±5.0	67.5±11.8

測定値は平均値±標準偏差
各測定値間に有意差なし

トレーニング／テストのプロトコール	
日	内容
1	ミーティング-研究内容の説明，トレーニング，同意書の取得
2-4	通常トレーニング
5	T1テスト
6-11	高負荷量トレーニング（通常トレーニングの倍以上）。
12	T2テスト
13-26	通常トレーニング
27	T3テスト

図5.2　トレーニングとテストのプロトコール

早朝空腹時-午前7時（12時間の絶食後）
1. 五分間の安静後に座位での心拍数・血圧
2. 静脈血採血（30 ml）
3. 体脂肪計測（皮膚把握法）

昼食

運動負荷前テスト-午後2時間30分
1. 五分間の安静後に立位での心拍数・血圧
2. 静脈血採血（30 ml）
3. 垂直飛びテスト（Vertecを使用）
    a. ストレッチングと2～3回の垂直飛び練習によるウォームアップ
    b. 3秒置きに15回の垂直飛び-1回目，3回目，15回目の記録を採用
4. スナッチテスト
    a. ウォームアップ（最大重量の40％を10回繰り返す）
    b. 最大重量の50％から開始し，15秒置きに5kgごと追加し，連続して2回失敗するまで繰り返す。
5. 最大重量の65％のスナッチを4秒置きに10回繰り返す。これを3セット施行する。
6. 運動負荷直後テスト-心拍数測定
7. 運動負荷5分後テスト-静脈血採血（30 ml）
8. 運動負荷15分後テスト-心拍数測定および静脈血採血（30 ml）

図5.3　テスト日のプロトコール（第5日（T1），第12日（T2），第27日（T3））

表 5.2 運動能力の推移：スナッチテストの結果（kg）（24例）

	T1	T2	T3
スナッチ	89.8±15.5	91.7±13.0	93.2±16.2
連続成功回数/失敗数	8.9±1.3	9.2±1.5	9.6±1.4

測定値は平均値±標準偏差
スナッチ重量，連続成功回数/失敗数ともT1＜T3であった。($p \leq 0.05$)

表 5.3 運動能力の推移：垂直飛び（VJ）の結果（cm）（24例）

	VJ1	VJ3	VJ15
T1	56.9±7.6	56.9±6.7	53.2±6.2
T2	58.7±8.3	58.7±7.1	54.9±7.1
T3	56.6±8.2	58.7±7.7	54.8±7.6

測定値は平均値±標準偏差
VJ1，VJ3，VJ15ともT1＜T2，T3であった。($p \leq 0.05$)

表 5.4 運動能力の推移：平均垂直飛び能力係数（VJP）の結果（kgm/sec）（24例）

	VJ1	VJ3	VJ15
T1	123.4±27.3	123.3±26.3	119.0±24.2
T2	123.0±26.3	124.5±27.5	119.7±24.2
T3	124.1±27.7	124.7±27.0	120.3±25.2

測定値は平均値±標準偏差
VJ1，VJ3，VJ15ともT1＜T2，かつT1＜T3であった。($p \leq 0.05$)

-ジャークなどの大筋群の負荷から始められた．一日に0〜2回運動する通常トレーニング期間には，ウェイト×回数から計算した負荷量は5000〜12000 kg/日で（第2日〜3日および第13日〜26日），目標強度の約79％の相対強度（％1RM）で施行した．高負荷量期間には一日に3〜4回運動し，負荷量は15000〜35000 kg/日で（第6〜11日），目標強度の約76％で施行した．

トレーニングへの適応

この研究ではコントロール群を設定することは不可能であったので，被験者個々の通常の状態をコントロールとした．しかし被験者はエリート選手であり，よくトレーニングを積んでおり，運動負荷テストに慣れているので，観察結果と結論の妥当性は高いと考える．食事記録の検討からは，食事内容には研究期間を通じて有意な変化を認めず，また運動能力および生理的な検査値との関係も認めなかった．

トレーニングプログラムのデザインはオーバーリーチングをもたらすことを目的とした．図5.2に示すように，トレーニングプログラムには1週間の高負荷量トレーニング期間を設定した．トレーニング量の増加に伴う疲労により，第5日目のT1より第12日目のT2

表5.5 心拍数の反応（Beats/Min）（24例）

	早朝空腹時	負荷前	負荷5分後	負荷15分後
T1	74.6±7.3	86.9±9.5	121.7±10.2	112.0±9.5
T2	71.2±11.7	78.6±10.6	112.3±11.3	97.7±13.3
T3	62.3±8.3	77.5±12.1	108.3±12.1	97.8±11.7

測定値は平均値±標準偏差
運動負荷による効果：
　時間効果；負荷5分後および負荷15分後＞早朝空腹時および負荷前（p≦0.05）
　日数×時間効果；T1，T2，T3とも，負荷5分後＞早朝空腹時および負荷前（p≦0.05）
　　　　　　　　　T1，T2，T3とも，負荷15分後＞早朝空腹時（p≦0.05）
　　　　　　　　　T1，T3において，負荷15分後＞負荷前（p≦0.05）
トレーニングによる効果：
　時間効果；T1＞T2＞T3（p≦0.05）
　日数×時間効果；全ての時間いおいてT1＞T2＞T3（≦0.05）

表5.6 運動負荷に対する収縮期血圧の反応（mmHg）（24例）

	早朝空腹時	負荷15分後
T1	113.4±11.0	119.9±12.0
T2	112.5±9.6	122.7±10.0
T3	111.6±1.0	118.5±11.7

測定値は平均値±標準偏差
T2＞T3であるが有意差を認めず（p＝0.07）

表5.7 運動負荷に対する拡張期血圧の反応（mmHg）（24例）

	早朝空腹時	負荷15分後
T1	76.2±8.5	80.7±8.6
T2	75.0±8.1	81.5±5.8
T3	73.5±8.7	78.9±6.9

測定値は平均値±標準偏差
T2＞T3であるが有意差は認めず（p＝0.08）

での運動能力は不変あるいは低下することが予想されたが[13,18,46]，結果は予想外であった。スナッチテストと垂直飛び（VJ）テストから測定した運動能力は，1カ月間のプログラムを通じて漸増した(表5.2，5.3，5.4参照)。以前行った，今回と同様の被験者を対象とした1週間の高負荷量トレーニングによる検討では運動能力の増加は認めなかった[55]。この結果の相違の理由は定かではないが，高負荷量トレーニングに入る前のトレーニング状態の相違が一因であるかも知れない。

　運動能力の増加は体重および体組成の変化を伴わなかった(表5.1参照)。このことから運動能力の増加は神経性因子の結果であることが推察される。被験者は運動能力試験に習熟しており，スナッチ，垂直跳びとも普段のトレーニングで行っているので，学習効果による運動能力の向上機転は否定的である。実験的なトレーニングプログラムの結果として，

運動器官の神経活性が増加した可能性が大きい[21,39]。

心拍数と血圧

血圧は有意な変化を示さなかったが、心拍数は1カ月のトレーニングプログラムの間に、安静時・運動負荷後ともに漸減した（表5.5参照）。これは他のウェイトトレーニングによる心拍数低下の報告と一致する[19,36,47]。心拍数の低下はおそらく交感・副交感神経活性の変化によるものであり、心室容量の変化とは関係しない[10,45]。心拍数の低下は運動負荷に対する良好な適応を示唆する。収縮期・拡張期血圧の負荷に対する反応性は有意な変化を示さなかった（表5.6, 5.7参照）。

血液検査結果

T2において、早朝空腹時および運動負荷前の血中乳酸濃度はやや増加した（表5.8参照）。早朝空腹時の血中乳酸濃度の増加原因は不明である。運動負荷後の血中乳酸濃度は、予想通り、トレーニング後の時間経過に伴って低下した[36,55]。運動負荷後の血中乳酸濃度のT1（第

表5.8 乳酸値の反応（mmol/L）（24例）

	早朝空腹時	負荷前	負荷5分後	負荷15分後
T1	0.8±0.2	1.0±0.3	8.0±1.9	6.2±2.2
T2	1.4±0.1	1.3±0.6	6.6±1.4	3.9±1.2
T3	0.4±0.2	0.7±0.2	5.7±1.3	3.6±1.3

測定値は平均値±標準偏差
運動負荷による効果：
　時間効果；負荷5分後および負荷15分後＞早朝空腹時および負荷前（$p \leq 0.05$）
　日数×時間効果；負荷5分後および負荷15分後＞早朝空腹時および負荷前（$p \leq 0.05$）
トレーニングによる効果：
　時間効果；T1＞T2＞T3（$p \leq 0.05$）
　日数×時間効果；負荷5分後においてT2＞T3（$p \leq 0.05$）
　　　　　　　　　負荷15分後においてT1＞T2およびT3（$p \leq 0.05$）

表5.9 アンモニアの反応（μmol/L）（24例）

	早朝空腹時	負荷前	負荷5分後	負荷15分後
T1	67.6±16.4	45.5±21.6	130.9±46.2	80.5±34.0
T2	51.6±12.1	36.0±14.7	81.5±19.8	55.5±17.3
T3	75.8±26.5	93.3±24.2	111.2±26.2	47.6±16.0

測定値は平均値±標準偏差
運動負荷による効果：
　時間効果；負荷5分後＞負荷前（$p \leq 0.05$）
　日数×時間効果；T1, T2, T3において負荷5分後＞早朝空腹時および負荷前（$p \leq 0.05$）
　　　　　　　　　T3において負荷15分後＜早朝空腹時（$p \leq 0.05$）
トレーニングによる効果：
　時間効果；T1およびT3＞T2（$p \leq 0.05$）
　日数×時間効果；負荷においてT3＞T1（$p \leq 0.05$）
　　　　　　　　　負荷5分後においてT1＞T2（$p \leq 0.05$）
　　　　　　　　　負荷15分後においてT1＞T2（$p \leq 0.05$）

5日)からT3(第27日)にかけての総低下率は，負荷5分後採血で29％，負荷15分後(15-post)採血で40％であった。T2までの間に，負荷5分後採血では総低下量の65％が，負荷15分後採血では総低下量の90％が減少した。T2での血中乳酸濃度の低下は，慢性的なグリコーゲンの消耗の結果として生じた過労症状の反映かも知れないが[41,46]おそらく違うであろう。その理由としては①被験者は十分な炭水化物を摂取していた，②T2において運動能力は低下しなかった，③他の諸検査において過労を示唆する異常所見を認めなかったことが挙げられる。これより運動負荷後の血中乳酸値の低下は，運動負荷に対する良好な適応の反映であると考えられる。

アンモニアは生命エネルギーおよび神経系において毒性を発揮するので，疲労と関係するかもしれない[46]。よってトレーニングによる血中アンモニア濃度の変化は，運動負荷に対する生理的な反応性と，選手の運動能力に変化を及ぼした可能性がある。血中アンモニア濃度は，T2における全ての採血ポイントで低値を示した。以前の検討においては，1週間の高負荷量トレーニングの結果，安静時採血の血中アンモニア濃度は増加傾向を認めている[55]。しかしWarrenら[55]の報告においても，空腹時採血値はすべて正常範囲内[4]であり，我々の今回の研究と同様に，慢性的な過労状態に伴う，過度の疲労を引き起こした原因とは考えにくい[46]。運動負荷後（5分後と15分後）の血中アンモニア濃度は，明らかにT2から低下しT3まで低値は持続した。トレーニングによる血中アンモニア濃度の低下は，尿素産生の増加，酸塩基平衡緩衝能力の亢進，交感神経活性の低下，あるいはアンモニア産生の低下に起因することが考えられる[8,20,54]。運動負荷後の血中アンモニア濃度低下は，トレーニングに対する適応状態の獲得を示唆する[4]。

血糖値はウェイトトレーニングによって不変[14,27]あるいは増加するとされている[33]。筋力トレーニングに対する血糖値の反応性の相違は，運動のプロトコールや，使われる筋肉の大きさと関係するかもしれない。Kraemerら[27]とGuezennecら[14]は，McMillanら[33]や我々の今回の研究に比して，より小さな筋肉を使用した研究を行った。我々の今回の研究では，McMillanら[33]と同様の運動負荷プロトコールを用いたが，血糖値の反応性は違うものであった（表5.10参照）。血糖値はT2の運動負荷後において予測に反して増加しなかった。血糖値はコルチゾルとカテコールアミンの変化に反応すると考えられている[6,34]。

表5.10 血糖値の反応 (mg/dl) (24例)

	早朝空腹時	負荷前	負荷5分後	負荷15分後
T1	79.6±12.7	78.4±9.0	90.3±17.7	89.4±14.9
T2	92.5±4.6	89.2±9.2	85.7±22.2	76.5±13.6
T3	61.4±5.0	68.0±10.4	67.7±13.4	75.2±12.2

測定値は平均値±標準偏差
運動負荷による効果：
　時間効果；なし
　日数×時間効果；T1，およびT3において負荷15分後＞負荷前 ($p \leq 0.05$)
トレーニングによる効果：
　時間効果；T1およびT2＞T3 ($p \leq 0.05$)
　日数×時間効果；早朝空腹時においてT2＞T3 ($p \leq 0.05$)

表5.11 遊離脂肪酸（FFA）の反応（mg/l）（24例）

	早朝空腹時	負荷前	負荷5分後	負荷15分後
T1	153±79	111±51	150±51	111±41
T2	201±76	105±45	151±50	109±30
T3	96±46	90±52	127±47	128±44

測定値は平均値±標準偏差
運動負荷による効果：
　時間効果；負荷5分後＞負荷前（$p≦0.05$）
　日数×時間効果；T1，T2，T3において負荷5分後＞負荷前（$p≦0.05$）
　　　　　　　　　T3において負荷15分後＞負荷前（$p≦0.05$）
トレーニングによる効果：
　時間効果；T2＞T3（$p≦0.05$）
　日数×時間効果；早朝空腹時においてT2＞T3（$p≦0.05$）

　運動負荷後のコルチゾル濃度は，T2において明らかに抑制され，T3に比してやや顕著であった。カテコールアミンは今回の研究では測定しなかったが，ウェイトトレーニングにより増加することが知られている[33]。安静時，ベンチプレス亜最大負荷時（70％1RMの8回繰り返し×6セット）および，ベンチプレス最大負荷時（70％1RMを限界まで）の血漿エピネフリン濃度は，トレーニングの2カ月後には減少することが知られている[14]。今回の研究においては，高負荷量トレーニング期間が，T2におけるカテコールアミンの運動負荷に対する反応性を低下させ，さらに運動負荷後の血糖値を低下させた可能性がある。

　今回の研究において，早朝空腹時の遊離脂肪酸（FFA）濃度（表5.11参照）は，より高年齢（26歳）の重量挙げ競技者を対象とした研究[33]に比して高値を示した。空腹時のFFA濃度は，運動をしない対照者に比し，重量挙げ競技者では高値を示すことから[20,33]，FFA高値の原因は食事よりも慢性的なウェイトトレーニングであるとされている[33]。McMillanら[33]は，空腹時のFFA濃度の上昇は，一回のトレーニングの後20時間持続するとしている。長期に渡る運動負荷によるFFAの上昇は，空腹時FFAの高値につながる。ウェイトトレーニングによるFFA濃度の上昇は，インスリンの拮抗作用およびカテコールアミン・成長ホルモン（hGH）・グルカゴン・コルチゾル（McMillanら[33]）の血中濃度上昇と矛盾せず，また，今回の研究における運動負荷後のhGHとコルチゾル濃度の増加とも矛盾しない。

　一定期間のウェイトトレーニングは，特にII型筋線維におけるグリコーゲンの消耗を招来する[30,37]。多くのスポーツ種目では，今回の研究と同様に，一日のうちに複数回の高負荷量トレーニングのセッションを取り入れており，著しいグリコーゲンの消耗をもたらす。運動負荷後のFFAの増加（慢性的な安静時FFAの増加による）と，その結果生じるFFAのエネルギー源としての利用は，ウェイトトレーニング負荷[33]やその他の高負荷量トレーニングからの回復期において重要である。回復期におけるFFAの十分な利用[33]は体脂肪の減少を促進し，今回の研究の対象を含めた，多くの静的スポーツ競技者に認められる低体脂肪率の，少なくとも部分的な説明となるであろう。空腹時FFAの高濃度の程度は，トレーニングの量と相関すると考えられてきた[33,48]。空腹時（安静時）FFA濃度はT3に比べてT2において幾分高いことからは，高負荷量トレーニングが，通常のトレーニングに

表5.12 成長ホルモンの反応（μg/L）（24例）

	早朝空腹時	負荷前	負荷5分後	負荷15分後
T1	0.2±0.2	2.0±3.5	16.1±11.9	16.2±13.3
T2	0.2±0.1	1.7±2.5	11.2±10.4	9.3±7.8
T3	0.1±0.2	1.3±4.8	8.9±8.0	7.1±5.5

測定値は平均値±標準偏差
運動負荷による効果：
　時間効果；負荷前，負荷5分後および負荷15分後＞早朝空腹時（$p \leq 0.05$）
　　　　　　負荷5分後および負荷15分後＞負荷前（$p \leq 0.05$）
　日数×時間効果；T1，T2，T3において負荷前，負荷5分後および負荷15分後＞早朝空腹時（$p \leq 0.05$）
　　　　　　　　T1，T2，T3において負荷5分後および負荷15分後＞負荷前（$p \leq 0.05$）
トレーニングによる効果：
　時間効果；T1＞T2およびT3（$p \leq 0.05$）
　日数×時間効果；負荷5分後においてT1＞T3（$p \leq 0.05$）
　　　　　　　　負荷15分後においてT1＞T2およびT3（$p \leq 0.05$）

比して，FFA濃度をより顕著に増加させることを示唆する。今回の研究で行ったような高負荷量トレーニングを長期間施行すれば，体脂肪を激減できる可能性がある。

　成長ホルモンは脂質と炭水化物の代謝に影響を及ぼし，脂肪分解酵素の産生を促進し，主に窒素バランスの陽転化と蛋白質の合成を促進する[11,15,23,24,38]。成長ホルモンによる蛋白質の合成機序の多くは，成長ホルモンがインスリン様成長因子（IGF1）を増加させることによる[11,23]。運動負荷はトレーニングの程度によっては，成長ホルモン濃度を20から40倍に増加させ，運動負荷の様式（大筋群か小筋群か）や運動の期間と強さに依存する[24,31,42,51]。

　小筋群の運動に比べ，今回の研究のプロトコールの様な大筋群の高頻度の運動では，運動負荷後の成長ホルモンの増加はより顕著となる[22,24]。今回の研究では，ウェイトトレーニングは運動負荷後の成長ホルモンを増加させたが（表5.12参照），運動負荷による反応性は時間経過とともに（T1からT3）低下した。運動負荷後の成長ホルモンの減少量の総量のうち，負荷5分後採血では68％が，負荷15分後採血では76％がT2までに減少したことからは，ウェイトトレーニングの量は，長期的な成長ホルモンの適応における重要な因子であると考えられる。ウェイトトレーニングに対する成長ホルモンの反応性の低下は，McMillanら[33]が示した，"トレーニングを行わない対照群に比して，重量挙げ競技者では運動負荷に対する成長ホルモンの反応性が乏しい"とする結果と一致する。この成長ホルモンの反応性の低下は，ホルモンに対する感受性の亢進の反映かもしれない[33]。運動負荷によって成長ホルモンは増加するが，蛋白質の合成における役割は明確ではない[24]。増加した成長ホルモンの最も重要な役割はFFAの動員であろう[33]。

　空腹時の成長ホルモン濃度は研究期間を通じて不変であったが，IGF1濃度はT2において最も高値を示し（表5.13参照），T3に比して有意に高値であった。高負荷量トレーニングは，安静時のIGF1濃度の増加を幾分か促進した可能性がある。IGF1濃度の制御機構（産生と除去）は明らかではない。成長ホルモンによる直接的なIGF1の賦括が，実際には成長ホルモン増加のピークで起こっており，この研究のプロトコールでは捉えることが出来なかったのかもしれない。さらに，IGF1濃度は成長ホルモン以外による相乗作用，あるい

表5.13 インスリン様成長因子（IGF 1）の反応（mmol/L）（24例）

	早朝空腹時
T 1	33.3±6.1
T 2	34.6±6.5
T 3	30.9±7.7

測定値は平均値±標準偏差
時間効果；T 2＞T 3

表5.14 テストステロンの反応（nmol/L）（24例）

	早朝空腹時	負荷前	負荷5分後	負荷15分後
T 1	24.8±9.3	12.7±4.5	18.0±7.0	16.2±7.4
T 2	26.9±9.7	19.1±6.5	22.1±10.0	20.8±10.1
T 3	27.9±6.9	20.6±7.6	25.4±7.9	21.9±6.9

測定値は平均値±標準偏差
運動負荷による効果：
　時間効果；負荷前＜負荷5分後および早朝空腹時（$p \leq 0.05$）
　日数×時間効果；T 1およびT 3において負荷前＜負荷5分後および早朝空腹時（$p \leq 0.05$）
トレーニングによる効果：
　時間効果；T 1＜T 2およびT 3（$p \leq 0.05$）
　日数×時間効果；負荷前においてT 1＜T 3（$p \leq 0.05$）
　　　　　　　　　負荷5分後においてT 1＜T 3（p 0.05）
　　　　　　　　　負荷15分後においてT 1＜T 3（$p \leq 0.05$）

は運動によって引き起こされた脂肪細胞あるいは筋肉細胞の破壊に対して反応した可能性がある[26]。T 1からT 2に渡る高度のウェイトトレーニングは細胞破壊を促進し，空腹時IGF 1濃度を増加させたのかもしれない。またT 2からT 3にかけての低運動量への復帰は細胞破壊を減少させ，IGF 1濃度を低下させたのかもしれない。IGF 1濃度の増加は蛋白質の合成を促進させるので，高度なトレーニングの継続は，IGF 1濃度の高値を維持し，脂肪の少ない体軀を形成することにつながる可能性がある。

　テストステロンは蛋白質の合成において重要な役割を担っており，コルチゾルとの相乗作用による蛋白同化作用を促進し[32]，神経因子に影響を及ぼし，II型筋線維におけるグリコーゲン分解を促進する[24]。またテストステロンは，グリコーゲン合成酵素の産生を促進することにより，グリコーゲンの再合成を促進する[1,3,29]。このようにして，血中テストステロン濃度の運動負荷やトレーニングに反応した変化は，運動能力の増加につながる様々な因子に影響を及ぼす。

　今回認められた運動負荷によるテストステロンの増加（表5.14参照）は，他の形態の高負荷量トレーニングにおける検討結果[24]に一致する。運動負荷後のテストステロン濃度は，成長ホルモンの場合と同様に，今回の研究のような大筋群のトレーニングでは，小筋群のトレーニングに比し，より顕著に増加する[24,26]。しかしこの年齢層においては，ウェイトトレーニングが常にテストステロンの増加をもたらすわけではない。

　Faheyら[9]は高校生（16±0.8歳）を対象とした検討において，デッドリフトの5回繰り

表5.15 コルチゾールの反応（nmol/L）（24例）

	早朝空腹時	負荷前	負荷5分後	負荷15分後
T1	503±109	280±78	546±153	610±163
T2	585±149	336±102	476±176	570±183
T3	573±120	326±98	472±148	521±111

測定値は平均値±標準偏差
運動負荷による効果：
　時間効果；負荷前＜負荷5分後，負荷15分後および早朝空腹時（$p \leq 0.05$）
　日数×時間効果；T1，T2およびT3において負荷前＜負荷5分後，負荷15分後および早朝空腹時（$p \leq 0.05$）
トレーニングによる効果：
　時間効果；T1＞T2およびT3（$p \leq 0.05$）
　日数×時間効果；早朝空腹時においてT1＜T2およびT3（$p \leq 0.05$）
　　　　　　　　　負荷前においてT1＜T2（$p \leq 0.05$）
　　　　　　　　　負荷15分後においてT3＜T1（$p \leq 0.05$）

返しを5セット施行する運動負荷後には，テストステロン濃度の変化を認めなかったと報告している。今回の研究結果との相違は，トレーニングの経験や鍛錬度と関連しているかもしれない[12,26]。今回の研究結果からは，ウェイトトレーニングの結果として安静時・運動負荷後ともにテストステロンが増加し得ることが示唆される。テストステロンの増加量の総量（T1からT3まで）のうち，ほとんどがT2までに増加している。運動負荷前採血の80％，負荷5分後採血の56％，負荷15分後採血の81％がT2までに増加しており，早朝空腹時および運動後のテストステロン濃度は，低強度トレーニングに比し高強度トレーニングにおいて，より顕著に増加することが示唆される。この慢性的なテストステロン濃度の増加は，高ホルモン濃度に対応する受容体の出現を促進し，さらに蛋白同化作用を刺激するかもしれない。しかし高負荷量トレーニングが長期に及んだ場合は，安静時テストステロン濃度を抑制し，蛋白質の合成刺激を抑制する可能性があることに留意する必要がある[17]。

　コルチゾルは免疫系を抑制し，炭水化物・脂肪・蛋白質の代謝に影響を及ぼし，糖新生を賦括し[34,42]，テストステロンの産生に拮抗し[7,56]，全般的には蛋白異化作用を有する[24]。高度の筋力トレーニングは著明なコルチゾルの増加をもたらし[23-25]，特に大筋群のトレーニングにおいて顕著である[33,36]。筋力トレーニング，あるいは他のトレーニングによるコルチゾル濃度の増加は，1時間以上に渡りトレーニング前値以上を持続するとされている[33,35]。今回の研究においては，運動負荷によって増加したコルチゾル濃度はT1からT3への時間経過と共に低下した（表5.15参照）。低下した運動負荷後のコルチゾル濃度は，トレーニングを行わない対照者での検討における，有酸素トレーニング[51]およびウェイトトレーニング[33,36]による亜最大運動負荷後の低いコルチゾル濃度と一致した。ウェイトトレーニング中に増加したコルチゾル濃度に，どのような効果があるかは明らかではないが，運動負荷後の増加は回復メカニズム[33]に含まれており，増加したFFAの動員と，免疫・炎症反応機構の抑制を担っているのかもしれない[34]。運動負荷に対するコルチゾル濃度の反応性の減少は，トレーニングの結果として獲得したホメオスタシス変動の小ささの反映であるのかもしれない。

表5.16 テストステロン/コルチゾール比（T/C比）の反応（％）（24例）

	早朝空腹時	負荷前	負荷5分後	負荷15分後
T1	4.9±1.4	5.0±2.5	3.7±2.1	2.9±1.4
T2	4.7±1.4	6.1±2.6	5.1±3.7	4.1±2.4
T3	5.0±2.4	7.0±3.3	6.3±1.4	4.3±1.3

測定値は平均値±標準偏差
運動負荷による効果：
　時間効果；早朝空腹時＞負荷15分後（$p≦0.05$）
　　　　　　負荷前＞負荷5分後および負荷15分後（$p≦0.05$）
　日数×時間効果；T1において早朝空腹時＞負荷5分後および負荷15分後（$p≦0.05$）
　　　　　　　　T1において負荷前＞負荷15分後（$p≦0.05$）
トレーニングによる効果：
　時間効果；T1＜T2＜T3（$p≦0.05$）
　日数×時間効果；全ての時間においてT1＜T2＜T3（$p≦0.05$）

コルチゾル濃度の高値は特にレース直前の，よく鍛錬された長距離ランナーに認められる[53]。また，安静時のコルチゾル濃度の増加は，ウェイトトレーニング量の増加の結果として認められる[17]。今回の研究においては，早朝空腹時のコルチゾル濃度はT2までに著増したのちにT3まで持続し，運動負荷前のコルチゾル濃度はT1からT2にかけては増加したがT3では前値に復帰した。早朝空腹時および運動負荷前のコルチゾル濃度の増加は，大筋群の高負荷量トレーニングによって獲得した，生理的ストレス負荷（ホメオスタシスの慢性的な変動）に対する適応状態を反映しているのかもしれない。高負荷量トレーニングによるコルチゾルの増加は，コルチコトロピン分泌刺激ホルモン（ACTH-RH）の分泌を賦括すると考えられている[52]。特に数週間以上に亘る安静時コルチゾル濃度の増加は，相対的には蛋白同化作用を抑制し，蛋白異化作用を促進し[16]，オーバートレーニングの状態を引き起こす可能性がある[46]。しかし一方で，高コルチゾル濃度は運動負荷に対する反応性を向上させるというメリットを合わせ持つ。早朝空腹時（あるいは運動負荷前）の軽度のコルチゾル濃度の増加は，競技会やトレーニング期間への準備状態の部分的な表現であるのかもしれない[53]。

テストステロン／コルチゾル比（T/C比）は，除脂肪体重および重量挙げの競技力と相関するとされている[16,17]。これらの関係は，重量挙げ競技者や他の静的運動競技者において，長期のトレーニング中の蛋白同化活性（テストステロン）と蛋白異化活性（コルチゾル）とのバランスの重要性を示唆するものである[2,17,24]。今回の研究においては（表5.16参照），運動負荷前後では，主にコルチゾルの著明な増加によりT/C比は減少した。しかしトレーニング期間を通じては，T/C比は増加傾向を示し，多くはT2までに上昇した。増加量の総量のうち，早朝空腹時採血の68％，運動負荷前採血の121％，負荷5分後採血の64％，および負荷15分後採血の86％がT2までに増加した。この結果からは高負荷量トレーニングは低負荷量トレーニングに比し，より顕著にT/C比を増加させる可能性が示唆される。T/C比の増加は，蛋白同化が亢進している状態を反映するものかもしれない。

明確ではないが，β-エンドルフィンは鎮痛，糖代謝の調整，および免疫抑制などの作用を有するとされている[40]。運動負荷によるβ-エンドルフィンの増加は，運動強度および期

表5.17 β-エンドルフィンの反応（pmol）（24例）

	負荷前	負荷15分後
T1	6.0±2.3	33.0±18.2
T2	6.1±1.9	20.9±15.4
T3	6.1±2.9	17.8±11.3

測定値は平均値±標準偏差
運動負荷による効果：
　時間効果；負荷15分後＞負荷前（$p \leq 0.05$）
　日数×時間効果；T1，T2，T3において負荷15分後＞負荷前（0.0.5）
トレーニングによる効果：
　時間効果；T1＞T2およびT3（$p \leq 0.05$）
　日数×時間効果；負荷15分後においてT1＞T2およびT3（$p \leq 0.05$）

間に依存する[25]。運動負荷によるβ-エンドルフィンの増加は負荷後1時間まで持続する[40,53]。

今回の研究では運動負荷前のβ-エンドルフィンは変化しなかったが，負荷15分後採血値は経時的に減少した。T1からT3にかけての減少量の総量のうち，80％がT2までに減少したことからは，やはり高負荷量トレーニングは低負荷量トレーニングに比し，より顕著に影響を与えた可能性が示唆される。ACTHとβ-エンドルフィンは，前駆物質（プロピオメラノコルチン）が同じであるので，運動負荷後のコルチゾルとβ-エンドルフィンの低下は，少なくとも部分的には視床下部-下垂体系機能の低下を示唆する（表5.15および5.17参照）。運動負荷後のβ-エンドルフィンの低下は，運動負荷が生理的にそれほどストレスとなっていないことを意味する。運動負荷を含めた，精神的あるいは肉体的ストレスの後には，しばしば短期間の感染症に罹患しやすい[35,40]。感染症の罹患頻度の増加の一因として，運動負荷後に，免疫系を抑制するβ-エンドルフィン濃度およびコルチゾル濃度が増加することが考えられる[40]。この研究においては，β-エンドルフィン濃度およびコルチゾル濃度は運動負荷後に低下を認め，免疫系は抑制されず，感染症発生率は抑制されたと考えられる。

結論

今回のトレーニングプログラムは運動能力を向上し，運動耐用能を改善したことから，生理学的にも有効であったと考えられる。一般的に，低負荷量トレーニングよりも高負荷量トレーニングにおいて，運動能力の向上がより顕著である。

実際の適用

多くの縦断的研究[36,44,47,50]および横断的研究[33,49]において，ウェイトトレーニングが運動耐用能を改善し，様々な生理学的指標の良好な適応をもたらすことが示されている。低負荷量トレーニングよりも高負荷量トレーニングの方が，より顕著にこの良好な適応をもたらす[45]。周期的なトレーニングプログラムは短期間（数週間）の高負荷量トレーニング期間から始められる[43,46,48]。この高負荷量トレーニング期間は，続いて施行する高強度トレー

ニングへの準備期間である。しかし，これらの高負荷量のウェイトトレーニングの，生理的効果を検討した研究は，エリート筋力／パワー系運動競技者を対象としたものであることに注意すべきである[33,46]。今回の研究では，短期間の高負荷量トレーニングは，ウェイトトレーニングに伴う生理的ストレスを軽減することが確認された。今回の研究において，心拍数・乳酸値・成長ホルモン・コルチゾル・テストステロン・テストステロン／コルチゾル比・空腹時 IGF 1 値の変化から，T 2 における高負荷量トレーニング直後に，最も生理的な適応状態が獲得されたと考えられる。さらにこの適応状態は，T 2 から T 3 にかけて持続あるいは増強した。これらの背景から，低負荷量トレーニングよりも高負荷量トレーニングの方が，より顕著に，さまざまな因子に好影響をもたらすと考えられた。この因子に含まれる項目としては，①蛋白合成の増加による除脂肪体重の増加と組織修復の活性化，②FFA の動員と回復期における消費の促進による体脂肪の減少，③ホメオスタシスの乱れを最小限に留める，などの運動ストレスの抑止と運動耐用能の増加が挙げられる。

さらに今回の研究からは，オーバーリーチングの概念が妥当であることが示唆される。オーバーリーチングの概念の第 1 点は，高負荷量トレーニング期間を設けることは，ウェイトトレーニングによる生理的ストレスを軽減するというものであるが，これは今回の研究結果から妥当であると考えられる。第 2 点はオーバーリーチングの期間は運動能力は不変あるいは低下し，低負荷量のトレーニングに戻した後，2〜5 週間後に運動能力が増加することが期待されるという概念である。これに反して，我々が以前同様の競技者を対象として施行した，1 週間のオーバーリーチングの研究では[55]，運動能力の改善は認められなかった。しかし今回の検討では，運動能力の指標（スナッチおよび垂直飛び）は高負荷量のウェイトトレーニング後に向上した。このことからは，今回用いたオーバーリーチングを生じるためのプロトコールは，運動能力に対して少なくとも不利益ではないと考えられる。

オーバーリーチングが実際に適用される形態と有効性は，実際の競技の場で運動能力の向上が示された時に，はじめて支持を得ることが出来るであろう。今回の研究は 44 名が参加するジュニアエリート重量挙げ競技者のキャンプにおいて施行された。10 名はこの研究には参加せず，高負荷量トレーニングは施行しなかった。被験者として参加した 24 名のうち 21 名と，参加しなかった 10 名が，研究の結論が出た 2〜4 日後の競技会に出場した。競技会においては，被験者として参加した 21 名のうち 14 名（67％）が自己記録を更新し，参加しなかった 10 名のうち 3 名（30％）が自己記録を更新した。Warren ら（未報告）の集中トレーニング 2 週間後の競技会出場による研究においても，同様の結果が得られている。これらの結果からは，遅れて生じる運動能力の向上は実際に得られ，トレーニング量の増加による運動能力の向上効果は，トレーニング量を低強度に戻した後も数週間持続すると考えられた。（長嶋淳三）

参考文献

1. Adolphson, S. 1973. Effects of insulin and testosterone on glycogen synthesis and glycogen synthetase activity. *Acta Physiologica Scandinavica* 88: 234-247.
2. Alen, M., K. Hakkinen. 1987. Androgenic steroid effects on several hormones and on maximal force development in strength athletes. *Journal of Sports Medicine and Physical Fitness* 27: 38-46.
3. Allenberg, K., S.G. Holmquist, P. Johnsen, J. Bennett, J. Niehlsen, H. Galbo, N.H. Secher. 1982. Effects of exercise and testosterone on the active form of glycogen synthetase in human skeletal muscle. In *Biochemistry of exercise*, vol. 13, eds. H.G Knuttgen, J.A. Vogel, 625-630. Champaign, IL: Human Kinetics.
4. Bannister, E., W. Rajendra, J. Mutch. 1985. Ammonia as an indicator of exercise stress: implications of recent findings to sports medicine. *Sports Medicine* 2: 34-46.
5. Callister, R., R.J. Callistert S. Fleck, G. Dudley. 1990. Physiological and performance responses to overtraining in elite judo athletes. *Medicine and Science in Sports and Exercise* 22: 816-824.
6. Christensen, N.. H. Galbo. 1983. Sympathetic nervous activity during exercise. *Annual Review of Physiology* 45: 139-153.
7. Doerr, P., K.M. Pirke. 1976. Cortisol-induced suppression of plasma testosterone in normal adult males. *Journal of Clinical Endocrinology and Metabolism* 43: 622-629.
8. Dudley, G., R. Staron, T. Murray, F. Hagerman, A. Luginbuhl. 1983. Muscle fiber composition and blood ammonia levels after intense exercise in humans. *Journal of Applied Physiology* 54: 582-586.
9. Fahey, T.D., R. Rolph, P. Moungmee, J. Nagel, S. Mortara. 1 976. Serum testosterone, body composition and strength of young adults. Medicine and Science in Sports and Exercise 8: 3 1-34.
10. Fleck, S.J. 1993. Cardiovascular responses to strength training. In *Strength and power in sport*, 305-315. Oxford, UK: Blackwell Scientific.
11. Florini, J.R. 1987. Hormonal control of muscle growth. *Muscle and Nerve* 10: 577-598.
12. Fry, A.C., W.J. Kraemer, M.H. Stone, S.J Fleck, B. Warren, B.P. Conroy, C.A. Weseman, S.E. Gordon. 1990. Acute endocrine response in elite junior weightlifters. *Medicine and Science in Sports and Exercise* 22: S54,
13. Fry, R.W., A.R. Morton, D. Keast. 1991 . Overtraining in athletes. *Sports Medicine* 12: 32-65.
14. Guezennec, Y., L. Leger, F. Lhoste, M. Aymood, P.C. Pesquies. 1986. Hormone response to weight-lifting training sessions. *International Journal of Sports Medicine* 7: 100-105.
15. Haynes, S.P. 1986. Review : growth hormone. *Australian Journal of Science and Medicine in Sport* 20: 3-15.
16. Hakkinen, K., A. Pakarinen, M. Al6n, P.V. Komi. 1985. Serum hormones during prolonged training of neuromuscular performance. *European Journal of Applied Physiology* 53: 287-293.
17. Hakkinen, K., A. Pakarinen, M. Al6n, H. Kauhanen, P. Komi. 1987. Relationships between training volume, physical performance capacity, and serum hormone concentrations during prolonged training in elite weight lifters. *International Journal of Sports Medicine* 8: 61-65.
18. Hakkinen, K., A. Pakarinen, M. Al6n, H. Kauhanen, P. Komi. 1988. Daily hormonal and neuromuscular response to intensive strength training in one week. *International Journal of Sports Medicine* 9: 422-428.
19. Kanakis, C., R.C. Hickson. 1980. Left ventricular responses to a program of lower limb strength training. *Chest* 78: 618-621.
20. Keul J., G. Haralambie, M. Bruder, H.J. Gottstein. 1978. The effect of weight lifting experience on heart rate and metabolism in experienced lifters. *Medicine and Science in Sports and Exercise* 10: 13-15.
21. Komi, P.V., K. Hakkinen. 1989. Strength and power. *Proceedings of the Weightlifting Symposium*,

159-175. Siofok, Budapest, Hungary: International Weightlifting Federation.
22. Kraemer, R., J.L. Kilgore, G.R. Kraemer, D. Castracane. 1992. Growth hormone, IGF-1 and testosterone responses to resistive exercise. *Medicine and Science in Sports and Exercise* 24: 1346-1352.
23. Kraemer, W.J. 1993a. Hormonal mechanisms related to the expression of muscular strength and power. In Strength and power in sport, ed. P.V. Komi, 64-76. Oxford, UK: Blackwell Scientific.
24. Kraemer, W.J. 1993b. Endocrine response and adaptations to strength train-ing. In *Strength and power in sport*, ed. P.V. Komi, 291-304. Oxford, UK: Blackwell Scientific.
25. Kraemer, W.J., J.E. Dziados, L.J. Marchitelli, S.E. Gordon, E.A. Harmon, R. Mello, S.J. Fleck, P.N. Frykman, N.T. Triplett. 1993. Effects of different heavy-resistance exercise protocols on plasmaβ-endorphin concentrations. *Journal of Applied Physiology* 74: 450-459.
26. Kraemer, W.J., A.C. Fry, B.J. Warren, M.H. Stone, S.J. Fleck, J.T. Kearney, B.P. Conroy, C.M. Maresh, C.A. Weseman, N.T. Triplett, S.E. Gordon. 1992. Acute hormonal responses in elite junior weightlifters. *International Journal of Sports Medicine* 13: 103-109.
27. Kraemer, W.J., L. Marchitelli, S.E. Gordon, E. Harman, J.E. Dziados, R. Mello, P. Frykman, D. McMurry, S.J. Fleck. 1990. Hormonal and growth factor responses to heavy exercise protocols. *Journal of Applied Physiology* 69: 1442-1450.
28. Kuipers, H., H.A. Keizer. 1988. Overtraining in elite athletes. *Sports Medicine* 6: 79-92.
29. Lambert, C.P., M.G. Flynn, J.B. Boone, T.J. Michaud, J. Rodriguez-Zayas. 1991. Effects of carbohydrate feeding on multiple-bout resistance exercise. *Journal of Applied Sports Science Research* 5: 192-197.
30. Lambert, M.I., S. Jaabar, T.D. Noakes. 1990. The effect of anabolic steroid administration on running performance in sprint trained rats. *Medicine and Science in Sports and Exercise* 22: S64.
31. Lukaszewska, J., B. Biczowa, D. Bobilewixz, M. Wiilk, B. BouchowixzFidelus. 1976. Effect of physical exercise on plasma cortisol and growth hormone levels in weight lifters. *Endokrynologia Polska* 2: 140-158.
32. Mayer, M., F. Rosen. 1975. Interaction of anabolic steroids with glucosteroid steroid receptor sites in rat muscle control. *American Journal of Physiology* 229: 1381-1386.
33. McMillan, J., M.H. Stone, J. Sartain, D. Marple, R. Keith, D. Lewis, C. Brown. 1993. The 20-hr hormonal response to a single session of weight-training. *Journal of Strength and Conditioning Research* 7: 9-21.
34. Munck, A., P.M. Guyre, N.J. Holbrook. 1974. Physiological functions of glucocorticoids in stress and their relation to pharmacological actions. *Endocrine Reviews* 5: 25-44.
35. Nieman, D., S.L. Nehlsen-Cannarella. 1992. Exercise and infection. In *Exercise and disease*, eds. R.R. Watson, M. Eisinger, 121-148. Boca Raton, FL: CCR Publishers.
36. Pierce, K., R. Rozenek, M.H. Stone, D. Blessing. 1987. The effects of weight-training on plasma cortisol, lactate and heart rate. *Journal of Applied Sports Science Research* 5: 58.
37. Robergs, R.A.. D.R. Pearson, D.L. Costill, W.J. Fink, D.D. Pascoe, M.A. Benedict, C.P. Lambert. J.J. Zacheija. 199.1. Muscle glycogenolysis during differing intensities of weight- resistance exercise. *Journal of Applied Physiology* 70: 1700-1706.
38. Rogol, A.D. 1989. Growth hormone physiology, therapeutic use and potential for abuse. In *Exercise and sports sciences reviews*, ed. K.B. Pandolf, 353-377. Baltimore : Williams & Wilklns.
39. Sale, D.G. 1993. Neural adaptation to strength training. In *Strength and power in sport*, ed. P.V. Komi, 246-265. Oxford, UK : Blackwell Scientific.
40. Sforzo, G.A. 1988. Opiods and exercise. *Sports Medicine* 7: 109-124.
41. Sherman, W., A. Doyle, D. Lamb. 1991. Training, dietary carbohydrate and muscle glycogen. *Medicine and Science in Sports and Exercise* 23: S101 .
42. Shephard, R.J., K.H. Sidney. 1975. Effects of physical exercise on plasma growth hormone and

cortisol levels in human subjects. In *Exercise and sports sciences reviews*, vol. 3, eds. J. Wilmore, J. Keough, 1-30. New York: Academic Press.
43. Stone, M.H. 1990. Muscle conditioning and muscle injuries. *Medicine and Science in Sports and Exercise* 22: 457-462.
44. Stone, M.H., D.L. Blessing, R. Byrd, D. Boatwright, J. Tew, L. Johnson, A. Lopez-S. 1982. Physiological effects of a short term resistive training program on middle-aged sedentary men. *National Strength and Conditioning Association Journal* 4: 16-20.
45. Stone, M.H., S.J. Fleck, N.T. Triplett, W.J. Kraemer. 1991. Health- and performance-related potential of resistance training. *Sports Medicine* 11: 210-231.
46. Stone, M.H., R. Keith, J.T. Kearney, G.D. Wilson, S.J. Fleck. 1991. Overtraining : a review of the signs and symptoms of overtraining. *Journal of Applied Sports Science Research* 5: 35-50.
47. Stone, M.H., J.R. Nelson, S. Nader, D. Carter. 1983. Short term weight training effects on resting and recovery heart rates. *Athletic Training* 18: 69-71.
48. Stone M.H., H.S. O'Bryant. 1987. *Weight training: a scientific approach*. Minneapolis: Burgess International.
49. Stone, M.H., K. Pierce, R. Godsen, G.D. Wilson, D. Blessing, R. Rozenek. 1987. Heart rate and lactate levels during weight training exercise in trained and untrained males. *Physician and Sports Medicine* 15: 97-106.
50. Stone, M.H., G.D. Wilson, D. Blessing, R. Rozenek. 1983. Cardiovascular responses to short-term Olympic style weight training in young men. *Canadian Journal of Applied Sports Science* 8: 134-139.
51. Sutton, J.R. 1978. Hormonal and metabolic responses to exercise in subjects of high and low work capacities. *Medicine and Science in Sports and Exercise* 10: 1-6.
52. Sutton, J.R., J.H. Casey. 1975. The adrenocortical response to competitive athletics in veteran athletes. *Journal of Clinical Endocrinology and Metabolism* 40 :135-138.
53. Sutton, J.R., P.A. Farrel, V.J. Haber. 1990. Hormonal adaptation to physical activity. In *Exercise, fitness and health*, eds. C. Bouchard, R.J. Shephard, T. Stephans, J.R. Sutton, B. McPherson, 217-257. Champaign, IL: Human Kinetics.
54. Triplett, N.T., M.H. Stone, C. Adams, K.D. Allran, T.W. Smith. 1990. Effects of aspartic acid salts on fatigue parameters during weight training exercise and recovery. *Journal of Applied Sports Science Research* 4: 141-147.
55. Warren, B.J,, M.H. Stone, J.T. Kearney, S.J. Fleck, R.L. Johnson, G.D. Wil-son, W.J. Kraemer. 1992. Performance measures, blood lactate and plasma ammonia as indicators of overwork in elite junior weightlifters. *International Journal of Sports Medicine* 13: 372-376.
56. Wilkerson, J.G., L. Swain, J.C. Howard. 1988. Endurance training, steroid interactions and skeletal interactions. *Medicine and Science in Sports and Exercise* 20: S59.

第6章
レジスタンス運動におけるトレーニング強度の役割 オーバートレーニングとオーバーリーチング

Andrew C. Fry, PhD

はじめに

　最適な筋力の発達には各個人の最大ないしはそれに近似する負荷を用いたある量のレジスタンス運動を必要とすることはよく知られている。競技において高いレベルの筋力を要求される競技者は，普段のトレーニングから最大反復回数が1回（1RM：one repetition maximum），即ち最大筋力のほぼ100%に達する筋力トレーニングを取り入れている。選手やコーチは，そのようなトレーニング方法が筋力の比較的速やかな増強を得るのに有効であることを認識しているが，長期保持できるパフォーマンスの向上をこのような高強度トレーニングプロトコールのみに頼れるのだろうか。筋力トレーニングの経験がある人ならば，選手たちが1RMに近い極めて強いレジスタンス負荷の筋力トレーニングに過度の時間を費やしているのをご覧になったことがあるだろう。短期的効果は非常に満足のいくものであるが，効果の持続という観点からはそのようなトレーニング法の継続は不満足な結果に終わることが多い。ここで問題は最大負荷でトレーニングを行う際，どの程度から過度なトレーニングになるのかということである。科学的観点から換言すれば，いき過ぎた最大筋力トレーニングによるパフォーマンスの低下の一因となる生理学的適応不全とは何かということである。

　このオーバートレーニングという現象に対する科学的研究への関心は，この数十年かなり大きなものになってきている。しかし，現時点までのオーバートレーニングの研究の多くは持久系運動や有酸素運動にその焦点を当ててきた[3,23,45,47]。これは，レジスタンス運動は最近注目され始めたばかりで過去の運動科学の傾向を反映しているのである。運動に関する数多くの科学的文献をみると，レジスタンス運動に関する研究は，一般人や競技者の間でこの種の運動が流行するにつれて発展してきたことが明らかである。レジスタンス運動の高まる人気に多くの神話や誤解がつきまとう一方，この種のトレーニング様式に関す

るたゆまぬ研究がこのトレーニングの生理学的な効果と適応に関する理解を深めさせることにもなる。

　有酸素運動あるいは持久系運動に対する生理学的適応と，ここで話題となるレジスタンス運動をはじめとする無酸素運動に対する生理学的適応とは全く異なることは明らかである。この2つの運動様式は生理学的適応として異なる特性を持ち，それ故，それぞれの運動様式が競技者のコンディショニングにおいて重要な役割を持っている。持久系運動におけるオーバートレーニングとレジスタンス運動におけるオーバートレーニングとは全く異なるものであるということはオーバートレーニングの科学的文献のなかで明確にされていない[12,19,45,72]。持久系運動あるいはレジスタンス運動のどちらか一方を想定した運動処方は，各々異なった生理学的適応をもたらすが，オーバートレーニングもまた各々のトレーニング様式で異なった反応を示す[12,19,72]。結果として，持久系運動におけるオーバートレーニングに関する知識でレジスタンス運動時のオーバートレーニングが如何なるものかを推論するのは慎重でなければならない。

　この論点を支持するデータは僅かしかないが，有酸素運動より無酸素運動の方がオーバートレーニングになりやすいと考えられている[23]。もしこの考えが確かならば，オーバートレーニングの初期段階から選手のパフォーマンスを明らかに損なうまでの経過を，科学的研究で追跡することが必要となる。しかし，これは当然言うは易し行うは難しである。オーバートレーニングの研究は時として，オーバートレーニングとすでに診断された選手に限られることがある[2]。しかし，Lehmannらは長距離ランナーを対象に，トレーニング量を段階的に増加させ，持久系運動におけるある特有のオーバートレーニングの経過についてすばらしい報告を行っている[46,48,49]。この方法は，オーバートレーニングとそれに伴って生じるパフォーマンス低下の経過を段階的に観察することが可能であった。ストレスの強いレジスタンス運動の経過を経時的に観察する研究にも様々なトレーニング様式，プロトコールが用いられてきたが，必ずしもそのすべてのプロトコールが完全なオーバートレーニング状態をつくり出してはいなかった[14-16,19,20,26,29,74,75]。

定義

　まずオーバートレーニングに関するいくつかの関連用語を定義することが重要である。そのような共通認識はこの現象に関する理路整然とした研究には必要不可欠であり，この点は本書の他の著者によっても繰り返し指摘されている。オーバートレーニングは，トレーニング量とトレーニング強度のどちらか一方またはその両方を増加させた結果，長期的に（たとえば数週間，数カ月あるいはより長期的な単位で）選手個人のパフォーマンスの低下をもたらすことと定義される[12,19,45,68]。Hans Selyeが提唱しよく知られた汎適応症候群ともいうことができ，選手個人がストレスから適切に回復することが出来ず，身体機能の障害を引き起こし，時には死の危険さえある状態を示している[64]。他にも多くの用語がオーバートレーニングという概念を示唆するものとして使われてきたので，用語の違いによる混乱に巻き込まれないよう注意しなければならない[3,12,23,26,45,47,53,55,67,68,71,72]。また軽いオ

ーバートレーニングが短期的に起こることがあるが，これはせいぜい数日で容易に回復するものである。この状態はオーバーリーチングとして知られ，しばしばトレーニングプログラムのなかで計画的に取り入れられるものである[12,45,68,72]。

　レジスタンス運動という用語は，重い抵抗負荷を利用して行う運動を示す。その様な運動はバーベル，ダンベルやフリーウエイトを使って行うことが出来る。様々な種類のウェイトマシーンを利用したり，柔軟体操のような自重を利用しても行うことが出来る。トレーニングスタイルに関わらず，すべてのレジスタンス運動のプロトコールはFleckとKraemerによって以下の5つのトレーニング変数で表現することができる。即ち「運動の種類」「運動の順序」「負荷抵抗の強度」「運動回数」そして「セット間の休息時間」である[10]。これらの変数はトレーニングプログラムにおける生理学的効果に大きく影響し，期待した効果が得られるようにそれぞれの変数を変化させてプログラムすることが可能である。そのようにトレーニングプログラム中の変数を意図的に変化させることは，周期化と呼ばれ，最大のパフォーマンスを得るために非常に有効であることがわかっている[10,24,68,69]。レジスタンス運動のプログラムの特性の詳細は，本書の4章で検討されている。

　この章では，とりわけトレーニング強度の定義について取り上げる。安易な解釈では，「強度」を「困難さ」と混同することがある。たとえば選手の方でストレスの大きいまたは困難なトレーニング段階にあっても，コーチは選手が強度の高いトレーニングを行っていると解釈する可能性がある。トレーニング強度はいくつかの方法で正確に定義することが可能であるが，ここでは絶対強度と相対強度の二つを取り上げる。相対強度とは，個人の1RMを基準とし，その何%で1セットのトレーニングを行ったかを示す[10,12,68]。たとえば2人の選手が異なる最大筋力(例えば1RMが100kg，150kg)を持っていても，同じ相対強度の運動ができる(1RMの80%ならば80kgと120Kg)。これは，有酸素運動における考えと似ており，個人の最大酸素摂取量や最大心拍数の何%で行うかということである[37,46,48]。絶対強度とはバーベルやマシンの実際の負荷重量を示す。前述の2人の競技者を例にとれば，120kgのバーベルでトレーニングしている方が，80kgでトレーニングしている選手より絶対強度が高い[10,68]。従って絶対強度は1セットの時間内に行われた仕事量(力×反復距離；ジュール)と定義され，実際の力の測定値であり，重要なトレーニング変数である。このように絶対強度は仕事量とも関連し，どんなトレーニングプログラムも仕事量と強度は完全に切り放すことは出来ない。実際の現場では，ほとんどのレジスタンス運動トレーニングプログラムは相対強度で負荷が述べられており，この章で引用した多くの研究で扱われているのも相対強度である。レジスタンス運動におけるオーバートレーニングに関する研究の1つの最終的目標は，「果たしてオーバートレーニングという現象が実際に起こるのか？」，換言するならば「パフォーマンスの低下が本当に起こったか？」ということである。オーバートレーニングに関連する重要な情報は，様々なタイプのストレストレーニングの研究から得ることが出来るが，選手のパフォーマンスが実際に低下したという研究結果[12,14,18-22,39,57,58,72]と，パフォーマンスの低下がなくストレスの大きいトレーニングに適応したという結果[15-17,27,29]とを区別することが大切である。しかしこの両者の研究結果は，運動の種類に対して実際のトレーニング許容量がどの程度であるかを深く理解する上で非常に

重要な意味を持つものである。

レジスタンス運動によるオーバートレーニングのトレーニング量とトレーニング強度

　当然のことであるが，レジスタンス運動におけるオーバートレーニングは多変量的な現象であり，それ自体が多くの生理的身体システムへ影響を及ぼす。この章では，過剰に高い相対強度のレジスタンス運動におけるオーバートレーニングが，選手の筋力やパワーパフォーマンス[14,19,21,75]，運動コントロール能力[14,19,75]，内分泌系[12,18,57,58]やカテコールアミンの反応[20,57]に，あるいは精神面[14,22]，整形外科的障害[21]に，どのような影響を与えるかを論点とする。また，他の原因（例えば過剰運動量，有酸素運動と無酸素運動との併用）によって引き起こされるレジスタンス運動のオーバートレーニングとの比較も行った。これらのタイプのレジスタンス運動におけるオーバートレーニングに関するより詳しい検討は4，5章を参照して頂きたい。

　前述の通り多くのレジスタンス運動のオーバートレーニングに関する文献は，トレーニング量の増減についての研究である[4,11,15-17,27,29,39,43,74]。トレーニング量を増加させることは競技者やトレーニングを真剣に行う者の間では珍しいことではない。しかし，トレーニング量，すなわち運動の数，セット数や反復回数，トレーニング回数を増やすことがパフォーマンスに良い結果をもたらすと考えることはよくある間違いである。なぜなら，トレーニング量の増大は短期的パフォーマンスの改善を生じるが，その一方で容易にパフォーマンスの低下やオーバートレーニングを引き起こすからである（5章参照）。持久系競技者にとってはトレーニング量は強度に比べより重大な問題であると考えられているが，数少ない持久系競技者のオーバートレーニングに関する研究では過剰なトレーニング強度が問題と述べている[46,48]。多くのスポーツは好気性及び嫌気性代謝の両方を必要とし，トレーニングもその両者を取り入れなければならない。このような両者の特性を取り入れたトレーニングの役割や，その適正なトレーニング許容量に関しては現在研究がなされている。しかしながらそのような複合したトレーニング様式は，いまのところスポーツ科学者にとって難しい問題である。なぜならコントロールし，モニターするのが難しい多くのトレーニング変数を含んでいるからである。

　コーチや競技者の経験的な知識からすると，トレーニング時間が延びるためより高い相対トレーニング強度へ過剰に依存することは珍しいことではない。例えば，1RM100％から3RMの100％の負荷を行うことである。あるいは重量挙げ競技者が競技の最中に1〜2回の負荷の強いセットをこなすことにより，満足のいく結果を挙げることがある。この一時的な効果のために，重量挙げ競技者はこのタイプのトレーニング法を一貫して取り入れるようになり，結果として長期的なトレーニングとしては過剰強度となるため，パフォーマンス向上効果がプラトーに達するかあるいは低下することとなる。しかし一貫して高相対強度トレーニングを行った東欧の重量挙げスクワット（スナッチやクリーンとジャーク）

の成功例のいくつかもまた報告されている。そのような成功例は，どの程度の高い相対強度のウェイトトレーニングが過剰強度となるのかという疑問を再び提起する。この疑問を扱った最近の研究はこの章で紹介していく[14,18-22,57,58,75]。相対強度の高いレジスタンストレーニングに対する薬物使用の効果について，直接この章では言及しないが，選手の過剰強度トレーニングの耐性は薬物作用によるものかもしれない。オーバートレーニングの問題に関するレジスタンストレーニングの量と相対強度との関係を図6.1に示した。

オーバートレーニング発現の研究プロトコール

　最近の報告では，初期の段階からパフォーマンスの低下が起こるまでの経過に従って，強度依存性のレジスタンス運動におけるオーバートレーニングについて述べられている。オーバートレーニングの実際の定義付けが非常に重要な問題である。研究目的として，オーバートレーニングというものは，ある特定のトレーニングプログラム中にパフォーマンスが統計学的に有意に低下を示した時，オーバートレーニングが生じたと定義されていた。当然この定義では，オーバートレーニングの一部とされてきたパフォーマンスの停滞，不振という問題を無視することになる[23,68]。ただしここで注意しなければならないことは，パフォーマンス向上の停滞はどんなに適正なトレーニングプログラムでもしばしば生じることがあるということである。それ故オーバートレーニングが生じたか否かの間のグレーゾ

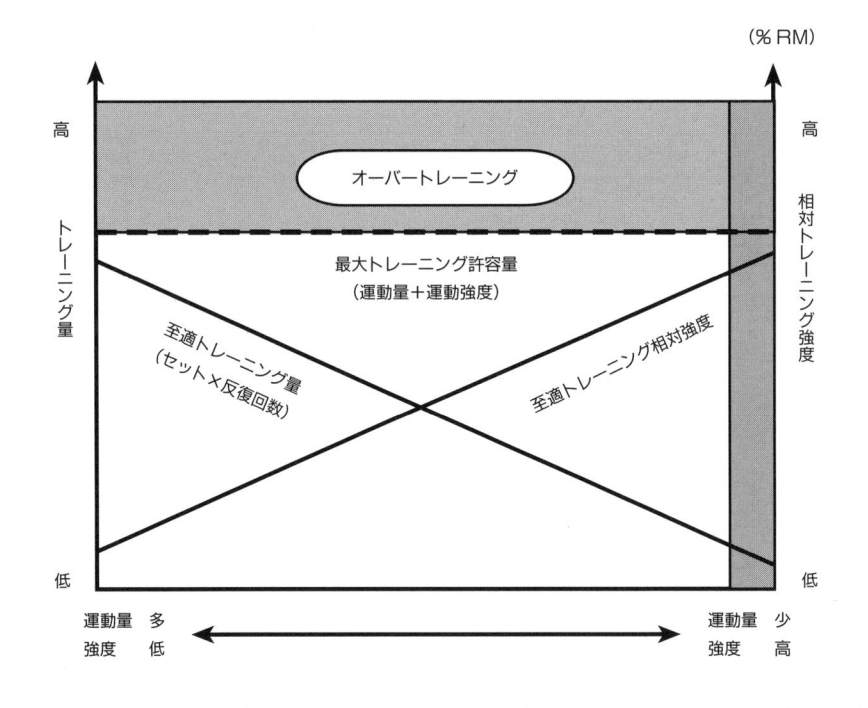

図6.1 レジスタンス運動のオーバートレーニングに関する，相対強度（％RM）とトレーニング量（セット×反復回数）との関係。最大レジスタンス運動トレーニング許容量は，トレーニング量と相対強度の組み合わせである。トレーニング負荷が個人の許容量を越えるとオーバートレーニングを起こしうる。図中の右側，斜線部分がこの章で取り上げられているトレーニングストレスを示す。
(17-21, 56, 57のデータに基づく)

ーンを避けるため，筋力の統計学的有意な低下を真のオーバートレーニングの発生と定義することが求められるわけである[14]。

さて第一の問題は，有意な筋力低下をもたらす高い相対強度のレジスタンストレーニングプロトコールの確立である。このような問題は，ピークの時期をあやまり，結果を出せなかった重量挙げ競技者を考えれば容易である。しかし，処方された不適切な相対強度により実際に筋力低下が生じるか否かを見極めるためにはパイロット実験が必要となる。もう一つの重要なポイントは筋障害を回避することである。過度のエキセントリックな筋力トレーニングが筋障害を引き起こすことはよく知られており，またこれが多大な筋力の低下の原因になりうることは詳しく報告されている[8]。しかし，普段から行っている負荷量に対して耐性ができた鍛錬者においては，筋障害という問題はそれほど重要な問題ではないように思われる。従って，筋障害を起こさず筋力低下を引き起こすような高い相対強度のトレーニングプログラムを決定することが重要になる。最後の問題は対象のトレーニング状態である。そもそもオーバートレーニングは高いレベルの競技者や個人の問題である。非鍛錬者や初心者にも確かに不適切に処方されたトレーニングプログラムにより問題が生じるが，それらの多くはトレーニングに対する初期の適応に関するものである。それ故，オーバートレーニング研究の対象者は前もってトレーニングを積んでおかねばならない。一方，そのような研究目的に目下競技大会中の選手を参加させることは適切ではない。それらのトレーニングは，選手が良い結果を得ることを困難にし，更に研究者とコーチ，競技者間の対立関係を生み出す。もっとも良い解決策は，過去数年間トレーニングを経験し現在もトレーニングを継続していて，最低，体重の1.5倍のバーベルでバックスクワットが可能である個人を参加させることである。

初期の研究[14]は適当なオーバートレーニングを引き起こすプロトコールを決定するために行われた。スクワット運動の動きを模倣したウェイトトレーニングマシーンがトレーニングに使われ，全体の運動パターンを調節した[13]。この方法では，挙上運動の動作の変化は，観察の経過中問題とはならなかった。全参加者が2週間のウォームアップトレーニング（3日/週；32 kgの負荷で5回×1セット，体重の50％の負荷で5回×1セット，体重70％の負荷で5回×3セット）を行い，無作為に対照群（2日/週；ウォームアッププロトコールに準ずる）と実験群（5日/週；32 kgの負荷で5回×1セット，1 RMの40％の負荷で5回×1セット，1 RMの60％の負荷で3回×1セット，1 RMの80％の負荷で2回×1セット，1 RMの95％の負荷で1回×8セット；インターバル2分）に分けられた。実験群のプロトコールはエリート重量挙げ競技者が使用している過度のバーベルスクワットプログラムを修正したものであるが，毎トレーニングセッションの相対強度と反復回数は僅かに強いものが使われた。3週間のトレーニングはこのようなプロトコールによって行われ，この期間中に4回にわたり評価が行われた。

このパイロット実験では，スクワットマシーンでの1 RMの筋力が，3週後までに実験群で減弱せず，実際には増強するという重大な結果を示した（平均±SE；評価1＝109.8±9.8 kg；評価4＝117.0±10.1 kg）[14]。厳密に言うと，このプロトコールではオーバートレーニングは生じず，一見してそのトレーニングプロトコールが身体パフォーマンスの向上に成

功したように見える。しかし，反対に他のタイプのパフォーマンスが低下したことに注目することが重要である。即ち，短時間の筋力低下は起こらなかったものの，オーバーリーチングが生じたことは示すことができた。第一に，1.05 rad/sec の等速性膝関節伸展筋力は減弱し，その速度は実際のトレーニング速度に最も近似していた。第二に，スプリント走スピードが，9.1 m で 0.09 秒，36.6 m で 0.17 秒，低下した。自己報告では，3 週間の期間中筋肉痛を自覚したものはいなかった。更に，睡眠障害や安静時心拍数増加といった一般的に報告されているオーバートレーニング症状は観察されなかった。

それでは，このパイロット実験の意味は何であろうか？ まず第一に彼らが 1 RM の 95 % で多くの反復回数を遂行できたことに驚く。マシーンとフリーウェイトとの違いは容易に理解されるものの[10]，スクワットマシーンは，フリーウェイトを使用したエリート重量挙げ競技者で以前に実証された結果から期待されたものより，より大きなトレーニング負荷を可能にしたように見える。フリーウェイトトレーニング全体のストレスは，マシーンに比べ大きいと推測される。このパイロット実験の第二の結果は，このようなオーバートレーニング研究のためのスクワットマシーン運動はより多くのトレーニング量（例えばより多くのセット数）か，またはより高い相対強度（例えば 100% 1 RM）を可能にしたということである。最後の結果は，最大筋力が他のパフォーマンス変数（例えばコントロールできる速度とスプリントスピード）よりも，より長い間保たれるか増強したことである。これらの結果の実際の意味は現場に携わるものにとって重要な意味を持つ。これらの結果は，多くのスポーツで取り入れられているような，トレーニングルームで行われる 1 RM のみのパフォーマンスによる筋力やコンディショニングプログラムの有効性に乏しいことを示している。最大筋力は低下しないものの，不適切なレジスタンストレーニング処方は他の重要な身体能力を減じるかもしれない。

このパイロット実験は比較的単純化した研究であったが，今後の研究に対しいくつかの方向性を指し示すものである。フリーウェイトトレーニングを利用したこれに似た研究が最近なされた[75]。このレジスタンス運動にはレッグカールを加えたバーベルスクワットが主に用いられた。フリーウェイトトレーニングではトレーニング許容量が減少することが考えられたため，重量挙げのプロトコールは適宜修正された。この研究でも，体重の少なくとも 1.5 倍以上の重さのバーベルスクワットが可能な，ウェイトトレーニングを行っている者が対象に選ばれた。期間 4 週間の通常のトレーニングプロトコールの後に，オーバートレーニングと，それに付随する 1 RM の減少をおこすべく作成されたプログラムで 3 週間トレーニングを行った。通常のトレーニングは週 2 回，毎月曜日に 10 RM 負荷で 3 セットのスクワット，毎木曜日に 5 RM×3 セットのスクワットが行われた。オーバートレーニングの期間は週 3 日，毎回 1 RM の 95 % の負荷で 1 回×2 セットと 1 RM の 90 % の負荷で 1 回×3 セットのメニューで行われた。

トレーニングの減量と相対強度をわずかに低下させたことは，フリーウェイトトレーニングを使ったそれ以前の研究結果[14]と比較された。フリーウェイトにおける筋肉協調作用，感覚受容体への入力，運動感覚認識の役割が増大することは，この運動様式の耐容性を低下させると信じられてきた。バーベルスクワットでの最大筋力（1 RM）は通常のトレーニ

ング中に有意に増強したが (平均±SD；前= 139.5±29.9 kg，後= 154.6±27.7 kg)，オーバートレーニング中は更なる有意な増強は認められなかった (後= 161.0±27.2 kg)。むしろ，1 RM の筋力は明らかにプラトーを示した。短期的な 1 RM の増強には厳しいセットトレーニングが有効であるとされているが[69]，この研究ではそのような効果は出現しなかった。結局，オーバートレーニングは実際に発現したのだろうか？

　筋力の低下はなかったがオーバートレーニングのいくつかの定義に準じれば，パフォーマンスの停滞はオーバートレーニング状態の範疇に入る[3,23,45,68]。どのようにオーバートレーニングを定義しようとも，その現象が生じていれば筋力は向上しない。更に実験完了後，トレーニング負荷を大幅に軽減したにもかかわらず，1 RM が 3 週間停滞したことは筋力の停滞が一過性の出来事ではないということを示している。前述のマシーンを使った研究と比較して，この研究ではフリーウェイトを使った点に違いがあるにもかかわらず，幾つかの興味深い同じ様な結果が認められた。等速性スクワット運動における筋力は，トレーニング速度である 0.20 m/sec に最も近似した時点で減弱した。更に，スプリント走の 36.6 メートル時点でのタイムに変化はなかったが，9.1 m の時点では 0.1 秒遅くなった。スプリント走のスタートからの加速相が影響を受け，その後の位相は影響を受けなかったことが明らかである。トレーニングルームでの筋力測定ではその減弱は認められなかったが，多くのスポーツで重要なパフォーマンスがそのトレーニングプロトコルで損なわれたことになる(即ち，低速度筋力，スプリント走のスタート加速相)。ここで読者に注意していただきたいのは，スプリント走のパフォーマンスが損なわれたということは，一般的な筋力トレーニングがスプリント走のスピードに有害だというのではなく，高い相対強度でのレジスタンストレーニングの過剰量がスプリント能力を奪う可能性があるということである。フリーウェイトトレーニング研究からくみ取れる重要な結論は，①マシーンを使用した場合に比べフリーウェイト使用時には，トレーニング許容量が低いこと，②トレーニングプロトコルが不適切であった時，スプリント走におけるパフォーマンスは反対に悪影響を受けること，③フリーウェイトを使った今後のオーバートレーニングの研究では，トレーニングによる明らかな筋力減弱を惹起させるためにより高い相対強度(例えば100％ 1 RM)やより多いトレーニング量を用いる必要があるということである。Selye によって提唱された古典的，汎適応症候群[64]との関連において，高相対強度レジスタンス運動の研究に使われる運動プロトコルは，不可逆的ダメージがおこる前のオーバートレーニング発現の初期段階の問題と考えられる。(図 6.2 参照)。

高強度レジスタンス運動のオーバートレーニングに対する生理学的反応

　マシーンを使用した初期の研究を基礎に[14]，強度に依存したオーバートレーニングに対する様々な生理学的反応に関してより多くの知見を得るため，追跡研究がなされてきた[18-22,57,58]。当初の研究では筋力パフォーマンスの減弱を惹起させることができなかった

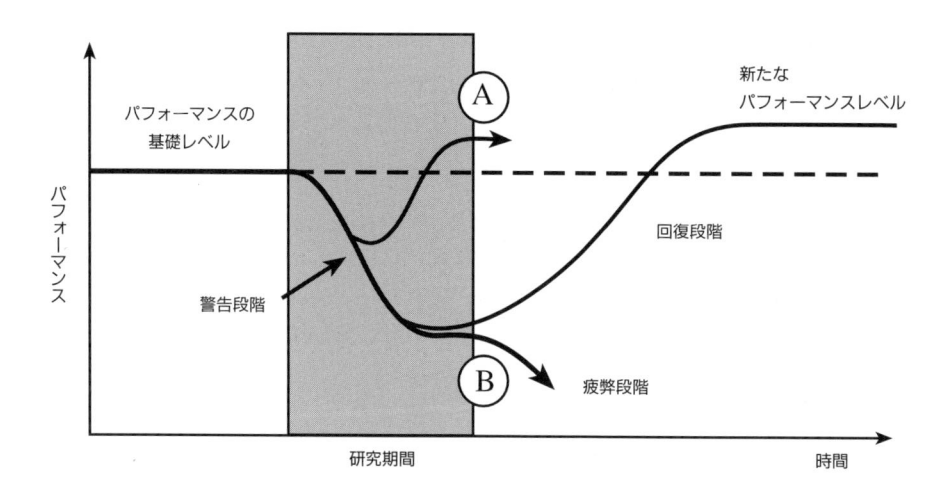

図6.2 高相対強度レジスタンス運動によるオーバートレーニングプロトコールとSelyeの汎適応症候群との関連。A＝通常のトレーニングセッションに対する反応，B＝オーバートレーニング刺激に対する反応
(17-21, 56, 57, 63のデータに基づく)

め，週に6日，スクワット運動を行うマシーンを使い，100％1RMの負荷で100％1RM1回×10セット，インターバル2分のトレーニングを含むようプロトコールが修正された。スクワットが出来なくなるたびに，次の負荷を4.5kgずつ軽減した。その結果，毎回個人の1RMにできるだけ近似した負荷で1回×10セット行うこととなり，10回成功した時セッションが終了とした。相対負荷を増やしたため，トレーニング期間は2週間に短縮された。この極めて負荷の強いプロトコールは，オーバートレーニング状態を示す筋力低下を確実に惹起させるために選択された。一般的なレジスタンス運動トレーニングプログラムではこのような過度に強いプロトコールは使われないが，この種のトレーニングはウェイトリフティングスポーツの何人かのコーチに使われており[67]，それは他のスポーツでも同様である。従ってこのプロトコールは，過剰に高い相対強度によるオーバートレーニングの研究で重要な役割を果たした。

この修正されたプロトコールは，1RMの10％以上の筋力低下を惹起させるのに有効であった[19]。このような筋力低下はトレーニングを真剣に行っている競技者やコーチにとって非常に大きな関心事であろう。過剰トレーニングを行った被験者は，普通の強度の低いトレーニングプロトコールが再開出来るようになるまで2～8週を必要とし，再度この筋力低下が一過性ではないことを示した。たとえ等速性膝関節伸展運動のトレーニング様式が特別なものではなくても[19]，前述の研究[14]でも認めたられたように，低速度の等速性膝関節伸展筋力(0.53rad/sec)は低下した。前述の研究とは異なり，高速度の膝関節伸展筋力(5.24rad/sec)も，等尺性筋力(0rad/sec)と同じように低下した。以前から指摘されてきたオーバートレーニング時の多くの症状[3,23,26,45,67,68,72]はこのプロトコールでは認められなかった。すなわち自己報告での睡眠パターン，安静時心拍数，あるいは体調には変化が認められなかった[19]。この研究結果はオーバートレーニングが明確に生じたことを示し，また最大筋力の低下がトレーニングを行ったその運動様式（例えばスクワットマシーン）の

みに起こるのではなく，広い範囲の速度スペクトルにわたって単一関節のアイソカイネティック運動にも起こることを明らかにした。またオーバートレーニングが生じたにもかかわらず，多くのしばしば引用される症状が出現しなかったことに注目することも重要である。このことはオーバートレーニングの形態すべてが必ずしも同一とは限らないということを示している。

筋力の有意な低下[19]とともに，この研究デザインは生理学的適応不全の発生部位を考察させた。随意および不随意の複合した大腿四頭筋における等尺性筋収縮力の測定は，筋力低下が末梢の筋肉系の適応不全によるものか，中枢神経系刺激の減弱によるものかを判別することを可能にした。筋力発現の中枢神経系調節を介在しない皮膚刺激による大腿神経刺激で，大腿前面のコンパートメントは最大限に収縮した。随意筋力と刺激筋力の双方が有意な低下を示したことから，末梢筋肉におけるある種の適応不全が示唆されている[19]。

末梢の適応不全はまた，標準化されたリフティングプロトコール（すなわち70％1RMの負荷で最大回数反復する）における乳酸反応の低下によっても示唆された[19]。そのような反応は，ウェイトリフティング量を増加させた場合でも観察されており[15-17,74]，単にフィットネスにおける向上した状態を示しているだけかもしれない。しかし高い相対強度トレーニングプロトコールの使用が[19]，トレーニングによる嫌気性解糖システムに対して多くの適応を引き起こしたことは明らかではない。その低乳酸反応は，その標準リフティングプロトコールで行われた実験の終了までになされた全仕事量（ジュールとして測定される）の減少の結果であったとすることも可能である。このセッションのレジスタンス負荷は常に70％1RMであり，反復回数は不変であったため，仕事量の減少は専ら1RM筋力の低下に起因した。それでも予想された通り，相対的筋持久力は影響されず，絶対的筋持久力は低下した[19]。食事記録は過剰トレーニングを行った被験者が実験中に多くの炭水化物を実際に摂取していたことを示していた[19]。このような予想外の反応は，他の強いストレスのトレーニング中でも必要なように[5]，筋肉内のグリコーゲンレベルを維持するために必要であったのだろう。この血中乳酸値の低下が筋肉のグリコーゲンレベルの変化に起因するかどうかは分からないが，最近行われた同様の研究では，筋生検において同じ実験プロトコールでのグリコーゲンレベルの変化は認められなかった（Lucille Smith と Jeff Wilson の私信）。

血中クレアチンキナーゼ値によって示される筋肉ダメージ，そして毎日の筋肉痛についてのトレーニングアンケートから示唆される筋肉ダメージが，1RM筋力における10％以上の低下の寄与因子とは思われない[19]。過剰トレーニング被験者について報告された約600 IU/Lという血中濃度[19]は，典型的なウェイトトレーニングで得られる血中レベル[41]に近い値である。ある種の筋肉リモデリングが高強度ウェイトリフティングプロトコールに反応して起きているように思われるが，それをレジスタンス運動の文献[8]で報告されているような筋肉ダメージとして分類することは不可能である。非鍛錬の男性を対象に慣習的なウェイトトレーニングプロトコールを用いた場合，筋線維タイプの移行や蛋白発現の変化のような明らかな筋適応を起こすまでに少なくとも4週間は必要である[66]。この結果から，鍛錬者を被験者とした2週間の高強度オーバートレーニングプロトコール中に，筋組織の

リモデリングが筋力パフォーマンス低下に大きく寄与したとは考えられない。

関節を中心とするオーバートレーニング・メカニズム

2週間の高強度オーバートレーニング経過中に，被験者の1人にある興味深い状況が出現した。この被験者は膝関節の使い過ぎ（オーバーユース）症候群と医学的に診断されたのである[21]。その被験者は両膝痛を訴え，わずかな両膝関節水腫を認めた。前方，後方引き出しテスト，Lachmanテスト，McMurrayテストの結果が陰性であったことで示されるように両膝関節の全体構造には異常はなかった。この被験者は最大筋力の低下が最も大きく（35％以上），トレーニングプログラムを行う際に挙上運動スピードの低下を余儀なくされた。これは障害された筋組織の機能停止をもたらす可能性がある最大能力で行うスクワットマシーンの動作に，重大なポイントがあるようであり，その結果，挙上が出来なくなったのかもしれない。この被験者には幾つかの興味深い要因が明らかになった。唯一最大筋力労作のみが，逆の影響を受けた。70％1RMでの最大反復回数は実際にかなり増加し，機能停止現象が引き起こされる筋力閾値があることを疑わせた。より低い筋力が必要な運動は，影響を受けなかった。そして，四頭筋の動的測定値のみが低下を示し，随意および刺激等尺性筋力ともに増加した。このデータは，この被験者において末梢筋肉の適応不全は起こらなかったことを示している。機能停止現象は膝関節の保護に貢献する一方，オーバートレーニングの被験者の安静時に認められる適応不全から末梢筋肉を保護する役割を果たしているものと推測される。影響を受けた関節からの求心的抑制刺激がこの被験者に認められた現象の原因であろう[7,21,59,65]。このような防衛メカニズムが，オーバートレーニング症候群の発生における一つの異なる原因となる[21,59]。このケース実験はまた，障害された関節の機能不全を判定するのに靭帯と腱の大きな構造的ダメージが必要ではないことを示している。オーバートレーニングに関する生物医学的な問題のより深い検討は10章に述べられている。

内分泌系の反応

種々のタイプのストレストレーニングに対する内分泌系の反応に関して，多くの研究がなされてきた。運動量の多いレジスタンス運動[4,12,15-17,27-29,39,67,68,71]は，運動量の多い持久系運動において観察される[1-3,6,12,23,47,48,71]ものに似たホルモン特性をしばしば生み出すことが認められている。しかし高い相対強度レジスタンス運動のオーバートレーニングでは，このような類似性は出現しない[12,18,58]。

最も一般的に関連の深いホルモンは，テストステロンとコルチゾルである。これら2つのホルモンは，各個人の蛋白同化および異化の状態を表現するものとして使われており[1,12,45,68]，しばしばその比（例えばテストステロン／コルチゾル比）として表されている。これはいくつかの複雑な生理学的システムへの単純なアプローチなのかもしれないが，強いトレーニングストレスは安静時テストステロン血中濃度の減少と安静時コルチゾル血中濃度の増加をもたらすという注目すべき証拠がある。見たところ，運動刺激による内分泌系の急性反応もまた重要であり，その反応はレジスタンス運動刺激にかなり依存しているが[40,41,43,52]，

オーバートレーニングの急性内分泌反応に関するデータ[12,18,58]はほとんどない。その内分泌系プロフィールは1回のレジスタンストレーニングセッションの後，数時間の間，攪乱されるため[52]，このような急性反応は生理学的適応結果に少なからず影響を与えうる。

　高い相対強度レジスタンス運動のオーバートレーニングでは，総テストステロン及び遊離テストステロンの安静時濃度は減少せず，コルチゾル濃度は増加しなかった[18]。これは安静時濃度に変化があったとする他のタイプのオーバートレーニングの報告とは反対の結果である[3,12,23,45,47,67,68,71]。運動により誘発されるホルモン濃度を測定すると，総テストステロン濃度はオーバートレーニングの選手で僅かに増加し，一方コルチゾルは減少した[18]。最終的な結果は，この種のオーバートレーニングに対するホルモン反応は，他のタイプのオーバートレーニングに対する反応とは明らかに異なっているということである。これはまた，テストステロン／コルチゾル比に関しても同様で，安静時のテストステロン／コルチゾル比に変化はないが，運動後には僅かではあるが有意な増加が認められた[18]。非結合テストステロンの割合は，実験中終始一定であったため，テストステロンと結合する蛋白の結合能力は影響されなかった[18]。このようなテストステロンとコルチゾル濃度に影響がないことは，全く予想外ということではない。というのは，1反復で多回数行うリフティングプロトコールは急性ホルモン反応にほとんど刺激を与えないからである[28]。

　下垂体活性の変化は，持久系競技者でのオーバートレーニングと深い関係があるとされている[2]。黄体化ホルモンと副腎皮質刺激ホルモンによって示される下垂体活性は，高相対強度レジスタンス運動のオーバートレーニングでは変化しなかった[58]。今後の研究では，これらのホルモンの変動周期とその振幅変動を調査することが必要とされているが，その予備的研究の結果では，テストステロンまたはコルチゾルの下垂体調節がこの種のオーバートレーニングによって影響を受けることは示されていない。レジスタンス運動プロトコールに対し，成長ホルモンの急性変化が非常に鋭敏であることはよく報告されており[41,73]，従ってレジスタンス運動のオーバートレーニングによっても影響を受けるだろう。しかしながら，免疫反応性成長ホルモンの安静時，急性期濃度の両者が，高相対強度レジスタンス運動のオーバートレーニングに対して異なる反応を呈することは示されておらず[18]，更に下垂体はこのような刺激に対する生理学的適応不全の発現部位ではないということも示されていない。一般的に，高相対強度レジスタンス運動のオーバートレーニングに対する内分泌系の適応は，持久系運動でのオーバートレーニング（2，3章参照）あるいは多運動量レジスタンス運動による（5章参照）オーバートレーニングとは明らかに異なっている。

カテコールアミンの反応

　オーバートレーニング研究で最も重要な生理学的システムの1つは交感神経系システムである[12,23,45,68]。血中カテコールアミンは潜在的に多くの生理学的システムを制御することができ，それ故，オーバートレーニング症候群の強力なメディエーターであろう。オーバートレーニングの持久系競技者では，尿中エピネフリンとノルエピネフリンの夜間血中濃度の減少で示される，明らかな交感神経活動度の変化が認められる[46-49]。さらに，レジスタンス運動は急性期[52]と安静時[56]のカテコールアミン濃度を変化させ，このことは交感神経

活動がいかにして高相対強度レジスタンス運動のオーバートレーニングによって影響を受けるかという興味深い問題を提起する。運動強度はカテコールアミンの急性反応において重要な決定因子であることが知られており[44],強いレジスタンス運動は大きな交感神経系反応を引き起こすようである。著者の知る限り,レジスタンス運動のオーバートレーニングで,運動量に対するカテコールアミン反応に関して有用なデータはない。

　高相対強度レジスタンス運動のオーバートレーニングに関しては,安静時エピネフリン,ノルエピネフリン濃度は変化しなかったが,急性期濃度はかなりの高値を示した[12,20]。運動科学の文献では,急性期のカテコールアミン濃度値は最も高く報告されており[12,20,44,52],これはおそらく運動刺激の強度や運動後採血のタイミングによると思われる。振り返ってみると,運動前エピネフリン濃度が予想以上に高かったため,それにより急性期エピネフリン濃度がマスクされたと思われる[12,20]。結果としてレジスタンス運動に対するエピネフリンの急性反応は,実際観察されたものよりおそらく大きいであろう。急性ノルエピネフリン反応は,たとえ運動の総仕事量が1RMのレベルの減少に伴い低下しても,増加を示した[19]。骨格筋収縮はβ-アドレナリン作動性受容体により部分的に調節されている[9]ため,血中カテコールアミン濃度が増加した状態での筋力パフォーマンスの低下は,β-アドレナリン作動性システム機能の変化を示唆する。一般的に,高相対強度レジスタンス運動のオーバートレーニング中のレジスタンス運動刺激に対するカテコールアミン増加反応は,第2章で詳細に記載されている交感神経型オーバートレーニング症候群の根拠となるものである[12,20,23,45,47,68]。それはまた,オーバートレーニングの持久系競技者で報告されているカテコールアミンレベルの低下(すなわち副交感神経性オーバートレーニング)とはかなり異なるものであり[45-48],異なる運動様式,プロトコールによるトレーニング,オーバートレーニングによりそれぞれ独自の反応を示すことを再度示唆している[35]。

　この点に関する根拠の多くは,交感神経系が高相対強度レジスタンス運動のオーバートレーニングの重要な要因であろうという推測を可能にするものである。そのような刺激に対する反応として観察される多くの症状が,直接的または間接的に交感神経活動により調節されている。例えば,前述したとおり,筋収縮はβ-アドレナリン作用により影響を受けている[9]。血中テストステロン濃度[34,62],血中コルチゾル濃度[32]も同様に,部分的に交感神経系システム下にあり,これで急性期総テストステロン濃度と急性期テストステロン/コルチゾル値の僅かな増加を説明しうる。骨格筋の代謝特性が交感神経系により影響を受けることから[33,60,61],乳酸濃度もまた影響を受けるであろう。結果的に,交感神経系の影響を受けない生理学的システムはほとんどなく,交感神経系の維持が高相対強度レジスタンス運動のオーバートレーニングに抵抗をもたらすのだろう。

　直接的な神経系支配の他に,ほとんどの生理学的システムはまた副腎クロム親和性細胞から分泌されるエピネフリンによる交感神経調節下にも置かれている[70]。これらの内分泌系の特性は,レジスタンス運動により変化しうるものであり[56],この特性の変化も高相対強度レジスタンス運動のオーバートレーニングの発生メカニズムをもたらす。しかしながら,エピネフリンは副腎クロム親和性細胞から分泌される唯一の物質ではない。さらにプロエンケファリン・ペプチドFと呼ばれるエンケファリン含有ポリペプチドもエピネフリ

ンと共に分泌される[30,38,50]。ペプチドFの放出は運動強度に関連し[44]，高度に鍛錬されている持久系競技者とは異なる分泌パターンをとることが明らかになっている[42]。ペプチドFとエピネフリンは副腎髄質から協調して分泌されるため，両者の血中濃度の変化は，副腎のクロム親和性細胞の運動刺激・分泌の連動メカニズムを示唆する。高相対強度レジスタンス運動のオーバートレーニングは，安静時及び急性期ペプチドF濃度には何ら変化を与えない[57]。高相対強度レジスタンス運動オーバートレーニングに対するエピネフリンの急性反応の著しい増加[20]を考慮すれば，これはエピネフリンとペプチドFの分泌は異なる調節を受けていると考えられる。高度に鍛錬されたランナーでは，エピネフリンとペプチドFは，運動中最も必要な時に至適なエピネフリン濃度になるように異なる分泌パターンを示すことがKraemerら[42]により確かめられ，そして同様の状況が高相対強度レジスタンス運動オーバートレーニング時にも存在することが推測されている。筋力パフォーマンスを優先する上で，エピネフリンは副腎髄質からペプチドFより優先的に分泌される。しかし，ペプチドFは免疫系機能に関連しているため[31]，残念ながらその反応による悪影響があるかもしれない。これがオーバートレーニングの間の疾病罹患や感染症発生率の増加に寄与する因子か否かは，今後の課題として残されている。

　交感神経系の役割は，将来のオーバートレーニング研究に多くの手がかりを与える。興味深いことは，オーバートレーニングの被験者では認められないが，通常のレジスタンストレーニングを行った被験者には運動直後のカテコールアミン血中濃度と筋力パフォーマンス測定値に有意な関係が認められることである[12,20]。このようなデータに関してはさらなる研究が必要ではあるが，交感神経活動が他の生理学的システムに対してと同じように，筋力パフォーマンスに対しても大きな影響を及ぼしているということは注目すべきことである。血中カテコールアミンと骨格筋パフォーマンス低下の相互作用は，アドレナリン作動性受容体活性の変化を示唆している[9,12,20,60,61]。このような変化が，受容体の数，密度，親和性によるものか，あるいは受容体以降の活性によるものなのかについては，今後の課題である。

心理的反応

　高相対強度レジスタンス運動でのオーバートレーニングに対する心理学的反応について，適切なデータはほとんどない。この種のオーバートレーニングに関する当初の研究[19]ではオーバートレーニングの徴候として報告されている[53]いかなる気分の変化も認められなかった。しかしながら，その試験方法はPOMS（profile of mood-states）の簡略法であり，これらの目的には適切ではないと思われる[55]。視床下部-下垂体活性と臨床的抑鬱との関係は報告されており[36]，オーバートレーニングは臨床的抑鬱は引き起こさないかもしれないが，内分泌活性と心理状態の関係から，持久系運動や多運動量レジスタンス運動によりオーバートレーニングした選手がしばしば来す気分の変調を，一部説明できるかもしれない[23,45,51]。高相対強度オーバートレーニング研究のための現在のプロトコールでは，トレーニング記録がトレーニングの完遂に対する意欲の明らかな減退を示したにもかかわらず[19]，血中ホ

ルモンレベルの低下は認められなかった[18]。このことから，気分の変化は必ずしも内分泌状態に関係しないことがうかがえる。一般的に，このオーバートレーニングプロトコールでの本質的な心理学的データは現時点ではあまり確信できるものはなく[55]，将来の研究の重要な分野である。

　高相対強度レジスタンス運動オーバートレーニングの興味深い点は自己心理の役割である。リフティングの困難さの感覚は2週間のオーバートレーニング中に変わらないが，リフティング成功の達成感が，プロトコールの8日まで明らかに減少した[22]。全てのリフティングが設定した相対強度（100％1RMか近似値）で達成されたにもかかわらず，被験者のリフティング完遂への確信は低下を示した。その結果として，その精神的変化がオーバートレーニングの被験者の筋力パフォーマンスの減弱に寄与したかもしれない。

要約

　高相対強度レジスタンス運動オーバートレーニング中の最大筋力は個体により積極的に保護され，それはおそらく生物の単純な生き残りのメカニズムであろう。結果として，実験的に1RM筋力の統計学的有意な低下を示すことはかなり困難である。おそらく実験に参加する者のモチベーションが，高度に鍛錬されたエリート競技者のものとはかけ離れたものであることも原因である。それ故，多くの未発表・既発表の研究が最終的に1RMの減弱を来しうる実験プロトコールを作る必要があった[14,18-20]。完全に新しいプロトコールの開拓が必要であったため，かつてウェイトマシーンからフリーウェイトへ運動様式が変わり[75]，現在もなお改良段階にある。運動様式にかかわらず，その運動様式への習熟は，パフォーマンス変化がオーバートレーニング刺激のみに原因があると考えるにあたって非常に重要であると考えられている[10,63]。そしてまた，高相対強度オーバートレーニング研究にみられる多くのパフォーマンス低下が，経験豊かなコーチや競技者によって認識されているものより多いことにも注目すべきである。しかしながら，オーバートレーニングの根底にある生理学的メカニズムを理解し得る方法は，高相対強度レジスタンス運動オーバートレーニングプロトコール[14,18-22,57,58]，多運動量レジスタンス運動オーバートレーニングプロトコール[15-17,74]あるいは多運動量持久系運動オーバートレーニングプロトコール[45,48,49]のような極端なコンディションでの研究のみである。

　図6.3は，高相対強度レジスタンス運動オーバートレーニングに関連するまたは関連しないいくつかの生理学的要因を単純化したイラストである。一般的に，いくつかの末梢筋系の適応不全は，おそらく骨格筋のアドレナリン調節に関与する反応と考えられている。これに対する唯一の例外は膝関節のオーバーユース症候群であり，作動筋への刺激入力の抑制の結果と思われる。オーバートレーニング時の血中ホルモン濃度は，従来考えられてきたオーバートレーニング時の特性を示さなかった。むしろ，安静時及び急性期内分泌濃度はほとんど変化を示さないか，他の種のオーバートレーニングで観察されたものとは逆に急性期総テストステロン濃度の僅かな増加と，急性期コルチゾル濃度の僅かな減少を示した。現在までのところ，交感神経性オーバートレーニング症候群の存在を支持するデー

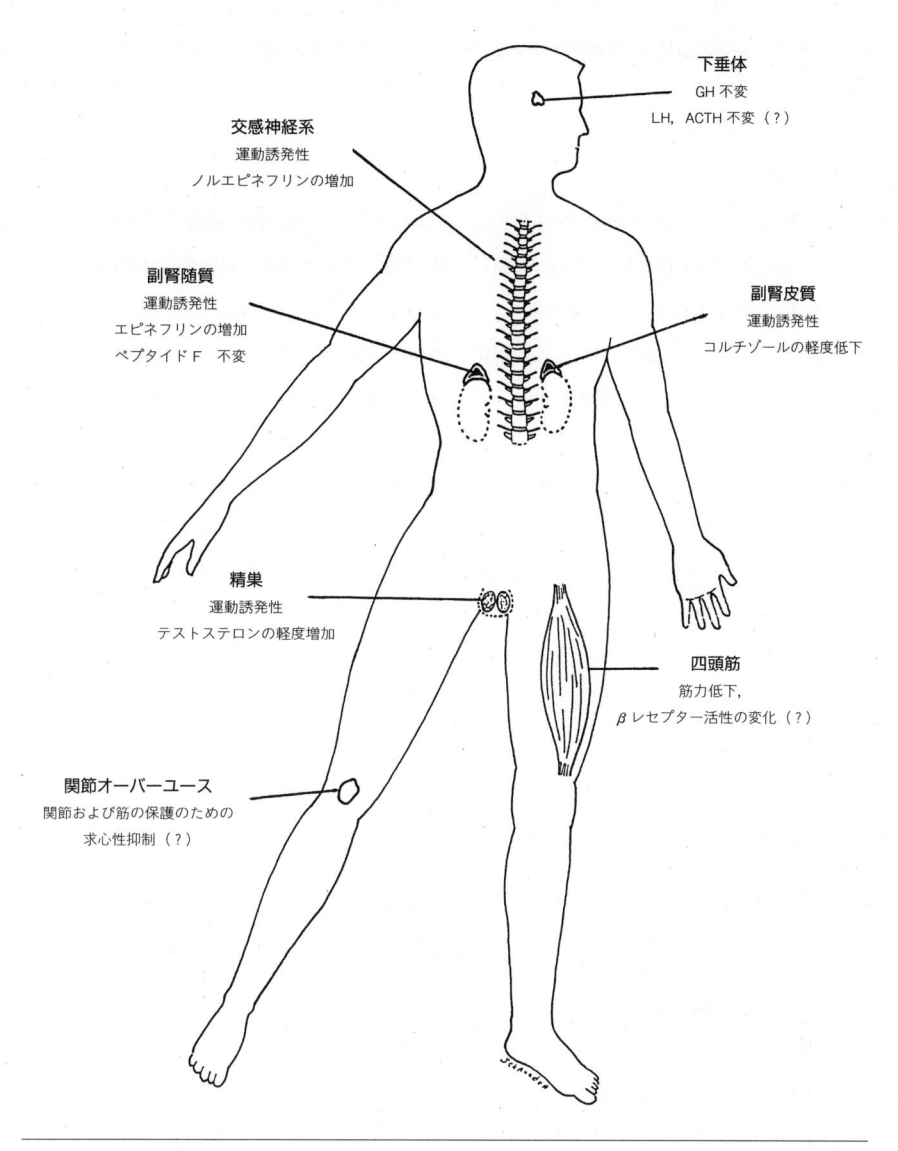

図6.3 高相対強度レジスタンス運動によるオーバートレーニングプロトコールに対する生理学的反応の要約（図は、Roy C. Schroeder, PhD による制作）(17-21, 56, 57 のデータに基づく)

タはほとんどないが，筋力減弱時の運動に対するカテコールアミン反応の増大は，交感神経性オーバートレーニング症候群の発現を示唆するものであると考えられている。結局，高相対強度レジスタンス運動によるオーバートレーニングは，持久系運動や多運動量レジスタンス運動によるオーバートレーニングとは異なる生理学的特性を生み出すと結論できる。

将来の研究

多くの研究領域で，高い相対強度によるオーバートレーニングプロトコールを用いたさらなる研究が考えられている。

1．異なるパフォーマンスや生理学的反応を示す，異なる運動様式やトレーニングプロトコールの研究[10,19,24,41,43,69,72,75]。

2．身体パフォーマンス低下に寄与する可能性のある，全般的あるいは個々の運動調節機能の研究[14,19,63,67,75]。

3．オーバートレーニングに対する骨格筋の細胞，分子レベルでの適応に関する研究。通常の[66]およびストレスの大きい[8]レジスタンス運動に対する筋肉の適応や反応は，ストレスの大きい持久系運動と同様に[5]既に研究されているが，レジスタンス運動によるオーバートレーニングに対する直接的な反応は研究されていない。

4．高相対強度レジスタンス運動オーバートレーニング症候群の発症を遅らせる可能性のある栄養補充プロトコールの研究。他のストレスの大きいトレーニングではグリコーゲンの枯渇が寄与因子であるが[5]，高相対強度レジスタンス運動オーバートレーニングについてグリコーゲンの同様な役割を示す予備的データはない。分枝鎖アミノ酸（BCAA）の補充はストレスの大きいトレーニングに有益であると報告されている[54]が，BCAAが運動量の増加したレジスタンス運動に対して有益であるかは明白ではない[16,17]。高相対強度レジスタンス運動オーバートレーニングプロトコールでBCAAを使った研究はなされていない。パフォーマンス増強に対するクレアチンモノハイドレートの経口摂取の潜在的効果は，最近になり研究興味が増えているが[25]，オーバートレーニングプロトコールに対する耐性をもたらす効果があるかもしれない。

5．オーバートレーニング発生に影響を与え得る薬学的調査の研究（たとえばアドレナリン作動性類似物やアナボリックステロイド）。

6．高相対強度レジスタンス運動オーバートレーニングに先じた，また随伴する心理学的プロフィールの研究。この研究分野はコーチや選手に最も実際的な情報を提供するだろう。

7．オーバートレーニング現象を体験した者の回復特性を追跡し，回復への効果的な方法の洞察を与えるさらなる研究が必要である。ストレスフルトレーニング刺激から回復していく者を研究する試みはなされているが[15,17,19,39,75]，欠くことのできない回復過程を十分に理解するためにより詳細な研究が求められている。

8．オーバートレーニングに関係する性差の研究。性差の間にオーバートレーニングの反応に影響を与え得る重要な生理学的差違が存在する。（高田英臣）

参考文献

1. Adlercreutz, H., M. Harkonen, K. Kuoppasalmi, H. Naveri, I. Huhtaniemi, H. Tikkanen, K. Remes, A. Dessypris, J. Karvonen. 1986. Effect of training on plasma anabolic and catabolic steroid hormones and their response during physical exercise. *International Journal of Sports Medicine* 7: S27-28.
2. Barron, J.L., T.D. Noakes, W. Levy, C. Smith, R.P. Millar. 1985. Hypothalamic dysfunction in overtrained athletes. *Journal of Clinical Endocrinology and Metabolism* 60: 803-806.
3. Budgett, R. Overtraining syndrome. 1990. *British Journal of Sports Medicine* 24: 231-236.
4. Busso, T., K. Hakkinen, A. Pakarinen, C. Carasso, J.R. Lacour, P.V. Komi, H. Kauhanen. 1990. A systems model of training responses and its relationship to hormonal responses in elite weight-lifters. *European Journal of Applied Physiology* 61: 48-54.
5. Costill, D.L., M.G. Flynn, J.P. Kirwan, J.A. Houmard, J.B. Mitchell, R. Thomas, S.H. Park. 1988. Effects of repeated days of intensified training on muscle glycogen and swimming performance. *Medicine and Science in Sports and Exercise* 20: 249-254.
6. Cumming, D.C., G.D. Wheeler, E.M. McColl. 1989. The effect of exercise on reproductive function in men. *Sports Medicine* 7: 1-17.
7. DeAndrade, J.R., C. Grant, A.S. Dixon. 1965. Joint distention and reflex muscle inhibition in the knee. *Journal of Bone and Joint Surgery* 47: 3 13-322.
8. Ebbeling, C.B., P.M. Clarkson. 1989. Exercise-induced muscle damage and adaptation. *Sports Medicine* 7: 207-234.
9. Fellenius, E., R. Hedberg, E. Holmberg, B. Waldeck. 1980. Functional and metabolic effects of terbutaline and propraholol in fast- and slow-contracting skeletal muscle. *Acta Physiologica Scandinavica* 109: 89-95.
10. Fleck, S.J., W.J. Kraemer. 1997. *Designing resistance exercise programs* (2nd ed.) Champaign, IL: Human Kinetics.
11. Fry, A.C. 1992. The effects of acute training status on reliability of integrated electromyographic activity and "efficiency of electrical activity" during isometric contractions: a case study. *Electromyography and Clinical Neurophysiology* 32: 565-570.
12. Fry, A.C., W.J. Kraemer. 1997. Resistance exercise overtraining and overreaching: neuroendocrine responses. *Sports Medicine*, 23(2): 106-129.
13. Fry, A.C., T.A. Aro, J.A. Bauer, W.J. Kraemer. 1991. A kinematic comparison of three barbell squat variations and a squat simulating machine. *Journal of Applied Sport Science Research* 5: 162.
14. Fry, A.C., W.J. Kraemer, J.M. Lynch, N.T. Triplett, L.P. Koziris. 1994. Does short-term near-maximal intensity machine resistance exercise induce overtraining? *Journal of Applied Sport Science Research* 8: 188-191.
15. Fry, A.C., W.J. Kraemer, M.H. Stone, B.J. Warren, S.J. Fleck, J.T. Kearney, S.E. Gordon. 1 994. Endocrine responses to overreaching before and after 1 year of weightlifting. *Canadian Journal of Applied Physiology* 19: 400-410.
16. Fry, A.C., W.J. Kraemer, M.H. Stone, B.J. Warren, J.T. Keamey, S.J. Fleck, C.A. Weseman. 1993. Endocrine and performance responses to high volume training and amino acid supplementation in elite junior weightlifters. *International Journal of Sports Nutrition* 3: 306-322.
17. Fry, A.C., W.J. Kraemer, M.H. Stone, J.T. Kearney, S.J. Fleck, J. Thrush, S.E. Gordon, N.T. Triplett. 1992. Endocrine and performance responses during one month of periodized weightlifting with amino acid supplementation, *Journal of Applied Sport Science Research* 6: 183.
18. Fry, A.C., W.J. Kraemer, F. van Borselen, J.M. Lynch, J.L. Marsit, N.T. Triplett, L.P. Koziris. 1993. Endocrine responses to short-term intensity-specific resistance exercise overtraining. *Jour-*

nal of Strength and Conditioning Research 7: 179.
19. Fry, A.C., W.J. Kraemer, F. van Borselen, J.M. Lynch, J.L. Marsit, E.P. Roy, N.T. Triplett, H.G. Knuttgen. 1994. Performance decrements with high-intensity resistance exercise overtraining. *Medicine and Science in Sports and Exercise* 26: 1165-1173.
20. Fry, A.C., W.J. Kraemer, F. van Borselen, J.M. Lynch, N.T. Triplett, L.P. Koziris, S.J. Fleck. 1994. Catecholamine responses to short-term high-intensity resistance exercise overtraining. *Journal of Applied Physiology* 77: 941-946.
21. Fry, A.C., J.M. Barnes. W.J. Kraemer, J.M. Lynch. 1996. Overuse syndrome of the knees with high-intensity resistance exercise overtraining : a case study. *Medicine and Science in Sports and Exercise* 28: S128.
22. Fry, M.D., A.C. Fry, W.J. Kraemer. 1996. Self-efflcacy responses to short-term high intensity resistance exercise overtraining. *International Conference on Overtraining and Overreaching in Sport : Physiological, Psychological, and Biomedical Considerations*. Memphis, TN.
23. Fry, R.W., A.R. Morton, D. Keast. 1991. Overtraining in athletes : an update. *Sports Medicine* 12: 32-65.
24. Fry, R.W., A.R. Morton, D. Keast. 1992. Periodisation and the prevention of overtraining. *Canadian Journal of Applied Sport Science* 17: 241-248.
25. Greenhaff, P.L. 1995. Creatine and its application as an ergogenic aid. *International Journal of Sports Nutrition* 5: S100- 110.
26. Hagerman, F.C. 1992. Failing to adapt to training. *FISA Coach* 3: 1-4.
27. Hakkinen, K., A. Pakarinen. 1991. Serum hormones in male strength athletes during intensive short-term strength training. *European Journal of Applied Physiology* 63: 194-199.
28. Hakkinen, K., A. Pakarinen. 1993. Acute hormonal responses to two different fatiguing heavy-resistance protocols in male athletes. *Journal of Applied Physiology* 74: 882-887.
29. Hakkinen, K., A. Pakarinen, M. Al6n, H. Kauhanen, P.V. Komi. 1988. Daily hormonal and neuromuscular responses to intensive strength training in 1 week. *International Journal of Sports Medicine* 9: 422-428.
30. Hanbauer, I., G.D. Kelly ; L. Sainani, H.Y.T. Yang. 1982. [Met5]-enkephalinlike peptides of the adrenal medulla: release by nerve stimulation and functional implications. *Peptides* 3 : 469-473.
31. Hiddinga, H.J., D.D. Isaak, R.V. Lewis. 1994. Enkephalin-containing peptides processed from the proenkephalin significantly enhances the antibody-forming cell responses to antigens. *Journal of Immunology* 152: 3748-3759.
32. Holzwarth, M.A., L.A. Cunningham, N. Kleitman. 1987. The role of adrenal nerves in the regulation of adrenocortical function. *Annals of the New York Academy of Sciences* 512: 449-464.
33. Jeukendrup, A.E., M.K. Hesselink. 1994. Overtraining : what do lactate curves tell us? *British Journal of Sports Medicine* 28: 239-240.
34. Jezova, D., M. Vigas. 1981. Testosterone response to exercise during block-ade and stimulation of adrenergic receptors in man. *Hormone Research* 15: 141-147.
35. Jost, J., M. Weiss, H. Weicker. 1989. Comparison of sympatho-adrenergic regulation at rest and of the adrenoceptor system in swimmers, long-distance runners, weight lifters, wrestlers, and untrained men. *European Journal of Applied Physiology* 58: 596-604.
36. Kalin, N.H., G.W. Dawson. 1986. Neuroendocrine dysfunction in depression : hypothalamic-anterior pituitary systems. *Trends in Neuroscience* 9: 261-266.
37. Kame, V.D., D.R. Pendergast, B. Termin. 1990. Physiologic responses to high intensity training in competitive university swimmers. *Journal of Swimming Research* 6: 5-8.
38. Kilpatrick, D.L., R.V. Lewis, S. Stein, S. Udenfriend. 1980. Release of enkephalins and enkephalin-containing polypeptides from perfused beef adrenal glands. *Proceedings of the National Academy of Sciences : USA* 77: 7473-7475.

39. Koziris, L.P., A.C. Fry, W.J. Kraemer, M.H. Stone, J.T. Kearney, S.J. Fleck, J. Thrush, S.E. Gordon, N.T. Triplett. 1992. Hormonal and competitive performance responses to an overreaching training stimulus in elite junior weightlifters. *Journal of Applied Sport Science Research* 6: 186.
40. Kraemer, W.J., A.C. Fry, B.J. Warren, M.H. Stone, S.J. Fleck, J.T. Kearney, B.P. Conroy, C.M. Maresh, C.A. Weseman, N.T. Triplett, S.E. Gordon. 1992. Acute hormonal responses in elite junior weightlifters. *International Journal of Sports Medicine* 13: 103-109.
41. Kraemer, W.J., L. Marchitelli, S.E. Gordon, E.A. Harman, J.E. Dziados, R. Mello, P.N. Frykman, D. McCurry, S.J. Fleck. 1990. Hormonal and growth factor responses to heavy resistance exercise protocols. *Journal of Applied Physiology* 69: 1442-1450.
42. Kraemer, W.J., B. Noble, B. Culver, R.V. Lewis. 1985. Changes in plasma proenkephalin peptide F and catecholamine levels during graded exercise.in men. *Proceedings of the National Academy of Sciences : USA* 82: 6349-6351.
43. Kraemer, W.J., J.F. Patton, S.E. Gordon, E.A. Harman, M.R. Deschenes, K. Reynolds, R.U. Newton, N.T. Triplett, J.E. Dziados. 1995. Compatibility of high-intensity strength and endurance training on hormonal and skeletal muscle adaptations. *Journal of Applied Physiology* 78: 976-989.
44. Kraemer, W.J., J.F. Patton, H.G. Knuttgen, C.J. Hannan, T. Kettler, S.E. Gordon, J.E. Dziados, A.C. Fry, P.N. Frykman, E.A. Harman. 1991. Effects of high-intensity cycle exercise on sympathoadrenal-medullary response patterns. *Journal of Applied Physiology* 70: 8-14.
45. Kuipers, H., H.A. Keizer. 1988. Overtraining in elite athletes: review and directions for the future. *Sports Medicine* 6: 79-92.
46. Lehmann, M., P. Baumgartl, C. Weisenack, A. Seidel, H. Baumann, S. Fischer, U. Spori, G. Gendrisch, R. Kaminski, J. Keul. 1992. Training-overtraining: influence of a defined increase in training volume vs. training intensity on performance, catecholamines and some metabolic parameters in experienced middle- and long-distance runners. *European Journal of Applied Physiology* 64: 169-177.
47. Lehmann, M., C. Foster, J. Keul. 1993. Overtraining in endurance athletes: a brief review. *Medicine and Science in Sports and Exercise* 25: 854-862.
48. Lehmann, M., U. Gastmann, K.G. Petersen, N. Bachl, A.N. Khalaf, S. Fischer, J. Keul. 1992. Training-overtraining: performance, and hormone levels, after a defined increase in training volume versus intensity in experienced middle and long-distance runners. *British Journal of Sports Medicine* 26: 233-242.
49. Lehmann, M., W. Schnee, R. Scheu, W. Stockhausen, N. Bachl. 1992. Deceased noctumal catecholamine excretion: parameter for an overtraining syndrome in athletes? *International Journal of Sports Medicine* 13: 236-242.
50. Livett, A.R., D.M. Dean, L.G. Whelan, S. Udenfriend, J. Rossier. 1981. Co-release of enkephalin and catecholamines from cultured adrenal chromaffin cells. *Nature* 289: 317-319.
51. Lombardo, J. 1993. The efficacy and mechanisms of action of anabolic steroids. In *Anabolic steroids in sport and exercise*, ed. C.E. Yesalis, 89-106. Champaign, IL: Human Kinetics.
52. McMillan, J.L., M.H. Stone, J. Sartin, D. Marple, R. Keith, D. Lewis, C. Brown. 1993. The 20-hour hormonal response to a single session of weight-training. Journal of Strength and Conditioning Research 7: 9-21.
53. Morgan, W.P., D.R. Brown, J.S. Raglin, P.J. O'Connor, K.A. Ellickson. 1987. Psychological monitoring of overtraining and staleness. *British Journal of Sports Medicine* 21: 107-114. .
54. Newsholme, E.A., E. Blomstrand, N. McAndrew, M. Parry-Billings. 1992. Biochemical causes of fatigue and overtraining. In *Endurance in sports*, eds. R.J. Shephard, P.-O. Astrand, 351-364. London: Blackwell Scientific.
55. O'Connor, P.J. In press. Overtraining and staleness. In *Physical activity and mental health*, ed. W.P. Morgan. Bristol Penn, PA: Taylor and Francis.

56. Peronnet, F., G. Thibault, H. Perrault, D. Cousineau. 1986. Sympathetic response to maximal bicycle exercise before and after leg strength training. *European Journal of Applied Physiology* 55: 1-4.
57. Ramsey, L.T., A.C. Fry, W.J. Kraemer, S.J. Fleck, R.S. Staron. 1995. Plasma proenkephalin peptide F responses to short-term high-intensity resistance exercise overtraining. *Southeastern American College of Sports Medicine Conference*. Lexington, KY.
58. Ramsey, L.T., A.C. Fry, W.J. Kraemer, J.M. Lynch. 1996. Pituitary responses to high intensity resistance exercise overtraining. *Southeastern American College of Sports Medicine Conference*. Chattanooga, TN.
59. Renstrom, P. 1988. Overuse injuries. In *The Olympic book of sports medicine*, eds. A. Dirix, H.G. Knuttgen, K. Tittel, 446-468. Oxford: Blackwell Scientific.
60. Richter, E.A., N.B. Ruderman, H. Galbo. 1982. Alpha and beta adrenergic effects on metabolism in contracting, perfused muscle. *Acta Physiologica Scandinavica* 116: 215-222.
61. Richter, E.A., N.B. Ruderman, H. Gavros, E.R. Belur, H. Galbo. 1982. Muscle glycogenolysis during exercise: dual control by epinephrine and contractions. *American Journal of Physiology* 242: E25-32.
62. Robaire, B., S.F. Bayly. 1989. Testicular signaling: incoming and outgoing messages. *Annals of the New York Academy of Sciences* 564: 250-260.
63. Rutherford, O.M., D.A. Jones. 1986. The role of learning and coordination in strength training. *European Journal of Applied Physiology* 55: 100-105.
64. Selye H. 1956. *The stress of life*. New York: McGraw-Hill.
65. Sherman, K.S., D.T. Shakespeare, M. Stokes, A. Young. 1983. Inhibition of voluntary quadriceps activity after menisectomy. *Clinical Science* 64: 70.
66. Staron, R.S., D.L. Karapondo, W.J. Kraemer, A.C. Fry, S.E. Gordon, J.E. Falkel, F.C. Hagerman, R.S. Hikida. 1994. Skeletal muscle adaptations during early phase of heavy-resistance training in men and women. *Journal of Applied Physiology* 76: 1247-1255.
67. Stone, M.H., A.C. Fry, J. Thrush, S.J. Fleck, W.J. Kraemer, J.T. Kearney, and J. Marsh. 1993. Overtraining and weightlifting. In *Proceedings of the 1993 weightllfting symposium*, 133-141. Budapest, Hungary: International Weightlifting Federation.
68. Stone, M.H., R.E. Keith, J.T. Kearney, S.J. Fleck, G.D. Wilson, N.T. Triplett. 1991. Overtraining: a review of the signs and symptoms and possible causes. *Journal of Applied Sport Science Research* 5: 35-50.
69. Stone, M.H., H. O'Bryant, J. Garhammer. 1981. A hypothetical model for strength, training. *Journal of Sports Medicine and Physical Fitness* 21: 342-351.
70. Unsworth, C.D., O.H. Viveros. 1987. Neuropeptides of the adrenal medulla. In *Stimulus-secretion coupling in chromaffin cells*, vol I., eds. K. Rosenheck, P.1. Lelkes, 87-109. Boca Raton, Florida: CRC Press.
71. Urhausen, A., H. Gabriel, W. Kindermann. 1995. Blood hormones as markers of training stress and overtraining. *Sports Medicine* 20: 251-276.
72. van Borselen, F., N.H. Vos, A.C. Fry, W.J. Kraemer. 1992. The role of anaerobic exercise in overtraining. *National Strength and Conditioning Association Journal* 14: 74-79.
73. Van Helder, W.P., M.W. Radomski, R.C. Goode. 1984. Growth hormone responses during intermittent weight lifting exercise in men. *European Journal of Applied Physiology* 53: 31-34.
74. Warren, B.J., M.H. Stone, J.T. Kearney, S.J. Fleck, R.L. Johnson, G.D. Wilson, W.J. Kraemer. 1992. Performance measures, blood lactate, and plasma ammonia as indicators of overwork in elite junior weightlifters. *International Journal of Sports Medicine* 13: 372-376.
75. Webber, J.L., A.C. Fry, L.W. Weiss, Y. Li, M.P. Ferreira, C.N. Alexander. 1996. Impaired performances with high intensity free weight resistance exercise. Paper presented at *International*

Conference on Overtraining and Overreaching in Sport: Physiological, Psychological, and Biomedical Considerations. Memphis, TN.

第III部

医学的見地からみた
オーバーリーチングと
オーバートレーニング

第7章

血管と血液の変化

Pamela S. Douglas, MD, and Mary L. O'Toole, PhD

はじめに

　オーバートレーニングやオーバーリーチングが心血管系に及ぼす影響について論じている科学的文献はほとんどない。多くは，慢性的な運動トレーニングに対する心臓の適応に関するものであり，その結果として生じる変化は，一般に，体に害を及ぼすというよりはむしろ体によいと結論づけられてきた。こうした変化には，心室の厚さ及び内腔の広さのゆるやかな増大(生理的肥大)，心収縮機能の保持，拡張期充満の増強が挙げられる[10,18,23,37,65]。長時間の一過性運動による急性の影響に関する調査はほとんどなされていない。しかしながら，長時間の有酸素運動によって引き起こされる心機能の一時的な低下についてはいくつかの研究で証明されている。すなわちこの心機能の一時的低下が心筋疲労と呼ばれるものである[11,21,41,48,55,64]。これは，心血管系に関する限り，オーバーリーチングの特性といえるかもしれない。筋・骨格系の疲労なしに心筋疲労を再現することが困難であるという理由もあり，いくつかの研究においては，仮定に留まってはいるもののほぼ自明の事実として，心機能低下による体液，電解質，体温調節の変化について論述されている。しかしながら，実際にこの機能低下に関わるメカニズムを明確に証明した研究はない。実際，長時間の運動から影響を受ける複合的で多様な生理的変化は，心臓疲労の存在とその範囲を証明する際の重要な着眼点である。従って，一時的な心機能障害がオーバーリーチングを証明する要素となり得る場合もあるが，一方で，全身疲労あるいは運動パフォーマンスの低下に対して，たとえ存在するにしても，心機能障害の要因を調査することは難しい。同様に，さらなる心機能障害のために起こるオーバーリーチングからオーバートレーニングへの移行を証明した研究もない。

心血管系の検討

カーディアックドリフト

　長時間の運動（1時間以上）に対する心血管系の反応について論じた初期の研究においては，心拍数の緩やかな増加や1回拍出量が低下するいわゆるカーディアックドリフトが認められているにもかかわらず[19,20,26,49]，心拍出量が維持されていることが注目されている（図7.1参照）。こうした変化の幅は，運動（相対的負荷）や環境ストレスの強度によって変動する。とりわけ熱は重要な要素とみなされている。なぜなら，体温調節反応が皮膚の血管拡張を生じさせるからである。こうして起こる血管拡張は，中枢の血液量を減少させ，活動筋の血流量を減少させる。実際，心拍数の増加は，長時間の運動中における体温の上昇と相関関係にあることが分かっている[19]が，この一要素で心臓の変化を完全に説明することはできない[49]。こうした変化を証明するための必要条件として，他にもいくつか要因が挙げられる。脱水及び運動の初期段階に起こる血液量の再分配は，どちらも一定の役割を果たしているものの，おそらくそれほど重要な意味を持たないであろう[19,20,53,56]。代謝の変動，あるいは，同じ仕事量を維持するのための[8,27]酸素摂取量の緩やかな増加とそれに続く

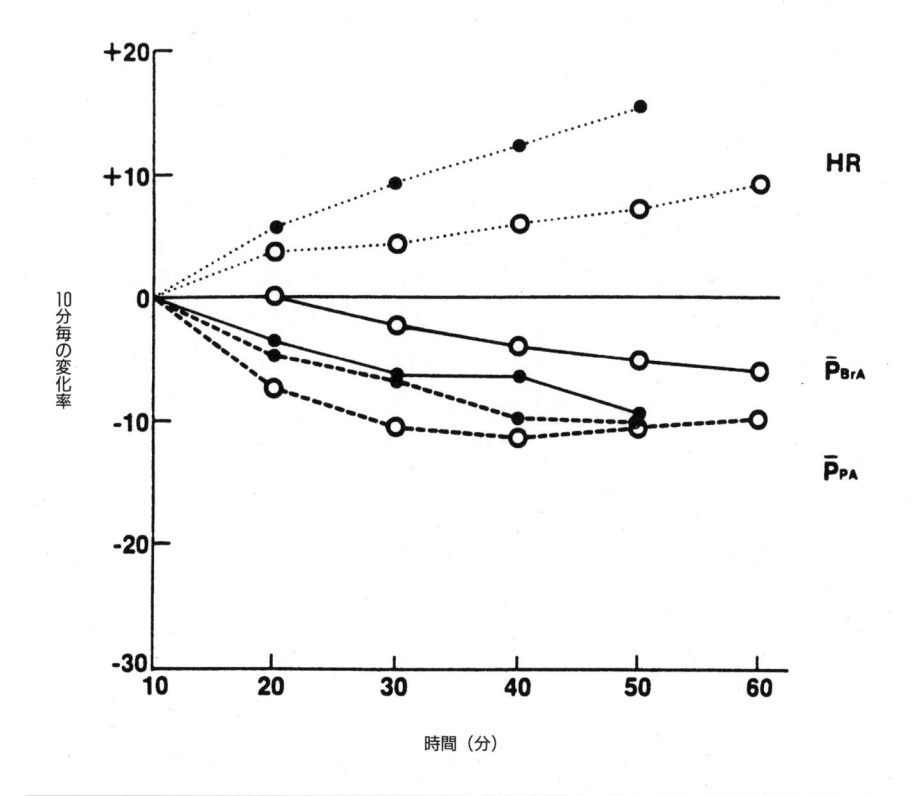

図7.1　持続性運動中における心拍数（HR，点線…），平均上腕動脈圧（P_{BrA}，実線――）平均肺動脈圧（P_{PA}，ダッシュ線----）の反応。データは，運動の初期段階後10分間で得られた値からパーセンテージ変化として示される。運動は，座った状態で行われ，その強度は2段階に設定された。つまり，グラフの黒塗り●は，白抜き○よりも高強度となる。
RavenとStevens（Cooper Publishing Group）1998より転載。

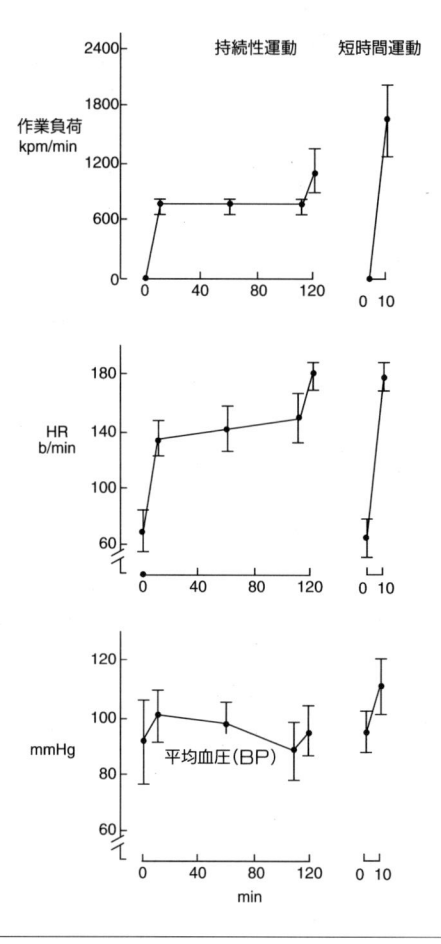

図7.2a 短時間運動中および持続性運動中における心拍数（HR），血圧（BP），作業負荷。持続性運動中にみられる心拍数の緩やかな増加は，平均血圧の低下に伴って起こる。作業負荷は，持続性運動の最終段階よりも，短時間運動の最終段階における最大労作中に高くなる。
Upton（Excerpta Medica Inc.）1980 より転載。

心拍出量の増加は，酸素摂取量の増加や，主に疲労した骨格筋を増加による交感神経刺激の増大を介して心拍数を高めるかもしれない。長時間運動におけるそうしたフィードバックメカニズムの重要性はまだ十分に証明されていない。

心筋疲労

長時間の運動の後に起こる心筋疲労あるいは心筋の機能不全に関する初期の論文では[8,20,54]，心筋肥大についての証明がなされている。また，より入念に行われた研究において，長時間の最大下の運動後における左心室の収縮の低下[11,21,41,48,55,64]，あるいは最大運動を行う能力の低下[54,63]が明らかにされている。Upton らは[63]，2 時間の最大下の運動後すぐに行われたテストで，運動前と比較して，最大心拍出量，1 回心拍出量，最大酸素摂取量値，活動時間すべてにおける低下を見出した（図 7.2 a 及び b 参照）。Saltin と Stanberg も同様の報告をしている[54]。

Niemela らは[41]，24 時間走後に起こる心エコーにみる左心室（LV）収縮の間隔と速度

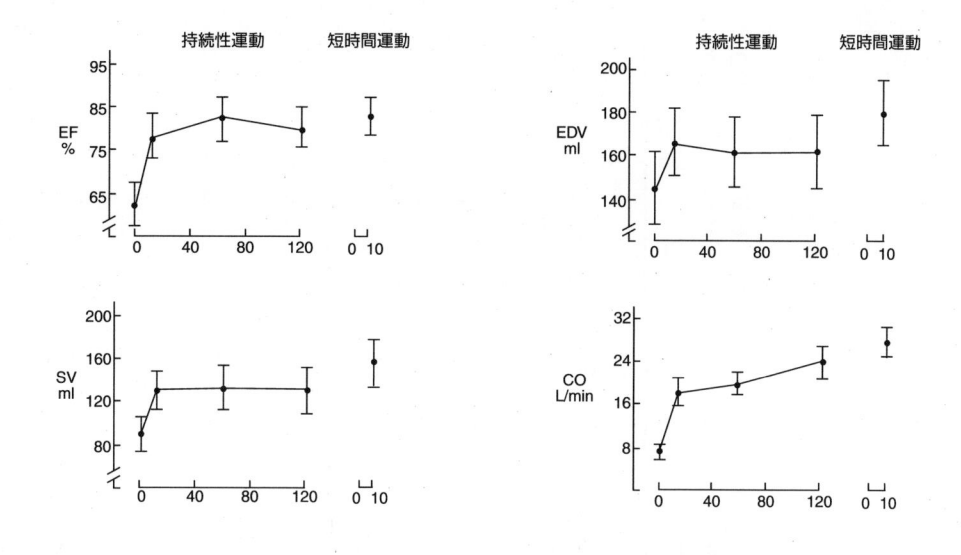

図7.2 b 短時間運動及び持続性運動運動に対する心血管反応。運動中の1回拍出量（SV）の増加は，駆出分画（EF）と拡張終期量（EDV）双方の増加の結果起こる。最大労作中の心拍出量（CO）は，主に拡張終期量の増大の結果として，持続性運動の最終段階よりも，短時間運動の最終段階において高くなる。
Upton（Excerpta Medica Inc.）1980より転載。

の低下を報告している。こうした変化は，収縮後期の心室の大きさ及び機能低下とその関連性，及び血圧の低下（負荷後）のために，収縮力の低下を示唆するものであると解釈される。すべての変化は運動後2～3日間で前値に戻る（図7.3参照）。また，トライアスロン（2.4マイル水泳，112マイル自転車，26.2マイル走）[10]やマラソン[48]を用いた研究から，同様な報告がなされている。前者の場合，24～28時間の間に収縮率は低下し，LV（負荷前）は縮小したままであった。このことは，さらに言えば，心機能の低下が単に負荷条件の変化によって起こるものではないということを証明している。

　トレーニングをしない人あるいは運動不足の人についてもまた同様に，長時間の運動後における心機能の低下がみられた。Ketelhutら[31]は，5分間サイクリング及び60分間サイクリングの前後における，心拍数に応じた心機能について注意深く調査を行った。心拍出量，駆出分画，収縮率の低下は，血圧を低下させる要因であり，また，心ポンプ機能低下を証明するものである。同程度の左心機能障害を引き起こすために要する運動の持続時間は，競技者に比べ運動不足の人[21, 31, 55, 64]の方がより短かった。このことは，心筋の疲労の閾値を高めることが運動トレーニングの効果の1つである，ということを意味している。

　これまでの研究の多くは，収縮期のパフォーマンスに焦点を当てている。しかし，弛緩期について論じているものも2点あり，それぞれの結果は微妙に違っている。Niemelaら[42]は，Mモードエコー検査にみる内腔拡大の低下について言及している。一方で，Douglasら[11]は心臓壁の菲薄化の指標やその割合の変化を認めなかった。しかしながら，Douglasのグループは，経僧帽弁LV充満パターン（心房収縮期血流速度の上昇）の変化に着目しているが，このことは，心拍数あるいは負荷前のデータによってのみ説明され得るもので

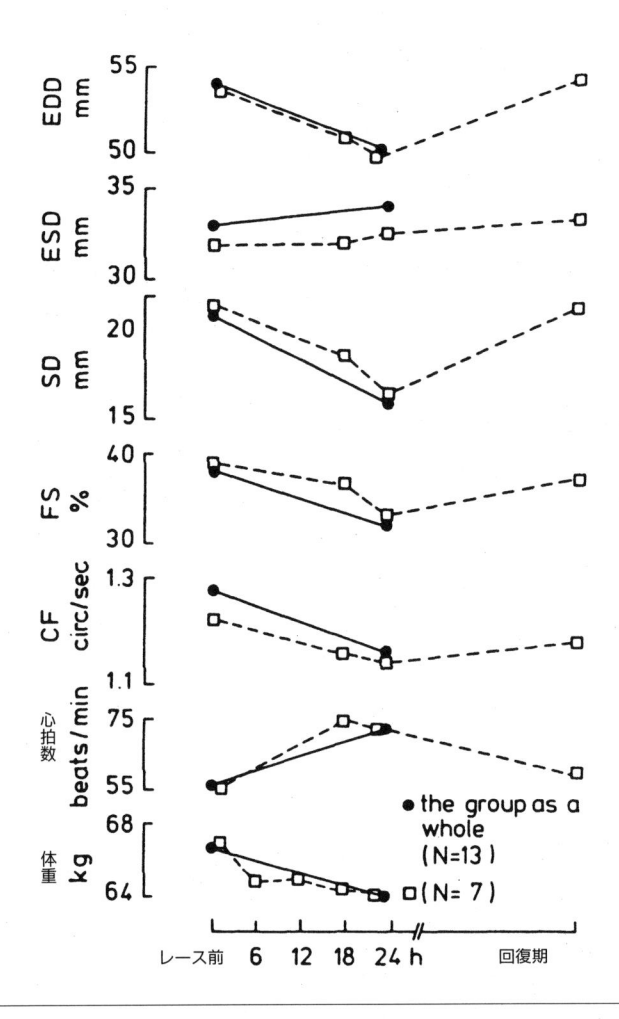

図7.3 24時間走前,中,後における心エコー法データと体重。回復段階における測定は,レース後の2～3日間に行われた。SD=stroke dimension, FS=左室内径短縮率, ESD=収縮末期径, EDD=拡張末期径, CF=左室円周短縮速度。
Niemela (American Heart Association) 1984より転載。

はない。

上述の通り,こうしたすべての研究における限界は,つまり,著しく変化する生理的条件下にあって全く無傷なヒトが持つ心機能を測定することが必要とされる点にある。完全な研究方法は存在しない。ゆえに,収縮指数の低下が収縮力の低下によるものであることを明確に証明することはできない。

心筋疲労とは,軽度の心臓ダメージのことをいうのか否かについての論議は,未解決のままである。24時間走[41,42]やトライアスロン[11]の後,心筋に特異的な酵素の増加は全く見られなかったが,他の研究においては,そうした測定方法が全く意味をなさないかもしれないということが示唆されている。OsbakkenとLocko[44]は,マラソンランナーを対象に45分間の最大トレッドミルテストの後実施されたタリウムスキャニングで前方灌流欠損を発見した。Carrioら[4]は,6時間走を終えたランナーの70％に,心筋の抗ミオシン抗体が

認められたことに着目している。Douglas らは，Osbakken と Locko が異常と認めたのと同じ部位において，トライアスロン完走後に中隔部壁の動きに異常が生じたことについて特に言及している[44]。超音波では中隔部も心筋組織の変化を示していることが，その後の研究において明らかとなっている[5,14]。

心筋疲労を説明するための，多様なメカニズムが想定されてきた。虚血の可能性が極めて高いことはすでに述べた。高レベルの血中遊離脂肪酸[55]，酸化ストレス[57]，代謝異常，あるいは現段階では特定されていない障害などすべてが想定されている。最も注目される可能性は，心臓の β-アドレナリン反応性の低下である。1時間という短時間運動を行った後の犬に，心臓の β-アドレナリン作動性の低下がみられたことが報告されている[24]。運動不足の人を対象とした研究でも，同様の結果が得られている[21]。心拍数を 15 bpm まで上げるために要するイソプロテレノールの静注量は長時間の最大下運動（平均 95 分間）後，2倍以上に増加した。心拍出率の低下から判断すると，カテコールアミンへの反応の低下は，心筋疲労の程度と密接に関連している。同様の結果は，トライアスロン完走後の調査でも示されている[13]。心筋疲労がカテコールアミンの過剰によるものであるという可能性は，次のことからも明らかである。つまり，褐色細胞腫に関連して起こる一過性の心筋症[30,60]，そして，ノルエピネフリンは，心筋の活動が高まってきた状態で注入される時に限り心不全を引き起こすという報告からである[1]。

心機能を低下させる要因となる最終的な可能性は，持続性運動性頻脈である。つまりこの場合は，連続的な上室性頻脈[6,45]あるいは急速なペーシング[58]に影響を受ける左心室機能の一時的な低下と臨床的に類似している。長時間の運動が影響を及ぼす複雑な生理的現象を示されたとしても，それを証明する単独の病因論あるいはメカニズムを割り出すことはできないであろう。また，血液量や体温調節，自律神経系，圧受容器の活性化，水分補給といった関連要素にも，要因としての可能性の余地が全く与えられていないわけでもない。

オーバーワーク

心血管因子における日々の変化は，オーバーリーチングやオーバートレーニングを測る潜在的な指標とされてきた。オーバーワークは，安静時，運動時及び回復時それぞれにおける心拍数の増加という結果を導くと一般的に仮定されてきた[43,62]。競技者が，まさに我が身に降りかかろうとしているオーバーリーチングやオーバートレーニングの徴候を得るために朝の心拍数をモニターするのはそうまれなことではない。プロスペクティブな研究において，12 名の経験を積んだマラソンランナーを用いて，ロードレース期間中の 20 日間にわたってモニタリングを行った。総走行距離は 312 マイル，1 日平均 17.3 マイル（通常のトレーニング距離の 2 倍）であった。毎朝，目覚めてから 30 分以内に安静時の心拍数が測定された。すべての被験者の平均心拍数が，8 日目から 20 日目にかけて増加した（平均＝12 bpm，最低／最高＝1-20 bpm）[16]。ほとんどランナーは，持続的な足のしびれを訴え，またすべてのランナーが慢性疲労を訴えた。しかし平均的なランニングスピードは日によって大きく変化することはなかった。厳密な定義に従えば，こうした競技者は，オーバー

リーチングでもなければ，オーバートレーニングでもなかった。しかし，パフォーマンス要求がより高い場合には，おそらく，そう類別されたであろう。例えば，典型的なランニングペースは，1マイル8分30秒であるが，最も速いマラソンペースになると，それと比べ平均して1マイルにつき1分間（約15％）速くなる。オーバートレーニングの競技者において，安静時心拍数が低下し，回復時心拍数については正常かあるいは速くなっていることが報告されている。それらは，神経内分泌系の消耗[32]，あるいはカテコールアミン感受性の減退[36]に起因するものである。カテコールアミン感受性の低下に関する仮説を支持する証明もいくつか存在する。Lehmanら[35]は，最大下運動に対する心拍反応の低下は，より高い血漿ノルアドレナリンレベルを伴って起こることを報告した。カテコールアミンレベルは，最大運動において，変化なしの場合[35]と減少した場合[61]の両方が観察された。

血圧の変化は，オーバーワークによって起こることもまた指摘されてきた[62]。拡張期血圧と収縮期血圧については，大学水泳競技者のグループを対象に調査した結果，シーズン前とシーズン後ではシーズン後の方が上昇していることが報告されている（それぞれ，6 mmHg，10 mmHg）[39]。安静時の血圧の上昇についても，フットボール競技者，重量挙げ競技者，自転車競技者において，それぞれのシーズン中に増加していることが報告されている[52]。ただし，そうした競技者の中のどれくらいが，オーバーリーチングあるいはオーバートレーニングとして類別され得るのかについては明確ではない。Vermaら[66]は，オーバートレーニングの競技者においては，運動後血圧が安静時血圧へ回復するのが遅いことを報告している。体位による血圧の低下もまた，オーバートレーニングの競技者にみられることが報告されている[52]。逆に，Dressenforferら[16]が調査対象としたマラソンランナーは，安静時血圧に大きな変化を示さなかった。

血液学的検討

激しいトレーニングへの反応

血液学的指標の多くは，激しいトレーニングに対する正常な反応要素として変化する。例えば，偽性貧血あるいは希釈性貧血は，激しいトレーニングを行う競技者に極めて一般的に見受けられる。この症候群は，適切な値以下のヘモグロビン（男性に対しては16 g/dl以下，女性に対しては14 g/dl以下）によって特徴づけられる。これはトレーニング誘発性のヘモグロビンの増加以上に血漿量が増加することに起因する[2,47]。しかしながら，こうした生理的変化とオーバートレーニング症候群に影響を与え得る異常な変化とを区別するのは非常に困難である。Dressendorferら[15]，十分にトレーニングを積んだマラソンランナーを対象に，全312マイルを走破する20日間のロードレース期間中における彼らの血液学的変化について研究を行った。走行距離は，彼らが通常毎日行っているトレーニング距離の約2倍である。その調査で見出された血液学的指標として，赤血球数，ヘモグロビン濃度，ヘマトクリットの著しい低下，減少が挙げられる。これらすべてがレース開始後の数日間で明らかとなった。走行マイル数は，平均血球数あるいは平均血球ヘモグロビン濃度に影響を与えなかった。総白血球濃度は，2日目にかなり上昇したが，正常範囲を超えるも

のではなかった。レース期間中，好中球は増加し，リンパ球は減少した[15]。興味深いことに，オーバーリーチングあるいはオーバートレーニングの徴候と解釈され得る症状がでているにもかかわらず，ランナーのパフォーマンスは維持された。

　激しいトレーニングを行う競技者の体内の鉄の状態は，多くの研究や討論の主題とされてきた[7]。(前述した) 希釈性貧血は，トレーニングの強度及び持続期間と関係があると思われるが，同時に鉄欠乏症もまた運動の様式の影響を受けているようである。中長距離ランナーにおける血清フェリチンレベルの低さが報告されているが，同程度に十分にトレーニングされた水泳競技者，自転車競技者，漕艇競技者には当てはまらなかった[9,17]。長距離の (平均所要時間 11〜13 時間) トライアスロンレース中，血清鉄の 50〜60% の減少がみられたことが報告されている[22,50]。しかしながら，Dressendorfer らは[15]，オーバーリーチングの期間に，血清鉄レベルは，2 日目までに 2 倍以上に達し ($149\,\mu g/dL$〜$326\,\mu g/dL$)，その後残り 20 日間のレース期間中も，高レベルの状態が続いたことを報告している。Haymes らは[28]，8 カ月間にわたって，高度にトレーニングされたクロスカントリースキー競技者を対象に，鉄の状態に関する指標を調査した。それについて彼らはこう述べている。総鉄結合能は，シーズンが進むにつれ増加している。つまりこのことは，鉄の必要性が高まっていることを示す。鉄の状態の変化について，パフォーマンスとの関係からの報告はなく，また，競技者が，オーバートレーニングに関係するパフォーマンス低下に苦しむというような報告もでてきていない。

オーバーリーチング

　血液学的反応は変化し得るものであるが，必ずしも短期間のオーバーリーチングを引き起こすようなパフォーマンス低下と関連性を持つとはいえない。R. W. Fry ら[25] は，1 日 2 回のトレーニングセッションを設定し，10 日間にわたり，5 名の被験者に過度のトレーニングを課したところ，トレッドミルランニングにおけるパフォーマンスの低下を引き起こした。パフォーマンスは低下したが，激しいトレーニングに影響を受けて変化することが予測された血液学的変化は起こらなかった。このため血液成分の変化が不十分であるという理由から，オーバートレーニングであるという診断を退けるべきではない，と指摘している。彼らはまた，5 日間の安静後，血清フェリチンが，トレーニング前のレベルに比べ著しく減少したことについて特に言及し，特定の血液成分の変化が，個々の競技者におけるオーバートレーニングの病因論を明らかにするのに有用であるかもしれない点を指摘している。

オーバートレーニング

　臨床的にオーバートレーニングと診断された競技者の血液学的指標あるいは体内の鉄の状態の変化を取り扱った研究がいくつかある。Rowbottom ら[51] は，慢性的な運動トレーニングと関連性があるとされてきた多様な血液パラメータについて考察した。しかし，彼らは，臨床的にオーバートレーニングと診断された 10 名の競技者のグループにおいて，診断に有用なマーカーを見出すことはできなかった。Hooper ら[29] は，オーバートレーニ

グをモニタリングするための指標を見出すために，6カ月間の水泳シーズンを使って，血液学的指標をプロスペクティブに調査した。そこで彼らは，14名の国代表クラスの水泳競技者のグループを対象に，ヘモグロビンやヘマトクリットだけでなく，クレアチンホスホキナーゼ（CK：訳者註），赤血球，総白血球数を5回測定した。内3名はシーズン中にオーバートレーニングとなった。しかし，これらオーバートレーニングの競技者と，オーバートレーニングの徴候を示さなかった競技者との間には，CK，総白血球あるいは他の値，ヘモグロビン，ヘマトクリットに大きな差異は見られなかった。しかしながら，好中球数に関しては，オーバートレーニングの水泳競技者はテーパー期に明らかに高い数値を示した。この原因は明らかではないが，それまでの激しい練習の残存的影響と関連性があるのではないかと考えられる。なぜなら，好中球数は運動後の24時間の間に上昇する可能性があるからである[40]。以前より，オーバートレーニングの競技者の好中球数は増加する[68]，あるいは減少する[36]という報告がなされてきた。Shephardら[59]は，急激な運動に対する反応においてみられる白血球増加及び顆粒球増加は，主に血液量の変化の影響によるものであるため，オーバートレーニングと関連付けることは難しいと述べている。Wishnitzerら[67]は，標準的なトレーニングを積んだ18名の長距離ランナーの血液成分を調べ，オーバートレーニングにある別の18名の長距離ランナーのそれと比較した。これら2つの走者のグループ間において，ヘモグロビンレベル，平均血球数，血清鉄，鉄飽和度，フェリチンに際立った差異は見出されなかった。骨髄ヘモジデリンの減少は両グループにみられたが，骨髄の細胞数については，オーバートレーニングのランナーの方が，その低下がより著しかった。このことについて著者は，長距離ランナーは，顕性的な鉄欠乏を被っていたのかもしれないが，骨髄細胞の低下は，オーバートレーニングの徴候であると考えられると結論づけている。

　血漿尿素レベル及びCKレベルの上昇は，これまでもオーバートレーニングと関連付けられてきた[3]。しかしながら，Lehmanら[33,34]は，4週間以上にわたって著しくトレーニング量を増やした結果，パフォーマンス低下を示した中距離ランナー及び長距離ランナーにおいては，尿素，CK，あるいは尿酸の変化は見られないと報告している。競争馬においては，過剰なトレーニング負荷がオーバートレーニングを誘発することを示したプロスペクティブな研究の中で，血漿尿素レベルもまた正常範囲内に留まっており，クレアチンキナーゼも増加していないことが明らかにされている[3]。こうした結果は，オーバートレーニングが，蛋白質分解あるいは筋線維の破壊には関係しないということ，また，血漿尿素レベルあるいはクレアチンキナーゼレベルともにオーバートレーニングの指標としては有用でないことを指摘するものである。しかしながら，グルタミンの状態がオーバートレーニングの影響を受け，免疫機能障害の一因となり得るということが徐々に証明されつつある。Parry-Billingsら[46]は，臨床的にオーバートレーニングと診断された様々なスポーツ分野に属する40名の競技者を対象に調査を行った。すべての競技者に最低3週間のオーバートレーニングの症状が現れた。安静時の血漿中のグルタミン濃度は，コントロール群と比較して，オーバートレーニングの競技者の方が明らかに低かった。

その他の考察

　これまでの論議は，長時間の有酸素運動の影響に限定されたものであった。レジスタンス運動の急性的な血流力学的影響については十分に解説されており，またそれは影響力を持っている[36]。だが，運動後の持続的な心臓への影響あるいは血液学的影響，また，オーバートレーニングや過剰反応の発現に関しては，ほとんど解明されていない。同様に，これまでの論議では，トレーニングを行っていようが，運動不足であろうが，単に健康で若い個人に焦点が当てられてきた。特に，運動の心血管系への影響は，明らかに，心血管系の病気に罹っている人や投薬を受けている人，またあるいは糖尿病や重度の貧血といった心血管系に影響を及ぼすような病気を持っている人にとっては全く異なったものとなる。しかしながら，そうした場合の運動許容量は，一般に，オーバーリーチングによってよりも，むしろ，その基礎疾患によって制限される。また，健康的な加齢が，オーバーリーチングの心血管系あるいは血液学的指標に及ぼす影響については解明されていない。(秋本崇之・赤間高雄・津内　香・河野一郎)

参考文献

1. Bosso, F.J., F.D. Allman, C.F. Pilati. 1994. Myocardial work load is a major determinant of norepinephrine-induced left ventricular dysfunction. *American Journal of Physiology 266* (*Heart Circulatory Physiology* 35): H531-539.
2. Brotherhood, J., B. Brozovic, L.G.C. Pugh. 1975. Haematological status of middle- and long-distance runners. *Clinical Science and Molecular Medicine* 48: 139-145.
3. Bruin, G., H. Kuipers, H.A. Keizer, G.J. Van der Vusse. 1994. Adaptation and overtraining in horses subjected to increasing training loads. *Journal of Applied Physiology* 76: 1908-1913.
4. Carrio, I., R. Serra-Grima, L. Berna, M. Estorch, C. Martinez-Dunker, J. Ordonez. 1990. Transient alterations in cardiac performance after six-hour race. *American Journal of Cardiology* 65: 1471.
5. Chafizadeh, E., S. Katz, M. O'Toole, S. Howdell, A. D'Sa, P.S. Douglas. 1995. Altered global and regional myocardial backscatter characteristics in cardiac fatigue following prolonged exercise. *Journal of American College of Cardiology* 25: 2174A.
6. Chen, S.A., C.J. Yang, C.E. Chiang, C.P. Hsia, W.P. Tsang, D.C. Wang, C.T. Ting, S.P. Wang, B.N. Chiane, M.S. Chang. 1992. Reversibility of left ventricular dysfunction after successful catheter ablation of supraventricular reentrant tachycardia. *American Heart Journal* 124: 1512.
7. Clement, D.B., L.L. Sawchek. 1984. Iron status and sports performance. *Sports Medicine* 1: 65-74.
8. Davies, C.T.M., M.W. Thompson. 1986. Physiologic responses to prolonged exercise in man. *Journal of Applied Physiology* 61: 611-617.
9. Dickson, D.N., R.S. Wilkinson, T.D. Noakes. 1982. Effects of ultra-marathon training and racing on hematologic parameters and serum ferritin levels in well-trained athletes. *International Journal of Sports Medicine* 3: 111-117.
10. Douglas, P.S., M.L. O'Toole, W.D.B. Hiller, N. Reicher. 1986. Left ventricu-lar structure and function by echocardiography in ultraendurance athletes. *American Journal of Cardiology* 58: 805-809.
11. Douglas, P.S., M.L. O'Toole, W.D.B. Hiller, K. Hackney, N. Reicher. 1987. Cardiac fatigue after prolonged exercise. *Circulation* 76: 1206-1213.
12. Douglas, P.S., M.L. O'Toole, J. Woolard. 1990. Regional wall motion abnor-malities after prolonged exercise in the normal left ventricle. *Circulation* 82: 2108-2114.
13. Douglas, P.S., S.E. Katz, M.L. O'Toole. 1994. Adrenergic desensitization accompanies left ventricular dysfunction following prolonged. exercise. Paper presented at the annual meeting of the American Heart Association.
14. Douglas, P.S., A. D'Sa, S. Katz, S. Howell. 1994. Ultrasonic integrated backscatter : a new method for imaging and analysis. *Circulation* 88: 1326.
15. Dressendorfer, R.H., C.E. Wade, E.A. Amsterdam. 1981. Development of pseudoanemia in marathon runners during a 20-day road race. *Journal of the American Medical Association* 246: 1215-1218.
16. Dressendorfer, R.H., C.E. Wade, J.H. Scaff. 1985. Increased moming heart rate in runners: a valid sign of overtraining? *Physician and Sportsmedicine* 13: 77-86.
17. Dufaux, B., A. Hoederath, I. Streitberger. 1981. Serum ferritin, transferrin, haptoglobin, and iron in middle- and long-distance runners, elite rowers, and professional racing cyclists. *International Journal of Sports Medicine* 2: 43-46.
18. Ehsani, A.A., G.W. Heath, J.M. Hagberg, K. Schechtman. 1981. Noninva-sive assessment of changes in left ventricular function induced by graded isometric exercise in healthy subjects. *Chest* 80: 51-55.
19. Ekelund, L.G. 1967. Circulatory and respiratory adaptations during prolonged exercise. *Acta*

Physiologica Scandinavica 70: 5-38.
20. Ekelund, L.G., A. Holmgren, C.O. Ovenfors. 1967. Heart volume during pro-longed exercise in the supine and sitting position. *Acta Physiologica Scandinavica* 70: 88-98.
21. Eysmann, S.B., E. Gervino, D.E. Vatner, S.E. Katz, L. Decker, P.S. Douglas. 1996. Prolonged exercise alters beta-adrenergic responsiveness in healthy sedentary man, *Journal of Applied Physiology* 80: 616-622.
22. Farber, H., J. Arbetter, E. Schaefer, G. Dallal, R. Grimaldi, N. Hill. 1987. Acute metabolic effects of an endurance triathlon. *Annals of Sports Medicine* 3: 131-138.
23. Fisman, E.Z., A.G. Frank, E. Ben-Ari, G. Kessler, A. Pines, Y. Drorv, J.J. Kellerman. 1990. Altered left ventricular volume and ejection fraction response to supine dynamic exercise in athletes. *Journal of the American College of Cardiology* 15: 582-588.
24. Friedman, D.B., G.A. Ordway, R.S. Williams. 1987. Exercise-induced functional desensitization of canine cardiac beta-adrenergic receptors. *Journal of Applied Physiology* 62: 1721-1723.
25. Fry, R.W., A.R. Morton, P. Garcia-Webb, G.P. Crawford, D. Keast. 1992. Biological responses to overload training in endurance sports. *European Journal of Applied Physiology* 64: 335-344.
26. Gliner, J.A., P.B. Raven, S.M. Horvath, B.L. Drinkwater, J.C. Sutton. 1975. Man's physiological responses to long-term work during thermal and pollutant stress. *Journal of Applied Physiology* 39: 628-632.
27. Hartley, L.H. 1977. Central circulatory function during prolonged exercise. *Annals of New York Academy of Science* 301: 189-194.
28. Haymes, E.M., J.L. Puhl, T.E. Temples. 1986. Training for cross-country skiing and iron status. *Medicine and Science in Sports and Exercise* 18: 162- 167.
29. Hooper, S.L., L.T. Mackinnon, A. Howard, R.D. Gordon, A.W. Bachman. 1995. Markers for monitoring overtraining and recovery. *Medicine and Science in Sports and Exercise* 27: 106-112.
30. Imperato-McGinley, J., T. Gautier, K. Ehlers, M.A. Zullo, D.S. Goldstein, E.D. Vaughan. 1987. Reversibility of catecholamine-induced dilated cardiomyopathy in a child with pheo-chromocytoma. *New England Journal of Medicine* 316: 793-797.
31. Ketelhut, R., C.J. Losem, F.H. Messerli. 1994. Is a decrease in arterial pressure during long-term aerobic exercise caused by a fall in cardiac pump function? *American Heart Journal* 127 : 567-571.
32. Kuipers, H., H.A. Keizer. 1988. Overtraining in elite athletes. *Sports Medicine* 6: 79-92.
33. Lehmann, M., H.H. Dickhuth, G. Gendrisch, W. Lazar, M. Thum, R. Kaminski, J.F. Aramend, E. Peterke, W. Wieland, J. Keul. 1991. Training-overtraining : a prospective, experimental study with experienced middle- and long-distance runners. *International Journal of Sports Medicine* 12: 444-452.
34. Lehmann, M., P. Baumgartl, C. Wiesenack, A. Seidel, H. Baumann, S. Fischer, U. Spori, G. Gendrischet, R. Kaminskl, J. Keul. 1992. Training-overtraining : influence of a defined increase in training volume vs training intensity on performance, catecholamines and some metabolic parameters in experienced middle-and long-distance runners. *European Journal of Applied Physiology* 64: 169-177.
35. Lehmann, M., C. Foster, J. Keul. 1993. Overtraining in endurance athletes: a brief review. *Medicine and Science in Sports and Exercise* 25: 854-862.
36. Lentini, A.C., R.S. McKelvie, N. McCartney, C.W. Tomlinson, J.D. MacDougal. 1993. Left ventricular response in healthy young men during heavy-intensity weight-lifting exercise. *Journal of Applied Physiology* 75: 2703-2710.
37. Levine, B.D., L.D. Lane, J.C. Buckey, D.B. Friedman, C.G. Blomqvist. 1991 . Left ventricular pressure-volume and Frank-Starling relations in endurance athletes : implications for orthostatic tolerance and exercise performance. *Circulation* 84: 1016-1023.
38. McCloskey, D.1., J.H. Mitchell. 1972. Reflex cardiovascular and respiratory responses originating

in exercising muscle. *Journal of Physiology* (London) 224: 173-186.
39. Morgan, W.P., D.L. Costill, M.G. Flynn, J.J. Raglin, P.J. O'Connor. 1988, Mood disturbance following increased training in swimmers. *Medicine and Science in Sports and Exercise* 20: 408-414.
40. Nieman, D.C., L.S. Berk, M. Simpson-Westerberg, K. Arabatzis, S. Youngberg, S.A. Tan, J.W. Lee, W.C. Eby. 1989. Effects of long-endurance running on immune system parameters and lymphocyte function in experi-enced marathoners. *International Journal of Sports Medicine* 10: 317-323.
41. Niemela, K.O., I.J. Palatsi, M.J. Ikaheimo, J.T. Takkunen, J.J. Vuori. 1984. Evidence of impaired left ventricular performance after an uninterrupted com-petitive 24 hour run. *Circulation* 70: 350-356.
42. Niemela, K., I. Palatsi, M. Ikaheimo, J. Airaksinen, J. Takhunen. 1987. Impaired left ventricular diastolic function in athletes after utterly strenuous prolonged exercise. *International Journal of Sports Medicine* 8: 61-65.
43. Noakes, T. 1986. *Lore of running*. Cape Town: Oxford University Press.
44. Osbakhen, M., R. Locko. 1984. Scintigraphic determination of ventricular function and coronary perfusion in long-distance runners. *American Heart Journal* 108: 296.
45. Packer, D.L., G.H. Bardy, S.J. Worley ; M.S. Smith, F.R. Cobb, R.E. Coleman, J.J. Galagher, L.D. Gemran. 1986. Tachycardia-induced cardiomyopathy: a reversible form of left ventricular dysfunction. *American Journal of Cardiology* 57: 563-570.
46. Parry-Billings, M., R. Budgett, Y. Koutedakis, E. Blomstand, S. Brooks, C. Williams, P.C. Calder, S. Pilling, R. Baigre, E.A. Newsholme. 1992. Plasma amino acid concentrations in the overtraining syndrome: possible effects on the immune system. *Medicine and Science in Sports and Exercise* 24: 1353-1358.
47. Pate, R. 1983. Sports anemia: a review of the current research literature. *Physician and Sports-medicine* 11: 115-126.
48. Perrault, H., F. Peronnet, R. Lebeau, R.A. Nadeau. 1986. Echocardiographic assessment of left ventricular performance before and after marathon running. *American Heart Journal* 112: 1026-1031.
49. Raven P.B., G.H.J. Stevens. 1988. Cardiovascular function and prolonged exercise. In *Perspectives in exercise science and sports medicine*. vol. 1 , Prolonged exercise, eds. D.R. Lamb, R. Murray, 43-47. Indianapolis: Bench-mark Press.
50. Rogers, G., C. Goodman, D. Mitchell, J. Hattingh. 1986. The response of runners to arduous triathlon competition. *European Journal of Applied Physiology* 55: 405-409.
51. Rowbottom, D.G., D. Keast, C. Goodman, A.R. Morton. 1995. The hematological, biochemical and immunological profile of athletes suffering from the overtraining syndrome. *European Journal of Applied Physiology* 70: 502-509.
52. Ryan, A. 1983. Overtraining in athletes: a roundtable. *Physician and Sportsmedicine* 11: 93-110.
53. Saltin, B. 1964. Circulatory responses to submaximal and maximal exercise after thermal dehydration. *Journal of Applied Physiology* 19: 1125-1132.
54. Saltin, B., J. Stenberg. 1964. Circulatory responses to prolonged severe exercise. *Journal of Applied Physiology* 19: 833-838.
55. Seals, D.R., M.A. Rogers, J.M. Hagberg, C. Yamamoto, P.E. Cryer, A.A. Ehsani. 1988. Left ventricular dysfunction after prolonged strenuous exercise in healthy subjects. *American Journal of Cardiology* 61: 875-879.
56. Senay, L.C., J.M. Pivarnick. 1985. Fluid shifts during exercise. *Exercise and Sports Science Reviews* 13: 335-387.
57. Seward, S.W., K.S. Seiler, J.W. Stames. 1995. Intrinsic myocardial function and oxidative stress

after exhaustive exercise. *Journal of Applied Physiology* 79: 251-255.
58. Shannon, R.P., K. Komamura, B.S. Stambler, M. Bigaud, W.T. Manders, S.F. Vatner. 1991. Alterations in myocardial contractility in conscious dogs with dilated cardiomyopathy. *American Journal of Physiology* 260 (*Heart and Circulatory Physiology* 29): H1903-1911.
59. Shephard, R.J., R.J. Verde, S.G. Thomas, P. Shek. 1991. Physical activity and the immune system. *Canadian Journal of Sport Science* 16: 169-185.
60. Shub, C., L. Cueto-Garcia, S.G. Sheps, D.M. Ilstrup, A.J. Tajik. 1986. Echocardiographic findings in pheochromocytoma. *American Journal of Cardiology* 57: 971-975.
61. Stachenfeld, N., G.W. Glelm, P.M. Zabetakis, K.H. Briggs, J.A. Nichols. 1990. Markers of training status during increase in training time. *Medicine and Science in Sports and Exercise* 22: S96.
62. Stone, M.H., R.E. Keith, J.T. Keamey, S.J. Fleck, G.D. Wilson, N.T. Triplett. 1991. Overtraining : a review of the signs, symptoms and possible causes. *Journal of Applied Sport Science Research* 5: 35-50.
63. Upton, M.T., S.K. Rerych, J.R. Roeback. 1980. Effect of brief and prolonged exercise on left ventricular function. *American Journal of Cardiology* 45: 1154-1160.
64. Vanoverschelde, J.L.J., L.T. Younis, J.A. Melin. 1991. Prolonged exercise induces left ventricular dysfunction in healthy subjects. *Journal of Applied Physiology* 70: 1356-1363.
65. Vanoverschelde, J.J., B. Essamri, R. Vanbutsele, A. D'Hondt, J.R. Detry, J.A. Melin. 1993. Contribution of left ventricular diastolic function to exercise capacity in normal subjects. *Journal of Applied Physiology* 74: 2225-2233.
66. Verma, S.K., S.R. Mahindroo, D.K. Kansal. 1978. Effect of four weeks of hard physical training on certain physiological and morphological parameters of basketball. *Journal of Sports Medicine* 18: 379-384.
67. Wishnitzer, R., A. Eliraz, N. Hurvitz, A. Vorst, M. Sternfeld, A. Beregy. 1990. Decreased bone marrow cellularity and hemosiderin in normal and overtrained runners. *Harefuah* 118: 74-78.
68. Wolfe, W. 1961. A contribution to the question of overtraining. In *Health and fitness in the modern world*, ed. L.A. Larson, 291-301. Chicago: The Athletic Institute.

第8章
オーバートレーニングの内分泌的側面

Hans A. Keizer, MD, PhD

はじめに

　現代のスポーツの練習場面では，競技者のパフォーマンスレベルを向上させるために過負荷トレーニングの原則が用いられている．定義によると，過負荷トレーニングは，身体の多くのホメオスタシスプロセスに一時的な破綻をもたらすことがある．もっともパフォーマンスの向上は，競技者が休息や負荷の軽いトレーニング時間を十分にとることによってのみ実現されるものである．もしそれが適切に実行されたなら，同じトレーニング負荷でも，ホメオスタシスに深刻な障害をもたらすことは決してないであろう．しかしながら，運動誘発性の疲労と回復に要される時間とのバランスが不適当であれば，適応を欠き，慢性疲労の状態が引き起こされる[36,71]．情動的行動の変化，睡眠障害，ホルモンの異常といったオーバートレーニングに関わる症状は[36,71]，視床下部の調節及び協調機能の変化を示すものである．本章では，視床下部―下垂体系の運動ストレスとの関連性を示す有用なデータ，また，神経内分泌系の運動ストレス及びオーバートレーニングとの関連性に関する妥当なデータについて再検討と論議を行い，それらを，ストレスに関する研究論文から得られた内容に関連付けることを目的とする．

急性運動ストレス及び慢性運動ストレスに対する視床下部―下垂体系の反応

　適度なものから強いものまで様々な強度の急性運動などのあらゆるストレスは，ストレスホルモンの分泌に明らかな変化を引き起こし得る．ストレスホルモンの血漿レベルの上昇は，筋の酵素活性（その結果起こるエネルギー放出やエネルギー消費）を数倍に高める

ための必要条件である[20]。回復期において，より高いレベルのストレスに適応，あるいは同程度ストレスに慣れるか適応するために，ストレス反応は必ず終結する。そこで我々は，一過性の激しい運動，過負荷トレーニング（すなわち，一連の急性運動を連続して行うこと），オーバーリーチング，そして最終的なオーバートレーニングを，内分泌系に必然的に影響を与える一時的なストレス状態あるいはストレスのない状態から記述したいと考える。

ストレッサーとみなされている過負荷の運動刺激は，同じ運動ストレスに対しても耐えることが困難となるような（すなわち，ストレスに対する耐性の障害）一時的状態（1～7日間くらいまで）を引き起こす。このストレス因子が他のストレッサー（例えば社会的，心理的なもの）と重なった場合には，競技者の回復はより遅くなり，いつしかオーバーリーチングあるいはオーバートレーニングの状態になる。次の項では，急性運動及び通常適応できる範囲のトレーニングが視床下部―下垂体系に及ぼす影響について論議する。

視床下部―下垂体―成長ホルモン（HPGH）系

成長ホルモン（GH）分泌は年齢に伴って変化する[35]。その分泌は思春期において最も高まり，その後徐々に低下し，非常に低いレベルにまで下降する[95]。基礎状態では，GHは，下垂体前葉によってパルス状のパターンを描きながら間欠的に分泌され，同時に，それは概日リズムを示す[96]。日中の成長ホルモンのレベルは非常に低く（実際，検出限界値よりも低い），パルスを伴わないことが報告されている。睡眠が始まり，それと同時に睡眠の初期段階である徐波睡眠が起こると，GH分泌の明確なバーストが起こる[111]。

下垂体から血流へのGH放出は，視床下部の成長ホルモン放出ホルモン（GHRH）によって高められ，ソマトスタチンあるいは成長ホルモン放出抑制ホルモン（SRIH）によって減少する。GHRH及びSRIH分泌はそれぞれ3～4時間の周期性を持つ律動的なパルス状パターンを示すが，180度位相が異なっている[112]。放出されるGHRHの総量は，GHの振幅を決定するし，SRIHはGHのバーストの頻度と持続時間を決定する[70]。ゆえに，末梢性求心シグナルはGH分泌あるいはGH作用の重要なモジュレーターであるといえるかもしれない。なぜなら，宇宙飛行による筋萎縮へのGHの影響は見出されなかったからである[53]。

多くのホルモン，神経ペプチド，神経伝達物質は，成長ホルモン産生細胞(somatotrope)に直接作用し，あるいはGHRHやSRIHの放出を変化させて，GH分泌に影響を与えている。GH分泌は，エストロゲン[27]，テストステロン，プロゲステロン，甲状腺ホルモンによって高められる[100]。高レベルのコルチコイドはGH分泌を抑制する。しかし，コルチコイドのレベルが低ければ，GHRHに対する下垂体反応は過敏になる[124]。性腺ステロイドや甲状腺ホルモンは，成長ホルモン産生細胞におけるGH合成を刺激する[32,51]。GH分泌に影響を及ぼす神経ペプチドとして，GHそれ自体や短ループの負のフィードバックに作用するソマトスタチン，長ループの負のフィードバックに作用するIGF-1が挙げられる。

GHの作用―― GHは，蛋白同化作用，脂肪分解，長軸方向への骨の成長を刺激する重要な代謝ホルモンである。GHの細胞への作用は，標的細胞に対するオートクリン作用によって

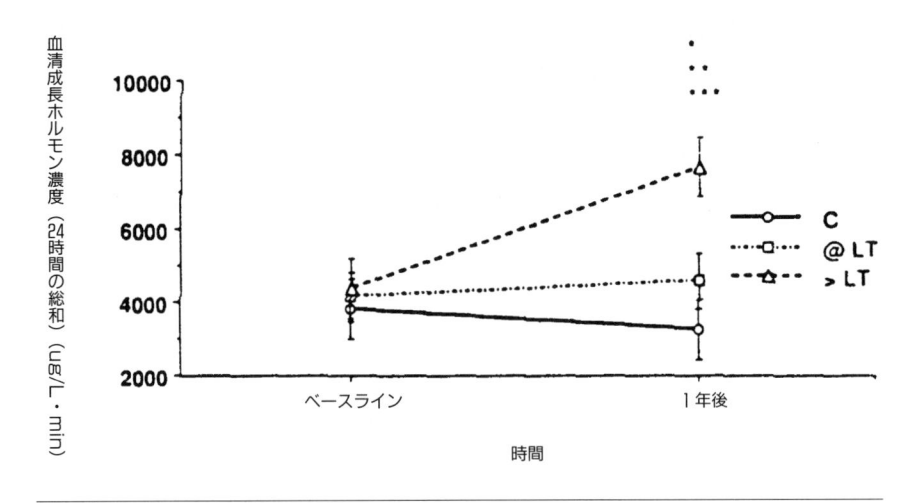

[図: 血清成長ホルモン濃度（24時間の総和）（μg/L・min）を縦軸、時間（ベースライン、1年後）を横軸にとったグラフ。C、@LT、>LTの3群のデータ。]

図8.1 1年間の走力トレーニングが血清成長ホルモン濃度（24時間の総和）に与える影響。C＝コントロール群，トレーニングなし。@LT＝乳酸閾値下におけるトレーニング。＞LT＝乳酸閾値におけるトレーニングあるいは乳酸閾値よりわずかに上におけるトレーニング。
Weltman ら 1991 より転載。

直接的，そして多くの場合間接的に介在される。この状況においては，GH は，インスリン様成長因子1と2（IGF 1，IGF 2）の放出を誘発する。GH は，とりわけ肝臓，線維芽細胞，骨格筋における IGF 1 の生成を刺激する。GH は，インスリン様効果（標的細胞によるブドウ糖及びアミノ酸摂取の増加）と抗インスリン効果を併せ持つ。健康な被験者においては，GH 投与が筋蛋白質合成にほぼ同時に刺激を与える[38]。ただし，それは，体の全ての蛋白質合成に対してではない[37]。GH 欠損（GHD）患者において GH 補充後，脂肪の重量は減少するのに対して[28]，筋肉の重量や機能は増大する[108]。GH はまた，気分に対しても大きな影響を及ぼす。低血漿 GH レベルのために，思考的機能が低下し，GH 投与後には消失するような気分の障害[83] が引き起こされる[54]。

急性運動と成長ホルモン分泌——個人差があるにせよ，急性運動は，その強度に伴って GH 分泌を高める[88]。つまり，このことは，活動が無酸素的になればなるほど GH が増大することを意味するものであり[118]，また，激しいレジスタンストレーニング後に観察される事実でもある[69]。長期間の持久系運動中において，その一連の運動の終わり直前に，血漿 GH は最高値に達する。そしてその後は横ばい状態になるか，あるいは徐々に低下していく。運動後，成長ホルモンレベルは1〜2時間内に正常化する。

長期的な運動と成長ホルモン分泌——急性と慢性的な運動に対するホルモン反応を評価するためには，回復期，つまりは睡眠時に起こる変化についての考察が必要とされる。実際，定期的に行われる持続的な運動やトレーニングもまた，夜間のパルス状分泌を高める。これについてはハムスター[11]とヒト[46,125]を対象に実証済みである。こうした変化は，Weltman ら[125] が女子ランナーを対象に行った調査において（図8.1参照）明らかなように，トレー

ニング強度の影響を受ける。しかしながら，非常に過酷な運動は，夜間のGH分泌を低下させる[65]。それは,肥満の被験者,鬱病患者及び高年齢者にみられるパターンと似ている[50]。

視床下部―下垂体―甲状腺（HPT）系

　甲状腺は，下垂体前葉から放出される甲状腺刺激ホルモン（TSH）によって刺激され，サイロキシン（T4），及び代謝的に一層活性な3,3',4-トリヨードサイロニン（T3）を生成，放出する。TSH産成は,視床下部の室傍核で合成される甲状腺刺激ホルモン放出ホルモン（TRH）によって刺激される。甲状腺ホルモン（T4とT3）は，TRH及びTSHレベルを正常化するために，視床下部及び下垂体において負のフィードバック作用を行う[87]。加えて，甲状腺ホルモンはソマトスタチンの分泌を刺激し，このことは，視床下部でのTRH分泌を抑制する[99]。

　他の下垂体前葉ホルモンと同様に，血清TSHは，一時的な（パルス状の）変動と，24時間周期変化の両方を示した。健康な被験者の平均TSHのパルス頻度は24時間でおよそ9〜12回である[40]。24時間の分泌パターンは，はっきりとした24時間周期のリズムを示し，それには，夜間におけるTSHパルス幅の増大が伴う。こうした夜間性パルスは，甲状腺機能低下の患者においては鈍くなる[99]。甲状腺機能は，ACTHやグルココルチコイドといった他の様々なホルモンの影響を受ける。グルココルチコイドの薬理学的投与量によってTSH分泌が抑制され，甲状腺機能は低下する[99]。

甲状腺ホルモンの作用——甲状腺ホルモンは，骨格筋を含むほとんど全ての組織に対して重要な作用を及ぼす。甲状腺ホルモンは，熱，及び蛋白質代謝，炭水化物代謝，脂質代謝を調節する。甲状腺ホルモン刺激性による熱産生の増大は，大部分の組織における酸素消費量の増大に反応して起こる。骨格筋における蛋白質合成（例えば，リゾチーム酵素の蛋白質合成）は，血漿T4の緩やかな増加に際して高まる。GHが持つ最大限の成長能力が引き出されるためには，適量の甲状腺ホルモンが必要となる[99]。甲状腺ホルモンは，炭水化物代謝，脂質代謝の全ての側面に影響を及ぼす。こうした影響は，2局面に分けられる（すなわち，用量による）。多量投与によって，エピネフリンのグリコーゲン分解作用及び高血糖作用が高まる。また，少量投与によって，インスリンが存在する場所でのグリコーゲン合成が高められる[99]。

　甲状腺ホルモンの脂質代謝への影響として，合成，代謝，分解が挙げられる。合成より分解の方がより顕著にみられる。甲状腺ホルモンの脂肪分解への影響は，サイクリックAMP系の活性化によって直接的にもたらされるかもしれないし，あるいは，標的細胞が他の脂肪分解因子に対して敏感になるようにすることで間接的にもたらされるかもしれない[99]。甲状腺ホルモンは，筋小胞体のミオシンアイソフォーム[56,58]，Na-K APTase，Ca-ATPチャンネルをコードする遺伝子の発現を制御することで筋収縮に影響を与える[56]。おそらくこうしたメカニズムに従って，甲状腺機能低下及び甲状腺機能亢進のいずれの症状を持つ者においても，身体のパフォーマンスは，極端な低下を示す。実際，甲状腺機能低下の症状を持つ患者の筋肉の活動中には，クレアチンリン酸の割合は減少し，またそのpHの低

下は，健康なコントロール群のそれよりもより激しいのに対して，その安静時の骨格筋においては，無機リン酸とATPの比の増加とピルビン酸の欠損が見出された[57]。

急性運動と甲状腺分泌——甲状腺刺激ホルモン（TSH）の増加を見ても分かるように，急性運動は，ほぼ同時に視床下部―下垂体―甲状腺系を刺激する（図8.2, パネルA参照）[85]。これは，T4からT3への転換の増大という結果を導くであろう。Hackneyらは[46]，運動（90分，70% $\dot{V}O_2max$）後の夜間におけるT4濃度の変化を，対照日と比較して，評価し，そこに，T4の著しい増加を認めた。またごく最近，HackneyとGulledge[45]は，急性な

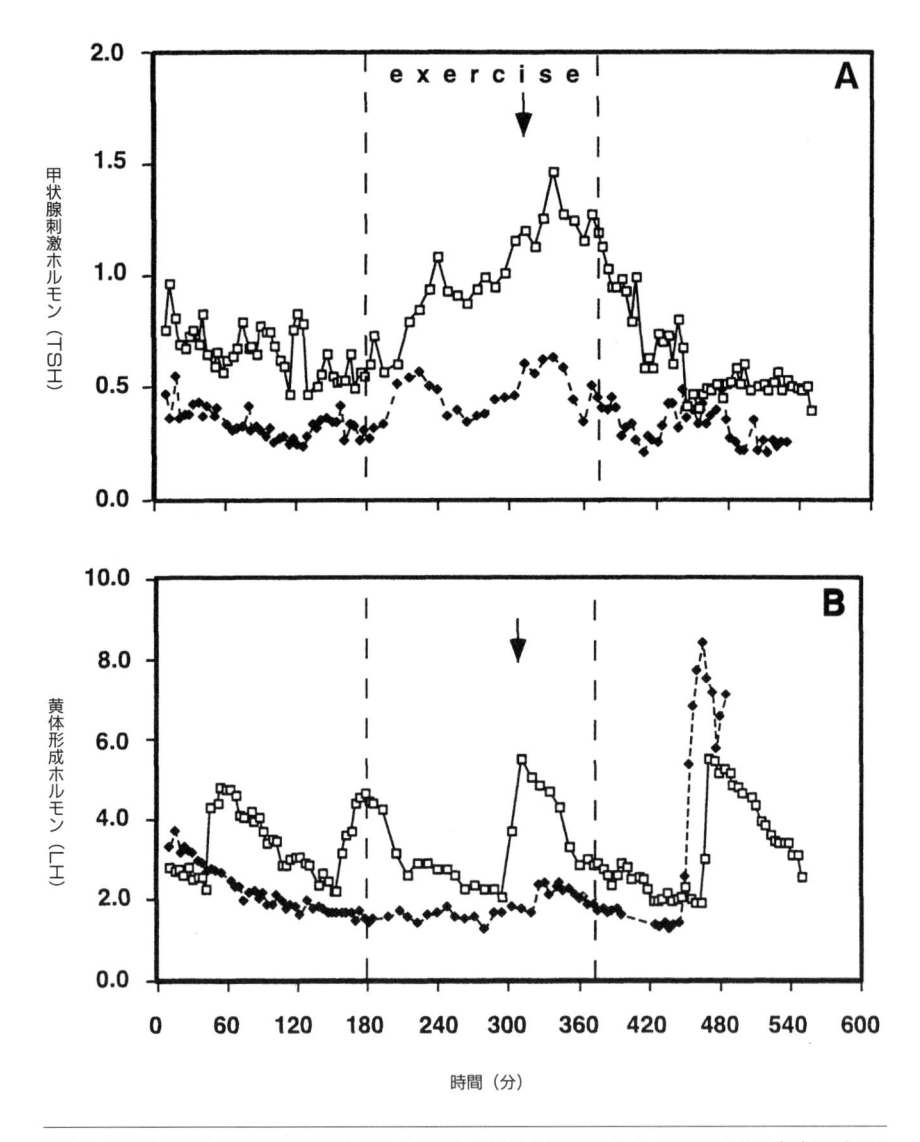

図8.2 2度の連続する月経周期のそれぞれ8日目における女性アスリートのTSH分泌（A）及びLH分泌（B）パターンについて，疲労困ぱいまでの有酸素運動前，中，後に分けて測定した。第1周期（白抜き□）では，被験者は5日間の軽い有酸素走力トレーニング後にテストされた。第2周期（黒塗り■）では，5日間の疲労をきたすトレーニング後に再テストされた。
矢印は運動の終わりを示す。

運動直後，血漿T3レベルがほんの一時的に増加することを発見している。

長期的な運動と甲状腺分泌──BoydenとParameterは[15]，長期的なトレーニングの甲状腺系に対する影響について，17名の女性を対象に研究を行った。トレーニングは1年間かけて，週0マイルから50マイルにまで増やされた。彼らは，走行距離の増加に比例して安静時のTSHレベルが増加することを発見した。しかしながら，TRH刺激によるTSHの反応は，週30マイルの時点で過大になるが，週50マイルの時点では減少していた。このことは，トレーニングストレス量がT4からT3への転換に変化を与えていることを意味するのかもしれない。Loucksらは[76,77]，無月経の競技者に一般に見られる低T3症候群を明らかにしようとした。彼らは，月経周期が正常な女性については，運動それ自体との関連性を見出さなかったが，そこには運動と食事摂取によるエネルギー消費の関係が存在していた。食事摂取が非常に低ければ，被験者は，たった4日間の低エネルギー摂取の後，T3レベルの低下を伴った反応を示した。T4の変化については明確にできなかった。Alen[2]らは，11名の重量挙げ競技者を対象に，1年間に及ぶ筋力トレーニングの期間前，期間中，及び期間後を追跡調査した。彼らは，その1年間に病理学的変化を見出せなかった。しかし，競技大会前の期間における血清T3，血清T4及び遊離T4の緩やかな増加を発見した。トレーニングの強度が高まるが，トレーニング量の減る競技大会前の最後の2週間で，甲状腺ホルモン値はベースラインに戻る。

視床下部─下垂体─副腎（HPA）系

　HPA系は，自律神経系とならんで，身体の最も重要なストレス反応系である。一度ストレッサー（身体運動，精神的ストレス）がある一定の閾値を超えると，脳及び辺縁部位，HPA系，交感神経系といったところで，全身性反応が起こる。中枢ストレス反応系としては，視床下部室傍核やその他の脳の領域に位置するCRHニューロン，青斑，脳幹にある他の中枢交感神経が挙げられる[22]。

　ACTH産生細胞（corticotroph）による分泌には，副腎皮質刺激ホルモン（ACTH）とβ-エンドルフィンが関与する。ヒトの場合，β-リポトロフィン（β-LPH）は，下垂体前葉のACTH産生細胞において，プロオピオメラノコルチン（POMC）から分解後，ACTHと一緒に放出される。その後，β-LPHは，部分的にα-LPH及びβ-エンドルフィンと結合する。β-LPHの大部分は完全な形で残っていることから，β-エンドルフィンの循環レベルが極端に低いことが分かる。

　CRHはACTH及びβ-エンドルフィン分泌における主要な調節因子であるけれども，他の因子もまた，ACTH産生細胞に影響を与える重要な調節因子の役割を果たしている。in vitro及びin vivoでの実験から得られた結果は，AVP，オキシトシン，アンジオテンシンIIもまたACTH産生細胞を刺激する可能性がある，ということを指摘するものである[94]。乳酸でさえHPA系の活性化を可能にする[22]が，ただし，ACTH及びコルチゾル反応は運動中に観察されたものより明らかに鈍い。

　CRH，ACTH，及びその結果として生ずるコルチゾルは，パルス状の日周期的なパター

ンで分泌される。ACTHのパルス頻度は，夜間及び日中においてはむしろ一定である。しかしながら，パルス幅は変化する。分泌のバーストは，睡眠の3〜5時間後にその振幅を増し，覚醒前の数時間から覚醒後1時間くらいの時点で最大になる。そして，その後は減少し，夕方に最低となる[119]。それゆえ，血漿コルチゾル値は覚醒時に最も高く，そして，午後から夕方にかけて低くなり，ノンレム／レム睡眠サイクルの最初の2段階の間に最低値を示す。しかし，その値は，睡眠の後半になると著しく高まってくる[12]。昼食，また時として夕食（特に高蛋白を含むもの）が付加的な分泌を引き起こすこともある[110]。

Kjaerら[66]が行った研究の結果は，活動筋からの求心性神経活動がACTH及びβ-エンドルフィンの分泌を刺激することを指摘している。彼らはまた，この点は，GH，カテコールアミン，インスリンについては当てはまらないことを認めた。彼らは，こうした場合において，脳の運動中枢からの直接的でフィードフォワードによる神経内分泌中枢の刺激は，神経フィードバックよりも重要であることを主張している。

CRH, ACTH, β-エンドルフィン, コルチゾルの作用——CRH, ACTH, β-エンドルフィン，コルチゾルの作用は多様であり，また余りにも広範囲であるために本章において詳細に記述することはできない。よって筆者は，本書の主題に関連するであろう作用について簡潔に論議していこうと思う。

CRHの作用は，その単なる放出因子としての役割をはるかに超えている。CRHは，ストレスに対する（神経）内分泌反応，自律神経反応，および行動反応を統合するとみなされる。おそらくはCRHの作用によって，GH，LH，FSH，それにACTH及びβ-エンドルフィンの分泌が修飾されると考えられている[4]。例えば，CRHは成長ホルモン分泌を変化させ[101]，性腺刺激ホルモンとその結果として生ずる性腺ホルモンの分泌を抑制し[93]，自律神経系を活性化する。しかし，またCRHは，副交感神経系を抑制する[16,17]。このことによって，とりわけ，心拍数の増加及び血圧の上昇という結果がもたらされる。動物実験で示されたように，CRHはまた，おそらく自律神経系の働きによって，気分の状態に対して深遠で用量依存的な影響を与える。こうした影響の範囲は，覚醒から不安，恐怖から鬱病にまで及ぶ[91]。加えて，CRH分子はそれ自体で炎症部位などの末梢組織に強い影響を与え，サイトカイン産生（インターロイキン1）を刺激する[23]。

ACTHの副腎皮質に対する主たる作用は，コルチゾル分泌を，その合成を促すことで高めることである。しかしホルモンもまた，ステロイド合成に影響を与えるLDL受容器を増加させる[89]。ACTHの副腎外での影響には，骨格筋におけるグルコース及びアミノ酸の取り込みの増加と，脂肪細胞における脂肪分解の刺激が含まれる[72]。正常な条件下におけるエネルギー放出に対する量的作用については明らかにされていないが，ACTHや他のホルモンの影響をより多く受けやすいようにトレーニングされた細胞は，激しい運動に伴うACTHレベルの比較的大きな上昇に影響を受けて反応すると我々は仮定している。

β-エンドルフィンの作用もまた中枢性と末梢性に分類することができる。オピオイドは痛みの閾値を高め，錐体外路系の活動に影響を与え，また，行動及び気分の状態と関連性を持つ[100]。HPA系は，GH分泌と違い，抑制性オピオイドコントロールの影響を受けやす

い[42]。加えて,オピオイドのレベルが高くなると,ヒトの副腎髄質機能が抑制される[13]。身体パフォーマンスに影響を与えると考えられるオピオイドのもう一つの末梢性の作用は,換気と心機能に影響を及ぼすことである。Grossmanらは[42],ナロキソンによるμ受容器の遮断が,①著しい換気の上昇,②血漿乳酸,GH,コルチゾル,エピネフリン,ノルエピネフリンの増加,③自覚的運動強度の増大を引き起こすことを証明した。

　グルココルチコイドの影響は,同化作用と異化作用への影響に分けることができる。同化作用への影響として,肝臓における糖新生とグリコーゲン合成の刺激が挙げられる。異化作用への影響としては,末梢組織におけるグルコースの取り込みの低下と,とりわけ骨格筋における蛋白分解の増大が挙げられる。この幾分かは,骨格筋におけるグルココルチコイドとアンドロゲン受容体との競合によって引き起こされているのである。さらに,グルココルチコイドは脂肪細胞における脂肪分解を急激に増大させる。

急性運動とHPAホルモン分泌——十分な強度(最低70% $\dot{V}O_2max$)の急性運動は,その強度に依存して,血漿ACTH,コルチゾル,β-エンドルフィンレベルを著しく上昇させる[34,60,68]。非常に高い強度(すなわち,120% $\dot{V}O_2max$)によって,ACTHは運動後1分間ですでに増加を示し,コルチゾルの増加は,それから一定時間遅れて(すなわち,15分の回復期間後)顕著となる。このことは,ACTH誘発性ステロイド合成の増大を示すものである[19]。血漿β-エンドルフィンの著しい増加は,100 m,1500 m,10000 m走の後に確認された[92]。これは,運動強度及び運動持続時間の両者ともが重要な要因であることを示唆するものである。

長期的な運動とHPAホルモン分泌——同じ相対負荷において,ACTHレベルはトレーニング後に比較的大きく増大するのであるが,身体トレーニング後では標準的な最大下運動に対するACTHの反応(絶対値)は,ラット[122,123]及びヒト[61,68]のいずれにおいても著しく抑制された[61]。横断的研究によって,β-エンドルフィンの最高値はトレーニング後により高くなることが証明された[34]。しかしながらプロスペクティブなトレーニング研究の多くは,トレーニングが,急性運動に対する血漿β-エンドルフィン反応を高める,ということについての確証を得ていない[52,120]。

　CRH刺激に対する反応において,高度にトレーニングされた被験者のACTH及びコルチゾル反応は鈍くなる[78,79]。これは,副腎皮質機能亢進症の状態と類似している。しかしながら,近年,Chrousosは[22],こうした場合においては,CRH以外の因子が,運動によるHPA系の活性化においてかなり重要な役割を果たしていると主張している。彼は,室傍核の小細胞成分によって生成されたバソプレシンがその有力な候補であろうことを指摘する。

　ラットの研究では,運動トレーニングが,様々なストレッサーに対するACTH反応を弱めることも示された。このことは,交差適合が起きたことを示す[90,122]。ただし,これが競技者でも同様に起こるかどうかは明らかでない。

視床下部—下垂体—性腺（HPG）系

　性腺は，黄体形成ホルモン（LH）と卵胞刺激ホルモン（FSH）の協調的作用によって刺激され，アンドロゲン，エストロゲン，プロゲスチンを合成，分泌する。下垂体前葉の性腺は，性腺刺激ホルモン放出ホルモン（GnRH）の制御を受ける。HPG系は，性腺ホルモン（エストロゲン，プロゲスターゲン，アンドロゲン）のフィードバック効果によって調節される。ステロイド受容体は脳の多くの部分にその存在が認められているため[100]，性腺ホルモンは性欲を調節するが，同時に気分の状態にも影響を及ぼす。性腺刺激ホルモンは，律動的，パルス状に分泌される。これは，たいていの場合，視床下部のパルス発生器であるGnRHによって引き起こされる[67]。LHは，律動的なGnRH分泌に続いて，おおよそ90〜120分毎に突発的に分泌される。GnRHの律動性は，ある程度まで内分泌環境に応じて変化する[67]。テストステロン（T）やプロゲステロンはその頻度を減少させる。エストロゲンへの反応に際して，正常な女性はLHを放出するが，男性の場合はそうではない。内因性オピオイドは，月経周期の卵胞期後期及び黄体期中期における視床下部GnRH放出を抑制する[97,104]。このことは，β-エンドルフィンの性腺刺激ホルモン分泌への影響がステロイド環境に左右されることを意味する。

　性腺ホルモンの作用——性腺ホルモンは身体に対して多くの作用を及ぼす。雄と雌のラットを使った実験から，テストステロンが骨格筋のグリコーゲン含量とグルコースの取り込みを増加させることが明らかとなった[8,43,117]。最大下運動中にテストステロンのグリコーゲン節約作用が現れることが，運動中の雌のラットを使った実験で証明された[116]。Van Bredaが行った最近の研究では[115]，テストステロンの作用が，エストラジオールの芳香化によって引き起こされることが証明されている。そのことは，卵巣摘出ラットの運動中に認められるエストラジオール誘発性のグリコーゲン節約の知見を支持する[39]。

　アンドロゲンは，*in vivo*，*in vitro*の両方において，グルココルチコイドを結合させる受容体蛋白質と競合し[80,81]，その結果，グルココルチコイドの筋内での消耗を防ぐ。DohmとLewisは[31]，ラットにおいて，運動誘発性の血漿Tレベル低下が，筋の異化による生成物の排出の増大に付随して起こることを発見した。性腺ホルモンのそうした影響がヒトの被験者にもみられるのかどうかについての研究が現段階では完全に欠落している。Allenbergらによって[3]，テストステロンが，グリコーゲン合成にいくらか影響を及ぼすことが指摘されているが，彼らのデータは（まだ）他の研究者達によって追試されていない。ゆえに，スポーツの練習時にみられたテストステロンとエストラジオール-17βレベルのかなり緩やかな低下が筋代謝に影響するのかどうかについてはまだ解明されていない。

　性腺ホルモンの主たる作用の1つは，気分の状態への影響である。例えば，Coppenらは[24]，子宮を摘出した閉経前の女性が，エストロゲン投与後，気分を高め，活力を取り戻すことを明らかにした。一方，Schiffらは[109]，エストロゲン投与は，平均入眠潜時の短縮とレム睡眠時間の延長に関与し，そして（臨床的な）心理的完全性と睡眠開始時までの潜伏時間との間の正の相関にも関与することを認めた。

急性運動と HPG ホルモン分泌——女性競技者にとって,急性運動は,おそらく運動の持続時間や月経周期の時期に関係なく,血漿エストラジオール,黄体ホルモン,テストステロンを増大させるものであることが明らかとなっている[55,60]。男性において,様々な様式の急性運動（ランニング,ウェイトトレーニング,サイクリング）は,血漿 T レベルの増大を可能にする（Cumming と Wheeler[26] 参照）。ただし,14 分間の全力水泳の場合は例外である。そこでは,血漿 T レベルの完全な低下が観察された[25]。女性競技者と違い,男性競技者の場合,60 分以上持続される運動の実施において,T レベルは,最初の 1 時間で上昇し,その後,そのまま運動が続けば低下すると考えられる[26]。回復段階においてもこの低下は続き,結果として,血漿 T レベルは運動前の数値より低くなってしまう（25〜50%）。

疲労困ぱいに至るまでの長時間運動は,夜間のホルモン分泌及びその結果としての睡眠の蛋白同化作用に影響を及ぼす,ということが明らかにされたといえよう。Kern ら[65]は,トライアスロンの競技者を対象に行った実験において,次のことを明らかにした。すなわち,トライアスロンの競技者は,（耐え難い苦痛を引き起こす）120〜150 km の自転車の練習を行った場合に,運動を行わないコントロール群,あるいは運動による苦痛が少ない日と比較して血漿テストステロンが夜間を通して減少し,その一方で,睡眠の前半でコルチゾルレベルが上昇し,睡眠の後半でコルチゾル分泌が低下した。しかしながら,血漿性腺ホルモンの変化は,ほとんどの場合,一過性で推移的である。すなわち,それは,疲労困ぱいをもたらすような運動の数時間後から 2,3 日までの間に基準値に戻るのである。

急性運動に誘発される血漿性腺ホルモンの変化のメカニズムには,幾分男女間で違いがあるようである。こうした変化は,エストラジオールと黄体ホルモンに関しては,代謝クリアランス率の低下によって説明される[63]。なぜなら,LH 分泌における変化が観察されないか,あるいは,性腺ホルモンの増加が LH 増加に先行するかであるからである[55]。またこのメカニズムは,テストステロンに対しても作用する。しかし,同時に,女性競技者においては副腎での分泌の増加が伴う[60]。男性競技者にみられるテストステロンの減少は,（とりわけ）カテコールアミン誘発性の精巣血流の低下によって説明可能であろう（Cumming と Wheeler[26] 参照）。

長期慢性的な運動と HPG ホルモン分泌——激しい運動,特に持続的なトレーニングの HPG 系への影響については,広く女性を対象に研究されてきた（Bonen[9],Keizer と Rogol[64] の最近の総説参照）。発症率は当初から考えられてきたものと比べるとかなり低いものの,稀発月経,無月経,黄体期の欠損や無排卵周期症が起こっている[10,103]。対照的に,長期的な激しい身体トレーニングは,トレーニングに携わる前からその月経周期が正常であったことが認められる女性に対しては,月経周期に関わる病的変化を引き起こすことはなく,HPG 系におけるわずかな変化を誘発するだけであった[14,60,61]。特にトレーニングへの適応段階の期間,すなわち,トレーニングの最初の 4 カ月間において,LH のパルス状の変化が観察された[103]。

男性競技者にみられる,激しいトレーニングの血漿テストステロンレベルに対する影響についての有効なデータには幾分かの矛盾がある。レトロスペクティブな研究及びプロス

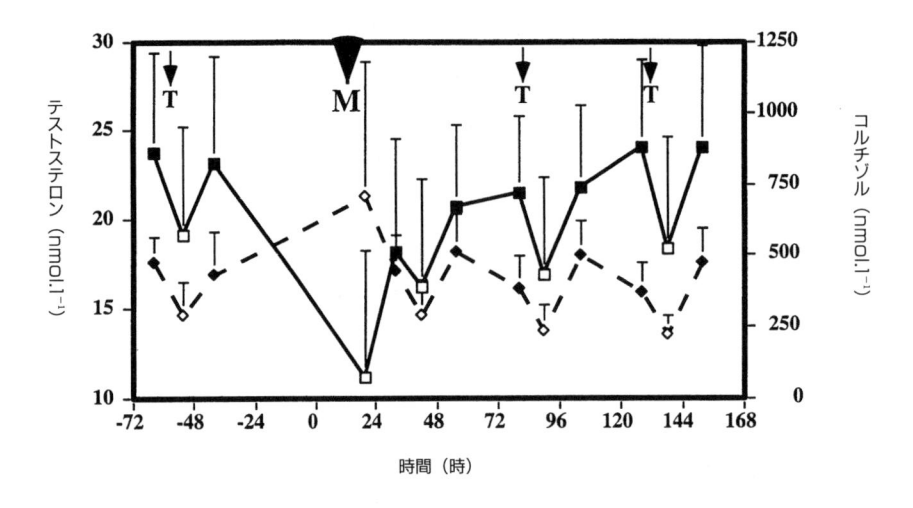

図8.3 25名の男性ランナーの，マラソン（M）前後における血漿テストステロン（実線——），コルチゾルレベル（ダッシュ線----）。被験者は，マラソン前後（矢印↓）に漸増トレッドミルを疲労困ぱいするまで行う。時間は，マラソン当日を起点に（0＝正午），マラソン前後の時刻を示す。■＝午前8時から10時の間にとったサンプル。□＝午後5時から6時の間にとったサンプル。T＝疲労困ぱいまでの漸増トレッドミルテスト。
Keizerら1987のデータに基づく。

ペクティブな研究ともに，単回あるいは連続的な血液サンプリングを用いて，激しい運動トレーニング（ランニング，サイクリング，ローイング）が，安静時の遊離及び総テストステロン濃度の低下を引き起こすことを明らかにしている[44,47,48,82,126]。しかしながら，我々は，厳密に標準化された視点を持って2年間にも及ぶ研究を行ったが，こうした結果を確証づけることはできなかった[59]。我々はこの研究で，テストステロンレベルを正常化すると考えられる回復トレーニングを行った週明けに，被験者を再検査した（図8.3参照）。

オーバーリーチングあるいはオーバートレーニングにおける神経内分泌系の関与

　これまで述べてきた内容から，神経内分泌系は身体運動を含むあらゆる種類のストレスに関与するということが明らかにされたといえよう。HPGH，HPT，HPA，HPG系の異常は，実際，重度のホルモン欠乏が起こることで，気分的状態，筋代謝及び筋収縮に多大な影響を及ぼす。しかしながら，単にトレーニングのみの影響によって神経内分泌系が異常となるのか，ということについての証明はできるのか？　また，競技者に見出されるようなかなり緩やかな変動でも，同様な変化を導き出すことができるのか？　本項では，有用な文献を再検討するとともに，神経内分泌系の異常をもたらす様々な因子を分離して考察していく。

　神経内分泌系のオーバートレーニングへの影響についての第一の証明は，Barronら[7]による研究結果によって示される。彼らの研究は，オーバートレーニング症候群と診断され

た6名というわずかな被験者（男性のマラソンランナー）を対象に行われたものであるが，この症候群を理解するための糸口を我々に初めて提供してくれた。彼らは，インスリン誘発性低血糖後における，GH，ACTH，コルチゾル反応の鈍化を発見した。興味深いことに，TRHやLHRHへの反応は正常であった。これは(彼らによれば)，機能不全が視床下部のレベルで起こったことを証明するものである。オーバートレーニング症候群に対するトレーニング量あるいはトレーニング強度の厳密な影響については残念ながら解明されていない。なぜなら，トレーニング量の変化及びその他考えられ得るストレッサーについての詳細情報が，Barronらの研究には欠けているからである。

Adlercreutzら[1]は，遊離テストステロン（FT）のコルチゾル（C）に対する比率がランナーのパフォーマンス障害と相互に関連して低下することを明らかにした。彼らは，FT/C比率の低下が運動後における蛋白同化作用の過程を阻害し，そしてそれによって回復が遅れることを仮定している。同様な結果を報告している研究者らもいれば[102]，持続型競技者やパワー系競技者といった様々なタイプに見られるオーバートレーニングの初期的指標としてのFT/C比の妥当性を確証できない研究者らもいる[49,73,114,121,128]。この矛盾は，次のいくつかの点によって説明がなされるであろう[103]。すなわち，HPG系のストレスに対する抵抗によって，睡眠中にかなり微妙な変化が起こっているにもかかわらず，1つの血液サンプルのみに依存すればその変化を見失うであろう事実と[46,65]，血漿テストステロンレベルが，正午の値に比べ，午後遅い時間から夕方にかけておよそ25%低くなるために，正常な概日リズムを考慮に入れなかったことによる[41]。したがって，我々は，性腺ホルモンの減少は，オーバートレーニングの徴候というよりは，むしろそれ以前から実施していたトレーニングによる現実的な生理的緊張の徴候であるとみる方が妥当であろうと考えるUrhausenら[113]に同意する。

オーバートレーニングのパラメーターを検出するための方法である血液サンプリングの方法論的問題に加えて，様々な横断的研究の妥当性にも疑問が付されよう。加えて，こうした研究においては，トレーニングの強度，量，頻度についての正確な情報が記述されていない。しかし，近年，Lehmannら[74]は，プロスペクティブな研究において，オーバートレーニングの原因因子としてのランニングトレーニング強度と量を分離して考察するという試みを行った。彼らは，3週間の間に，あるグループに対しては，トレーニング強度を2.5倍にした高強度のランニングを与え，そしてもう一方のグループに対しては1週間のトレーニング量を2倍に増やした。トレーニング量のみを増やした後では，血漿Tと遊離型Tは変化しなかったが，安静時及び運動時における血漿コルチゾルレベルの低下が認められた。CRHによる血漿ACTH及びコルチゾルの反応は興味深い。オーバートレーニング状態と比較して，ベースラインACTHレベル及びCRHにおける反応はより低く，コルチゾル反応はより高い。彼らはまた，β-エンドルフィンレベルが，ACTHに類似していることから，安静時において上昇するであろうことをほぼ事実として仮定した。そのことはつまり，本章で議論してきたように，性腺刺激ホルモン放出の抑制を説明するものである。

一般的な疲労困ぱいをもたらすトレーニングとそうでないトレーニングに対する性腺ホルモン，コルチゾル，β-エンドルフィンの反応を評価するため，我々は12名の男性ランナ

ーを対象としてプロスペクティブな研究を行った(Keizer ら，未発表データ)。被験者に対して，8日間隔で3度，すなわち，軽いトレーニング（LiTr）の期間後，非常に強度の高いトレーニング（ITr）の期間後，そして再び軽いトレーニング及び回復期（RecTr）後に実験が行われた。トレーニングの中心（ウォームアップとクールダウンは含まれない）は，厳密に標準化された1時間のランニングであった。それは，強度の低いもの（LiTr 及び RecTr 期における 60% $\dot{V}O_2max$ の持久走）か，あるいは，強度の高いトレーニングを併用したもの（ITr 期。60% $\dot{V}O_2max$ を 95〜110% $\dot{V}O_2max$ にする）かのいずれかであった。FT/C 比は，高強度トレーニング期間後も変化しないという結果だった。実際は，FT/C 比は，血漿 C レベルの著しい低下のために高まった。言うまでもなく，12 名の被験者のうち 5 名はオーバーリーチングの症状（トレーニング意欲の欠如，トレーニング負荷を消化することが不可能，睡眠障害，無気力，絶え間ない疲労感）を訴えた。しかし ITr 後のパフォーマンス低下を示したのはそのうちの 2 名のみであった。5 名のランナーすべてが，第 3 段階における軽いトレーニングプログラムに深刻な問題をかかえていたということは着目すべき点である。被験者の一人（JS）については，激しいトレーニングに対する反応が常軌を逸脱していた。彼は実験室に入ってきた時，見た目にも非常に疲れており，テストの準備に要された 2 時間の間ずっと眠気を感じていた。しかしながら，彼の場合，疲労困ぱいするまでの走行時間は，軽いトレーニング期間中のそれよりも長くなっていた（1.5 分）。回復期間中，彼は（非常に低いトレーニング負荷にもかかわらず）ますます疲労し，そのパフォーマンスは予想以上に低下した。実際，彼の走行時間は，第一段階の軽いトレーニング期間後よりも 2.3 分短くなっていた。彼の正常なパフォーマンスレベルは，5 週間ほどの軽いトレーニングの後，元に戻った。つまり，この被験者は，確実にオーバートレーニングであったのである。

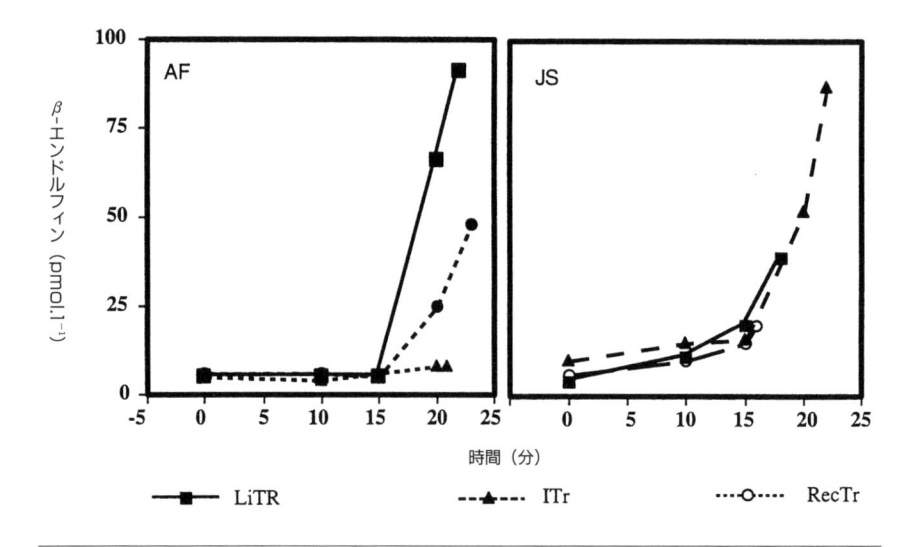

図 8.4 3週間の連続トレーニング後における 2 名の男性ランナーの，疲労困ぱいまでの漸増トレッドミルランニングに対する血漿 β-エンドルフィンの反応。トレーニング強度は，第 1 週（LiTR）及び第 3 週（RecTr）で低く，第 2 週（ITr）で非常に高い，トレーニング量は一定。

グループ全体について考察してみると，活動時における血漿β-エンドルフィン反応のわずかな減退がみられた。しかし，オーバーリーチング状態の競技者は，激しいしかも困難を伴うトレーニング週間を終えた後，（驚くべきことに）標準的なトレッドミルランニングに対するβ-エンドルフィン反応の鈍化を示した（図8.4参照）。JSの運動誘発性β-エンドルフィンレベルは，回復期においても低いままであった。こうした結果は予備的なものとして考察されるに違いないが，競技者の訴える深刻な疲労感と集中力の欠如は，エンドルフィン放出の減退と関連性を持つということが，この結果から読み取れよう。

こうした結果はRussellらが示した調査結果と対照的なように思われる。Russellら[105]は，3カ月間にわたりほぼ3倍に近いトレーニング量をこなした後の若い女性水泳競技者において，安静時のβ-エンドルフィンレベルが低下ではなく上昇していることを見出した。彼らは，被験者全員が稀発月経になったという理由から，こうしたエンドルフィンレベルの上昇によって下垂体LH分泌が抑制されるであろうとの仮説を提示した。残念ながら，トレーニングに関する情報は乏しい。それゆえ，我々は，正常月経の競技者を対象に，非常に高強度の標準的なトレーニングと，低強度のトレーニングのHPG系に対する影響をさらに評価することを試みた。我々は，①3倍のトレーニングを1週間行った後[62]，あるいは，②連続する2回の月経周期期間において，トレーニング量を減らさず，トレーニング強度を高めた（60% $\dot{V}O_2max$ から80〜90% $\dot{V}O_2max$）後，の血漿LH反応を調査した（Platen，未発表データ）。最初の実験では，被験者は極度に疲労を感じていた。通常のトレーニング後あるいは1週間の非常に疲労困ぱいするトレーニングの後において，被験者のLH分泌を，運動の3時間前及び3時間後に調べた。結果，LHパルスの変化はなかったが，LH振幅については6名の被験者すべてに著しい縮小が見出された（表8.1）。

第二の実験では，2回の月経周期に対して，2日目から7日目のトレーニングの強度に差異が設けられた。最初の月経周期においては，血中乳酸を頻繁に測定することで調整しながら，トレーニング強度を低いまま（血中乳酸 2.5 mmol/L）に保った。一方，第2周期においては，被験者はより無酸素性の強いトレーニング（血中乳酸 6〜8 mmol/L）を行った。8日目，彼女たちは疲労困ぱいするまで（65% $\dot{V}O_2max$）電動式トレッドミルで走った。LHを測定するため血液は，運動の3時間前及び3時間後では4分毎に，運動中は8分毎に

表 8.1 疲労困ぱいをきたす急性自転車エルゴメーター運動およびトレーニングが6名の正常月経女性のLH分泌パターンに与える影響

条件	パルス／3時間		パルス／振幅 (IU/L)	
	前	後	前	後
ノーマルトレーニング	2.86	2.66	2.90	1.66[a]
（±SD）	0.88	0.99	1.57	0.67
疲労困ぱいをきたすトレーニング	2.77	1.59[a]	0.65[b]	0.81
（±SD）	1.85	1.23	0.29	0.59

[a] 運動前後間における有意差 ($p<.02$)
[b] N，E間における有意差

採取された。そこでみられた反応は一様ではなかったが，しかし，LH のパルスの異常が被験者のうち 5 名において認められた(図 8.2，パネル B 参照)。グループ全体において，微妙ではあるがしかしはっきりと血漿コルチゾルレベルの上昇が観察されたのに対して，血漿エストラジオールレベルはこれら 5 名の被験者においてのみ低下した。LH 振幅の縮小は，下垂体の LH 含量の減少によるものなのか，あるいは，GnRH 分泌の低下によるものなのかという点をこうした結果から導き出すことはできない。ただし，前者の仮定に対する証明は，Boyden ら[14]の研究結果によって示されている。彼らは，黄体形成ホルモン放出ホルモン（LHRH）注射後に見られる LH 分泌のトレーニング量に応じた低下について明らかにした。

トレーニング誘発性月経周期異常に影響を与えると考えられる別の因子として，脳におけるカテコールエストロゲン (CE) 形成の増大が挙げられる。ラットにおいては，注射後 60 分から 120 分でカテコールエストロゲンが FSH ではなく血漿 LH を低下させるが[5]，その一方で，エストロゲンの 2 位水酸化及び 4 位水酸化による CE 形成が，エストロゲン代謝経路となる[6]。10 代の水泳選手について，Russel ら[105]は次の点を明らかにした。トレーニング量を 70％増大すると，それに伴って安静時の血漿 CE（と β-エンドルフィン）レベルは 2.5 倍増となり，すべての水泳選手が稀発性月経となった。彼らによれば，CE 形成の生理学的役割は，運動中に CE の分解速度が低下することによって，視床下部におけるこれら重要な物質の有用性が高まるのである。運動誘発性月経異常の発症において CE の役割について，De Cree はさらに進んで論議した[29]。また，ごく最近，CE の役割についてさらに進んだ検証がなされた[30]。この後者の研究では，正常月経の女性が，連続した 3 回の月経周期の 2～7 日に厳密に標準化されたトレーニングを行った。トレーニングは強度の低いものか（第 2 月経周期）あるいは非常に強度の高いものか（第 3 月経周期）のいずれかであった。これによって，遊離型エストロゲンの総量の非常に著しい低下と，エストロゲン/2-ヒロドキシン-カテコールエストロゲン値の増大という結果が導かれた。

様々な視床下部―下垂体系の分泌が変化するメカニズムについてその一致をみるのは困難である。また，Adlecreutz ら[1]が打ち立てた仮説には引きつけられるものがあるが，疑問も残る。循環血液中のストレスホルモンの増加が，回復期における回復速度や回復にかかる時間に影響を与えることは否定できない[106,107]。グルココルチコイドや性ステロイドは，多くの組織，とりわけ骨格筋に対して，それぞれが異化作用，同化作用に影響を及ぼす。グルココルチコイドの長時間の暴露は，細胞膜におけるコルチゾル受容体をダウンレギュレーションするであろう。それは，おそらく CRH 分泌の高まりによって[101]，HPA 系の抑制を除去し[106,107]，GH 放出を抑制するのである[75]。しかしながら，これまで論議してきたように，ある一定時間の激しいトレーニングがコルチゾル，β-エンドルフィン，成長ホルモンの血漿レベルに及ぼす影響は，決して競技者に一貫して見出されるわけではない。しかしながら，ストレッサーの組み合わせが害を及ぼす可能性を持つことは明らかである。例えば，エネルギーの欠乏と激しい運動が重なることで，血漿成長ホルモンレベル低下が起こり得る。それについては，ラット[43]及びヒト[18,127]双方において実証されている。

激しい運動やトレーニングの神経内分泌系への影響や，神経内分泌系のオーバーリーチ

ングやオーバートレーニングへの関与について簡潔に述べることは非常に困難である。なぜなら，このテーマに焦点を当てた研究から導き出された結果は，決して一致しているとはいえないからであり，また，現実的にみて，明らかな論拠を導くために充分に設えられたプロスペクティブな研究がわずかしかないからである。しかしながら，気分の状態の変化，睡眠障害，回復速度の変化，長期的な疲労感，生殖状態における変化は，すべて，視床下部からの出力の連続した変化を伴う脳のある特定部分における適応不全を示すものである。こうした変化は，Chaouloffが述べるように，神経伝達物質代謝における運動誘発性の変化によって引き起こされる[21]。ごく最近，Meeusenら[84]は，マイクロダイアリシス法を用いて，意識のあるラットの線条体におけるNEとDAの細胞外含量が明らかに運動の影響で増加すること，そしてGABAについてはそうではないことを報告した。トレーニングはNE及びDAの安静レベルの劇的な低下を引き起こす。しかし，運動中のパーセンタイルの増加率は変動しないままであった。このことは，これら神経伝達物質に対する受容体感度の増大を示すものである。そして，この受容体感度の増大によって，トレーニング後に低下した血漿ACTH反応を説明することができるであろう。逆に言えば，鬱病患者やおそらくはオーバートレーニングの競技者においては，こうした神経伝達物質に対する感度の低下が起こっているか，あるいは，産生速度が低下しているかである。また別の見方をすれば，これによって，GH，LH，β-エンドルフィン，TSHレベルの低下も説明されよう。なぜなら一般にこうした神経伝達物質は興奮性のものだからである。加えて，β-エンドルフィンレベルの低下は，GH放出刺激の低下に伴って起こる[88]。こうした影響は明らかに睡眠中に起こるため，トレーニング誘発性及びオーバートレーニング誘発性神経内分泌系の変化についてより深く洞察するためには，血液サンプリングを長期間採取することが必要不可欠である。

　結論として，我々は，神経内分泌系とオーバートレーニングに関して次のような仮説を提示する。第一に，オーバートレーニングは，視床下部及び脳中枢のレベルにおいて発症する。神経伝達物質含量や受容体感度における変化は，トレーニングの適応及び不適応の双方において重要な役割を果たすと考えられる。第二に，急性運動に対するストレスホルモンの反応の鈍化によって，疲労感，痛みの知覚の鈍化，及び気分の状態が解釈される。この状況が，神経内分泌系の他の疾患に先んじて起こるかどうかについては解明されていない。第三に，T/C比がオーバーリーチングあるいはオーバートレーニングの初期的な指標として有効であるということの確証は得られていない。第四に，激しいトレーニング期間中の睡眠時にみられる軽度の副腎皮質機能亢進症はCRH分泌状態の高まりによって引き起こされる可能性が極めて強い。そして最後に，オーバーリーチングやオーバートレーニングは，時系列に沿った事象がたくさんあることによって特徴づけられる。時間的な順序を見出すためには，神経内分泌系の乱れのメカニズムを解明するための長期的な観察時間とプロスペクティブな研究構想が必要である。（秋本崇之・赤間高雄・津内　香・河野一郎）

参考文献

1. Adlercreutz, H., M. Harkonen, K. Kuoppasalmi, H. Näveri, I. Huhtaniemi, H. Tikkanen, K. Remes, A. Dessypris, J. Karvonen. 1986. Effect of training on plasma anabolic and catabolic steroid hormones and their response during physical training. *International Journal of Sports Medicine* 7: S27-28.
2. Alen, M., A. Pakarinen, K. Hakkinen. 1993. Effects of prolonged training on serum thyrotropin and thyroid hormones in elite strength athletes. *Journal of Sports Science* 11: 493-497.
3. Allenberg, K., N. Holmquist, S.G. Johnson, P. Bennet, J. Nielsen, H. Galbo, N.H. Secher. 1983. Effect of exercise and testosterone on the active form of glycogen synthase in human skeletal muscle. In *Biochemistry of exercise*, eds. H.G. Knuttgen, J,A. Vogel, J. Poortmans, 625-630. Champaign, IL: Human Kinetics.
4. Almeida, O.F., A.H. Hassan, F. Holsboer. 1993. Intrahypothalamic neuroendocrine actions of corticotropin-releasing factor. *Ciba Foundation Symposium* 172: 151-169.
5. Ball, P., G. Emons, R. Knuppen. 1982. Importance of catecholestrogens in the regulation of the ovarian cycle. *Archives of Gynecology* 231: 315-320.
6. Ball, P., R. Knuppen. 1980. Catecholestrogens (2-and 4-hydroxyoestrogens): chemistry, biogenesis, metabolism, occurrence and physiological significance. *Acta Endocrinology (Copenhagen)* 93 Supplement 232: S1-128.
7. Barron, J.L., T.D. Noakes, W. Levy, C. Smith, R.P. Millar. 1985. Hypothalamic dysfunction in overtrained athletes. *Journal of Endocrinology and Metabolism* 60: 803-806.
8. Bergamini, E. 1974. Different mechanisms in testosterone action on glycogen metabolism in rat perineal and skeletal muscles. *Endocrinology* 96: 77-84.
9. Bonen, A. 1994. Exercise-induced menstrual cycle changes : a functional, temporary adaptation to metabolic stress. *Sports Medicine* 17: 373-392.
10. Bonen, A., S.M. Shaw. 1995. Recreational exercise participation and aerobic fitness in men and women : analysis of data from a national survey. *Journal of Sports Science* 13: 297-303.
11. Borer, K.T., D.R. Nicoski, V. Owens. 1986. Alteration of pulsatile growth hormone secretion by growth-inducing exercise : involvement of endogenous opiates and somatostatin. *Endocrinology* 118: 844-850.
12. Born, J., W. Kern, K. Bieber, G. Fehm-Wolfsdorf, M. Schiebe, H.L. Fehm. 1986. Night-time plasma cortisol secretion is associated with specific sleep stages. *Biology of Psychiatry* 21: 1415-1424.
13. Bouloux, P.G.M., A. Grossman, S. Al-Damluji, T. Bailey, G.M. Besser. 1986. Enhancement of the sympathoadrenal response to dold-pressor test by naloxone in man. *Clinical Science* 69: 365-368.
14. Boyden, T.W., R.W. Parameter, P.R. Stanforth, T.C. Rotkis, J.H. Wilmore. 1984. Impaired gonadotropin responses to gonadotropin-releasing hormone stimulation in endurance-trained women. *Fertility and Sterility* 41: 359-363.
15. Boyden, T.W., R.W. Parameter. 1985. Exercise and the thyroid. In *Exercise endocrinology*, eds. K. Fotherby, S.B, Pal. Berlin: Walter de Gruyter.
16. Brown, M.R., L.A. Fisher, J. Rivier, J. Spiess, C. Rivier, W. Vale. 1982. Corticotropin-releasing factor : effects on the sympathetic nervous system and oxygen consumption. *Life Science* 30: 207-210.
17. Brown, M.R., L.A. Fisher, J. Spiess, C. Rivier, J. Rivier, W. Vale. 1982. Corticotropin-releasing factor : actions on the sympathetic nervous system and metabolism. *Endocrinology* 111: 928-931.
18. Bullen, B.A., G.S. Skrinar, I.Z. Beitins, D.B. Carr, S.M. Reppert, C.O. Dotson, M.M. Fencl, E.V. Gervino, J.W. McArthur. 1984. Endurance training effects on plasma hormonal responsiveness and sex hormone excretion. *Journal of Applied Physiology* 56: 1453-1463.

19. Buono, M.J., J.E. Yeager, J.A. Hodgdon. 1986. Plasma adrenocorticotropin and cortisol responses to brief high-intensity exercise in humans. *Journal of Applied Physiology* 61: 1337-1339.
20. Challis, J.R.A., B. Crabtree, E.A : Newsholme. 1987. Hormonal regulation of the rate of the glycogen/glucose-1-phosphate cycle in skeletal muscle. *Biochemistry Journal* 163: 205-210.
21. Chaouloff, F. 1989. Physical exercise and brain monoamines : a review. *Acta Physiologica Scandinavica* 137: 1-13.
22. Chrousos, G.P. 1992. Regulation and dysregulation of the hypothalamic-pituitary-adrenal axis. In *Endocrinology and metabolism clinics of North America*, ed. J.D. Veldhuis. Philadelphia: W.B. Saunders.
23. Chrousos, G.P., P.W. Gold. 1992. The concepts of stress and stress system disorders: overview of behavioral and physical homeostasis. *Journal of the American Medical Association* 267: 1244-1252.
24. Coppen, A., M. Bishop, R.J. Beard, G.J. Barnard, W.P. Collins. 1981. Hysterectomy, hormones, behaviour : a prospective study. *Lancet* 1: 126-128.
25. Cumming, D.C., S.R. Wall, H.A. Quinney, A.N. Belcastro. 1987. Decrease in serum testosterone levels with maximal intensity swimming exercise in trained male and female swimmers. *Endocrine Research* 13: 31-41.
26. Cumming, D.C., G.D. Wheeler. 1994. Exercise, training, and the male reproductive system. In *Physical activity, fitness, and health*, eds. C. Bouchard, R.J. Shephard, T. Stephens, 980-992. Champaign, IL: Human Kinetics.
27. Dawson-Hughes, B., D. Stern, J. Goldman, S. Reichlin. 1986. Regulation of growth hormone and somatomedin-C secretion in postmenopausal women : effect of physiological estrogen replacement. *Journal of Clinical Endocrinology and Metabolism* 63: 424-432.
28. De Boer, H., G.J. Blok, E.A. Van der Veen. 1995. Clinical aspects of growth hormone deficiency in adults. *Endocrinology Reviews* 16: 63-86.
29. De Cree, C. 1990. The possible involvement of endogenous opioid peptides and catecholestrogens in provoking menstrual irregularities in women athletes. *International Journal of Sports Medicine* 11: 329-438.
30. De Cree, C., H.A. Keizer, P. Ball, K. Mannheimer, G. Van Kranenburg, P. Geurten. In press. Menstrual cycle-related plasma 2-hydroxy-catecholestrogen responses to short-term submaximal and maximal exercise. *Journal of Applied Physiology*.
31. Dohm, G.L., T.M. Louis. 1978. Changes in androstenedione, testosterone and protein metabolism as a result of exercise. *Proceedings of the Society of Experimental Biology and Medicine* 158: 622-625.
32. Evans, R.M. 1988. The steroid and thyroid receptor superfamily. *Science* 240: 889-895.
33. Fain, J.N., R. Saperstein. 1970. The involvement of RNA synthesis and cyclic AMP in the activation of fat cell lipolysis by growth hormone and glucocorticoids. *Hormone and Metabolism Research* 2: 20-27.
34. Farrell, P.A., M. Kjaer, F.W. Bach, H. Galbo. 1987. Beta-endorphin and adrenocorticotropin response to supramaximal treadmill exercise in trained and untrained males. *Acta Physiologica Scandinavica* 130: 619-625.
35. Finkelstein, J.W., H.P. Roffwarg, R.M. Boyar, J. Kream, L. Hellman. 1972. Age related change in twenty four hour spontaneous secretion of growth hormone. *Journal of Clinical Endocrinology and Metabolism* 38: 519-524.
36. Fry, R.W., A.R. Morton, D. Keast. 1991 . Overtraining in athletes : an update. *Sports Medicine* 12: 32-65.
37. Fryburg, D.A., E.J. Barrett. 1993. Growth hormone acutely stimulates skel-etal muscle but not whole-body protein synthesis in humans. *Metabolism* 42: 1223-1227.
38. Fryburg, D.A., R.A. Gelfland, E.J. Barret. 1991. Growth hormone actually stimulates forearm

muscle protein synthesis in normal humans. *American Journal of Physiology (Endocrinology and Metabolism)* 260: E499-504.
39. Gorski, J., B. Staniciewicz, R. Brycka, K. Kiczka. 1976. The effect of estradiol on carbohydrate utilization during prolonged exercise in rats. *Acta Physiology (Poland)* 27: 361-367.
40. Greenspan, S.L., A. Klibanski, D. Schoenfeld, E.C. Ridgway. 1986. Pulsatile secretion of thyrotropin in man. *Journal of Clinical Endocrinology and Metabolism* 63: 661-668.
41. Griffin, J.E., J.D. Wilson. 1992. Disorders of the testis and the male reproductive tract. In *Williams textbook of endocrinology*, eds. J.D. Wilson, D.W. Foster, 799-852. Philadelphia: W.B. Saunders.
42. Grossman, A., P. Bouloux, P. Price, P.L. Drury, K.S. Lam, T. Turner, J. Thomas, G.M. Besser, J. Sutton. 1984. The role of opioid peptides in the hormonal responses to acute exercise in man. *Clinical Science* 67: 483-491.
43. Guezennec, C.Y., P. Ferre, B. Serrurier, D. Merino, P.C. Pesquies. 1982. Effects of prolonged physical exercise and fasting upon plasma testosterone level in rats. *European Journal of Applied Physiology* 49: 159-168.
44. Hackney, A.C. 1989. Endurance training and testosterone levels. *Sports Medicine* 8: 117-127.
45. Hackney, A.C., T. Gulledge. 1994. Thyroid hormone responses during an 8-hour period following aerobic and anaerobic exercise. *Physiology Research* 43: 1-5.
46. Hackney, A.C., R.J. Ness, A. Schrieber. 1989. Effects of endurance exercise on nocturnal hormone concentrations in males. *Chronobiology International* 6: 341-346.
47. Hackney, A.C., W.E. Sinning, B.C. Bruot. 1990. Hypothalamic-pituitary-testicular axis function in endurance trained males. *International Journal of Sports Medicine* 11: 298-303.
48. Hackney, A.C., W.E. Sinning, B.C. Bruot. 1988. Reproductive hormonal profiles of endurance-trained and untrained males. *Medicine and Science in Sports and Exercise* 20: 60-65.
49. Hakkinen, K., A. Pakarinen, M. Alen, H. Kauhanen, P.V. Komi. 1987. Relationships between training volume, physical performance capacity, serum hormone concentration during prolonged training in elite weight lifters. *International Journal of Sports Medicine* 8: S61-65.
50. Hartman, M.L., A. Iranmanesh, M.O. Thorner, J.D. Veldhuis. 1993. Evaluation of pulsatile patterns of growth hormone release in humans: a brief review. *American Journal of Human Biology* 5: 603-614.
51. Hodin, R.A., M.A. Lazar, B.I. Wintman, D.S. Darling, R.J. Koening, P.R. Larsen, D.D. Moore, W.W. Chain. 1989. Identification of a thyroid hormone receptor that is pituitary-specific. *Science* 244: 76-79.
52. Howlett, T.A., S. Tomlin, L. Ngahfoong, L.H. Rees, B.A. Bullen, G.S. Sknnar, J.W. McArthur. 1984. Release of beta endorphin and met-enkephalin during exercise in normal women: response to training. *British Medical Journal of Clinical Research and Education* 288: 1950-1952.
53. Jiang, B., R. R. Roy, C. Navarro, V. R. Edgerton. 1993. Absence of a growth hormone effect on rat soleus atrophy during a 4-day spaceflight. *Journal of Applied Physiology* 74: 527-531.
54. Jorgensen, J.O., L. Thuesen, J. Muller, P. Ovesen, N.E. Skakkebaek, J.S. Christiansen. 1994. Three years of growth hormone treatment in growth hormone-deficient adults: near normalization of body composition and physical performance. *European of Journal of Endocrinology* 130: 224-228.
55. Jurkowski, J.E., N. L. Jones, W. C. Walker. 1978. Ovarian hormone response to exercise. *Journal of Applied Physiology* 44: 109-114.
56. Kaminsky, P., M. Klein, M. Duc. 1993. Control of muscular bioenergetics by the thyroid hormones. *Presse Medicale* 22: 774-778.
57. Kaminsky, P., B. Robin Lherbier, F. Brunotte, J.M. Escanye, P. Walker, M. Klein, J. Robert, M. Duc. 1992. Energetic metabolism in hypothyroid skeletal muscle, as studied by phosphorus magnetic resonance spectroscopy. *Journal of Clinical Endocrinology and Metabolism* 74: 124-129.
58. Katzeff, H.L., K.M. Ojamaa, I. Klein. 1994. Effects of exercise on ptotein synthesis and myosin

heavy chain gene expression in hypothyroid rats. *American Journal of Physiology (Endocrinology and Metabolism)* 267: E63-E67.
59. Keizer, H., G.M.E. Janssen, P. Menheere, G. Kranenburg. 1989. Changes in basal plasma testosterone, cortisol, dehydroepiandrosterone sulfate in previously untrained males and females preparing for a marathon. *International Journal of Sports Medicine* 10: 139-145.
60. Keizer, H.A., H. Kuipers, J. de Haan, L. Habets. 1987. Multiple hormonal responses to physical exercise in eumenorrheic trained and untrained women. *International Journal of Sports Medicine* 8: 139-150.
61. Keizer, H.A., H. Kuipers, J. de Haan, G.M. Janssen, E. Beckers, L. Habets, G. van Kranenburg, P. Geurten. 1987. Effect of a 3-month endurance training program on metabolic and multiple horrnonal responses to exercise. *International Journal of Sports Medicine* 3: 154-160.
62. Keizer, H.A., P. Platen, P.P.C.A. Menheere, R. Biwer, C. Peters, R. Tietz, H, Wust. 1989. The hypothalamic pituitary axis under exercise stress: the effects of aerobic and anaerobic training. In *Hormones and sport*, eds. Z. Laron, A.D. Rogol, 101-115. New York: Raven Press.
63. Keizer, H.A., J. Poortman, G.S. Bunnik. 1980. Influence of physical exercise on sex-hormone metabolism. *Journal of Applied Physiology* 48: 765-769.
64. Keizer, H.A., A.D. Rogol. 1990. Physical exercise and menstrual cycle alterations: what are the mechanisms? *Sports Medicine* 10: 218-235.
65. Kern, W., B. Perras, R. Wodick, H.L. Fehm, J. Born. 1995. Hormonal secretion during nighttime sleep indicating stress of daytime exercise. *Journal of Applied Physiology* 79: 1461-1468.
66. Kjaer, M., N.H. Secher, F.W. Bach, S. Sheikh, H. Galbo. 1989. Hormonal and metabolic responses to exercise in humans: effect of sensory nervous blockade. *American Journal of Physiology (Endocrinology and Metabolism)* 257: E95-101.
67. Knobil, E. 1988. The neuroendocrine control of ovulation. *Human Reproduction* 3: 469-472.
68. Kraemer, W.J., S.J. Fleck, R. Callister, M. Shealy, G.A. Dudley, C.M. Maresh, L. Marchitelli, C. Cruthirds, T. Murray, J.E. Falkel. 1989. Training responses of plasma beta-endorphin, adrenocorticotropin, and cortisol. *Medicine and Science in Sports and Exercise* 21: 146-153.
69. Kraemer, W.J., S.J. Fleck, J.E. Dziados, E.A. Harman, L.J. Marchitelli, S.E. Gordon, R. Mello, P. N. Fryknan, L.P. Koziris, N.T. Triplett. 1993. Changes in hormonal concentrations after different heavy-resistance exercise protocols in women. *Journal of Applied Physiology* 75: 594-604.
70. Kraicer, J., M.S. Sheppard, J. Luke, B. Lussier, B.C. Moor, J.S. Cowan. 1988. Effect of withdrawal of somatostatin and growth hormone (GH)-releasing factor on GH release in vitro. *Endocrinology* 122: 1810-1815.
71. Kuipers, H., H.A. Keizer. 1988. Overtraining in elite athletes. *Sports Medicine* 6: 79-92.
72. Lebovitz, H.E., K. Bryan, L.A. Frohman. 1965. Acute effects of corticotropin and related peptides on carbohydrate and lipid metabolism. *Annals of the New York Academy of Science* 131: 274-287.
73. Lehmann, M., U. Gastmann, K.G. Petersen, N. Bachl, A. Seidel, A.N. Khalaf, S. Fischer, J. Keul. 1992. Training-overtraining: performance, and hormone levels, after a defined increase in training volume versus intensity in experienced middle- and long-distance runners. *British Journal of Sports Medicine* 26: 233-242.
74. Lehmann, M., K. Knizia, U. Gastmann, K.G. Petersen, A.N. Khalaf, S. Bauer, L. Kerp, J. Keul. 1993. Influence of 6-week, 6 days per week, training on pituitary function in recreational athletes. *British Journal of Sports Medicine* 27: 186-192.
75. Lima, L., V. Arce, M.J. Diaz, J.A. Tresguerres, J. Devesa. 1993. Glucocorticoids may inhibit growth hormone release by enhancing beta-adrenergic responsiveness in hypothalamic somatostatin neurons. *Journal of Clinical Endocrinology and Metabolism* 76: 439-444.
76. Loucks, A.B., R. Callister. 1993. Induction and prevention of low-T3 syndrome in exercising women. *American Journal of Physiology* 264: R924-R930.

77. Loucks, A.B., E.M. Heath. 1994. Induction of low-T3 syndrome in exercising women occurs at a threshold of energy availability. *American Journal of Physiology* 266: R817-R823.
78. Loucks, A.B., J.F. Mortola, L. Girton, S.S.C. Yen. 1989. Alterations in the hypothalamic-pituitary-ovarian axes in athletic women. *Journal of Clinical Endocrinology and Metabolism* 68: 402-411.
79. Luger, A., P. Deuster, S.B. Kyle. 1987. Acute hypothalamic-pituitary-adrenal responses to the stress of treadmill exercise: physiological adaptations to physical training. *New England Journal of Medicine* 316: 1309-1315.
80. Mayer, M., F. Rosen. 1975. Interaction of anabolic steroids with glucocorticoid receptor sites in rat muscle cytosol. *American Journal of Physiology* 229: 1381-1386.
81. Mayer, M., F. Rosen. 1977. Interaction of glucocorticoids and androgens with skeletal muscle. *Metabolism* 26: 937-962.
82. McColl, E.M., G.D. Wheeler, P. Gomes, Y. Bhambhani, D.C. Cumming. 1989. The effects of acute exercise on pulsatile LH release in high-mileage male runners. *Clinical Endocrinology (Oxford)* 31: 617-621.
83. McGauley, G.A., R.C. Cuneo, F. Salomon, P.H. Sonksen. 1990. Psychological well-being before and after growth hormone treatment in adults with growth hormone deficiency. *Hormone Research* 33: 52-54.
84. Meeusen, R., I. Smolders, S. Sarre, K. De Meirleir, H. Keizer, M. Serneel, G. Ebinger, Y. Michotte. 1997. Endurance training effects on striatal neurotrans-mitter release: an 'in vivo' microdialysis study. *Acta Physiologica Scandinavica* 159: 335-342.
85. Menheere, P.P.C.A. 1989. Sensitive estimations of glycoprotein hormones: clinical and scientific applications. PhD diss. University of Limburg, Maastricht, The Netherlands.
86. Moretti, C., A. Fabbri, L. Gnessi, M. Cappa, A. Calzolari, F. Fraioli, A. Grossman, G.M. Besser. 1983. Naloxone inhibits exercise-induced release of PRL and GH in athletes. *Clinical Endocrinology (Oxford)* 18: 135-138.
87. Morley, J.E., C.L. Brammer, B. Sharp, T. Yamada, A. Yuwiler, J.M. Hershman. 1981. Neurotransmitter control of hypothalamic-pituitary-thyroid function in rats. *European Journal of Pharmacology* 70: 263-271.
88. Naveri, H., K. Kuoppasalmi, M. Harkonen. 1985. Metabolic and hormonal changes in moderate and intense long-term running exercises. *International Journal of Sports Medicine* 6: 276-281.
89. Orth, D.N., W.J. Kovacs, C. Rowan Debold. 1992. The adrenal cortex. In *Williams textbook of endocrinology*, eds. J.D. Wilson, D.W. Foster, 489-620. Philadelphia: W.B. Saunders.
90. Overton, J.M., K.C. Kregel, G. Davis-Gorman, D.R. Seals, C.M. Tipton, L.A. Fisher. 1991. Effects of exercise training on responses to central injection of CRF and noise stress. *Physiology of Behavior* 49: 93-98.
91. Owens, M.J., C.B. Nemeroff. 1993. The role of corticotropin-releasing factor in the pathophysiology of affective and anxiety disorders: laboratory and clinical studies. *Ciba Foundation Symposium* 172: 296-308.
92. Petraglia, F., C. Barletta, F. Facchinetti, F. Spinazzola, A. Monzani, D. Scavo, A.R. Genazzani. 1988. Response of circulating adrenocorticotropin, beta-endorphin, beta-lipotropin and cortisol to athletic competition. *Acta Endocrinology (Copenhagen)* 118: 332-336.
93. Petraglia, F., S. Sutton, W. Vale, P. Plotsky. 1987. Corticotropin-releasing factor decreases plasma luteinizing hormone levels in female rats by inhibiting gonadotropin-releasing hormone release into hypophysial-portal circulation. *Endocrinology* 120: 1083-1088.
94. Plotsky, P.M., T.O. Bruhn, W. Vale. 1985. Evidence for multifactor regula-tion of the adrenocorticotropin secretory response to hemodynamic stimuli. Endocrinology 116: 633-639.
95. Printz, P.N., E.D. Weitzman, G.R. Cunningham, I. Karacan. 1983. Plasma growth hormone during sleep in young and aged men. *Journal of Gerontology* 38: 519-524.

96. Quabbe, H.J., E. Schilling, H. Helge. 1966. Pattem of growth hormone secretion during a 24-hour fast in normal adults. *Journal of Clinical Endocrinology and Metabolism* 26: 1173-1177.
97. Quigley, M.E., K.L. Sheehan, R.F. Casper, S.S. Yen. 1980. Evidence for increased dopaminergic and opioid activity in patients with hypothalamic hypogonadotropic amenorrhea. *Journal of Clinical Endocrinology and Metabolism*. 50: 949-954.
98. Raynaud, J., A. Capderou, J.P. Martineaud, J. Bordachar, J. Durand. 1983. Intersubject viability in growth hormone time course during different types of work. *Journal of Applied Physiology* 55: 1682-1687.
99. Reed Larsen, P., S.H. Ingbar. 1992. The thyroid gland. In *Williams textbook of endocrinology*, eds. J.D. Wilson, D.W. Foster, 357-487. Philadelphia: W.B. Saunders.
100. Reichlin, S. 1992. Neuroendocrinology. In *Williams textbook of endocrinology*, eds. J.D. Wilson, D.W. Foster, 135-219. Philadelphia: W.B. Saunders.
101. Rivier, C., W. Vale. 1985. Involvement of corticotropin-releasing factor and somatostatin in stress-induced inhibition of growth hormone secretion in the rat. *Endocrinology* 117: 2478-2482.
102. Roberts, A.C., R.D. McClure, R.I. Weiner, G.A. Brooks. 1993. Overtraining affects male reproductive status. *Fertility and Sterility* 60: 686-692.
103. Rogol, A.D., A. Weltman, J.Y. Weltman, R.L. Seip, D.B. Snead, S. Levine, E.M. Haskvitz, D.L. Thompson, R. Schurrer, E. Dowlin. 1992. Durability of the reproductive axis in eumenorrheic women during I yr of endurance training. *Journal of Applied Physiology* 72: 1571-1580.
104. Ropert, J.F., M.E. Quigley, S.S. Yen. 1981. Endogenous opiates modulate pulsatile luteinizing hormone release in humans. *Journal of Clinical Endocrinology and Metabolism* 52: 583-585.
105. Russell, J.B., D.E. Mitchell, P.1. Musey, D.C. Collins. 1984. The role of beta-endorphins and catechol estrogens on the hypothalamic-pituitary axis in female athletes. *Fertility and Sterility* 42: 690-695.
106. Sapolsky, R.M., L.C. Krey, B.S. McEwen. 1986. The neuroendocrinology of stress and aging: the glucocorticoid cascade hypothesis. *Endocrinology Reviews* 7: 284-301.
107. Sapolsky, R.M., L.C. Krey, B.S. McEwen. 1984. Stress down-regulates corticosterone receptors in a site-specific manner in the brain. *Endocrinology* 114: 287-292.
108. Sartorio, A., M.V. Narici. 1994. Growth hormone (GH) treatment in GH-deficient adults: effects on muscle size, strength and neural activation. *Clinical Physiology* 14: 527-537.
109. Schiff, I., Q. Regestein, D. Tulchinsky, K.J. Ryan. 1979. Effects of estrogens on sleep and psychological state of hypogonadal women. *Journal of the American Medical Association* 242: 2405-2414.
110. Slag, M.F., M. Ahmad, M.C. Gannon, F.Q. Nuttall. 1981. Meal stimulation of cortisol secretion: a protein induced effect. *Metabolism* 30: 1104-1108.
111. Takahashi, Y., D.M. Kipnis, W.H. Daughaday. 1968. Growth hormone secretion during sleep. *Journal of Clinical Investigations* 47: 2079-2090.
112. Tannenbaum, G.S., N. Ling. 1984. The interrelationship of growth hormonc (GH)-rclcasing factor and somatostatin in generation of the ultradian rhythm of GH secretion. *Endocrinology* 115: 1952-1957.
113. Urhausen, A., H. Gabriel, W. Kindermann. 1995. Blood hormones as markers of training stress and overtraining. *Sports Medicine* 20: 251-276.
114. Urhausen, A., T. Kullmer, W. Kindermann. 1987. A 7-week follow-up study on the behaviour of testosterone and cortisol during competition in rowers. *European Journal of Applied Physiology* 56: 528-533.
115. Van Breda, E. 1994. The effect of testosterone on skeletal muscle energy metabolism in diabetic and non-diabetic endurance trained rats. PhD diss. University of Limburg, Maastricht, The Netherlands.

116. Van Breda, E., H.A. Keizer, P. Geurten, G. Van Kranenburg, H. Kuipers. 1992. Testosterone enhances glycogen synthesis after submaximal exercise in muscles of trained female rats by an increased synthase activity. *Medicine and Science in Sports and Exercise*. 24: S 15, 1992.
117. Van Breda, E., H.A. Keizer, P. Geurten, G. van Kranenburg, P.P. Menheere, H. Kuipers, J.F. Glatz. 1993. Modulation of glycogen metabolism of rat skeletal muscles by endurance training and testosterone treatment. *Pflugers Arch* 424: 294-300.
118. Vanhelder, W.P., R.C. Goode, M.W. Radomski. 1984. Effect of anaerobic and aerobic exercise of equal duration and work expenditure on plasma growth hormone levels. *European Journal of Applied Physiology* 52: 255-257.
119. Veldhuis, J.D., A. Iranmanesh, G. Lizarralde, M. Johnson. 1989. Amplitude modulation of a burst-like mode of cortisol secretion subserves the circadian glucocorticoid rhythm. *American Journal, of Physiology (Endocrinology and Metabolism)* 257: E6-14.
120. Vervoorn, C., H. Keizer, H. Koppeschaar, P. Platen, W. Erich, J. Thijssen, W. De Vries. 1991. Changes in plasma beta-endorphin and prolactin after a short term intensive training program. *Medicine and Science in Sports and Exercise* 23: SI08, 1991.
121. Vervoorn, C., L.J.M. Vermulst, A.M. Boelens-Quist, H.P.F. Koppeschaar, W.B.M. Erich, J.H.H. Thijssen, W.R. de Vries. 1992. Seasonal changes in performance and free testosterone : cortisol ratio of elite female rowers. *European Journal of Applied Physiology* 64: 14-21.
122. Watanabe, T., A. Morimoto, Y. Sakata, N. Tan, K. Morimoto, N. Murakami. 1992. Running training attenuates the ACTH responses in rats to swimming and cage-switch stress. *Journal of Applied Physiology* 73: 2452-2456.
123. Watanabe, T., A. Morimoto, Y. Sakata, M. Wada, N. Murakami. 1991. The effect of chronic exercise on the pituitary-adrenocortical response in conscious rats. *Journal of Physiology (London)* 439: 691-699.
124. Wehrenberg, W.B., A. Baird, N. Ling. 1983. Potent interaction between glucocorticoids and growth hormone-releasing factor in vivo. *Science* 221: 556-558.
125. Weltman, A., J.Y. Weltman, R. Schurrer, W.S. Evans, J.D. Veldhuis, A.D. Rogol. 1991. Endurance training amplifies the pulsatile release of growth hormone : effects of training intensity. *Journal of Applied Physiology* 72: 2188-2196.
126. Wheeler, G.D., M. Singh, W.D. Pierce, W.F. Epling, D.C. Cumming. 1991. Endurance training decreases serum testosterone levels in men without change in luteinizing hormone pulsatile release. *Journal of Clinical Endocrinology and Metabolism* 72: 422-425.
127. Williams, N.I., J.C. Young, J.W. McArthur, B. Bullen, G.S. Skrinar, B. Turnbull. 1995. Strenuous exercise with caloric restriction : effect on luteinizing hormone secretion. *Medicine and Science in Sports and Exercise* 27: 1390-1398.
128. Wittert, G.A., J.H. Livesey, E.A. Espiner. 1996. Adaptation of the hypothalamopituitary adrenal axis to chronic exercise stress in humans. *Medicine and Science in Sports and Exercise* 28: 1015-1019.

第9章
筋骨格系と整形外科的考察

W. Ben Kibler, MD and T. Jeff Chandler, EdD

はじめに

　オーバートレーニングの概念は，運動競技を行った結果として起こる生体の力学的変化あるいは心理学的変化に非常に頻繁に応用される。本章では，筋骨格系にみられる変化，及び筋骨格におけるオーバートレーニング症候群の発症を示すであろう変化に焦点をあてる。こうした変化は，オーバートレーニングの徴候として認識される損傷と回復のバランスの一様な不均衡から生じる[53,63,77]。身体運動は身体のホメオスタシスを乱し，身体は回復を必要とする。ゆえに，2つの反応が評価されなくてはならない。すなわち，適切なトレーニングあるいは不適切なトレーニング負荷に対する筋骨格系の反応と，この反応あるいは適応が損傷あるいは損傷の可能性に及ぼす影響である。

　筋骨格系のーバートレーニングは，不適切な生理的，生体力学的，あるいは解剖学的ストレスの結果起こると考えられている。筋骨格系への適度なストレスは，ポジティブな適応を引き起こす[1]。不適切な運動量あるいは運動強度は，細胞あるいは組織の不適応反応を引き起こすかもしれない。なぜなら，そこに負荷と回復の不均衡が生じるからである。ほとんどすべてのスポーツにおいて，ある程度こうした不適応反応は起こっている。しかしながら，それらは確かにオーバートレーニング症候群の一要素となる可能性を持っているのである。不適応反応は，筋力，筋柔軟性，筋肉バランスの変化といったそれぞれ性質の異なる筋骨格損傷が，関節の可動域，あるいは，骨におけるストレス反応に応じて変化する，という事実によって客観的に証明される。

　筋骨格系のーバートレーニングの基底をなす精密なメカニズムは，完全には解明されていない。しかし，細胞のホメオスタシスの崩壊がこの過程の根本をなすであろうことを示唆する論証は増えている。組織的影響は，こうした細胞レベルでの崩壊から起こっている。こうした変化は，オーバートレーニング症候群の筋骨格系の側面を説明する要因となり得

るであろう。

細胞からみた筋骨格系オーバートレーニング

　細胞からみたオーバートレーニングについてはこれまでにも科学的文献において論議されてきた。この場合に起こる変化には，安静時のクレアチンキナーゼ活性の増大，安静時のコルチゾルレベルの上昇，筋グリコーゲン及びテストステロンの減少，ミトコンドリア酵素の減少に伴うミトコンドリアの大きさや形状の変化，カルシウム放出およびカルシウムの取り込みの変化が含まれる[3,7,91]。影響を受けた結合組織を電子顕微鏡で観察すると，細胞質の石灰化，膠原線維の縦方向への断裂，膠原線維のよじれ，線維の異常な架橋連結がみられた。

　オーバートレーニングを，組織の異化作用の増大と関連づけて考える研究者もいる[54]。この論理においては，過度のトレーニングによって引き起こされる異化の状態が，不適応の発生と直接的影響関係にあるであろうという前提が存在する。筋ダメージは高強度の運動に伴って起こる。また筋ダメージは，考えられ得る様々なメカニズムによって引き起こされると考えられてきた[91]。例えば，ミトコンドリア機能及びATPase産生の低下をもたらすカルシウム流入の不均衡，リソソーム膜の不安定を引き起こす細胞内pHの上昇，プロテアーゼ作用を高める様々なリンフォカインやモノカインのマクロファージからの産生誘導が挙げられる。Vailasら[91]は，オーバートレーニングは，安静時における筋組織の蛋白分解活性の漸増に起因すると結論づける。しかしながら，ごく最近の学問的風潮は，過負荷損傷の伸張性負荷論に向いている。

　筋線維の微少外傷性ダメージは，激しい運動後24時間から48時間のうちに起こる遅発性筋肉痛(DOMS)の原因であると認識されてきた[4]。また，顕微鏡的な筋ダメージは，伸張性筋収縮を伴う激しい運動の後，より顕著に見られた[4,15,55,57,70,71,83]。遅発性筋肉痛は，主に，筋への直接的な構造的ダメージのために起こると考えられている[5]。運動直後に観察される筋線維構造あるいは筋機能における変化として定義される直接的な筋原線維ダメージは，伸張性運動及び疲労の両方に対する反応に際して起こることが明らかにされている[79]。Crenshawら[13]は，DOMSが，外側広筋における細胞間腫脹の指標である筋内圧と相関することを証明した。DOMSに見られるダメージは永久的ではないということが論証されているが[4,19,20,37]，このモデルでは，変化を起こすために急性の伸張性過負荷が用いられている。ウサギでは[23]，最大下レベルでの長期的で反復性の伸張性負荷が筋腱結合部における断続的で不可逆な変化を生じさせることが明らかにされている。DOMSとその結果生ずる急激な細胞崩壊はすべての競技者において起こるが，とりわけオーバートレーニングの競技者は，長期的な過負荷と崩壊の結果としての不適応及び損傷の影響を受けやすい。

　伸張性負荷が細胞の変化を引き起こすメカニズムについては明らかにされていない。近年の研究では，ホルモンあるいは血管の間接的な作用よりもむしろ直接的な力学的緊張作用が，細胞の変化を引き起こす主たるメカニズムであることが指摘されている[85]。この研究は，伸張性収縮から誘発される筋微細損傷に対して安静期間が与える効果を評価するも

のである．もし，微細損傷の原因が元来代謝性であるなら，安静期間によって筋肉の痛みのいくらかは緩和されるであろう．もし，微細損傷の原因が伸張性ストレスにあるのであれば，安静期間は筋ダメージの程度に差異を生じさせない．痛み，筋力，安静時の肘角度，筋の周囲長における変化が，肘屈筋の 10 回の伸張性収縮後に観察された．連続的な収縮と 15 秒間の休止を含む収縮との間における違いはない．筋力と痛みの喪失が，間に 5 分休止したグループと 10 分休止したグループにみられた．結果は大部分において，伸張性負荷による組織の物質不足を支持する．Leiber[58] は，筋組織における細胞ダメージは，筋線維あるいは筋肉で生ずる絶対的な力によるものではなく，収縮筋線維における過度の張力によるものであることを明らかにした．筋原線維損傷の解剖学的部位は，筋原線維と筋線維鞘外の細胞骨格との結合部である[21]．この断裂の精密なメカニズムとはつまり「活動筋の伸張中に起こる筋線維の張力による損傷」である[58]．この説明が言わんとするところは，張力による損傷に対して筋肉それ自身を守るための筋力にかなう程度の相対的負荷としてのみ，負荷は重要であるということである．衰弱した筋肉にかかる通常の負荷，すなわち相対的な過負荷は，正常な筋肉にかかる通常でない負荷，すなわち絶対的な過負荷と同様の張力による損傷を引き起こし得るのである．

激しいスポーツ活動に関連した筋適応

競技者の筋骨格系の適応は，ストレス部位に対応して起こることが明らかにされている．筋組織におけるこうした適応は，筋力及び柔軟性の測定双方において証明されている[8,9]．国代表レベルのジュニアテニス競技者における可動域の狭さが，年齢とプレー年数の双方と相関関係にあることが，先般ある報告によって指摘された[46]．同様に，思春期前の筋骨格系の基礎は，筋力と柔軟性の低下という観点からみると，思春期後の筋骨格の基礎がそうであるのと同様な作用によって，伸張性負荷に反応する[44]．このことは，スポーツの場でそれぞれに用いられる筋肉の適応が，加齢に伴って起こるホルモン変化とは符合しないことを意味する．

可動域の適応

競技者の柔軟性に関する研究において，それぞれに高度な伸張性負荷のもとに置かれた筋肉は，引き締まり，可動域を制限し，そしておそらく関節の力学を変化させるかもしれないことが証明された．Kibler ら[42] は，上体を多用する競技者は，上体の柔軟性測定においてタイトネスを感じやすく，下体を多用する競技者は，下体の柔軟性測定においてタイトネスを感じやすいことを報告している．Ekstrand と Gillquist[16] は，シニア部門に所属する平均年齢 24.6 歳のサッカー競技者における筋肉のタイトネスの頻度とけがについて報告している．サッカー競技者は一般に，同年齢で運動をしていないコントロール群に比べて柔軟性が低い．すべての測定は下体について行われた．それには，膝を伸ばした状態での股関節部の屈曲，股関節部の伸展，股間節外転，前かがみの状態における膝の屈曲，膝を伸ばした状態での足関節の背屈が含まれる．

テニスのジュニアエリート競技者と他の競技者との柔軟性の比較によって，最も強いストレス下にある身体部位において特定の筋骨格適応が起こることが指摘された[8]。テニス競技者は他の競技者に比べて，腰の柔軟性と同様，利き腕側および利き腕でない側における肩の内旋および外旋がよりタイトである。平均年齢15.4歳のこうしたテニス競技者は，一週間のうち約6日，トータル22時間をテニスコートで過していた。

　JacksonとNyland[34]は，ラクロスを対象とし，ハムストリングおよび太腿四頭筋群にタイトな部位があるものの，全般的にクラブ競技者の上体の柔軟性と下体の柔軟性は平均的であったことを報告している。プロ野球のピッチャーは，野手の利き腕の場合と比較すると，利き腕側の外旋の柔軟性が高まるにしたがって，内旋の柔軟性が低下している[6]。

　より最近の研究では，テニスのエリート競技者のグループ（USナショナルチーム）の肩の内旋と回旋は，年齢（年齢別グループ：16歳以下，16歳〜18歳，18歳以上）とトーナメントでのプレー年数（プレー年数：6年以下，6年〜9年，9年以上）によって低下することが明らかにされている[46]。年齢とプレー年数に応じて，利き腕側の肩の内旋は低下し，利き腕側と非利き腕側の内旋の差は増大する[28]。また，この低下は男女とも同程度であった。このことは，男女ともに，激しいトレーニングに伴う伸張性負荷損傷の影響を受けやすいということを意味する。

筋力における適応

　反復性の活動に対する筋力の適応は，実際，パフォーマンスと損傷の可能性の双方に対して有害である可能性がある。筋の不均衡には2つのタイプが考えられる。筋力の不均衡は，関節に特定の動き（初期動作）を起こさせる筋だけを選択的に強化し，安定化筋群や減速筋群などの関節周囲の筋を強化していない場合におこる。このことは，コンディショニング中の選択的筋力強化，あるいは，実際の競技活動中の初期動作中に起こるプライオメトリックス様の伸展と活動の結果として起こると考えられる。同様に，筋肉の衰弱は，直接的な損傷あるいは長期にわたる繰り返しの微細外傷の結果として，一対の筋肉に対して起こる。両方の場合において，最終的に，動きや位置をコントロールする力の結合バランスの変化という結果を伴う。筋力の不均衡と筋力の衰弱はともに，反復的な競技活動に携る競技者に顕著である。

　筋力の適応については，科学的文献において報告がなされている[2,9,12,33,43,60,73]。微視的な筋ダメージは，激しい筋収縮を伴って[4]，あるいは，筋や腱単位にかかる伸張性過負荷を伴って起こる[26]。前述したように，伸張性運動は，他のタイプの運動に比べ，骨格筋にかなり強いダメージを与えていることが明らかとなっている[3,57,83]。このダメージは，柔軟性の低下要因であるのと同様に，筋力の損失要因でもあると考えられる。しかしながらこの点において，筋力の低下と筋ダメージとの直接的な相関関係を証明した臨床的研究は現在までのところ存在しない。

　スポーツに特徴的に見られる筋の不均衡については，いくつかの競技者グループにおいて検証されている。肩の外旋と内旋の力の不均衡については，テニス競技者[9]，水球競技者[60]，野球のピッチャー[32]を対象とした研究において報告がなされている。足底筋膜炎を持つラ

ンナーには底屈筋の衰弱が見られる[44]。水球競技者には内転/外転および内旋/外旋におけるローテーターカフの筋力の不均衡が見出された[60]。水球競技者の内転筋は，外転筋に比べて，選択的に強化されている。その結果，内転/外転筋力の比率は2：1となる。内旋は，外旋に比例して筋力を強める。その結果，内旋/外旋の筋力の比率は0.6：1にまで低下する。水球競技者にみられる筋肉の不均衡は，30度/秒というテストスピードにおいてより顕著であった。

　Chandlerら[9]は，大学レベルのテニス競技者が，外旋筋群の強化を伴わずに，内旋における肩の筋組織の力を高めることで，障害の素因となる機能的な筋不均衡を引き起こす点を証明した。利き腕でない方の腕をコントロールとして用いると，テニス競技者の場合，内旋における筋力が，60度/秒のピークトルク，300度/秒のピークトルク及び60度/秒の平均パワー，300度/秒の平均パワーのそれぞれにおいて明らかに強いことを証明した。外旋に関しては，テニス競技者は，4つの測定のうちの1つ，すなわち300度/秒のピークトルクにおいてのみ明らかに外旋の方が強くなっていた。それに続く外旋の強化なしに，内旋筋群の力が増大することで，競技者にけがをもたらす素因であると考えられる筋肉の不均衡が引き起こされるのである。

　簡潔に述べると，筋力及び筋柔軟性における適応は，競技のプレーやコンディショニングの結果として発症する。適応の大部分は，最終的にオーバートレーニング症候群に結びつくと考えられている組織負荷と組織回復の不均衡ゆえに起こると考えられている。こうした適応のいくつかは，損傷という結果をもたらすか，あるいは，損傷の可能性を高めるであろうと考えられる。筋の不適応は，関節における柔軟性や可動域の低下，また，影響を受けた筋群の筋力の低下あるいは筋力の不均衡として示される。こうした適応に加えて，動きのパターンにおける生体力学的低下は，おそらく筋力及び筋柔軟性の欠如の結果として認識されるであろう。こうした生体力学的変動は，いかに小さかろうと，パフォーマンスと損傷のリスクに多大な影響を及ぼすと考えられる[84]。

骨格系の適応

　骨格系の適応は第一に，ストレス反応として示されるであろう。それは，反復的なストレスに影響を受ける部位に限局した骨の機能亢進である。こうした反応の精密なメカニズムについては正確には解明されていない。おそらくこうした反応とは，骨の形成やターンオーバーにおける変化を意味するものであり，またその初期的な臨床症状はほぼ無いといっていい。損傷の病因論においてストレス反応が果たす正確な役割についても明らかではない。しかし，解剖学的に限定された部位に疲労骨折が多発するため，それらが存在する部位によっていくつかの前兆は解明されるであろう。こうした反応は通常疲労骨折よりもよりびまん性で，ゆえに骨のスキャンによって客観的に評価できるかもしれない。

オーバートレーニングが傷害の可能性に及ぼす影響

オーバートレーニング

　オーバートレーニングによる適応は，通常，明確な臨床症状を引き起こすほどに広範囲ではないが，筋骨格系へのダメージから起こり，筋骨格系の，力学的低下あるいはパフォーマンス低下をもたらし，力学的変化や効率の低下を引き起こす。こうした適応は，特定のスポーツや活動を集中的に行うことによってだけでなく，筋骨格系を過度に使用することによってもほぼ間違いなく起こり得る。すべての場合において，こうした適応はオーバートレーニング症候群が発現したものであり，オーバートレーニング症候群において，トレーニング負荷は競技パフォーマンスにとって有益性の少ない適応という結果をもたらすのである。そうした傷害の認識が高まっているものの，傷害の原因と予防における筋力及び柔軟性の低下の実際的な役割については，完全に解明されていない[65]。こうした低下は，組織が連続使用による傷害を被りやすくなるような異常なメカニズムを生むと考えられる。傷害は局所的に，あるいは力学的欠損部から少し離れた部位で起こると考えられる。こうした欠損は，主に過負荷的傷害の可能性を高める役割を果たす。

過負荷による傷害

　筋骨格系に傷害をもたらす過負荷のタイプについては徐々に解明されつつあるが，文献的報告は少ない[30,75]。なぜなら，こうした傷害が，徴候の緩やかな発現及び急激な運動機能低下を伴う反復的な微少傷害によるものであるからである。
　Micheli[64]は，過負荷による損傷は，単に過度の使用によって起こるだけでなく，不適切なトレーニング技術や解剖学的に好ましくないアライメントために起こると述べている。Kiblerら[41]は，筋腱単位の筋力と柔軟性もそうした傷害の要因であることを指摘している。野球のピッチャーの場合，ピッチングの過負荷が，肩甲帯の筋肉の損傷や炎症に影響を及ぼす[72]。その周期は，筋作用の抑制という二次的影響を与える局所的な痛みから始まる。拘縮，タイトネス，筋力低下，不均衡，炎症の影響を受けやすい小さな損傷の繰り返しによって損傷は蓄積され，その結果，慢性的傷害が引き起こされる。JobeとBradly[35]は，次の点を指摘する。上腕関節窩関節は，特に力学的変化によって傷害を受けやすい。なぜなら，投球動作は，安定化機構に対して異常なまでのストレスを与えるからである。
　不適切な過負荷のために起こる反復的な過負荷による傷害のリスクは，身長の伸びや体重の増加に伴って高まるようである[56,81,90,94]。Taimelaら[82]は，重心の高さや四肢の伸長がこうした傷害の要因と考えられると述べている。四肢の伸長は，関節のてこの作用の増大とそれによる関節へのより強いストレスを生む。他の動きで生じる力と同様，着地やプッシュオフにおいてだされる力は，そうした傷害を引き起こす要因としてみなさなくてはならない。

傷害が引き起こされるメカニズム

　オーバートレーニング症候群に関連して起こる筋骨格系の傷害は，軽度のものから重度

のものまで様々である。我々の考えでは，筋骨格系の適応は，通常（使用）であろうと異常（乱用）であろうとそれぞれの運動量に反応して起こり，また，適応あるいは不適応の程度も様々である。不適応の程度は，筋骨格系の筋力及び柔軟性の調整や維持によって変動し，筋骨格系の使用及び乱用の程度は，特定の運動競技による要求によって変動し，次回の使用及び乱用によって回復の程度は変動する。またこうした適応の程度は，性別，年齢及び身体的成熟度の影響を受けると考えられる。

こうした不適応は，過負荷による傷害の悪循環の観点から述べることができる（表9.1，9.2，図9.1参照）。その悪循環において，競技者は，筋骨格系の使用あるいは乱用によって，さらに進行した顕性傷害を被ることにもなるし，またそれぞれの回復期間によって顕性傷害から脱出することもできる。

この構造において，相対的過負荷あるいは絶対的過負荷は伸張性過負荷を生み出す。この伸張性過負荷がわずかであれば，組織は適切な休息や治療によって回復するであろうし，体は他のメカニズムや機能を使うことでその部位の使用を回避するであろう。この組織障害は，柔軟性，筋力，筋力のバランス，あるいは骨格反応における変化の結果として，しばしば機能的生体力学的低下を生む。競技者は，こうした低下を，動き，ポジション，活動の代替パターンを取り入れることで埋め合わせようとするのである。こうしたやり方では通常効果が少なく，より重い過負荷を生み出しかねない。その結果，悪循環になる[46]。これらの傷害は筋力，柔軟性及び生体力学における相対的に小さな適応として始まり，これらの領域に対する適応がより明らかになって競技者が顕性傷害になるので，これは，過負荷による傷害のカスケードという言葉で示されよう。筋骨格の，そこにかけられた負荷を十分受け入れる能力に影響を及ぼす要因については，図9.2で概説する。この構成概念において，最良のパフォーマンスを実践するために要される筋骨格系使用の程度は，傷害の可能性の増大及び顕性傷害の観点からみた筋骨格系への不適応の可能性という点からも評価されなくてはならない。

Meuwise[62]は，こうした変化が傷害を生み出す際に，スポーツ活動にどのように作用するのかを説明するモデルを構築した（図9.3参照）。筋骨格の柔軟性の低下，筋力の弱化，あるいは骨の反応といった内因的な筋骨格の変化によって，競技者は傷害を受けやすくなる。影響を受けやすい競技者は，スポーツの持つ外因性の要求によって，より傷害を被りやすくなる。傷害を被りやすい競技者が外因性の要求に対応し，そしてその危険に曝され続けていると，その結果として，組織障害や臨床的症状が現れる。

特定のスポーツにおける過負荷による傷害

サッカー競技者の傷害については，筋力，可動域（ROM），それにリハビリテーションの度合いに関連した検討がなされている[17]。中度および重度の膝傷害を持つと報告された180名の男性サッカー競技者のうち28％は，不十分なリハビリテーションを受けており，持続的な筋の弱化が続いていた。非接触性の膝損傷を患っているサッカー競技者は，損傷していない選手に比べ，損傷した足の膝の伸展力が弱くなっている。膝損傷グループのハムストリング／太腿四頭筋比における大きな変化は，損傷していない選手と比べても見出

表 9.1 筋損傷の臨床症状の 4 つのカテゴリー (43)

- 急性損傷
- 慢性損傷
- 慢性損傷の急激な再燃
- 潜在的損傷

Kibler 1990 より転載。

表 9.2 筋損傷の要素 (43)

- 組織損傷複合体
- 臨床症状複合体
- 機能的生体力学的欠損
- 機能的適応
- 組織過負荷複合体

Kibler 1990 より転載。

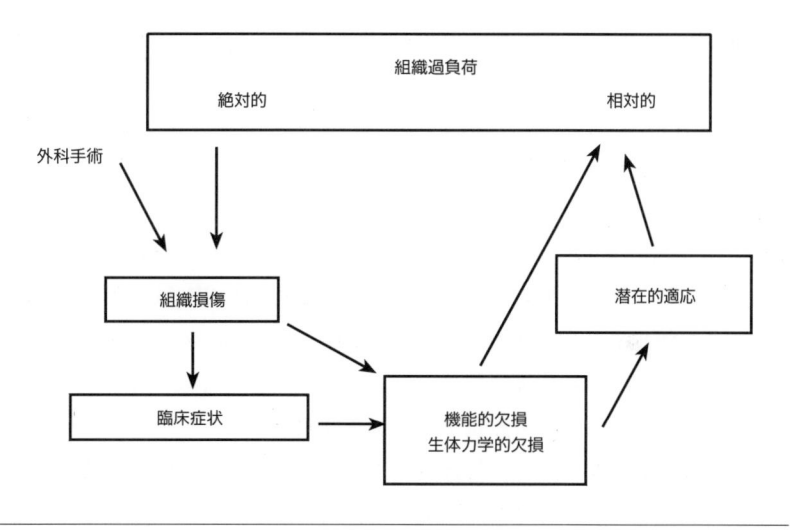

図 9.1 過負荷損傷の悪循環。筋腱単位における過負荷損傷の可能性

されなかった。サッカー競技者は，コントロールグループと比して，股関節外転，股関節伸展，膝屈曲，足首の背屈柔軟性が低い。下肢の筋断裂あるいは腱炎を患っている競技者の 77% が，他の部位の柔軟性は通常であったが，筋の顕著な緊張を示した。股関節内転筋断裂あるいは腱炎を持つ 13 名の競技者全員が，股関節外転 ROM の低下を示した。他の競技者と比較して，ハムストリングの緊張を持つ選手に ROM の違いは見出せなかった。Jascksonと Nyland[34] は，ラクロスのクラブ競技者では，たった 1 つを除いてすべてのオーバーユースによる傷害が競技者に見出されたことを報告している。競技者は，検診前において筋の不均衡，柔軟性の低下，あるいはその両方を訴えていた。

Knapik ら[48] は，8 種の代表的な抗重力系スポーツに参加している女子大学生競技者の損

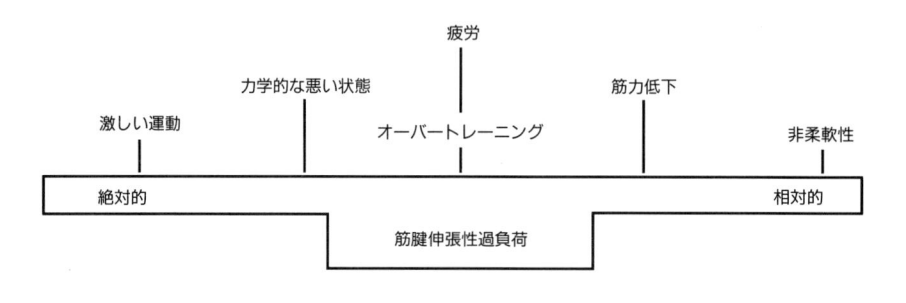

図9.2 軟組織の伸張性過負荷損傷の潜在的原因

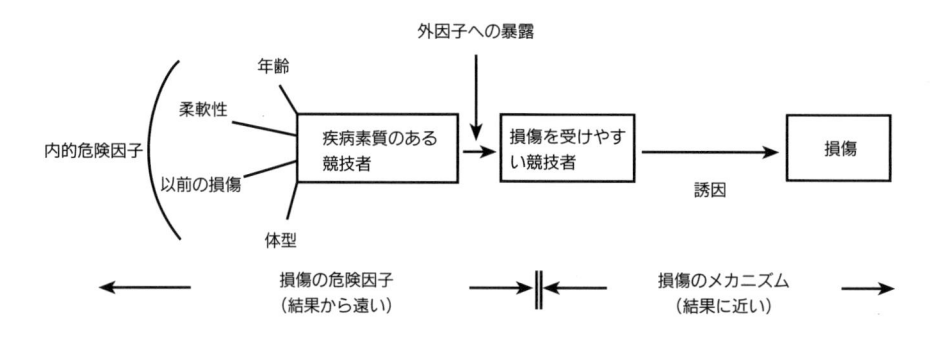

図9.3 Meuwisse のモデル
Meuwisse, 1994, "Assessing causation in sport injury: a multifactoral model," Clinical Journal of Sports Medicine 4: 166-170 より許可を得て転載。

傷についてそれぞれ報告している。この競技者達が，①180度/秒で等速性にテストした左膝屈筋よりも右膝屈筋を15%強かった場合，②右股関節伸筋を左股関節伸筋よりも15%柔軟だった場合，③180度/秒で等速性にテストした膝屈筋/膝伸筋値が0.75よりも少なかった場合において，彼女たちは下肢損傷の増加を経験した。

Kulandら[52]はテニスにおける障害を再検討し，PriestとNagel[74]が述べるように，レジスタンストレーニングがテニス肩の痛みを予防するのに効果的であることを指摘している。またKulandらは，手首の伸筋及び屈筋の筋力と柔軟性の運動がテニスの肘痛の予防に効果的であると述べている。Kiblerら[41]は，テニスのジュニアエリート競技者とテニスをレクリエーション的に楽しむ競技者の傷害の発生について報告している。ジュニアのエリート競技者においては，傷害の63%が過負荷によるものであり，捻挫が25%，骨折が12%であった。また，テニスをレクリエーション的に楽しむ競技者においては，けがの62%が過負荷による傷害によるものであり，捻挫が22%，骨折が14%であった。

水泳競技者については，Dominiquez[14]が研究を行っている。彼は，水泳競技者の年齢別グループにおいて，彼らがレジスタンストレーニングを始めた後，肩痛の著しい減少があったことを証明した。この研究結果は，筋力トレーニングの欠如が肩痛の進行と関係があるという意見を支持するものである。HawkinsとKennedy[29]は，水泳競技者とその他の上体を主に使う競技者を対象に，肩筋の力と持久性を増大させる等速性運動を用いて研究

を行った。こうした運動によって，競技者が抱えてきた肩の問題の発生が減少した。

過負荷による骨格系の傷害

競技中に体に対して起こる強圧的な力は，骨格系に傷害を与えるかもしれない[38]。1980年代までに，スポーツ医学実践の場で見られる傷害の10％が疲労骨折であった[59]。骨格系は，ストレス線に沿って，カルシウムの沈着と吸収を伴って，こうしたストレスに反応するが，カルシウム吸収が沈着量を上回った場合に疲労骨折が起こると考えられている。疲労骨折は，不適切な過負荷によって起こり得る。つまり，これがオーバートレーニング症候群の発症といえるであろう。

疲労骨折の可能因子として，筋力の不均衡，柔軟性の低下，筋の弱化，あるいは骨にかかる異常な負荷が考えられる。衰弱した筋は，絶対的過負荷や相対的過負荷のどちらからのそうした力が骨格系に伝わるのを和らげることはできないと考えられる。オーバートレーニングの時に見られる筋疲労は，骨格系への圧を増大させ，ストレス反応を生じさせる衰弱した筋肉と同様の反応を起こすと考えられる。筋力の不均衡も，同様な作用によって骨格系における力を緩和し，ストレス反応を生む骨格系に対して異常なストレスをもたらすかもしれない。拮抗筋に対して絶対的あるいは相対的に極端に強い筋は，骨にストレスを集中させ，ストレス反応や疲労骨折を引き起こすであろう[76,88]。

周囲筋群の柔軟性の低下もまた，疲労骨折の要因である。こうした筋適応は，正常な活動の生体力学的パターンを変化させることで，反復的な過負荷が加えられる状況下においてストレス反応に発展する可能性を持つ骨に対して，ストレスをもたらすかもしれない。身体の好ましくないアライメント，足に合わない靴やランニングコースの路面状態による異常なストレス，あるいは体の他の部位のけがといった他の力学的なストレスもまた，骨の負荷を増大させ，疲労骨折の素因をつくると考えられる。

より注目される領域は，多くの発育期の青少年が熱心に運動競技に参加している現状ゆえの，未成熟な骨格にかかる不適切な過負荷の影響である[61]。そこでは，負荷に十分に耐え得る状態にない骨格にかかる負荷の総量が，非常に重大な意味を持つ。筋肉がタイトになり，弱い部分に強い伸張性負荷がかかり，骨端が引っ張られるような状態のために起こるオズグッド-シュラッター病やSever病は，非常に一般的になりつつある。肘や膝の若年性離断性骨軟骨炎は，骨折や軟骨骨折を伴う異常に圧縮力のある負荷のために起こると考えられている。脊椎分離や脊椎すべり症といった脊椎の状態や，椎骨終板の問題も徐々に一般的になりつつある。これらは，体操あるいはランニングに費やされた時間の総計に関連するようである。こうしたすべての場合において，骨格系にとって，運動による反復的な障害があまりにも多すぎるため，競技者の骨格ストレス反応の可能性が増大し，適切に適応することができなくなると考えられる。

過負荷による軟部組織損傷

不適切な過負荷による軟部組織損傷も，同様な形で進行するといえるかもしれない。伸展性ストレスは，筋収縮において筋腱単位に作用する。反復的な負荷状態において，この

組織は張力で損傷される。筋腱系の最も弱い部位は，筋—腱接合部である[23]。動物における筋損傷の構成要素については，文献的に十分に証明がなされている[22,23,25,68]。

肉離れ（muscle strain）は，急性あるいは慢性的な状態として起こり得る。不適切な過負荷は，異常な生体力学下において，またそれ自身を保護するための筋力低下の双方において，急性の肉離れの偶発性因子となり得る。オーバートレーニングの競技者にみられるような筋力不均衡や筋の衰弱は肉離れを導く場合がある。急性の筋損傷に対する不適当なリハビリテーションあるいは不完全なリハビリテーションは，競技者に慢性的な問題をもたらし[31]，トレーニングの総量や強度がこの過程において確かに関与している。もし損傷後すぐに激しいトレーニングが開始されれば，パフォーマンスは低下し，損傷の再発の可能性が高まる。これについて，多くのスポーツに一般的にみられる急激なハムストリング損傷を取り扱った一例がある。完全にリハビリテーションが行われなかったり，またあるいは，競技者があまりにも速い段階に筋緊張の多い活動に戻ることが許可された場合には，この損傷は慢性的な問題となり，長期間パフォーマンスを制限することになる。

腱炎はスポーツにおいては一般的な軟部組織損傷である。腱炎は突発的に起こるために，表面的には反復的な負荷とは何の関連性もないようにみえる。しかし，また，顕性傷害のカスケードとして，筋骨格系過負荷と相互に関連する可能性を持っている。ハムストリング損傷が表面的にオーバートレーニングと何も関連性がないような状況においてさえ，連続的な使用あるいは筋力不均衡のために起こるハムストリングのタイトネスは，傷害の隠れた素因と考えられる。疲労や回復といったようなオーバートレーニングを起こす他の因子もまた決定的な役割を果たす。

外側上顆炎あるいは内側上顆炎，足底筋膜炎，腱板炎といった腱炎の特殊な例は，顕性傷害のカスケードのモデルにふさわしい。テニス肘，肘の外側上顆あるいは内側上顆における上顆炎は，投球やラケットスポーツにおいて一般的な障害である。PriestとNagle[74]は，毎日プレーする競技者のうちの45％がこの状態に苦しんでいると，統計的に予測している。テニス肘の場合の約90％がバックハンドテニス肘であるが，これはバックハンドストロークの時に手首を伸ばす役割を果たす伸筋が過負荷状態になっているのである。テニス肘の潜在的要因の多くは明らかにされている。例えば，力学的に不適切なストローク，手首の伸筋の弱さ，手首筋系の非柔軟性[27,69]，肩後部の弱さなどである[45]。手首の伸筋が強くなれば，筋肉は，肘にかかる力を減らしながら，より多くの力を吸収することができるようになる。こうした筋の柔軟性はまた，肘に伝達される力も減ずるであろう。同様に，肩後部の筋が強くなれば肘にかかる伸張性負荷は減少し，腕や肘をより速く動かすことができるようになる。初期段階における外傷の実際の原因が何であるかにかかわらず，正常な筋力や柔軟性の獲得が，テニス肘の予防策及びリハビリのプログラムにおいて重要となる。同様な説明が，回旋腱板腱炎にみられるような過負荷による肩の障害や[47]，足底筋膜炎にみられるような過負荷によるランナーの足の障害についても成り立つであろう[10,44]。

靱帯の損傷もまた筋骨格適応モデルの悪循環と関連付けて考えられよう。慢性の足関節捻挫は，しばしば最初の外傷時のリハビリテーションの不完全さゆえに，再び症状を生む可能性を持つ。すなわち，筋力と柔軟性の不足によってしばしば慢性的状態が生ずる可能

性がある。また筋力と柔軟性の不足は，たいていの場合，初期段階の傷害の原因であるといえるかもしれない。

　症状のない軟部組織損傷は，競技者あるいはコーチによって損傷と認識されないし，また，もっと重いけがを誘発する可能性をしばしば孕んでいるにもかかわらず見過ごされる。しかしながら，傷害を広義に定義づけした場合には，たとえ競技者がその運動を続けることができたとしても，こうした無症状の傷害が症状を生じてくるかもしれないのである。競技者はその運動への参加を加減するかもしれないし，また時として，おそらくは異常な生体力学的な動きのパターンのために，カイネティック・チェーン（kinetic chain）から離れた部位におけるけがを引き起こさないとも限らない。競技者，コーチ，医師，スポーツ科学者は，反復的な使用による障害が，カイネティック・チェーンの近位部における異常な力学のために引き起こされることを心得ておかねばならない。軟部組織損傷や適応といった結果をもたらす顕性傷害は，まずは症状のない軟部組織の問題として現れる。こうした不顕性適応はスポーツ実践の結果起こると考えられるし，また，スポーツ実践の頻度と強度に関連すると考えられる。こうした不適応の結果として，筋骨格の変化が起こるのである。その筋骨格の変化によって，可能な限りで最も高いレベルでパフォーマンスを発揮するための競技者の能力が修正されるだけでなく，競技者の顕性傷害の素因がつくられるのである。

特定の筋骨格損傷とその評価

　オーバートレーニング症候群の競技者には多くの損傷が見受けられるといっても過言ではない。確かにこうした傷害を持つすべての競技者がオーバートレーニング症候群に罹っているわけではないが，しかし彼らは，関連組織にかなり不適切な過負荷を負っている。以下にあげる傷害リストは最も一般的なものであり，正常から顕性傷害に対する不適応へと進行する反復性微細外傷の例を提示するものである。

骨の傷害

肘外反過負荷――投球動作は肘の関節表面にかなり大きなストレスをかける。反復的な投球動作を要するスポーツの場において，肘の後部内側にかかる慢性的な外反ストレスが，肘の関節表面における骨棘形成を引き起こすと考えられている。こうした条件下において起こる軟部組織の変化には，回内筋と二頭筋の柔軟性の低下，それに，内側副靱帯の機能不全が含まれる。X線は診断法として有効である。

肘離断性骨軟骨炎――投球動作を要する競技者の中には，骨表面の過負荷のために，肘の外側の関節軟骨にダメージを受ける者がいる。基底骨の一部分に加えて関節表面の一部が骨の表面からそれ自身を剥がすという肋軟骨下骨折や軟骨損傷が起こる場合がある。このことは，それ自身でもみられるし，また，外反過負荷の構成要素としても見出されるであ

ろう。単純X線あるいはMRIは診断法として有効である。肩の筋の不均等は肘外反過負荷のすべての症例でみられる。

脊椎分離症と脊椎すべり症——脊椎分離症は，特に未成熟な脊椎やあるいは反復的に過伸展された脊椎において上下関節突起間部の連続した周期的な負荷から引き起こされる場合がある。脊椎すべり症は，両側性脊椎分離症状が起きた後，椎骨の一つの椎体が別の椎体の上でずれることをいう。

腰椎終板損傷——未成熟な脊椎の反復的な衝撃負荷は，発育中の椎骨終板の微骨折や欠損を引き起こすことが明らかとなっている。けがの程度は，明らかにトレーニング量と関係する。

オズグッド-シュラッター病——オズグッド-シュラッター病は，脛骨の脛骨結節に膝蓋腱が挿入されるところに起こる膝蓋腱の骨端症である。若い競技者においては，膝蓋腱は，正常な大人の骨よりも弱い骨(prebone)に連結している。その素因として，四頭筋及び腸骨脛骨帯の柔軟性の低下，四頭筋の弱化があげられる。これらの素因すべてが，筋―腱―骨単位のコンプライアンスを低下させる。ランニングやジャンピングのストレスを伴って，過敏反応や微細損傷が起こり，最終的に骨端症が発症するのである。

後部（内側）脛骨ストレス反応——後脛骨筋は，脛骨の後ろに位置する筋である。この部位の過負荷が，後部内側むこうずねの痛みを引き起こすのである。堅い地面での過度のトレーニングやランニング距離の増大がこの要因と考えられる。

中足骨疲労骨折——中足骨疲労骨折は，ヒトの体にみられるもっとも一般的な疲労骨折である[78]。この骨折は，ランニング中，足にかかる圧の蓄積の結果として起こる。第一中足骨は丈夫で骨密度が高く，疲労骨折になるようなことはめったにない。つまり，疲労骨折は，他の4つの中足骨において最も一般的にみられる。素因として，甲高，ランニング強度あるいはランニング持続時間の変化，あるいは後部筋の柔軟性の低下があげられる。

顕性軟部組織損傷

回旋腱板腱炎——回旋腱板腱炎は，異常な過負荷あるいは加圧的な衝撃の影響によって引き起こされる。肩甲骨筋の衰弱，内回旋の柔軟性の低下，靱帯の不安定性，回旋腱板（ローテーターカフ）の衰弱が関連要因としてあげられる。代替の投球動作が通常存在する。若い競技者にとって，回旋腱板のインピンジメントが，回旋腱板腱炎の唯一の原因ということはほとんどない。

内側外上顆炎——内側外上顆炎は，起点の上顆における手首屈筋の炎症のことである。こ

れは通常，絶対的過負荷のために起こる。ゆえに，エリートテニス競技者やエリート野球競技者に特によくみられる障害で，サーブや投球動作の時に感じる痛みが徐々にひどくなっていくのが特徴である。肩に関する論議の中で述べたように，肘の軟部組織損傷において不適応がしばしばみられる。

外側外上顆炎——外側外上顆炎は，手首伸筋にかかる過負荷によって起こり，肘の外側上顆に発生する。一般的な外側外上顆炎としてテニス肘がある。テニス肘では，バックハンドストロークの時の痛みが徐々に強くなる。バックハンドストロークの場合には，手首を安定させようと手首伸筋が活発に働くからである。これは通常，達成度の低い競技者にみられる。彼らは，しばしば，バックハンドモーションの異常な力学の影響を受けやすい。手首や指の伸筋の衰弱や柔軟性の低下だけでなく，肩後部の筋力低下もみられる。

腹筋の肉離れ——腹筋の緊張は，蹴ったり，投げたりという行為によって起こるため，サッカー競技者やその他キッキングを多用する競技者，あるいはスローイングを多用する競技者にみられる場合が多い。腹筋は，特に利き腕や利き足の反対側において，しばしばタイトである。

ハムストリングの肉離れ——膝の屈筋，すなわちハムストリングにおける肉離れは，筋肉が完全に伸展した状態で起こる。筋は，最も弱くなっているポイント，すわなち筋腱接合部で断裂する。Garrettらは[25]，筋腱接合部が斜めに，筋肉の長さのほぼ全体にわたって接合しているため，筋のあちこちで断裂が起こることを明らかにした。重度のハムストリングの肉離れでは，太腿後部における欠損が現れ，競技者は力をかけて膝を曲げることができなくなる。素因として，筋肉バランスの不均衡があげられる。不十分な評価とリハビリテーションによって，競技者は傷害の再発や瘢痕を被るかもしれない。

膝蓋腱炎——膝蓋腱炎は，膝蓋腱の腱炎であり，バスケットボールなどのジャンプを多用するスポーツに一般的にみられる。コンディションについては，ほとんど単純に反復的な微細断裂の影響を受けていることが明らかになっている。素因として，四頭筋の柔軟性の低下があげられる。

腓腹筋の肉離れ——腓腹筋は，外側頭と内側頭の2つを伴い，二関節筋である。この筋肉の最も弱い部分は，筋肉がアキレス腱と接合する部分である。腓腹筋の肉離れとは，すなわち筋肉の断裂であり，通常それは筋腱接合部で起こる。

アキレス腱炎——アキレス腱は，そのどの部位においても過負荷の状態の影響を受けると考えられている。最も一般的な原因として，膝蓋腱炎に類似したタイトで伸展性のない筋肉及び腱単位における反復的な微少断裂があげられる。ランニングやジャンピングの機会の多いスポーツに携る競技者，特にトレーニング内容の変更を行った選手に一般的にみら

れる。

足底筋膜炎——足底筋膜炎は，筋膜とそれの踵骨接合部の炎症反応であり，部分的な剝離である。Kiblerら[44]は，足底の屈筋の柔軟性の低下と筋力不足がこの症候群の臨床的症状であることを証明した。

過負荷による損傷のリハビリテーション

　過負荷による軟部組織損傷に対する適切なリハビリテーションは，傷害の再発を予防するためだけでなく，競技者が正常な活動あるいはスポーツにうまく復帰するためにも重要である。もし実際に傷害が不適切なトレーニング負荷と影響関係にあるのであれば，その要因を正すことがリハビリテーションの過程において重要な要素となる。リハビリテーションの目的は，損傷部位へのこれ以上の傷害やダメージの機会を減らしながら，同時に，できるだけ速く，競技者を，可能な限りもっとも高い機能レベルにまで復帰させることである。最終的には，症状の消散よりもむしろ機能的な回復が望まれる。

　いかなるタイプの筋骨格系傷害であっても，そのリハビリテーションの伝統的な目的は，①傷害に起因する解剖学的，機能的欠損について的確で完全な診断をすること，②急性外傷が及ぼす有害性を伴う局所的作用を最小化すること，③傷害の解剖学的治癒を可能にすること，④アスレティック・フィットネスの他の要素を維持すること，⑤以前のアスレティック機能を回復することである。こうした目的が達成されるための方法として，①治癒段階における十分な組織保護，②治療技術の適切な順序と使用，③筋の柔軟性，力，バランスに対する適切なリハビリテーション，④プレーに復帰するために必要なスポーツ特有のあるいは活動特有の基準，つまり，スポーツや活動で正常に機能するための競技者の能力に対する完全なアセスメントに基づいた適切なリハビリテーション。またこれには，オーバートレーニングやそれに伴って起こる適応が再発しないためのトレーニングプログラムのアセスメントも含まれる。

　リハビリテーションの過程は3段階に分類することができる。リハビリテーションの急性期は，治癒に余裕を与え，炎症の過程を統制するための副木やブレース，またその他の支持器を使用することで，損傷組織の保護を行う段階である。この段階における主たる目的は，炎症反応と顕在化している臨床症状を減じることにある。この時期では，おもにネガティブフィードバックの悪循環になっている組織損傷と臨床徴候が扱われる。

　回復期は，急性期と部分的に重複する。この回復期では，損傷組織を，正常な柔軟性と筋力にまで回復させ，それらをスポーツ活動の全体的なカイネティック・チェーン（kinetic chain）に統合する努力がなされる。回復期の特徴は，テーピングやブレース，その他の支持形態の力を借りながら，身体活動を統制的に徐々に拡大していく点である。この段階では，組織的過負荷，生体力学的機能の低下，症状として発現しない適応不全を正常化することに重点が置かれる。

　維持期は，リハビリテーションの最終段階である。この段階における主たる目的は，全

体的なカイネティック・チェーンだけでなく，損傷部位における最大限の筋力，柔軟性，筋バランスを高めること，そして，そのレベルが，スポーツ特有の適切な評価，すなわち競技者の安全な参加を確かめるための評価基準を伴って，維持されることを確実にすることである．この段階において，プレー復帰のためのスポーツ特有の基準が示されるであろう．

スポーツ医学的リハビリテーションの目的は，競技者を，安全に，速く，そしてできるだけ正常な機能レベルにまで回復させることである．これを現実にするために，競技者は，リハビリテーションの最初の段階から次の段階へとできるだけ速く進まなくてはならない．ある段階から次の段階へと進む基準は，時間ではなく機能にあることに留意すべきである．そして，スポーツ特有の機能検査が，リハビリテーションのある段階から次の段階への移行，また，最終的にスポーツへの完全な復帰における本質的な要素となる．トレーニングの量と強度はこれらすべての段階において，非常に慎重にコントロールされる．

傷害につながるオーバートレーニングの予防

筋力をつけることで傷害が減るとしばしば主張されるが，レジスタンストレーニングによって傷害の割合が実際に減少することを指摘した特別な研究はほとんどない．筋力が傷害予防の要素であることを示すメカニズムを提供する研究は有用である．外傷性損傷や過負荷による損傷における傷害予防のメカニズムには違いが存在する．

レジスタンストレーニングによる筋力の増大を示す研究は非常に多い．過去40年以上にわたる研究に首尾一貫してみられるのが，レジスタンストレーニングによって筋力が増大するという研究結果である[4]．Stone[80]は，身体トレーニングへの適応によって筋肉と結合組織が，組織量の増加や最大張力の増大を起こすと述べている．Garrettら[24]は次の点を明らかにした．最大限に刺激を受けた筋は，最大下刺激を受けた筋肉あるいは全く刺激を受けない筋肉に比べ，機能障害を起こす前に明らかにより多くエネルギーを吸収する．強直性刺激を受けた筋及び繰り返し刺激によって収縮した筋のいずれも，対照となるまったく刺激を受けていない筋に比べ，断裂に対してより大きな力を要する．16 Hzで刺激された筋と64 Hzで刺激された筋において，欠損にかかる力の差異を統計的に示すものがない．このことによって，より強力な筋は弱い筋に比べ，筋断裂のポイントに達する前により多くのエネルギーを吸収するかもしれないことが示唆されよう．レジスタンストレーニングは，負荷を吸収するために筋組織を強化することに加えて，傷害予防の要素となるであろう関節周辺の他の組織を強化することもまた明らかにされている[1,49,50,56,86,87,89]．

身体活動，そして特にレジスタンストレーニングの骨密度に対する作用効果は，骨折および過負荷によるストレスの双方における骨組織に対する傷害の割合に影響を与える．動かないように固定すると限局的な骨の損失が起こる[18,51]．宇宙での実験は，抗重力筋の活動が，骨のミネラル損失を防ぐのに重要な役割を果たすであろうことを示唆した[92]．

国代表レベルの男子競技者を対象とした研究で，下肢にもっとも大きなひずみ（ストレイン）がかかるこれら競技者達が，最も高い骨ミネラル含量を示すことが指摘されている．

この研究には2つのコントロールグループが設定された[67]。1つは，同年代の，身体活動の多い生活を送っている24名の男性グループである。もう1つは，同年代の，運動不足の生活を送っている15名の男性グループである。身体的に活発なコントロールグループは，運動不足のコントロールグループと比べ，明らかに骨ミネラルが多い。また，競技者は，1つのグループとしてみたこれら2つのコントロールと比べても，より骨ミネラルが多い。こういった研究においては，最も高い骨密度を持つ被験者が，スポーツにおいてより活動的であるとして選別される可能性がある。

　テニス選手の上腕骨骨量は，利き腕でない方と比べ，利き腕の方がかなり多いことが明らかとなっている[36]。Montoyeら[66]も同様に，61名のシニアの男性テニス選手を対象に，利き腕の尺骨，橈骨，上腕骨の骨幅とミネラル含量が利き腕でない方のそれらよりもはるかに広く，多いことを証明している。若い男性野球選手の場合，上腕骨の骨ミネラル含量が，利き腕でない方に比べ，利き腕の方がはるかに多い。ただし，尺骨，橈骨に関してはこのかぎりではない。コントロールグループの欠如，あるいはコントロールグループがあまりにも小さいために，こうした研究において，利き腕でない方と比べた時の利き腕の骨密度に関する決定的な結論を導き出すことはできない。

　筋力強化のための運動が関節の安定性に及ぼす影響についてはすでに報告がなされている。これまでに述べてきたように，力をつけるためのトレーニングは，靱帯と骨の接合部の強化だけでなく，靱帯の強化にも効果をもたらす。その結果，けが予防にも効果があると考えられているのである。同様に，動的安定器としての筋力の増大も，重要な役割を果たすであろう。

　ますます高まるスポーツ特有の負荷に上手く対処するために，あらかじめ筋腱単位のコンディションを整えることによって過負荷による傷害を予防するためのコンセプトのことを，プレハビリテーションと呼ぶ[11]。過度のトレーニングによって生じる筋の不均等，筋力の低下，柔軟性の低下が実際に引き起こされる場合には，それらが発生する前に，こうした不均衡を予防するための運動を行うことが，予防上重要であると考えられる。このような低下が起こるのを予防するために，競技者のための筋力と柔軟性のエクササイズは，スポーツを行うために必要なレベルあるいは競技者の筋・骨格系からみて必要なレベルに応じて処方される。プレハビリテーション運動を利用することで，スポーツあるいは活動に一般的にみられるオーバートレーニングと関係ある特定の筋骨格系の過負荷による傷害を予防することができると考えられる。反復的な使用を要するスポーツにおいて起こる傷害の大部分はこうした傷害であり，こうした傷害は，そういった活動におけるパフォーマンスにおいて重要な役割を果たす。投球を多用する競技者のためのプレハビリテーションの例を，表9.3に示す。

　傷害のリスクを減少させるのに効果的なプレハビリテーション運動は，スポーツ特有でなくてはならない。またそれは，カイネティック・チェーン（kinetic chain）の中の独立したリンクのコンディショニングから始め，スポーツ特有の活動へと進展していくような，総合的コンディショニングプログラムに組み込まれるべきである。リハビリテーション運動は，特定のスポーツでリスクとみなされるカイネティック・チェーンのリンクのため，

表 9.3 投動作をおこなうアスリートのためのプレハビリテーション運動の例

柔軟運動
- 手首の屈曲・伸展・回内運動・回外運動
- 肩の内旋
- 股関節回旋ストレッチ
- ふくらはぎストレッチ・ハムストリングストレッチ

筋力運動
- 肩の外旋
- 手首屈曲・伸展・回内運動・回外運動
- 肩甲部筋力強化
- 腹筋運動
- 腹部ひねり
- クロスステップレンジ
- サイドステップレンジ

筋力と可動域を改善する運動から成る。そしてそれは、「シーズン中の」コンディショニング段階の期間にも継続されるべきである。こうした運動は、競技者が以前すでに傷害しており、この損傷部における適応が起こる可能性のある場合には、効果的に拡張されたリハビリテーション運動といえる。

有益な予防的コンディショニングプログラムは、競技者個々人の筋骨格系の特徴だけでなく、スポーツの代謝要求や筋骨格系の要求にも基づいて作成されなくてはならない。スポーツのためのコンディショニングプログラムは、下半身のスピードトレーニングや動きのトレーニングといった内容を含む様々な動作の経験を提供するようにすべきである。プレハビリテーションプログラムに動作のトレーニングを加えることで、競技者の神経筋系は多様性を示すようになる。それは外傷のリスクを減少させるのにも役立つと考えられる。

要約

激しいトレーニングは、スポーツのパフォーマンスに害を及ぼす筋骨格系の機能的適応や生体力学的適応、さらには顕性の臨床的ダメージを引き起こすような影響を及ぼす。こうした適応はすべての競技者においてある程度まで見出される。しかしオーバートレーニング状態の競技者は、ことによると危険性の最も高いレベルにあるといえよう。傷害のタイプは、顕性のもの、つまり、ある一定期間競技者のパフォーマンスを妨げるような明らかな損傷から、潜在性のもの、つまり、パフォーマンスの減退をもたらすが実際にはほとんどそれと認識されないような損傷まで広範囲にわたる。こうした傷害は、いくつかの方法の組み合わせによって、悪化が防がれるであろうし、また、その重度を緩和されたりするであろうことは明らかである。不適切な過負荷の結果起こり、競技者の傷害の機会を増大してしまうような筋力や柔軟性の微妙な適応をみつけるために、運動参加前の徹底的な評価が重要である。競技者が、競技スキルを確立し、不適応の危険性を軽減できるだけの

強い筋骨格系のベースを持つためには，スポーツ特有のコンディショニングプログラムが必要である。多くのスポーツの場合，それぞれのスポーツにおいて強いストレスを受けているそうした筋骨格部位のために，プレハビリテーション運動が実践され得る。また，シーズンを通して継続される維持を目的としたコンディショニングも，シーズンを通してフィットネスを維持するために重要となる。特異性，回復，発達といった的確なコンディショニングの原理に従うことが重要である。

その後適切な処置が施されるためには，発生した傷害に対する完全かつ正確な診断が必要となる。これは，臨床症状，また，臨床症状を引き起こしたり，持続させたりといった作用を及ぼす様々な解剖学的変化及び機能的変化を理解することで容易にでき得ることである。こうした一般的なガイダンスに従うことで，スポーツ活動への安全な参加が可能となり，パフォーマンスが高められる。

「トレーニング」が「オーバートレーニング」へと変質するポイントを厳密に限定することは難しく，とくに将来のポイントを予測するのは困難である。オーバートレーニング症候群の発症要因となる解剖学的パラメーター及び運動量を規定することがスポーツ医学研究での刺激的な領域であり，それによって最小の過負荷リスクで最大のパフォーマンスが実践できるようになる。現在までのところ，レトロスペクティブな研究において，高強度のトレーニング負荷に対する反応として筋肉，腱，骨における適応が起こること，そしてこうした適応はパフォーマンスにとって有益性がなく，傷害の危険性を増大するかもしれないことが指摘されている。筋骨格系の不適応及び傷害は，トレーニングの量や強度があまりにも高いこと，そしてオーバートレーニングがその原因要素であるかもしれないことを，競技者やコーチに知らせる警告シグナルといえる。（秋本崇之・赤間高雄・津内　香・河野一郎）

参考文献

1. Adams, A. 1966. Effect of exercise upon ligamentous strength. *Research Quarterly* 37: 163-167.
2. Alderink, G.J., D.J. Kuck. 1986. Isoklnetic shoulder strength of high school and college-aged pitchers. *Journal of Orthopedic and Sports Physical Therapy* 14: 163-172.
3. Armstrong. R.B., R.W. Ogilvie, J.A. Schwane. 1983. Eccentric exercise induced injury to rat skeletal muscle. *Journal of Applied Physiology* 54: 8093.
4. Armstrong, R.B. 1990. Initial events in exercise-induced muscular injury. *Medicine and Science in Sports and Exercise* 22: 429-435.
5. Atha, J. 1981. Strengthening muscle. *Exercise and Sport Science Reviews* 9: 173.
6. Brown, L.P., S.L. Niehues, A. Harrah, P.Yavorsky, H.P. Highman. 1988. Upper extremity range of motion and isokinetic strength of internal and external rotators in major league baseball players. *American Journal of Sports Medicine* 16: 577-585.
7. Butler, D., A. Siegel. 1989. Alterations in tissue response : conditioning effects at different ages. In *Sports induced inflammation: workshop*, eds. W.B. Leadbetter, J.A. Buckwalter, S.L. Gordon, 713-730. Bethesda, MD: American Academy of Orthopedic Surgeons.
8. Chandler, T.J., W.B. Kibler, T.L. Uhl, B. Wooten, A. Kiser, E. Stone. 1990, Flexibility comparisons of junior elite tennis players to other athletes. *American Journal of Sports Medicine* 18: 134-136.
9. Chandler, T.J., W.B Kibler, A.M. Kiser, B.P. Wooten. 1991 . Shoulder strength, power, and endurance in college tennis players. *American Journal of Sports Medicine* 20: 455-457.
10. Chandler T. J., W.B. Kibler. 1993. A biomechanical approach to the prevention, treatment, and rehabilitation of plantar fasciitis. *Sports Medicine* 15: 344-352.
11. Chandler, T.J. 1995. Exercise training for tennis. *Clinics in Sports Medicine*, ed. R. Lehman, 14: 33-46.
12. Cook, E.E., V.L. Gray, E. Savinar-Nogue, J. Medeiros. 1987. Shoulder antagonistic strength ratios: a comparison between college-level baseball pitchers and nonpitchers. *Journal of Orthopedic Sports and Physical Therapy* 8: 451-461.
13. Crenshaw, A.G., L.E. Thomell, J. Friden. 1994. Intramuscularpressure, torque, and swelling for the exercise-induced sore vastus lateralis muscle. *Acta Physiologica Scandinavica* 152: 265-277.
14. Dominquez, R.H. 1978. Shoulder pain in age group swimmers. In *Swimming medicine* IV, eds. B. Eriksson, B. Furlong, 105-109. Baltimore: University Park Press.
15. Ebbling, C.B., P.M. Clarkson. 1989. Exercise induced muscle damage and adaptation. *Sports Medicine* 7: 207-234.
16. Ekstrand, J., J. Gillquist. 1982. The frequency of muscle tightness and injuries in soccer players. *American Journal of Sports Medicine* 10: 75-78.
17. Ekstrand, J., J. Gillquist. 1983. The avoidability of soccer injuries. *International Journal of Sports Medicine* 4: 124-128.
18. Falch, J.A. 1 982. The effect of physical activity on the skeleton. *Scandinavian Journal of Social Medicine* 29: S5558.
19. Friden, J., J. Seger, M. Sjostrom, B. Ekblom. 1983. Adaptive response in human skeletal muscle subjected to prolonged eccentric training. *International Journal of Sports Medicine* 4: 170-176.
20. Friden, J. 1984. Muscle soreness after exercise: implications of morphological changes. *International Journal of Sports Medicine* 5: 57-66.
21. Friden, J., R.L. Leiber, L.E. Thornell. 1991. Subtle indications of muscle damage following eccentric contractions. *Acta Physiologica Scandinavica* 142: 523-524.
22. Garrett, W.E, J.C. Califf, F.H. Bassett. 1984. Histochemical correlates of hamstring injuries. *American Journal of Sports Medicine* 12: 98-103.

23. Garrett, W.E., J. Tidball. 1987. Myotendinous junction: structure, on and failure. In *Injury and repair of musculosheletal soft tissues*, eds. S.L. Woo, J.A. Buckwalter. American Academy of Orthopedic Surgeons and National Institute of Arthritis and Musculoskeletal and Skin Diseases. Chicago: AAOS.
24. Garrett, W.E., M.R. Safran, A.V. Seaber, R.R. Glisson, B.M. Ribbeck. 1987. Biomechanical comparison of stimulated and nonstimulated skeletal muscle pulled to failure. *American Journal of Sports Medicine* 15: 448-454.
25. Garrett, W.E., P.K. Nickolaou, B.M. Rlbbeck, R.R. Glisson, A.V. Seaber. 1988. The effect of muscle architecture on the biomechanical failure properties of skeletal muscle under passive extension. *American Journal of Sports Medicine* 16: 712.
26. Garrlett, W.E. 1990. Muscle strain injuries: clinical and basic aspects. *Medicine and Science in Sports and Exercise* 22: 436-443.
27. Gruchlow, W., D. Pelteiter. 1979. An epidemiologic study of tennis elbow. *American Journal of Sports Medicine* 7: 234-238.
28. Hanyman, D.T., J.A. Sidles, J.M. Clark, K.J. McQuade, T.D. Gibb, F.A. Matsen. 1990. Translation of the humeral head on the glenoid with passive glenohumeral motion. *Journal of Bone and Joint Surgery* 72A: 1334-1343.
29. Hawkins, R., J. Kennedy. 1980. Impingement syndrome in athletes, *American Journal of Sports Medicine* 8: 151-158.
30. Hess, G.P., W,L. Cappiello, R.B. Poole, S.C. Hunter. 1989. Prevention and treatment of overuse tendon injuries. *Sports Medicine* 8: 371-384.
31. Herring, S. A. 1990. Rehabilitation from muscle injury. Medicine and *Science in Sports and Exercise* 22: 453-456.
32. Hinton, R.Y. 1988. Isokinetic evaluation of shoulder rotational strength in high school baseball pitchers. *American Journal of Sports Medicine* 16: 274-279.
33. Ivey, F.M., J.H. Calhoun, K. Rusche, J. Biershenk. 1985. Isokinetic testing of the shoulder strength: normal values. *Archives of Physical Medicine and Rehabilitation* 66: 384-386.
34. Jackson, D.L., J. Nyland. 1990. Club lacrosse: a physiological and injury profile. *Annals of Sports Medicine* 5: 114-117.
35. Jobe, W.F., J.P. Bradley. 1988. Rotator cuff injuries in baseball. *Sports Medicine* 6: 378-387.
36. Jones, H.H., J.D. Priest, W.C. Hayes, C.C. Tichenor, D.A. Nagel. 1977. Humeral hypertrophy in response to exercise. *Journal of Bone and Joint Surgery* 59A: 204-208.
37. Jones, D.A., D.J. Newham, J.M. Round, T.S.E. Jolfree. 1986. Experimental human muscle damage: morphological changes in relation to other indices of damage. *Journal of Physiology* 375: 435-448.
38. Jones, H.B., J.M. Harris, T.N. Vinh, C. Rubin. 1989. Exercise-induced stress fractures and stress reactions of bone: epidemiology, etiology, and classification. *Exercise and Sport Science Reviews* 17: 379-422.
41. Kibler, W.B., C. McQueen, T. Uhl. 1988. Fitness evaluations and fitness findings in competitive junior tennis players. *Clinics in Sports Medicine* 7: 403-416.
42. Kibler, W.B., T.J. Chandler, T. Uhl, R.E. Maddux. 1989. A musculoskeletal approach to the preparticipation physical examination: preventing injury and improving performance. *American Journal of Sports Medicine* 17: 525-531.
43. Kibler, W.B. 1990. Clinical aspects of muscle injury. *Medicine and Science in Sports and Erercise* 22: 450-452.
44. Kibler, W.B., C. Goldberg, T.J. Chandler. 1991. Functional biomechanical deficits in running athletes with plantar fasciitis. *American Journal of Sports Medicine* 19: 66-71.
45. Kibler, W. B. 1994. Clinical biomechanics of the elbow in tennis: implications for evaluation and diagnosis. *Medicine and Science in Sports and Exercise* 26: 1203-1206.

46. Kibler, W.B., T.J. Chandler, B.P. Livingston, E.P. Roetert. 1996. Shoulder range of motion in elite tennis players: the effect of age and years of tournament play. *American Journal of Sports Medicine* 24: 1-7.
47. Kibler, W.B. 1997. Diagnosis, treatment, and rehabilitation principles in complete tendon ruptures in sport. *Scandinavian Journal of Medicine in Sports* 7: 119-129.
48. Knapik, J.J., C.L. Bauman, B.H. Jones, J.M. Harris, L. Vaughn. 1991. Preseason strength and flexibility imbalances associated with athletic injuries in female collegiate athletes. *American Journal of Sports Medicine* 19: 76-81.
49. Kovanen, V., H. Suominen. E. Heikkinen. 1980. Connective tissue of fast and slow skeletal muscle in rats: effects of endurance training. *Acta Physiologica Scandinavica* 108: 173-180.
50. Kovanen, V., H. Suominen, E. Heikkinen. 1984. Collagen of slow and fast twitch muscle fibers in different types of rat skeletal muscle. *European Journal of Applied Physiology* 52: 235-243.
51. Krolner, B., E. Tondevold, B. Toft, B. Berthelsen, S. Pors Nielsen. 1982. Bone mass of the axial and appendicular skeleton in women with Colles' fracture: its relation to physical activity. *Clinical Physiology* 2: 147-157.
52. Kuland, D.N., F.C. McCue, D.A. Rockwell, J.A. Gieck. 1979. Tennis injuries: prevention and treatment. *American Journal of Sports Medicine* 7: 249-253.
53. Kuipers, H., H.A. Keizer. 1988. Overtraining in elite athletes. *Sports Medicine* 6: 79-92.
54. Kuipers, H. 1994. Exercise-induced muscle damage. *International Journal of Sports Medicine* 15: 132-135.
55. Kujala, U.M., M. Kvist, K. Osterman, O. Friberg, T. Aalto. 1986. Factors predisposing army conscripts to knee exertion injuries incurred in a physical training program. *Clinical Orthopaedics and Related Research* 210: 203-212.
56. Laurent, G.J., M.P. Sparrow, P.C. Bates, D.J. Milward. 1978. Collagen content and turnover in cardiac and skeletal muscles of the adult fowl and the changes during stretch-induced growth. *Biochemistry Journal* 176: 419-427.
57. Leiber, R.L., J. Friden. 1988. Selective damage of fast glycolytic muscle fibers with eccentric contraction of the rabbit tibialis anterior. *Acta Physiologica Scandinavica* 133: 587-588.
58. Leiber, R.L., J. Friden. 1993. Muscle damage is not a function of muscle force but active muscle strain. *Journal of Applied Physiology* 74: 520-526.
59. McBride, A.M. 1985. Stress fractures in runners. *Clinics in Sports Medicine* 4: 737-752.
60. McMaster, W.C., S.C. Long, V.J. Caiozzo. 1991. Isokinetic torque imbalances in the rotator cuff of the elite water polo player. *American Journal of Sports Medicine* 19: 72-75.
61. Maffulli, N. 1990. Intensive training in young athletes. *Sports Medicine* 9: 229-243.
62. Meuwisse, W.H. 1994. Assessing causation in sport injury: a multifactoral model. *Clinical Journal of Sports Medicine* 4: 166-170.
63. Mellerowicz, H., D.K. Barron. 1971. Overtraining. In *Encyclopedia of sport sciences and medicine*, eds. Larson, Leonard, 1310-1312. New York: Macmillan.
64. Micheli, L.J. 1982. Upper extremity injuries: overuse injuries in the recreational adult. In *The exercising adult*, ed. R.C. Cantu, 121-128. Lexington, MA: Collamore.
65. Montgomery, L.C., F.R.T. Nelson, J.P. Norton, P.A. Deuster. 1989. Orthopedic history and examination in the etiology of overuse injuries. *Medicine and Science in Sport and Exercise* 21: 237-243.
66. Montoye, H.J., E.L. Smith, F.D. Fardon, E.T. Howley. 1980. Bone mineral in senior tennis players. *Scandinavian Journal of Sports Science* 2: 26-32.
67. Nilsson, B.E., N.E Westlin. 1971. Bone density in athletes. *Clinical Orthopaedics and Related Research* 77: 179-182.
68. Nikolaou, P.K., B.L. Macdonald, R.R. Glisson, A.V. Seaber, W.E. Garrett. 1987. Biomechanical

and histological evaluation of muscle after controlled strain injury. *American Journal of Sports Medicine* 5: 914.

69. Nirschl, R.P. 1979. Tennis elbow. *Journal of Bone and Joint Surgery* 61A: 832-839.
70. Ogilvie, R.W., H. Hoppeler, R.B. Armstrong. 1985. Decreased muscle function following eccentric exercise in the rat. *Medicine and Science in Sports Exercise* 17: 195.
71. Ogilvie, R.W., R.B. Armstrong, K.E. Baird, C.L Bottoms. 1988. Lesions in the rat soleus muscle following eccentrically-biased exercise. *American Journal of Anatomy* 182: 335-346.
72. Pappas, A.M., R.M. Zawackl, C.F. McCarthy. 1985. Rehabilitation of the pitching shoulder. *American Journal of Sports Medicine* 13: 223-235.
73. Parker, M.G., R.O. Ruhling, D. Holt, E. Bauman, M. Drayna. 1983. Descriptive analysis of quadriceps and hamstrings muscle torque in high school football players. *Journal of Orthopedic and Sports Physical Therapy* 5: 26.
74. Priest, J.D., D.A. Nagle. 1976. Tennis shoulder. *American Journal of Sports Medicine* 4: 28-42.
75. Renstrom, P., R.J. Johnson. 1985. Overuse injuries in sports. *Sports Medicine* 2: 316-333.
76. Rettig, A.C., D. Shelbourne, K. McCarroll, Bisesi, J. Watts. 1988. The natural history and treatment of delayed union stress fractures of the anterior cortex of the tibia. *American Journal of Sports Medicine* 16: 250-255.
77. Ryan,A. J., R.L. Brown, E.C. Fredrick, H.L. Falsetti, R.E. Burke. 1983. Overtraining of athletes: a round table. *Physician and Sports,nedicine* 11: 93-110.
78. Southmayd, M., M. Hoffman, 1981. *Sports health : the complete book ofathletic injuries*. New York: Quick Fox.
79. Stauber, W.T. 1989. Eccentric action of muscles: physiology, injury, and adaptation. In *Exercise and sport science review*, ed. K.B. Pandolf. Baltimore: Williams and Wilkins.
80. Stone, M.H. 1990. Muscle conditioning and muscle injuries. *Medicine and Science in Sports and Exercise* 22: 457-462.
81. Taimela, S., U.M. Kujala, K. Osterman. 1989. Individual characteristics are related to musculoskeletal injuries. *Paavo Nurmi Congress*, Turku, Finland, August 28-September 1.
82. Taimela, S., U.M. Kujala, K. Osterman. 1990. Intrinsic risk factors and athletic injuries. *Sports Medicine* 9: 205-215.
83. Talag, T.S. 1973. Residual muscular soreness as influenced by concentric, eccentric, and static contractions. *Research Quarterly* 44: 458-469.
84. Taunton, J.E., D.C. McKenzie, D.B. Clement. 1988. The role of biomechanics in the epidemiology of injuries. *Sports Medicine* 6: 107-120.
85. Teague, B.N., J.A. Schwane. 1995. Effect of intermittent eccentric contractions on symptoms of muscle microinjury. *Medicine and Science in Sport and Exercise* 27: 1378-1384.
86. Tipton, C.M., S.L. James, W. Mergner, T. Tcheng. 1970. Influence of exercise on strength of medial collateral knee ligaments of dogs. *American Journal of Physiology* 218: 894-902.
87. Tipton, C.M., R.D. Matthes, J.A. Maynard, R.A. Carey. 1975. The influence of physical activity on ligaments and tendons. *Medicine and Science in Sports* 7: 165-175.
88. Torg, J.S., H. Pavlof, L.H. Cooley, M.H. Bryant, S.P. Arnoczky, J. Bergfeld, L.Y. Hunter. 1982. Stress fractures of the tarsal navicular. *Journal of Bone and Joint Surgery* 64A: 700-712.
89. Turto, H., S. Lindy, J. Halme. 1974. Protocollagen proline hydroxylase activity in work-induced hypertrophy of rat muscle. *American Journal of Physiology* 226: 63-65.
90. Valliant, P.M. 1981. Personality and injury in competitive runners. *Perceptual and Motor Skills* 53: 251-253.
91. Vailas, A.C., W.P. Morgan, J.C. Vailas. 1989. Physiologic and cellular basis for overtraining. In *Sports induced inflammation: workshop*, eds. W.B. Leadbetter, J.A. Buckwalter, S.L. Gordon, 677-686. Bethesda, MD: American Academy of Orthopedic Surgeons.

92. Vogel, J.M., M.W. Whittel. 1976. Bone mineral content changes in the Skylab astronauts. *American Journal of Roentgenology* 126: 1296.
93. Watson, R.C. 1974. Bone growth and physical activity in young males. *International Conference on Bone Mineral Measurements*, U.S. Department of Health, Education, and Welfare, publication number NIH 75683: 380-385.
94. Watson, A.W.S. 1981. Factors predisposing to sports injury in school boy rugby players. *Journal of Sports Medicine and Physical Fitness* 21: 417-422.

第 IV 部

オーバーリーチングと
オーバートレーニングの
免疫学的側面

第10章
持久系トレーニングが感染率と免疫に及ぼす影響

David C. Neiman, PhD

はじめに

　本章の後半部分を読んでもらえば分かるように，持久系競技者の上気道感染症（URTI）の罹患リスクは，高強度のトレーニングを行っている期間や激しい有酸素運動後1～2週間，増加していることが疫学的な調査から予想されている。熱心な多くの研究がなされているが，このリスクの増大を説明できる急性，慢性的な免疫機能の変化は未だ明らかにされてはいない。パワー系の競技者を対象としたレジスタンストレーニングが感染率と免疫に及ぼす影響に関するデータはほとんどないため，この章では主に持久系競技者を対象としたデータに関して述べる。

　この章で扱うのは急性の高強度持久系運動後のデータであり，免疫系の構成成分のいくつかは数時間にわたって抑制されることが示されている。このデータを基に長時間の持久系運動の3時間～24時間後に宿主防御力が低下し，URTIのリスクが高まるという"オープン・ウインドゥ"と呼ばれるコンセプトが提唱された。

　次のセクションで述べられているように，慢性的な運動トレーニングは安静時の免疫系に様々な影響を及ぼす。例えば激しいトレーニング期間中，競技者の好中球機能は低下することが報告されており，一方ではナチュラルキラー細胞の機能が高まることを別の何人かの研究者が報告している。

　この章で強調したいのは，臨床応用するには，運動が免疫機能に与える影響をよく理解するために，さらなる研究が必要であることをほとんどの運動免疫学者が感じているということである。現在，研究者の間でも免疫機能の抑制メカニズムやその宿主防御における重要性に関しては合意が得られていない。いずれにしても，URTIのリスクを低下させるために，そして全身性疾患罹患時は重度の疲労をさけて合併症を防ぐために，様々な衛生学的対策を行うことを競技者に推奨することについては十分な根拠が現時点ですでに得ら

れている。これらの詳細についてはこの章の最後のセクションで述べる。

　この章ではまず読者が理解しやすいように免疫系に関する用語を解説する。免疫系は2つの機能に分けて考えることができる。すなわち病原微生物に対する一次防御として働く自然免疫と，活性化した時，それぞれの病原微生物に対する免疫学的記憶や特異的な反応をもたらす獲得免疫（適応免疫）である。自然免疫系には細胞（ナチュラルキラー細胞，好中球，好酸球，好塩基球，単球，マクロファージなどの貪食細胞）と可溶性因子（急性期蛋白，補体，ライソザイム，インターフェロン）が含まれる。獲得免疫系にも細胞（B・Tリンパ球）と可溶性因子（免疫グロブリン）が含まれる。これら2つのシステムにみられる細胞集団の概要を図10.1に示す。

持久系競技者と非競技者における安静時の免疫機能

　持久系競技者と非競技者の免疫機能を横断的に比較した研究者はほとんどいない。この種の研究のデザインは，持久系の有酸素運動と免疫の問題を考える時の論理的な出発点である。表10.1は持久系競技者と非競技者においてナチュラルキラー細胞活性（NK活性）[4,45,46,50,60,78]，好中球機能[2,18-20,32,66,73]，リンパ球増殖反応[2,45,46,50,58,59]を横断的に比較した最近のデータである。

ナチュラルキラー細胞活性

　ナチュラルキラー（NK）細胞は大顆粒を有するリンパ球で，様々なガン化細胞，ウィルス感染細胞に対する細胞傷害反応を仲介している[33]。NK細胞は細胞傷害機能以外にも，微生物のコロニー形成や特定のウィルス，バクテリア，真菌，寄生虫の増殖を抑制する。

　ナチュラルキラー細胞活性（NK活性）は，^{51}Crで標識したある種のガン細胞やウィルス感染細胞と血液中の単核球（リンパ球と単球）を混合し，4時間後に^{51}Cr放出法で測定される。血液中のリンパ球の約10～15%をしめるNK細胞は，速やかに反応し，^{51}Crで標識された標的細胞を4時間以内に溶解する。この放出された^{51}Crはフィルター内に集められ，ガンマカウンターで放射活性が測定される。

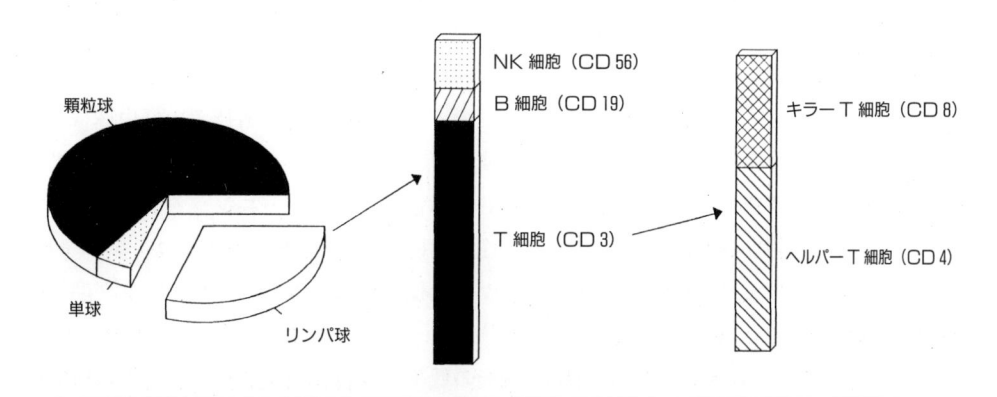

図10.1　血液組成における白血球とリンパ球のサブセットと通常の割合

表10.1にあげたNK細胞活性に関する6つの研究のうち，4つでは若年者のグループも高齢者のグループも，非競技者に比べ競技者のNK活性が増加しているという知見を得ている[46,50,60,78]。興味深いことにこの結果に反する2つの研究は大学生を対象に行ったものである[4,45]。おそらく，NK活性の違いを見いだすには，大学生競技者と非競技者との有酸素持久力や身体活動レベルの違いが小さすぎたと考えられる。

図10.2には22人のマラソンランナーと18人のトレーニングしていない男性を比較したデータを示した[46]。この研究の被験者は12年間で平均24回以上もマラソンを走った熟練者であった。2つのグループの年齢（それぞれ38.7±1.5と43.9±2.2歳）はほぼ同じで，マラソンランナーはコントロールに比べ痩せていて，$\dot{V}O_2$max は60％有意に高かった。NK活性はマラソンランナーで57％高く，体脂肪率と負の相関があった（$r=-0.48, p=0.002$）。

Tvedeらのデータ[78]は，エリート自転車選手のNK活性が冬（低強度のトレーニング期間）に比べ夏（高強度のトレーニング期間）に高かったということを示している。8〜12週の適度な持久性トレーニングによるプロスペクティブな研究でのNK活性は，運動不足のコントロールに比べ有意な上昇を認めなかったことが報告されている[47,50]。これは同時に，NK活性を慢性的に上昇させるためには，高強度で長時間（例えば競技レベル）の持久系運動をおこなわなければならないことを意味しているかもしれない。

このNK活性の上昇は血液中のNK細胞の濃度の増加によるのか，個々のNK細胞の活性が上昇したことによるのかについては研究者の間でも一定の見解が得られていない[46,50,60,62,78]。Tvedeら[78]とNiemanら[46,50]のデータはこの問いに対して，季節，トレーニング強度，年齢，体脂肪量によって異なる可能性があることを示唆している。

好中球機能

好中球は自然免疫の重要な構成成分で，多くのバクテリアやウィルスの病原体を貪食し，免疫修飾に関わるサイトカインを産生する[66]。好中球は生体内で最も重要な貪食細胞であると考えられており，侵入する病原微生物の早期の防御に不可欠である。好中球機能は病原体をのみこむ能力（貪食能）と殺菌能（活性酸素種産生）を測定することで評価される。

好中球機能の横断的なデータではNK活性とは逆の結果が得られている。表10.1に示したように，競技者の好中球機能を非競技者と比べた際に，好中球機能（貪食能もしくは活性酸素種産生能）が向上しているという報告をした研究者はいない。代わりに競技者においては高強度のトレーニング期間中，好中球機能が抑制されていることが報告されている。これは特にHackら[20]とBajら[2]の，低強度のトレーニング中の競技者の好中球機能はコントロールのそれとほぼ同じであるが，高強度のトレーニングを行う夏期は有意に抑制されていたという研究結果に代表される。Pyne[66]は高強度のトレーニングを行っているエリート水泳競技者の安静時における好中球活性酸素種産生能が，運動不足のコントロール（性別，年齢が同じ）よりも低く，国代表レベルの競技会の前の激しいトレーニング期間にはさらに抑制されていたことを報告している。

高強度のトレーニングにおける好中球機能の低下は重要な知見であり，さらに研究する必要がある。疲労した競技者におけるURTIのリスク増大は，NK細胞の機能が亢進して

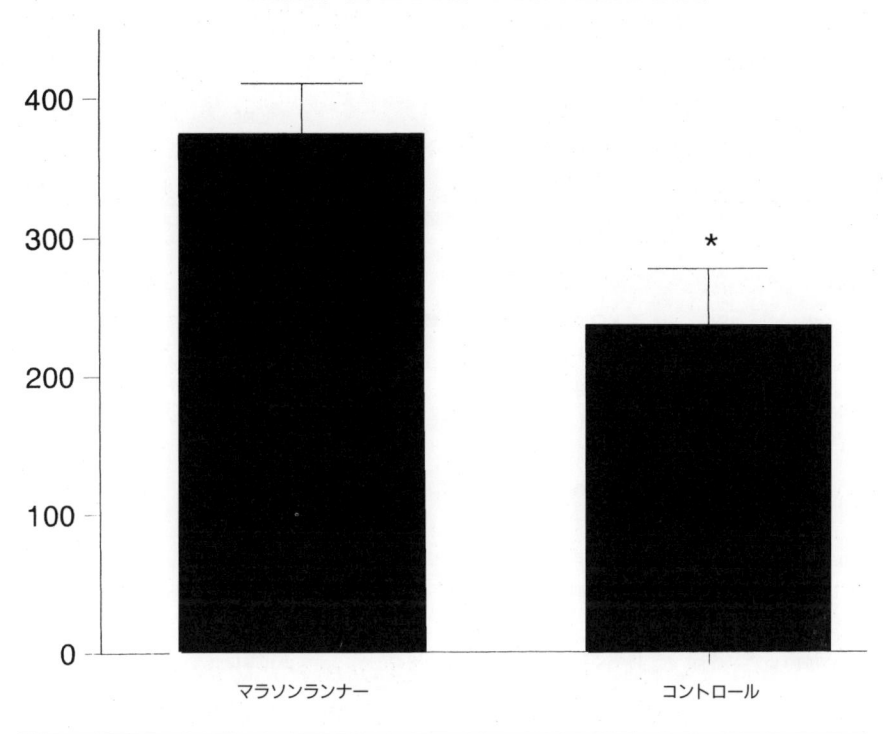

NK 細胞活性（Lytic Units/10⁷ Mononuclear Cells）

図10.2 22名のマラソンランナーと運動不足のコントロールのナチュラルキラー細胞活性（total lytic unit）。

いるという事実よりも，おそらくこれらの重要な貪食細胞の慢性的な抑制と関係している。

リンパ球増殖反応

　様々なマイトジェン刺激を用いた in vitro でのヒトリンパ球増殖反応の検討は，T・Bリンパ球機能を評価するのによく用いられている方法である。in vitro での至適量，あるいは至適下量のマイトジェン刺激は，in vivo でのリンパ球の抗原刺激後に起こる現象を模擬していると考えられている。リンパ球が外来の病原に出会った時，これらリンパ球の「分割統括」能力は獲得免疫系の重要な要素である。この実験系では実験室において，リンパ球は3日間様々な種類のマイトジェンに曝され，さらに放射性同位体（³H）で標識したサイミジンを加え，リンパ球が増殖するまで4時間インキュベートされる。サイミジンは増殖しているリンパ球のDNAの中に取り込まれ，取り込まれた量が液体シンチレーションβカウンターで測定される。

　リンパ球増殖反応に対する運動の効果は，NK細胞や好中球ほど明らかではないが，一般的には競技者と非競技者で差がないといわれている（表10.1）。Bajら[2]はエリート自転車競技者と非競技者を比較して，低強度のトレーニング期間（3月）は差がなかったが，競技者では高強度トレーニング中のPHAと抗CD3抗体に対する増殖反応が増加した（ConAとPWMは変化しない）ことを報告している。しかしながら，インターロイキン2（活性化したリンパ球から放出されるサイトカイン）の産生能は高強度トレーニング中の競技者

表 10.1 ヒト持久系競技者と非競技者の安静時の免疫機能

著者／発行年	対象	主な知見
NK 細胞活性		
Brahmi ら[4] (1985)	5 名の男性競技者 10 名の男女非競技者	変化なし ↔
Pedersen ら[60] (1989)	27 名のエリート男性自転車競技者 15 名の男性非競技者	競技者で 26% ↑
Tvede ら[78] (1991)	29 名のエリート男性自転車競技者 （軽いトレーニング） 15 名の男性非競技者 14 名のエリート男性自転車競技者 （激しいトレーニング） 10 名の男性非競技者	競技者で 27% ↑ 競技者で 64% ↑
Nieman ら[50] (1993)	12 名の年配女性競技者 32 名の運動不足の年配女性	競技者で 55% ↑
Nieman ら[45] (1995)	18 名の男性持久系競技者 11 名の男性非競技者	変化なし ↔
Nieman ら[46] (1995)	22 名の男性マラソンランナー 18 名の男性非競技者	競技者で 57% ↑
好中球機能		
Green ら[18] (1981)	20 名の男性マラソンランナー 男性非競技者の集団	変化なし ↔
Lewicki ら[32] (1987)	20 名のエリート男性自転車競技者 19 名の男性非競技者	競技者で 90% ↓
Smith ら[73] (1990)	11 名のエリート男性自転車競技者 9 名の男性非競技者	競技者で 50% ↓
Hack ら[19] (1992)	20 名のエリート男性ランナー／トライアスリート 10 名の男性非競技者	軽いトレーニング期間は変化なし ↔
Pyne ら[66] (1994)	12 名のエリート男女水泳競技者 11 名の男女非競技者	激しい 16 週間のトレーニング前後で競技者で 50% ↓
Hack ら[20] (1994)	7 名のエリート男性ランナー 10 名の男性非競技者	軽いトレーニング期間は変化なし ↔ 激しいトレーニング期間は競技者で低下

続き

著者／発行年	対象	主な知見
Baj ら [2] (1994)	15 名のエリート自転車競技者 16 名の男性非競技者	軽いトレーニング期間は変化なし↔ 激しいトレーニング期間は競技者で 33%↓（PMA 刺激）

リンパ球増殖反応

著者／発行年	対象	主な知見
Oshida ら [58] (1988)	6 名のエリート男性ランナー 5 名の男性非競技者	変化なし↔
Papa ら [59] (1989)	7 名のエリート水球競技者 7 名の男性非競技者	PHA 刺激では競技者で 28%↓ PWM 刺激では競技者で 60%↓
Tvede ら [78] (1991)	29 名のエリート自転車競技者（軽いトレーニング） 15 名の男性非競技者	変化なし↔
	14 名のエリート自転車競技者（激しいトレーニング） 10 名の男性非競技者	変化なし↔
Nieman ら [50] (1993)	12 名の年配女性競技者 32 名の運動不足の年配女性	PHA 刺激では競技者で 56%↑
Baj ら [2] (1994)	15 名のエリート自転車競技者 16 名の男性非競技者	軽いトレーニング期間は変化なし PHA 刺激で 35%，抗 CD3 抗体刺激では 50%，高強度トレーニング期間（ConA，PWM では変化なし）競技者で↑
Nieman ら [45] (1995)	18 名の男性持久系競技者 11 名の男性非競技者	変化なし↔
Nieman ら [46] (1995)	22 名の男性マラソンランナー 18 名の男性非競技者	変化なし↔

で，コントロールに比べ抑制されていた。これらのデータは，低強度，高強度のトレーニング期間中のどちらも競技者と非競技者で差を認めなかった Tvede ら[78] の研究とは異なっている。

うまくコンディショニングされた高齢女性における PHA によるリンパ球増殖反応は，運動不足のコントロールに比べ56%高かったと報告されている[50] (図 10.3)。T 細胞機能が加齢と共に低下することから，これらのデータは興味深い。しかしながら，12 週間の適度な強度のトレーニングによって，高齢女性の T 細胞機能を高めることはできなかったため，高齢者の T 細胞機能への影響を測定する前に，トレーニング強度が T 細胞機能にどのように関係しているかを検討する必要があると考えられる。さらに多量の運動トレーニングが T 細胞機能に大きな影響を及ぼすかどうかを若年者と高齢者で比較する必要がある。

その他の免疫系の測定

免疫系のその他の構成成分については競技者と非競技者ではあまり比較されていない。Tomasi ら[75] は安静時の唾液中 IgA レベルはエリートクロスカントリースキー競技者で，年齢を合わせたコントロールに比べ低いことを報告したが，エリート自転車競技者では追試できなかった[36]。Mackinnon と Hooper の総説によれば，上気道粘膜組織の粘膜免疫系は病原のコロニー形成に対する一次防御で，IgA が宿主防御の主要な役割を果たしている

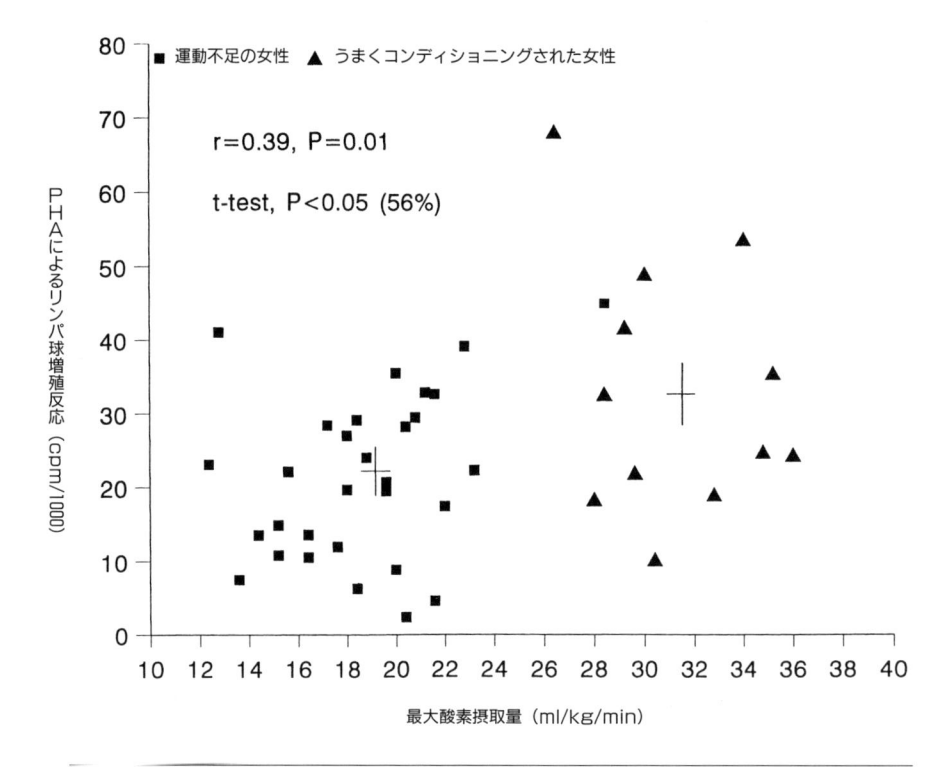

図 10.3 12 名のうまくコンディショニングされた高齢女性と 30 名の運動不足の高齢女性における PHA 刺激によるリンパ球増殖と $\dot{V}O_2max$ との相関。十字はそれぞれの群の平均±標準誤差を表し，コンディショニング群とセデンタリー群では増殖反応は 56%，$\dot{V}O_2max$ は 67%コンディショニング群で高かった。

と考えられている．分泌型 IgA は病原の接着と複製を阻害し，体内への侵入を妨げる．高強度の一過性持久性運動後に唾液中 IgA が低下することを示したいくつかの報告があるが[36-38]，その慢性的な影響を検討するにはさらなる研究が必要である．

　血清免疫グロブリンではなく補体に関しては（とくに競技者における多い血漿量を補正した時），運動不足のコントロールに比べマラソンランナーでは低いと報告されている[55,57]．リポポリサッカライド刺激による腫瘍壊死因子（TNF）の産生はエリートクロスカントリースキー競技者で，コントロールに比べ抑制されていると報告されている[31]．多くの研究は循環総白血球，リンパ球，リンパ球分画濃度への規則的な運動トレーニングの影響の重要性を示すことができていない[18,45,46,50]．

　これらのデータを総括すると，激しい運動の慢性的ストレスに対して NK 活性は増加する傾向にあり，好中球機能は抑制されるというように，自然免疫系は異なった反応を示すというコンセプトが得られる．現在の研究成果はまだ混沌としているが，一般的に運動は獲得免疫系には影響しないように思える．より詳細な比較をするためには，大集団の競技者と非競技者を用いたさらなる研究が必要である．

長時間の有酸素運動に対する免疫系の急性反応

　次のセクションでは，マラソンやウルトラマラソン後の1週間，あるいは2週間に見られる URTI のリスクの有意な増大に関連する疫学的調査について解説する[52,63-65]．免疫系に対する慢性的な高強度トレーニングの影響に関しての結果は様々であるが，長時間の持久系運動（この章では90分以上と定義する）は一過性だが免疫や宿主防御を変化させるという現象によって，疫学的データの生理学的な説明が可能であると何人かの研究者は述べている[37,62]．

　例えば NK 活性[3,35,44,71]，マイトジェン刺激によるリンパ球増殖[12,17,56,58,71]，*in vitro* における細胞性免疫[5]，上気道の好中球機能[41]，そして唾液中 IgA[36-38,75] は長時間の高強度持久系運動後，数時間抑制されることが報告されている．宿主防御が低下するこの"オープンウインドゥ"は理論的には，ウィルスやバクテリアの細胞膜への接着を亢進し，感染リスクを増大させる．これは特に強度の疲労を繰り返している競技者において認められる[66]．これは魅力的な仮説であるが，競技者が極端に免疫抑制を受けており，易感染性を示すことは証明されていない．

ナチュラルキラー細胞活性

　50人のマラソンランナーの長時間の持久系運動に対する NK 細胞活性の急性反応を表10.2に示した．これらのデータは著者の研究室のいくつかの研究をもとにしており，2.5～3時間の高強度ランニングの少なくとも6時間後には45～62％の NK 活性の低下が認められる[3,44]．この NK 活性の低下は NK 細胞の細胞数の減少によって生じたとみなすことができるが[13,44,54,72]，他の報告では活性化した単球や好中球によるプロスタグランジン[61,62,77]やストレスホルモンレベルの上昇[3]が NK 細胞の能力を抑制しているとの報告もある．この

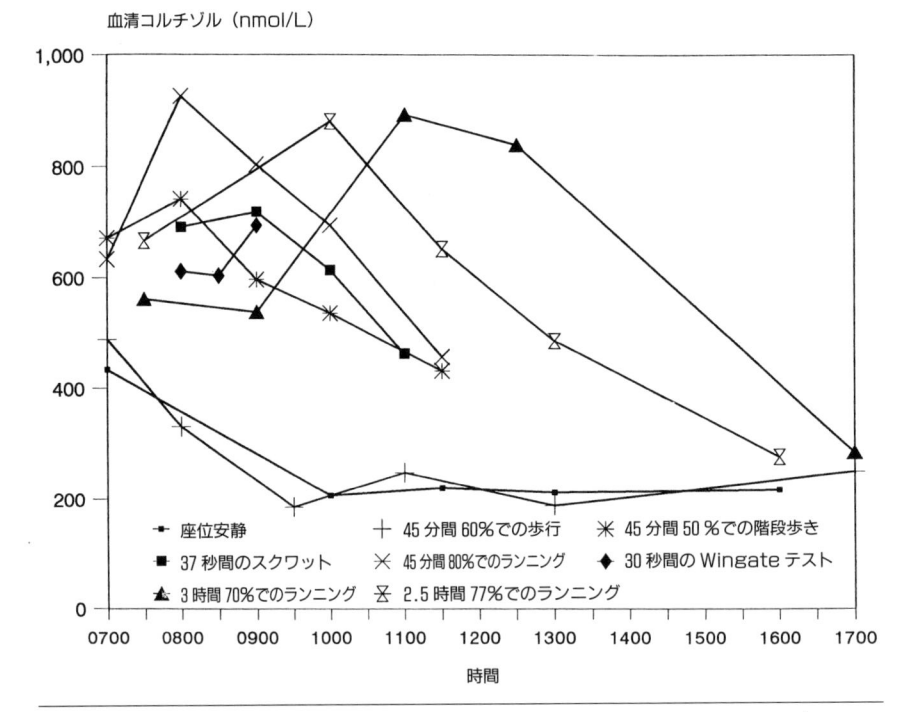

図 10.4 異なった運動形態に対する血清コルチゾルの反応。実験室での座位安静や45分間60% $\dot{V}O_2$max でのウォーキングに比べコルチゾルが長時間にわたり高いレベルに維持されていることに注意。

章の次のセクションではランニングの2.5時間後のNK活性の低下にはインドメタシン（プロスタグランジンの産生を抑制する）は影響しないことを示したデータ[44]が提示される。表10.2で低下したNK活性は，NK細胞数の低下とパラレルであることに着目してほしい。

コルチゾルの影響

血清中のコルチゾル濃度は，この50人のマラソンランナーのグループにおいて2.5～3時間のマラソン後に数時間にわたって運動前やコントロールのレベルよりも有意に上昇した[3,44]（図10.4）。この図を見ると，血清コルチゾルは安静コントロールや他の形態の短時間の運動と比べ，2.5～3時間のランニング後に長時間上昇していることが分かる（これらのデータは著者の研究室のデータをもとにしている）[3,44,53]。

コルチゾルは運動後の回復期に認められる多くの免疫抑制の変化と関係している[10,16,22,24,76]。in vivo のグルココルチコイドの投与は好中球増多，好酸球減少，リンパ球減少，NK細胞とT細胞機能抑制を引き起こす。これらのすべての現象は長時間の高強度有酸素運動後の回復期にも認められる（表10.2を参照）。表10.2の結果を見ると，ConA刺激によるリンパ球増殖反応が2.5時間の高強度ランニング後に3時間以上有意に低下している[12,56]のは高濃度のコルチゾルの効果に関連していることが分かる。

図10.5は2.5～3時間のランニング後の血清コルチゾルの変化と好中球/リンパ球比の変化に有意な相関関係があることを示している[56]。この好中球/リンパ球比は激しい運動後の免疫系の生理学的ストレスの優れた指標として推奨されている[56]。

表10.2 マラソンランナーが75.9% $\dot{V}O_2$max 強度で2.5〜3時間のトレッドミルランニングを行った際の免疫系の急性反応。

免疫系	運動前	運動直後	1.5時間後	3時間後	6時間後
好中球 (10^9/L)	2.83±0.14	7.86±0.48***	9.49±0.49***	10.1±0.5***	7.43±0.36***
リンパ球 (10^9/L)	2.05±0.14	1.93±0.08	1.17±0.06***	1.35±0.07***	1.63±0.07**
好中球/リンパ球比	1.60±0.12	4.35±0.30***	9.44±0.77***	8.97±0.80***	5.26±0.48***
単球 (10^9/L)	0.46±0.03	0.66±0.05***	0.72±0.06***	0.72±0.05***	0.62±0.03***
好塩基球 (10^9/L)	0.19±0.02	0.10±0.01***	0.06±0.01***	0.06±0.01***	0.11±0.01***
NK細胞 (10^9/L): N=37	0.28±0.03	0.46±0.05***	0.11±0.01***	0.16±0.02***	0.18±0.02***
NK活性 (lytic units)	309±33	320±35	116±13***	133±13***	169±21***
T細胞 (10^9/L): N=37	1.40±0.10	1.43±0.09	0.94±0.06***	1.18±0.08**	1.37±0.07
Con Aによるリンパ球増殖反応 (cpm×10^{-3}): N=40	13.9±1.7	10.9±0.9*	10.5±1.1*	10.8±1.1	14.7±1.3
顆粒球貪食能 FITC: N=30	1276±88	1727±67***	1761±67***	1844±65***	1744±44***
顆粒球活性酸素種産生能 DCF: N=30	435±18	461±15	415±19	424±22	376±18***
単球貪食能 FITC: N=30	887±37	1333±65***	1510±65***	1544±75***	1386±61***
単球活性酸素種産生能 DCF: N=30	32.2±1.9	28.9±1.7	38.3±2.5	35.4±1.7	29.2±1.3

*$p<.05$, **$.01$, ***$p<.001$, comparison with preexercise.

N=50 except where noted ; NK=natural killer ; FITC=fluoresceinisothiocyanate ; DCF=dichlorofluorescein.
Baced on data from 44, 56, and unpublished data from author's laboratory.

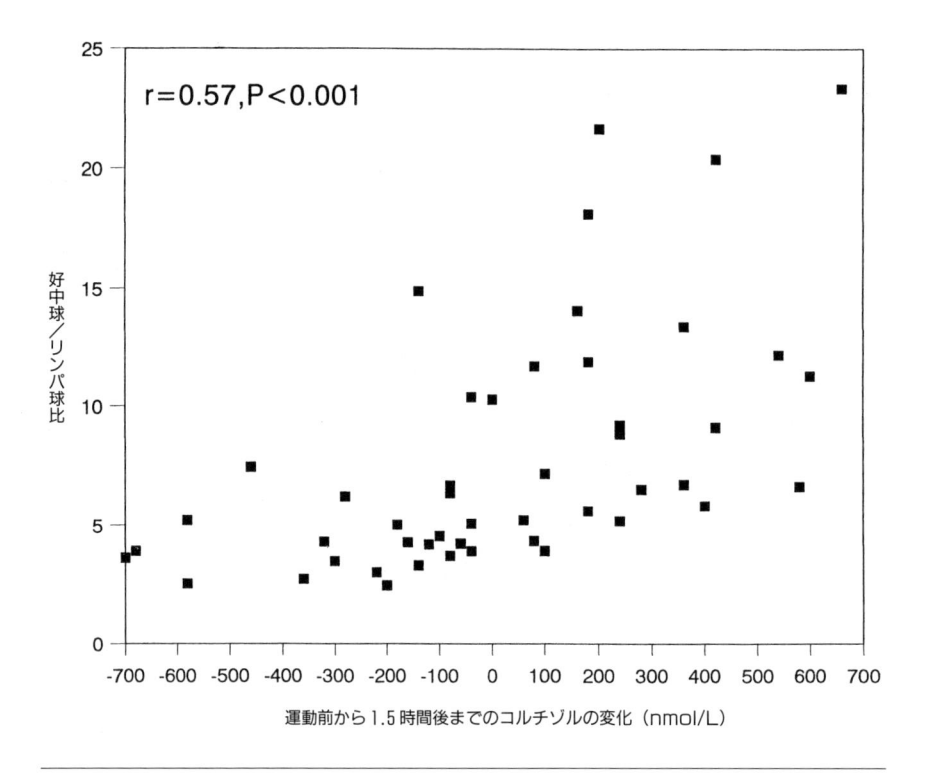

図 10.5　75.9% $\dot{V}O_2$max 強度で 2.5～3 時間のトレッドミルランニングを行った 50 名のマラソンランナーにおけるコルチゾルと好中球／リンパ球比の変化の相関。

好中球と単球機能

　激しい運動後の回復期には免疫系のいくつかは抑制されるが，顆粒球や単球の貪食能は亢進することが表 10.2 から分かる。顆粒球の活性酸素種産生能は運動の 6 時間後まで有意に低下している。

　長時間の高強度ランニング後には，傷ついた筋細胞から放出された物質が炎症反応を促進する[74]。単球や好中球はこの部位に侵入し，デブリス（細胞の破片などのゴミ）を貪食する。顆粒球や単球の貪食能の亢進はおそらく急性の筋損傷に対する炎症反応の一部なのであろう[79]。ストレスと過負荷による顆粒球の活性酸素種産生能のわずかな減少は，血中（あるいは細胞一個当たり）の好中球による細胞傷害性の低下を表しているのかもしれない[15,66]。

　Müns の興味深いデータ[41]を図 10.6 に示す。大腸菌（E. coli）に対する鼻腔内洗浄液の貪食能は，20 km のランニングレースの 3 日後まで抑制されていた。Müns らの他のデータ[42]によれば，鼻腔内分泌液中の IgA 濃度も 31 km のレースの少なくとも 18 時間後まで 70% 近く低下していた。マラソンレースの後，鼻腔粘膜のクリアランスはコントロールの被験者と比べ 1 週間近くも有意に遅くなった[43]。これらのデータは上気道の宿主防御が，持久系のランニングレース後に長期間抑制されていることを示唆している。これらのデータは，疲労した後の気道感染リスクの増大に関連する最も重要な証拠かもしれない。

　同時にこれらのデータは免疫系が長時間の持久系運動後にストレスを受け，抑制されるため，ウィルスやバクテリアに対する宿主防御が低下することを示唆している。現在のと

鼻腔内洗浄液中の *E.coli* を貪食した食細胞数

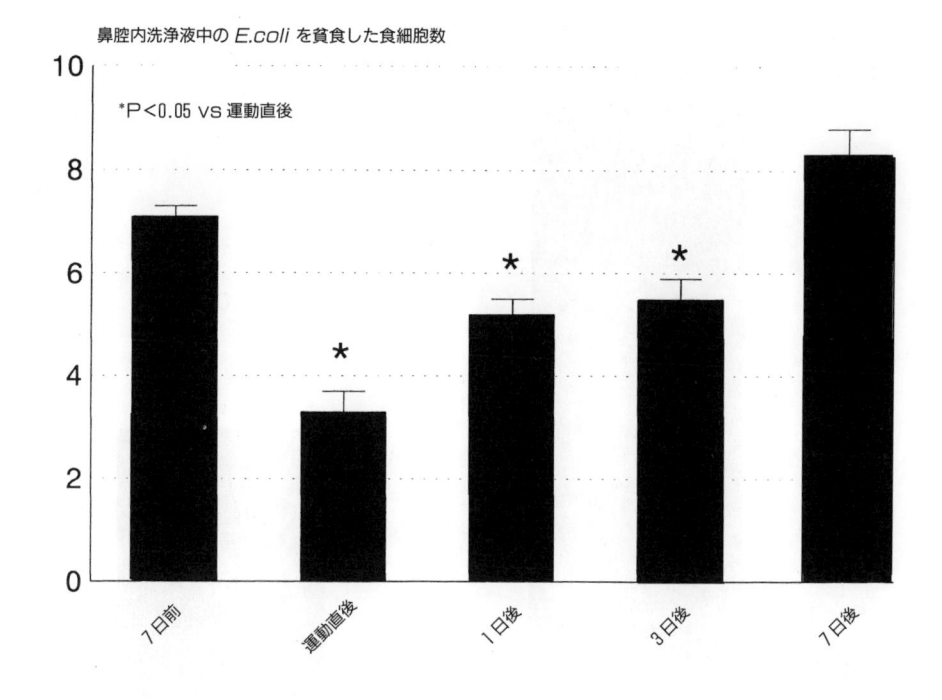

*P<0.05 vs 運動直後

(グラフ: 7日前, 運動直後, 1日後, 3日後, 7日後)

図 10.6　20 km のレース前後にランナーの鼻腔洗浄液から得られた貪食細胞あたりの E. coli の食菌数。

ころこの仮説を証明する有効なデータは得られていないが，運動誘発性の免疫機能の変化は，疫学的調査による URTI リスクの増大によって説明される。研究者の間でもそのメカニズムに関しては，彼らのデータの解釈に一定の見解は得られておらず，このような免疫系の様々な変化を宿主防御の変化に直結できるかどうかを検討できる多数の被験者を用いた継続的なデータもない。これらの問題を解決するためには更なる研究が必要であり，血中と末梢リンパ組織での白血球濃度の大きな一過性変動が臨床的に重要であるかどうかを決定するにも，さらなる研究が必要である。

持久系競技者における URTI のリスク

　エリート競技者やそのコーチの間では，極度の疲労は抵抗力を弱め，上気道感染症にかかりやすくさせる要因であるとの共通認識がある[21,28]。冬季あるいは夏期オリンピックゲーム中に，いつも臨床医に報告されるのは「上気道感染症だらけ」[21]と「競技者で最も面倒なのは感染症」[28]である。
　いくつかの疫学的調査は，マラソンのような競技を行っている，あるいは高強度のトレーニングを継続している競技者は URTI のリスクが高いことを示唆している[23,34,52,63-65]。これに関する総説[70]も出版されており，この章では主に持久系競技者における URTI リスクについて述べる（表 10.3）。

56 kmレース後の2週間以内にURTIの症状を訴えた割合

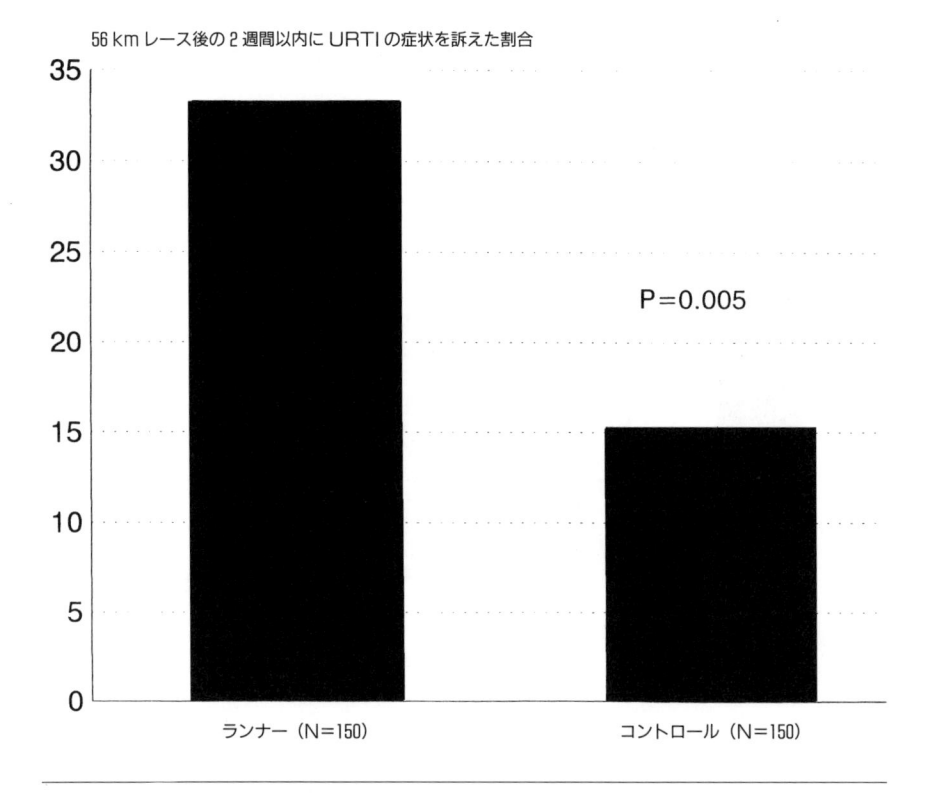

[Bar chart: ランナー (N=150) ≈ 33%, コントロール (N=150) ≈ 15%, P=0.005]

図10.7 56 kmのレース後2週間でのウルトラマラソンのランナーと同じ地域に住むコントロールの上気道感染症（URTI）の症状の割合。

PetersとBateman[64]は激しく疲労した競技者のURTIリスクの増大を初めて報告した（図10.7）。彼らはケープタウンで行われた56 kmレースに出場したランナーから無作為に選んだ150人のURTIの発生率を走らなかったコントロールと比較した。URTIの発生率はレース後の2週間の間で，コントロールの15.3%に比較して，ランナーでは33.3%と高く，走った時間の短かった（つまりタイムが良かった）ものほど発生率が高かった。このグループから他に2つの追試も報告されている[63,65]。

Niemanら[52]は様々な走能力とトレーニング習慣を持った2311人のマラソンランナーを対象にURTIの発生率を検討した。ランナーは1987年のロサンゼルスマラソンに先だって，自己申告制で2カ月前（1月，2月）からの人口統計学的データ，トレーニング，URTIの経験，症状のデータを振り返って記入し，さらにレースの1週間後にも記入を行った。レース後の1週間では，URTIの発生率はレースに参加しなかったコントロールの2.2%に比べ，ランナーでは12.9%であった（オッズ比5.9）。40%のランナーはレース前の2カ月で，少なくとも1回のURTI罹患を経験していた。複雑な要因をコントロールすることで，トレーニング量が96 km/週以上のランナーは32 km/週以下のランナーに比べ罹患のオッズ比が2倍であることが分かった。

他の疫学的調査でもこれらの結果を支持している[34,51]（表10.3）。同時にこれらの疫学的調査は，激しい急性の，あるいは慢性の運動がURTIのリスク増大と関係があることを暗示している。このリスクは特にマラソンのようなレースの1週間か2週間後位の期間に顕

表10.3 長時間持久性運動と上気道感染症（URTI）の関係に関する疫学的研究。

報告者	対象	URTIの検討法	主な知見
Peters & Bateman[64] (1983)	141名の南アフリカ人マラソンランナーと124名のコントロール	56kmレース後2週間のURTIの頻度と期間をきさとり調査	URTIの頻度は56kmレース後のランナーでコントロールの2倍（33.3％と15.3％）
Linde[34] (1987)	44名のデンマーク人エリートオリエンテーリング競技者と44名の非競技者	1年間にわたる自覚的URTI症状の記録	1年間のURTIの頻度はオリエンテーリング競技者：コントロール＝2.5回：1.7回
Nieman, Johanssen, & Lee[51] (1989)	294名のレースのためにトレーニングしているカリフォルニアのランナー	5月の10km, 21kmレース1週間のURTIの頻度とレース前2ヵ月のURTIの頻度のききとり調査	トレーニング期間が42km/週と12km/週ではURTIの低下と関連；レース参加によるURTIへの影響はなし
Peters[63] (1990)	108名の南アフリカ人マラソンランナーと108名のコントロール	56kmレース後2週間のURTIの頻度と期間のききとり調査	56kmレース後のURTIの頻度はランナーで28.7％、コントロール12.9％
Nieman ら[52] (1990)	2,311名のロサンゼルスのマラソンランナー	5月のマラソン前2ヵ月のURTIの頻度と期間、レース後1週間のURTIの頻度と期間をきさとり調査	トレーニング距離が97km/週以上では32km/週以下に比べURTIリスクが高い；42.2kmレースに参加したんとではURTIリスクのオッズ比が5.9
Heath ら[23] (1991)	530名のサウスカロライナのランナー	1年間の自覚的な症状の記録	ランニング距離の増加とURTIリスク増大に正の相関
Peters ら[65] (1993)	84名の南アフリカ人マラソンランナーと73名のコントロール；ビタミンCの使用ランナーとコントロールの53％	90kmレース後2週間のURTIの頻度と期間をきさとり調査	56kmレース後のURTIの頻度はランナーで68％、コントロールでは45％；ビタミンC使用ランナーでは33％、コントロールは54％
Nieman (1993)（未公開データ）	夏レース後の170名のノースカロライナのマラソンランナー	7月のマラソンレース後1週間のURTIの頻度をきさとり調査	マラソンランナーではURTIは3％のみ

著である。様々なトレーニング習慣を持ったランナーの内で，複雑な要因をコントロールした時のみ，長い距離でトレーニングしているランナーのURTIリスクはわずかに増大していた。

感染症罹患中の競技者のマネージメント：実際の応用

　持久系競技者は感染症罹患中にしばしば運動するか休息すべきか悩むことがある。この疑問に完全に答えることができるヒトでの有効なデータはほとんどない。この領域の多くの臨床の大家は，もし競技者に健康上問題がなく，普通感冒の症状があるのならば，症状が収まって2,3日で通常のトレーニングを再開しても安全であるとしている[6,67,69]。普通感冒罹患中の軽度の運動は禁忌とは思えないが，断言するほどの証拠はない。しかし，もし全身症状（発熱，極度の疲労感，筋痛，リンパ節の腫脹など）があるならば，2～4週間は高強度のトレーニングを控えることが望ましい。

　これらの勧告は仮説的であるが，動物実験と急性ウィルス感染中の激しい運動後に死亡したヒトの症例報告を根拠としている。動物実験では，（運動によってより影響を受けやすい）病原微生物によっては，接種後の1,2時間の高強度運動が，発症率を高くし，死亡率も高くするという結果が一般的に支持されている[8]。

　罹患中に様々な身体活動能力が低下することはよく知られている[11,14,25,67]。突然の予測できない競技パフォーマンスの悪化を認めた症例で，遷延したウィルス感染症やURTIのうち経過が追跡できたいくつかが最近報告されている[67-69]。何人かの競技者では，ウィルス感染はウイルス感染後疲労症候群（PVFS）[39]として知られているような重篤な状態になるかもしれない。PVFSの症状は無気力，易疲労性，筋痛が数カ月継続する。競技会の準備のために激しい運動ストレスを受けている競技者のためのいくつかの注意点が，彼らのURTIリスクを低下させることになるかもしれない。免疫系に悪い影響を与える可能性があるために考慮する必要があるのは，環境因子の他には，適切でない栄養と精神的ストレス[9,29]の2つである。最近の認識では，競技者はバランスの良い食事をとり，他の生活上のストレスを最小にとどめ，オーバートレーニングや慢性疲労を避け，適度な睡眠をとり，激しすぎるトレーニングやレースをできる限り避けるべきである。栄養の必要量が満たないときや，減量中[30]に免疫機能の抑制がみられる。このため，競技者は試合のない時期に徐々に減量したほうがよい。普通感冒の原因となるウィルスは接触や患者の近くの空気からも感染する[1,26,27]。このため可能ならば，競技者は重要なレースの前後は患者に近寄ることを避けるべきである。冬季に競技があるような競技者はインフルエンザの予防接種をうけることが望ましい。

　激しい疲労後の免疫系のネガティブな変化を緩和するための対策を競技者は持ちうるか？これは現時点で最も興味を引く問題である。プロスタグランジンの産生を抑制するインドメタシンは，運動前に競技者に処方されたり，*in vitro* でNK活性の低下が継続するかどうかを検討するために用いられてきた。図10.8は2.5時間の激しいランニング後に，インドメタシンがNK活性の低下に影響しないことを示している[44]。激しい疲労後の免疫系に

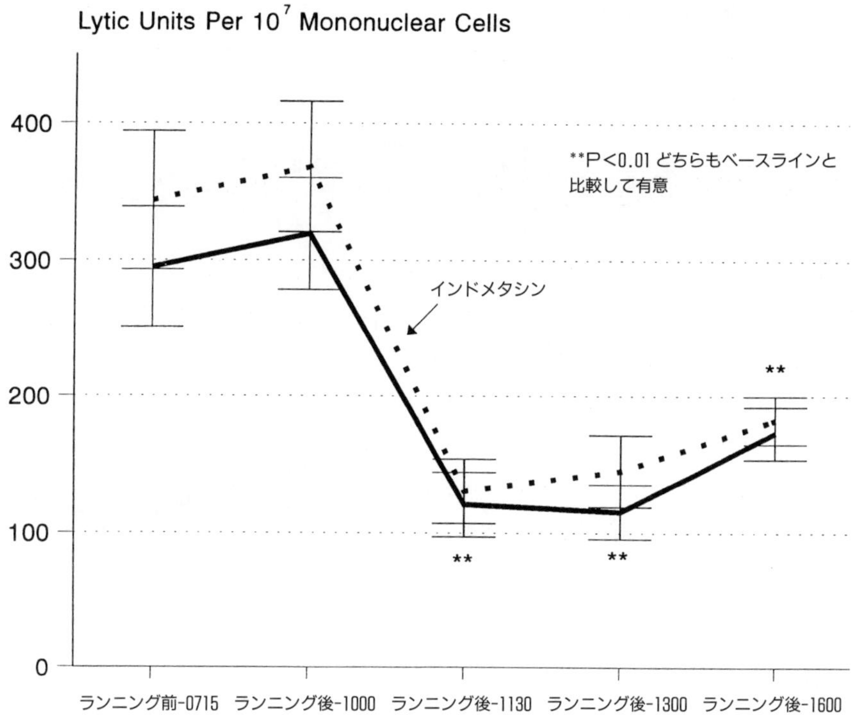

図10.8 In vitro で血中単核球をインドメタシンとともに培養した際に，12名のマラソンランナーが2.5時間の高強度のランニング後に起こる NK 活性の低下には影響しなかった。

対するアスピリンやイブプロフェンなどの他の薬剤の投与の影響は最近研究されるようになってきた。

プラセボ(偽薬)を用いた二重盲検試験で，糖を含んだ飲料(ゲータレード，6%の糖質)の摂取が 2.5 時間のランニング後の免疫反応に及ぼす影響が検討された[49]。この検討に先立って，持久系運動中の糖質と水分の摂取が，血糖への影響を介してコルチゾルとエピネフリンの反応の減弱に関係していることが明らかにされた[40]。2.5～3 時間の高強度のランニング中の糖質の摂取は，コルチゾルの影響を介して運動後の回復期の免疫抑制を改善することができるか？

実験の日，12 時間の空腹後の朝 7 時に血液サンプルを採取し，被験者は 750 ml の糖質飲料かプラセボを摂取した。7 時 30 分に被験者は $\dot{V}O_2max$ の 75～80% で 2.5 時間ランニングを行い，15 分毎に 250 ml の糖質飲料かプラセボを摂取した。2.5 時間のランニングの直後に血液サンプルを採取し，その後，1.5, 3, 6 時間毎に同様に採血した。被験者は運動後，はじめの 1.5 時間で 500 ml/時で糖質飲料かプラセボを摂取し，その後 4.5 時間まで 250 ml/時で同様に摂取した。図 10.9 と 10.10 は糖質飲料を摂取した時には，2.5 時間のランニング前後でのコルチゾルと好中球/リンパ球比の増加が抑えられていることを示している。運動直後の血糖値はプラセボに比べ糖質摂取群で有意に高く，コルチゾルと負の相関($r=-0.67$, $p<0.001$)が認められた。糖質摂取群ではコルチゾルレベルが低いために，白血球とリンパ球分画の変化は少なかった。これらのデータは長時間の持久系運動前後での糖質

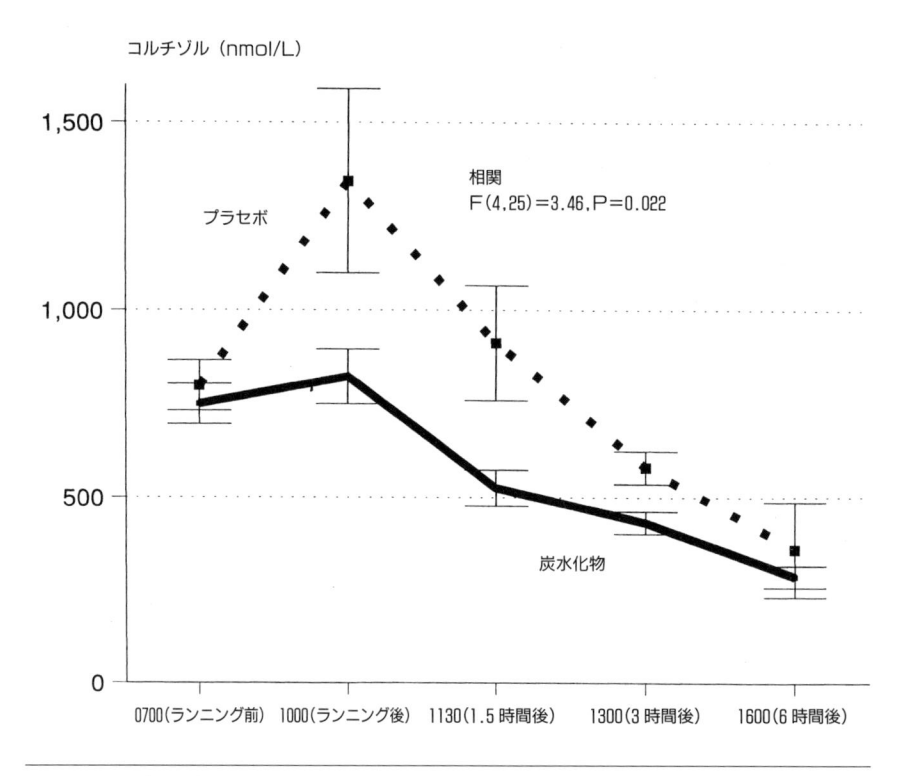

図 10.9　2.5 時間の高強度のランニング前，後の炭水化物摂取（ゲータレード）はプラセボ飲料よりもコルチゾルの反応を抑制した。

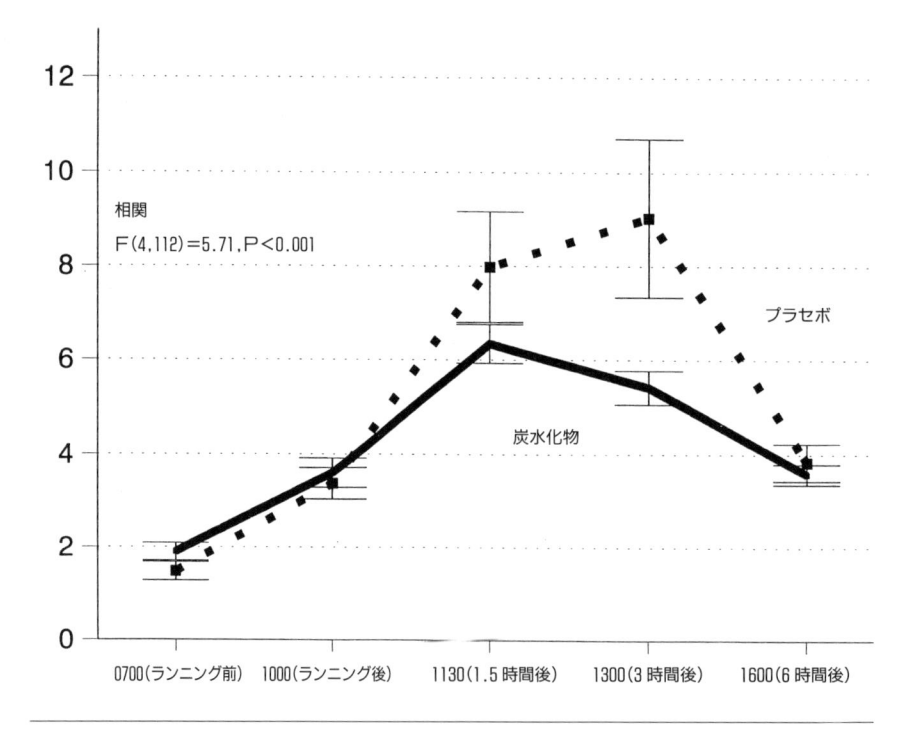

図 10.10　2.5 時間の高強度のランニング前，後の炭水化物摂取（ゲータレード）はプラセボ飲料よりも好中球／リンパ球比の反応を抑制した。

表10.4 激しい,長時間の疲労後に起こる上気道感染症のリスクを低下させることができるアスリートのプラクティカルガイドライン。

1. 他の生活上のストレスを最小限にする。心理的ストレスはそれ自体でも上気道感染症のリスク増大につながる。
2. バランスのとれた食事を摂り,身体のビタミンやミネラルレベルを適度に保つ。
3. オーバートレーニングや慢性疲労を避ける
4. 適度な睡眠と規則正しい生活を行う。睡眠障害は免疫系の抑制に繋がる。
5. 急激な体重の減少を避ける(これもネガティブな免疫系の変化に関連する)。
6. 手で目や鼻に触れるのを避ける(これが身体にウィルスを招くルートである)。重要なレースのイベントの前には,有疾患者や人込みに接触するのを避ける。
7. 冬期に競技がある競技者にはインフルエンザの予防接種を推奨する。
8. マラソンタイプのレースや通常の激しいトレーニングでは炭水化物飲料を随時摂取する。

の摂取が,免疫系へのストレスを軽減するのに役立つ可能性を示唆している。

サプリメント食品についてはどうだろう? これらは極度の疲労時の気道感染リスクを軽減するだろうか? Petersら[65]の研究では90 kmのComradesウルトラマラソンの後,2週間以内に68%のランナーがURTIを発症したと報告した。発症率はレースに向けて激しいトレーニングを行っていた者ほど高かった(85%,低・中強度では45%)。プラセボを用いた二重盲検試験で,レース前の3週間に毎日600 mgのビタミンCを摂取していたランナーの上気道感染の発症率はたった33%であった。この著者らは極度の疲労は活性酸素の産生を増加させるため,抗酸化物質であるビタミンCの必要量が増加することを示唆した。これは興味深い発見で,この知見がもっと短距離のレース(代表的なのは42.195 kmのマラソン)にも有効であるかどうかを検討するためにさらなる研究が必要である。一方で,2.5時間の激しいランニングに対する免疫反応は,プラセボを用いた二重盲検試験で,ビタミンCの摂取に影響を受けなかったという結果にも着目しなければならない[48]。

必須アミノ酸ではないグルタミンが免疫機能に重要であり,極度の疲労後の摂取が感染症罹患率の上昇を抑制するといういくつかの証拠がある[7]。これらの結果は興味をそそり,注意深くデザインした更なる検討が求められる。

表10.4にこのセクション内で論じた実際の応用例を示した。これらは試験的なものであると考えなければならないが,研究者が異なった提案をするまでは,競技者はこれらを採用するべきである。(秋本崇之・河野一郎)

参考文献

1. Ansari, S.A., V.S. Springthorpe, S.A. Sattar, S. Rivard, M. Rahman. 1991. Potential role of hands in the spread of respiratory viral infections: studies with human parainfluenza virus 3 and rhinovirus 14. *Journal of Clinical Microbiology* 29: 2115-2119.
2. Baj, Z., J. Kantorski, E. Majewska, K. Zeman, L. Pokoca, E. Fornalczyk, H. Tchorzewski, Z. Sulowka, R. Lewicki. 1994. Immunological status of competitive cyclists before and after the training season. *International Journal of Sports Medicine* 15: 319-324.
3. Berk, L.S., D.C. Nieman, W.S. Youngberg, K. Arabatzis, M. Simpson-Westerberg, J.W. Lee, S.A. Tan, W.C. Eby. 1990. The effect of long endurance running on natural killer cells in marathoners. *Medicine and Science in Sports and Exercise* 22: 207-212.
4. Brahmi, Z., J.E. Thomas, M. Park, M. Park, I.A.G. Dowdeswell. 1985. The effect of acute exercise on natural killer-cell activity of trained and sedentary human subjects. *Journal of Clinical Immunology* 5: 321-328.
5. Bruunsgaard, H., A. Hartkopp, T. Mohr. (1997). Decreased in vivo cell-mediated immunity, but normal vaccination response following intense, long-tenn exercise. *Medicine and Science in Sports and Exercise* 28: In press.
6. Burch, G.E. 1979. Viral diseases of the heart. *Acta Cardiologica* 34: 5-9.
7. Castell, L.M., J.R. Poortmans, E.A. Newsholme. 1996. Does glutamine have a role in reducing infections in athletes? *European Journal of Applied Physiology* 73: 488-451.
8. Chao, C.C., F. Strgar, M. Tsang, P.K. Peterson. 1992. Effects of swimming exercise on the pathogenesis of acute murine Toxoplasma gondii Me49 infection. *Clinical Immunology Immunopathology* 62: 220-226.
9. Cohen, S., D.A. Tyrrell, A.P. Smith. 1991. Psychological stress and susceptibility to the common cold. *New England Journal of Medicine* 325: 606-612.
10. Cupps, T.R., A.S. Fauci. 1982. Corticosteroid-mediated immunoregulation in man. *Immunological Reviews* 65: 133-155.
11. Daniels, W.L., D.S. Sharp, J.E. Wright, J.A. Vogel, G. Friman, W.R. Beisel, J.J. Knapik. 1985. Effects of virus infection on physical performance in man. *Military Medicine* 150: 8-14.
12. Eskola, J., O. Ruuskanen, E. Soppi, M.K. Viljanen, M. Jarvinen, H. Toivonen, K. Kouvalainen. 1978. Effect of sport stress on lymphocyte transformation and antibody formation. *Clinical and Experimental Immunology* 32: 339-345.
13. Field, C.J., R. Gougeon, E.B. Marliss. 1991. Circulating mononuclear cell numbers and function during intense exercise and recovery. *Journal of Applied Physiology* 71: 1089-1097.
14. Friman, G., N.G. Ilback, D.J. Crawford, H.A. Neufeld. 1991. Metabolic responses to swimming exercise in Streptococcus pneumoniae infected rats. *Medicine and Science in Sports and Exercise* 23: 415-421.
15. Gabriel, H., H.J. Muller, A. Urhausen, W. Kinderman. 1994. Suppressed PMA-induced oxidative burst and unimpaired phagocytosis of circulating granulocytes one week after a long endurance exercise. *International Journal of Sports Medicine* 15: 441-445.
16. Gatti, G., R. Cavallo, M.L. Sartori, D. del Ponte, R. Masera, A. Salvadori, R. Carignola, A. Angeli. 1987. Inhibition by cortisol of human natural killer (NK) cell activity. *Journal of Steroid Biochemistry* 26: 49-58.
17. Gmunder, F.K., G. Lorenzi, B. Bechler, P. Joller, J. Mtuler, W.H. Ziegler, A. Cogoli. 1988. Effect of long-term physical exercise on lymphocyte reactivity: similarity to spaceflight reactions. *Aviation and Space Environmental Medicine* 59: 146-151.
18. Green, R.L., S.S. Kaplan, B.S. Rabin, C.L. Stanitski, U. Zdziarski. 1981. Immune function in

marathon runners. *Annals of Allergy* 47: 73-75.
19. Hack, V., G. Strobel, J-P Rau, H. Weicker. 1992. The effect of inaximal exercise on the activity of neutrophil granulocytes in highly trained athletes in a moderate training period. *European Journal of Applied Physiology* 65: 520-524.
20. Hack, V., G. Strobel, M. Weiss, H. Weicker. 1994. PMN cell counts and phagocytic activity of highly trained athletes depend on training period. *Journal of Applied Physiology* 77: 1731-1735.
21. Hanley, D.F. 1976. Medical care of the U.S. Olympic team. *Journal of the American Medical Association* 12 : 236: 147-148.
22. Haq, A., K. Al-Hussein, J. Lee, S. Al-Sedairy. 1993. Changes in peripheral blood lymphocyte subsets associated with marathon running. *Medicine and Science in Sports and Exercise* 25: 186-190.
23. Heath, G.W., E.S. Ford, T.E. Craven, C.A. Macera, K.L. Jackson, R.R. Pate. 1991 . Exercise and the incidence of upper respiratory tract infections. *Medicine and Science in Sports and Exercise* 23: 152-157.
24. Holbrook, N.J., W.I. Cox, H.C. Horner. 1983. Direct suppression of natural killer activity in human peripheral blood leukocyte cultures by glucocorticoids and its modulation by interferon. *Cancer Research* 43: 4019-4025.
25. Ilback, N.G., G. Friman, D.J. Crawford, H.A. Neufeld. 1991 . Effects of training on metabolic responses and performance capacity in streptococcus pneumoniae infected rats. *Medicine and Science in Sports and Exercise* 23: 422427.
26. Jackson, G.G., H.G. Dowling, T.O. Anderson, L. Riff, J. Saporta, M. Turck. 1960. Susceptibility and immunity to common upper respiratory viral infections—the common cold. *Annals of Internal Medicine* 53: 719-738.
27. Jennings, L.C., E.C. Dick. 1987. Transmission and control of rhinovirus colds. *European Journal of Epidemiology* 3: 327-335.
28. Jokl, E. 1974. The immunological status of athletes. *Journal of Sports Medicine* 14 : 165-167.
29. Khansari, D.N., A.J. Murgo, R.E. Faith. 1990. Effects of stress on the immune system. *Immunology Today* 11: 170-175.
30. Kono, I., H. Kitao, M. Matsuda, S. Haga, H. Fukushima, H. Kashiwagi. 1988. Weight reduction in athletes may adversely affect the phagocytic function of monocytes. *Physician and Sports-medicine* 16: 56-65.
31. Kvernmo, H., J.O. Olsen, B. Osterud. 1992. Changes in blood cell response following strenuous physical exercise. *European Journal of Applied Physiology* 64: 318-322.
32. Lewicki, R., H. Tch6rzewski, A. Denys, M. Kowalska, A. Golinska. 1987. Effect of physical exercise on some parameters of immunity in conditioned sportsmen, *International Journal of Sports Medicine* 8: 309-314.
33. Lewis, C.E., J.O.D. McGee. 1992. *The naturalkiller cell*, 175-203. NewYork: Oxford University Press.
34. Linde, F. 1987. Running and upper respiratory tract infections. *Scandinavian Journal of Sports Science* 9: 21-23.
35. Mackinnon, L.T., T.W. Chick, A. Van As, T.B. Tomasi. 1988. Effects of prolonged intense exercise on natural killer cell number and function. *Exercise Physiology: Current Selected Research* 3: 77-89.
36. Mackinnon, L.T., T.W. Chick, A. Van As, T.B. Tomasi. 1987. The effect of exercise on secretory and natural immunity. *Advances in Experimental Medicine and Biology* 216A: 869-876.
37. Mackinnon, L.T., S. Hooper. 1994. Mucosal (secretory) immune system responses to exercise of varying intensity and during overtraining. *International Journal of Sports Medicine* 15: S179-S183.
38. Mackinnon, L,T., D.G. Jenkins. 1993. Decreased salivary immunoglobulins after intense interval,

exercise before and after training. *Medicine and Science in Sports and Exercise* 25: 678-683.

39. Maffulli, N., V. Testa, G. Capasso. 1993. Post-viral fatigue syndrome : a longitudinal assessment in varsity athletes. *Journal of Sports Medicine and Physical Fitness* 33: 392-399.

40. Mitchell, J.B., D.L. Costill, J.A. Houmard, M.G. Flynn, W.J. Fink, J.D. Beltz. 1990. Influence of carbohydrate ingestion on counterregulatory hormones during prolonged exercise. *International Journal of Sports Medicine* 11: 33-36.

41. Müns, G. 1993. Effect of long-distance running on polymorphonuclear neutrophil phagocytic function of the upper airways. *International Journal of Sports Medicine* 15: 96-99.

42. Müns, G., H. Liesen, H. Riedel, K.-Ch. Bergmann. 1989. Einfluß von langstreckenlauf auf den lgA-gehalt in nasensekret und speichel. *Deutsche Zeitschnft Ftir Sportmedizin* 40: 63-65.

43. Müns, G., P. Singer, F. Wolf, I. Rubinstein. 1995. Impaired nasal mucociliary clearance in long-distance runners. *International Journal of Sports Medicine* 16: 209-213.

44. Nieman, D.C., J.C. Ahle, D.A. Henson, B.J. Warren, J. Stittles, J.M. Davis, K.S. Buckley, S. Simandle, D.E. Butterworth, O.R. Fagoaga, S.L. Nehlsen-Cannarella. 1995 . Indomethacin does not alter the natural killer cell response to 2.5 hours of running. *Journal of Applied Physiology* 79: 748-755.

45. Nieman, D.C., D. Brendle, D.A. Henson, J. Suttles, V.D. Cook, B.J. Warren, D.E. Butterworth, O.R. Fagoaga, S.L. Nehlsen-Cannarella. 1995. Immune function in athletes versus nonathletes. *International Journal of Sports Medicine* 16: 329-333.

46. Nieman, D.C., K.S. Buckley, D.A. Henson, B.J. Warren, J. Suttles, J.C. Ahle, S. Simandle, O.R. Fagoaga, S.L. Nehlsen-Cannarella. 1995. Immune function in marathon runners versus sedentary controls. *Medicine and Science in Sports and Exercise* 27: 986-992.

47. Nieman, D.C., V.D. Cook, D.A. Henson, J. Suttles, W.J. Rejeski, P.M. Ribisl, O.R. Fagoaga, S.L. Nehlsen-Cannarella. 1995. Moderate exercise training and natural killer dell cytotoxic activity in breast cancer patients. *International Journal of Sports Medicine* 16: 334-337.

48. Nieman, D.C., D.A. Henson, D.E. Butterwonh, B.J. Warren, J.M. Davis, O.R. Fagoaga, S .L. Nehlsen-Cannarella. 1997. Vitamin C supplementation does not alter the immune response to 2.5 hours of running. *International Journal of Sports Nutrition*, in press.

49. Nieman, D.C., D.A. Henson, E.B. Gamer, D.E. Butterworth, B.J. Warren, A. Utter, J.M. Davis, O.R. Fagoaga, S.L. Nehlsen-Cannarella. Carbohydrate affects natural killer cell redistribution but not activity after running. *Medicine and Science in Sports and Exercise*, in press.

50. Nieman, D.C., D.A. Henson, G. Gusewitch, B.J. Warren, R.C. Dotson, D.E. Butterworth, S.L. Nehlsen-Cannarella. 1993. Physical activity and immune function in elderly women. *Medicine and Science in Sports Exercise* 25: 823-831.

51. Nieman, D.C., L.M. Johanssen, J.W. Lee. 1989. Infectious episodes in runners before and after a road race. *Journal of Sports Medicine and Physical, Fitness* 29: 289-296.

52. Nieman, D.C., L.M. Johanssen, J.W. Lee, J. Cermak, K. Arabatzis. 1990, Infectious episodes in runners before and after the Los Angeles Marathon. *Journal of Sports Medicine and Physical Fitness* 30: 316-328.

53. Nieman, D.C., A.R. Miller, D.A. Henson, B.J. Warren, G. Gusewitch, R.L. Johnson, J.M. Davis, D.E. Butterworth, J.L. Herring, S.L. Nehlsen-Cannarella. 1994. Effects of high-versus moderate-intensity exercise on circulating lymphocyte subpopulations and proliferative response. *International Journal of Sports Medicine* 15: 199-206.

54. Nieman, D.C., A.R. Miller, D.A. Henson, B.J. Warren, G. Gusewitch, R.L. Johnson, J.M. Davis, D.E. Buttcrworth, S.L. Nehlsen-Cannarella. 1993. The effects of high-versus moderate-intensity exercise on natural killer cell cytotoxic activity. *Medicine and Science in Sports and Exercise* 25: 1126-1134.

55. Nieman, D.C., S.L. Nehlsen-Cannarella. 1991. The effects of acute and chronic exercise on

immunoglobulins. *Sports Medicine* 11: 183-201.

56. Nieman, D.C., S. Simandle, D.A. Henson, B.J. Warren, J. Suttles, J.M. Davis, K.S. Buckley, J.C. Ahle, D.E. Butterworth, O.R. Fagoaga, S.L. Nehlsen-Cannarella. 1995. Lymphocyte proliferation response to 2.5 hours of running. *International Journal of Sports Medicine* 16: 406-410.

57. Nieman, D.C., S.A. Tan, J.W. Lee, L.S. Berk. 1989. Complement and immunoglobulin levels in athletes and sedehtary controls. *International Journal of Sports Medicine* 10: 124-128.

58. Oshida, Y., K. Yamanouchi, S. Hayamizu, Y. Sato. 1988. Effect of acute physical exercise on lymphocyte subpopulations in trained and untrained subjects. *International Journal of Sports Medicine* 9: 137-140.

59. Papa, S., M. Vitale, G. Mazzotti, L.M. Neri, G. Monti, F.A. Manzoli. 1989. Impaired lymphocyte stimulation induced by long-term training. *Immunology Letters* 22: 29-33.

60. Pedersen, B.K., N. Tvede, L.D. Christensen, K. Klarlund, S. Kragbak, J. Halkjaer-Kristensen. 1989. Natural killer cell activity in peripheral blood of highly trained and untrained persons. *International Journal of Sports Medicine* 10: 129-131.

61. Pedersen, B.K., N. Tvede, K. Klarlund, L.D. Christensen, F.R. Hansen, H. Galbo, A. Kharazmi, J. Halkjær-Kristensen. 1990. Indomethacin in vitro and in vivo abolishes post-exercise suppression of natural killer cell activity in peripheral blood. *International Journal of Sports Medicine* 11: 127-131.

62. Pedersen, B.K., H. Ullum. 1994. NK cell response to physical activity: possible mechanisms of action. *Medicine and Science in Sports and Exercise* 26: 140-146.

63. Peters, E.M. 1990. Altitude fails to increase susceptibility of ultramarathon runners to post-race upper respiratory tract infections. *South African Journal of Sports Medicine* 5: 4-8.

64. Peters, E.M., E.D. Bateman. 1983. Respiratory tract infections: an epidemiological survey. *South African Medical Journal* 64: 582-584.

65. Peters, E.M., J.M. Goetzsche, B. Grobbelaar, T.D. Noakes. 1993. Vitamin C supplementation reduces the incidence of postrace symptoms of upper-respiratory-tract infection in ultramarathon runners. *American Journal of Clinical Nutrition* 57: 170-174.

66. Pyne, D.B. 1994. Regulation of neutrophil function during exercise. *Sports Medicine* 17: 245-258.

67. Roberts, J.A. 1985. Loss of form in young athletes due to viral infection. *British Journal of Medicine* 290: 357-358.

68. Roberts, J.A. 1986. Viral illnesses and sports performance. *Sports Medicine* 3: 296-303.

69. Sharp, J.C.M. 1989. Viruses and the athlete. *British Journal of Sports Medicine* 23: 47-48.

70. Shephard, R.J., P.N. Shek. 1994. Infectious diseases in athletes: new interest for an old problem. *Journal of Sports Medicine and Physical Fitness* 34: 11-21.

71. Shinkai, S., Y. Kurokawa, S. Hino, M. Hirose, J. Torii, S. Watanabe, S. Watanabe, S. Shiraishi, K. Oka, T. Watanabe. 1993. Triathlon competition induced a transient immunosuppressive change in the peripheral blood of athletes. *Journal of Sports Medicine and Physical Fitness* 33: 70-78.

72. Shinkai, S., S. Shore, P.N. Shek, R.J. Shephard. 1992. Acute exercise and immune function: relationship between lymphocyte activity and changes in subset counts. *International Journal of Sports Medicine* 13: 452-461.

73. Smith, J.A., R.D. Telford, I.B. Mason, M.J. Weidemann. 1990. Exercise, training and neutrophil microbicidal activity. *International Journal of Sports Medicine* 11: 179-187.

74. Tidball, J.G. 1995. Inflammatory cell response to acute muscle injury. *Medicine and Science in Sports and Exercise* 27: 1022-1032.

75. Tomasi, T.B., F.B. Trudeau, D. Czerwinski, S. Erredge. 1982. Immune parameters in athletes before and after strenuous exercise. *Journal of Clinical Immunology* 2: 173-178.

76. Tonnesen, E., N.J. Christensen, M.M. Brinklov. 1987. Natural killer cell activity during cortisol

and adrenaline infusion in healthy volunteers. *European Journal of Clinical Investigation* 17: 497-503.

77. Tvede, N., M. Kappel, J. Halkjær-Kristensen, H. Galbo, B.K. Pedersen. 1993. The effect of light, moderate, and severe bicycle exercise on lymphocyte subsets, natural and lymphokine activated killer cells, Iymphocyte proliferative response and interleukin 2 production. *International Journal of Sports Medicine* 14: 275-282.

78. Tvede, N., J. Steensberg, B. Baslund, Baslund, J.H. Kristensen, B.K. Pedersen. 1991. Cellular immunity in highly-trained elite racing cyclists and controls during periods of training with high and low intensity. *Scandinavian Journal of Sports Medicine* 1: 163-166.

79. Weight, L.M., D. Alexander, P. Jacobs. 1991. Strenuous exercise : analogous to the acute-phase response? *Clinical Science* 81: 677-683.

第11章

オーバーリーチングとオーバートレーニングが免疫機能に及ぼす影響

Laurel Traeger Mackinnon, PhD

はじめに

　オーバートレーニングは感染症，特に上気道感染症(URTI)の易感染性の増大に大いに関係している。前の章で示されたように，急性運動，あるいは運動トレーニングは免疫機能の様々な側面の変化を誘導する。一般的に激しい運動は免疫抑制とURTIリスクの増大に関連がある。このことから長期間の高強度トレーニングの結果として起こるオーバートレーニングが，競技者の免疫機能の変化を引き起こすことが予測される。

オーバートレーニングと免疫機能の実験モデル

　オーバートレーニングと免疫機能の実験モデルとして一般的なものは2つある。1つめは通常のトレーニングシーズン，多くは3〜8カ月の期間を通じて競技者を追跡する。免疫系の変動はトレーニング強度の増減に伴って数回サンプリングされる。免疫機能はシーズンを通じて同一個人で比較され，また，うまくコンディショニングできた競技者（オーバートレーニングでない）とオーバートレーニングの症状を呈した競技者で比較される。このモデルは競技者にとっては特別な事ではない高強度のトレーニングを長期間行っている際，つまり，通常のトレーニングと試合における免疫反応に関する情報を提供する。しかしながら全ての研究が季節変動を考慮したうえで，適切なコントロールがとられているわけではない。さらに例えば精神的ストレス，試合，遠征，食事，トレーニングプログラムの変更などの複雑な要因を常にコントロールできるわけではない。2つめのモデルは，トレーニング強度を一定期間増強するものである。期間は通常1〜4週間であるが，これは4週間の期間が競技者がトレーニング強度を増強させられる限界であるためである[8,26,27,38,64]。免疫系のパラメータはトレーニング強度をあげる前と後で比較されるか，あまり一般的ではないが，オーバートレーニングの競技者とうまくコンディショニングできた競技者で比較さ

れる．トレーニング強度や量をコントロールすることは可能であるが，全ての競技者がトレーニングの増強に対して同じような反応を示すわけではない．さらにこのような研究でしばしば用いられているトレーニングの強度や量の増強（すなわち数週間の間にトレーニング量を2倍にする）は，通常のトレーニングの様式を反映しない．このような制限があるにもかかわらず，これら2つのモデルから得られたデータは競技者においてオーバートレーニングに対する免疫反応を理解するために役立つ．

特に運動と免疫機能に関してオーバートレーニングの症状やオーバートレーニングの競技者とオーバートレーニングでない競技者の免疫機能を直接比較した論文はほとんどないため，この章ではオーバートレーニング，高強度トレーニング，そして免疫機能の関係について幅広い視点で論じる．

オーバートレーニング状態の競技者における罹患率

易感染性がオーバートレーニングの1つの症状であることは運動科学者，コーチ，競技者に幅広く信じられているにもかかわらず[7,10,19,28,43,49,54,66]，驚くべきことに，このテーマをあつかった研究はほとんどない[15,20,38,50,67]．ウィルス性URTIは競技者においては最も一般的な感染症である[67]．前の章で述べられたように，URTIの頻度は非競技者と比較して長距離選手で高い．さらに競技者のURTI罹患リスクは競技会や高強度のトレーニング後に増大する．しかし運動トレーニングとURTIのリスクのこのような関係が分かっているにもかかわらず，オーバートレーニングの競技者とそうでない競技者で罹患率を比較した研究はほとんどない．

トレーニング強度を上げた時のURTIに関する最近の研究で，オーバーリーチングの症状を呈した水泳競技者とうまくトレーニングできた競技者の罹患率が比較された[38]．24名のエリート水泳競技者（女性16名，男性8名）を対象に，水泳と陸上（レジスタンス）での両方のトレーニングで4週間にわたってトレーニング強度を10%増強した．この内8名（女性6名，男性2名）で，水泳パフォーマンスの低下，極度の疲労（1-7のスケール），トレーニング量に対する不適応など[21,22,38]のオーバーリーチングの症状が認められた．24名の水泳競技者の内10名，すなわち42%が4週間の期間内でURTIに罹患した．驚くべきことに，4週間のURTIの罹患率はオーバーリーチングの競技者（8名中1名，12.5%）と比較して，うまくトレーニングできた競技者（16名中9名，56%）で高かった．これはURTIのリスクは必ずしもオーバーリーチング（すなわちその症状）と関連していないが，激しいトレーニングの結果としてすべての競技者に起こることを示唆している．現時点ではこの論文はオーバーリーチングやオーバートレーニングの症状を呈した競技者においてURTIの頻度を検討した唯一の研究である．URTIリスクの増大が，本当にオーバートレーニングの結果であるかどうかを検討するためには，異なった種目の大人数の競技者を長期間追跡するプロスペクティブな研究が必要である．

オーバートレーニングの免疫学的パラメータ

免疫系の細胞

　免疫系の細胞は疾患に対する宿主防御において主要な働きを担い，免疫反応を直接，あるいは間接的に調節する。免疫系の細胞は外来の微生物や感染細胞を直接傷害殺菌したり，病原微生物の殺菌を誘導する様々な免疫系の細胞を活性化する可溶性のメディエーターを産生する。免疫系の細胞や可溶性因子のオーバートレーニングや高強度トレーニングに対する反応を次頁の表11.1と11.2に示した。

　白血球数——長距離ランナーのような持久系の競技者では安静時の白血球数が低いことが報告されている[17,25,27]。多くの競技者では臨床的には基準値内であるが，平均値は基準値，$4-11\times10^9/l$ の下限で何人かは下限以下である。このように持久系競技者では循環白血球数が長期間にわたり抑制されている。しかしながら多くの他の研究では，よくトレーニングされた様々な競技者でも安静時白血球数は基準値内にある[5,10,11,15,22,46]。

　Lehmannら[27]は男性長距離ランナーで4週間トレーニング強度を上げた場合に，白血球数が徐々に低下していったことを報告している。トレーニングの走行距離は1週ごとに33％増やし，最初の距離の2倍(すなわち平均で85.9〜174.6 km/week)まで上げていった。被験者は激しい筋の硬化や疲労などの状態を1-4のスケールで毎日記録された。4週間目の終わりになって被験者は20日目以降の状態の悪化，最大運動時の心拍数の低下，LT 4 mmol/l でのランニングスピードと最大乳酸値の低下，尿中カテコールアミンの低下などの明らかなオーバーリーチングの徴候を呈した。白血球数は実験前の平均 $5.4\times10^9/l$ から2週間後 $4.9\times10^9/l$，4週間後 $4.2\times10^9/l$ まで有意に低下した。倫理上の問題からこの研究は4週間以上継続できなかったため，白血球数がこのまま低下しつづけるかどうかは明らかではないが，高強度トレーニングの継続によって臨床的な基準値以下まで下がることは考えられる。

　Keenら[25]はよくトレーニングされた自転車競技者の安静時白血球数が基準値以下であったことを報告している。白血球数は自転車競技者，非競技者でそれぞれ $5.04\times10^9/l$，$7.5\times10^9/l$ であった。しかし，12日間の競技会での激しい運動(マルチステージの自転車レースで1日117〜185 km) 後に測定したところ，自転車競技者の白血球数は早朝運動前も夕方のレース後5〜7時間もどちらも変化していなかった。

　男性自転車競技者でも5カ月のトレーニング期間の前後における安静時白血球数の減少が報告されている[5]。しかしながら，その平均値(トレーニング前と後でそれぞれ7.6と$6.8\times10^9/l$) は基準値内で，トレーニング後の競技者と同時期のコントロールでは差がなかった。これらをまとめると，短期間(2週間以内)の毎日の高強度トレーニングではおそらく循環白血球数は変化せず，うまくトレーニングされた競技者が長期間(すなわち週から月)激しい高強度のトレーニングを行った時のみ白血球数が変化することが示唆される。

　白血球数が低下する例を先に述べたが，逆に6カ月間のシーズン(早期，中期，晩期とテーパー期，シーズン終了後)に5回のサンプリングを行ったエリート水泳競技者では白

表11.1 オーバートレーニングあるいはトレーニング強度の増強時に変化する免疫細胞

細胞	競技者	コンディション	知見	文献番号
白血球	M長距離ランナー	4週間トレーニング↑	細胞数の漸増的↑	27
	エリートM, Fスキーヤー	6カ月トレーニング期	OTで細胞数↑	22
	M自転車競技者	12日間レース	細胞数変化なし	25
好中球	エリートM, F水泳競技者	12週間トレーニング↑	酸化活性↓	50
	エリートM, F水泳競技者	6カ月トレーニング期	テーパー期のWTのみに対してOTで細胞数↑	22
	M長距離ランナー	適度のトレーニング：過度のトレーニング	激しいトレーニング期で安静と運動後の貪食活性↓	18
リンパ球	持久系トレーニングしているM兵士	10日間トレーニング↑+5日間の回復期	活性化細胞（CD 25陽性，HLA-DR陽性）数↑	11,12
	M長距離ランナー	3週間トレーニング↑	安静時の細胞増殖↑だが，CD 4陽性細胞数↓，CD 8陽性細胞数↑，CD 4/CD 8比↓	64,65
	エリートM, F水泳競技者	7カ月トレーニング期	NK細胞以外（下記）細胞数，割合に変化なし	15
	M, F多くの種目	3カ月激しいトレーニング	CD 4 & CD 8細胞数↑だが比は変化なし	14
	M長距離ランナー	10日間トレーニング量・強度↑	安静時のCD 3，CD 4，CD 8細胞数比，活性化（HLA-DR陽性）細胞数変化なし	23
NK細胞	エリートM, F水泳競技者	7カ月トレーニング期	CD 56陽性細胞数↓	15
	持久系トレーニングしているM兵士	10日間トレーニング↑+5日間の回復期	CD 56陽性細胞数↓	11,12
	M, F多くの種目	3カ月激しいトレーニング	CD 56陽性細胞数↓	14

略語　↑＝増加；↓＝低下；M＝男性；F＝女性；OT＝オーバートレーニング；WT＝よく鍛錬された；submax ex＝最大下運動；post-ex＝運動後

表 11.2 オーバートレーニングあるいはトレーニング強度の増強時に変化する可溶性因子

パラメータ	競技者	コンディション	知見	文献番号
血清免疫グロブリン	エリート M, F 水泳競技者	7カ月トレーニング期	血清 IgA, IgG, IgM にはシーズンを通じて変化なし	15
	M, F 多くの種目	3カ月激しいトレーニング	IgM, IgG, IgG$_1$, IgG$_2$ ↓	14
	M 長距離ランナー	10日間トレーニング強度や量↑	IgA, IgG, IgM は変化なし	23
分泌型 IgA	M 大学水泳競技者	4カ月トレーニング期とテーパー期	安静と運動後 IgA は↓；テーパー期では一部回復	59
	エリート M カヌー競技者	1週間トレーニング↑	安静と運動後 IgA は↓	34
	エリート M, F ホッケー競技者	10日間合宿	2日以内に URTI を発症した者は運動後↓	35
	エリート M, F 水泳競技者	6カ月トレーニング期	OT では WT よりも安静値が低い	36
	エリート M, F 水泳競技者	7カ月トレーニング期	安静と運動後 IgA は↓	15
	M 長距離ランナー	3日間の激しい持久系運動	運動後の IgA が1日目に対して2日目 & 3日目↓	36
サイトカイン	エリート F ホッケー競技者	5日間の主要競技会	試合前と試合後の IgA 濃度が5日間↓	32
	持久系トレーニングをしている M 兵士	10日間のトレーニング↑ + 5日間の回復期	血清 IL-2 と in vitro の IL-2 産生↑	12
血漿グルタミン	多くの種目（エリート競技者）	6カ月トレーニング期	WT に比べ OT で低値	47
	持久系トレーニングをしている M 兵士	10日間のトレーニング↑ + 5日間の回復期	トレーニング強度を上げた期間↓、回復期にはベースラインに戻る	24
	エリート M, F 水泳競技者	4週間トレーニング↑	WT では↑だが OT では変化なし；WT に比べ OT で低値；グルタミンレベルは URTI とは関連しない	38

略語 ↑＝増加；↓＝低下；M＝男性；F＝女性；OT＝オーバートレーニング；WT＝よく鍛錬された；post-ex＝運動後

血球数は正常だった[22]。Gleesonら[15]とTvedeら[62]もそれぞれエリート水泳競技者と自転車競技者を対象として低強度と高強度のトレーニング期間中に安静時白血球数は変化しなかったことを報告している。

運動後，白血球数は急激に増加するかもしれないが(前章を参照)，非常に長時間の運動(すなわち数時間)では循環細胞数の抑制が持続する．例えば，持久系トレーニングを行っている男性が120 kmの行進を行った際には，白血球数は安静時と比較して24〜40時間後まで低いままである[13]。エリート持久系競技者はしばしば1日数時間のトレーニングを行うため，安静時の白血球数が低いのは前に行った運動の影響が持続している可能性がある．一方，白血球数が低いのは循環血中から組織へ遊走したことによる可能性がある（以下に述べる）。

好中球数と機能——非競技者のコントロールに比べ，競技者の何人かは安静時の好中球数が臨床的な基準値以下であることが注目されている[25,50]。未成熟な好中球にみられる形態的特徴が，好中球数が低下していた自転車競技者の好中球で認められたことは，好中球数の低下と併せて，細胞のターンオーバーの増加を示唆している．逆に，他のいくつかの研究では競技者においても好中球数は変わらないとしており[11,22,62]，最近の論文でエリート水泳競技者が12週間の高強度トレーニングを行った際にも，好中球数は正常であったことが報告されている[50]。一般的には，好中球数は10日〜数カ月までの高強度トレーニング期間では変化を認めない[11,15,50]。しかしながら，コントロールや低強度のトレーニングしている時期に比べ，高強度にトレーニングしている時期では，男性持久系競技者の好中球数が低下しているという論文が1つある[18]。エリート水泳競技者を対象とした他の研究では，競技会直前のテーパー期にオーバートレーニングになった競技者を除いて，6カ月のシーズン後にオーバートレーニングになった競技者とそうでない競技者では好中球数には差がなかったことを報告している[22]。テーパー期の間，オーバートレーニングと診断された（疲労，パフォーマンスの低下などの問題を訴えた）競技者の80%に好中球数の有意な増加が認められた[21,22]。テーパー期においてオーバートレーニングになった水泳競技者では，採血前に行った運動や多量で高強度の運動による影響が持続した結果，好中球数が増加していたと考えられる．

好中球数は相対的にそれほど変化しないが，好中球機能は激しい運動トレーニングによって顕著に影響を受ける．Smithら[56]はエリート男性自転車競技者の安静時と運動後の殺菌能がトレーニングしていないコントロールに比べ低いことを報告した．運動として60% $\dot{V}O_2$max での60分間の自転車エルゴメータを用いた．他の研究では安静時と運動後の男性長距離ランナーの貪食能は，高強度トレーニングを行っている時期や非競技者のコントロールに比べ，適度なトレーニングを行っている時期に低かったことが報告されている[18]。低強度のトレーニングは89 km/週の持久系トレーニング，高強度では102 km/週のインターバルトレーニングであった．貪食能は適度なトレーニング期間と比べ高強度トレーニング期間中では運動負荷テスト24時間後までずっと低値であり，とくに負荷テスト（漸増の無酸素パワーテスト）の24時間後ではほとんど活性がなかった．

これらのデータは毎日の激しい運動トレーニングは長時間,少なくとも24時間の好中球機能の抑制をもたらすことを示唆している。競技者は通常実験室でのテストの前に24～36時間の安静を要するため,この持続的な効果は競技者にみられる安静時の好中球活性の低下が原因であるかもしれない[18,56]。また競技者における好中球機能の低下は,毎日の激しい運動による慢性的な低レベルの組織障害の結果生じる炎症反応の部分的な抑制を反映しているのかもしれない。

　エリート男性水泳競技者および女性水泳競技者の好中球の細胞1個あたりの活性酸素種産生能は,12週間の高強度トレーニング期間の前で,非競技者のコントロールに比べて低かった[50]。水泳競技者では好中球活性酸素種産生能は12週間の高強度トレーニングで有意に低下し,トレーニングのピークでは最低となった。トレーニング終了後,産生能は部分的に回復した(図11.1)。著者は $in\ vitro$ の測定系で刺激に反応する好中球がなぜほとんどいないかについて2つのメカニズムから説明を試みている。その理由は活性化していない未成熟な好中球が循環血中に動員されるか,病原に対する好中球の反応性そのものが低下することである。しかしながら,好中球活性酸素種産生能が著明に低下するにもかかわらず,12週間の高強度トレーニング中のURTIの発症率には相関がないことから,このような変化がいつも競技者の免疫機能を危険にさらしているわけではないことが示唆される。

リンパ球数——長距離ランナーを対象としたいくつかの研究では安静時のリンパ球数が低下していることが報告されている。例えば,Greenら[17]は20人の長距離ランナーの内10人のリンパ球数(1.5×10^9/l以下)が低かったことに注目した。内5人はエリート競技者で

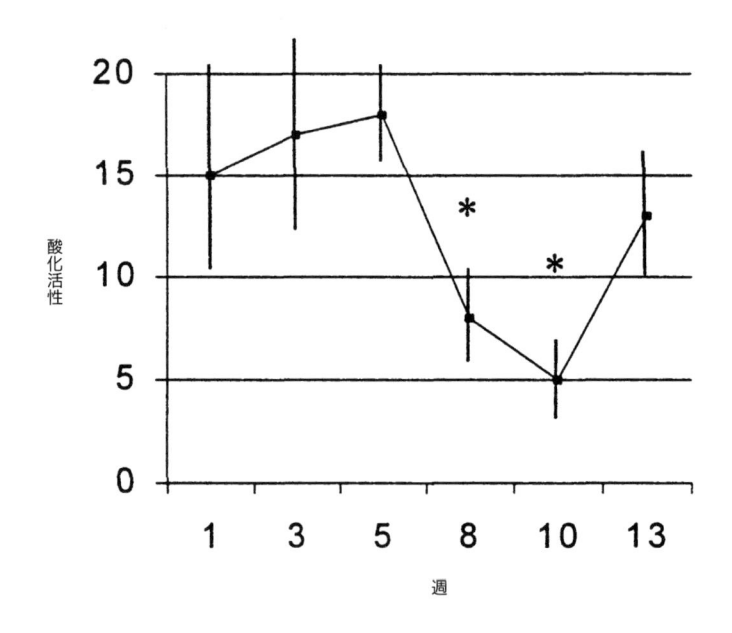

図11.1　エリート水泳競技者の好中球の酸化活性を12週の高強度水泳トレーニング期に3回測定した;開始時(wk 0),3週間後(wk 3),トレーニング終了後1週間(wk 13)。データはPMA刺激に反応した細胞の存在するチャンネル数と標準偏差で表した。

そのとき高強度トレーニングを行っていた。しかしながら長距離走のトレーニング後数時間の内に採血されたため,急性運動の影響が考慮できない。Keenら[25]も男性自転車競技者のリンパ球数が低いこと（すなわち平均1.78,範囲1.1〜2.5×10^9/l）に注目した。

　オーバートレーニングやオーバーリーチングはリンパ球数,T・B細胞の相対比,T細胞サブセットの割合を有意に変化させないが,逆にNK細胞数はオーバートレーニングの間低下する可能性がある（下に述べる）。例えば6カ月のトレーニング期間中にオーバートレーニングと診断された（パフォーマンスの低下,疲労,などの問題を訴えた）エリート水泳競技者のリンパ球数,TとB細胞数はうまくコンディションできた競技者と比べ差がなかった[21]。同様に,Gleesonら[15]はエリート水泳競技者を対象に,7カ月のシーズン中に細胞数（総リンパ球,CD 19「B細胞」,CD 3「T細胞」,CD 4「ヘルパーT細胞」,CD 8「細胞傷害性T細胞」,CD 4/CD 8比）が変化しなかったことを報告した。さらに細胞数は同じ時期に測定したコントロールとも差がなかった。他には3週間までの短期間の高強度トレーニング後[5,11,23]や低強度と高強度のトレーニング期間[62]で,リンパ球数やリンパ球サブセットが変化しなかったという報告がいくつかある。

リンパ球活性化——トレーニング量を大きく増強して高強度のトレーニングを行うことはおそらくリンパ球の活性化を誘導する。例えば非特異的活性化マーカーであるCD 25とHLA-DRを発現している細胞数は,10日間持久性の高強度インターバルトレーニングを行った兵士では,はじめの6日以内に増加が認められた[12]。CD 25$^+$細胞数はトレーニングの6,10日目にそれぞれ2.4,2.9倍,HLA-DR$^+$細胞数は1.3,1.8倍に増加した。

　これらの活性化マーカーを発現している細胞はトレーニング後における回復期の5日間もずっと上昇していた。同じ被験者における血清IL-2濃度の増加と *in vitro* でのIL-2産生の増加もリンパ球の活性化を示唆している（下に述べる）。持久系トレーニングによるリンパ球活性化の根拠も,非競技者に比べ持久系競技者で高親和性IL-2受容体（IL-2 R）の発現が高いことを報告した最近の論文[51]で示された。R. W. Fryら[12]は免疫系の非特異的活性化はこれらの被験者が経験した睡眠障害,食欲不振,疲労,刺激過敏などのオーバーリーチングの症状と関係のあることを示唆した。例えば非特異免疫の活性化も,オーバートレーニング症候群に類似した多くの症状が慢性疲労症候群でも認められることは注目すべき点である。

　短期間のトレーニング強度の増強後にみられるような活性化マーカーを発現しているリンパ球数の増加[12]とは逆に,エリート水泳競技者が7カ月間のトレーニングセッションを行った際には,HLA-DR$^+$細胞数は変化しなかった[15]。この際,シーズンが深まるにつれ,免疫抑制（分泌型IgA濃度の減少,低血漿免疫グロブリン,NK細胞数の低下など）が認められた。Kajiuraら[23]もトレーニング量や強度を様々に上げた際に,ランナーのHLA-DR$^+$細胞数が変化しなかったことを認めている。研究により結果に差がある理由は現在のところはまだ分からないが,トレーニング量や強度の上げ方の差が関係していると考えられる。

リンパ球増殖——リンパ球の増殖能は抗原を曝露した際のリンパ球の活性化や機能を間接的に測定することで分かる。男性長距離ランナーを対象に安静時に採血したところ，3週間のトレーニング量の増強期間前に比べ，トレーニング量を38％上げた後では，T細胞マイトジェンであるコンカナバリンA (ConA) で刺激したリンパ球増殖反応は32％増加した[64,65]。安静時のリンパ球増殖反応は，3週間の通常のトレーニング期間後では上昇したままだった。しかしながらトレーニング強度を上げた期間は，一過性運動前に比べ運動後に18％低下していた。運動は80％ $\dot{V}O_2$max で30分間のランニングであり，これらの被験者にとっては適度な運動である。10名の被験者のうち6名が，疲労，心理的変化，などのいくつかの症状を示したが，睡眠不足や筋肉痛などの他の指標には変化がなかったため，オーバートレーニングという診断には当てはまらなかった。安静時のリンパ球増殖反応が亢進していることを示したこれらのデータは，短期間の高強度トレーニング（先に述べた）によりリンパ球が活性化した結果であると考えられる。3週間の高強度トレーニング後の一過性運動後に増殖反応の低下が認められたことを，T細胞サブセット（CD 4，CD 8）の割合の変化から説明することはさらに困難である。激しいトレーニングによる疲労が，最大下の運動に対する急性反応を変化させた可能性は考えられるものの，運動後の自覚的疲労度（RPE）は変化していなかった。

NK細胞——非エリート競技者で持久系トレーニングをしている競技者ではコントロールとの横断的比較において，NK細胞数の増加とNK細胞活性（NK活性）の増大が認められる[44,48,62, 10章参照]。持久系トレーニングの結果，NK活性の増加が認められたにもかかわらず，最近の研究では高強度のトレーニング期間中はNK細胞数が低下することが報告されている。例えばGleesonら[15]は男性と女性のエリート水泳競技者を対象に，7カ月の高強度トレーニング期間中のNK細胞（CD 56$^+$）の低下に注目した。7カ月間でNK細胞の絶対数は43％，リンパ球に占める割合は32％減少した。逆にその他の細胞の数や割合（CD 3, CD 4, CD 8, CD 19, CD 4/CD 8比）がトレーニング期間で変化しなかったことは，NK細胞に特異的な影響を示唆している。NK細胞数の低下がシーズン終了後のテーパー期まで続いたことは，高強度トレーニングがNK細胞数に持続的な影響を与える可能性を示唆している。

R. W. Fryら[12]は日に2回の高強度のインターバルトレーニングを10日間行った男性兵士で同様なNK細胞（CD 56$^+$）の低下を報告している。NK細胞数は10日間のトレーニング後，40％低下し，さらに回復期（軽い持久性トレーニング）の5日間で10％低下した（図11.2）。これらの被験者はパフォーマンスの低下，精神状態の変化，疲労などの明らかなオーバーリーチングの徴候を示した。NK細胞数が回復期の5日間でも継続して低下していたことは，NK細胞数は短期間の高強度トレーニング後でも急速に回復しないことを示唆している。これは体内の循環NK細胞数の低下を反映していると考えられる。おそらくNK細胞は循環血中から損傷した筋組織の炎症部位へ遊走するのであろう。

すべての被験者が激しい筋肉痛を訴えたことは，10日間のトレーニングによって細胞の損傷が起きたことを示唆している。NK活性の変化はおそらくNK細胞数の変化とは無関係で[30,44]，高強度トレーニングの長期間にわたる継続でNK活性も低下するかどうかはま

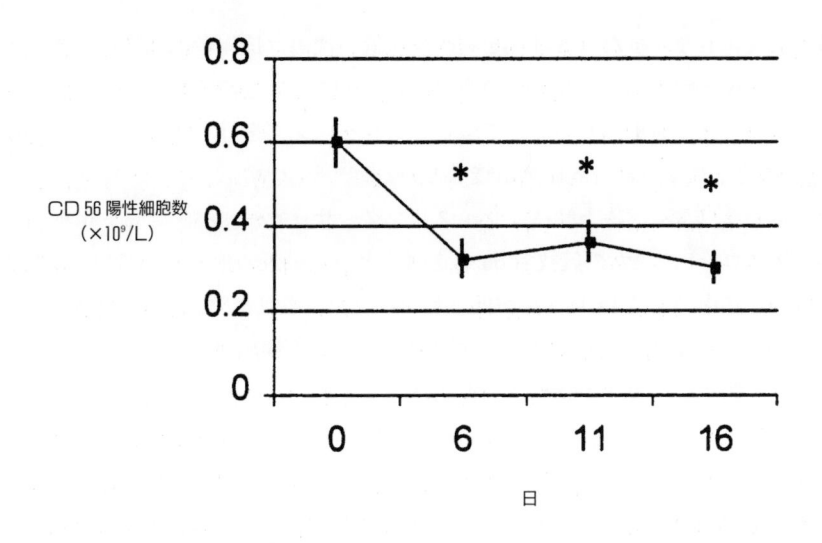

図11.2 電動トレッドミル上で行った10日間の高強度スプリントトレーニングの前, 中, 後の持久性トレーニングをした男性兵士の末梢血中のNK細胞数。Day 0=トレーニング強度増強開始, Day 6=6日間のトレーニング終了後, Day 11=回復期1日目, Day 16=回復期5日目。データはCD56陽性細胞数±標準誤差で表される。

だよく分かっていない。

可溶性因子

免疫反応には様々な細胞だけでなく, 活性化B細胞によって産生される免疫グロブリン, 様々な免疫系あるいはその他の細胞から産生されるサイトカイン, 補体系の因子, グルタミンのような物質など, 多くの可溶性因子も関与している。可溶性因子は細胞間の化学的伝達物質 (ケミカルメディエーター), あるいは調節因子 (サイトカイン) として働く。これらは免疫細胞の活性化(サイトカイン, 免疫グロブリン), 病原微生物, 腫瘍細胞, 他の感染細胞の破壊や中和 (サイトカイン, 免疫グロブリン, 補体), 細胞分化や代謝物質 (グルタミン) の供給に関与している。これらの因子のオーバートレーニングやオーバーリーチングに対する反応についてはほとんど分かっていない (表11.2)。

血清免疫グロブリン(Ig)——安静時の血清免疫グロブリン濃度は多くの競技者で臨床的には基準値内であり, 血漿量の変化を補正した場合, 急性運動は血清免疫グロブリン濃度を変化させないことが報告されている[37]。しかしながら, 最近の報告では高強度トレーニングを長期間にわたって継続しているエリート競技者の血清免疫グロブリン濃度は低下していることが示されている[14-16]。例えばエリート水泳競技者を対象とした最近のプロスペクティブな研究で, 血清免疫グロブリンの長期的な抑制の可能性が示された[15]。水泳競技者のIgA, IgG, IgM, とIgG$_2$サブクラスのレベルは, 同じ年齢の非競技者のコントロールと比べて7カ月のシーズンを通じて低かった。さらに臨床的にも水泳競技者の測定値は, 全体の低い方の10パーセンタイルに入っていた。B, T細胞, 活性化リンパ球 (HLA-DR$^+$) の割合, 絶対数とも水泳競技者とコントロールでは差がなく, 水泳競技者においてはシー

ズンを通した変化もなかったことは，Igレベルが低い理由は抗体産生細胞がほとんどいないことや，TとB細胞の相対的な割合の変化のどちらによるものでもないことを示している。これらのデータは何年にもわたって激しいトレーニングを行っているエリート競技者はIg産生が障害されている可能性を示唆している。

様々なスポーツ（水泳，陸上競技，サイクリング，サッカー，バスケットボール，テニス，トライアスロン）の男女の競技者60名を対象とした最近の他の報告では，3カ月の高強度トレーニング中の血清Igレベルが低下したことが示された[14]。IgG，IgMとIgG1，IgG_2サブクラス濃度と同様に総Igは3カ月のトレーニング開始から終了まで徐々に低下した。トレーニングとしては，1回が130〜140分のセッションを週に5〜7回行った。IgG，IgM，総Ig濃度は約7〜20％低下し，IgGの2つのサブクラスはさらに低下していた（IgG1，IgG_2でそれぞれ30〜45，10〜30％低下）。逆に，短期間の高強度トレーニング（すなわち10日）では，血清Igは変化しない[23]。

これらの研究にみられる血清IgG_2の低下は長距離走などの持久系運動中に，衝撃の繰り返しによる消化管上皮細胞の微細損傷の結果，発生すると考えられているエンドトキシンの増加と関係があるかもしれない[1]。エンドトキシンの増加が水泳のような衝撃のない活動後にも起こるかどうかははっきりしていない。IgG_2はエンドトキシンに特異的に作用し，血中エンドトキシンの増加に反応して，その血中濃度は減少する。IgG_2欠損症は急性上・下気道感染症[68]と関係があることから，このサブクラスの長期的な減少は競技者におけるURTIの増加に関係している可能性がある。しかしながら，Garagiolaら[14]の研究では3カ月間に競技者の24％が感染症（ほとんどが上・下気道感染症）を経験したが，少なくとも血清Igレベルの変化は感染の頻度と関係がなかったことから，このような変化によってこれらの競技者の感染症に対する免疫系の反応を識別することはできない。

分泌型Ig——身体の外側には病原微生物がコロニー形成可能な莫大な表面がある。粘膜免疫系は目，鼻，上・下気道，腸管，生殖器などの粘膜において，宿主防御の主要な役割を担う。粘膜面における液性免疫反応は主にIgAクラスの抗体によって成り立っている。分泌型IgAは特定のウィルス，バクテリアの接着や増殖を阻害することによって体内への侵入を防いだり，ウィルスや毒素を中和したり，抗体依存性細胞傷害性（ADCC），その他の抗ウィルス作用を持つことが示されている[61]。分泌型IgAは血液感染しない特定のウィルス，特に上気道感染に対する宿主防御に重要である。上気道感染症のようなウィルスによる感染防御は，血清Igよりも粘膜に含まれる分泌型IgAのレベルと関係がある[37,61]。分泌型IgAはURTIに対する主要なエフェクターであるため，競技者において罹患率が高くなっている原因を突き止める目的で，いくつかのグループが運動に対するIgAの反応に着目した。唾液は検体として採取が容易なことや粘膜免疫の指標となることから，唾液中のIgA濃度や分泌速度が測定される。短時間の運動でも長時間持久系運動でも唾液中IgAの急性抑制を確認した研究がいくつか報告されている[15,31-34,59,60]。さらに高強度の毎日の運動によって分泌型IgAの抑制が蓄積されるという知見も報告されている[32,36]。

激しい運動中のIgAの変化が初めて報告されたのは，男女のノルディックスキー（アメ

リカナショナルチーム)の安静時唾液中 IgA 濃度が同年齢のコントロールに比べ 50％低いという知見であった[60]。安静時の IgA レベルが低いことは，毎日の激しいトレーニングあるいは試合前の精神的ストレスによる慢性的な抑制を反映していることが示唆された。高強度の運動トレーニングは唾液中 IgA の低下と関係している。4 カ月のシーズン中に男子大学水泳競技者を対象とした研究では，トレーニング強度の増加に伴って IgA 濃度は低下した[59]。安静時と運動後の IgA 濃度はどちらもシーズンはじめに比べてシーズン終盤で 25％低下した。試合直前のテーパー期にトレーニング強度が低下すると，IgA 濃度は少し回復したが，それでもシーズン開始時期に比べると低いままだった。これらのデータは長期間激しいトレーニングを行っている競技者には IgA 抑制の蓄積が起こるかもしれないという Tomasi ら[60] の指摘を支持している。エリート男女水泳競技者を対象とした最近の研究でも，7 カ月のシーズン中に徐々に安静時と運動後の IgA レベルが低下したことを報告している[15]（図 11.3）。逆に Tharp と Barnes[59] のデータではテーパー期も IgA 濃度は低下していたとし，数カ月におよぶ高強度トレーニングの結果，粘膜免疫の抑制が長期間継続しているために，テーパー期（期間は特定できないが，通常 2～3 週間）でも回復が不十分だったことを示唆している。これとは別に，重要な試合前の精神的ストレスの免疫抑制作用が，トレーニングによる肉体的なストレスで低下した IgA レベルの回復を妨げていると指摘する向きもある。シーズン終了直前の重要な試合の前には，唾液中 IgM がしばしば検出されることにも注目しなければならない。これは IgM の増加が IgA 濃度の低下を部分的に補っている可能性を示唆している。

エリート男女水泳競技者を対象とした別の研究では，6 カ月のシーズン中にオーバートレーニングの症状を呈した競技者では，うまくトレーニングできた選手と比べて唾液中 IgA 濃度が 18～23％低下していた[36]（図 11.4）。先に論じた水泳競技者をシーズンを通して追跡した別の報告[15,59] では，逆に 6 カ月の期間でどちらのグループも IgA レベルは変化しなかった。これらの研究の違いは，トレーニング方法などの対象側の要因が関係している可能性がある。後者[36] では，他の研究のように徐々にトレーニング強度を上げていくのではなく，水泳競技者はいきなり高強度のトレーニングからシーズンをはじめた。これらの水泳競技者はシーズン終了後の世界選手権の準備のために，シーズンはじめから精神的ストレス状態にあったことが考えられる。

毎日の激しいトレーニングによる唾液中 IgA レベルへの影響の蓄積に関しても，短期間の影響がランナー[36]，ホッケー選手[32] で報告されている。ランナーの研究[36] では，男性長距離ランナーが 75％ $\dot{V}O_2max$ で 90 分間のトレッドミルランニングを 3 日間連続で同じ時間に行い，唾液サンプルを毎日の運動前後と 4 日目の安静時に採取した。IgA 分泌速度は 1 日目は低下しなかったが，2 日目と 3 日目に約 30～40％まで低下した。さらに運動後の IgA 分泌速度は 1 日目に比べ，2 日目と 3 日目に 27～32％低かったことから，毎日の運動による影響が蓄積されていることが示唆された。ホッケーの研究[32] では，運動前と後の IgA 濃度が 5 日間の大会中（ナショナルホッケートーナメント）に，20％まで徐々に低下した。

分泌型 IgA は URTI に対する宿主防御において主要なエフェクターであり，IgA レベルが感染抵抗性と関係があり，長期間高強度トレーニング中やオーバートレーニングの競技

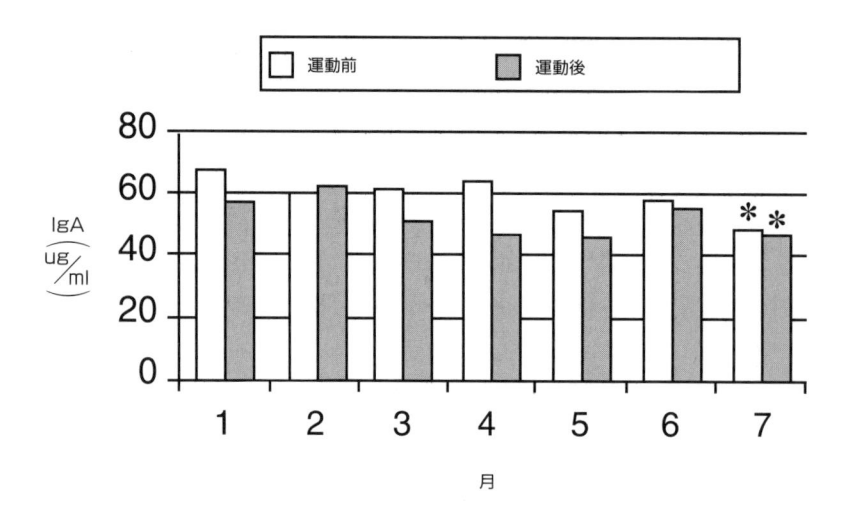

図11.3 通常の練習前後のエリート水泳選手の平均唾液中 IgA 濃度を7カ月のシーズン中に毎月測定した。

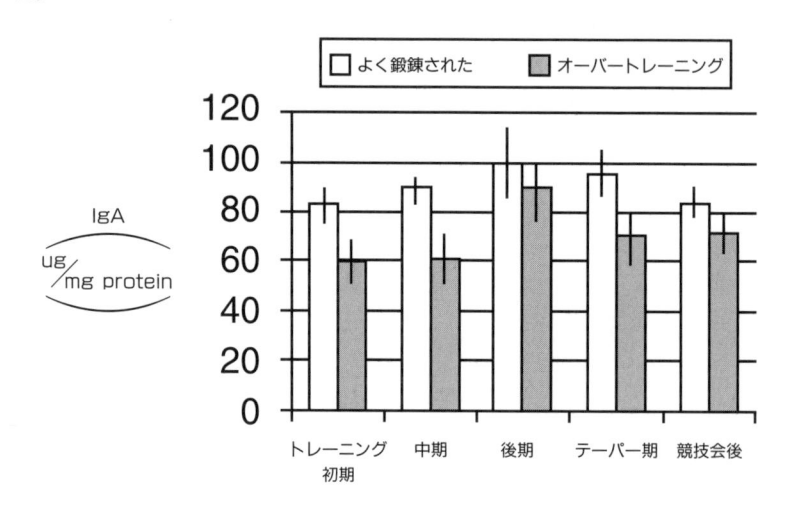

図11.4 エリート水泳競技者の安静時の唾液中 IgA 濃度を6カ月のシーズン中に5回測定した。水泳競技者のうち，トレーニング量にほとんど適応できなかった水泳選手はパフォーマンスの低下，疲労の持続（毎日の日誌から），日誌の記載事項に基づきオーバートレーニングと診断された (21, 22)：オーバートレーニングとは考えられなかった者はうまくトレーニング出来たとみなした。データは平均±標準誤差で表される。

者は IgA レベルが低下しているため，このような IgA の抑制が持久系競技者において URTI 罹患率が高くなるメカニズムと関係しており，激しいトレーニング期間中の感染リスクの増大の一部を説明しているのかもしれない[7, 15, 33-35, 60]。

　競技者において粘膜免疫の変化が感染症の発症率に直接関係があるかどうかに関する疑問に答えることができる研究はほとんどない。エリートのホッケー，スカッシュ競技者を対象としたプロスペクティブな研究[35]では，運動に伴う唾液中 IgA 濃度の低下がそれに引き続く URTI の発症に関係があった。この研究では，19名のナショナルチームの男女ホッケー競技者を対象に，通常のトレーニングセッションの前後と，同じ時間帯に行われた9日

間の激しいトレーニングキャンプ中に毎日唾液サンプルを採取し，同じく 14 名のナショナルチームの男女スカッシュ競技者から，通常のトレーニングセッションの前後と，同じ時間帯に行われた 10 週間の激しいトレーニングキャンプ中に唾液サンプルを採取した。競技者は毎日，病気の症状や程度，期間，状態などのすべての病的変化に関する記録を記入した。また，チームドクターもそれぞれの疾病の原因，期間，症状や程度を記録した。ウィルス性 URTI を経験したスカッシュ選手 7 名のうち 6 名，同じくホッケー競技者 5 名すべてにおいて IgA 濃度が 2 日以内に平均 20〜25% まで低下した。逆に URTI を経験しなかった競技者の IgA 濃度は増加するかわずかに減少（10% 以下）した。これは 2 つの種目のエリート競技者のサンプルから得られた少数のデータであるが，これらのデータは運動に伴う唾液中 IgA の低下とそれに引き続いて起こる URTI の関係に関する示唆的な証拠を提供してくれる。このような関係がすべての持久性競技者にいえるかどうか，あるいは URTI の易感染性に直接関係があるかどうかを明らかにするためには，多くのスポーツ競技者の大規模な研究が引き続き必要である。

血漿グルタミン――リンパ球には核酸合成と同様にエネルギーの源としてグルタミンが必要である。低血漿グルタミンレベルは，火傷や外科的手術などの外傷後の免疫抑制と関係がある[41]。うまくトレーニングされた競技者に比べ，オーバートレーニングの競技者で血漿グルタミン濃度が低いことが報告されている[47]。実際血漿グルタミン濃度は運動後[24,47]や高強度トレーニング期間中[24]に低下する。リンパ球がグルタミンを必要とするため，高強度トレーニングやオーバートレーニングと関連した低血漿グルタミンレベルは，リンパ球機能を低下させ，スポーツ競技者の感染症罹患頻度の増大に関係する可能性がある[24,41,47]。

Parry-Billings ら[47]はオーバートレーニング（パフォーマンスの低下，3 週間以上の疲労の継続，精神的な障害）と診断された 40 名の様々な持久系スポーツ競技者の血漿グルタミン濃度が，オーバートレーニングでない競技者に比べ 9% 低いことを報告している。しかしながら，血漿グルタミン濃度が低いにもかかわらず，オーバートレーニングの競技者のリンパ球は，刺激に対して通常の増殖反応を示した。このことから，安静時のオーバートレーニングの競技者の低血漿グルタミン濃度は，$in\ vitro$ の系ではリンパ球機能の障害を反映しないが，$in\ vivo$ での機能を障害している可能性は否定できない。

持久系トレーニングを行っている男性兵士の血漿グルタミン濃度は 10 日間の高強度インターバルトレーニング中に 48% まで低下した[24]。回復期（トレーニングを減らした）の 4 日間，グルタミンレベルは抑制されていたが，5 日目には元のレベルまで回復した。10 日間トレーニングを増強した時には被験者はランニングパフォーマンスや持続時間，精神状態（POMS）の低下，疲労や不眠，食欲不振，集中できないなどの症状を訴え，明らかなオーバートレーニングの兆候を示した。トレーニング強度を上げた期間と回復期に血漿グルタミン濃度は低下していたにもかかわらず，免疫抑制の証拠はほとんど見つけられなかった。先にも述べたように，リンパ球の活性化（CD 25$^+$ と HLA-DR$^+$ の細胞数）と IL-2 の産生の亢進が認められ，免疫抑制と考えられるのは NK 細胞数の低下だけであった。

血漿グルタミン濃度は長期間の高強度トレーニング後に低下するかもしれないが，これ

らの変化が競技者の免疫抑制に関係しているかどうかはまだ明らかではない。最近の研究では 24 人の男女のエリート水泳競技者を対象にトレーニング強度を 4 週間増強した(泳量とレジスタンストレーニングの増加)[38] ところ, 8 人 (女性 6 名, 男性 2 名) の水泳競技者 (33%) がパフォーマンスの低下や疲労の蓄積などを訴え, オーバーリーチングの症状が認められた。うまくトレーニングできた競技者の血漿グルタミン濃度は, 4 週間のトレーニング増強により約 20% まで増加したが, オーバーリーチングの競技者では変化しなかった。その後 2 週間, オーバーリーチングの競技者の血漿グルタミン濃度は, うまくトレーニングできた競技者に比べ有意に低値であった。24 人の水泳競技者の内 10 人, 42% が 4 週間の間に URTI の症状を示したが, 血漿グルタミン濃度は URTI の人とそうでない人で差がなかった。これらのデータはオーバートレーニングやオーバーリーチングの競技者とうまくトレーニングできた競技者には血漿グルタミン濃度に違いがあるが, トレーニング強度を増強した期間には血漿グルタミンレベルは必ずしも低下せず, エリート競技者のトレーニング強度を増強した際の血漿グルタミン濃度の変化は URTI の発症と関係がないかもしれないことを示唆している。

サイトカイン——サイトカイン産生は, IL-1β, IL-6, TNF-α, IFN-γ のような物質の尿中排泄の増加に示されるように, 20 km のランニング[58] などの持久系運動などによって実際に増加する[45]。ランニングのような長時間の抗重力運動後の IL-1, IL-6, TNF-α などの炎症性サイトカインの出現は, 激しい運動による筋繊維の損傷を含めた局所的な炎症を誘導する可能性がある。例えば IL-1β は伸張性運動後の損傷した筋繊維に局在することが示されている[6]。オーバートレーニングは筋繊維の損傷と局所の炎症を伴う筋痛[55] の持続と関係している[28]。このことからオーバートレーニング期間にこれらの炎症性サイトカインの産生が増加することが予想される。また, 競技者では一般的な炎症反応が抑制されていることを示す証拠がある。例えば, 補体成分の C3 と C4 の血清濃度は非競技者に比べ競技者で低いことが報告されている[42]。先にも述べたように, 好中球の活性も激しい運動トレーニングによって抑制される[18,50,56]。さらに, トレーニングは炎症に関係する糖蛋白である急性期リアクタントの運動誘発性の放出を減弱する[4,29]。

オーバートレーニングや長期間の高強度トレーニングに対するサイトカインの反応はほとんど検討されていない。持久系トレーニングを行った兵士を用いた最近の研究では, 血清 IL-2 濃度は 10 日間の高強度のインターバルランニングトレーニング (最大スプリントのトレーニングを 1 日 2 回) 後に 3 倍に増加し, 5 日間の軽運動による回復期間中も 6 倍に増加したままであった[12]。マイトジェン刺激による $in\ vitro$ でのリンパ球の IL-2 の産生も 10 日間の高強度のトレーニング中に 9 倍に増加し, 5 日間の回復期間中も増加したままであった。すべての被験者は強度の疲労, 精神状態の悪化や運動パフォーマンスの低下などの明らかなオーバーリーチングの症状を示した。

最近の論文では, 高親和性 IL-2 受容体 α 鎖の発現は, 運動不足の人に比べ持久系トレーニングを行っている競技者で高かった[51]。低親和性 IL-2 受容体 β 鎖の発現は変わらなかった。高親和性受容体を発現している NK 細胞 (CD 56$^+$) 数も, トレーニングしていない人

に比べトレーニングしている人で高かった。有酸素パワー（$\dot{V}O_2max$）はβ鎖の発現と高い相関（r=0.91）があった。これらのデータはIL-2受容体の発現は持久系トレーニングによって高められることを示唆している。しかしながら，もしそうであってもIL-2産生や受容体発現の増加の重要性はよく分かっておらず，他のサイトカインの分泌や受容体の発現がオーバートレーニングで変化するかどうかは不明である。

病気はオーバートレーニングをもたらすか？

特にウィルス性URTIのような頻度の高い疾患は，オーバートレーニングに共通の症状であり，あるいはその結果であると考えられており，オーバートレーニングに関与する免疫調節を理解するために注目されている。しかし，逆の言い方はほとんどされない。すなわち疾患は激しいトレーニングのためなのか，あるいは疾患はオーバートレーニングに寄与するか？　感染症の症状とオーバートレーニングには疲労の持続，パフォーマンスの低下，脱力感，睡眠の増加のようにいくつかの類似性がある[10,28,49,52,53]。

Robertら[52]は原因不明のパフォーマンス低下を示した競技者の症例をいくつか報告した。これらの競技者は，臨床的には疾病の症状はないにもかかわらず，抗ウィルス抗体価が高いなどのウィルス感染の形跡があった。発熱を伴う疾病は最大下の運動能力[3]，筋力[3,9]を低下させる。例えば発熱を伴う疾病に罹患中には筋力は10～30%まで低下し，回復と共に筋力も元に戻る[3]。感染も心筋や骨格筋の細胞構造やエネルギー代謝を破綻させる[2]。さらに感染によるIL-1の放出は睡眠を誘発し，筋細胞の融解を刺激し，疲労の持続，脱力感，筋痛を起こさせる。筋細胞の融解も運動トレーニングへの骨格筋の適応を制限する。

このため疾病は，特にトレーニング効果の減弱やパフォーマンスの低下，疲労の持続，脱力，筋痛などのいくつかのオーバートレーニングの症状を模倣しているかもしれない。感染症の有無は競技者においてはオーバートレーニングを診断する上で考慮に入れなければならない。

オーバートレーニングと高強度トレーニングによる免疫抑制メカニズム

オーバートレーニングや長期間の高強度トレーニング期間中にみられる免疫抑制の出現を説明することができるメカニズムはいくつか考えられる。ただ，一つのメカニズムだけが複雑な免疫系，そして免疫系の運動に対する反応に影響しているとは考えにくい。オーバートレーニングに伴う神経・内分泌系の変化は免疫系の変化と密接に関連しているように思われる。

安静時の白血球，リンパ球数の低下はそれらの細胞のターンオーバーの亢進や寿命の短縮を反映しているかもしれない。赤血球の場合，激しい運動によるターンオーバーの亢進は物理的，酸化的，あるいは浸透圧のストレスが原因であることが知られている[57]。白血

球のターンオーバーもそれらのストレスの増加によるかどうかは不明である。自転車競技者の白血球，好中球，リンパ球数が臨床的な基準値に比べ低下しているという報告の中で，Keenら[25]は好中球の形態的変化，つまりターンオーバーの亢進による幼弱な細胞集団の動員に着目した。逆に激しい運動は一過性にリンパ球の増殖を低下させる[40]。ほとんどの競技者は少なくとも週に一回は激しいトレーニングを行うことから，細胞数の低下は高頻度の運動誘発性の細胞増殖抑制の結果起こる。

　免疫細胞は身体の数％（2％以下）に含まれるため，ヒトを対象にした研究では，免疫細胞は末梢血からいつでも採取できる。運動中や運動後，白血球とリンパ球サブセットは循環血中，様々なリンパ組織や他の組織に再配分される。例えば運動中，白血球はカテコールアミンのレベルに応じて，肺や脾臓などのマージナルプールから動員される。運動後，特に好中球，単球，NK細胞などのいくつかの白血球は，おそらく局所的に放出された炎症性メディエーター（例えばIL-1）に反応して，骨格筋の傷害・炎症部位へ移動する[6]。高頻度の激しい運動は組織への細胞の移動を亢進するため，それらの細胞の血中濃度を低下させる可能性がある。このようなメカニズムは，高強度トレーニング期間に末梢血NK細胞数の累積的な低下が観察される原因を説明できるかもしれない（前述）。

　好中球機能の制御機構は複雑である。カテコールアミン，コルチコステロイド，β-エンドルフィン，IL-1，TNF-α，コロニー刺激因子（CSF）を含むホルモンやサイトカインの変化は好中球活性に影響することが知られている[18,50,56を参照]。オーバートレーニングや高強度トレーニング期間中にこれらの因子[63；10章, 12章でも述べる]のいくつかは変動する。高強度トレーニング期間中の好中球機能の低下は，ホルモンやサイトカイン[18,56]，循環血中で新たに成熟してきた細胞[50,56]の変動と関係があるかもしれない。例えばエピネフリンはいくつかの好中球機能を抑制する。自転車競技者では，適度なトレーニング期間に比べ高強度のトレーニング期間で，エピネフリン濃度が高いことが観察されており，エピネフリンと好中球活性酸素種産生能の間の負の相関は好中球機能に対するこのホルモンの抑制効果を証明している[18]。好中球は炎症反応において重要な細胞で，伸張性運動後の骨格筋などの傷害・炎症組織に速やかに出現する[6]。高強度トレーニングによる好中球活性の部分的な抑制は，好中球に限れば特に骨格筋組織内での炎症反応の積極的な適応現象の一つであるかもしれないことを示唆している[56]。

　オーバートレーニングや高強度トレーニング期間中に見られる分泌型，あるいは血清Ig濃度の低下のメカニズムはいくつかの要因が複雑に関係しているように思われる[37]。Ig産生の調節は，神経・内分泌系からのシグナルが関与している。Igと抗体の産生はB細胞を介して直接，あるいは調節性T細胞を介して間接的に，あるいは体内の免疫細胞の局在や血流での調節などにより神経・内分泌系の影響を受ける。抗体を産生するB細胞（と他の免疫細胞）はβ-アドレナリン受容体を発現しており，ノルエピネフリンは抗体産生を高める。運動トレーニングはβ-アドレナリン受容体の発現抑制に関係があり，オーバートレーニングや高強度トレーニング期間中にはカテコールアミンの欠乏が認められる[27,63；10章,12章も参照]。オーバートレーニングの期間はカテコールアミンの欠乏とβ-アドレナリン受容体の発現抑制が共にIgと抗体の産生を障害するのかもしれない。

オーバートレーニングや高強度トレーニング期間中に分泌型IgAが低下するメカニズムも同様に，神経・内分泌系の因子など複数の要因が関与しているように思われる．激しい運動は分泌型のIg（つまりIgAやIgM．IgGは粘膜で分泌されない）だけに影響することは，分泌型のIgに対する局所的かつ特異的な影響であることを示唆している．激しい運動はおそらく可溶性調節因子（例えばホルモンやサイトカイン）か，長時間の換気による粘膜上皮の物理的・構造的な変化を介して，局所のIgAの分泌を変化させる．自律神経系のシグナルはおそらくIgAの溶媒である唾液の分泌に影響するため，口腔や鼻腔の表面に分泌されたIgAの量や濃度がURTIの原因となる病原微生物に効いてくる．自律神経系のシグナルもIgAを産生するB細胞の口腔粘膜下組織への移動に影響するかもしれない．

　オーバートレーニングにも精神状態の変化（16章参照）を特徴とする心理学的な一面がある．精神的ストレスは分泌型IgAレベルに影響する．例えば，大学生の分泌型IgAレベルは卒業年度には，自覚的ストレスの増加に伴って減少し，卒業後の進路が決まっていない者はIgAレベルが低い[39]．URTIの易感染性は心理的，肉体的ストレスの両方に影響を受けるため，高強度にトレーニングされた競技者のURTIに対する易感染性は心理的，肉体的の両方の要因が関係しているようである．

　コルチコステロイドの増加やアンドロジェン（男性），成長ホルモンの減少，といった他の内分泌系の変化もオーバートレーニングや高強度トレーニング期間中に生じる[10章, 12章参照, 63]．これらのホルモンには大きな効果がある可能性がある．前者は一般的に抑制的で，後者の2つは免疫系を刺激する．リンパ球は実際，運動中にカテコールアミン，ステロイド，エンドルフィンやエンケファリンなどのいくつかのホルモンの受容体を発現する．さらにほとんどのリンパ組織や神経終末付近のリンパ球は，自律神経ニューロンによって刺激を受ける．

要約

　高強度運動トレーニングは，特にURTIなどのウィルス感染リスクの増大に関連がある．競技者においてURTIの発生頻度が高いことは，オーバートレーニングの結果なのか，多くの一流競技者が行っている高頻度，高強度トレーニングに由来するのかは現時点では明らかではない．感染症リスクに対するオーバートレーニングの影響，言い換えれば疾病がオーバートレーニングの症状に影響するかどうかを検討するためには，大規模でプロスペクティブな研究が必要である．競技者において高強度トレーニング期間中にオーバートレーニングと免疫機能の両方を検討した研究はほとんどない．分泌型IgAと血漿グルタミン濃度は，うまくトレーニングできた競技者に比べオーバートレーニングで低いことが示されている．ここ数年，長期間の高強度トレーニング期間中に，いくつかの免疫学的パラメータが抑制されることを示唆した結果が報告され始めた．激しいトレーニングは安静時の白血球数，リンパ球数の低下，NK細胞数の減少，血清，分泌型Igの低下，好中球の殺菌能の抑制と関係がある．現時点で競技者において，直接URTIの頻度に関係している運動誘発性の免疫学的パラメータの変化は分泌型IgAだけである[35]．しかしながら特定の免疫

学的パラメータの変化と URTI の発生頻度に相関があるかどうかを検討した研究はほとんどない。これらの多くは相対的に変化が小さく，臨床的には競技者は免疫不全状態ではないが，宿主防御に重要なパラメータのいくつかの小さな変化が，付加的にあるいは相乗的に免疫機能に影響する可能性はある。

　これらの変化のメカニズムは非常に複雑で，現時点では不明である。オーバートレーニングには肉体的，心理的な因子の両方が関与する。おそらくオーバートレーニングやオーバーリーチングに伴うホルモンの変化がオーバートレーニングの際の免疫機能の調節に重要な働きをしている。(秋本崇之・河野一郎)

参考文献

1. Bosenberg, A.T., J.G. Brock-Utne, S.L. Gaffin, M.T.B. Wells, G.T.W. Blake. 1988. Strenuous exercise causes systemic endotoxemia. *Journal of Applied Physiology* 65: 106-l08.
2. Cabinian, A.E., R.J. Kiel, F. Smith, K.L. Ho, R. Khatib, M.P. Reyes. 1990. Modification of exercise-aggravated coxsackie virus B3 murine myocarditis by T Iymphocyte suppression in an inbred model. *Journal of laboratory and Clinical Medicine* 115: 454-462.
3. Daniels, W.L., D. S. Sharp, J.E. Wright, J.A. Vogel, G. Friman, W.R. Beisel, J.J. Knapik. 1985. Effects of virus infection on physical performance in man. *Military Medicine* 150: 1-8.
4. Dufaux, B., U. Order, H. Geyer, W. Hollmann. 1984. C-reactive protein serum concentration in well-trained athletes. *International Journal of Sports Medicine* 5: 102-106.
5. Ferry, A., F. Picard, A. Duvallet, B. Weill, M. Rieu. 1990. Changes in blood leucocyte populations induced by acute maximal and chronic submaximal exercise. *European Journal of Applied Physiology* 59: 435-442.
6. Fielding, R.A., T.J. Manfredi, W. Ding, M.A. Fiatarone, W.J. Evans, J.G. Cannon. 1993. Acute phase response in exercise 111. Neutrophil and IL-1 (accumulation in skeletal muscle). *American Journal of Physiology* 265: R166-R172.
7. Fitzgerald, L. 1991. Overtraining increases the susceptibility to infection. *International Journal of Sports Medicine* 12: S5-S8.
8. Flynn, M.G., F.X. Pizza, J.B. Boone Jr., F.F. Andres, T.A. Michaud, J.R. Rodriguez-Zayas. 1994. Indices of training stress during competitive running and swimming seasons. *International Journal of Sports Medicine* 15: 21-16.
9. Friman, G. 1977. Effect of acute infectious disease on isometric muscle strength. *Scandinavian Journal of Clinical and laboratory Investigation* 37: 303-308.
10. Fry, R.W., A.R. Morton, D. Keast. 1991 . Overtraining in athletes: an update. *Sports Medicine* 12: 32-65.
11. Fry, R.W., A.R. Morton, G.P.M. Crawford, D. Keast. 1992. Cell numbers and in vitro responses of leucocytes and lymphocyte subpopulations following maximal exercise and interval training sessions of different intensities. *European Journal of Applied Physiology* 64: 218-227.
12. Fry, R.W., J.R. Grove, A.R. Morton, P.M. Zeroni, S. Gauderi, D. Keast. 1994. Psychological and immunological correlates of acute oventaining. *British Journal of Sports Medicine* 28: 241-246.
13. Galun, E., R. Burstein, E. Assia, I. Tur-Kaspa, J. Rosenblum, Y. Epstein. 1987. Changes of white blood cell count during prolonged exercise. *International Journal of Sports Medicine* 8: 252-255.
14. Garagiola, U., M. Buzzetti, E. Cardella, F. Confalonieri, E. Giani, V. Polini, P. Ferrante, R. Mancuso, M. Montanari, E. Grossi, A. Pecori. 1995. Immunological patterns during regular intensive training in athletes: quantification and evaluation of a preventive phannacological approach. *Journal of International Medical Research* 23: 85-95.
15. Gleeson, M., W.A. McDonald, A.W. Cripps, D.B. Pyne, R.L. Clancy, P.A. Fricker. 1995. The effect on immunity of long term intensive training in elite swimmers. *Clinical and Experimental Immunology* 102: 210-216.
16. Gmunder, F.K., P.W. Joller, H.1. Joller-Jemelka, B. Bechler, M. Cogoli, W.H. Ziegler, J. Muller, R.E. Aeppli, A. Cogoli. 1990. Effect of a herbal yeast food supplements and long-distance running on immunological parameters. *British Journal of Sports Medicine* 24: 103-112.
17. Green, R.L., S.S. Kaplan, B.S. Rabin, L. Stanitski, U. Zdziarski. 1981. Immune function in marathon runners. *Annals of Allergy* 47: 73-75.
18. Hack, V., G. Strobel, M. Weiss, H. Weicker. 1994. PMN cell counts and phagocytic activity of highly trained athletes depend on training period. *Journal of Applied Physiology* 77: 1731-1735.

19. Hackney, A.C., S.N. Pearman, J.M. Nowacki. 1990. Physiological profiles of overtrained and stale athletes: a review. *Applied Sport Psychology* 2: 21-33.
20. Heath, G.W., C.A. Macera, D.C. Nieman. 1992. Exercise and upper respiratory tract infections: is there a relationship? *Sports Medicine* 14: 353-365.
21. Hooper, S., L.T. Mackinnon, R.D. Gordon, A.W. Bachmann. 1993. Hormonal responses of elite swimmers to overtraining. *Medicine and Science in Sports and Erercise* 25: 741-747.
22. Hooper, S., L.T. Mackinnon, A. Howard, R.D. Gordon, A.W. Bachmann. 1995. Markers for monitoring overtraining and recovery in elite swimmers. *Medicine and Science in Sports and Exercise* 27: 106-112.
23. Kajiura, J.S., J.D. MacDougall, P.B. Ernest, E.V. Younglai. 1995. Immune response to changes in training intensity and volume in runners. *Medicine and Science in Sports and Exercise* 27: 1111-1117,
24. Keast, D., D. Arstein, W. Harper, R.W. Fry, A.R. Morton. 1995. Depression of plasma glutamine concentration after exercise stress and its possible influence on the immune system. *Medical Journal of Australia* 162: 15-18.
25. Keen, P., D.A. McCarthy, L. Passfield, H.A.A. Shaker, A.J. Wade. 1995. Leucocyte and erythrocyte counts during a multi-stage cycling race ('The Milk Race'). *British Journal of Sports Medicine* 29: 61-65.
26. Lehmann, M,, H.H. Dickhuth, G. Gendrisch, W. Lazar, M. Thum, R. Kaminski, J.F. Aramendi, E. Peterke, W. Wieland, J. Keul. 199 1 . Training-overtraining: a prospective, experimental study with experienced middle-and long-distance runners. *International Journal of Sports Medicine* 12: 444-452.
27. Lehmann, M., P. Baumgartl, C. Wiesenack, A. Seidel, J. Baumann, S. Fischer, U. Spori, G. Genmdrisch, R. Kaminski, J. Keul. 1992. Training-overtraining: influence of a defined increase in training volume vs training intensity on performance, catecholamines and some metabolic parameters in experienced middle-and long-distance runners. *European Journal of Applied Physiology* 64: 169-177.
28. Lehmann, M., C. Foster, J. Keul. 1993. Overtraining in endurance athletes: a brief review. *Medicine and Science in Sports and Erercise* 25: 854-862, 1993.
29. Liesen, H., B. Dufaux, W. Hollmann. 1977. Modifications of serum glycoproteins the days following a prolonged physical exercise and the influence of physical training. *European Journal of Applied Physiology* 37: 243-254.
30. Mackinnon, L.T. 1989. Exercise and natural killer cells: what is the relationship? *Sports Medicine* 7: 141-149.
31. Macklnnon, L.T., T.W. Chick, A. van As, T.B. Tomasi. 1989. Decreased secretory immunoglobulins following intensive prolonged exercise. *Sports Training, Medicine, and Rehabilitation* 1: 1-10.
32. Mackinnon. L.T., E. Ginn, G. Seymour. 199 1 , Effects of exercise during sports training and competition on salivary IgA Ievels. In *Behaviour and immunity*, ed. A.J. Husband, 169-177. Boca Raton, FL: CRC Press.
33. Mackinnon, L.T., D.G Jenkins. 1993. Decreased salivary IgA after intensive interval exercise before and after training. *Medicine and Science in Sports and Exercise* 25: 678-683.
34. Mackinnon, L.T., E. Ginn, G.J. Seymour. 1993. Decreased salivary immunoglobulin A secretion rate after intensive interval training in elite kayakers, *European Journal of Applied Physiology* 67: 180 184.
35. Mackinnon, L.T., E. Ginn, G.J. Seymour. 1993. Temporal relationship between exercise-induced decreases in salivary IgA and subsequent appearance of upper respiratory tract infection in elite athletes. *Australian Journal of Science and Medicine in Sport* 25: 94-99.

36. Macklnnon, L.T., S, Hooper. 1994. Mucosal (secretory) immune system responses to exercise of varying intensity and during overtraining. *International Journal of Sports Medicine* 15: S179-S183,
37. Mackinnon, L.T. 1996. Exercise, immunoglobulin and antibody. *Exercise Immunology Review* 2: 1-35.
38. Mackinnon, L,T., S.L. Hooper. 1996. Plasma glutamine and upper respiratory tract infection during intensified training in swimmers. *Medicine and Science in Sports and Exercise* 28: 285-290.
39. McLelland, D.C., E. Floor, R.J. Davidson, C. Saron. 1980. Stressed power motivation, sympathetic activation, immune function and illness. *Journal of Human Stress* 6: 11-19.
40. MacNeil, B., L. Hoffman-Goetz, A. Kendall, M. Houston. Y. Arumugam. 1991 . Lymphocyte proliferation responses after exercise in men: fitness, intensity and duration effects. *Journal of Applied Physiology* 70: 179-185.
41. Newsholme, E.A. 1993. Biochemical mechanisms to explain immunosuppression in well-trained and overtrained athletes. *International Journal of Sports Medicine* 15: S142-S147.
42. Nieman, D.C., S.A. Tan, J.W. Lee, L.S. Berk. 1989. Complement and immunoglobulin levels in athletes and sedentary controls. *International Journal of Sports Medicine* 10: 124-128.
43. Nieman, D.C. 1994. Exercise, upper respiratory tract infection, and the immune system. *Medicine and Science in Sports and Exercise* 26: 128-139.
44. Nieman, D.C., K.S. Buckley,. D.A Henson, B.J. Warren, J. Suttles, J.C. Ahle, S. Simandle, O.R. Fagoaga, S.L. Nehlsen-Cannarella. 1995 Immune function in marathon runners versus sedentary controls. *Medicine and Science in Sports and Exercise* 27: 986-992.
45. Northoff, J., C. Weinstock, A. Berg. 1994. The cytokine response to strenuous exercise. *International Journal of Sports Medicine* 15: S167-S171.
46. Osterud, B., J.O. Olsen, L. Wilsgard. 1989. Effect of strenuous exercise on blood monocytes and their relation to coagulation. *Medicine and Science in Sports and Exercise* 21: 374-378.
47. Pany-Billings, M., R. Budgett, Y. Koutedakis, E. Blomstrand, S. Brooks, C. Williams, P.C. Calder, S. Pilling, R. Baigrie, E.A. Newsholme. 1992. Plasma amino acid concentrations in the overtraining syndrome: possible effects on the immune system. *Medicine and Science in Sports and Exercise* 24: 1353-1358.
48. Pedersen, B.K., N. Tvede, L.D. Christensen, K. Klarlund, S. Kragbak, J. Halkjær-Kristensen, 1989. Natural killer cell activity in peripheral blood of highly trained and untrained persons. *International Journal of Sports Medicine*, 10: 129-131.
49. Puffer, J.C., J.M. McShane. 1992. Depression and chronic fatigue in athletes. *Clinics in Sports Medicine* 11: 327-338.
50. Pyne, D.B., M.S. Baker, P.A. Fricker, W.A. McDonald, R.D. Telford, M.J. Weidemann. 1995. Effects of an intensive 12-wk training program by elite swimmers on neutrophil oxidative activity. *Medicine and Science in Sports and Exercise* 27: 536-542.
51. Rhind, S.G., P.N. Shek, S. Shinkai, R.J. Shephard. 1994. Differential expression of interleukin-2 receptor alpha and beta chains in relation to natural killer cell subsets and aerobic fitness. *International Journal of Sports Medicine* 15: 911-918.
52. Roberts, J.A. 1985. Loss of form in young athletes due to viral infection. *British Medical Journal* 290: 357-358.
53. Roberts, J.A., J.A. Wilson, G.B. Clements. 1988. Virus infection and sports performance: a prospective study. *British Journal of Sports Medicine* 22: 161-162.
54. Shephard, R.J., P.N. Shek. 1994. Infectious diseases in athletes: new interest for an old problem. *Journal of Sports Medicine and Physical Fitness* 34: 11-22.
55. Smith, L.L. 1991 . Acute inflammation: the underlying mechanism in delayed onset muscle soreness? *Medicine and Science in Sports and Exercise* 23: 542-551.
56. Smith, J.A., R.D. Telford, I.B. Mason, M.J. Weidemann. 1990. Exercise, training and neutrophil

microbicidal activity. *International Journal of Sports Medicine* 11: 179-187.
57. Smith, J.A. 1995. Exercise, training and red blood cell turnover. *Sports Medicine* 19: 9-31.
58. Sprenger, H., C. Jacobs, M. Nain, A.M. Gressner, H. Prinz, W. Wesemann, D. Gemsa. 1992. Enhanced release of cytokines, interleukin-2 receptors, and neopterin after long-distance running. *Clinical lmmunology and lmmunopathology* 63: 188-195.
59. Tharp, G.D., M.W. Barnes. 1990. Reduction of saliva immunoglobulin levels by swim training. *European Journal of Applied Physiology* 60: 61-64.
60. Tomasi, T.B., F.B. Trudeau, D. Czerwinski, S. Erredge. 1982. Immune parameters in athletes before and after strenuous exercise. *Journal of Clinical Immunology* 2: 173-178.
61. Tomasi, T.B,, A.G. Plaut. 1985. Humoral aspects of mucosal immunity. In *Advances in host defense mechanisms*, vol. 4, eds. J.1. Gallin, A.S. Fauci, 31-61. New York: Raven Press.
62. Tvede, N., J. Steensberg, B. Baslund, J. Halkjær-Kristensen, B.K. Pedersen. 1991. Cellular immunity in highly trained elite racing cyclists during periods of training with high and low intensity. *Scandinavian Journal of Medicine and Science in Sports* 1: 163-166.
63. Urhausen, A., H. Gabriel, W. Kindermann. 1995. Blood hormones as markers of training stress and overtraining. *Sports Medicine* 20: 251-276.
64. Verde, T., S. Thomas, R.J. Shephard. 1992. Potential markers of heavy training in highly trained endurance runners. *British Journal of Sports Medicine*, 26: 167-175.
65. Verde, T.J., S.G. Thomas, P.N. Shek, and R.J. Shephard. 1993. The effects of heavy training on two in vitro assessments of cell-mediated immunity in conditioned athletes. *Clinical Journal of Sports Medicine* 3: 211-216.
66. van Borselen, F., N.H. Vos, A.C. Fry, W.J. Kraemer. 1992. The role of anaerobic exercise in overtraining. *National Strength and Conditioning Association Journal* 14: 74-79.
67. Weidner, T.G. 1994. Literature review: upper respiratory illness and sport and exercise. *International Journal of Sports Medicine* 15: 1-9.
68. Welliver, R.C., P.L. Ogra. 1988. Immunology of respiratory viral infections. *Annual Review of Medicine* 39: 147-162.

第12章
トレーニング期間中の免疫抑制予防のための介入研究

Elena P. Gotovtseva, PhD, Ida D. Surkina, PhD, and Peter N. Uchakin, PhD

はじめに

　この章では4年に1度のオリンピックのサイクル，あるいは1年のトレーニングのサイクルなど異なったステージで活動しているエリート競技者におけるオーバーリーチングやオーバートレーニングと気道感染の発生頻度を概説する。免疫の変化と気道感染症のリスク増大やオーバーリーチングの発症などの例のように，競技者がトレーニングや競技会の異なったステージで免疫機能の変化を感じることがある。この章の次のセクションでは気道感染に感染しやすい競技者には免疫調節薬や抗ウィルス療法の適応の検討が必要である可能性を示唆するデータを提示する。そこで述べるように，免疫系を刺激する薬剤は免疫機能，特に細胞免疫に様々な影響をもたらす。

　競技者の生理学的，心理学的ストレスに対する適応における免疫系と神経内分泌系の密接な関係も議論される。ホメオスタシスにおけるこれらのシステムの双方向性の役割に基づいて，異なったトレーニング条件での競技者の免疫系と神経内分泌系のプロフィールが分析されている。免疫調節薬による身体的ストレスに対する適応の改善が，あるパイロットスタディーで示されている。最後に，競技者の免疫機能におけるビタミンやグルタミンといった成分を検討することの重要性について述べる。

免疫調節薬，インターフェロン製剤，および免疫抑制の予防薬の使用と競技者における気道感染症

エリート競技者における免疫抑制とウィルス性気道感染症の頻度

　最近，極度の身体的ストレスがエリート競技者の免疫機能を変化させることが明らかに

なってきた。高強度のトレーニング期間中や重要な競技会の期間には，エリート競技者は気道感染症に罹患しやすいことが報告されている[28,95]。例えば，1980年の冬季オリンピックでは，医務室を訪れた選手の内の2/3近い選手が上気道感染症（URTI）であったことが報告された。さらに1988年のオリンピックの際の4年間のトレーニング期間に500人以上のソ連のエリート競技者を対象として行った縦断的な疫学研究の結果，オリンピック直前の2年間のURTIの発生頻度は，その前の2年間の約2倍であったことが示された[32]。気道感染は急性ウィルス感染症とインフルエンザ（49.1%），咽頭気管支炎（26.0%），気管支炎と気管気管支炎（5%），鼻炎（11.3%）が代表的であった。このうちの15%が長期化したり，再発した例であった。気道感染症の頻度と免疫系の変化の関係を明らかにしようとする試みによって，競技者の免疫系の状態は，トレーニング前の免疫機能，競技者のフィットネスレベル，トレーニングのステージなどの要因によって1年間のトレーニングサイクルを通じて変化することが示された[4,82]。

しかしながら，うまくトレーニングできたエリート競技者は，激しい持久系トレーニングを行っても免疫機能の変化を誘導しないような肉体的ストレスに対する高い適応能力を持っていることが他の研究では示されている。ソ連のトップあるいはそれに次ぐレベルのクロスカントリースキー競技者とスピードスケート競技者で，数週間にわたる多量のトレーニング後にマイトジェンであるPHA刺激によるin vitroでのリンパ球増殖，インターロイキン-2（IL-2）とインターフェロン-γ（IFN-γ）産生，ニューキャッスル病ウィルス（NDV）刺激によるインターフェロン-α（IFN-α）産生を測定したところ，これらの免疫機能に変化はなかった[34,90]。

同様の知見はWolarthら[97]とTvedeら[89]によっても報告されている。ドイツのトップあるいはそれに次ぐレベルのクロスカントリースキー競技者と自転車競技者，あるいはデンマークの自転車競技者では，それぞれ8週間と4週間の持久性トレーニング期間で，URTIの発症率も免疫系もどちらも変化しなかった。これらのデータはエリート競技者の免疫系はより激しい高強度トレーニングに適応出来る可能性があることを示唆しているのかもしれない。

ストレスに対する高い免疫学的寛容はほとんどが1年単位のトレーニングサイクルのはじめで，競技者の免疫系がまだ疲弊していない時期に認められる。しかし，準備期にトレーニング強度がさらに増加したり，大会前で身体的，心理的ストレスが影響したりすると結果的に一過性あるいは持続性の免疫抑制におちいる可能性がある[53,55]。アメリカのエリートと大学の女子中・長距離ランナーのリンホカイン産生を追跡した調査では，軽いトレーニングの時期に比べ，激しいトレーニング時期や大会期間中ではin vitroでのPHA刺激によるIFN-γとIL-2の漸減が認められた[35]（図12.1参照）。

驚くべきことに，これらのランナーのカゼの頻度は免疫系の変化と相関がなかった。すなわち軽いトレーニング時期ではURTIの頻度は40%であったが，激しいトレーニング時期や大会中では，それぞれ25%，28%であった。免疫抑制は競技者をウィルス感染にかかりやすくする可能性があるが，現実的には感染はウィルスに曝されたときの免疫学的な状態と環境因子の組み合わせによるようである。

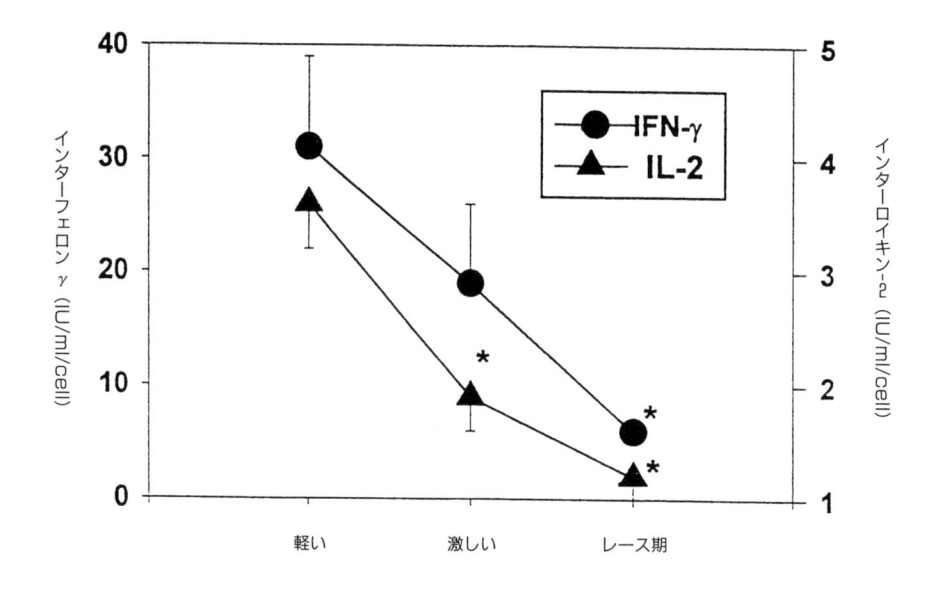

図12.1 軽い，激しい（長距離と高強度のインターバルランニング），レース期のトレーニング期間中の米国の34人の長距離ランナーのPHAで誘導した全血中のインターフェロン-γとインターロイキン-2産生をリンパ球数で補正。

　無茶なトレーニング，競技者の適応限界を超えたようなトレーニングは，オーバートレーニングやオーバーリーチングにつながる疲労の蓄積を招く可能性がある。1988年のオリンピックに向けての4年間のトレーニングサイクルの期間中に500名のソ連のエリート競技者のうち1/3がオーバーリーチングやオーバートレーニングになった[32]。1988年のオリンピックイヤーでは，オーバーリーチングやオーバートレーニングの頻度は，トレーニングサイクルのはじめの年である1985年の7倍であった。オーバーリーチングの頻度が高かったのは，アカデミックスタイルの漕艇競技者（39％），水泳競技者（27％）であった。水泳競技者の頻度は1988年のオリンピックイヤーには44％にも達した。他の水泳競技者で同様な報告（33％）がMackinnonとHooperからも出されている[55]。

　免疫抑制はオーバートレーニングやオーバーリーチングの1つの指標であることが示唆されている[28]。ロシアの地方レベルのクロスカントリースキー競技者を対象とした我々の研究で，競技者におけるオーバーリーチングは免疫系の変化を伴うことを見出した[25,34,90]。スキーのトレーニング強度を60〜80 km/日に上げてから4週間後では，競技者は持続的な疲労，睡眠不足，トレーニング欲求の喪失，胃腸障害，めまい，血圧の増大，鼻腔出血，心臓痛などのオーバーリーチングの兆候を示しはじめた。トレーニングサイクルの最後では，ベースラインと比較して，これらの競技者の細胞性と液性免疫の両方ともが抑制されていた（図12.2参照）。

　免疫系の機能不全とオーバーリーチングの臨床兆候（持続性疲労，睡眠不足，トレーニング欲求の喪失）は，40 km/日でスキーのトレーニングをしていた他の男性クロスカントリースキー競技者のグループより少なかった[90]。これらの競技者は，サイトカイン産生（IFN

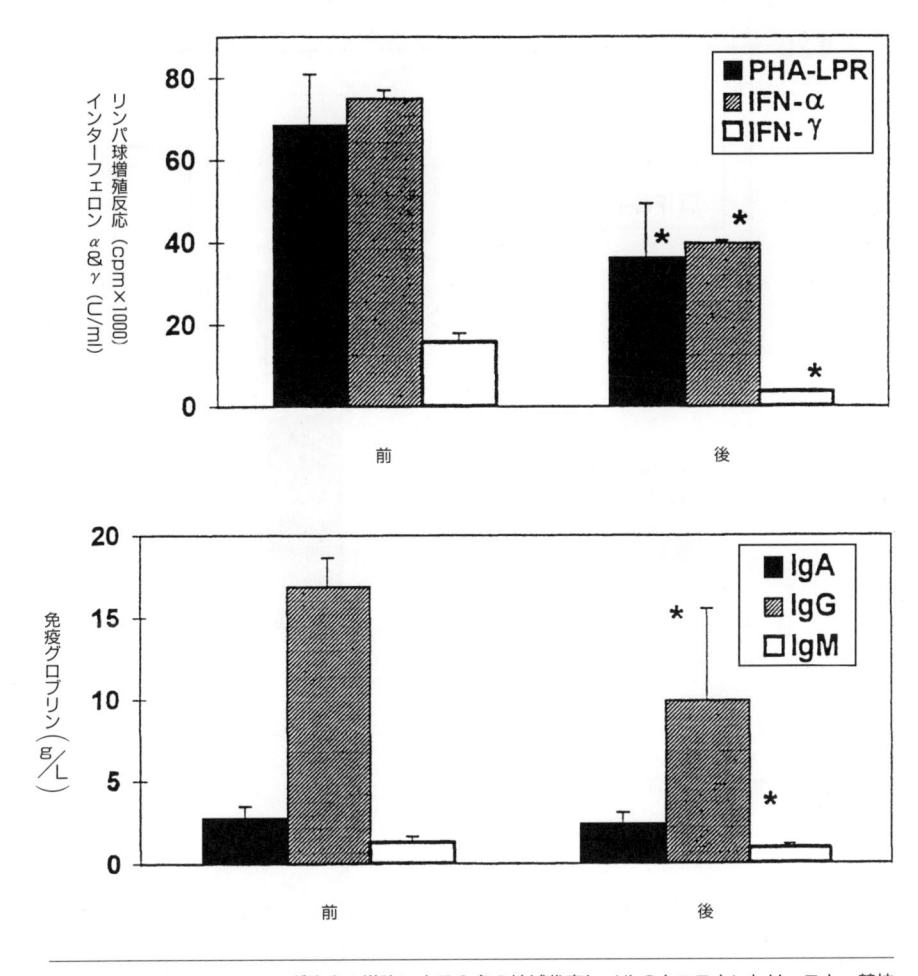

図12.2 4週間のトレーニング強度の増強による6名の地域代表レベルのクロスカントリースキー競技者の細胞性（a）と液性（b）免疫反応。PHA−LPR＝PHA刺激によるリンパ球増殖反応。

$-\gamma$，IFN-α，IL-2）も同様に障害されていたにもかかわらず，PHA刺激によるリンパ球増殖反応は有意に亢進していた。これはオーバーリーチングの競技者の免疫機能の調節の異常を示している。これらすべてのクロスカントリースキー競技者は同じフィットネスを持っていたため，オーバーリーチングの症状の程度といくつかの免疫学指標の変化の違いはトレーニング量の違いに起因すると思われる。その当時，URTIはほとんどの競技者で認められた（例えばファーストチームでは100％，セカンドチームでは75％）。

競技者の多くが気道感染に罹患したのは，1年のトレーニングサイクルのなかで大会のシーズンとは別の時期であった。このとき休養の不足やレースのスケジュールが過密だったこと，大会の身体的，心理的ストレス，特殊な環境に曝されたことなど，全ての要因が総体として競技者の免疫機能に影響したのかもしれない。

ロシアの地方レベルのクロスカントリースキー競技者において，4つのレースを8日間追跡した時[90]や，アメリカのエリートと大学の女子長距離ランナーにおいてレースのあった2週間の週末を5〜8日間追跡した調査[35]では，in vitroでのIL-2，IFN-γ，IFN-α産生

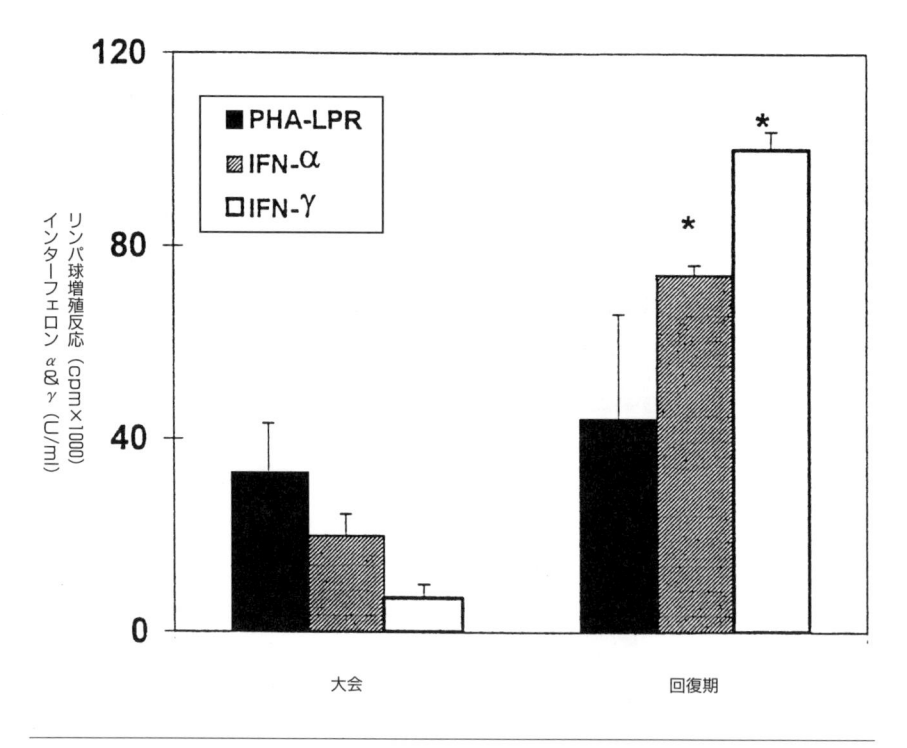

図12.3 主要な大会後にトレーニング量を2週間落とした際の，10名のエリート女性スピードスケート競技者の細胞性免疫機能の回復過程。

の回復は認められなかった。大会シーズンの間，これらのクロスカントリースキー競技者（冬期で57%）とランナー（夏と秋期で28%）では気道感染の頻度は高かった。これらの競技者の免疫機能を回復させるためには，1週間以上の回復期が必要であると考えられる。

ロシアのエリートスピードスケート競技者を対象とした別の研究では，重要な大会から2週間後までトレーニングを減らすことによって，PHA刺激によるリンパ球増殖反応は回復する傾向にあり，$in\ vitro$ でのIFN-α，IFN-γ 産生は完全に回復した[24]（図12.3参照）。回復過程の長さはオーバーリーチングやオーバートレーニングの競技者よりも長かったかもしれない。オーバーリーチングの他の症状を治すために，イギリスのエリート競技者に3～5週間の完全休養を与えたところ，有酸素能力は回復したが，ネガティブな心理状態である緊張，抑鬱，疲労，怒り，混乱に関してはわずかに減弱しただけだった[47]。

競技者における免疫調節薬の試み

ストレスが関与する免疫系の機能不全とその臨床的な意義は，スポーツ医学，宇宙や軍隊の医学のようなライフサイエンスにおける有効な測定を開発するうえでの第一の動機になっていた。感染している時の競技者の行動の予防法や治療戦略は，前の章で論じられた。これ以降に主に述べるのは，免疫抑制を予防するため，あるいは競技者で報告されている高率な気道感染を減少させるための薬理学的あるいは栄養学的な介入の可能性についてである。

競技者に対する処置として適度な休養，バランスのいい食事，水治療法と理学療法が，まず第一に考えられるが，これらの方法は速やかで完全な回復をもたらさないかもしれない。ワクチンと同様に抗ウィルス作用を持つ薬剤や免疫調節薬などの投与が，免疫系が疲弊した競技者における免疫機能回復の一助として推奨されている。定期的なインフルエンザの予防接種が推奨されてきたが，我々の知るかぎり競技者におけるその効果に関する科学的なデータはない。この分野の研究は，心理的なストレスがウィルスワクチンに対する免疫反応を調節できるという証拠があるので有益であるかもしれない[45]。それゆえ，インフルエンザ予防接種よりも予防的な方法のほうが競技者にとってより効果的である。

　免疫や抗ウィルス活性を高める可能性のある化学的なあるいは生物学的な薬剤の開発は精力的に進められている。現在ではこのような薬剤のいくつかが臨床で使用されている。これらは胸腺ホルモンやインターフェロン，他の免疫活性化作用を持つよく知られた天然のあるいは合成の薬剤などである。（一般名 Levamisole，Diuciphon，Dipyridamole）

胸腺ホルモン——以前から胸腺の抽出液中には免疫調節活性があることが知られていた。ウシの胸腺抽出液からいくつかの成分が粗精製され，実験室で合成された。Thymostimulin, Thymosin fraction 5, Thymosin-α, Thymulin, Thymalin, Thymogen などのこれらの天然あるいは合成ポリペプチドは，世界中でその機能解析と臨床治験が行われている[33,61]。

　胸腺因子は T 細胞の分化・成熟，増殖の誘導に関与する。これらのポリペプチドはインターフェロン産生の亢進，NK 活性の刺激，貪食能の活性化をもたらす[33]。さらに，胸腺ホルモンは副腎皮質刺激ホルモン放出ホルモン，ACTH，コルチゾルの産生増加による神経内分泌活性を示す[33,56]。原発性あるいは二次性 T 細胞欠損患者において胸腺製剤を用いた臨床治験では，免疫系の反応性の回復，特異的リンパ球活性の増加が示された[33]。

インターフェロン製剤——インターフェロン（IFNs）は糖蛋白で生理化学的，抗原性の，あるいは生物学的側面から3つのタイプに分類される。すなわち IFN-α，IFN-β と IFN-γ である。抗ウィルス活性を持つのは IFN-α，IFN-β で，ウィルスの侵入に反応して様々な細胞から産生される。一方，IFN-γ は免疫調節性のサイトカインで，抗原やマイトジェン刺激により T リンパ球から産生される。IFN 活性は抗ウィルス，増殖阻害，免疫修飾，神経内分泌などに広範な影響をもたらす[73]。IFN の抗ウィルス活性は IFN が誘導するウィルスの複製を阻害する酵素による。免疫修飾の影響は主要組織適合複合体抗原のクラス I と II の発現増加，抗原提示細胞の活性化，キラー T リンパ球の活性化，NK 活性の亢進，抗体産生の調節を含む[73]。

　IFN 製剤の多くが臨床に応用されている。ヒトインターフェロン-α は健康なドナーのリンパ球をウィルスで処理して得られた雑多な，あるいは粗精製の分画である[14]。別の方法としてリコンビナント蛋白を合成する方法がある[85]。現在精製したものやリコンビナントのヒトインターフェロンが世界中で販売されている。ウィルス感染症，ガン，AIDS などの治療を含め，処方が可能なのは特定の国に限られている[79]。

　臨床的なヒト IFN-α とリコンビナント IFN-α の点鼻薬のウィルスに対する予防効果は

実験的なライノウィルス感染と自然の呼吸器ウイルス感染症のフィールドトライアルで確認されている[75]。残念ながら，点鼻薬の IFN-α を大量に長期間使用すると局所的な炎症を誘導することが，この領域の更なる研究が中止に追い込まれた主な原因である。しかしながら短期間 IFN を予防的に用いることは副作用の影響も軽微で，家族内での気道感染に対して 40％の効果を示した[37]。

Levamisole —— 商品名 Ergamisol（Janssen phamaceutical, USA）と Decaris（Gedeon Richter, Hungary）で販売されている Levamisole dydrochloride（levamisole）は，化学的には (-)-(S)-2,3,5,6-tetrahydro-6-phenylimidazo[2,1-b]thiazole monohydrochloride と呼ばれる化合物である。Levamisole はもともとヒトに使用する駆虫薬として開発された。その後，免疫活性化の効果が認められ，実験的，臨床的な検討が精力的に行われた[1,62]。Levamisole の免疫調節活性はマイトジェンあるいは抗原刺激による T 細胞反応の両方と，遅延型過敏反応，単球とマクロファージの機能を高め，抗体産生を刺激する[96]。Levamisole 治療の最も効果的結果が，慢性関節リウマチ[1,13]の患者で示された。しかしながら，levamisole の長期投与は無顆粒球症を誘導する可能性があるので，治療中は適切な血液学的なモニタリングを定期的に行うことが必要である。

Diuciphon —— Diuciphon（ロシアで使われている）は化学的には para-(2,4-dioxo-6-methylpyrimidinil-5-sulfonamino)-diphenylsulphonate と呼ばれる物質の合成物である。Diuciphon はもともとハンセン病の治療薬で，その後 T 細胞の成熟を刺激することが示された[50]。Diuciphon の臨床的なあるいは免疫学的な効果（基礎的な治療との組み合わせも含めて）は遷延した急性肺炎の患者で示された[50]。

Dipyridamole —— Dipyridamole は商品名 Persantine（Boehringer Ingelheim, USA）と Curantyl（Veb Berlin-Chemie, Germany）として販売されている血管拡張，血小板阻害薬で，化学的には 2,6-bis-(diethanolamino)-4,8-dipiperidino-pyrimido-(5,4-d) pyrimidine と記述される。この薬剤は世界中の薬局で長年使用されているが重篤な副作用はない。

Dipyridamole の *in vitro* での抗ウィルス活性が初めて報告されたのは 1970 年代であった[87]。その後インフルエンザ A ウィルスに対する抗ウィルス活性[86]，インターフェロンの誘導が齧歯類で示された[29]。ヒトでは，一回の Dipyridamole の経口投与での IFN-α の産生[30]，冬期の自然の呼吸器ウイルス感染症の流行時期に 500 名のボランティアを用いたプラセボとの比較のフィールド調査[48]が報告されている。

同様のメカニズムで抗ウィルス，インターフェロンの誘導，免疫調節[12,20]，神経内分泌[6]，鎮痛[59]効果などの広範な効果が報告されている。このメカニズムにはセカンドメッセンジャーである cAMP も含めて ATP 依存性と非依存性の経路がある。

競技者への免疫調節薬の使用

　臨床での免疫調節薬と抗ウィルス薬の有用性は，ソ連の競技者において予防的な効果がテストされたのが始まりである。競技者における免疫調節薬の使用は1980年代から始まり，Levamisoleの短期間投与のパイロット研究は免疫力が低下している歩行者を対象に行われた[81]。活性化E-RFC細胞数が基準値以下の者に対して投薬し，Ea-RFCロゼット形成細胞（ヒツジの赤血球に対してロゼットを形成する細胞で主体はT細胞），Tリンパ球は有意に増加し，正常範囲に達した。B細胞数に関しての影響は認められなかった。これらの結果は臨床での成績と比較できる。この影響のメカニズムは明らかではないが，Levamisoleがリンパ球のcAMPレベルを低下させ，リンパ球受容体の活性を増加させることが推定されている[98]。

　もう1つの免疫調節薬であるDiuciphonは14人のUSSRナショナルチームのエリート水泳競技者（15～19歳，経験年数5～12年）を用いたプラセボコントロールスタディーで使用された[80]。免疫治療の適応はオーバートレーニングによる競技者の頻回感染であった。14人の競技者のうち5名は気道感染，慢性扁桃炎を頻発し，3名は皮膚の化膿性感染，1名は慢性の耳の感染症を認めた。

　競技者はランダムに2群に分けられた：実験群にはDiuciphon（0.1gを1日3回，週6回）を3週間投与した。コントロール群はプラセボを投与した。投薬前の免疫機能の調査は大会の準備期間中に行った。この間は高強度のトレーニングを行った（1日2～3回，強度を40％増しで週当たり65 kmの水泳）。投与後とテーパー期の調査は大会10日後のトレーニング強度を落とした（1日2回，適度な強度で週当たり50 kmの水泳）テーパー期に行った。

　図12.4はPHA刺激によるリンパ球増殖試験に対するDiuciphonの影響を示している。すべての競技者のPHA刺激によるリンパ球増殖反応のベースラインはトレーニングしていない健常男性の正常値よりも低かった。トレーニング量の減少とDiuciphon投与の結果，プラセボ群では30％に対して，実験群では85％のPHA刺激によるリンパ球増殖反応の増加が認められた。これらの知見はPHA刺激においてのみ認められた（B細胞を刺激するPWMでは認められない）。血中のE-RFCや血漿IgA，IgG，IgM濃度には変化は認められなかった。

　URTIの発症頻度は処方後に著明に減少した。気道感染の3名と耳の感染の1名だけが実験群の6カ月の期間に症状を訴えたのに対して，プラセボ群ではURTIの頻度は高いままであった。病歴を個別に解析してみると，慢性耳炎を繰り返していた競技者は6カ月の期間にたった1度耳炎になっただけで，慢性扁桃炎だった他の水泳競技者もこの間に2回炎症を起こしただけだった。3人目の競技者はDiuciphonの投与前の5カ月間に3回の気道感染を起こしたが，投与期間はいかなる感染症も起こさなかった。実験群の8名の水泳競技者のうち7名（85％）が大会期間に自己ベストを更新した。逆にプラセボ群でよいパフォーマンスを発揮したのは6名中2名（33％）だけであった。

　胸腺ホルモン製剤が高強度トレーニングを行っているロシアのスピードスケート競技者に使用されたことがある。Kiseleff's prizeの大会とその前の20日間の高強度トレーニング

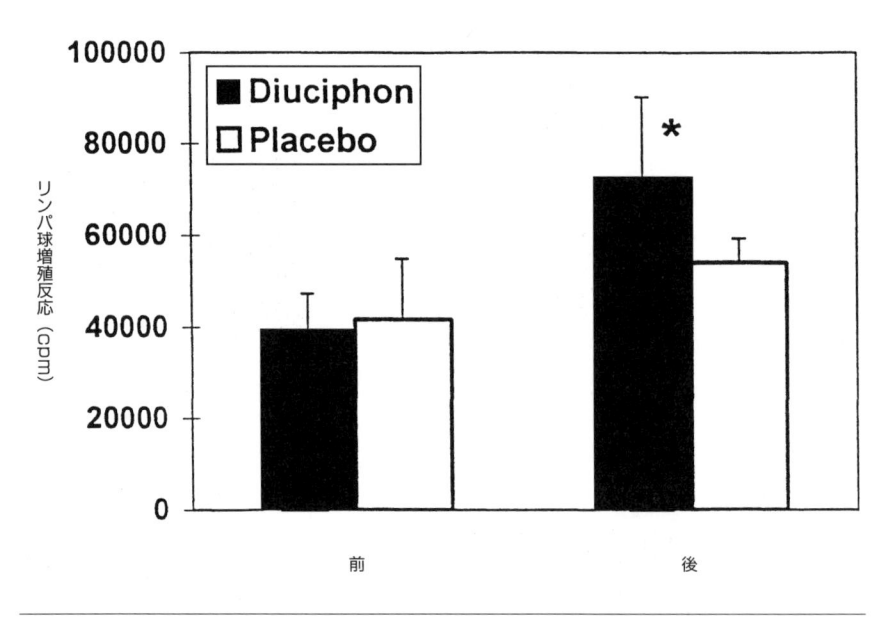

図12.4　国際大会後のエリート水泳競技者のPHA刺激によるリンパ球増殖反応の回復に及ぼすDiuciphon処理とプラセボの効果。

期間を調査した。実験群の9名の競技者は10日間Thymalin（1日3回，20 mg）を投与され，別の9名はプラセボを投与された。2つのグループでレースの予定が異なっていたため，コンディションを同じにするのが困難であることから，投薬後の血液サンプルを比較した。実験群ではレース前の朝に血液を採取し，プラセボ群ではレース前日の休息日の朝に血液を採取した。このような特殊な実験プロトコールだったため，プラセボ群の免疫学的なコンディションが良好になると考えられるかもしれない。

　ベースラインの免疫学的プロフィールはすべての競技者で似通っており，IFN-αの産生は正常，IFN-γはほぼ正常，PHA刺激によるリンパ球増殖反応は低下していた（図12.5参照）。Thymalin投与の結果，プラセボ群ではPHA刺激によるリンパ球増殖反応は低下したままだったのに対して，実験群では85%増加した。ウィルス刺激によるIFN-αの産生はThymalin投与群ではわずかに減少したが，プラセボ群では53%減少した。IFN-γ産生にThymalin投与の影響はなく，すべての競技者で有意に減少した。レース前の心理的ストレスと高強度トレーニングによる免疫抑制の影響[82]を考えて，これらのデータを考察すると，Thymalinを投与したスピードスケート選手で認められたPHA刺激によるリンパ球増殖反応の増加とIFN-αの産生の維持という好ましい変化はこの薬剤の免疫調節作用によると考えられる。

　他の胸腺ホルモン製剤を3日間，経鼻粘膜投与した症例では，冬期の通常のトレーニング期間中にThymogen（ロシア）を89名の若い競技者（年齢10～19歳，男47名，女42名）に投与したところ，気道感染の頻度の低下（コントロールの63.3%に対し27.7%）とマイトジェン刺激によるリンパ球増殖反応の亢進，血中と唾液中IgA濃度の増加，貪食細胞の活性化を認めた[51]。

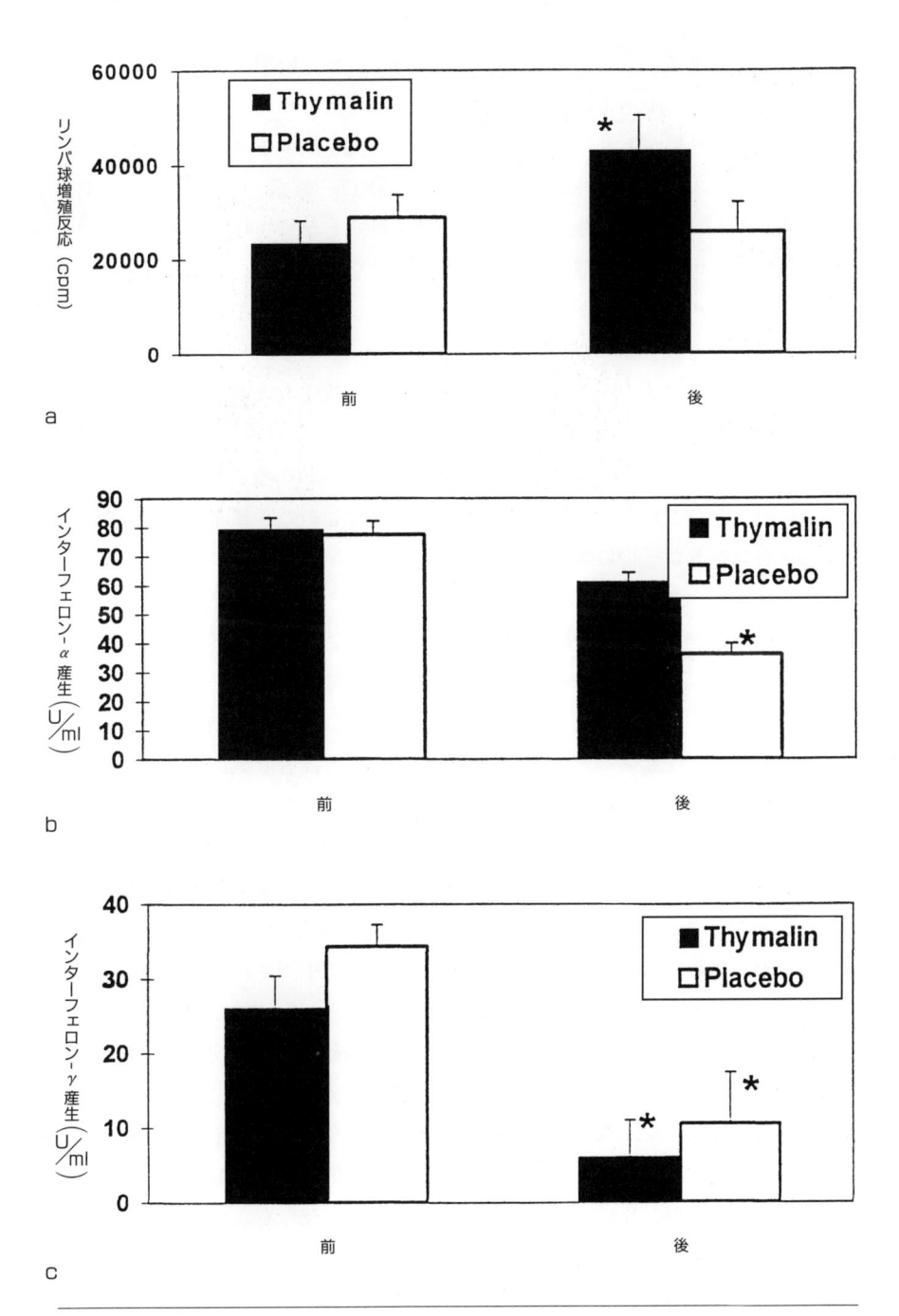

図12.5 18名のよくトレーニングされた男性スピードスケート選手のPHA刺激によるリンパ球増殖反応(a)，ウィルス刺激によるIFN-α産生(b)，PHA刺激によるIFN-γ産生(c)に対するThymalin処理とプラセボの効果。未公表データ。

前述のロシアにおけるヒトで使用されたインターフェロン製剤とインターフェロン誘導薬の有効性は，競技者への応用の可能性を示した。低濃度のインターフェロンの点鼻薬を使用することは予防効果があり，競技者のURTIの頻度を減少させるかもしれない。18名の地方レベルのクロスカントリースキー競技者（年齢17～23歳，男性10名，女性8名）を冬期の4週間のトレーニング強度増強期間中フォローした[25]。雪上でのトレーニングを行うため，競技者はロシアの北部まで移動しなければならなかった。それに加えトレーニング方法の変化（サイクリングとクロスカントリーのローラースキー）と時差ボケ，環境温度が3～5度から－20～－30度に変化したことなどへの対応が必要だった。我々の私見と他の著者のデータ[38]によれば，クロスカントリースキー競技者は通常この時期に気道感染を起こしやすい。

これらの競技者のURTIの頻度を低下させようという試みのなかで，インターフェロン製剤の経鼻粘膜投与が1日2回，トレーニング期間のはじめの9日間試行された。二重盲検のプラセボをコントロールにおいた実験で，競技者は無作為に3つのグループに分けられた。1つめのグループのスキー競技者は64 IU/0.5 mlの量でHuIFN-αを投与し，2つめのグループは4×10^4IU/0.5 mlの量でrhIFN-α2（商品名Reaferon）を投与し，3つめのグループはプラセボ（食塩水）を投与した。競技者は診断するチームドクターに報告するために症状を記入させられた。短期間のIFN投与に関しては副作用は報告されていない。

投与の結果，2つめのグループ（Reaferon）のスキー競技者で気道感染と診断されたものはいなかった。1つめのグループ（HuIFN-α）の競技者の44％がカゼをひき，鼻づまりやのどの痛みといったマイルドな症状を示した。これらの症状は2日以上継続したか，トレーニングを継続できなかった時に有症状と判定した。逆に，プラセボ群のすべての競技者(100％)は，セキ，しわがれ声，鼻づまりなどのさらに重度の症状の気道感染を認めた。全身症状のため，プラセボ群のトレーニングは3日間まで中断された。

図12.6にはインターフェロン投与による4週間のトレーニング終了後の競技者の免疫機能とその後20日間のインターフェロン投与による免疫機能の変化を示した。IFN製剤の免疫調節作用はPHA刺激によるIFN-γ産生で評価された。競技者のIFN-γ産生は基準値よりも低かった。トレーニング期間終了後，プラセボ群ではIFN-γ産生は低下していたのに対して，投薬を受けた競技者では有意に増加していた。同様にPHA刺激によるリンパ球増殖の変化はプラセボ群に比較してIFN投与群で高かったが，有意ではなかった。in vitroでのウィルス刺激によるIFN-α産生に対するIFN製剤の影響は認められなかった。4週間の高強度トレーニングの結果，すべての競技者でIFN-α産生は有意に低下した。

競技者におけるインターフェロン製剤の強力な予防効果がきっかけとなって，IFNの誘導活性とより簡便な処方に関するさらなる調査が行われた。Dipyridamoleは上記の要求を満たす薬剤の1つである。GalabovとMastikovaによって立案されたように，週に1回，Dipyridamole 100 mgを2回に分けて2時間の間隔をおいて摂取というプロトコールで，持久系競技者（クロスカントリースキーとボート）を対象とし，2つのプラセボコントロール研究が行われた[30]。Diphyridamoleを2週間摂取するコースは，6名の高強度トレーニングを行っている男性クロスカントリースキー競技者を対象として行った結果，当初低値だっ

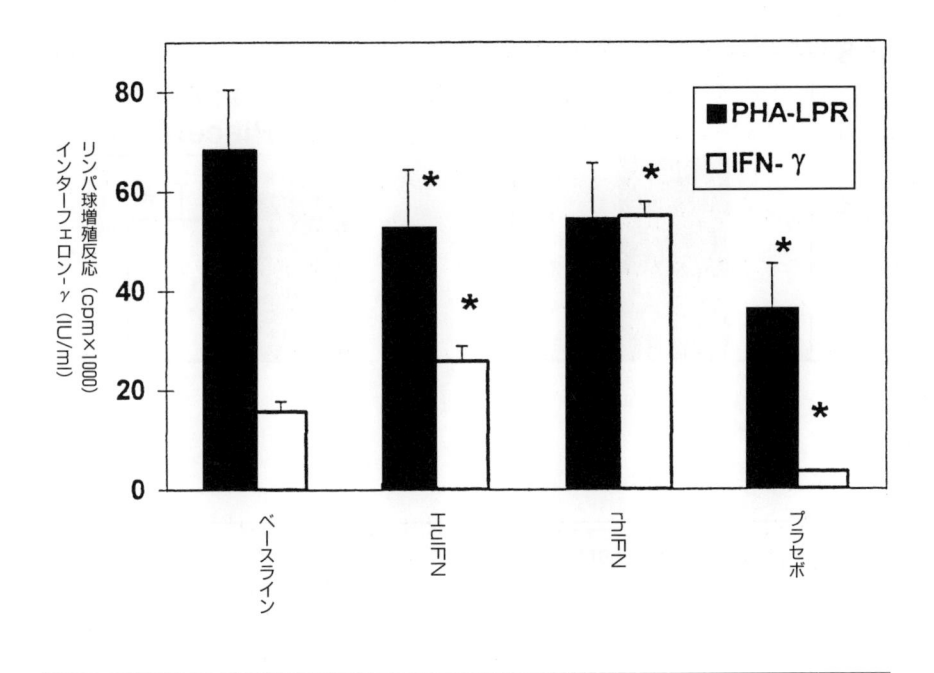

図12.6 18名の地域代表レベルのクロスカントリースキー選手に対するプラセボとインターフェロン製剤投与がPHA刺激によるリンパ球増殖反応とIFN-γ産生に及ぼす効果。

たIFN産生が182%増加し、IL-2の産生は変わらなかった。逆に6名のプラセボ群ではPHA刺激によるIFN-γとIL-2の産生は低下した（図12.7参照）。PHA刺激によるリンパ球増殖は当初基準値より低下しており、Diphyridamoleを投与しても影響はなかった。IFN-α産生はDiphyridamole群では変化しなかったにもかかわらず、プラセボ群のクロスカントリースキー競技者で有意に増加した[83]。疾患指標は気道感染の頻度、重症度、期間で定量化した。Diphyridamoleを投与した競技者の実験期間中とその後6週間の疾患指数は、プラセボ群よりも1.8倍低かった。コントロール群におけるIFN-α産生の顕著な増加は、競技者のウィルス感染に対するIFN系の反応と類似していた。

他のグループの8名の漕艇競技者を対象として高地トレーニング（1600 m）の際に行った3週間のDiphyridamole投与では、IFN-α、IFN-γ産生はそれぞれ23%、70%増加した。プラセボ群の7名の競技者ではこれらのIFNの変化は認められなかった[90]。2カ月の期間内で、疾患指標はプラセボ群に比べDiphyridamoleを投与した競技者では2.5倍も低かった。

エリート競技者における身体的，精神的ストレスによる神経-免疫反応

神経内分泌と免疫系の関係

運動誘発性の免疫系の変動のメカニズムは神経・内分泌・免疫学の領域の最新の研究か

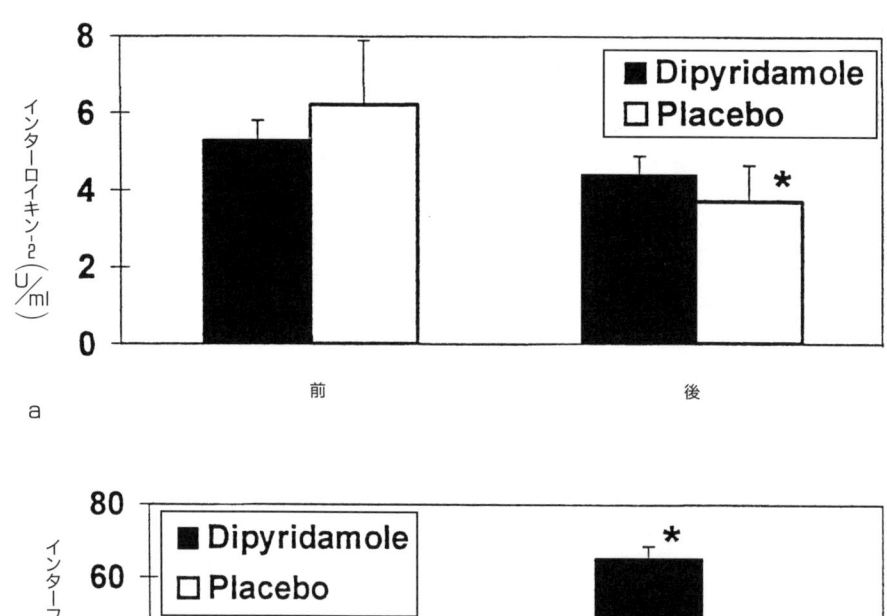

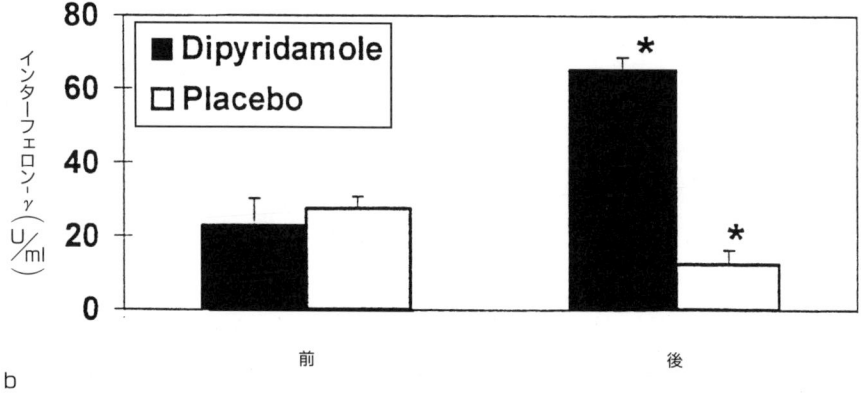

図12.7　12名のよくトレーニングされたクロスカントリースキー競技者に対するプラセボとDipyridamole投与がPHA刺激によるIL-2（a），IFN-γ産生（b）に及ぼす効果。

ら考察されるべきである。この研究は，ストレスが免疫に与える影響は免疫，神経，内分泌系への双方向性の相互作用と関連していることを明確に示した[44]。これら3つの系はストレスによって破綻した恒常性を再確立するための適応反応において密接に関係している。ストレッサーは中枢性のカテコールアミンの分泌を促進し，自律神経系と下垂体-副腎系を活性化することによって副腎皮質刺激ホルモン放出ホルモンを放出し，カテコールアミンとグルココルチコイドの分泌を促す。これらの2つの代表的なストレス反応性因子に加え，さらにオピオイドや生殖系の他の多くの神経内分泌系が一般的なストレス反応に関与している[36,71]。

　ストレス反応によって放出される神経内分泌系の分子は免疫系の受容体にも作用するため，免疫機能の調節にも関与している[44]。この場合，免疫系の状態はホルモン濃度，標的細胞，特異免疫機能に依存する。免疫系の分子（サイトカイン）が次々にフィードバック機構を介して神経内分泌系の活性を調節し，調節ループをつくる[39]。さらに神経内分泌-免疫系の可溶性調節因子や，免疫系をコントロールする神経が存在するため，リンパ組織は神経から多くの刺激を受ける[26]。

運動誘発性の神経免疫調節という点では，実験室で一過性の運動を行った際の研究がほとんどである。運動誘発性の血漿カテコールアミンの増加は白血球増多を促進し，NK細胞を血中に動員し，ヘルパーT細胞 (Th) 数を減少させ，マイトジェン刺激によるリンパ球増殖反応を抑制する[39,40,57,88]。一過性の運動後の白血球増多およびリンパ球増加，サイトカインの産生低下はコルチゾルの免疫抑制作用によるとされている[42,96]。

オピオイド系は痛みの軽減，ストレス寛容（トレランス）の増大，免疫機能の調節に重要な役割を担っている[63,70]。運動中のβ-エンドルフィンによるNK活性の調節は明確に示されている[27]。免疫系の調節に関与するホルモンには，成長ホルモン，プロラクチン[9,43]，性ホルモン[58]など様々なものがある。しかしながら，運動誘発性の免疫機能の変化におけるこれらのホルモンの役割に関してはまだ不明な点が多い。

運動中の神経内分泌系と免疫系の相互の連関は，炎症や中枢性ストレス反応の活性化因子と考えられている炎症性サイトカインの放出を伴った時にさらに複雑になる[10]。運動誘発性ストレスの実験モデルはヒトにおける神経内分泌と免疫調節に関する情報を与えてくれるが，まだ極度の運動ストレスに対する適応過程における調節系の役割に関しては情報が不足している。この情報は高強度のトレーニングや競技会での極度のストレスは，神経内分泌と免疫系のネットワークを様々なレベルで破綻させるという点から特に重要である。一般的な適応反応のコンポーネントであるこれらの機能破綻は，エリートスポーツの例ではオーバートレーニング症候群などの疾患，言い換えれば適応不全という結果をもたらす可能性がある。このようなことから，エリート競技者における適応メカニズムを理解することは，トレーニング過程を最適化したり，適応不全の初期兆候の診断を可能し，オーバートレーニングやオーバーリーチングを予防することができるようになるかもしれない。

持久系トレーニング中，競技会期間中の安静時における神経内分泌学的，及び免疫学的プロフィール

トレーニング中の異なった時期でのエリート競技者の免疫，神経内分泌機能をモニタリングすることによって，特定の身体の状態と調節系が正常に機能している時の初期値との関係など，これらの系の状態を把握することができる。エリートの男性と女性スピードスケート競技者の免疫，オピオイド，内分泌の各指標が，休息日と日常的なトレーニング期の朝に評価された[82]。安静時において，男性と女性の両方の競技者の神経内分泌と免疫系のパラメータは，互いに強く関連しあっていた。競技者のトレーニングプログラムに違いがあり（男性競技者は高強度のトレーニングであったのに比べ，女性競技者はトレーニング量が少なかった），免疫学的な状態も異なっていたにもかかわらず，この正の相関は認められた。

実際，女性ではオピオイドの活性（血漿δ-リガンドのオピオイド受容体活性（δ-LOR））の増加に伴って，Ea-RFC数は増加したが，男性ではオピオイド活性とEa-RFCはともに正常だった。血漿コルチゾル，成長ホルモンとインスリンレベルは男性スピードスケート競技者では基準値内であった。同時に測定したPHA刺激によるリンパ球増殖，マイトジェンあるいはウィルス刺激によるIFN-γとIFN-α産生は基準値に比べかなり低かった。興味深いことに低値のリンパ球増殖と正常な血漿コルチゾルレベルには正の相関が認められ

た（r＝0.705，p＜0.05）。

　オーバートレーニングの競技者の安静時の神経内分泌-免疫プロフィールには他にも特徴がある。数カ月間トレーニングを全く行っていない競技者が限局性心筋ジストロフィーの症状で入院した。免疫と内分泌を評価すると，リンパ球増殖活性のかなりの抑制が認められ，日中のカテコールアミンの排泄の逆転が認められた[82]。また，パフォーマンスの低下，気道への頻回感染，明らかな免疫抑制を認めた 2 名の女性競技者で ACTH 刺激に反応する副腎皮質の機能不全が認められた。1 名は副腎皮質の反応がなく，副腎皮質の疲弊が疑われた。はじめから副腎皮質が活性化している他の 1 名は，コルチコステロイド代謝産物である 17-kitosteroid の排泄増加を認め，このことは下垂体-副腎系の予備機能の低下が原因であると考えられる[82,92]。

　トレーニング強度が異なると異なった神経内分泌反応が誘導される可能性があるという事実は Weicker と Werle[94] によって報告されている。彼らは交感神経-副腎系と下垂体-副腎皮質系の反応を，異なった距離（スプリント，中距離，長距離）で行ったランニングの直後に測定した。この結果から，競技者において免疫系を調整する神経内分泌系の作用も変動する可能性があることが推察された。神経内分泌と免疫機能間の不連関は，高強度トレーニング期間の 2 日後の男性エリートスピードスケート競技者の例で既に述べた[82]。免疫機能の抑制，内分泌機能不全，血漿オピオイド活性の不応答などはこれらの機能の調節を欠いたサインである（表 12.1 参照）。

　運動 6 時間後，9 名中 3 名の血清コルチゾルレベルは，基準値よりもかなり低かった（33.8 ng/ml，42.5 ng/ml，61.9 ng/ml に対して基準値 200.9 ng/ml）[92]。同時に測定した血中の成長ホルモン濃度は，血清コルチゾルレベルの変動とは逆に高値であった。これらのホルモンは両方とも，トレーニング期間の 2 日目の朝（18 時間後）には基準値に達していたが，血中インスリンレベルは顕著に低く，運動後には検出限界以下であった。これらの運動誘発性神経内分泌と免疫系の変動は，安静時には見られる調節系との相関関係を欠いている。

　同じチームのエリートスピードスケート競技者を競技会の期間追跡した[82]研究もある。これらの競技者はオリンピック予選の 500 m と 1000 m のスプリントに出場した。このため時間的には短いが，心理的ストレスを伴った身体的な極限状態に達した。神経内分泌と免疫系の機能を調べるのに加え，さらに競技者の心理状態を評価するため，質問紙による調査を行った。この質問紙にはパフォーマンスに関する自覚的評価，結果に対する自覚的評価，実際の結果，大きな私的な出来事などに関する質問が含まれていた。解答はすべて解析され，ポジティブ(＋)かネガティブ(−)かが情動ストレイン指数（index of emotional strain：IES）によって定量化された。

　2 回目のレースの 6 時間後に見られた免疫学的特徴の主なものとしては，Ea-RFC と E-RFC は正常，マイトジェン刺激によるリンパ球増殖は低下，刺激によるリンパ球 IFN-γ と IFN-α 産生は完全にブロックされていた。そのときの δ-LOR 活性は基準値以下（ベースラインより 1.4 倍低い）で，他の免疫学的パラメータとの相関は認められなかった。情動ストレイン指数と血漿 δ-LOR 活性の関係は，個人個人でばらつきがあり，一般的な傾向としてはネガティブな項目が多い競技者はオピオイド活性が低かった。しかしながら逆相関

表12.1 2日間の激しいトレーニングに対して免疫抑制を呈したエリート男性スピードスケート選手の内分泌、免疫、オピオイド反応

時間	コルチゾル (ng/ml) N=6	成長ホルモン (ng/ml) N=5	インスリン (pmol/L)	LPR (cpm)	E-RFC (%)	インターフェロン-α (U/ml)	δ-LOR (pmol-eqv DADLE/ml)
安静	200.9±19.9	1.5±0.1	9.6±0.9	14400±3156	64.4±2.6	44.3±1.5	132.0±8.0
6時間後	123.1±28.7*	4.7±2.9	9.15±2.6	NM	NM	NM	NM
18時間後	210.4±10.5	0.4±0.2**	1.3±0.5**	9331±2178	47.0±5.5*	14.5±2.5*	127.0±7.0

*p＜.05, **p＜.01, comparison with rest. NM=non-measured；GH=growth hormone；LPR=mitogen-induced lymphocyte proliferative response；E-RFC=erythrocyte rosette-forming cells；IFN-α=interferon-α；δ-LOR=δ-type ligand of opioid receptors.
Based on data from Surkina and Gotovtseva 1991.

表 12.2 免疫抑制の徴候を示したエリート男性スピードスケート競技者の 1000 m レースに対する血清コルチゾル，成長ホルモン（GH），インスリンの反応（N=9；Mean±SEM）

	コルチゾル ng/ml (N=6)	成長ホルモン ng/ml (N=5)	インスリン pmol/L (N=9)
安静	170.3±31.7	1.1±0.4	69.8±17.4
スタート前	23±38.6	8.2±3.7*	NM
レース直後	290.5±37.0*	22.5±8.3*	NM
レース6時間後	74.8±14.2*	0.7±0.2	12.9±3.6*

*$p<.05$，安静との比較；NM＝未測定。
Based on data from Surkina and Gotovtseva 1991.

も認められた。

　レースのスタート 30～40 分前の安静時，ゴールして 10～12 分後，6 時間後に内分泌系の指標を測定した（表 12.2 参照）。スタート前の内分泌系の活性化は特に成長ホルモンレベルに関して認められ，ベースラインと比較して 633％増加していた。血中コルチゾルレベルの増加は穏やかで（25％），競技者の半数は全く増加を認めなかった。成長ホルモンとコルチゾル濃度のピークは，レースの直後に認められた。

　レース 6 時間後には成長ホルモンは 40％低下し，コルチゾルは 56％，インスリンレベルは 82％低下した。ただ，個別にみると血中コルチゾルとインスリンレベルは 3 名の競技者（30％）で劇的に低いか検出できないくらいであった。レース後にこれらのホルモンが低値だったのは，下垂体-副腎系と膵臓の機能が疲弊したことによると考えられる[92]。

　このためこれらの神経内分泌機能の不利益な変化は，競技者の免疫学的抵抗性，エネルギー代謝，パフォーマンスに影響を与える。レース前あるいはレース中にグルココルチコイドの機能が不十分であると，通常レースの成績は思わしくない[92]。我々の研究[82]では，試合のストレスによってコルチゾル反応が出た競技者は，その競技者の以前の成績に比べ有意に低いパフォーマンスしか発揮することができない。競技成績と免疫学的な状態を比較しても，免疫抑制を指摘するような相関はすべての競技者において認められない。しかしながら，実験を通してすべてのスピードスケート競技者のパフォーマンスは以前の彼らの成績に比べ芳しくなかった。

　つまり，同じエリート競技者において神経内分泌と免疫学的パラメータのモニタリングをしたところ，異なった身体的な状態に対応した特定の変動パターンを示した。血中下垂体ホルモンとサイトカインに及ぼす生理的，心理的ストレスの異なった影響に関して，同じような結果が Schulz ら[74] から報告されている。

競技者において持久系トレーニングへの適応を改善する免疫調節作用を持つ成分の修飾作用の可能性

　心理神経免疫学（psychoneuroimmunology；PNI）と神経内分泌免疫学の研究によって

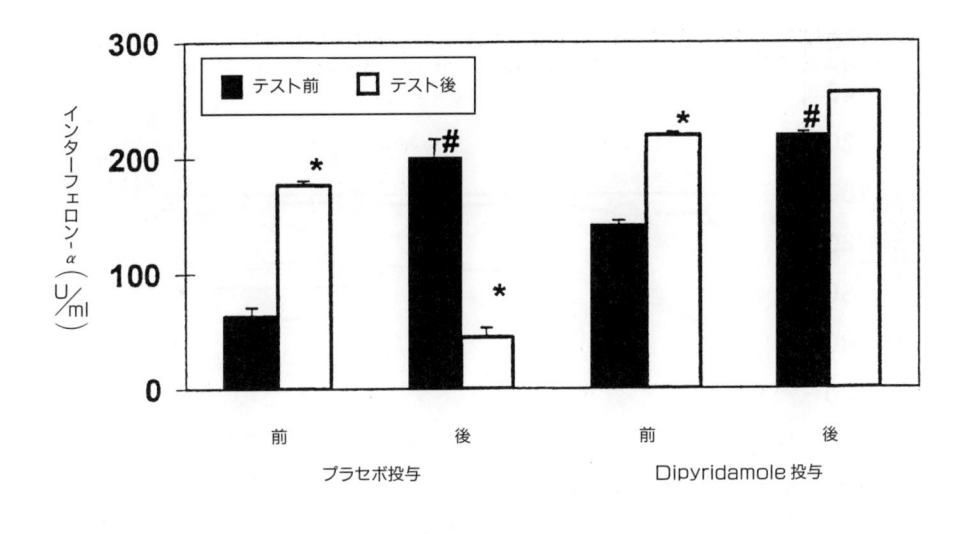

図12.8 12名のよくトレーニングされたクロスカントリースキー選手におけるプラセボとDipyridamole投与前後の最大下の自転車エルゴメータテスト(60〜90分, 80% $\dot{V}O_2max$)に対するIFN-α産生の反応。

ホメオスタシスや病態における一般的な役割においての神経, 内分泌と免疫系の密接な連関について示されただけでなく, 相互作用の測定についても新たなアプローチが示唆された。催眠, リラクゼーション, 適度な運動などのようなPNIの修飾作用は, ストレスや疾患によって変化した免疫機能を高めることが示された[45,46,49]。

競技者におけるこのアプローチは, 適応と回復過程の改善に利用できる可能性がある。このため免疫力が低下している競技者については, 免疫機能を高め, 気道感染頻度を低下させるだけでなく, ストレスに対する適応メカニズムを調節する免疫刺激様の修飾作用が望ましいと考えられる。競技者の急性運動に対する神経内分泌と生理学的な反応による免疫修飾の影響を調べるために, 我々は2つの実験を行った[83,84]。

Dipyridamole投与が急性運動に対する適応メカニズムに与える影響を明らかにするために, 二重盲検のプラセボコントロール研究を行った。最大下の自転車エルゴメーター運動 (60〜90分, 80% $\dot{V}O_2max$で疲労困憊まで) に対するインターフェロン, オピオイド, 生理学的あるいは代謝の反応を12名のトレーニングされたクロスカントリースキー競技者 ($\dot{V}O_2max$ 78.0±0.9 ml/min/kg) を対象として2週間の持久系トレーニングと投与の前後に調査した。その結果, トレーニング前の in vitro でのウィルス刺激によるIFN-α産生はすべての競技者において基準値内であったが, Dipyridamole投与群では2倍に増加していた (図12.8参照)。投薬前の運動テストに対するインターフェロンの反応は, 両群のスキー競技者で同じであり, 運動後かなりたった時点 (18時間) では in vitro でのIFN-α産生は増加していた。2週間のトレーニングの終了時には, 運動前でのIFN-α産生はすべての競技者で増加しており, 投与後の運動テストに対するインターフェロンの反応パターンは異なっていた。逆に, 運動後かなりたった時点(18時間)でのIFN-α産生は, 実験群では完全な回復が認められたが, コントロール群では産生が4倍も低下していた。

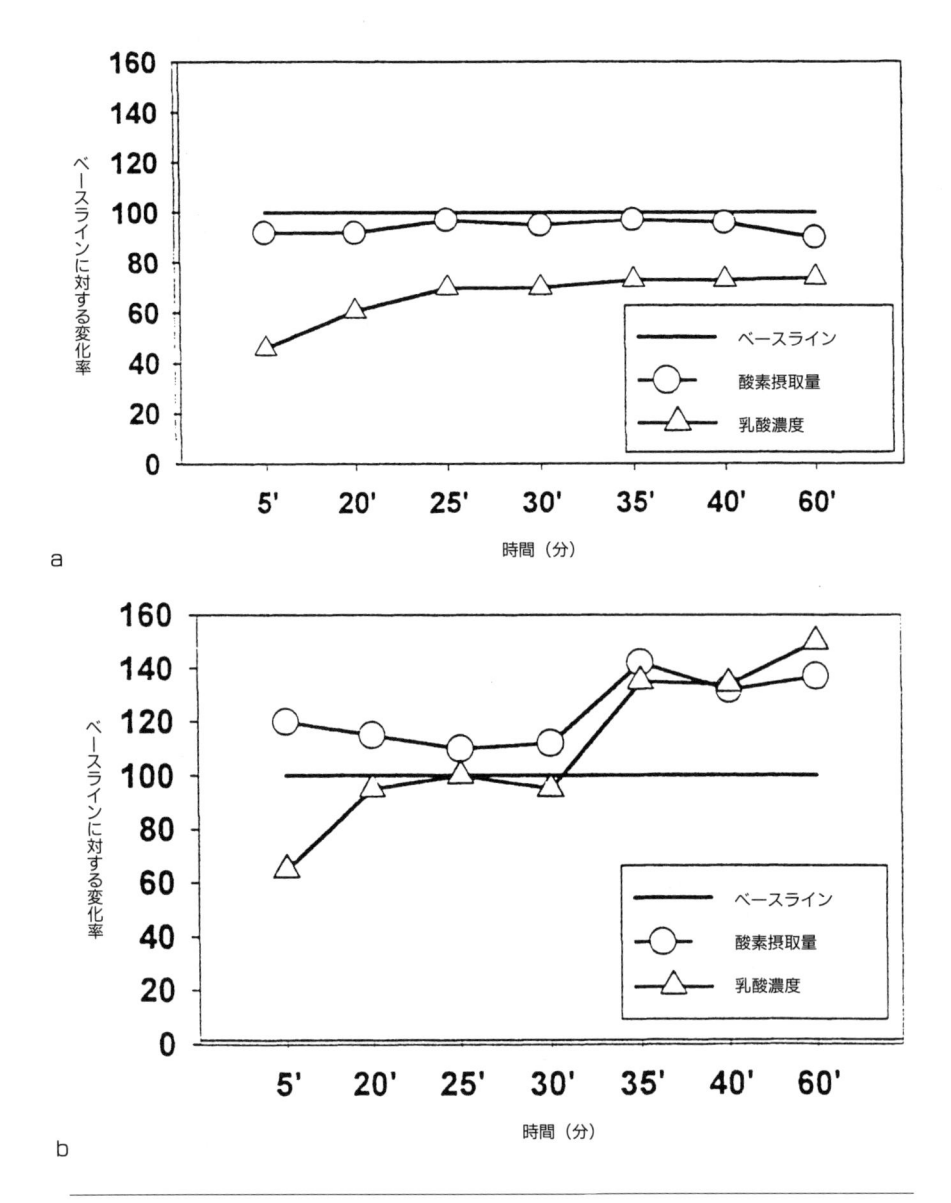

図12.9 12名のよくトレーニングされたクロスカントリースキー競技者におけるプラセボとDipyridamole投与前後の最大下の自転車エルゴメータテスト（60〜90分，80% $\dot{V}O_2max$）に対する生理学的（酸素摂取量），代謝（血中乳酸レベル）反応。データは投与前の結果を100%とし，%で表記した。(a)=Dipyridamole投与，(b) プラセボ投与。

投薬前の運動テスト中と終了後の血漿オピオイド活性（血漿 δ-LOR活性）のモニタリングでは，2つのパターンのオピオイドの反応が認められた：①十分（N=4），オピオイド活性が運動中に増加し，運動終了後にピークになり，運動終了後の早期（60分）にベースラインまで回復する，②不十分（N=8），運動中にはオピオイド活性は変化せず，運動終了後の早期（5-15-60分）からかなりの時間が経過した後（18時間）まで増加したり減少したりする。不十分なオピオイドの反応は，オピオイドの反応性の遅延か一時的なオピオイド機能の疲弊の結果と考えられる。実験群の6名の競技者の内4名で，運動テスト中のオピ

オイド反応のタイプが，投薬後に不十分なタイプから十分なタイプに変わった。

さらに，実験群の競技者では，コントロール群の競技者に比べ，テスト後の生理学的反応（酸素摂取量），代謝反応（血中乳酸濃度）が良かった（図12.9参照）。この研究の結果から持久系トレーニング中のDipyridamole使用によって，IFN-αとオピオイド反応でモニタリングした一過性運動に対する適応の最適化とエネルギー摂取の効率化を計ることができる可能性が示唆された。

急性運動に対する内分泌反応への免疫調節の影響は他の研究で検討されている[84]。7名の男性漕艇競技者は7分間のローイングエルゴメーター運動（2000-mのレースを想定）を3週間間隔で2回行い，その間には2～3回の重要でないレースがあり，Dipyridamoleを投与されていた。2回目のローイングテストの免疫系の反応で，運動後時間を空けて（18時間）測定したものは，ほとんど明らかな反応がおこらなかった。PHA刺激によるIFN-γとIL-2産生は1回目のテストの後（それぞれ75％と93％に）低下していたのに比べ，2回目のテスト後のPHA刺激によるIFN-γ産生は完全に回復し，PHA刺激によるIL-2産生は緩やかに低下した（46％）。1回目のテストの直後には血中コルチゾルレベルの412％もの顕著な増加が認められたが，漕艇競技者7名中3名ではそのピークは運動後24時間だった。同じ運動テストで3週間の投与により，より適切なコルチゾルの反応が出現した。すべての競技者でコルチゾル濃度は24時間後でもまだ上昇していた（89％）が，コルチゾル濃度のピークはテストの直後であった。

競技者における微量栄養素と免疫機能

免疫機能に及ぼすビタミンと微量元素の役割

栄養素が運動と免疫機能との連関に調節的な役割を果たしているという認識によって，競技者における免疫不全を考えるうえで新しい視点が生まれた[76]。不十分な，バランスの悪い食事や多量のサプリメントを含んだ異常な食事を摂ることは，体重をコントロールする，あるいはパフォーマンスを改善する必要があるスポーツ競技者にとって珍しくはない[7,19]。

微量栄養素は不足したり，過剰に摂取しすぎたりすると免疫機能に影響する可能性がある。ビタミンと微量元素は代謝過程や免疫細胞などの細胞機能において重要な役割を果たしている[16]。ビタミンA，B_6，CやEが欠乏すると，マイトジェンや抗原刺激によるリンパ球増殖，遅発性過敏反応の変化，T細胞の細胞傷害活性の低下，サイトカイン産生低下，抗体産生低下，貪食機能の変化などの細胞性免疫の障害が起こる[8,21,31]。亜鉛（Zn），マグネシウム（Mg），銅，鉄の欠乏もT細胞のマイトジェンに対する反応性，NK活性，抗体産生，貪食能などの免疫機能の障害に関係している[16]。同時に亜鉛，ビタミンAやEの過剰摂取は，免疫機能を障害することが示されている[16]。

競技者のビタミンと微量元素のプロフィール

競技者のビタミンとミネラルの摂取状況を調査するために，日々の摂食，その生化学的測定の調査で広く用いられている一般的な手順が用いられている。オランダのエリート競

技者における食習慣の調査では，女性水泳競技者と体操競技者で鉄とビタミン A の摂取が低く，プロの競輪選手ではビタミン B_1 と B_6 が不足していたことが示された[91]。

鉄，亜鉛，マグネシウムやカルシウム摂取や吸収の変化は，しばしば摂食障害，炭水化物や繊維を多量に含むバランスの悪い食事を摂っている，あるいは体重を維持するためにベジタリアン食を摂っている女性ランナーや体操競技者でみられる[22,52,60,91]。1,300 名のドイツの競技者を対象とした他の研究では，血清マグネシウムと鉄レベルの低値がそれぞれ 21.2％，14.1％に認められた[93]。ランナーではトレーニングしていない群に比べ，血漿亜鉛濃度が低かった[23]。鉄欠乏の指標となるフェリチンレベルの低下は，アメリカの女性クロスカントリースキー競技者と長距離ランナーの 20～35％ で認められた[5,18]。

競技者におけるビタミンとミネラルの不足は，高強度トレーニング中のこれら微量栄養素のロスの増加が原因であると考えられる。激しい運動後の競技者で，Zn や Mg の尿からの排泄増加が認められている[2,17]。長距離ランナーの鉄欠乏の主な原因は腸管からの出血である[78]。一方，抗酸化剤であるビタミン C や E はサプリメントとして最も広く用いられており，しばしば多量に摂取されている[41,68]。

このため微量栄養素の不足や過剰摂取が競技者に免疫不全のリスクを負わせ，感染に対する易感染性を増大させる可能性がある。競技者の微量栄養素の不足の症例では，栄養のサプリメントが免疫機能を改善するようである。実際に，ランナーを対象とした二重盲検法によるクロスオーバー研究で，Zn のサプリメント摂取が免疫の好転をもたらしたことが認められている[77]。

運動誘発性免疫抑制とオーバートレーニングにおけるグルタミンの役割

近年，栄養と免疫系の関係について興味が持たれ，免疫系の細胞の機能に果たすグルタミンの役割が注目されている[69]。グルタミンは細胞の増殖とタンパクの合成ため核酸合成や DNA，RNA の形成が亢進した際に，マクロファージとリンパ球に利用される[3,64,65]。リンパ球増殖，IL-1 と IL-2 産生，抗体産生とマクロファージの貪食能などの免疫機能は，グルタミン依存性であることが示されている[64]ため，グルタミン濃度の低下は免疫機能を障害する可能性がある。

筋肉はグルタミンの産生，放出の主要な源[66]であるため，筋活動は血漿グルタミンレベルと免疫機能を調節できるような密接な関係が筋と免疫系には存在する。血漿グルタミンレベルの低下は，マラソンレースの直後やオーバートレーニングの競技者で安静時に認められる[67,72]。しかしながら，他の研究の結果によると，4週間のトレーニング強度増強プログラム後にオーバーリーチングになった水泳競技者の血漿グルタミンレベルは変化しなかったことが示された。このとき，オーバーリーチングでない競技者の血漿グルタミン濃度は有意に増加した[54]。さらに，これらの競技者の血漿グルタミンレベルとリンパ球増殖活性[69]，リンパ球サブセット[72]，URTI の発症率[54] には相関は認められなかった。このため，競技者における血漿グルタミンの変化に関する臨床的な意義については今後の検討が待たれる。

表12.3 競技者の免疫機能に対する免疫調節薬の効果の概要

薬剤	LPR	IFN-α	IFN-γ	IL-2
Diuciphon	+	NM	NM	NM
Thymalin	+	+	−	−
HuIFN-α	+	−	+	NM
rhIFN-α	+	−	+	NM
Dipyridamole	−	−	+	+

＋＝ポジティブな効果；−＝影響なし；NM＝未測定；LPR＝マイトジェン刺激によるリンパ球増殖反応；IFN-α＝ウィルス刺激によるIFN-α産生；IFN-γ＝マイトジェン刺激によるIFN-γ産生；IL-2＝マイトジェン刺激によるIL-2産生．

要約

　ここに示したデータは，高強度のトレーニング中や競技会の期間中，競技者は安静時の免疫機能が低下し，気道感染症に対する易感染性を増加させる可能性があることを明確に示している．極端な環境(つまり高温や極寒)，高地，時差ボケなどが免疫機能に対する運動ストレスの影響を悪化させ，競技者の免疫機能を変化させ，気道感染に罹りやすくさせる可能性がある．
　オーバーリーチングやオーバートレーニングの他の古典的な症状と共に，免疫機能不全や感冒に対する易感染性は，オーバーリーチングやオーバートレーニングの競技者に認められていることから，これを競技者の病理の指標として考えられる可能性がある．前の章で既に述べたように，疾患予防的な行動変化が呼吸器感染症の頻度を低下させるということには，ほとんど疑問がない．しかしながら，競技スポーツ選手の実際の生活は彼ら自身に任されている．一般人とは逆に，競技者はよくトレーニングキャンプに参加し，トレーニングや競技会のために移動し，極端な環境に適応するために極端に暑い，あるいは寒い環境でトレーニングしたり，時には高地でトレーニングする．激しいトレーニングやタイトなスケジュールでの試合の連続は，競技生活において珍しいことではない．一方で，スポーツ競技者のリハビリテーションのための施設は不足している．このような状態では競技者は休養が不十分で，慢性疲労やオーバーリーチングに陥ってしまう．
　前述のすべての要因や競技者，コーチ，チームドクターからの要望は我々に免疫調節薬や抗ウィルス薬の競技者への使用を考えさせる．競技者における免疫調節薬使用の10年の経験から，競技者の免疫機能に対するこれらの薬剤の有益な効果，気道感染の頻度の低下，パフォーマンスの改善が示されている．先にも示したように，異なった成分が特定の免疫学的な変動に対して，特異的な免疫調節効果を生み出す．これらのデータは表12.3にまとめられている．IFN製剤とDipyridamoleはIFN-γ産生刺激作用を示したのに対して，Diuciphonと胸腺ホルモンはリンパ球増殖に対してより効果的である．このため，競技者が

免疫調節薬を使用する前に，免疫機能を評価し，免疫系の低下している項目を診断することが重要である。

競技者における免疫変動のメカニズムは運動誘発性の神経内分泌の変化と密接に関連している。安静時において，内分泌と免疫の機能不全がオーバートレーニングの競技者でのみ認められている；オーバートレーニングでない競技者の免疫機能の変化自体は免疫，内分泌，オピオイド系の相関関係を変化させない。同様に激しいトレーニングや競技会の後にこれらの相関が認められなかったことは，適応メカニズム破綻の可能性を示唆する。調節メカニズムの中でもっとも著明な変化は主要な競技会の後に認められた。

免疫系が神経内分泌-免疫連関のバランスの維持に果たす重要な役割は，免疫系を調節することによって競技ストレスへの適応を改善するという仮説を我々に立てさせる。ここに示したパイロット研究でのデータは，免疫薬理学的な修飾作用が，急性身体ストレスに対する神経内分泌，生理学的，代謝反応を最適化する可能性があることを示している。

激しい運動によって微量栄養素の摂取必要量が増加するため，正常な免疫機能の維持に重要な他の因子としては，十分な，バランスの良いビタミンと微量元素の摂取である。最近，免疫機能におけるグルタミンの役割と，気道感染リスクの増大とグルタミン欠乏の関係とオーバーリーチング状態が非常に注目されている。しかしながらこの関係はまだ不明確で，今後検討の余地がある。（秋本崇之・河野一郎）

参考文献

1. Amery, W.K., C. Horig. 1984. Levamisole. In *Immune modulation agents and their mechanisms*, eds. R.L. Fenichel, M.A. Chirigos, 383. New York: Marcel Dekker.
2. Anderson, R.A., M.M. Polansky, N.A. Bryden. 1983. Strenuous running: acute effects on chromium, copper, zinc, and selected clinical variables in urine and serum in male runners. *Biological Trace Element Research* 6: 327-335.
3. Ardawi, M.S.M., E.A. Newsholme. 1985. Metabolism in lymphocytes and its importance in the immune response. *Essays in Biochemistry* 21: 1-44.
4. Baj, Z., J. Kantorski, E. Majewska, K. Zeman, L. Pokoca, E. Fornalczyk, H. Tchorzewski, Z. Sulowska, R. Lewiski. 1994. Immunological status of competitive cyclists before and after the training season. *International Journal of Sports Medicine* 15: 319-324.
5. Balaban, E.P., J.V, Cox, P. Snell, R.H. Vaughan, E.P. Frenkel. 1989. The frequency of anemia and iron deficiency in the runner. *Medicine and Science in Sports and Exercise* 21: 643-648.
6. Balashov, A.M., I.D. Surkina, E.P. Gotovtseva, O.B. Petrichenko, L.F. Panchenko. 1990. Effect of dipyridamole on blood level of opioid peptides and alpha-interferon production. *Zurnal Experimentalnoi Biologii i Medicinyi* 5: 462-464.
7. van der Beek, E.J. 1985. Vitamins and endurance training: food for running or faddism claims. *Sports Medicine* 2: 175-197.
8. Bendich, A., R.K. Chandra. 1990. *Micronutrients and immunefunctions*. New York: New York Academy of Sciences.
9. Bernton, E.W., H.U. Bryant, J.W. Holaday. 1991. Prolactin and immune function. In *Psychoneuroimmunology*, eds. R. Ader, D.L. Felten, N. Cohen, 403-429. San Diego: Academic Press.
10. Blalock, J.E. 1988. Immunologically-mediated pituitary-adrenal activation. In *Mechanisms of physical and emotional stress*, eds. G.P. Chrousos, D.L. Loriaux, P.W. Gold, 217-224. New York: Plenum Press.
11. Blalock, J.E., E.M. Smith. 1986. Interferon and other hormones of the interferon system. In *Clinical application of interferons and their inducers*. ed. D.A. Stringfellow, 19-42. New York: Marcel Dekher.
12. Bruserud O. 1987. Dipyridamole inhibits activation of human T lymphocytes in vitro. *Clinical Immunology and Immunopathology* 42: 102-109.
13. Bunchuk, N.V., V.A. Nasonova, Y.A. Sigidin. 1980. Controlled (double-blind) trial of levamisole at rheumatoid arthritis. *Therapevticheskyi Archiv* 6: 93-98.
14. Cantell, K., S. Hirvonen. 1978. Large-scale production of human leukocyte interferon containing 10(8) units per ml. *Journal of General Virology* 39: 541-543.
15. Casey, T.M., E.C. Dick. 1990. Acute respiratory infections. In *Winter sports' medicine*, eds. T.M. Casey, C. Foster, E.G. Hixon, 112-128. Philadelphia: Davis.
16. Chandra R.K. 1991. 1990 McCollum award lecture. Nutrition and immunity: lessons from the past and new insights into the future. *American Journal of Clinical Nutrition* 53: 1087-1101.
17. Clarkson, P.M., E.M. Haymes. 1995. Exercise and mineral status of athletes: calcium, magnesium, phosphorus, and iron. *Medicine and Science in Sports and Exercise* 27: 831-843.
18. Clement, D.B., D.R. Lloyd-Smith, J.G. MacIntyre, G.O. Matheson, R. Brock, M. Dupont. 1987. Iron status in Winter Olympic sports. *Journal of Sports Science* 5: 261-271.
19. Colgan M. Effects of multinutrient supplementation on athletic performance. 1986. In *Sports, health and nutrition*, ed. F.I. Katch, 21-51. Champaign, IL: Human Kinetics.
20. Colli, S., E. Tremoli. 1991. Multiple effects of dipyridamole on neutrophils and mononuclear leukocytes: adenosine-dependent and adenosine-independent mechanisms. *Journal of laboratory*

and *Clinical Medicine* 118: 136-145.
21. Cunningham-Rundles, S . 1993. *Nutrient modulation of the immune response*. New York: Marcel Dekker.
22. Deuster, P.A., S.B. Kyle, P.B. Moser, R.A. Vigersky, A. Singh, E.B. Schoomaker. 1986. Nutritional survey of highly trained women runners. *American Journal of Clinical Nutrition* 45: 954-962.
23. Dressendorfer, R.H., R. Sockolov. 1980. Hypozincemia in runners. *Physician and Sports medicine* 8: 97-100.
24. Ershov, F.I., E.P. Gotovtseva. 1989. Inteferon status under stresses. *Soviet Medicine Review of Experimental Virology* 3: 35-49.
25. Ershov, F.I., E.P. Gotovtseva, I.D. Surkina. 1988. The use of recombinant a-2 interferon in sportsmen. *Voprosy Virusologii* 6: 693-697.
26. Felten, S.Y., D.L. Felten. 199 1 . Innervation of lymphoid tissue. In *Psychoneuroimmunology*, eds. R. Ader, D.L. Felten, N. Cohen, 27-70. San Diego: Academic Press.
27. Fiatarone, M.A., J.E. Morley, E.T. Bloom, D. Benton, T. Makinodan, G.F. Solomon. 1988. Endogenous opioids and the exercise-induced augmentation of natural killer cell activity. *Journal of Laboratory and Clinical Medicine*. 112: 544-552.
28. Fitzgerald L. 199 1 . Overtraining increases the susceptibility to infection. *International Journal of Sports Medicine* 12: 5-8.
29. Galabov, A.S., M. Mastikova. 1983. Interferon-inducing activity of dipyridamole in mice. *Acta Virologica* 27: 356-358.
30. Galabov, A.S., M. Mastikova. 1984. Dipyridamole induces interferon in man. *Biomedicine and Pharmacotherapy* 38: 412-413.
31. Gershwin, M.E., R.S. Beach, L.S. Hurley. 1985. *Nutrition and immunity*. Orlando: Academic Press.
32. Geselevich V.A. 1990. Dynamics of incidence of injury and infection in athletes, participated in the summer 1988 Olympic games. *Nauchno-Sportivnyi Vestnik* 1: 27-30.
33. Goldstein A.L. 1983. Thymic hormones and lymphokines. *Basic chemistry and clinical applications*. New York: Plenum Press.
34. Gotovtseva, E.P. 1987. Immune and interferon status of high-qualified athletes. PhD diss., The D. I. Ivanovsky Institute of Virology, USSR Academy of Medical Sciences.
35. Gotovtseva E., P. Uchakin, R. Vaughan, J. Stray-Gundersen. 1996. Cytokine production and incidence of respiratory infection in female middle and long distance runners. *Medicine and Science in Sports and Exercise* 28: S91.
36. Grossman, A., J.R. Sutton. 1985. Endorphins : what are they? how are they measured? what is their role in exercise? *Medicine and Science in Sports and Exercise* 17: 74-81.
37. Hayden, F.G., J.K. Albrecht, D.L. Kaiser, J.M. Gwaltney Jr. 1986. Prevention of natural colds by contact prophylaxis with intranasal alpha2-interferon. *New England Journal of Medicine* 314: 71-75.
38. Heir, T., S. Larsen. 1995. The influence of training intensity, airway infections and environmental conditions on seasonal variations in bronchial responsiveness in cross-country skiers. *Scandinavian Journal of Medicine and Science in Sports* 5: 152-159.
39. Imura, H., J. Fukat, T. Mori. 1991. Cytokines and endocrine function: an interaction between the immune and neuroendocrine systems. *Clinical Endocrinology* 35: 107-115.
40. Kappel, M., N. Tvede, H. Galbo, P.M. Haahr, M. Kjær, M. Linstouw, K. Klarlund, B.K. Pedersen. 1991. Epinephrine can account for the effect of physical exercise on natural killer cell activity. *Journal of Applied Physiology* 70: 2530-2534.
41. Kavanagh, T., L.J. Lindley, R.J. Shephard, R. Campbell. 1988. Health competitor. *Annual of Sports Medicine* 4: 55-64.
42. Keast, D., K. Cameron, A.R. Morton. 1988. Exercise and immune response. *Sports Medicine* 5:

248-267.

43. Kelley, K.W. 1991 . Growth hormone and immunobiology. In *Psychoneuro-immunology*, eds. R. Ader, D.L. Felten, N. Cohen, 377-403. San Diego: Academic Press.

44. Khansari, D.N., A.J. Murgo, R.E. Faith. 1990. Effects of stress on the immune system. *Immunology Today* 11: 169-175.

45. Kiecolt-Glaser, J.K., R. Glaser, E. Strain, J. Stout, K. Tarr, J. Holliday, C.E. Speicher. 1986. Modulation of cellular immunity in medical students. *Journal of Behavioral Medicine* 9: 5-21.

46. Kiecolt-Glaser, J.K., R. Glaser. 1992. Psychoneuroimmunology : can psychological interventions modulate immunity? *Journal of Consulting and Clinical Psychology* 60: 569-575.

47. Koutedakis,Y., R. Budgett, L. Faulmann. 1990, Rest in underperforming elite competitors. *British Journal of Sports Medicine* 24: 248-252.

48. Kozucharova, M.S., 1986. Study of incidence of influenza and respiratory infection among Sofian factory workers and the prophylactic efficacy of some compounds. PhD diss., The D.I. Ivanovsky Institute of Virology, USSR Academy of Medical Sciences.

49. LaPerriere, A., M.A. Fletcher, M.H. Antoni, G, Ironson, N. Klimas, N. Schneiderman. 1991 . Aerobic exercise training in an AIDS risk group. *International Journal of Sports Medicine* 12: S53-S57.

50. Leskov, V.P., L.E. Kostyuk, N.K. Gorlina, E.V. Ermakov, V.G. Novozhenov, N.M. Kolomoets. 1982. Some aspects of the activity of the new immunostimulator: Diuciphon. Immunologiia 5: 34-37.

51. Levin, M.Ya., V.Ch. Chavinson, V.Yu. Byazemsky, S.V. Seryi, B.S. Moldobaev. 1991. Thymogen prophylaxis of respiratory infections in young athletes. *Teoriya i Praktika Phyzicheskoyi Kulturyi* 8: 40-44.

52. Loosli, A.R., J. Benson, D.M. Gillien, K. Bourdet. 1986. Nutrition habits and knowledge in competitive adolescent female gymnasts. *Physician and Sportsmedicine* 14: 118-130.

53. Mackinnon, L.T., T.W. Chick, A. van As, T.B. Tomasi. 1989. Decreased secretory immunoglobulins following intense endurance exercise. *Sports Training and Medicine Rehabilitation* 1: 209-218.

54. Mackinnon, L.T., D.G. Jenkins. 1993. Decreased salivary immunoglobulins after intense interval exercise before and after training. *Medicine and Science in Sports and Exercise* 25: 678-683.

55. Mackinnon, L.T., S.L. Hooper. 1996. Plasma glutamine and upper respiratory tract infection during intensified training in swimmers. *Medicine and Science in Sports and Exercise* 28: 285-290.

56. Malaise, M.G., M.T. Hazee-Hagelstein, A.M. Reuter, Y.Vrinos-Gevaert, G. Goldstein, and P. Franchimont. 1987 . Thymopoietin and thymopentin enhance the levels of ACTH, Beta-endorphin and Beta-lipotropin from rat pituitary cells in vitro. Acta Endocrinologica 115: 455-459.

57. McCarthy, D.A., M.M. Dale. 1988. The leucocytosis of exercise : a review and model. *Sports Medicine* 6: 333-363.

58. McCruden, A.B., W.H. Stimson. 1991 . Sex hormones and immune function. In *Psychoneuroimmunology*, eds. R. Ader, D.L. Felten, N. Cohen, 475-495. San Diego: Academic Press.

59. Merskey, H., J.T. Hamilton. 1989. An open label trial of the possible analgesic effects of dipyridamole. *Journal of Pain and Symptom Management* 4: 34-37.

60. Moffatt, R.J. 1984. Dietary status of elite female high school gymnasts : inadequacy of vitamin and mineral intake. *Journal of American Dietetic Association* 84: 1361-1363.

61. Morozov, V.G., V.Ch. Chavinson. 1978. Characteristics of mechanisms of thymus factor (thymarin). *Doklady Akademii Nauk* 240: 1004-1007.

62. Mowat, A.G., T.L. Vischer. 1979. Levamisole : immunomodulation : a new approach to basic therapy of rheumatoid arthritis. Eular Bulletin, Monograph Series 5, Basel: Eular.

63. Murgo, A.J., R.E. Faith, N.P. Plotnikoff. 1986. In *Enkephalins and endorphins: stress-induced*

immunomodulation, eds. N.P. Plotnikoff, R.E. Faith, A.J. Murgo, R.A. Good, 221-239. New York: Plenum Press.
64. Newsholme, E.A. 1994. Biochemical mechanisms to explain immunosuppression in well-trained and overtrained athletes. *International Journal of Sports Medicine* 15: S142-S147.
65. Newsholme, P., R. Curi, S. Gordon, E.A, Newsholme. 1986. Metabolism of glucose, glutamine, long-chain fatty acids and ketone bodies by murine macrophages. *Biochemistry Journal* 239: 121-125.
66. Newsholme, E.A., M. Pany-Billings. 1990. Properties of glutamine release from muscle and its importance for the immune system. *Journal of Parenteral and Enteral Nutrition* 14: 63-67.
67. Newsholme, E.A., M. Parry-Billings, N. McAndrew, R. Budgett. 1991. A biochemical mechanism to explain some characteristics of overtraining. *Medicine and Science in Sports and Exercise* 32: 79-93.
68. Parr, R.B., M.A. Porter, S.C. Hodgon. 1984. Nutrition knowledge and practice of coaches, trainers and athletes. *Physician and Sportsmedicine* 12: 127-138.
69. Parry-Billings, M., R. Budgett, Y. Koutedakis, E. Blomstrand, S. Brooks, C. Williams, P.C. Calder, S. Pilling, R. Baigrie, E.A. Newsholme. 1992. Plasma amino acid concentration in the overtraining syndrome: possible effects on the immune system. *Medicine and Science in Sports and Exercise* 24: 1353-1358.
70. Payan, D.G., J.P. McGillis, F.K. Renold, M. Mitsuhaschi, E.J. Goetzl. 1987. Neuropeptide modulation of leukocyte function. *Annals of New York Acad-emy of Science* 496: 182-191.
71. Rabin, D., R.W. Gold, A.N. Margioris, G.P. Chrousos. 1988. Stress and reproduction: physiologic and pathophysiologic interactions between the stress and reproductive axes. In *Mechanisms of physical and emotional stress*, eds. G.P. Chrousos, D.L. Loriaux, P.W. Gold, 377-388. New York: Plenum Press.
72. Rowbottom, D.G., D. Keast, C. Goodman, A.R. Morton. 1995. The haematological, biochemical and immunological profile of athletes suffering from the overtraining syndrome. *European Journal of Applied Physiology* 70: 502-509.
73. Samuel, C.E. 1986. Molecular mechanisms of interferon action. In *Clinical application of interferons and their inducers*, ed. D.A. Stringfellow, 1-18. New York: Marcel Dekker.
74. Schulz, K.H., H. Schulz, K.M. Braumann, A. Flogel, V. Hentschel, T. Lauf, E. Taute, M. Puchner, D.K. Ludecke, A. Raedler. 1994. Differential effects of physical and psychological stress on endocrinological and immunological parameters in athletes. *International Journal of Sports Medicine* 6: 360.
75. Scott, G.M. 1986. Clinical trials of interferons against viral diseases. In *Clinical application of interferons and their inducers*, ed. D.A, Stringfellow, 149-196. New York: Marcel Dekker.
76. Shephard, R.J., P.N. Shek. 1995. Heavy exercise, nutrition and immune function: is there a connection? *International Journal of Sports Medicine* 16: 49 1-497.
77. Singh, A., M.L. Failla, P.A. Deuster. 1994. Exercise-induced changes in immune function: effects of zinc supplementation. *Journal of Applied Physiology* 76: 2298-2303.
78. Stewart, J.G., D.A. Ahlquist, D.B. McGill, D.M. Ilstrup, S. Schwartz, R.A. Owen. 1984. Gastrointestinal blood loss and anemia in runners. *Annual Internal Medicine* 100: 843-845.
79. Stringfellow, D.A. 1986. *Clinical application of interferons and their inducers*. New York: Marcel Dekher.
80. Surkina, I.D., U.V. Borodin, L.N. Ovcharenko, G.S. Orlova, E,P. Schumayi. 1983. The experience of immunocorrection in the immuno-deficient athletes (the preliminary data). *Teoriya i Praktika Phyzicheskoyi Kulturyi* 7: 18-20.
81. Surkina, I.D., U.V. Borodin, G.S. Orlova, N.A. Usakova. 1983. Immunity in swimmers under conditions of modern training. *Plavanie* 2: 22-24.

82. Surkina, I.D., E.P, Gotovtseva. 1991. Role of the immune system in the athlete's adaptive processes. *Teoriya i Praktika Phyzicheskoyi Kulturyi* 8: 27-37.
83. Surkina, I.D., E. P. Gotovtseva, O.N. Vatagina, A.1. Golovachev, M.R. Shurin, N.V. Kost, P.N. Uchakin, V.P, Chemizov, A.A. Zozulya. 1993. The effect of immune-interferongenesis stimulation on adaptation to exercise: participation of the opioid system. *Vestnik Sportivnoi Medicinyi Rossii*, 1: 11-16.
84. Surkina, I.D., E. P. Gotovtseva, O.N. Vatagina, A.A. Vorobyev, N.S. Dudov, L.V. Kostina, N.N. Ozolin, P.N. Uchakin. 1994. The effect of immune-interferongenesis stimulation on adaptation to exercise : participation of the endocrine system. *Vestnik Sportivnoi Medicinyi Rossii* 1: 10-16.
85. Tabor, J.M. 1986. Production-purification of interferons : recombinant technology. In *Clinical application of interferons and their inducers*, ed. D.A. Stringfellow, 61-82. New York: Marcel Dekher.
86. Tonew, M., E. Tonew, R. Mentel. 1977. The antiviral activity of dipyridamole. *Acta Virologica* 21: 146-150.
87. Tonew, E., M.K. Indulen, D.R. Dzeguze. 1982. Antiviral action of dipyridamole and its derivates against influenza virus A. *Acta Virologica* 26: 125-129.
88. Tvede, N., M. Kappel, K. Klarlund, S. Duhn, J. Halkjær-Kristensen, M. Kjær, H. Galbo, B.K. Pedersen. 1994. Evidence that the effect of bicycle exercise on blood mononuclear cell proliferative responses and subsets is mediated by epinephrine. *International Journal of Sports Medicine* 15: 100-104.
89. Tvede, N., J. Steensberg, B. Baslund, J. Halkjær-Kristensen, B.K. Pedersen. 1991 . Cellular immunity in highly trained elite racing cyclists during periods of training with high and low intensity. *Scandinavian Journal of Medicine and Science in Sports* 1: 163-166.
90. Uchakin, P.N. 1993. Production of lymphokines (interleukin-2 and gamma-interferon) in stress modelings in humans. PhD diss., The N.F. Gamaleya Research Institute of Epidemiology and Microbiology, Russian Academy of Medical Sciences.
91. Van Erp-Baart, A.M.J., W.M.H. Saris, R.A. Binkhorst, J.A. Vos, J.W.H. Elvers. 1989. Nationwide survey on nutritional habits in elite athletes. Part II. Mineral and vitamin intake. *International Journal of Sports Medicine* 10: S11-S16.
92. Viru, A. 1985. *Hormones in muscular activity*. Vol. II : Boca Raton, FL: CRC Press.
93. Weiss, M. 1994. Anamnestic, clinical and laboratory data of 1300 athletes in a basic medical check with respect to the incidence and prophylaxis of infectious diseases. *International Journal of Sports Medicine* 6: 360.
94. Weicker, H., E. Werle. 1991 . Interaction between hormones and the immune system. *International Journal of Sports Medicine* 12: S30-S37.
95. Weidner, T.G. 1994. Literature review : upper respiratory illness and sport and exercise. *International Journal of Sports Medicine* 15: 1-9.
96. Werner, G.H. 1987. Immunostimulants : the westem scene. In *Immunostimulants now and tomorrow*, eds. I. Azuma, G. Jolles, 3-39. Berlin: Springer-Verlag.
97. Wolfatth, B., M. Richter, E. Jakob, J. Keul. 1994. Clinical-immunological course observations during an 8-week training cycle in endurance athletes. *International Journal of Sports Medicine* 15: 360-361.
98. Wybran, J., A. Governs. 1977. Levamisole and human lymphocyte surface markers. *Clinical and Experimental Immunology* 27: 319-321.

第 V 部

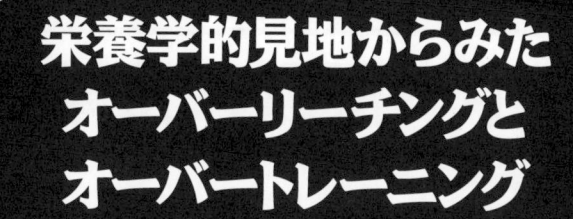

栄養学的見地からみた
オーバーリーチングと
オーバートレーニング

第13章

エネルギー摂取，食事と筋肉消費

Jacqueline R. Berning, PhD, RD

はじめに

　人間の体は高負荷のトレーニングやオーバーリーチングの時でさえ，一定の環境（生体恒常状態）を維持，あるいは，維持しようとする。高負荷の運動やトレーニング時に生体恒常状態を維持するための鍵となるのは，体が必要としているエネルギー摂取と同時に様々な栄養素を満たすことである。筋肉損傷，栄養摂取，そしてオーバートレーニングは相互に関係する。特にオーバートレーニングの競技者の中には空腹感と食欲が低下している者もみられ，それはエネルギー摂取の低下と炭水化物やその他の栄養素の摂取必要量低下となることにも進展しかねない；このような食生活における欠陥は筋グリコーゲン水準の低下を招くこともあり，よってパフォーマンス，気分，そして通常の体の機能にさえ影響する。この章は長時間に及ぶトレーニングが続く時期によって影響されるであろう栄養面に着目する。これに対する処置を怠れば，オーバートレーニングやオーバーリーチングとして知られる症候群を招かざるを得ないからである。

エネルギー摂取

　エネルギー摂取は吸収したカロリー数に依存している。いつ，また何をその人が食事でもとるかには多くの要素が影響する。例えば，激しいトレーニングをする競技者の中にはハードな運動の後には何時間も空腹にならない者もいる一方で，気分の障害[16]を持つ競技者の中には食べ過ぎる者もいるであろう。社会的な要素もその人がどれだけの量を食べるかに影響する。例えば，多くの競技者は家から離れた場所や，慣れない場所でトレーニングをし，1人で食事をすることを余儀なくされている等である。1人で食事をするのが好きでない競技者は充分に食事をとらなかったり，ひどい食事の選択をしたりするかもしれな

い。一方で，より社交的で，環境とチームメイトの存在が心地好いと感じる者にとっては，充分な食事の後にもかかわらず，デザートの誘いを断ることが難しいかもしれない。

　数々の生理学的，また社会的な圧力が，その個人の食事の量，もしくは食事の選択を決定付ける。空腹と食欲は両方ともとる食事の量に影響する。空腹に関連する要因と食欲に関連する要因の多くはそれぞれ重複関連する。栄養素は体にとって必要であり，食べることは健康を維持するために勧められていることから，これらの要因は不要だと考えられている。しかしながら，強い内面的な，そして社会的な圧力がエネルギー摂取を大きく左右するという点では共通な認識がある。

空腹に関連する要因

空腹

　空腹とは主に食べ物を探し，食べる精力であると説明されている。そのほとんどが血糖値の低下と脂肪酸，そして神経性伝達物質とホルモン水準の低下など（表 13.1 を参照）の負の方向に働く内面的な圧力によって促進される。例えば，食事の何時間後かに，ぶどう糖，アミノ酸，脂肪酸の濃度が低下し，体が肝臓の栄養貯蓄に頼らざるを得ない状態となり，再びその人に空腹感をもたらすのである。また，空腹は胃腸の収縮，小腸における栄養の欠如，そしてホルモンによって引き起こされることもある。オーバートレーニングの際に増加することがあるかもしれない2つのホルモン物質は食べる量の増加をもたらし得る：エンドルフィンとコルチゾルの増加は食べる量を増加させることが証明されている[37]。体が疲労に対応しようとする時，それが肉体的，精神的のいずれであったとしても，エンドルフィンとコルチゾルを増加させ，疲労によるエネルギーの要求に応えるべく空腹信号を増加させることで体は対応する。ということは一般的には，競技者のオーバートレーニングによって生理学的指標が上昇すると，長時間に及ぶトレーニングによる更なるエネルギー要求に応えるために空腹感が増加すると予想されるであろう。しかしながら，空腹の信号を減退させる他の要因もある。例えば，温度や湿度といった環境的な要素，また食べ物が手近にあるかどうかというのも空腹に対して負に影響する[37]。体温の増加も患者の体温を熱もしくは病気という形で上昇させ，空腹感を低下させることが知られている[37]。

　高温多湿な環境で高負荷なトレーニングプログラムに参加している競技者の体温は一日

表 13.1　空腹に影響する要素

・お腹の膨張感	・環境的要素
・ぶどう糖の値	—温度
・インスリン	—湿度
・グルカゴン	・精神的状態
・脂肪酸の水準	—疲労
・神経性伝達物質	—気分
—セロトニン	

中上昇している可能性もある。これは異常な空腹の信号や，エンドルフィンやコルチゾルなどの上昇といった他の形の生理学的な信号があるにもかかわらずトレーニングによって消耗するエネルギーを補充するのに失敗するという結果をもたらしかねない。食べ物が手近にあるかどうかももちろんエネルギー摂取に影響する要素である。もしも競技者が買い物をするだけのお金が不足していたり，エネルギー摂取を増加させるための生理学的な信号のエネルギーの要求に応えるだけの必要な食料を消費できなかったら，体重が減り，トレーニングを妨げ，オーバートレーニング中の状況を増幅させることもある。

　疲労や気分といった精神的な要素もまた空腹に影響する。これらの反応は個人個人で異なるものの，長期間に及ぶ激しいトレーニングをしている競技者の場合は軽視すべきではない。

食欲

　食欲とは食に対する姿勢に影響する心理的な，そして環境的な圧力であると説明されている。疲労や気分そして個人の信念などの感情的な要素が食べるということの願望に影響し得る。例えば落ち込んでいる人は食べる量の減少あるいは増加を示すかもしれない。その時に示す反応は，過去の経験に基づいていることが多く，疲労感が漂う時期や危機の時に，食べるもしくは，食べないことが彼らの気分を良くさせたのか，悪くさせたのかによる。気分に関して，オーバートレーニングと食欲との間に関連性があるかもしれない。長期間に及ぶトレーニングを行った競技者の気分を監視した研究によると，オーバートレーニングをすると，気分は負の方向に急激に変化し得ることが示されている[27]。これらの発見はオーバートレーニングと食欲との間には関連があることを示している。トレーニングが進展すると，競技者は用量に関連した気分の障害を発展することがあり，つまりオーバートレーニング時の競技者は，活動性の面での数値の低下，負の気分の面での数値の上昇を示すことが証明されている[27]。食欲の減少はオーバートレーニングの要素であると，多くの研究者達は逸話のように言っている。よって POMS を監視することによって競技者の成功を予測し，競技者のタイプ[3,20,33]によってはオーバートレーニングを防ぐこともできる。オーバートレーニングをしがちな競技者には，オーバートレーニングであることを知るのみならず，食べる量を監視するためにも気分を監視すべきである。

　食べ物が手近にあること，何時なのか，社会的拘束，睡眠不足，そして温度，湿度といった環境的な要素も食欲に影響し得る[37]。厳しいトレーニングを行う競技者の中には，学校やアルバイトなどの用事があるために，体の栄養とエネルギーの蓄えを維持するのに必要なだけのキロカロリー数を摂取するための食欲と時間がしばしば不足している者もいる。また，体の外見，社会的慣習，仲間なども食欲に影響し得る要素である。水着や体操着を着た時の心配は食事の選択を左右し得る。体重のことを気にしている女性の競技者には，空腹感があり，空腹の生理学的信号も出ているにもかかわらず，食べ物の中でも小さなものを選んだり，全く食べなかったりする者もいる。

　食欲は気分，社会的慣習，何時なのか，おいしさ，そして文化的習慣などの外圧に影響される一方で，空腹は食べ物を探し，食べるという主に生理学または内面的な願望である。

表13.2 食への姿勢に影響するホルモンとその他の要素

食べる量を増加させる	食べる量を減少させる
・インスリン	・インスリン
・エンドルフィン　(CPK)	・クレアチン
	・ホスホキナーゼ
・ノルエピネフリン	・ドーパミン
・コルチゾル	・ソマトスタチン
・成長ホルモン	・ヒスタミン
・プロゲステロン	・バソプレッシン
・麻酔薬	・アンフェタミン
	・レピン
	・ニコチン

　空腹と食欲の両方とも，人が何をどれだけ食べるのかという判断をくだす際に大きな役割を果たし，よってエネルギー摂取を決定する一方で，ほとんどのアメリカ人はおそらく，いつ，何を食べるのかを選択する時には，空腹に関連する内面的な圧力よりも，食欲に関連する外面的な圧力に反応しているだろう。表13.2は体の中でつくられるホルモンや化学的化合物の，空腹と食欲との関係を記している。

競技者のための栄養，バランスのとれた食事

　競技者のための栄養ガイドラインは，長年にわたる数々の複雑な研究によって収集され，同意された。しかしながら，オーバートレーニングの過程にある，もしくはオーバートレーニングまたはオーバーリーチングに達してしまった競技者達が必要としている栄養の量はよく知られていない。オーバートレーニングに関する本は，それと栄養の関係については充分に述べているものの，特定の栄養素とオーバートレーニングにおけるその役割を調べた特定の研究はない。例えば，SbermanとMaglischo[35]は，オーバートレーニングした競泳競技者において，慢性的疲労の症状の一例として「食欲の減退」，「体重の減少」の栄養との関係をほのめかした。Costillら[12]は，オーバートレーニングの水泳競技者は必要なだけの炭水化物を日常的に摂取できておらず，激しいトレーニングからくる疲労を倍加させていることを発見した；Randy Eichner[16]はオーバートレーニングを防ぐには正しい栄養摂取が非常に大切であるという結論を出している。持久系とレジスタンストレーニングの分野に所属するほとんどの人達が正しい栄養摂取がオーバートレーニングを防ぐために絶対に必要であることに同意するであろう。しかしながら，炭水化物，蛋白質，脂肪，またはビタミンそして無機物がそれぞれどのように特定の役割を果たしているかについての，オーバートレーニングをモデルとした研究は充分になされていない。

炭水化物

　炭水化物摂取とオーバートレーニングに関する数少ない研究の1つで，Costillら[12]は，

12人の大学レベルの水泳競技者に10日間それぞれの練習量を倍にしてオーバートレーニングにした。全体としては，10日間の練習量の増加からはパフォーマンステストへの変化はみられなかった一方，コルチゾルとクレアチンキナーゼの水準は練習量の増加から急激に上昇した。しかし，そのうち4人の競技者（グループA）はトレーニングをこなすのに最も困難を示したので，さらなる分析と，たいした問題なくトレーニングをこなした8人（グループB）との比較のために研究員によって選択されたことが述べられていた。最後の2日間の食事記録からグループAの競技者はグループBの競技者に比べて少ないカロリー数を摂取していたことが明らかになった（約1,000kcalの差）。炭水化物（CHO）という観点からは，グループBは勧められている体重1kgあたり7～10gのCHO(g/kg/d)に近い，約8.2グラムのCHO/kg/dを摂取していたのに対して，グループAは5.3グラムのCHO/kg/dにとどまった。また，著者達はグリコーゲンの含量を観測し，グループAの競技者はグループBの競技者に比べて，グリコーゲンの値が10日間の摂生規則の前後ともに大幅に少なかったことを示した。この結果から著者達は，グループAの競技者達は日々のエネルギー消費量の変化に対して鈍感であり，よってカロリーと炭水化物のバランスを維持するのが困難であったと結論づけた。彼らの結論は，グループAの競技者はグループBの競技者に比べて体重に対して摂取したキロカロリー数が常に下回っていたことを示した実験当初の食事の記録に基づいている。これらの水泳競技者達は一般に言うオーバートレーニング症候群の競技者とは分類されなかったものの，数人は練習をこなすのに困難を示した。

　この競技者達は不適切な栄養補給の結果，慢性的に疲労してしまったのかもしれない。高負荷の運動に関連する疲労や練習を完全にこなすことの困難など，Costillらが説明した症状[12]は，この研究の水泳競技者の約30％に見受けられた。これらと同様な症状がオーバートレーニングの書物のなかで繰り返しほのめかされている；しかしながらこの研究は，競技者の栄養の状態が観察され，慢性的な疲労の可能性に結び付けられた数少ない研究の一つである。もしもこの現象が負荷を高めた水泳競技者の30％にみられるのであれば，負荷を高めた他の競技者にも同様のことが言えるのではないか？　第14章に炭水化物の有効性とオーバートレーニングとの関係についてさらなる情報が記されている。

蛋白質

　蛋白質と，特に分岐鎖アミノ酸は運動中に代謝の燃料となり得るので，運動する人にとっての蛋白質の必要性には多くの懸念がある[5,22]。摂取された蛋白質の質，エネルギー摂取などへの疑念が，伝統的な窒素出納法によって定められていた蛋白質の初期の研究に対する誤った解釈を招いたかもしれない。

　運動中の蛋白質の必要性は，蛋白質の質，量だけでなく，エネルギー摂取量にも依存している。Gail Butterfieldら[7]はエネルギー摂取量が一日たった100 kcalだけでも不足していると，毎日5～10マイルを$\dot{V}O_2max$の65～75％で走る男性に対して，一日体重1 kgあたり2 gの蛋白質をとらせたとしても，窒素出納を保つのには充分でないことを証明した。さらに，Butterfieldら[6]が一日3～5マイルを$\dot{V}O_2max$の約65％で走る女性の蛋白質の必要量を調べたところ，蛋白質の必要量は体重を維持するのに35 kcal/kg/dを摂取した女性

では約 1.1 g/kg/d であった。

　実に，競技者のエネルギー平衡が負になった時は蛋白質の必要量も増加しなくてはならず，正のエネルギーバランスを持つ競技者にとっては健康と引き締まった除脂肪体重を維持するのにより少ない蛋白質の量を必要とするようである。

持久系競技者の蛋白質の必要性——持久系競技者について一つ興味深い点がある。それは中程度の持久系運動を開始するのに応じて窒素出納が低下するということである[18,39]。しかしながら，この減少は栄養上の操作を全く行わなくても，2週間もすると修正される[17]。Butterfield と Calloway[8] はこの一時的な窒素出納の下落を明らかにし，窒素出納は適応後にさらに正の方向に向かうことを発見した。これは，エネルギー摂取量が充分である場合，中程度の持久系運動を行う人は，運動をしない人々よりも，窒素出納のために必要とする蛋白質の量が実際は少ないということを示している。

蛋白質の分解代謝—— Calloway と Spector[9] そして Butterfield[7] によって証明された負のエネルギー平衡にもかかわらず，運動競技者は血糖を維持しなくてはならない。必要であれば，必要としているグルコースを供給するために，筋組織がエネルギー源として使用されることもある。主に筋肉の分解代謝から引き出されたアミノ酸が脱アミノまたはアミノ転移され，肝臓へと運ばれ糖新生（筋浪費）を通じてグルコースを作り出す原料になっているのである。これらのアミノ酸は主にアラニンもしくはグルタミンの形で肝臓に運ばれる。グルタミンの場合はアンモニアイオンがグルタミン酸塩と結合し，グルタミンを生産する。グルタミンは筋肉から血液へと放出され，腎臓やその他の内臓に吸収される。グルタミンの通常のレベルは 0.5～0.6 mmol/L[19] の範囲である。

　最近ではオーバートレーニングの競技者とグルタミンの水準の関係に注目が集まっている。Parry-Billings ら[31] はオーバートレーニングのランナー達に，そうでないランナー達に比べて，少々ではあるが，重要な，血漿グルタミンの低下を発見した。グルタミンはリンパ球によるヌクレオチド合成のための窒素原料として必要である[19]。これはグルタミンの水準の低さが免疫学的反応と関連していることを意味し，よってオーバートレーニングの競技者は感染のリスクが高くなる。しかし，Mackinnon と Hooper[24] はグルタミンの濃度の変化が上気道への感染と関係があるかどうかを決定するために，練習の強度が4週間にも及び激しくなった水泳競技者を観察した。24人中8人の競技者がタイムの悪化によるパフォーマンスの低下と，自己申告の疲労度の低下に基づいてオーバートレーニングであると判断された。その他の16人はよく鍛えられているグループに分類された。グルタミン血漿の水準はオーバートレーニングの時期の前，途中，そして後に調べられた。オーバートレーニングの時期においては，被験者全員のグルタミン血漿の水準が上昇した。しかし，両グループともグルタミンの通常値である 0.5～0.6 mmol/L を簡単に上回っていたものの，オーバートレーニングのグループの方がよく鍛えられた競技者達よりも，グルタミン血漿のレベルは低かった[19]。

　著者達はグルタミンの水準と上気道感染の発生に大した差を発見することはなかった—

方で，この研究は，高負荷の運動を課されている競技者もしくはオーバートレーニングの競技者は，特に余分な蛋白質を蛋白質合成に回すことのできるだけの充分な食事（特に炭水化物）をとっていない場合に，蛋白質とエネルギーの栄養失調と筋浪費のリスクにさらされかねないという考えを支持する。この件に関して追求するには更なる研究が行われる必要があるものの，この研究で多くの被験者が口にした不満は，充分なカロリー数（炭水化物）を取らなかったことに起因しているかもしれない。もしも炭水化物の摂取が不十分だった場合，蛋白質がエネルギー源として使われてしまい，引き締まった除脂肪量を無駄に使い，それは確実にパフォーマンスに影響し，激しいトレーニング期の水泳競技者全員にみられた高いグルタミン濃度を説明することができる。

オーバートレーニングの競技者への示唆——オーバートレーニングやオーバーリーチングの時期にエネルギーの平衡を保つことのできない競技者には，蛋白質が燃料として使用されてしまうということの意味は大きい。オーバートレーニングの競技者の，蛋白質の状況，また窒素出納を調べた研究は行われていないものの，空腹や食欲を通じて，運動の負荷を増加したことによるエネルギー摂取への影響の可能性によって，競技者の中には引き締まった除脂肪量の損失をまねく負の窒素出納を経験する者がいることを誰もが予想することができる。さらに，蛋白質が糖新生を通じてグルコースの生産に代用されているこれらの反応は，オーバートレーニングの競技者によくみられる，高いグルコース対インスリン比率（低炭水化物摂取または低エネルギー摂取にみられる）とコルチゾル[19]によって加速される[12,16]。

窒素バランス——高負荷のトレーニングやオーバートレーニングの競技者は，蛋白質がエネルギー源として使われてしまう時に起きる引き締まった除脂肪量の減少を避けるために，正の窒素出納を維持する必要がある。窒素出納を維持するための蛋白質の必要量のデータはよく言っても疑わしい。CelejowaとHoma[10]はエネルギーの摂取と消費が一日100 kcalの範囲内でバランスを取っている場合には，蛋白質を1.85 g/kg/d摂取しても組織の増加はみられないことを発見した。その他の研究[2,25]は正の窒素出納のためには過剰なエネルギーが必要であると示している。ButterfieldとTremblay[6]はエネルギーの摂取が必要よりも400 kcal上回ると，蛋白質の吸収は窒素の滞留にあまり影響がなかったことを発見した。エネルギーと蛋白質の摂取量が増えることでみられる窒素出納の改善は，蛋白質のエネルギーへの貢献によって説明された。これらのデータは，高負荷のトレーニングをしている競技者にとって，蛋白質の過剰摂取またはエネルギー源となる栄養素をとらずに蛋白質の補助剤をとるよりも，適切なカロリー数を摂取することの方が遙かに大切であることを示している。

蛋白質のすすめ——アメリカにおいて個人に勧められている承認された蛋白質摂取量は，その人の体重に依存している。競技者に提示されている蛋白質摂取量は0.8~2.0 g/kg/d [1]である。よって17歳の体重70 kgの男性競泳競技者は一日60~150 gの蛋白質を必要とし

ている。一般的なアメリカの食事は一日約 100 g の蛋白質を供給し，その対象となっている男性にとっては平均で体重 1 kg あたり 1.4 g の蛋白質を摂取していることになる。1.5〜2.0 g/kg/d の蛋白質を摂取する競技者はエネルギー平衡を保ちさえすれば，蛋白質合成の要求に応え，窒素出納を維持することができると示されている。充分なカロリー数を摂取し，比較的バランスのとれた食事をしている競技者であれば，余計に蛋白質をとる必要はない。食事のカロリー数が制限されている者と，ひどい食事の選択をしている者は例外である。彼らの低エネルギー摂取によって，蛋白質の必要性の高さが予想できる。

脂質の摂取

　数人の研究者は，より多くの脂質を摂取すること（脂質過負荷）が持久系のトレーニングに役立ち得ると提示している。一般的には，脂肪酸の適当な酸化と補給の増加が，炭水化物の利用[15]を抑制することが認められている。持続される運動中における貯蔵炭水化物の消費は疲労を招く大きな要因の一つであることから，この研究は競技者にとっては価値あるものかもしれない。脂肪酸の利用可能性の増加によって，運動中のグリコーゲンの利用率が低くなり，疲れ切るまでを遅らせることができる[11]。

　何人かの研究者[28,32]は，脂肪分の多い食事をとることは，運動中の脂肪酸の利用を増加させる可能性があることを発見した。これらの研究は炭水化物の貯蓄が減少した時に，脂質の高い食事と普通の食事との間の持久力の差を見出すことはできなかった一方で，他の研究では異なる反応を見出している。Johansson ら[21]は比較的健康である 7 人の被験者に，4 日間トレーニングなしで，高脂質の食事（76％脂肪分，14％蛋白質，10％炭水化物）を液状または固形物で，もしくは同じカロリー数の高炭水化物の食事（10％脂肪分，14％蛋白質，76％炭水化物）を固形物で与えた。食事を取った後に彼らは疲れきるまでエルゴメーターをこがされた（$\dot{V}O_2$max の 70％，運動対休憩の割合は 30 分対 10 分）。その結果高炭水化物の食事をとった被験者の方が，脂肪分の多い食事を液状，または固形物でとった被験者よりも大幅に長く走った(106＋5 分：64 分＋6 分：59 分＋6 分)。血糖値は高脂質の食事のあと下がり，疲れきった時点では低血糖値の症状を全員がみせた。著者達は 4 日間の高脂質の食事が，高炭水化物の食事に比べて，早期の疲労をもたらすという結論を出した。

　別の研究では，Simonsen ら[36]が，28 日間毎日激しい 2 部制トレーニングを行った 22 人（男性 12 人，女性 10 人）の被験者を観察した。そのトレーニングは午前中に最大酸素摂取量の 70％で 40 分間トレーニングし，午後にはパワー出力を評価するために 500 m 走のタイムトライアルを 3 本，もしくは $\dot{V}O_2$max の 70〜90％でのインターバルトレーニングを行うという構成だった。毎日のトレーニングの平均は $\dot{V}O_2$max の 70％で 65 分，$\dot{V}O_2$max の 90％以上で 38 分であった。各週の 7 日目には $\dot{V}O_2$max の測定が行われ，$\dot{V}O_2$max の 70〜80％で 35 分間こいだ。彼らは 5 g/kg/d の炭水化物または，10 g/kg/d の炭水化物を摂取した。蛋白質の摂取は 2 g/kg/d，そして脂肪分の摂取は体重を維持するために調整された。筋グリコーゲン含量は高炭水化物のグループにおいて，低炭水化物のグループよりも著しく上昇した。タイムトライアルにおけるパワー出力の平均は両グループで増加したが，高炭水化物のグループ（＋11％）の方が低炭水化物グループ（＋2％）に比べて著しく増加した。

著者たちは10g/kg/dの炭水化物を含む食事の方が筋グリコーゲン濃度の増加，そしてパワー出力の増加を5g/kg/dの炭水化物を含む食事よりも導くという結論を出した。しかし，著者たちは5g/kg/dの炭水化物の摂取はトレーニング中のグリコーゲンの枯渇，またはパワー出力の障害はもたらさなかったと述べた。

筋グリコーゲンを無駄にしないために高脂質の食事をとり，よってパフォーマンスを高めるという考えはおもしろいものの，現時点ではこのコンセプトを支えるための充分な証拠がない。高脂質の食事と，心臓病またはある種の癌のリスク増加との関連は確かな問題である。結果的に，ほとんどの高脂質の食事は勧められていない。

女性競技者の3徴

ここ20年間で激しいスポーツに参加する女性の数は急激に増え，女性競技者[13]の役割の変化とともに，様々な疑問と懸念が出現した。浮かび上がってきた見解の一つは，それぞれのスポーツで活躍することに情熱を燃やす若い女性達は，致命的になりかねない医学的障害の「3徴——摂食障害，月経不順，そして骨粗鬆症[30]」を発症し得るリスクを抱えていることである(図13.1参照)。それぞれの障害は苦労の種であり，かなりの弊害を与えるが，これらの3つの障害が同時に2つ以上組み合わさって起きると，死に到る可能性もある[14]。

女性競技者における月経不順の原因論

現在，活発で運動をしている女性に見られる不順な月経の周期に対する考え方としては，エネルギー摂取が負のバランスの時期に依存して発生し得るということである。女性競技者のエネルギー消費の増加は，トレーニングによる肉体的そして心理的なストレスの両方からなる[14,15]。このエネルギー消費の増加と食事制限の習慣は，単にダイエットをすることによってみられる以上のエネルギー不足を引き起こすことがある。エネルギー消費の増加と食事制限は女性競技者の生殖ホルモンの分泌に影響することがある。例えば，Schweiger

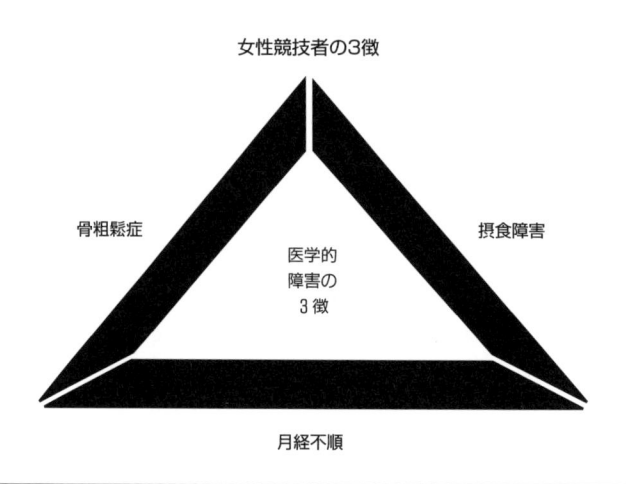

図13.1　若年女性競技者に見られる医学的障害の3徴を表す図

ら[34]は，月経の黄体段階にある女性のエネルギー摂取とプロゲステロン水準との間に正の相関性（$p<0.1$）を見出した。また，彼らは配偶者，家族，そして友人からくる心理的なストレス（ストレスの主観的な評価）は，黄体期のプロゲステロン水準，同様に黄体期のエストロゲン産生と負の相関（$p<0.1$）にあることを見出した。彼らのデータは栄養摂取の実態と，心理的・肉体的両方のストレスが競技者にみられる月経不順の原因の大きな役割を担っていることを裏付けている。

　エネルギー排出説のさらなる裏付けは，月経不順の女性を対象に甲状腺測定と代謝率が観測された研究による。一般的に，体のカロリー平衡が負である時は，甲状腺ホルモンと安静時の代謝率は低下する。

　もしも月経不順の競技者がカロリー摂取を制限しているのであれば，甲状腺ホルモンと安静時の代謝率は低下する可能性がある。最近行われた2つの研究は，月経不順の女性における甲状腺ホルモンの量を調べた[23,38]。研究者達はフリーT4，フリーT3，逆T3，の減少，そしてT3の摂取の低下を発見した。甲状腺ホルモンを観測するとともに，両方の研究とも月経不順の被験者のエネルギー摂取量を調べ，異なる結果を見出した。Ann Loucksら[23]は月経不順の被験者にエネルギー摂取の低下を見出し，Wilmoreら[38]は被験者にエネルギー摂取の低下を見出さなかった。その他の研究者たち[29]はエネルギー摂取の低下，甲状腺ホルモンの減少だけでなく，これらの女性の競技者達が負のエネルギーバランスの状況にあることを表し得る，安静時の代謝率の低下を示した。

オーバートレーニングのモデルとしての月経不順の競技者

　女性競技者の「3徴」の症状をあらわにしている競技者はオーバートレーニングのモデルとしてみることができる。この声明の理論的根拠は，この「3徴」の障害に苦しむ女性のほとんどが，細さと引き締まった体を維持するために，トレーニングの規則は高負荷な運動とカロリー数を制限することに重点がおかれているという事実からくる。その他にこのモデルを支持するのは，Dueckら[14]によって最近行われたケーススタディーである。研究者達は月経不順のランナーについて，15週間のダイエットと運動の介入するプログラムの影響をエネルギーバランス，ホルモンの活動，体脂肪率，そして月経機能について調べた。この被験者は短距離から長距離へと転身してから体重が9kg減り，通常の月経の周期が3カ月もこない状況であった。介入以前，彼女のトレーニングの規則は，一週間に7日間，毎日2部練習という内容だった。彼女は慢性的な疲労，低パフォーマンス，病気や怪我のしやすさに悩んでいた。基準となる体脂肪率，断食によるホルモンのプロフィール，骨密度のデータが介入前と15週間後に再び集められた。介入は栄養面とトレーニング面の要素の両方から成っていた。この被験者は360 kcal（59 g炭水化物，17 g蛋白質，7 g脂肪分）から成る11-OZの液体によって1回の代替食事を補給した。トレーニング面は1週間のトレーニングの内容に，まる1日の休日を入れることから成った。重視された食事の記録は介入の前に測定され，エネルギーバランスは155 kcal分負であったことを示した。介入の後に被験者のエネルギーバランスは正になり（＋600），体脂肪率が8.2から14.4％に増え，黄体ホルモンが3.9から7.3 mIU/mlに増え，コルチゾルが41.2から33.2 ug/dlに減少し

た。

　ここでこの競技者に摂食障害はなく，食事に対する反抗的な気持ちはなかったということを述べておくことは重要である；しかし彼女は前のシーズンに体重の維持に苦しみ，常に疲れを感じ，シーズン中に慢性的な疲労を経験した。栄養サプリメントを使い，トレーニング量を結果的に減らしたことによって，彼女は個人記録を伸ばし，2つの学校記録を更新し，いくつかの種目でアメリカ全国短期大学連盟（NJCAA）の陸上競技会への出場権を得た。体脂肪の増加が彼女のパフォーマンスの足を引っ張ることは明らかになかった。著者たちは月経不順の競技者の治療には非医学的なアプローチ（キロカロリー数の増加，トレーニング量の減少）を使うことが，通常の月経のホルモン活動回復とパフォーマンスの向上をうながすという結論に達した。この研究はオーバートレーニング，オーバーリーチングのための研究ではない一方で，同じような要素をいくつか含んでいる：体重の減少，慢性的疲労，パフォーマンスの低下，病気や怪我の多発性，循環しているコルチゾルの増加，これらすべてがオーバートレーニングにみられる模範的な症状である。この研究は，オーバートレーニングの競技者にみられる筋肉消耗とパフォーマンスの悪化からの脱出は，カロリー摂取量を増やすと同時にトレーニング量を減らすような介入プログラムによって援助されているという仮説を支持しているようだ。

結論

　オーバートレーニング，オーバーリーチングにおいて，はっきりとした栄養の役割について明らかにする研究は行われていないものの，オーバートレーニング時のカロリー摂取とそのカロリーの栄養の密度がパフォーマンスと競技者の健康を維持するために重要な役割を担うであろう（図13.2参照）。トレーニングが高負荷な時期にある競技者達は，運動

オーバートレーニングにおける栄養の役割

感染の増加　　　　　　　　空腹の低下
怪我の増加　　オーバートレーニング　　食欲の低下
疲労　　　　　　　　　　　kcal摂取の低下
体重の減少または筋肉消耗

図13.2　オーバートレーニングに陥った競技者の栄養と運動の相互関係を表した図

の燃料のために筋肉からのアミノ酸を分解してしまわないように，充分な炭水化物とカロリー数を絶対に摂取しなければならない．トレーナー，コーチ，そして競技者は激しいトレーニングプログラムに参加しているオーバートレーニングの者に見られる空腹，食欲の現象にも特に注意しなくてはいけない．多くの競技者は長い練習の直後は空腹感がなく，食事をとるまでに時間をあける．しかし，もしも食事が用意されていない状況であったり，パフォーマンスに起因する気分の悪さによって食欲がない状況であると，その競技者は食事をとらず，それが筋肉の消耗とパフォーマンスの低下を招くことになる．食事，体重，POMS，そしてオーバートレーニングによるホルモンの兆候の監視によって競技者がオーバートレーニングの状況に陥ってしまうことを防ぐことができるかもしれない．（辻秀一）

参考文献

1. American Dietetic Association. 1987. Nutrition and physical fitness and athletic performance. *Journal of the American Dietetics Association* 87: 933-939.
2. Bartels, R.L., D.R. Lamb, V.M. Vivian, J.T. Snook, K.F. Rinehart, J.P. Delaney, K.B. Wheeler. 1989. Effects of chronically increasing consumption of energy and carbohydrate on anabolic adaptations to strenuous weight training. Report of the Ross Symposium. In *The theory and practice of athletic nutrition: bridging the gaps*, eds. A.C. Grandjean, J. Storlie, 70-80. Columbus, OH: Ross Laboratories.
3. Berglund, B., H. Safstrom. 1994. Psychological monitoring and modulation of training load of world-class canoeists. *Medicine and Science in Sports and Exercise* 26: 1036-1040.
4. Brownell, K.D., J. Rodin, J.H. Wilmore. 1992. Eating, body weight and performance in athletes. Philadelphia: Lea & Febiger.
5. Butteifleld, G.E. Amino acids and high protein diets. 1991. In Perspectives in exercise science and sports medicine, vol. 4, *Ergogenics: enhancement of performance in exercise and sport*, eds. D.R. Lamb, M.H. Williams, 87-122: Ann Arbor, MI : Brown and Benchmark.
6. Butterfield, G.E. and A. Tremblay. 1990. Physical activity and nutrition in the context of fitness and health. In *Exercise, fitness, and health; a consensus of current knowlege*, ed. C. Bouchard. Ann Arbor, MI: Books on Demand Publisher.
7. Butteifleld, G.E. 1987. Whole body protein utilization in humans. *Medicine and Science in Sports and Exercise* 19: S157-S165.
8. Butterfield, G.E., D.H. Calloway. 1984. Physical activity improves protein utilization in young men. *British Journal of Nutrition* 51: 171-184.
9. Calloway, D.H., H. Spector. 1954. Nitrogen balance as related to caloric and protein intake in active young men. *American Journal of Clinical Nutrition* 2: 405-411.
10. Celejowa, I., M. Homa. 1970. Food intake, nitrogen and energy balance in Polish weight lifters during a training camp. *Nutrition and Metabolism* 12: 259-274.
11. Costill, D.L., E. Coyle, G. Dalsky, W. Evans, W. Fink, Hoopes. 1977. Effects of elevated FEA and insulin on muscle glycogen usage during exercise. *Journal of Applied Physiology* 43: 695-699.
12. Costill, D.L., M.G. Flynn, J.P. Kirwan, J.A. Houmard, J.B. Mitchell, R. Thomas, S.H. Park. 1988. Effects of repeated days of intensified training on muscle glycogen and swimming performance. *Medicine and Science in Sports and Exercise* 20: 249-254.
13. Dueck, C.A., K.S. Matt, M.M. Manore, J.S. Skinner. 1996. A diet and training intervention program for the tyeatment of athletic amenorrhea. *International Journal of Sports Nutrition* 6: 24-40.
14. Dueck, C.A., M.M. Manore, K.S. Matt. 1996. Role of energy balance in athletic menstrual dysfimction. *International Journal of Sports Nutrition*. 6: 165-190.
15. Dyck, D.J., C.T. Putman, G.J.F. Heighenhauser, E. Hultman, L.L. Spriet. 1993. Regulation of fat-carbohydrate interaction in skeletal muscle during intense aerobic cycling. *American Journal of Physiology* 265: E852-E859.
16. Eichner, E.R. 1995. Oventaining: consequences and prevention. *Journal of Sport Science* 13: S41-S48.
17. Gontzea, I., P. Sutzesco, S. Dumitrache. 1975. The influence of adaptation to physical effort on nitrogen balance in man. *Nutrition Reports International* 11: 23 1-236.
18. Gontzea, I., P. Sutzesco, S. Dumitrache. 1974. The influence of muscular activity on nitrogen balance and on the need of man for protein. *Nutrition Reports International* 10: 35-43.
19. Groff, J.L., S.S. Gropper, S.M. Hunt. 1995. Advanced nutrition and human metabolism. 2d ed. St.

Paul: West.
20. Gutmann, M.C., M.L. Pollack, C. Foster, D. Schmidt. 1984. Training stress in Olympic speed skaters: a psychological perspective. *Physician and Sportsmedicine* 12: 45-57.
21. Johannsson, A., C. Hagen, H. Galbo. 1981. Prolactin, growth hormone, thyrotropin, 3, 5, 3'-triiodothyronine, and throxyine responses to exercise after fat-and carbohydrate-enriched diet. *Journal of Clinical Endocrinology and Metablolism* 52: 56-61.
22. Lemon, P.W.R. 1991. Protein and amino acid needs of the strength athlete. *International Journal of Sports Nutrition* 1: 127-145.
23. Loucks, A.B., G.A. Laughlin, J.F. Mortola, L. Girton, J.C. Nelson, S.S.C. Yen. 1992. Hypothalamic-pituitary-thyroidal function in eumenorrheic and amenorrheic athletes. *Journal of Clinical Endocrinology and Metabolism* 75: 514-518.
24. Mackinnon, L.T., S.L. Hooper. 1996. Plasma glutamine and upper respiratory tract infection during intensified training in swimmers. *Medicine and Science in Sports and Exercise* 28: 285-290.
25. Marable, N.L., N.L. Kehrberk, J.T. Judd, E.S. Prather, C.E. Bodwell. 1988. Caloric and selected nutrient intakes and estimated energy expenditures for adult women: identification of non-sedentary women with low energy intakes. *Journal of the American Dietetics Association* 88: 687-693.
26. Montgomery, R., T.W. Conway, A.A. Spector, D. Chappell. 1996. *Biochemistry: a case oriented approach*. 6th ed., 256. St. Louis: Mosby.
27. Morgan, W.P., D.R. Brown, J.S. Raglin. 1987. Psychological monitoring of overtraining and staleness. *British Journal of Sports Medicine* 21: 107-114.
28. Muoio, D.M., J.J. Leddy, P.J. Horvath, A.B. Awad, D.R. Pendergast. 1994. Effect of dietary fat on metabolic adjustments to maximal VO_2 and endurance in runners. *Medicine and Science in Sports and Exercise* 26: 81-88.
29. Myerson, M., B. Gutin, M.P. Warren, M.T. May, I. Contento, M. Lee, F.X. Pi-Sunyer, R. N., Pierson, J. Brooks-Gunn. 1991. Resting metabolic rate and energy balance in amenorrheic and eumenorrheic runners. *Medicine and Science in Sports and Exercise* 23: 15-22.
30. Nattiv, A., R. Agostini, B. Drinkwater, K. Yeager. 1994. The female athlete triad: the interrelatedness of disordered eating, amenorrhea, and osteoporosis. *Clinical Sports Medicine* 13: 405-418.
31. Parry-Billings, M., R. Budgett, Y. Koutedakis. 1992. Plasma amino acid concentrations in the overtraining syndrome: possible effects on the immune system. *Medicine and Science in Sports and Exercise* 24: 1353-1358.
32. Phinney, S.D., B.R. Bistrian, W.J. Evans, E. Gervino, G.L. Blackbum. 1983. The human metabolic response to chronic ketosis without caloric restriction and preservation of submaximal exercise capabilities with reduced carbohydrate oxidation. *Metabolism* 32: 769-776.
33. Raglin, J.S., W.P Morgan, A. E. Luchsinger. 1990. Mood and self-motivation in successful and unsuccessful female rowers. *Medicine and Science in Sports and Exercise* 22: 849-853.
34. Schweiger, U., F. Herrmaan, R. Laessie, W. Riedel, M. Schweiger, K.M. Pirke. 1988. Caloric intake, stress, and menstrual function in athletes. *Fertility and Sterility* 49: 447-450.
35. Sherman, W.M., E.W. Maglischo. 1991. Minimizing chronic athletic fatigue among swimmers: special emphasis on nutrition. In *Sports science exchange* 35: 4. Chicago: Gatorade Sports Science Exchange.
36. Simonsen, J.C., W.M. Sherman, D.R. Lamb, A.R. Dembach, J.A. Doyle, R. Strauss. 1991. Dietary carbohydrate, muscle glycogen, and power output during rowing training. *Journal of Applied Physiology* 70: 1500-1505.
37. Wardlaw, G.M., P.M Insel. 1996. *Perspectives in nutrition*. 3d ed. St. Louis: Mosby.
38. Wilmore, J.H., K.C. Wambsgans, M. Brenner, C.E. Broeder, I. Paijmans, J.A. Volpe, K.M. Wilmore. 1992. Js there energy conservation in amenorrheic compared with eumenorrheic dis-

tance runners? *Journal of Applied Physiology* 72: 15-22.
39. Yoshimura, H. 1961. Adult protein requirements. *Federal Proceedings* 20: 103-110.

第14章
持久系運動中の炭水化物の代謝

W. Michael Sherman, PhD, Kevin A. Jacobs, MS, and Nicole Leenders, MS

燃料の物質代謝

　激しいトレーニングへの順応は，体のエネルギー貯蔵の管理によって一部促進されている。トレーニングの負荷，継続時間，どれだけ回復したか，主要栄養素と微量栄養素をどれだけ摂取したか，のすべての要素がこの過程においてそれぞれ役割を担っている。しかし，これらの要素間の不均衡が，オーバーリーチングとそれに続くオーバートレーニング[18,3032]の症状である，トレーニングの負荷への不適応状態を招きかねない。以前から炭水化物の急激な消耗または慢性的な減少がオーバーリーチング，またそれに続くオーバートレーニングを引き起こす役割を担っていると言われていた[44]。オーバーリーチングとオーバートレーニングにおける炭水化物の代謝と有効性の研究においては，蛋白質と脂質の代謝の影響と相互作用をも考える必要がある。

　オーバーリーチングとオーバートレーニングについての議論を行う上で同様に重要なのは，体に貯蔵された燃料が純粋な物質合成代謝，または物質分解代謝を行うかという点である。オーバーリーチングとオーバートレーニングに関連する物質合成代謝と物質分解代謝のバランスの研究は，もともと神経性内分泌学の分野の研究から枝別れしたものである。最近では研究者達が血漿テストステロンとコルチゾルの割合を研究した[2,5,28]。逆であるとの証拠があるものの[53]，血漿テストステロン対コルチゾル比率の30％減少を，オーバーリーチングとオーバートレーニングの状態にあるという目印に使うべきであることが示されている。トレーニングに対する反応の物質合成代謝と物質分解代謝の不均衡は，通常物質合成代謝の状態が主導の回復時に，最も影響を及ぼし得る[30]。純粋な物質分解代謝の状態は，当初蛋白質の代謝に影響し得る；しかし，燃料システムの相互作用によって，脂質と炭水化物の代謝は純粋な物質分解代謝の状態においても影響されかねない。一方で，トレーニング自体が急な負荷に対する物質分解代謝の広がりを防ぐ可能性があり，さらにオリ

エンテーリングなどのとても激しい仕事においてさえも，充分な炭水化物量が，筋グリコーゲンの水準を正常化するために摂取されればオーバーリーチングの初期の兆候をみせることはないようだ[28]。

蛋白質

蛋白質は体内のエネルギー貯蔵の約17％を占める潜在的エネルギーの大きな源である[21]。骨格筋は蛋白質の最大の源である。また蛋白質は，様々な燃料の代謝の運搬と抑制の役割を担っている。蛋白質の構造的，機能的重要性から運動中のエネルギーの基質としての役割が，蛋白質を最初に使用することを抑制していると考えられている。

一般的に，運動中には蛋白質の合成率は下がり，減少率が上がるとされ，物質分解代謝のために使用できるアミノ酸のプールを大きくする可能性がある。運動中における骨格筋によるアミノ酸の酸化に関する研究のほとんどが分岐鎖アミノ酸（BCAA）―ロイシン，バリンとイソロイシンに着目している。BCAAはその他のアミノ酸に比べて，骨格筋によってより早く酸化されるようである[1,3,19]。BCAAの酸化の率は運動の強度と継続時間の影響を受ける；しかし，BCAAの酸化の占める割合は，運動によるエネルギー消費の総量の3～4％を超えないとされている[24]。

もう一つの運動中における蛋白質の物質分解代謝の率に影響する要素は，どれだけの炭水化物が利用可能であるかである。LemonとMullin[33]は，炭水化物が十分に補充された，または炭水化物が枯渇している状態の被験者について，$\dot{V}O_2max$の60％で自転車エルゴメーターを1時間こいだ時の，尿と汗の尿素の排出を検査した。炭水化物が枯渇している状態においては，14 g/時の率で分解された蛋白質は運動中に消費されたエネルギーのうち10％を産生し，炭水化物が十分に補充された状態では消費されたエネルギーのうち，蛋白質の酸化によってわずか4％(6 g/時)しか産生しなかった。LemonとMullin[33]は長時間に及ぶ運動において，炭水化物の過負荷によって蛋白質が倹約される影響があると結論づけた。

Wargenmakersら[55]は，グリコーゲンを枯渇または炭水化物を過負荷した後の運動中の分岐鎖の2塩酸化脱水素酵素（BCコンプレックス）の活性化を研究した。BCコンプレックスはBCAAの減少率を抑える酵素であり，BCコンプレックスの活動の測定はこれらのアミノ酸分解の目印として利用されている。被験者は自転車エルグメーターを最大仕事率の70～75％の間で2時間こいだ。炭水化物が枯渇しているグループの者のほとんどについて，この強度は徐々に50％にまで下げられた。運動によって，炭水化物が枯渇しているグループにおいてはBCコンプレックスの活動が4倍にもなり，炭水化物を過負荷しているグループにはBCコンプレックスの大した変化はみられなかった。よって，炭水化物の過負荷はBCAAの酸化を防ぐと言えるだろう。

BCAAは主に骨格筋によってエネルギーのために酸化される一方で，アラニン，グルタミン，アスパラギン酸塩などその他のアミノ酸は，糖新生を通じてグルコースを作るために肝臓によって利用される。糖新生は空腹の状態においては肝臓のグルコース生成の25～35％を占めると考えられている[6]。アラニンのみで空腹の状態においては肝臓のグルコース生

成の20～50%を占め得る。[3,6] しかし，低強度の長時間に及ぶ運動中に，毎時間の総エネルギー消費の8%しか糖新生は占めない[3]。また，長時間に及ぶ激しい運動中に体内の炭水化物の貯蓄が低下するにつれて，糖新生の率は血糖値を保つことができず，血糖値が下がり，疲労が起きる。

長時間の運動は体内の蛋白質貯蓄の減少を招き得るので，持久系の競技者には一日体重1kgあたり1.2～1.4gの蛋白質を摂取することがすすめられている[34]。エネルギー摂取量が体重を維持するのに充分である限り，総エネルギー摂取の12～15%を蛋白質が占める食事をとれば充分である[16]。先ほど論じられたように，運動中の蛋白質の減少の程度は，体内における炭水化物の貯蓄量の有効性に大きく影響される。激しい運動，不十分な回復，不十分な炭水化物の摂取が，体内の炭水化物量が常に不足している状態をつくりだしかねない。これはエネルギーを生成するための蛋白質利用を促進し，場合によっては純粋な物質分解代謝の状態を作り出し得る。純粋な物質分解代謝の状態は，骨格筋に対する悪影響に加えて，主に蛋白質によって構成されている構造に依存している燃料システムをおかしくしかねない。脂肪細胞から放出された脂肪酸（FFA）は血液による運搬のためにアルブミンという蛋白質に結合される。筋線維膜を横断する血液からのFFAの動きは，脂肪酸を結合させる蛋白質によってとりなされていると考えられている。脂肪，骨格筋，心臓の細胞への侵入は，グルコースを運搬する蛋白質GLUT4によってとりなされる。燃料の代謝に関する反応を触媒する酵素も蛋白質である。よって，蛋白質に関する純粋な物質分解代謝の状態のみでとてつもない結果をもたらす可能性があり，それぞれの結果がオーバーリーチングやオーバートレーニングの発生をもたらし得るのである。

トリグリセリド

トリグリセリド（TG）は体内の脂肪の主な貯蔵形式である。TGは潜在的エネルギーの最大の源であり，体内のエネルギー貯蓄のおよそ80%を占める[20]。エネルギー源としての役割もさることながら，TGは体温を逃がさない役割を果たし，クッションとして内臓を防御し，脂肪に溶けるビタミンの運搬役として働き，多くの細胞膜の構造的要素である。

運動の開始に伴い，骨格筋が利用する脂肪酸（FFA）の量が脂肪細胞における脂肪分解によるFFAの生成を上回るので，通常は血漿のFFAの濃度は一時的に減少する。しかし，低または中程度の強度の運動を行うことによって，ホルモンに敏感なTGリパーゼをエピネフリンが刺激することで血漿FFAの水準は上昇し始め，血液の中に放出されるFFAとグリセリンへとTGを変化減少させる。FFAは血液の中のアルブミンに結合され，血液の循環によって周辺の組織に運搬される。筋組織に到達すると，FFAは運搬物質による拡散過程によって筋線維膜を横断すると考えられている[50]。細胞に入るとFFAはTGに転換されるか，脂質アシル補酵素Aに転換され，FFAがβ酸化されエネルギーが導入されるカルニチンアシル転移酵素によってミトコンドリアへと運搬される。

脂質を運動中に意味のあるエネルギー源として利用することは，低または中程度の運動強度（<60% $\dot{V}O_2max$）に限られると考えられている。かつては運動中の脂質の代謝は，筋肉のTGの低い濃度によって制限され，血液を通じて筋肉にFFAが運搬されなくてはい

けないと考えられていた。しかし中程度の強度の運動においてさえ，血液内のFFAの貯蔵は通常，それの筋肉の摂取量をはるかに上回る[40]。FFAの酸化が持久系トレーニングで増加するという発見は，運動中に脂質の代謝を抑制する要素はおそらく筋細胞の水準に依存することを示す。Turcotteら[51]はトレーニングしている，または，していない被験者について，最大伸脚範囲の60％で3時間のレッグエクステンションを行い検査した。両グループにおいて血漿FFA濃度は同じように上昇したものの，トレーニングをしている人の大腿の動脈における血漿FFAの部分的な摂取は15％で維持されたのに対して，トレーニングしていない人については特に実験の最後の1時間において15％→7％へと減少した。FFAの摂取はトレーニングをしている被験者のFFA運搬について直線的に増加した一方で，トレーニングをしていない被験者についてはFFAの摂取は飽和されてしまった。FFAに筋線維膜を横断させる運搬物質による拡散は，持久系トレーニングによって増加し得る，運動中の脂質の代謝における率を抑制する段階を意味することが充分あり得る[50]。

　脂質の代謝とオーバーリーチング，オーバートレーニングの関係はまだ十分には研究しつくされていない。Lehmannら[31]は経験豊富な中距離，長距離ランナーのトレーニング量を3週間の期間倍以上にし，その影響をパフォーマンス，カテコールアミン，そしてエネルギー代謝の面について検査した。被験者は週6日トレーニングを行い，彼らのトレーニング量は第1週の85.9 kmから第4週の174.6 kmに増加された。安静時の血清TG, 低密度リポ蛋白，そして超低密度リポ蛋白はすべて大幅に低下した。安静時の，そして最大活動濃度の血清FFAとグリセリンも著しく低下した。これらの結果は予備的であり，変化の原因となるメカニズムは知られていないものの，脂質の代謝はオーバーリーチングの影響を受けるようである。よって，蛋白質の生成減少が血清アルブミンを減少させることで血液内のFFAの運搬を減らすこともある物質分解代謝の状態と，オーバーリーチングとオーバートレーニングと一致し得る。

炭水化物

　蛋白質やTGに貯蔵されているエネルギーに比べて，炭水化物は非常に限られたエネルギー源である。炭水化物の貯蔵は，体内エネルギー貯蓄全体の1～2％にしか相当しない約2000 kcalのエネルギーを示す。炭水化物はグリコーゲンの形で骨格筋（全体の79％）と肝臓（全体の14％）に貯蔵され，グルコースの形で血液内（全体の7％）に貯蔵されている[41]。

　蛋白質と脂質の代謝と同様に，炭水化物の貯蔵の利用は運動の強度に敏感である。$\dot{V}O_2$maxの60％以下の強度であれば，炭水化物も酸化されるものの，エネルギー量の大部分が脂質の酸化によってまかなわれる。しかし，$\dot{V}O_2$maxの65～85％の間の強度においては炭水化物が酸化されるエネルギー源として優先的に利用されるようだ[23,25,39]。筋グリコーゲンは即時のエネルギー源となり，筋グリコーゲンの減少が最も顕著なのは，中程度の強度の運動を始めて20～30分間である。運動中の酸化に利用される基質の大部分を血液のグルコースが供給することによって，筋グリコーゲンの糖新生の率は遅くなる。血液のグルコースの水準は，筋グルコースの摂取と肝臓のグルコースの生成とのバランスを反映する[44]。血液のグルコースの水準は通常運動開始から60～90分は一定であり，その後肝臓のグリコーゲ

ンの水準が枯渇することによって低下する[4]。中程度の強度（$\dot{V}O_2max\ 65〜85\%$）の運動中における体力の消耗は，筋グリコーゲンの枯渇と，場合によっては血液のグルコース濃度の低下に強く関係している。

競技者にとってトレーニングと競技が可能なレベルの運動の強度において炭水化物は酸化されるエネルギー源として優先され，体内の炭水化物の容量は限られていて枯渇し得るので，炭水化物の十分な補充と十分な回復時間がトレーニングとパフォーマンスにとって非常に重要である[41]。多くの競技者が推奨されている量のエネルギーを炭水化物として摂取しないので，炭水化物の貯蓄の急激な減少または慢性的な枯渇の可能性が，オーバーリーチングとそれに続くオーバートレーニングをも引き起こす原因の一つなのではないかと考えられている[44]。先ほど論じられたように，純粋な物質分解代謝の状態は，グルコースを運搬する蛋白質の数と活動を抑制することでグルコースの利用に影響し得る。

体内の炭水化物とトレーニング

ランニング，水泳，サイクリングなどのスポーツにおいて，日常のトレーニングで$\dot{V}O_2max$ $65〜85\%$で$90〜120$分間行われることは希ではない。このような長時間に及ぶ中程度の強度の運動が体内の炭水化物の貯蔵を著しく減らすことは，よく知られている。さらに，体内における炭水化物の貯蔵の低下は，高い強度でのトレーニングとパフォーマンスの能力をも低下させ得ると示されている。よって，日頃から運動能力を最大にするためには，筋内と肝臓のグリコーゲン貯蔵がトレーニングとトレーニングの間に補充されなくてはならない。持久系の競技者の日常的なエネルギー消費は一般人の$1.5〜3$倍であることを考えると，トレーニングや試合期のどんな段階においても，エネルギー消費とエネルギー摂取のバランスを維持するために，持久系の競技者は食事を通して十分なエネルギー量を摂取することが重要である。また，激しい運動後から24時間に消費された炭水化物($188\,g$, $325\,g$もしくは$525\,g$)と筋グリコーゲンが合成される量($r=0.84$)[12]との間の強い相関性によって，競技者は1日体重$1\,kg$あたり$8〜10\,g$の炭水化物の摂取を，体の炭水化物の貯蔵をトレーニング間の補充のために勧められている[41,44]。

持久系競技者は，体内の炭水化物の不足によるトレーニングの制限と最大運動パフォーマンス能力の低下を避けるために，トレーニングと競技シーズンのどんな段階であれ，日頃から十分な量の炭水化物を確実にとらなくてはいけない。よって，十分なエネルギーと炭水化物の摂取は，短期的（<2週間）なトレーニング量の増加によるオーバーリーチング症候群の発生を防ぐ重要な要素であり得る[44,48]。トレーニングまたはトレーニング以外でのストレスによるオーバーリーチング症候群は，生理的，心理的症状を伴う短期的なパフォーマンスの減少をもたらし，パフォーマンス能力の回復に数日または数週間かかる（図14.1参照）。さらに長期間（>2週間）で見ると，食事による充分なエネルギー摂取と炭水化物の摂取は，パフォーマンス能力の回復に数週間から数カ月かかり得るオーバートレーニング症候群を防ぐ役割を担う可能性がある（図14.2）。

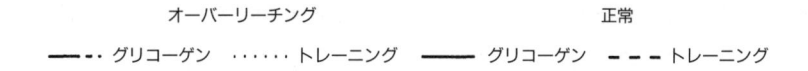

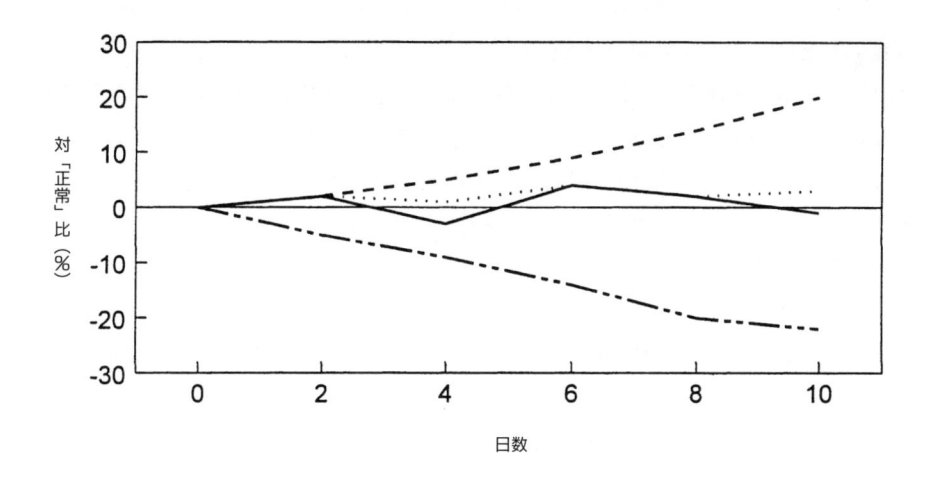

図14.1 (1)通常の筋グリコーゲンとトレーニングの関連性 (2)短期間におけるオーバーリーチングについて，筋グリコーゲンとトレーニングへの反応の関係を示す概要図。

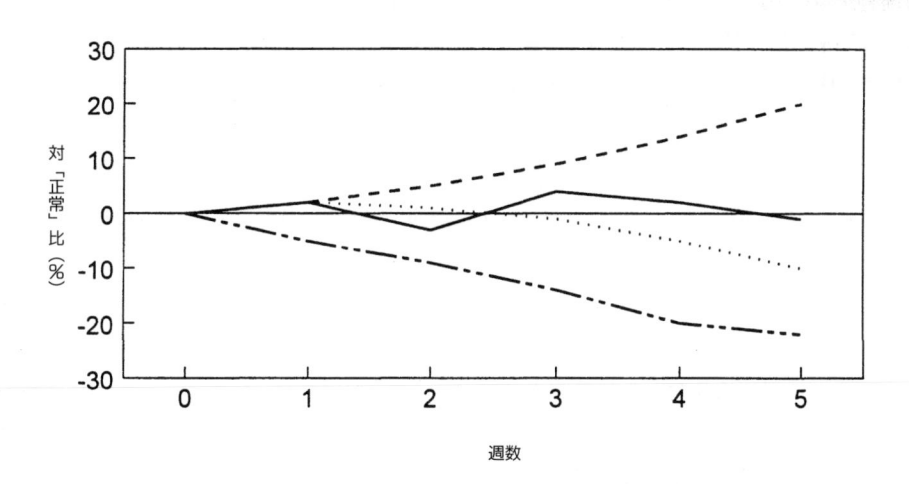

図14.2 (1)通常の筋グリコーゲンとトレーニングの関連性，(2)長期間におけるオーバーリーチングについて，筋グリコーゲンとトレーニングへの反応の関係を示す概要図。

炭水化物摂取と短期間のトレーニング（＜2週間）

　トレーニングの量が維持または急激に増加された時の，持久系競技者の筋グリコーゲン濃度，トレーニング，そして最大運動能力について，いくつかの研究が短期的な栄養状態の影響を調査している（表14.1参照）。

　体内の炭水化物貯蔵を均衡させるためにトレーニングと食事が標準化された7日間の後に，Shermanら[42]は7日間のトレーニング期間中に，自転車競技者とランナー達に1日体重1kgあたり5または10gの炭水化物を与えた。すべての食事が1日の総エネルギー消費に相当する量だけ与えた。7日間の間に被験者は監視のもとで，1時間ピーク$\dot{V}O_2$の75%で運動し，続けてピーク$\dot{V}O_2$の100%で1分間スプリントを5本，1分のインターバルを間に入れて行った。筋グリコーゲン濃度の分析のために筋生体組織検査を1，3，5と7日目のトレーニング前に行った。7日目の通常のトレーニング後，ピーク$\dot{V}O_2$の80%で疲労困憊であることが観測されるまでの最大パフォーマンステスト2本から成る，最大運動能力の測定が行われた。適度な食事（一日体重毎5gの炭水化物）が与えられた自転車競技者とランナー達のトレーニング5日目から7日目の筋グリコーゲンは30〜36%と大幅に減少した。しかし一日に体重1kgあたり10gの炭水化物を含む食事を摂取することによってトレーニング5日目から7日目の筋グリコーゲン濃度を維持することができた。適度な食事をとっていた自転車競技者とランナーの筋グリコーゲンの貯蔵量は減少したものの，運動能力に障害はなかった。

　Costillら[13]は，トレーニング量の増加が与える影響を水泳競技者の筋グリコーゲン濃度，パフォーマンス，そしていくつかの精神的な尺度について検査した。10日間の期間，彼らの練習量は1日4266mから8970mへと倍になり，1.5時間の練習を1日2回，週5日行い，その間強度は$\dot{V}O_2$maxの94%で維持された。増加されたトレーニング量は推測された平均カロリー消費量である，1日4667kcalと関連付けられた。パフォーマンステストが練習量の増加する1日前，増加した5日後と11日後に行われた。被験者は，10日間のトレーニング期間の最後の2日間における食事の記録の回想から分析された食事を自分で選択してとった。6人の競技者達は1日4682kcalと体重1kgあたり8.2gの炭水化物を含む食事を自ら選択したが，4人の競技者達は1日たったの3631kcalと体重1kgあたり5.3gの炭水化物を含む食事をとった。全体的に，すべての水泳競技者が局部の筋疲労とトレーニングをこなすことへの困難を訴えた。しかし，持久系パフォーマンス，スプリント，そして泳ぐパワーは増加されたトレーニング量によって影響されることはなかった。10日間のトレーニングの最初と最後に行われた三角筋の筋生体組織検査が，筋グリコーゲンは10日間のトレーニングの末20%減少したことを明らかにした。

　一日3631kcalのみを摂取した水泳競技者がトレーニングを完了するのに最も困難を示し，10日間に及ぶトレーニングの前後の筋グリコーゲンは，一日のエネルギー摂取量の多かった競技者達に比べて，大幅に低下していた。エネルギー摂取を増加させることによって，エネルギー消費とエネルギー摂取のバランスを維持することに失敗した水泳競技者の筋グリコーゲン濃度は20%減少し，局部の筋疲労をもたらし，毎日の泳ぐ速度を大幅に落とすことを余儀なくされた。同じように，Kirwanら[29]はランナーに一日体重1kgあたり3.9

表 14.1 筋グリコーゲンとトレーニングとパフォーマンスの能力への影響を調べるために食事を操作し，トレーニング量または強度を 15 日以内まで増加した研究

研究	炭水化物摂取 (g/kg/d)	研究日数	筋グリコーゲン変化率	パフォーマンス変化率	オーバーリーチング
Costillら	8.2	10	−15	0	NO
Kirwanら	3.9	5	−27	0	NO
	8.0	5	−32	0	NO
Snyderら	7.4	15	0	0	NO

g または 8.0 g の炭水化物をとらせ，5 日間の期間，毎日の走る距離を倍にさせた。ここでも，適度な食事をとった者の 5 日目の筋グリコーゲン濃度は高炭水化物の食事をとった者に比べて低かった(81 mmol/kg 対 121 mmol/kg)。いずれにしても，減少した筋グリコーゲンはランナーのトレーニング能力の逆行に影響することはなかった。

Snyder ら[48]は自転車競技者のトレーニング量を通常の 1 週間 12.5 時間での 7 日間 (通常期) のトレーニングから，15 日間 (オーバー期) に及ぶ 1 週間 18 時間のトレーニングへと増やした。15 日間，自転車競技者は屋外でトレーニングし，トレーニングの強度は心拍数を監視することで調整された。最大パフォーマンス能力は通常期に 2 回，オーバー期に 1 回，疲労させるための増量されたテストをもとに測られた。毎回のトレーニング直後に被験者はグリコーゲン合成を促進させるために 160 g の炭水化物 (100％麦芽糖) を含む飲料水を飲まされた。通常期とオーバー期の最後に，筋グリコーゲン濃度を判断するために外側広筋の生体組織検査が行われた。食事の摂取量は，被験者の食事の記録から計算され標準化された。オーバー期においては通常期よりもトレーニング量が大幅に増え，同様にエネルギー消費量も増えたにもかかわらず，両方の時期における総エネルギー摂取と摂取した炭水化物の量は同じくらいだった。

通常期とオーバー期の筋グリコーゲン濃度は類似していた。体重の大幅な変化はみられなかったので，エネルギー消費量はオーバー期と通常期との間で大幅な差がなかったか，食事の記録が正確に行われていなかったことになる。著者たちは，生理学的そして心理的な観点から見ると，競技者達がオーバートレーニング症候群であると確認できることを示した一方で，オーバートレーニングはパフォーマンステスト中にみられた筋グリコーゲンの減少とも，最大仕事率の減少とも関係ないということが明らかである。食事とトレーニングの監視の不徹底，対照標準であるグループの欠如が結果の解釈を困難にしている[48]。よって，食事による炭水化物の摂取，筋グリコーゲン濃度，そして短期間のトレーニング量を急激に増やすことによるオーバーリーチング症候群の発生との関係を追求するためにはさらなる研究が必要である。

これらの研究[13,29,42]に基づいて，一日に体重 1 kg あたり 8〜10 g の炭水化物(表 14.2 参照) を含む食事をとれば，筋グリコーゲン濃度を維持することが推測できる一方で，トレーニング時の炭水化物摂取が一日に体重 1 kg あたり 5 g 以下であると筋グリコーゲン濃度が減少することが言えるであろう。これらの研究は最大運動パフォーマンス能力とトレー

表 14.2 激しいトレーニングを行っている様々な大きさの競技者の炭水化物摂取量；一日のエネルギー摂取の65%は炭水化物として，炭水化物摂取は1日体重1kgあたり10gで維持するのをもとに。

体重（kg）	総エネルギー消費（kcal）	一日の炭水化物摂取（g/d）
45	1800	450
68	3650	675
91	4200	912

＊科学的な単位（MJ）に変換するには238.92をkcal単位から割る。
1991のShermanとWimerのデータに基づく。

ニングへの障害は示さなかったものの，体内の炭水化物貯蔵の減少は，そのうち競技者をオーバートレーニング症候群に陥りやすくしかねない。よって，激しいもしくは強度の高いトレーニング中にある競技者がオーバーリーチングの状態とそれに続くオーバートレーニング症候群の発生を防ぐためには，1日体重1kgあたり8～10gの炭水化物をとることを心がけるべきである。しかし，厳しいトレーニングを行っているほとんどの競技者達がとても忙しい生活を送っていて，3食の食事で1日体重1kgあたり10gの炭水化物をとるのは非常に困難になっている。競技者達にとって1日体重1kgあたり8～10gの炭水化物の摂取を達成できるのは非常に希である。よって，競技者達は，短期的にも長期的にも，炭水化物の貯蔵量がトレーニングとパフォーマンス能力の低下を引き起こすレベルにまで減少するリスクを徐々に高めているのである。さらには，炭水化物の貯蔵量の減少はオーバーリーチングやオーバートレーニング症候群の発生原因の役割を担いかねない。よって，食事における不適切な炭水化物摂取を避けるためには，肝臓と筋グリコーゲン濃度とエネルギー摂取を維持することを目的に，トレーニングや競技の前，途中，後にエネルギー消費量に相当する液状または固形の炭水化物の栄養補助食品をとることが競技者達のためになるかもしれない。したがって，これは最大トレーニング能力の維持，また理論的にはパフォーマンスを向上させ[41,44]，そしてオーバーリーチング症候群の可能性を低下させる結果をもたらし得る。

筋グリコーゲンの超回復作用

運動前の筋グリコーゲン濃度と，適度な運動レベルが維持できる時間の長さとの間にある正の相関によって，筋グリコーゲン濃度を超回復する方法（例えば炭水化物の過負荷）はトレーニング，栄養状況，そして運動パターンを操作することで研究されている。筋グリコーゲンの濃度を上昇させることによって，量的な効果からパフォーマンスを向上させるか[37]，または，もしも高グリコーゲン濃度がグリコーゲン分解の率を上昇させるなら，肝臓において超回復作用が起き，血液のグルコース濃度の低下が発生するのを延期することによって持久系パフォーマンスを高めることがある。

一日2回の激しい練習を行い，高炭水化物の食事をとっている持久系競技者は通常から超回復作用が起きると言われているものの，重要な持久系競技の前[41]には細くなり，グリコーゲンの超回復作用のプロトコールから効果を得るかもしれない。重要な競技の前には，

競技者達は徐々にトレーニングの量を中程度から高い負荷（$\dot{V}O_2$max の 75%）で 90, 40, 40, 20, 20 分に落とし, 競技の前日は休むかもしれない。この徐々に減少する摂生規則は, 3 日間若干高炭水化物の食事（1 日体重 1 kg あたり 350 g）をとり, 次の 3 日間で高炭水化物の食事（1 日体重 1 kg あたり 500〜600 g）を液状もしくは固形の炭水化物源からとることと付随し, 通常（例えば超回復の起きた）の筋グリコーゲン濃度の水準を通常よりも 20〜40%引き上げる。

最近では Tarnopolsky ら[49]が, 女性は炭水化物過負荷と徐々に減少させるプロトコールの最中に筋グリコーゲンを男性のようには増やさないという視点を支持している。この研究では 8 人の女性競技者と 7 人の男性競技者がサイクリングをピーク $\dot{V}O_2$ の 75%で 1 時間行い, その後にピーク $\dot{V}O_2$ の 85%で疲労するためのタイムトライアルを行う前に徐々に減少と超回復作用プロトコールを行った。彼らは高炭水化物（エネルギー摂取の 75%が炭水化物）の食事, もしくは低炭水化物（エネルギー摂取の 55〜60%が炭水化物）の食事を反作用で釣り合わす形で与えられた。筋肉の生体組織検査は毎回のパフォーマンストライアルの前と後に, 外側広筋からとられて行われた。女性の場合, 運動前の 2 つの食事による筋グリコーゲン濃度に大した差は生じなかった一方で, 男性の場合は, 高炭水化物の食事をとったほうの筋グリコーゲン濃度が 41%も増加した。女性の場合は 2 つの食事による筋グリコーゲン濃度の変化がなかったので, 運動パフォーマンスも変化しなかった。しかし, 男性の場合は, 高炭水化物の食事の方が, 低炭水化物の食事に比べて, 疲労するまで大幅に時間がかかった（+25%）。

競技者によって摂取される炭水化物の量は体重によって調整される（g/体重 kg/d）ことが勧められている。さらに, 筋グリコーゲンを完全に補充するためにとらなくてはいけない炭水化物の量はおそらく 1 日体重 1 kg あたり 500 g を超えるであろう。Tarnopolsky らの研究[49]における女性の被験者は高炭水化物の食事でさえ, 勧められている量を明らかに下回っている 1 日体重 1 kg あたり 6.4 g しか摂取していない。これを基礎として, 男性は女性よりも多量の炭水化物を消費した。よって, この研究は, おそらく「同様な」状況であれば, 女性は男性に比べて超回復を行わないという主張をはっきりとは裏付けることはできないであろう。よって, 食事による炭水化物摂取と女性の筋グリコーゲン超回復作用とのすべての面を統制する研究は完成を待つ状況である。

この研究には返答が必要であるものの, これらの一次的な結果から, 激しいトレーニングを行っている女性の方が男性に比べて, 体内の炭水化物の貯蔵量が減少することによりオーバーリーチングもしくはオーバートレーニング症候群になりやすいということが言えるだろう。

運動前の炭水化物摂取

運動前に炭水化物を摂取することは, 肝臓[36]と筋グリコーゲン[14]を増やし, 運動前に, 体内の炭水化物の貯蔵を増やすことができる。より高い強度でのトレーニングをこの栄養の操作が維持させ, パフォーマンスを向上させる能力を高める。何人かの研究者[43,45,56]は, 中程度のもしくは高いレベルで鍛えられた自転車競技者に, 様々な量と種類の炭水化物を,

様々な時間のインターバルで練習前に与えることによるパフォーマンスへの影響を調べた。断続的に95分間持久的運動をした後にパフォーマンストライアルを行う事から成る運動の4時間前に，中程度のレベルで鍛えられた自転車競技者が312 gの炭水化物（体重1 kgあたり4.5 gの炭水化物）を摂取すると，運動4時間前にそれぞれ無作用プラセボ，45 gの炭水化物，156 gの炭水化物（それぞれ体重1 kgあたり0，0.6，2 gの炭水化物）を摂取したのに比べて[45]，パフォーマンスは15％向上した。似た研究では，Shermanら[43]が鍛えられた自転車競技者に90分間$\dot{V}O_2$maxの70％で運動をした後にタイムトライアルを行う事から成る運動の1時間前に，体重1 kgあたり1.1 gの液状の炭水化物または，2.2 gの炭水化物を与えた。すべての被験者は運動前に炭水化物をとることによって，無作用のプラセボに比べてタイムトライアルで速い結果（12〜13％）を残すことができた。

また，Wrightら[56]は別の研究で，似たような炭水化物摂取プロトコールを用いて，よく鍛えられている自転車競技者に$\dot{V}O_2$maxの70％で疲労するまでのトレーニングの3時間前に，体重1 kgあたり5 gの炭水化物もしくは無作用のプラセボを与えた。20分ごとに被験者は体重1 kgあたり0.2 gの炭水化物，もしくは無作用のプラセボを与えられた。炭水化物を運動前，運動中に与えることで，疲労するまでの時間を無作用のプラセボよりも44％延ばし，総仕事量を46％伸ばした。よって，運動前と運動中に炭水化物を摂取することは，運動前もしくは運動中のみに炭水化物が与えられるのに比べて大幅にパフォーマンスを向上させた。運動前に食事をとることが，被験者によっては，運動開始時の血液グルコースの低下を招くこともあるが，少数の被験者のみがそれからくる疲労を訴えるにとどまった。

運動前に炭水化物を与えることは，グリコーゲン貯蔵が枯渇することによるグルコースの有効性と酸化の高まりによってトレーニングとパフォーマンス能力を高める可能性があるようである。さらに，この栄養上の操作は厳しいトレーニング期において，競技者が一日体重1 kg毎に8〜10 gの炭水化物を摂取するための手助けになり得る。

運動中の炭水化物摂取

何人の研究者は，$\dot{V}O_2$maxの70％以上の強度で90分以上に及ぶトレーニングを行う時には，炭水化物を運動中にとることが血液のグルコース濃度の低下を防ぎ，運動の遅い段階でグルコースの酸化が起きやすくすることから，パフォーマンスが向上することを証明している。Boschら[8]は運動中に炭水化物をとることで，$\dot{V}O_2$maxの70％で3時間行う長時間に及ぶ運動で，おそらく肝グリコーゲンを倹約することを証明した。運動中に炭水化物がとられ，血液のグルコースが高く維持されれば，競技者はエネルギーのためにグルコースの酸化を頼りにし，疲労は1時間にまで延期させられる[15]。運動開始直後の初期段階で1時間30〜65 gの炭水化物をとると，グルコース，蔗糖，そして麦芽デキストリンはそれぞれ同等に効果的である[15]。また，運動の最終段階に大量（例えば200 g）にとるとパフォーマンスは改善する。しかし，それは血液グルコース濃度が低下し始める前に炭水化物をとった場合に限る[11]。強度の異なる，90〜120分以上の長時間に及ぶ断続的な運動中に炭水化物を与え続ければ，筋グリコーゲン分解の率の低下は，パフォーマンスをおそらく高めるであろう[54]。

よって，運動の3〜4時間前に体重1kgあたり4〜5gの炭水化物をとる，または1時間前に体重1kgあたり1〜2gの炭水化物をとると，それぞれは運動中の液状もしくは固形での炭水化物の補給（40〜65g）と共同して血液のグルコース濃度を保ち，炭水化物の酸化は運動の最後まで維持される。これらの操作を利用することによってトレーニング能力を高めることができるかもしれず，よって最大持久系運動のパフォーマンスを向上させるかもしれない。またこれらの栄養上の操作は，体内の炭水化物貯蔵が減少する可能性と，おそらくオーバーリーチングやオーバートレーニング症候群の発生から競技者を守ってくれるだろう。

運動後の炭水化物摂取

　持久系競技者の多くが，体内の炭水化物の貯蓄を大幅に減少させるような激しい持久系トレーニングを請け負っているので，体内の炭水化物の回復を高めるような十分な量の炭水化物を摂取することが重要である。グリコーゲンが減少するような運動後の最初の数時間における筋グリコーゲンの合成の率は，運動後の炭水化物摂取のタイミング，摂取された炭水化物の量，そして運動後に摂取された炭水化物の種類の影響を受ける[15]。

　Ivyら[26]は，競技者が体重1kgあたり1.5gの炭水化物溶液（70％麦芽デキストリン，15％グルコース，15％蔗糖）を運動直後とその後2時間おきにとると，グリコーゲンが減少するような運動後のグリコーゲン合成の率が6mmol/kg/時であることを証明した。炭水化物の摂取が運動後2時間延期されると，筋グリコーゲン合成は47％遅くなる。Blomら[7]とIvyら[27]は，グリコーゲンが減少するような運動4〜6時間後に2時間おきに体重1kgあたり0.75〜3gのグルコースを摂取すると，体重1kgあたり0.35gのグルコースを2時間おきに摂取するよりも筋グリコーゲンの合成率を高める結果をもたらすことを発見した（グリコーゲン合成率は0.35，0.75，3gの摂取に対してそれぞれ5.7，5.8，2.1mmol/kg/時であった）。しかし，炭水化物をさらに頻繁なインターバルで摂取すると，より高い炭水化物合成率（8〜10mmol/kg/時）をもたらす[17,57]。麦芽糖デキストリン1.6g/時を運動直後4時間に15分インターバルで摂取することによって，グリコーゲンが減少するような運動後の筋グリコーゲン合成[17]にさらに強力な刺激を与えるようである。このさらに高いグリコーゲン合成率は，より頻繁な炭水化物の摂取によって維持される，全体の血液のインスリン濃度に関連しているようだ[17]。

　何人かの研究者は，摂取された炭水化物の種類（蔗糖 vs グルコース vs 果糖），摂取された炭水化物の形状（固形 vs 液状），そして筋グリコーゲン合成に対する食事の糖分指数によってどのような影響があるのかを調べた。固形または液状いずれかの炭水化物を体重1kgあたり1.5g運動直後に摂取するのと，激しい運動後2時間のインターバルおきに摂取するのとでは，激しい運動後の最初4時間において，結果として同等の筋グリコーゲン合成率（5.6mmol/kg/時）を出す[38]。Blomら[7]は，同等の量のグルコースもしくは蔗糖（体重1kgあたり1.5g）を運動直後とその後2時間おきに摂取すれば，グルコース合成率は，激しい運動後の6時間において類似することを証明した。しかし，果糖が同様に摂取されると，筋グリコーゲン合成率は50％低下する。このことから，運動直後の段階で高率のグリ

コーゲン合成を得るためには，例えば体重70kgの競技者であれば，一回の摂取につき多量の炭水化物を少しずつ摂取するよりも，最初の4時間で摂取する頻度を上げるべきである（15分ごとに28gの炭水化物，もしくは4時間にわたって448gの炭水化物）ということになる。

　激しい運動直後から最初の何時間かに飲食によって適度な炭水化物が摂取されると，筋グリコーゲンの貯蔵量を平常時に戻すのにおよそ10～20時間かかってしまう。Burkeら[9]は被験者が長時間に及ぶ激しい運動をした後の24時間に，炭水化物，脂肪，蛋白質の組み合わせ（炭水化物を1日489g/kg，もしくは1日7.8g/kg）を摂取したときと，それに対抗するエネルギー量を含む食事（炭水化物を1日829g/kg，もしくは1日12g/kg）をとったときの筋グリコーゲン合成の速度を決定した。24時間後，2つの食事による筋グリコーゲン合成率は類似した。つまり，炭水化物摂取が適度であれば，筋グリコーゲン合成率は上昇するということを示している。

　Costillら[12]は，炭水化物が70%を占める，単純な糖分からなる食事，または複雑な炭水化物からなる食事をとった被験者の，グリコーゲンが枯渇するほどの運動をした後48時間の筋グリコーゲン合成率を比較した。$\dot{V}O_2max$の80%で1マイルを走った後に，$\dot{V}O_2max$の130%で1分間スプリントを間に3分のインターバルを入れて走るのを完了した後に，被験者は運動後の最初の24時間に648gの炭水化物を摂取し，次の24時間で415gの炭水化物を摂取した。最初の24時間では筋グリコーゲン合成率に差はなかったものの，次の24時間では複雑な炭水化物からなる食事をとった方が高率の筋グリコーゲン合成をもたらした。今日，炭水化物はそれぞれがどれだけ血液グルコース濃度を増加させるかによって分類されている（例えばglycemic index）。

　Burkeら[9]は，激しい運動の後における，食事のglycemic indexが筋グリコーゲン濃度へどのような影響をもたらすかについて研究した。24時間後，低糖質の食事に比べて，高糖質の食事の方が筋グリコーゲンの増加が大きかった（両方の食事とも同カロリー数）。しかし，さらなる研究がこの分野では行われるべきである。主に単純な炭水化物，もしくは低糖質の食事をとり，さらにトレーニング量を増加させた競技者は，不十分な体内の炭水化物の補給によって短期的にも長期的にも病気をしやすくなり，それがオーバーリーチングやオーバートレーニング症候群を引き起こし得る。一方で，長期的には，主となる食事が最低でも適度なglycemic indexもしくは複雑な炭水化物を含んでいるならば，同じような食事をとったとしても，きっちりと体内の炭水化物の補給ができることを保証することができる。おそらくこの栄養学的なアプローチは，筋グリコーゲン濃度を高め，体内の炭水化物貯蔵を補給し，最良のトレーニングとパフォーマンス能力を維持する結果をもたらすであろう。

　したがって，運動後に体内の炭水化物貯蔵を最良に補給するために最も重要な栄養的調整は，炭水化物摂取の総量と種類の調整であろう。よって，競技者は運動後にどのような炭水化物をどれだけ補給したかに注意することでオーバーリーチング症候群の発生を防ぐことができるであろう。

長期的にみる炭水化物摂取とトレーニング

　これより以前に行われた短期的な観点の研究によれば，適度な炭水化物摂取（1日体重1kgあたり5g）の食事の方が，高炭水化物摂取（1日体重1kgあたり10g）の食事よりも低い筋グリコーゲン濃度をもたらすのは明らかである。筋グリコーゲンへの短期的な変化はトレーニング能力とパフォーマンスに直接的には影響していないものの，食事による炭水化物摂取が慢性的に不適切であると，筋グリコーゲンに影響するだけにとどまらず，結果的にパフォーマンスへの障害となり，オーバートレーニング症候群の引きがねにもなりかねないと言われている。ある研究[47]では，28人の漕艇競技者が4週間にも及ぶ，1日2回の激しい練習を行った。その4週間，漕艇競技者は1日体重1kgあたり5gの，または10gの炭水化物を，1日体重1kgあたり2gを一定量とした蛋白質と一緒にとった。1日体重1kgあたり10gの炭水化物を摂取した競技者は総エネルギーと炭水化物摂取の補助として炭水化物のドリンクをとり，もう一つのグループの競技者達は無作用のプラセボをとった。漕艇競技者達は週6日，$\dot{V}O_2max$の70%以上で1日100分間研究室にてトレーニングを行った。食事のパフォーマンスへの影響を評価するために，毎週3回午後2500m3本から成るタイムトライアルが行われ，毎週1回生体組織検査が行われた。4週間を通じて，1日体重1kgあたり10gの炭水化物をとっていた競技者の筋グリコーゲンは65%増加したのに対して，1日体重1kgあたり5gとっていた競技者の筋グリコーゲンは一定（116 mmol/kg）であった。高炭水化物の食事をとった競技者のパフォーマンス能力は，適度な炭水化物の食事をとった競技者（2%）に比べて，大幅に（11%）上がった（図14.3参照）。よって，4週間を通じて，高炭水化物の食事をとった競技者達はトレーニングとパフォーマンス能力を向上させた一方で，適度な炭水化物摂取は筋グリコーゲンを増加させることもなく，トレーニングとパフォーマンス能力への障害もなかった。さらに，いずれの食事の摂生規則もオーバートレーニング症候群の発生と関連付けられる心理的または自己申告の生理学的状態への影響はなかった[10]。

　エネルギーの大部分を炭水化物が占める食事（546 g/日：177 g/日）の方が，脂肪によるエネルギー量（75 g/日：217 g/日）と比較すると，トレーニングに対してより大きな適応反応をもたらすという事実も，鍛えていない被験者（N＝20）が7週間どちらかの食事をとりながらのトレーニングから，Helgeら[22]によって証明された。この期間を通じて，食事は非常によく管理されていた。毎日のトレーニングも非常によく管理，監視され，最大有酸素パワーの50%から85%の強度で週3，4回，一回60〜75分間で行われた。両グループとも最大有酸素パワーを11%伸ばしたものの，高炭水化物の食事をとったグループはトレーニング前の最大有酸素パワーの81%で行われた運動で疲れきるまでの持久時間を191%（34.2分→102.4分）上げたのに対して，低炭水化物グループは83%（35.7分→65.2分）のみの向上にとどまった（図14.4参照）。重要なのは，グループ間で持久力の向上の程度が大幅に異なることである（$p<0.05$）。両グループともにトレーニングプログラムによって筋グリコーゲン倹約の効果（グリコーゲン分解の率が6.3→3.0 mmol/kg/分に低下）がもたらされた一方で，高炭水化物グループの方が，脂肪を酸化することによって，運動の総エネルギー消費のより大きな割合の分をもたらすことができたのであろう。疲れきった

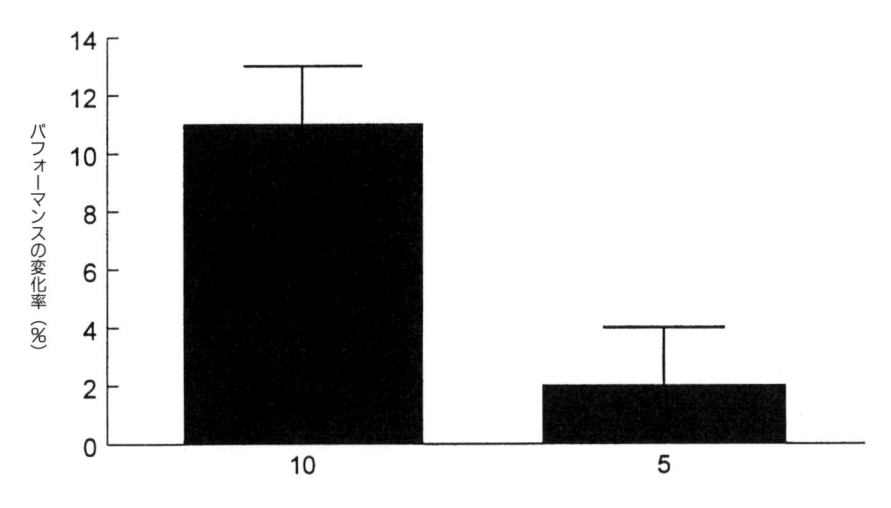

図14.3 高炭水化物（1日体重1kgあたり10g）と適度な炭水化物（1日体重1kgあたり5g）を与えられ，28日間に及ぶ一日2回の端艇のトレーニングによるトレーニング能力の変化率。グループ間には大幅な差がみられる。
Simonsen らのデータに基づく 1991

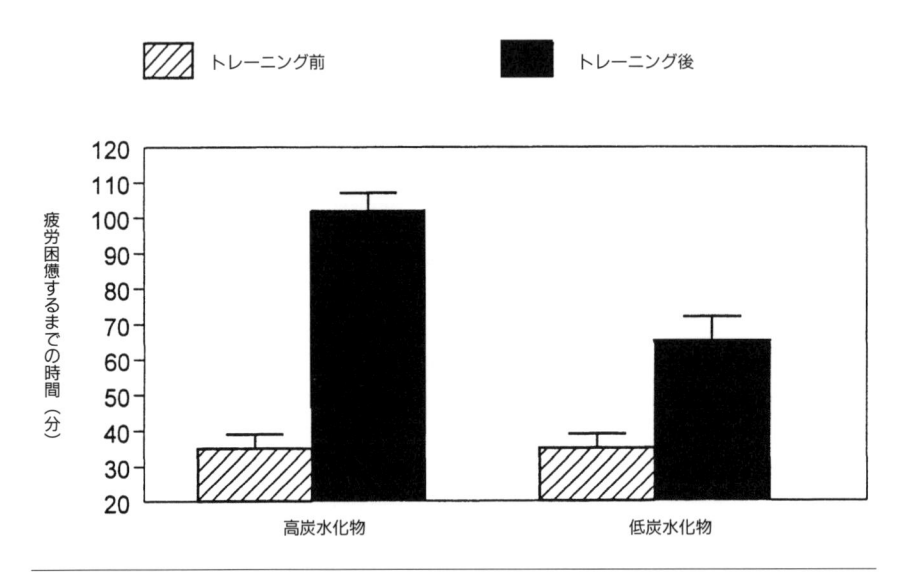

図14.4 適度な炭水化物（T-CHO：一日体重1kgあたり6.8g）と低炭水化物（T-FAT：一日体重1kgあたり2.4g）の食事をとった時に，トレーニング期前の$\dot{V}O_2$maxの81％で，7週間におよぶ1週間3～4回のトレーニング前とトレーニング後の疲れきるまでの時間。両グループとも大幅に疲れきるまでの時間を向上させた。疲れきるまでの時間の向上はT-CHOの方がT-FATよりも顕著。
Helge, Richter, Kiens のデータによる 1996

時点で低炭水化物グループのノルエピネフリンの濃度と心拍数の方が高かったことは，体内の炭水化物の使用可能な量が低いと心血管への負担が高まることを示している。これは最適量の炭水化物を摂取していないのに常習的にトレーニングを行っていると，いずれオーバートレーニングになり得ることを示唆している[30]。

要約

これらの書物の評論に基づいて，どの研究も筋グリコーゲンの減少とオーバーリーチングの現象を直接結びつけていない。書物はオーバーリーチングという現象が確定的に存在するという推測を証明することにすら失敗しているともいえるであろう。いずれにしても，筋グリコーゲンとトレーニングまたはパフォーマンス能力との関連性を短期的にも長期的にも評価するのであれば，パフォーマンスの比較的小さな変化を見分けることのできる研究が使われるべきである。さらには，長期にわたる筋グリコーゲンとトレーニングの関連性を潜在的に評価できることを，オーバートレーニングを研究するために確かにするには，4～6週間以上の研究が必要である。（辻秀一）

参考文献

1. Abidi, S.A. 1976. Metabolism of branched-chain amino acids in altered nutrition. *Metabolism* 25: 1287-1302.
2. Adlercreutz, H., M. Harkonene, K. Kuoppasalmi, I. Huhtaniemi, H. Tikkanen, K. Remes, A. Dessypris, J. Kawonen. 1986. Effect of training on plasma anabolic and catabolic steroid hormones and their response during exercise. *International Journal of Sports Medicine* 7: S27-S28.
3. Ahlborg, G., P. Felig, L. Hagenfeldt, R. Hendler, J. Wahren. 1974. Substrate turnover during prolonged exercise in man. *Journal of Clinical Investigation* 53: 1080-1090.
4. Ahlborg, G., P. Felig. 1982. Lactate and glucose exchange across the forearm, legs, and splanchnic bed during and after prolonged leg exercise. *Journal of Clinical Investigation* 69: 45-54.
5. Alen, A., A. Pakarinen, K. Hakkinen, P. Komi. 1988. Responses of serum androgenic-anabolic and catabolic hormones to prolonged strength training. *International Journal of Sports Medicine* 9: 229-233.
6. Bjorkman, O., J. Wahren. Glucose homeostasis during and after exercise. 1988, In *Exercise,, nutrition, and energy metabolism*, eds. E.S. Horton, R.L. Terjung, 100-115. New York: Macmillan.
7. Blom, P.C.S., A.T. Hostmark, O. Vaage, K.R. Kardel, S, Maehlum. 1987. Effect of different post-exercise sugar diets on the rate of muscle glycogen synthesis. *Medicine Science Sports and Exercise* 19: 491-496.
8. Bosch, A.N., A.C. Dennis, T.D. Noakes. 1994. Influence of carbohydrate ingestion on fuel substrate turnover and oxidation during prolonged exercise. *Journal of Applied Physiology* 76: 2364-2372.
9. Burke, L.M., G.R. Collier, M. Hargreaves. 1993. Muscle glycogen storage after prolonged exercise: effect of the glycemic index of carbohydrate feedings. *Journal of Applied Physiology* 75: 1019-1023.
10. Cogan, K., P.S. Highlen, T.A. Petrie, W.M. Sherman, J. Simonsen. 1991. Psychological and physiological effects of controlled intensive training and diet on collegiate rowers. *International Journal of Sport Psychology* 22: 165-180.
11. Coggan, A.R., E.F. Coyle. 1987. Reversal of fatigue during prolonged exercise by carbohydrate infusion and ingestion. *Journal of Applied Physiology* 63: 2388-2395.
12. Costill, D.L., W.M. Sherman, W.J. Fink, C. Maresh, M. Witten, J.M. Miller. 1981. The role of dietary carbohydrates in muscle glycogen resynthesis after strenuous running. *American Journal of Clinical Nutrition* 34: 1831-1836.
13. Costill, D.L., M.G. Flynn, J.P. Kirwan, J.A. Houmard, J.B. Mitchell, R. Thomas, S.H. Park. 1988. Effects of repeated days of intensified training on muscle glycogen and swimming performance. *Medicine Science Sports and Exercise* 20: 249-254.
14. Coyle, E.F., A.R. Coggan, M.K. Hemmert, R.C. Lowe, T.J. Walters. 1985. Substrate usage during prolonged exercise following a preexercise meal. *Journal of Applied Physiology* 55: 230-235.
15. Coyle, E.F. 1991. Timing and method of increased carbohydrate intake to cope with heavy training, competition and recovery. *Journal of Sports Sciences* 9: 29-52.
16. Dohm, G.L. 1984. Protein nutrition for the athlete. *Clinics in Sports Medicine* 3: 595-604.
17. Doyle, J.A., W.M. Sherman, R.L. Strauss. 1993. Effects of eccentric and concentric exercise on muscle glycogen replenishment. *Journal of Applied Physiology* 74: 1848-1855.
18. Fry, R.W., A.R. Morton, D. Keast. 1991. Overtraining in athletes: an update. *Sports Medicine* 12: 32-65.
19. Goldberg, A.L., R. Odessey. 1972. Oxidation of amino acids by diaphragms from fed and fasted rats. *American Journal of Physiology* 223: 1384-1391.
20. Gollnick, P.D., B. Saltin. 1988. Fuel for muscular exercise: role of fat. In *Exercise, nutrition, and*

energy metabolism, ed. E.S. Horton, R.L. Tenjung, 72-88. New York: Macmillan.
21. Goodman, M.N. 1988. Amino acid and protein metabolism. In *Exercise, nutrition, and energy metabolism*, eds. E.S. Horton, R.L. Terjung, 89-99. New York: Macmillan.
22. Helge, J.W., E.A. Richter, B. Kiens. 1996. Interaction of training and diet on metabolism and endurance during exercise in man. *Journal of Physiology* 492: 293-306.
23. Hermansen, L., E. Hultman, B. Saltin. 1967. Muscle glycogen during prolonged severe exercise. *Acta Physiologica Scandinavica* 71: 129-139.
24. Hood, D.A., R.L. Terjung. 1990. Amino acid metabolism during exercise and following endurance training. *Sports Medicine* 9: 23-35.
25. Hultman, E., P. Greenhaff. 1991. Skeletal muscle energy metabolism and fatigue during intense exercise in man. *Science Progress* 75: 361-370.
26. Ivy, J.L., A.L. Katz, C.L. Cutler, W.M. Sherman, E.F. Coyle. 1988. Muscle glycogen synthesis after exercise: effect of time of carbohydrate ingestion. *Journal of Applied Physiology* 64: 1480-1485.
27. Ivy, J.L., M.C. Lee, J.T. Brozinick Jr., M.J. Reed. 1988. Muscle glycogen storage after different amounts of carbohydrate ingestion. *Journal of Applied Physiology* 65: 2018-2023.
28. Johansson, C., L. Tsai, E. Hultman, T. Tegelman, A. Pusette. 1990. Restoration of anabolic deficit and muscle glycogen consumption in competitive orienteering. *International Journal of Sports Medicine* 11: 204-207.
29. Kirwan, J.P., D.L. Costill, J.B. Mitchell, J.B. Houmard, M.G. Flynn, W.J. Fink, J.D. Beltz. 1988. Carbohydrate balance in competitive runners during successive days of intense training. *Journal of Applied Physiology* 65: 2601-2606.
30. Kuipers, H., H.A. Keizer. 1988. Oventaining in elite athletes: review and directions for the future. *Sports Medicine* 6: 79-92.
31. Lehmann, M., H.H. Dickhuth, G. Gendrisch, W. Lazar, M. Thum, R. Kaminski, J.F. Aramendi, E. Peterke, W. Wieland, J. Keul. 1991. Training-overtraining: a prospective, experimental study with experienced middle-and long-distance runners. *International Journal of Sports Medicine* 12: 444-452.
32. Lehmann, M., C. Foster, J. Keul. 1993. Overtraining in endurance athletes: a brief review. *Medicine and Science in Sports and Exercise* 25: 854-862.
33. Lemon, P.W., J.P. Mullin. 1980. Effect of initial muscle glycogen levels on protein catabolism during exercise. *Journal of Applied Physiology* 48: 624-629.
34. Lemon, P.W. 1995. Do athletes need more dietary protein and amino acids? *International Journal of Sports Nutrition* 5: S39-S61.
35. Lugo, M., W.M. Sherman, G.S. Wimer, K. Garleb. 1993. Metabolic responses when different forms of carbohydrate energy are consumed during cycling. *International Journal of Sport Nutrition* 3: 398-407.
36. Nilsson, L.H., E. Hultman. 1973. Liver glycogen in man: the effect of total starvation or a carbohydrate-poor diet followed by carbohydrate feeding. *Scandinavian Journal of Clinical Laboratory Investigation* 32: 325-330.
37. Rauch, L.H.G., I. Rodger, G.R. Wilson, J.D. Belonje, S.D. Dennis, T.D. Noakes, J.A. Hawley. 1995. The effects of carbohydrate loading on muscle glycogen content and cycling performance. *International Journal of Sport Nutrition* 5: 25-36.
38. Reed, M.J., J.T. Bronzinick Jr., M.C. Lee, J.L. Ivy. 1989. Muscle glycogen storage postexercise: effect of mode of carbohydrate administration. *Journal of Applied Physiology* 66: 720-726.
39. Saltin, B., J. Karlsson. 1971. Muscle glycogen utilization during work of different intensities. In *Ergogenic aids in sports*, eds. B. Pernow, B. Saltin, 289-300. New York: Plenum Press.
40. Saltin, B., P.O. Astrand. 1993. Fatty acids and exercise. *American Journal of Clinical Nutrition* 57: S752-S757.

41. Sherman, W.M. 1995. Metabolism of sugars and physicalperformance. *American Journal of Clinical Nutrition* 62: S228-S241.
42. Sherman, W.M., J.A. Doyle, D.R. Lamb, R.H. Strauss. 1993. Dietary carbohydrate, muscle glycogen, and exercise performance during 7 d of training. *American Journal of Clinical Nutrition* 57: 27-31.
43. Sherman, W.M., M.C. Peden, D.A. Wright. 1991. Carbohydrate feedings 1 h before exercise improves cycling performance. *American Journal of Clinical Nutrition* 54: 866-870.
44. Sherman, W.M., G.S. Wimer. 1991. Insufficient dietary carbohydrate during training: does it impair athletic performance? *International Journal of Sport Nutrition* 1: 28-44.
45. Sherman, W.M., G. Brodowicz, D.A. Wright, W.K. Allen, J. Simonsen, A. Dernbach. 1989. Effects of 4 h preexercise carbohydrate feedings on cycling performance. *Medicine Science Sports and Exercise* 21: 589-604.
46. Sherman, W.M., D.L. Costill, W.J. Fink, J.M. Miller. 1981. The effect of exercise and diet manipulation on muscle glycogen and its subsequent use during performance. *International Journal of Sports Medicine* 2: 114-118.
47. Simonsen, J.C., W. M. Sherman, D.R. Lamb, A.R. Dernbach, J.A. Doyle, R.H. Strauss. 1991. Dietary carbohydrate, muscle glycogen, and power out-put during rowing training. *Journal of Applied Physiology* 70: 1500-1505.
48. Snyder, A.C., H. Kuipers, B. Cheng, R. Servais, E. Fransen. 1995. Overtraining following intensified training with normal muscle glycogen. *Medicine Science Sports and Exercise* 27: 1063-1070.
49. Tamopolsky, M.A., S.A. Atkinson, S.M. Phillips, J.D. MacDougall. 1995. Carbohydrate loading and metabolism during exercise in men and women. *Journal of Applied Physiology* 78: 1360-1368.
50. Turcotte, L.P., B. Kiens, E.A. Richter. 1991. Saturation kinetics of palmitate uptake in perfused skeletal muscle. *FEBS Letters* 279: 327-329.
51. Turcotte, L.P., E.A. Richter, B. Kiens. 1992. Increased plasma FFA uptake and oxidation during prolonged exercise in trained vs. untrained humans. *American Journal of Physiology* 262: E791-E799.
52. Vasankari, T.J., U.M. Kujala, O.J. Heinonen, I.T. Huhtaniemi. 1993. Effects of endurance training on hormonal responses to prolonged physical exercise in males. *Acta Endocrinologica* 129: 109-113.
53. Vervoorn, C., A.M. Boelens-Quist, L.M. Vermulst, W.M. Erich, W.R. de Vries, J.H. Thijssen. 1991. The behaviour of the plasma free testosterone/cortisol ratio during a season of elite rowing training. International *Journal of Sports Medicine* 3: 257-263.
54. Yaspelkis 111, B.B., J.G. Paggerson, P.A. Anderla, Z. Ding, J.L. Ivy. 1993. Carbohydrate supplementation spares muscle glycogen during variable intensity exercise. *Journal of Applied Physiology* 75: 1477-1485.
55. Wagenmakers, A.M., E.J. Beckers, F. Brouns, H. Kuipers, P.B. Soeters. G.J. van der Vusse, W.M. Saris. 1991. Carbohydrate supplementation, glycogen depletion, and amino acid metabolism during exercise. *American Journal of Physiology* 260: E883-E890.
56. Wright, D.A., W.M. Sherman, A.R. Dernbach. 1991. Carbohydrate feedings before, during, or in combination improve cycling endurance performance. *Journal of Applied Physiology* 71: 1082-1088.
57. Zachwieja, J.J., D.L. Costill, D.D. Pascoe, R.A. Roberts, W.J. Fink. 1991. Influence of muscle glycogen depletion on the rate of resynthesis. *Medicine and Science in Sport and Exercise* 23: 44-48.

第 15 章
中枢疲労仮説と
オーバートレーニング

Richard B. Kreider, PhD

はじめに

　アミノ酸は体内の蛋白質の基礎であり，組織の合成，特定の蛋白質，ホルモン，酵素，神経伝達物質にとって絶対必要である[8,26,30,31,38]。糖新生そして数々の代謝経路の抑制を通じてアミノ酸はエネルギーの合成にも関わっている[19,22,24,31,56]。ここ数年，鋭い疲労をもたらし得る運動への代謝的，生理学的，心理学的な反応について，そして激しいトレーニングに対する生理学的，心理学的な反応について特定のアミノ酸の役割をはっきりさせることに大いなる関心が集まっている。さらに，特定のアミノ酸が運動によって引き起こされる変化は，慢性的疲労，オーバートレーニング，そして免疫抑制に関連していると報告されている[31,36,42-44,57]。この章の目的は，運動によって変化させられたアミノ酸濃度が中心疲労，オーバーリーチング，そしてオーバートレーニングに及ぼし得る相互関係の可能性について論じることにある。さらには，中枢疲労，オーバーリーチング，オーバートレーニングについて，アミノ酸濃度の変化が与え得る影響を減少させる可能性のある栄養面の戦略について論じる。

中枢疲労仮説

運動の血漿アミノ酸濃度への影響

　いくつかのアミノ酸は運動への代謝的，生理学的，そして心理的な反応について重要な役割を担っているようである。これらのアミノ酸はロイシン，イソロイシン，バリン，トリプトファン，グルタミンなどを含む。長時間の運動中は，分岐鎖のアミノ酸であるロイシン，イソロイシン，バリン(BCAA)，トリプトファン，そしてグルタミンが，酸化代謝に寄与するため筋肉よりも肝臓によって取り入れられる[31,42]。長時間の運動中に体全体の蛋

白質の物質分解代謝によって補給される血漿中のアミノ酸プールが，運動中に起きる筋肉酸化代謝のためのBCAAとグルタミンの源である．しかし，筋肉のBCAAやグルタミンの酸化は，BCAAまたはグルタミンの有効性を増加させる物質分解代謝能力を上回るかもしれないので，長時間に及ぶ運動によって血漿BCAAまたはグルタミンの水準は低下するかもしれない[31]．

例えば，Blomstrandら[4]は，軍隊のトレーニング（16 km走と30分間サーキット形式のウェイトトレーニング）が血漿BCAAの水準を24%低下させ，42.195 kmを走るランナーは血漿BCAA濃度を19%と大幅に低下させる一方，フリーのトリプトファン（フリートリプトファン）を146%増加させたことを報告した．Blomstrandら[6]は，さらに，サッカーの試合に出場した女性について，試合中に炭水化物を含むドリンクを補給したにもかかわらず，ロイシン（−33%），イソロイシン（−36%），そしてバリン（−24%）の量を激減させ，一方でフリートリプトファンの濃度を激増（+45%）させたことを報告した．別の研究では，Blomstrandら[7]は，30 km走中にバリン（−26%），ロイシン（−29%），そしてイソロイシン（−33%）のレベルが大幅に減少し，マラソンを走るとバリン（−17%），ロイシン（−19%），イソロイシン（−26%）の濃度が激減したことを報告した．

Lehmannら[37]は，25のアミノ酸濃度の和が，23時間にもおよぶ超持久系トライアスロンを行ったことの反応で18%減少したことを報告した．詳細を述べると，ロイシン濃度は基本的に変化せず（−2%），イソロイシン濃度は28%減少，バリン濃度は24%減少し，そしておよそ7.6%の血漿量の増加にもかかわらず，フリートリプトファン濃度が74%増加した．Davisら[16]は，鍛錬された被験者が$\dot{V}O_2max$の68%で最大255分までサイクリングをした時に，BCAA濃度が基本的には変化しなかったのに対して（1〜3%減少），フリートリプトファン濃度が著しく増加した（3倍近く）ことを報告した．最後に，Schenaら[48]は，$\dot{V}O_2max$の75%で90分間走った後のBCAA濃度が16%減少したことを報告した．

運動によって引き起こされる免疫抑制に関連して，グルタミンの変化も報告されている．Parry-Billingsら[45]は，オーバートレーニングの競技者の方が，そうでない競技者に比べて大幅にグルタミン濃度が低いことを報告した（−8.5%）．Schenaら[48]は，$\dot{V}O_2max$の75%で90分間走った後には，グルタミン濃度が10%減少することを報告した．さらに，Kargotichら[28]は，最大能力の95%で100 mスプリントを15本泳いだ男性の水泳競技者のグルタミン濃度が，運動をしていない，鍛錬していない対照標準に比べて，16%減少したことを報告した．さらに，このときグルタミン濃度の低下は運動後6時間でピークを迎えた．興味深いことに，最大能力の70%で100 mスプリントを15本泳いだ時はグルタミン濃度の変化は観測されなかった．研究者たちは，グルタミン濃度の低下は運動後の免疫抑制に関連しているのではないかと述べている[30,31,42-44]．これらの報告をまとめると，強度の高い，連続スプリントから長時間の持久運動までの継続的な運動は，フリートリプトファン濃度を上げつつ，大幅にBCAAとグルタミン濃度を低下させることを示している．

5-HT合成におけるアミノ酸濃度の変更の関係

運動によって引き起こされたBCAAとフリートリプトファンの変化の意義は，中枢疲労

仮説の基礎である[4-7,16,18,31,42]ということである。これについて，Newsholme ら[42] は，フリートリプトファンと BCAA が同じアミノ酸運搬物質を通じて，脳への侵入を競うことを報告している。運動中における血液中 BCAA 濃度の低下，またはフリートリプトファン濃度の増加は，フリートリプトファン対 BCAA の割合（fTryp/BCAA 比）を増加させ，脳へのトリプトファンの侵入を容易にする。脳のトリプトファン濃度の増加は，神経伝達物質の 5-ヒドロキシトリプタミン (5-HT)＝セロトニンの形成を促進する。5-HT の合成の増加は，睡眠を誘い，運動ニューロンの興奮しやすさを落ち込ませ，自律性そして内分泌性の機能を変化させ，食欲を抑えるという報告がされている[4,42,47,57]。結果的に，運動によって引き起こされた 5-HT の増加は疲労感，疲労の心理的な認知，筋力，運動中のホルモン抑制（例えば中枢疲労仮説）に影響を与えるとされている。また，高負荷のトレーニング量を維持している競技者に起こり得る慢性的な 5-HT 濃度の増加が，体位性低血圧症，心臓の過剰運動，貧血，無月経，免疫抑制，食欲の鎮圧，体重の低下，鬱病，そしてパフォーマンスの低下などのオーバートレーニング症候群によくみられ，記録されている症状を説明できるかもしれないという仮説も立てられている。

5-HT 合成における基質の有効性の影響

運動中のフリートリプトファンと BCAA の変化の病因は基質の利用可能量の変化に関連しているようである[18,31,42]。長時間の運動によって炭水化物の利用可能量が低下，または利用可能なグリコーゲンが少ない状態で運動が開始されるにつれて，FFA と BCAA の代謝燃料としての利用が増加する。血液の FFA 濃度は，フリートリプトファン濃度と相関していると報告されている[16,42]。これについては，血液内のほとんどのトリプトファンはアルブミンに結合される。アルブミンに結合されたトリプトファンの割合は長鎖脂肪酸の利用可能量に影響される。運動中に FFA の濃度が上がるにつれて（特に 1 mmol/L 以上），アルブミンに結合されたトリプトファンの量が減少し，よって血液のフリートリプトファン濃度も上がるのである。同時に，BCAA とグルタミンの酸化の率も炭水化物の利用可能量に相関している。したがって，長時間の運動もしくはグリコーゲン貯蔵が少ない状態で運動を開始したことによってグリコーゲンの利用可能量が低下するにつれて，BCAA の酸化の率は上がり，BCAA 濃度は徐々に低下する。まとめると，フリートリプトファンの増加と BCAA の低下は fTryp/BCAA 比を変化させ，脳内の 5-HT 合成の増加をもたらす（図 15.1 参照）。

5-HT と疲労の関係

ここ 10 年間で，5-HT の組織濃度に対する運動の影響，5-HT と疲労の関係，そして薬理学的または栄養面の操作が fTryp/BCAA の割合に影響を及ぼすか，5-HT 合成，そして運動中の疲労，それぞれに対して影響を与えるかを調べるために数々の研究が動物とヒトに行われてきた。Chaouloff ら[12,13] によって行われた最初の研究は，調教されたネズミが 1〜2 時間踏み車で走っても，トリプトファンの総量を大幅に変化させることはなかったことを報告した。しかし，その運動はフリートリプトファンとトリプトファン濃度，そして脳内

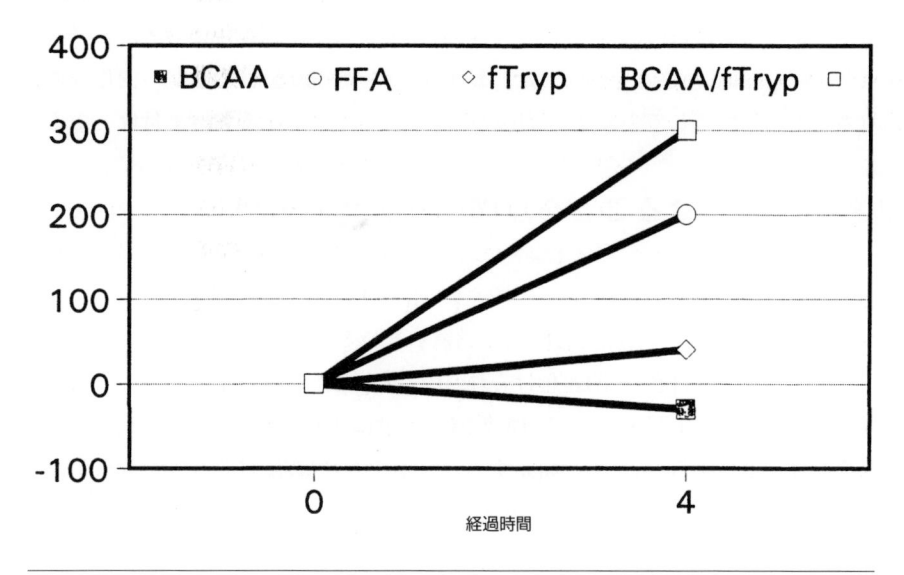

図15.1 長時間の運動中に引き起こされたBCAA, FFA, フリートリプトファンとfTryp/BCAA比の変化。

の5-HT, 5-ヒドロキシインドール酢酸(5-HIAA)の諸段階の代謝物質を作り出した。またChaoulouffら[14]は, 運動がネズミの脳脊髄液のトリプトファンと5-HIAA濃度を大幅に増加させ, 運動後1時間でこれらの濃度は平常時に戻ったという報告もした。似たような研究でBlomstrandら[5]は, 調教されたネズミでもされていないネズミでも, 疲れきると, 血漿フリートリプトファンと脳内の局所のトリプトファン, そして5-HTと5-HIAAがそれぞれ増加することを報告した。さらにBaileyら[2]は5-HT, 5-HIAA, ドーパミン, そしてDOPAC(ドーパミンの諸段階の代謝物質)が1時間の運動後($\dot{V}O_2$maxの60〜65%)にネズミの様々な部分で大幅に増加し, 疲れきる時点(約3時間)でこれらの水準はピークを迎えたことを報告した。以上のことをまとめると, これらの動物実験データは, 運動が血漿フリートリプトファン濃度のみならず5-HTと5-HIAAの組織濃度に影響し, 血漿フリートリプトファン(fTryp), 5-HT, 5-HIAAの増加は疲労と関係しているらしいことを示している。

これらの研究に加えて, 運動によって引き起こされた5-HTへの変化と疲労との関係を評価するために, ネズミと人間について5-HT合成を刺激または抑制することを意図するいくつかの薬理学的な研究が行われた。Baileyら[3]は, ネズミに対して滴定された量の5-HTの作用薬であるm-クロロフェニルピペラジン(m-CPP)の服用が, 服用量について整えられた関係では疲れきるまでの時間の低下を引き起こしたことを報告した。Baileyら[1]はさらに, 5-HTの作用薬である(ディマレイン酸キパジン, QD)の服用によってネズミが疲れきるまでの時間が早まったのに対して, 5-HTの拮抗薬(LY-53, 857)は疲労を遅らせたことを報告した。最後に, WilsonとMaughan (Maughan)[55]とDavisら[17]は, $\dot{V}O_2$maxの70%で長時間のランニングとサイクリングを行う前に5-HTの作用薬であるパ

ロキセチン（Paroxetine）とフルオキセチン（Fluoxetine）を人間が服用すると，無作用のプラセボを服用した人に比べて疲労までの時間を早め[55]，運動中の疲労度・努力度の自己採点・評価が増加したことを報告した。これらのデータは，5-HT 濃度の変化は運動と疲労に対する生理学的そして心理学的反応に影響することに対する強い裏付けとなる。

中枢疲労を遅らせることを意図した栄養的戦略

理論上の原理

基質の利用可能量が fTryp/BCAA 比と影響するので，その割合の変化は 5-HT 合成に影響し，5-HT の増加は疲労と関連付けられ，中枢疲労を遅らせるための栄養的戦略の可能性への研究が大変な注目を浴びている。理論上は，運動によって引き起こされた fTryp/BCAA 比の変化を最小限にする，もしくは阻止することができれば，5-HT 合成を最小限に抑え疲労を遅らせることができる。現在，中枢疲労に影響するために 3 つの栄養的戦略が提案されている。第一に，運動中の炭水化物の補給が栄養的手段として FFA の活動と BCAA の酸化を鈍くすることから 5-HT の増加を最小限に抑え，よって疲労を遅らせるということ，第二に，BCAA の補給が，運動中の血漿 BCAA を増やす，または維持する手段として，運動中の fTryp/BCAA 比の増加を最小限にするか，もしくは排除し，5-HT 合成を最小限に抑えることによって疲労を遅らせること，最後に炭水化物と BCAA をバランス良く補給するというアプローチが fTryp/BCAA 比の増加と 5-HT 合成を最小限に抑え，疲労を遅らせるということである。運動によって引き起こされた fTryp/BCAA 比の変化は運動への生理学的，心理学的反応に影響し，栄養がこれらの変化を最小限に抑えることがあることは一般的に認められているものの，どの栄養的戦略が有効であるかに関しては一致していない。中枢疲労への炭水化物と BCAA 補給との影響に関しては主に 2 つの見解がある。第一に，炭水化物の補給は中枢疲労を遅らせるのに有効であり，BCAA の補給はあまり有効でないという考えの人がいる[18,54]。さらにこの見解を支持する人たちは BCAA の補給はアンモニア濃度[50,54]を増加させ，これは理論上，酸化代謝とパフォーマンス[54]の障害となり得ることに加えて，アンモニアは脳に有害[18,54]であることから潜在的には危険であるということを強調する。また，fTryp/BCAA 比の変化を起こすには大量の BCAA の補給が必要であって，胃腸の疲労と運動中の内臓からの液体吸収を遅らせる[18] 状態を引き起こす可能性があることから，BCAA の補給は意味がないという研究者もいる。

一方では，炭水化物の補給の有無にかかわらず，BCAA の補給は，運動中の fTryp/BCAA 比の変化を最小限に抑え，よって運動に対するホルモンの，生理学的，心理学的な反応に影響しパフォーマンスを向上させ得るということで，安全かつ有効な手段であると述べている[4,6,7,29,31] 研究者も多い。これ以降の議論では，これらの観点を支持する書物について論じ，それらの正当性についてコメントしていく。

炭水化物の補給

炭水化物の補給は中枢疲労を遅らせるのに効果的で，BCAA の補給はそれ以上の効果が

ないという視点の基礎となる研究がいくつかある。まずある研究は，食事の炭水化物の量と筋グリコーゲンの内容は，運動中のBCAAの酸化とアンモニアの生成に影響すると示している。これに関して，Greenhaffら[23]は，$\dot{V}O_2max$の30％，50％，70％，95％と5分間徐々に強度の上がっていく自転車エルゴメーターを行う時に，食事から炭水化物をどれだけとれるかが，血漿アンモニアの蓄積と酸性の状況にどう影響するかを調べた。被験者は3日間通常の食事（49％炭水化物，38％脂肪分，13％蛋白質），低炭水化物の食事（3％炭水化物，69％脂肪分，28％蛋白質），高炭水化物の食事（84％炭水化物，5％脂肪分，11％蛋白質）のいずれかの食事をとってから実験の運動を開始した。その結果，低炭水化物の食事の後は，全員に軽いアシドーシスが観察され，それぞれの運動強度において通常または高炭水化物の食事でみられたよりもアンモニア濃度が高い傾向にあることを表した。通常の食事と高炭水化物の食事群との間に差異は観測されなかった。研究者は，食事から炭水化物をどれだけとれるかは運動中のアンモニアの蓄積に影響し，そのアンモニアは疲労の目印として注意深くみられるべきであるという結論に達した。

似たような研究では，MacLeanら[39]が，アミノ酸に対する食事の影響と，長時間に及ぶ運動前の食事を代えることによるアミノ酸の反応を検査した。趣味でサイクリングをやっている6人の被験者が，低炭水化物の食事（4％炭水化物，64％脂肪分，32％蛋白質），通常の混合された食事（49％炭水化物，36％脂肪分，18％蛋白質），高炭水化物の食事（66％炭水化物，22％脂肪分，12％蛋白質）のいずれかを無作為に振り分けられ，3日間とり続けた後に，疲れきるまで$\dot{V}O_2max$の75％で走った。運動前と疲れきるまで15分ごとに採血が行われた。その結果，疲れきるまでの時間（低炭水化物58.8＋4分，混合された食事112.1＋7分，高炭水化物152.8＋10分）がそれぞれの試験によって大幅に異なり，低炭水化物の食事をとった後の試験でアミノ酸濃度が大幅に増加したことを明らかにした。さらに，安静状態のBCAA濃度は著しく高く，低炭水化物の試験によって大幅に低下した。つまり，食事パターンの変化は，運動中のアミノ酸とBCAAの濃度に影響を与えることを示している。

さらに炭水化物の利用可能量とBCAA酸化の関係を評価するために，Wargenmakersら[54]は，長時間に及ぶ運動中のBCAA酸化に対するグリコーゲンの状態の影響を調べた。8人の鍛えられたサイクリング競技者が，グリコーゲンが枯渇した状態とグリコーゲンが過負荷の状態で$\dot{V}O_2max$の70〜75％で2時間走った。結果，グリコーゲンが枯渇した試験では，血漿アミノ酸の濃度がより早く増加し，アラニン，グルタミン，そしてグルタミン酸塩がより低かったことを明らかにした。運動は，グリコーゲンが枯渇している状態ではB-Cの割合を3.6倍増加させ，2-オキソ酸脱水素酵素（BC）の活動を増加させ，グリコーゲンが過負荷の状態での試験では変化をもたらさなかった。炭水化物の過負荷はBCAA濃度とBC活動の増加を抑止し，アンモニアの水準はアミノ酸の脱アミノ作用に一部関係していると結論づけられた。

van Hallら[52]は，長時間に及ぶ運動中のアンモニア生成，アデニンヌクレオチド分解，そしてアミノ酸合成に対する運動前の筋グリコーゲン含量の影響を調べた。6人の被験者は，最大パワーの60〜65％に相当する仕事率で90分間，グリコーゲンの枯渇した脚とそうでない脚で，片足ずつレッグエクステンションを行った。アンモニア濃度は運動を始めてから

最初の60分間徐々に増加し，その後普通の脚とグリコーゲンの枯渇した脚でそれぞれ9.1＋0.4 mmol/kg，9.5＋1.4 mmol/kgと有意の差はなかった。ホスホクレアチン，アデニンヌクレオチドの総数，またはイノシンモノリン酸酵素の水準に差異は観察されず，筋内のグルタミン，アラニン，そしてBCAAの濃度にも小さな差異しか観測されなかった。さらには，筋肉グルタミン酸塩の濃度は運動を始めて主に最初の10分間で低下したのに対して，アミノ酸生成は運動中徐々に増加し，グルタミン酸塩の脱アミノ作用がアンモニア生成の主要な要因ではないかということを示している。研究者は，アンモニア生成は運動前のグリコーゲン含量に影響されないようで，アデニンヌクレオチドとイノシンモノリン酸酵素の分解を上回ることから，長時間に及ぶ片足の運動中は，その他の代替的な要素とアミノ酸の脱アミノ作用がアンモニア生成の源であるとまとめている。

全体として，これらの研究のほとんどが，食事に含まれる炭水化物の量と筋グリコーゲンの量が運動中のBCAAの酸化とアンモニアの蓄積に影響することを示している。しかし，この視点の第2の理論を直接的には述べていない。例えば，それは炭水化物の補給によるfTryp/BCAA比の中枢疲労への影響に対してBCAAの補給はそれ以上の効果を与えないこと；BCAAの補給はパフォーマンスに障害を及ぼすほどアンモニアの有害性を高めること；そしてBCAAの補給は胃腸の苦痛を引き起こすかもしれないことである。次に述べるWargenmakers[50-54]とDavis[16,20]の研究グループによる研究はしばしばこれらの論議の裏付けとして引用されている。

Wargenmakersら[53]とVandewalleら[50]は，アミノ酸濃度，アンモニアの蓄積，そしてグリコーゲンが枯渇した人のパフォーマンスに対して，ロイシンとBCAAの補給が与える影響を評価した。7人の男性の被験者がグリコーゲンを枯渇させるためのサイクリングプロトコールを行い，30分後彼らには体重1 kgあたり2 gの脱脂ヨーグルトが与えられた。それぞれにはロイシン，イソロイシン，そしてバリンが0.12 g/kg含まれているもの（25～30 gのBCAA），ロイシンを0.35 g/kg含んでいる（25～30 gのロイシン）脱脂ヨーグルト，もしくは，BCAAもロイシンも含んでいない脱脂ヨーグルトが与えられた（無作用のプラセボ）。実験対象者は90分間休憩し，その後サイクリングプロトコールを行った（$\dot{V}O_2$maxの50％で5分間こぐのに続いて65％で30分間こぎ，最後に疲れきるまで$\dot{V}O_2$maxの75％でこぐ）。結果は，BCAAとロイシンが含まれた方の実験で，運動前も後もBCAAの濃度の総和が大幅に大きくなり（標準0.42＋0.1→0.37＋0.13；BCAAは3.0＋1→2.5＋0.8に；ロイシンは2.0＋0.8→1.4＋0.6 mmol/L），アンモニア蓄積もBCAAとロイシンが含まれた方の実験において大幅に大きくなった（標準15＋10→68＋33；BCAAは23＋14→139＋55；ロイシンは33＋8→201＋87 mmol/L）ことを明らかにした。さらに，BCAAが含まれていたグループ（34.9＋6分）と無作用プラセボのグループ（31.2＋7分）との間で，疲れきるまでの時間に大した差はなかった。これらの研究者はBCAAの補給が血漿アンモニアを大幅に上昇させ，パフォーマンスに効果を与えない（BCAA実験では疲れきるまでの時間を11.5％増加させたが）とまとめた。

van Hallら[51]は，血漿アミノ酸濃度とパフォーマンスに対する，BCAAとトリプトファンの補給の影響を調べた。10人の持久的トレーニングをした男性に，無作為に2つとも

隠され，区別のつかない状態にある．6%グルコース電解質溶解液(GES)，3 g/L のトリプトファンを含む 6% GES，6 g/L の BCAA を含む 6% GES，18 g/L の BCAA を含む 6% GES のいずれかをとらせ，$\dot{V}O_2max$ の 70〜75% でサイクリングを行わせた．その結果，トリプトファンと BCAA の補給がトリプトファンと BCAA を大幅に増加させることを明らかにした．人間の脳内毛細血管の運搬における運動性の指標に基づいて，研究者は BCAA の補給は脳のトリプトファン摂取を 8〜12% 低下させ，トリプトファンの補給は脳のトリプトファン摂取を 7〜20 倍増加させる結果を計算した．しかし，パフォーマンスの向上については大した差が観察されなかった．研究者は，脳へのトリプトファンを供給する栄養的操作はセロトニンの活動にそれ以上の効果を与えず，またセロトニンの活動は長時間に及ぶ運動中に疲労をもたらす要因にならないという結論をだした．

Galiano ら[20]は，持久的サイクリングを最大 225 分まで $\dot{V}O_2max$ の 70% で行う時に，6% の GES に BCAA が 0.5 g/L 混ぜられている溶液を飲むと，fTryp/BCAA 比とホルモンの反応へいかなる影響を及ぼすかについて報告した．結果は，BCAA 水準が BCAA を補給する実験中を通して維持されたのに対し，無作用のプラセボの実験においては BCAA の水準が運動の最後の方に差し掛かると大幅に減少することを明らかにした．しかし，心拍数，RPE，酸素摂取，フリートリプトファン，コルチゾル，副腎皮質刺激性ホルモン (ACTH)，ノルエピネフリン，そしてエピネフリン，に大差はみられなかった．同様に，無作用のプラセボの実験 (235+10 分) と BCAA の実験 (220+11 分) における疲れきるまでの時間に大差はみられなかった．特定のスポーツドリンクに少量の BCAA を加えることは長時間に及ぶ運動中の BCAA 水準を維持する働きをし得るものの，長時間に及ぶサイクリングにおいて生理学的，内分泌の，もしくはパフォーマンスの反応への影響を与えなかったという結論に達している．

この研究と Wargenmakers ら[50,53,54]の見解に基づいて，Davis ら[16]は，fTryp/BCAA 比を大きく変化させるのに必要な BCAA の補給は，有効な栄養的戦略ではなさそうだという仮説をたてた．反対に彼らは，FFA とフリートリプトファンの水準を鈍化するために炭水化物を与えることを通じて fTryp/BCAA 比に影響を与えようとした．この研究では，8 人の男性サイクリング競技者が $\dot{V}O_2$ の無酸素性作業閾値 (LT) に相当する強度で最大 225 分まで 4 回にわたってサイクリングを行った．説明の後に，実験の主体は無作為に体重 1 kg あたり 5 ml の味付けされた実験用の無作用のプラセボ，6% の GES，12% の GES のいずれかを運動中 30 分おきに与えられた．結果，パワー出力は GES をとったグループにおいて大幅に大きく (6% の GES で 238+9，12% の GES で 237+13，無作用プラセボで 191+10)，プラセボのグループで疲労が早く起きた．さらに，FFA 水準と fTryp/BCAA 比は無作用プラセボにおいてより早く，最も大幅に増加した．GES の補給はグルコースとインスリン水準を上昇させる一方で FFA と fTryp/BCAA 比の増加を弱めた．しかし，GES の処置の間に差異はみられなかった．最後に，観測されたフリートリプトファン (fTryp) 水準は FFA 水準とうまく相関した (r=0.86)．研究者は長時間に及ぶ運動中の炭水化物の飲食は，運動によって引き起こされる FFA，フリートリプトファン，そして fTryp/BCAA 比の増加を弱め，これは炭水化物の飲食によってパフォーマンス能力が高まることの一部説明となる

かもしれないと結論づけた（図15.2参照）。

　まとめると，食事の[23,39]，そして筋グリコーゲン[54]の利用可能量はアミノ酸水準[23,39,54]に影響し，よって運動中のアンモニアの蓄積に影響するかもしれないということになる。さらに，グリコーゲンが枯渇した被験者[50,53]へのBCAAとロイシンの補給は安静時と運動後のBCAA濃度を大幅に高めつつ，パフォーマンスへは大した影響を与えずにアンモニア濃度の大幅な増加をもたらす。BCAAの脱アミノ作用がアンモニア生成の主要な源であるようである[52]。3 g/Lのトリプトファンの補給は血液のトリプトファンの水準に著しい増加をもたらし，計算から出された脳のトリプトファンの摂取を7～20倍に増加させる一方で，BCAAの補給（6 g/Lと12 g/L）はBCAAの水準を増加させ，計算から出されたトリプトファンの摂取を8～12％低下させた[51]。少量のBCAAの服用は（0.5 g/L），運動によって引き起こされたBCAAの水準の低下を弱めるが，運動への生理学的もしくは心理学的な反応，または疲れきるまでの時間に影響しなかった[20]。最後に，6％もしくは12％のグルコース電解質溶液を飲むことは，運動によって引き起こされたFFAとフリートリプトファンの増加を弱め，fTryp/BCAA比の増加を最小限に抑え，長時間に及ぶ運動中の疲労を遅らせる。

　炭水化物の補給は長時間に及ぶ運動を行う競技者に勧められるべきであることは明らかであるが，炭水化物の利用可能量が中枢そして末梢の疲労を遅らせるかもしれない一方，運動中のBCAAの補給に関してあげられた以下の点に注意すべきであろう。まず，我々は，2～30 gのBCAAを運動の前，途中，後にとったときの，胃腸の痛みまたは液体の吸収が遅くなったことを報告した研究を信じていない（これ以下で取りあげる研究も含む）。第2に，すべての研究がBCAAの補給によるアンモニアの大幅な増加を報告したわけではない。

fTryp/BCAA 比

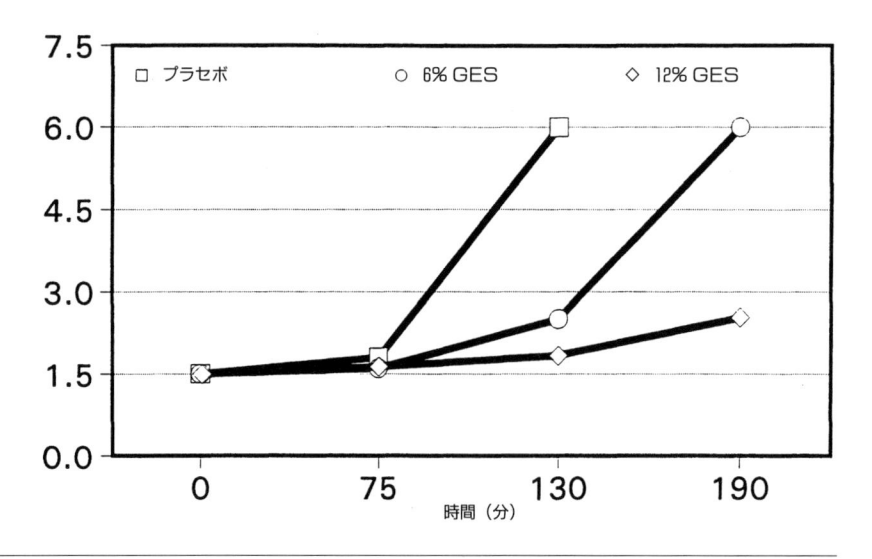

図15.2　味のつけられた無作用のプラセボ，6％ GES（グルコース電解質溶液），12％ GES をそれぞれとったあとの，持久的なサイクリングにおける fTryp/BCAA 比への影響。

事実，いくつかの研究は影響がないことを報告し，またアンモニアまたはその他の蛋白質産生減少は BCAA の補給によって減少することを示している．さらに，アンモニア濃度の上昇を報告している研究のうち，報告されたアンモニア水準は，激しい運動もしくはトレーニング後における競技者が通常示す値の範囲内であった．最後に，運動前，途中，後の BCAA の補給がパフォーマンスに障害をもたらす証拠はない．逆に，いくつかの研究は，炭水化物または非炭水化物の無作用のプラセボに比べると，BCAA を補給したケースでは運動パフォーマンスが改善されていることを示している．

BCAA 補給

先述したように，何人もの研究者が炭水化物が運動前，運動中にあってもなくても，BCAA の補給はアミノ酸濃度，fTryp/BCAA 比，中枢疲労，運動への生理学的反応，運動への心理学的反応，そしてパフォーマンス能力に影響し得ることを示している．次の研究がこの仮説を示唆している．

Blomstrnd ら[7]は，BCAA 補給の持久力パフォーマンスと心理学的反応への影響を，30 km 走と 42 km 走について調べた．30 km の試験の方では，味のついた水である無作用のプラセボをとったランナーに，バリン（−26%），ロイシン（−29%），そしてイソロイシン（−33%）水準の大幅な低下がみられた．逆に，レース中に 7.5 g の BCAA を含むドリンクを飲んだ（2.5〜3 g/h）被験者ではバリン（+82%）が大幅に増加し，そしてロイシン（+22%）とイソロイシン（+4%）に小さな増加が見られた．さらに，メンタルパフォーマンスは BCAA をとった試験において 30 km 走の後に大幅に向上したのに対して，無作用のプラセボでは向上しなかった．

42 km のマラソン走ではバリン（−17%），ロイシン（−19%），そしてイソロイシン（−26%）の水準が，無作用プラセボの試験では大幅に低下したのに対して，BCAA を補給（全部で 16 g，もしくは 4〜5 g/時）した実験では，バリン（+177%），ロイシン（+80%），そしてイソロイシン（+95%）水準を大幅に増加させる結果をもたらした．チロシンの水準は，無作用のプラセボの試験では 22% 増加したのに対して，BCAA の試験では 3% しか増加しなかった．チロシンは総蛋白質産生減少の目印であるといわれているので[8,19]，これらのデータは，蛋白質の減少は BCAA をとった試験の方が少なかったことを示唆する．無作用プラセボと BCAA の試験の間で，被験者全員の最終的に完走した時間の有意差はみられなかった．しかし，3.05 時間以下で完走したグループと 3.05〜3.30 時間で完走したグループにさらにグループ分けすると，パフォーマンス時間の割合は BCAA をとった遅い方のランナーについて大幅に低かったので，これは走るパフォーマンスがこのグループで向上したことを示している．

似たような研究では，Blomstrand ら[6]が，BCAA 補給がメンタルパフォーマンスに与える影響を，2.5 時間に及ぶスウェーデンの標準の国際サッカーマッチ後，6 人の女性競技者を対象に評価している．試合中に競技者は 6% GES の無作用のプラセボ，7.5 g（3〜3.5 g/時）の BCAA（40% バリン，35% ロイシン，そして 25% イソロイシン）を含む 6% GES ドリンクを両方の区別がつかない，無作為な，乗換型の状態で与えられた．その結果，無

作用のプラセボでは，ロイシン（−33％），イソロイシン（−36％），そしてバリン（−24％）の水準が大きく低下する一方で，フリートリプトファン（＋45％）の水準が大幅に増加し，よってfTryp/BCAA比を増加させることを明らかにした．しかし，被験者が炭水化物をBCAAドリンクで飲んだ時には，ロイシン（＋168％），イソロイシン（＋198％），そしてバリン（＋148％）の水準が大幅に増加する一方で，フリートリプトファン水準は20％の増加にとどまった．よって，fTryp/BCAA比はBCAA補給をした試験での方が大幅に低かった．サッカーの試合後，メンタルパフォーマンスはBCAAを飲んだ競技者については大幅に向上し，無作用のプラセボのドリンクを飲んだ競技者のグループについては変化がなかった．著者達は運動中の，標準の炭水化物量の入ったドリンクに加えてBCAAを摂取することは，運動中と運動後のメンタル的な注意力に影響を与えるようだという結論に達した．

この仮説を試すために，Kreiderら[29]は，BCAAの補給が超持久的なトライアスロンのパフォーマンスに対して与える影響を調べた．両方の区別がつかず，無作為で，乗換型の状態で5人の全国レベルのトライ競技者が1日6〜8gのBCAAまたはグルコースを含む，お店で手に入る栄養サプリメント，もしくは乳糖を含む無作用のプラセボのサプリメントを17日間与えられた．14日目に被験者は実験室でのアイアンマン・ハーフトライアスロンのシミュレーション競争を行った（2km競泳，90kmバイク，21km走）．被験者は2.25gのBCAAとグルタミン栄養サプリメントをトライアスロンの30分前にとり，通常の補給に加えてトライアスロン中に0.75g/時とり，それらは記録され，次の試験でも同様に行われた．生理学的そして心理学的データが，トライアスロン前，途中，そして終わった後3日間について集められた．被験者は無投与の14日間を過ごしたのちに，残っている乳糖の無作用プラセボを補給しながら再び実験を繰り返した．

その結果，BCAAとグルタミン補給は血清インスリンの水準を16％増加させ，血清アンモニア（−23％）と汗尿素窒素（−23％）を減少させた．競泳とバイクの部分におけるタイムの差はみられなかった．しかし，被験者のランの部分のスプリットタイムはBCAAとグルタミンをとった試験で大幅に縮められ（9.71＋2 → 8.75＋1分），全部でランの部分にかかった時間も縮め（126.2＋22 → 113.8＋10分），そしてトライアスロンを完走する時間も縮めた（328.6＋26 → 315.7＋17分）．RPEあるいはPOMSにおける運動前と後の大きな差異はみられなかった．回復状況の分析では，競技者はより少ない蛋白質の減少を経験し，トライアスロン後もより良い蛋白質のバランスを維持した．これらの発見は，BCAAとグルタミンの補給が超持久的運動中の総蛋白質減少を低下させ，3時間以上かかる種目のパフォーマンスを向上させ得るという仮説を裏付けるものである．

Petruzzelloら[46]は，長時間に及ぶ運動に関してBCAAの補給が気分の変化に与える影響について調べた．9人のよく鍛えられた男性が，14日間BCAAまたは乳糖の無作用のプラセボの補給を区別のつかない状態で摂取した後に，2回の長時間に及ぶサイクリング（2時間）セットを$\dot{V}O_2max$の65％で行った．被験者は，1つあたり0.75gのBCAAを含むカプセルをトレーニングの前と後に2〜4錠飲んだ．心理の明細を得るためのPOMS，そしてCNSの状態を調べるために重要なフリッカー試験がトレーニングの前後に行われた．ト

レーニングセット中における疲労は大して増加しなかった一方で，POMS，CNS，そしてタイムの結果をみても，大した差異をみることがきなかった。

Carliら[10]は，14人の男性長距離ランナーについて，2回の別々の機会に，400mのトラックで2mmol/Lに相当する一定の速度で60分間走る前，途中，そして後におけるBCAA補給がホルモン反応に与える影響について調べた。最初の試験では，被験者は商品として売られている，ロイシン5.1g，イソロイシン2.6g，そしてバリン2.6gを含んでいる炭水化物と蛋白質のドリンクを服用した。2回目の試験では，BCAAが加えられていない（無作用プラセボ）炭水化物と蛋白質のドリンクを服用した。結果は，成長ホルモン，黄体刺激ホルモンの水準，テストステロン対グロブリンと結合した性ホルモンの割合はBCAAを服用した試験の運動後は，無作用プラセボの試験に比べて大幅に低かった一方で，運動の前と後ではインスリン，テストステロン，グロブリンと結合した性ホルモンの水準，そしてテストステロン対コルチゾルの割合は増加した。アンドロステンジオン，グルコース，または血清蛋白質の水準については試験間で有意差はみられなかった。これらの発見は，蛋白質もしくはアミノ酸を炭水化物と服用することによって，インスリン血清濃度を高め[11,21,27,58]，ホルモンによって引き起こされた抗分解効果を通じて内因性のアミノ酸の酸化を抑え得るという主張を裏付けている。

Schenaら[48]は，BCAA補給が持久運動中に起きるアミノ酸合成へ与える影響について調べた。この研究では，11人の男性ランナーが$\dot{V}O_2max$の75%で90分間走をエルゴメーターの上で2本行った。被験者は区別がつけられない，無作為の状態で無作用プラセボ，または5gのBCAA錠剤5錠を運動の30分前と30分後に服用した。アミノ酸濃度を調べるために採血が行われた。結果は，血漿BCAA（-16+3%）とグルタミン（-10+2%）の水準が無作用のプラセボの試験では大幅に低下した一方で，BCAAの補給はプラズマBCAAを125+12%，グルタミン水準を7+2%増加させたことを示した。総トリプトファンとフリートリプトファンの水準は両方の試験において似たようなパターンで増加した。従って，BCAA補給は，普通の運動によるfTryp/BCAA比の変化を最小限に抑えるのに有効であったことになる。

別の研究では，CoomesとMcNaughton[15]が，長時間に及ぶ運動後の筋肉損傷を示す指標に対するBCAA補給の影響を調べた。16人の男性の被験者が均等に2つのグループに分けられ，14日間通常の食事に加えて1日12gのBCAA，または無作用プラセボを無作為に，区別がつけられない状態で与えられた。クレアチンキナーゼ(CK)と乳酸脱水素酵素(LDH)の基線値の水準は，補給前の7日間1日おきに定められた。補給前にはCKとLDHの水準にグループ間の差はみられなかった。被験者は$\dot{V}O_2max$の70%で120分間自転車をこぎ，回復する時間には活動を最小限に抑えることが要求された。運動開始から0,1,2,3,4時間目と1,2,4日目に採血が行われた。結果は，両グループにおいて運動への反応としてLDHとCKの水準が大幅に増えたことを示した。しかし，BCAAを補給したグループのLDH水準は運動後3時間と4時間，そして1日後に，実験の対照標準のグループよりも大幅に低かった。さらに，BCAAのグループのCK水準は運動後4時間と1日後と2日後に実験の対照標準のグループよりも大幅に低かった。研究者はBCAA補給が，長時間に及ぶ運動の

後は血清 CK と LDH の水準を大幅に低下させ，BCAA 補給が運動による筋肉損傷を減少させるかもしれないとまとめている。

Nemoto ら[41] は，30 人の活発ではあるが鍛えていない女子大生の持久能力と RPE 水準に対する BCAA 補給の影響について調べた。乳酸閾値(LT)と血乳酸蓄積の開始(OBLA)が，サイクルエルゴメーターで徐々に増強されるテストで定められた。被験者は最大運動以下の運動テストを LT で，OBLA の 75％または 90％で行ったが，運動テストの 30 分前に 11 g の BCAA または無作用プラセボを区別のつけられない，無作為な状態でとった。乳酸，アンモニア，そして RPE は運動の前，途中，後に定められた。結果は，LT で運動を行っているグループの間には大した差がないことを示した。しかし，被験者は BCAA を補給した時の方が (153＋14：135＋18 W)，OBLA までに 13％多く仕事をした。さらに，アンモニアの水準が BCAA の補給によって常に高かったものの，乳酸と RPE の水準は大幅に低かった。研究者は BCAA の補給が，中程度の強度で長時間に及ぶ運動中における RPE と持久能力を，アンモニアの蓄積にもかかわらず，高めることがあるとまとめている。

Mittleman ら[40] は，暑さの中での長時間に及ぶ運動をした時に，BCAA を補給すると性別特有の反応に対してどのような影響を与えるかについて調べた。この研究では 4 人の男性と 4 人の女性の被験者が，30 分間の休憩，2 時間の日光浴，そして暑さの中 $\dot{V}O_2max$ の 40％で疲れ切るまで歩くことから成るパフォーマンステストを 2 回行った。区別ができない，無作為の状態で，被験者には GES を体重 1 kg あたり 5 ml 含むドリンクか，BCAA(量は特定されていない)を含むドリンクが与えられた。結果，BCAA の補助ドリンクの方が女性については，疲れ切るまでの時間を 23.5％と大幅に増加させたが (168＋20：136＋18 分)，男性についてはそうではなく (151＋34：152＋32 分)，さらに血清 FFA の水準にも大した差はみられなかった。これらの発見は，長時間に及ぶ運動において，BCAA 補給が性別によって異なった影響を与える可能性を示している。

最後に，Hefler ら[25] は，サイクリング競技者についてパフォーマンス能力に対する BCAA 補給の影響を調べた。区別のつけられない，無作為な状態で，2 週間の回復期間をはさんでからもう片方の試験を行うプロトコルで，10 人のサイクリング競技者が，グルコースの無作用プラセボを 1 日 16 g，もしくは BCAA (50％ロイシン，30％バリン，20％イソロイシン) を 1 日 16 g，14 日間無作為に割り当てられた。被験者はそれぞれの処置の 2 日目と 14 日目に，距離を測るためにサイクロコンピューターのつけられた自分の競輪用自転車で 40 km タイムトライアルを行った。その結果，無作用プラセボをとっていた時には，2 日目 (58.1＋3 分) と 14 日目 (56.7＋2 分) の間に大したタイム差はなかったが，BCAA をとっていた時には 40 km のタイムトライアルのタイムを 11.7％縮めた (58.2＋5：51.4＋3 分)。さらに，補給の 2 日目においてグループ間に大した差はみられなかったものの，BCAA グループの被験者たちは，補給の 14 日目に大幅に速いタイムで走った。これらのデータは，激しい持久系運動中に BCAA の補給がパフォーマンス効果をもたらすだろうという主張に対する今日までの一番良い証拠である。

まとめると，これらの研究は水もしくは炭水化物の無作用プラセボに比べて，BCAA の補給 (0.5～10 g/時) が炭水化物の有無にかかわらず BCAA を大幅に増加させ，よって fTryp/

BCAA 比の増加を最小限に抑える[6,7,16,20,48,50-54] 役割があることを示している。さらに，BCAA の補給は，おそらく持久系運動後のメンタルパフォーマンス[6,7]，運動中のパワー出力を高め[29,41]，さらに持久系そして超持久系種目においてパフォーマンス能力を高める[25,29,40,41]ために抗分解性作用[10,29]をもたらし，それによって，運動による蛋白質の産生減少と血清筋肉酵素 CK などの放出[7,10,15,29]を低下させることが報告されている。最後に，数人の研究者が述べるような[18,54]胃腸の痛み，有害なアンモニア水準，またはパフォーマンス能力の低下と栄養の補給の摂生規則との関連性をどの研究も報告していないことを指摘しておくべきであろう。さらなる研究が必要であるものの，これらのデータは，運動中の通常の炭水化物摂取に加えて，BCAA の補給がそれ以上の効果を表し得ることの裏付けである。

オーバーリーチングとオーバートレーニングへの示唆

この分野に関して手に入るほとんどの書物が，比較的短期間（0〜-14 日）の補給後の運動への反応に対する炭水化物または BCAA 補給の与える影響を調べていた。理論的には，もし運動による fTryp/BCAA 比の変化が 1 回の長時間に及ぶ運動中の疲労にセロトニンの作動性によって寄与するのであれば，頻繁な，激しい，または長時間に及ぶトレーニングセットを要するトレーニングプログラムを維持すると fTryp/BCAA 比の慢性的上昇と慢性的疲労をもたらし得ることになる。この起こり得る関係は Newsholme ら[42]と Parry-Billings ら[43,44]によって最初に言及された。残念ながら，激しいトレーニング中の炭水化物と BCAA 補給の影響について調べた研究は少数である。しかし，これから述べる 2 つの研究は，運動中に蛋白質もしくは BCAA を炭水化物の補給に加えることについての理論を与えてくれる。

Zawadzki ら[58]は，持久的なサイクリング後に炭水化物と蛋白質が複合した栄養サプリメントを摂取することが血清基質，ホルモン，そして筋グリコーゲン貯蓄に対していかなる影響を与えるかについて調べた。9 人の断食をしている男性の被験者が，筋グリコーゲン水準を枯渇するために $\dot{V}O_2max$ の 70％での 2 時間走を 3 回にわたって走り，その後 112 g の炭水化物，40.7 g の蛋白質，112 g の炭水化物と 40.7 g の蛋白質の複合栄養サプリメントのいずれかを運動直後と回復にあてられた 2 時間の後に与えられた。血漿基質とホルモンは運動の 6 時間後に評価され，運動後の筋グリコーゲン水準は運動直後と 4 時間後に定められた。その結果，炭水化物，蛋白質のいずれかの栄養サプリメントをとった試験よりも，炭水化物と蛋白質の複合をとった試験での方が血清インスリン水準が大幅に高かった。さらに，筋グリコーゲンの再合成率は，炭水化物と蛋白質の複合をとった試験での方が，残りの処置をした後の試験に比べて 38％高かった。炭水化物をとった時の試験は蛋白質をとった時の試験に比べて血清インスリンと筋グリコーゲン貯蓄の水準を高めた一方で，炭水化物をとった時の試験における筋グリコーゲンの再合成率は，炭水化物と蛋白質の複合栄養サプリメントをとった時に比べて大幅に低かった（図 15.3 参照）。研究者は，炭水化物と蛋白質の複合栄養サプリメントをとった後にみられる筋グリコーゲン貯蓄率の増加は，炭水化物と蛋白質によって引き起こされたインスリン水準の増加によって媒介され得ると

した。激しい運動中は筋グリコーゲン水準を維持することが重要なので、この栄養面でのアプローチはみるからに筋グリコーゲンの回復を高めそうである。

Cadeら[9]は、男性20人、女性20人のインカレ水泳競技者について競泳トレーニング後の炭水化物と蛋白質の補給の影響を調べた。対象となる水泳競技者は通常のトレーニング時の食事を維持しながら無作為に5つの栄養補給グループに振り分けられた。1つ目のグループはトレーニング中に水をとり、トレーニング後に栄養サプリメントが与えられなかった。2つ目のグループはトレーニング中には水をとったが、毎回トレーニング直後に80gの蔗糖の補給が与えられた。3つ目のグループはトレーニング中に水をとり、トレーニング直後に80gの蔗糖に加えて15gの牛乳蛋白を摂取した。残り2つのグループはトレーニング中に6% GESをとり、トレーニング後に80gの蔗糖、または80gの蔗糖プラス15gの牛乳蛋白のいずれかをとった。これらの栄養面の戦略が競泳トレーニング中に筋肉酵素の放出と回復に与える影響を検査するために、回復中に血清酵素が監視された。

その結果、トレーニング中に水をとろうと、GESをとろうと、運動後に蔗糖と蛋白質の複合されたサプリメントをとっていたグループの方がクレアチンキナーゼ (CK) の水準が低かった。さらに、CK水準については、運動後に蔗糖と蛋白質の複合された補給を受けていたグループ (3時間) の方が、炭水化物のみの補給を受けていたグループ (8時間) よりもベースラインに戻るのが早かった。これらの発見は、運動後に炭水化物に加えて蛋白質を摂取することが、激しいトレーニング中における筋肉の回復を早め得ることを示している。

我々の知る限り、オーバートレーニングの目印に対するBCAA補給の影響を評価したデータのうち、出版され世間に出回っている[30,32-34]のは、25週間に及ぶインカレの競泳トレ

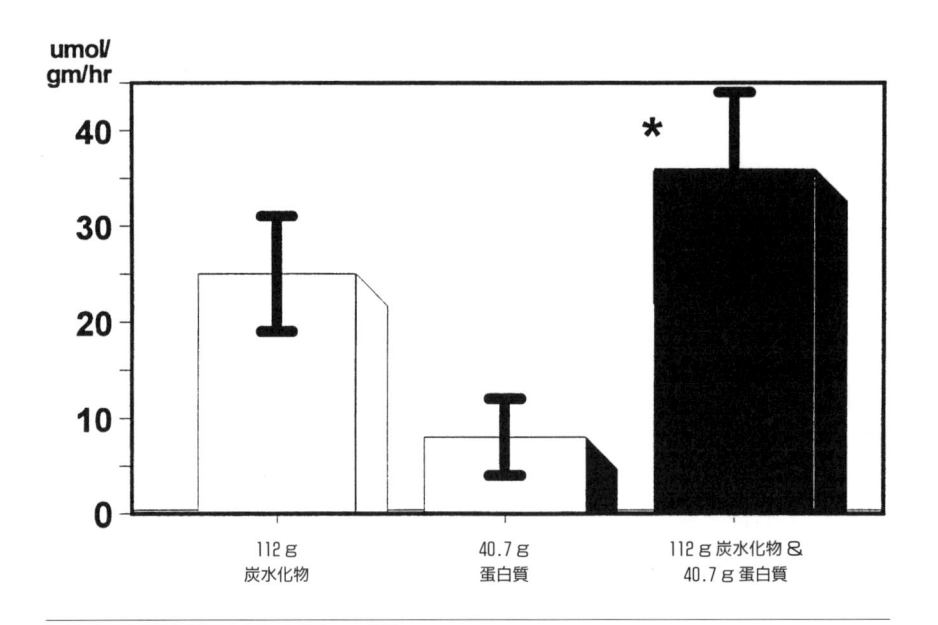

図15.3 炭水化物、蛋白質、または炭水化物と蛋白質の複合を持つ持久的運動後にとることのグリコーゲン再合成の率に対する影響
Zawadzkiらのデータに基づく 1992

ーニングにおいてBCAAの補給が競技者に与える影響について調べた我々の研究だけである。この研究では，10人のインカレ水泳競技者 (男女5人ずつ) が対抗する10人の競泳チーム (男女5人ずつ)，そして非活動的から適度に活動的な人たちの分類から10人の健康そうな対照標準となる被験者 (男女5人ずつ) とトレーニング量，強度，そして各種目を特定して釣り合わされた。トレーニングの第1週から10週の間に参加者は無作為に，そして隠された状態で，ロイシン (850 mg)，イソロイシン (625 mg)，バリン (625 mg)，グルタミン (50 mg)，そしてカルニチン (25 mg) を含む2.175 gの栄養サプリメント，または22.5 gの麦芽デキストリンを含む250 mlの水とともに乳糖2.175 gの無作用プラセボのいずれかをとるよう，各練習 (1週間9回) の前と後に割り当てられた。第11週から25週には，被験者は2.9 gのBCAA/グルタミンの栄養サプリメント，または麦芽デキストリンを含む乳糖の無作用プラセボドリンクを練習の前と後に飲んだ。さらに，いつもの食事に加えて，20種類のアミノ酸または乳糖プラセボ3.2 gを含む3.2 gの栄養サプリメントを一日4回とった (1日12.8 g)。トレーニングの第0, 4, 10, 14, 15, 22と25週目には採血を行った。水泳競技者は競泳トレーニングによる生理学的そして心理的な反応に対するBCAA/グルタミンの補給の影響を評価するために，各トレーニング段階の最後に標準化された90分間の練習を行った。

結果は，炭水化物を補給していたグループ (CG) よりもBCAA/グルタミンを補給していたグループ (BG) の方が血清アンモニア，コルチゾル，そしてテストロンに対するコルチゾルの割合が著しく低かった[32]。さらに，個人個人に対する過労についてのアンケートの分析から，より少ない身体的な症状 (例えば風邪，局部の痛み，不規則な食事のパターン，体重の変化，不眠症，し眠そして感情鈍麻) を示す肉体的な過労 (CG, 23.3+6；BG, 19.0+5) そして，より少ない抑鬱と不安を示す心理的な過労 (CG, 26.1+8；BG, 22.7+6) がトレーニング中に炭水化物を補給したグループよりもBCAA/グルタミンを補給したグループでの方が著しく低かった (図15.4と15.5参照)。さらに，POMSの「怒り」の数値 (CG, 15.7+9；BG, 11.2；$p=0.07$) と「全体的な気分の動揺」の数値 (CG, 47.1+32；BG, 34.3+23；$p=0.06$) はともにBCAA/グルタミンのグループで低い傾向にあった[34]。最後に，毎日記入され，またトレーニングの4週間後に記入された疲労の明細の分析から，BCAA/グルタミン補給を受けたグループの被験者が経験した精神的な疲労，腕と脚への疲労，一般的な疲労，そして学校への疲労は大幅に小さかったことが明らかになった[34]。

25週間のトレーニング期間[30,31,35]を通じての免疫データの分析によると，CD4/CD8の割合 (コントロール2.57+1.4 mg/dl；炭水化物2.46+1.2 mg/dl；BCAA/グルタミン3.49+1.8 mg/dl) と血清IgA水準 (コントロール123+54 mg/dl；炭水化物135+60 mg/dl；BCAA/グルタミン192+69 mg/dl) はBCAA/グルタミンをとったグループの方が著しく大きかった (図15.6, 15.7参照)。コントロール，炭水化物の無作用プラセボ，またはBCAA/グルタミンをとったグループの間でPWMもしくはPHAの分裂誘発因子によるリンパ球増殖反応にあまり差はみられなかった。レトロスペクティブに報告された感染の症状の分析はBCAA/グルタミンをとったグループが胸のうっ血と引き締め，咳，消化不良，そしてある程度の筋肉と関節痛を著しく少ない頻度でおぼえたことを明らかにした。しか

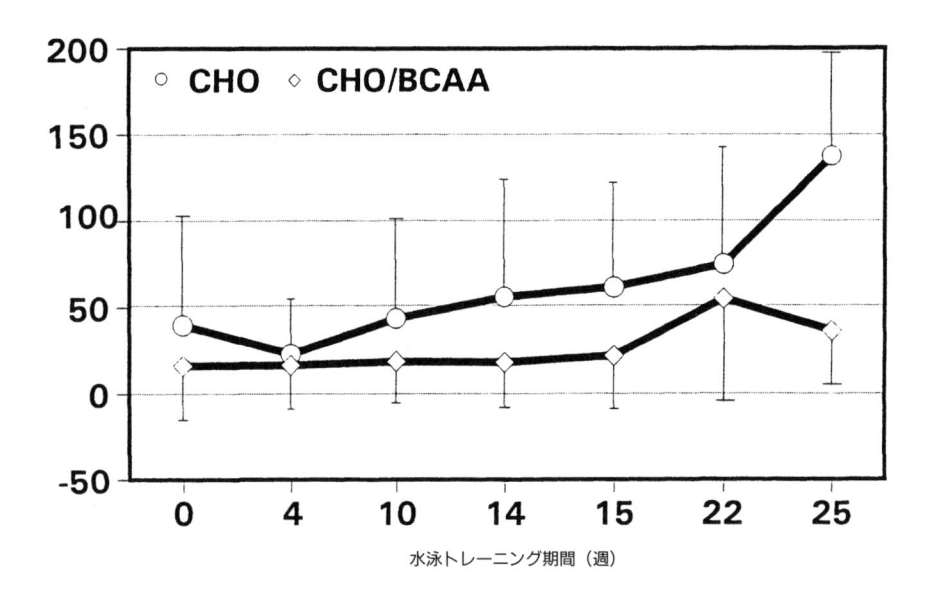

図 15.4　25週間のインカレ競泳における，炭水化物（CHO）または炭水化物/BCAA/グルタミン（CHO/BCAA）を補給したグループのコルチゾル対テストステロンの割合。

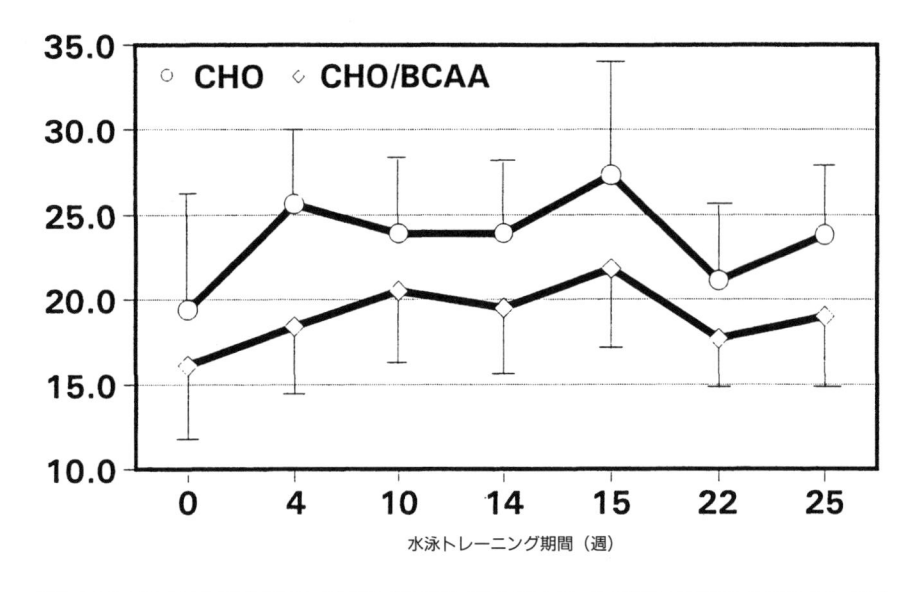

図 15.5　25週間のインカレ競泳において，炭水化物（CHO）または炭水化物/BCAA/グルタミン（CHO/BCAA）を補給したグループにみられた個人への過労アンケートの心理的疲労反応。

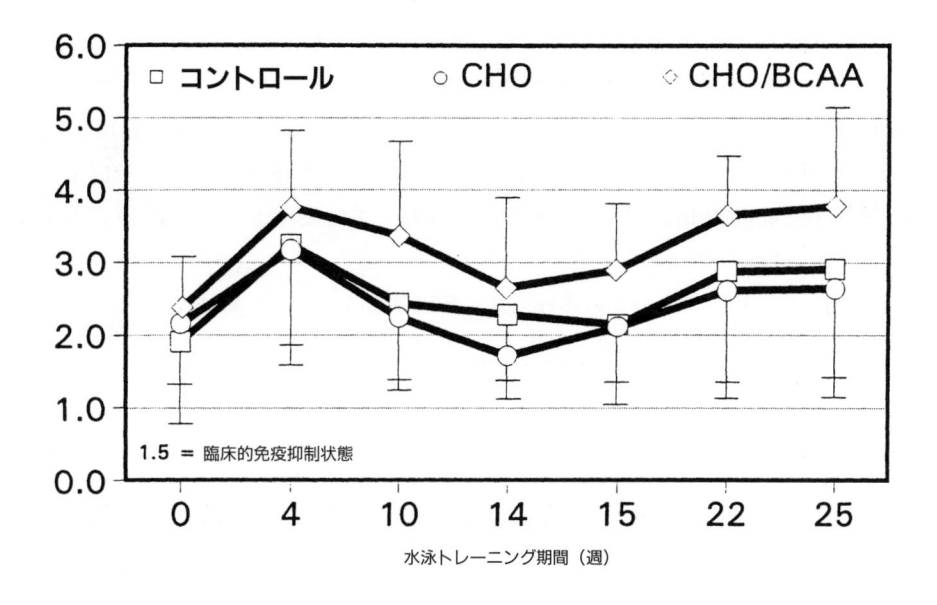

図15.6 25週間インカレレベルの競泳を行った時の、鍛錬していない対照群、炭水化物の補給が与えられたグループ（CHO），そして炭水化物/BCAA/グルタミン（CHO/BCAA）の補給が与えられたグループに観測されたCD4/CD8の割合。

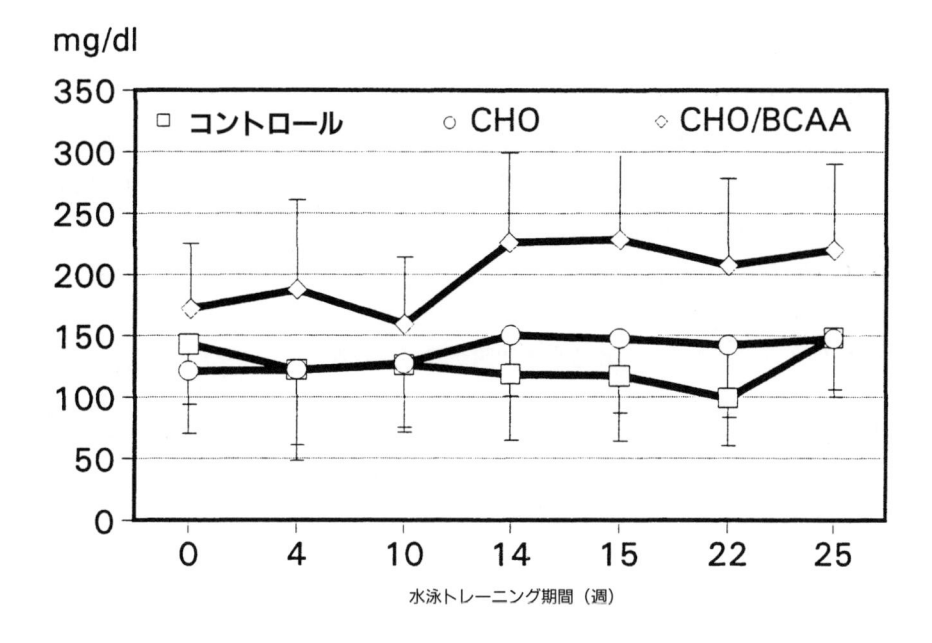

図15.7 25週間インカレレベルの競泳を行った時の、鍛錬していない対照群、炭水化物の補給が与えられたグループ（CHO），そして炭水化物/BCAA/グルタミン（CHO/BCAA）の補給が与えられたグループに観測されたIgA水準。

し，グループ間の病気者の総数やその程度に関して大した差は報告されなかった。

　スポーツにおけるオーバーリーチングとオーバートレーニングの国際会議で発表されたこの研究のデータは，耐性単核細胞の割合（コントロール8.0＋1.3%，炭水化物7.7＋1.1%，BCAA/グルタミン9.5＋2.9%）と血漿IgGの水準（コントロール828＋343 mg/dl，炭水化物948＋382 mg/dl，BCAA/グルタミン1045＋364 mg/dl）が，BCAA/グルタミングループにおいて高い傾向にある（$p<0.10$）ことを示している[49]。さらにシーズンを通して行われた標準化された90分間の水泳に対する白血球の反応の研究は，BCAA/グルタミングループの被験者が，リンパ球，好中球，そしてNe/Lyの割合にそれぞれ21%，18%，29%だけ少ない変化を経験したことを明らかにした[35]。

　全体として，これらの発見は，激しいトレーニング中にBCAA/グルタミンを補給することがトレーニングに対するホルモンの，心理学的また免疫学的な反応に影響し得るという仮説を裏付けるものである。さらに，少量のBCAA/グルタミンを炭水化物のドリンクに加えることが炭水化物のみをとるよりも，高負荷のトレーニングに対する生理学的，心理学的，そして免疫学的な反応を大幅に減少させ得る。しかし，激しいトレーニング中において炭水化物とBCAAの補給がオーバートレーニングの指標に対していかなる影響を与えるのか，決定的な結論に達するまでにはさらなる研究が必要である。

要約

　持久系運動，超持久系運動，トレーニングに対してBCAAの補給が与える影響について研究した書物と予備報告の論評は，今後研究すべき大変興味深い生理学的，心理学的現象を明らかにした。持久系の運動における生理学的，そして心理的な反応に対して，炭水化物の有無にかかわらずBCAAの補給が影響を与えるという仮説を裏付けるデータはあるものの，その機能のメカニズム，そして持久系運動とトレーニングへの生理学的そして心理学的影響に関する多くの答えられるべき問題が残っている。

　しかし，現在入手できる書物によると，以下の結論が見出される。第1に，食事における炭水化物の調節が運動中の基質の利用に影響するのは明らかである。筋肉と肝臓のグリコーゲン水準が低い状態で運動を始める競技者は，平常のグリコーゲン水準を保って運動を始める競技者に比べてより多くのFFAとBCAAを酸化させる。長時間に及ぶ運動によってグリコーゲンの利用可能な量が減少するにつれて，血液のFFAとフリートリプトファンの水準は上昇する一方，基本的なアミノ酸が低下する（特にBCAAとグルタミン）。これらの変質はfTryp/BCAA比の大幅な増加をもたらす。血液のfTryp/BCAA比の増加は，脳の5-HT合成（動物とヒトの研究において疲労に影響する生理学的そして心理学的要素に影響すると報告されている）を増加させる。

　運動によるfTryp/BCAA比の変化を遅らせる，つまり疲労を遅らせるのに有効な栄養面での戦略は2つあるようである。まず，炭水化物の補給（6〜12% GES）は，FFAの増加を抑え，フリートリプトファンの増加を最小限に抑え，長時間に及ぶサイクリングにおいてパワー出力を強化することが証明されている。次に，BCAAの補給（2〜10 g/時）は炭

水化物の有無にかかわらず，BCAA の水準を増加させ，fTryp/BCAA 比の増加を最小限に抑え，運動への生理学的そして心理学的反応に影響することが証明されている。持久的パフォーマンスに対する BCAA 補給の影響はいまだに不定である。しかし，パフォーマンスに対して悪影響を及ぼすことを報告している研究は一つもない。

運動中の BCAA 補給の影響に関してはあまり多くは知られていない。しかし，運動前，途中，そして後に炭水化物に加えて蛋白質と BCAA を補給することは，運動に対する生理学的，心理学的，そして免疫学的な反応を低下させるという証拠が積み上げられてきている。理論的にはこれらの適合がオーバートレーニングの件数を減らし得る。しかし，決定的な結論が定められる前にこれらの仮説について調べるための更なるしっかりと統制された研究が必要である。

この分野についての書物だけでなく，スポーツ栄養学についての書物に基づいて，高負荷のトレーニングに携わる競技者に対して以下のような栄養面の勧告をすることができるであろう：

1．高炭水化物（55〜65% CHO，15%蛋白質，<30%脂肪），エネルギーのバランスがとれた，栄養素が詰まっている食事を維持する。
2．運動前に筋肉と肝臓のグリコーゲン水準を飽和するために，運動前の食事を練習前の 4〜6 時間前にとること。
3．激しい，もしくは長時間に及ぶ運動の 30〜60 分前に軽量の炭水化物と蛋白質を含む食事（例えば炭水化物として 30〜50 g の果糖，5〜10 g の蛋白質）をとる。
4．もしも運動が激しく（$>\dot{V}O_2max\ 70\%$），断続的，または持続的（>60 分）であるならば，運動中に 4〜8% GES をとる。
5．平常の炭水化物の摂取に加えて，激しいまたは長時間に及ぶ（>60 分）運動前と途中に BCAA とグルタミンを補給（2〜10 g/時）することは効果的であるかもしれない。しかし，この仮説を調べるためにはさらなる研究が必要である。
6．運動後 2 時間以内に，炭水化物と蛋白質からなる食事（例えば 120 gCHO，40 g 蛋白質）をとることによってグリコーゲンの再合成を強化する。（辻秀一）

参考文献

1. Bailey, S.P., J.M. Davis, E.N. Ahlborn. 1992, Effect of increased brain serotogenic (5-HT_{IC}) activity on endurance performance in the rat. *Acta Physiologica Scandinavica* 145: 75-76.
2. Bailey, S.P., J.M. Davis, E.N. Ahlborn. 1993. Neuroendocrine and substrate responses to altered brain 5-HT activity during prolonged exercise to fatigue. *Journal of Applied Physiology* 74: 3006-3012.
3. Bailey, S.P., J.M. Davis, E.N. Ahlborn. 1993. Brain serotogenic activity affects endurance performance in the rat. *International Journal of Sports Medicine* 6: 330-333.
4. Blomstrand E., F. Celsing, E.A. Newsholme. 1988. Changes in plasma concentrations of aromatic and branch-chain amino acids during sustained exercise in man and their possible role in fatigue. *Acta Physiologica Scandinavica* 133: 115-121.
5. Blomstrand E., D. Perrett, M. Parry-Billings, E.A. Newsholme. 1989. Effect of sustained exercise on plasma amino acid concentrations and on 5-hydroxytryptamine metabolism in six different brain regions in the rat. *Acta Physiologica Scandinavica* 136: 473-481.
6. Blomstrand E., P. Hassmen, E. Newsholme. 1991. Effect of branch-chain amino acid supplementation on mental performance. *Acta Physiologica Scandinavica* 143: 225-226.
7. Blomstrand E., P. Hassmen, B. Ekblom, E.A. Newsholme. 1991. Administration of branch-chain amino acids during sustained exercise—effects on performance and on plasma concentration of some amino acids. *European Journal of Applied Physiology* 63: 83-88.
8. Butterfield, G. 1991. Amino acids and high protein diets. In Perspectives in exercise science and sports medicine, vol. 4; *Ergogenics: enhancement of performance in exercise and sport*, eds. D. Lamb, M. Williams, 87-122. In-dianapolis: Brown & Benchmark.
9. Cade, J.R., R.H. Reese, R.M. Privette, N.M. Hommen, J.L. Rogers, M.J. Fregly. 1991. Dietary intervention and training in swimmers. *European Journal of Applied Physiology and Occupational Physiology* 63: 210-215.
10. Carli, G., M. Bonifazi, L. Lodi, C. Lupo, G. Martelli, A.Viu. 1992. Changes in exercise-induced hormone response to branched chain amino acid administration *European Journal of Applied Physiology and Occupational Physiology* 64: 272-277.
11. Castellino, P., L. Luzi, D.C. Simonson, M. Haymond, R.A. DeFronzo. 1987. Effect of insulin and plasma amino acid concentrations of leucine metabolism in man. *Journal of Clinical Investigations* 80: 1784-1793.
12. Chaouloff, F., J.L. Elgohozi, Y. Guezennec, D. Laude. 1985. Effects of conditioned running on plasma, liver and brain tryptophan and on brain 5-hydroxytryptamine metabolism of the rat. *British Journal of Pharmacology* 86: 33-41.
13. Chaouloff, F., G.A. Kennett. B. Serrurier, D. Merina. G. Curson. 1986. Amino acid analysis demonstrates that increased plasma free typtophan causes the increase of brain tryptophan during exercise in the rat. *Journal of Neurochemistry* 46: 1647-1650.
14. Chaouloff, F., D. Laude, Y. Guezennec, J.L. Elgohozi. 1986. Motor activity increases tryptophan, 5-hydroxyinoleacetic acid, and homovanillic acid in ventricular cerebrospinal fluid of the conscious rat *Journal of Neurochemistry* 46: 1313-1316.
15. Coombes, J., L. McNaughton. 1985. The effects of branched chain amino acid supplementation on indicators of muscle damage after prolonged strenuous exercise. *Medicine and Science in Sports and Exercise* 27: S149.
16. Davis, J.M., S.P. Bailey, J.A. Woods, F.J. Galiano, M.T. Hamilton, W.P. Bartoli. 1992. Effects of carbohydrate feedings on plasma free tryptophan and branched-chain amino acids during prolonged cycling. *European Journal of Applied Physiology and Occupational Physiology* 65: 513-519.

17. Davis, J.M., S.P. Bailey, D.A. Jackson, A.B. Stansner, S.L. Morehouse. 1993. Effects of a serotonin (5-HT) agonist during prolonged exercise to fatigue in humans. *Medicine and Science in Sports and Exercise* 25: S78.
18. Davis, J.M.. 1995. Carbohydrates, branched-chain amino acids, and endurance: the central fatigue hypothesis. *International Journal of Sport Nutrition* 5: S29-S38.
19. Dohm, G.L. 1986. Protein as a fuel for endurance exercise. *Exercise Sport Science Reviews* 14: 143-173.
20. Galiano, F.J., J.M. Davis, S.P. Bailey, J.A. Woods, M. Hamilton, W.P. Bartoli. 1992. Physiological, endocrine and performance effects of adding branch chain amino acids to a 6% carbohydrate electrolyte beverage during prolonged cycling. *Medicine and Science in Sports and Exercise* 23: S14.
21. Garlick, P.J., I. Grant. 1986. Amino acid infusion increases the sensitivity of muscle protein synthesis in vivo to insulin. Biochemistry Journal 254: 579-584.
22. Goldberg, A.L., T.W. Chang. 1978. Regulation and significance of amino acid metabolism in skeletal muscle. *Federal Proceedings* 37: 2301-2307.
23. Greenhaff, P.L., J.B. Leiper, D. Ball, R.J. Maughan. 1991. The influence of dietary manipulation on plasma ammonia accumulation during incremental exercise in man. *European Journal of Applied Physiology* 63: 338-344.
24. Haralambie, G., A. Berg. 1976. Serum urea and amino nitrogen changes with exercise duration. *European Journal of Applied Physiology* 36: 39-48.
25. Hefler, S.K., L. Wildman, G.A. Gaesser, A. Weltman. 1993. Branched-chain amino acid (BCAA) supplementation improves endurance performance in competitive cyclists. *Medicine and Science in Sports and Exercise* 25: S24.
26. Hood, D.A., R.L Terjung. 1990. Amino acid metabolism during exercise and following endurance training. *Sports Medicine* 9: 23-35.
27. Hutton, J.C., A. Sener, W.J. Malaisse. 1980. Interaction of branched-chain amino acids and keto acids upon pancreatic islet metabolism and insulin secretion. *Journal of Biological Chemistry* 255: 7340-7346.
28. Kargotich, S., D.G. Rowbottom, D. Keast, C. Goodman, A.R. Morton 1996. Plasma glutamine changes after high intensity exercise in elite male swimmers. *Medicine and Science in Sports and Exercise* 28: S133.
29. Kreider, R.B., G.W. Miller, M. Mitchell, C.W. Cortes, V. Miriel, C.T. Somma, S.R. Sechrist, D. Hill. 1992. Effects of amino acid supplementation on ultraendurance triathlon performance. In *Proceedings of the first world congress on sport nutrition*, 488-536. Barcelona, Spain: Enero.
30. Kreider, R.B., B. Lautholtz. 1993. Nutrition for the immune system: the role of amino acids. *Journal of Optimal Nutrition* 2: 278-291.
31. Kreider, R.B., V. Miriel, E. Bertun. 1993. Amino acid supplementation and exercise performance: proposed ergogenic value. *Sports Medicine* 16: 190-209.
32. Kreider, R.B., V. Miriel, E. Bertun, T. Somma, S. Sechrist. 1993. Effects of amino acid and carnitine supplementation on markers of protein catabolism and body composition during 25 weeks of swim training. *Southeast American College of Sports Medicine Abstracts* 20: 45.
33. Kreider, R.B., R. Ratzlaff, E. Bertun, J. Edwards, V. Miriel, G. Lloyd, J. Gentry. 1993. Effects of amino acid and carnitine supplementation on immune status during an intercollegiate swim season. *Medicine and Science in Sports and Exercise* 25: S123.
34. Kreider, R.B., C.W. Jackson. 1994. Effects of amino acid supplementation on psychological status during an intercollegiate swim season. *Medicine and Science in Sports and Exercise* 26: S115.
35. Kreider, R., V. Miriel, D. Tulis, E. Bertun. 1996. Effects of amino acid supplementation during a 25-week intercollegiate swim season on leukocytic response to swimming. *Internatiohal Confer-*

ence on Overreaching and Overtraining in Sport, Conference Abstracts 1: 76.
36. Lancranjan, I.A., A. Wirz-Justice, W. Puhringer, E. Del Pozo. 1977. Effect of L-5-hydroxytryptophan infusion of growth hormone and prolactin secretion in man. *Journal of Endocrinology and Metabolism* 45: 588-593.
37. Lehmann, M., M. Huonker, F. Dimeo, N. Heinz, U. Gastmann, N. Treis, J.M. Steinacker, J. Keul, R. Kajewski, D. Haussinger. 1995. Serum amino acid concentrations in nine athletes before and after the 1993 Colmar ultratriathlon. *International Journal of Sports Medicine* 16: 155-159.
38. Lemon, P.W.R. 1991. Protein and amino acid needs of the strength athlete. *International Journal of Sport Nutrition* 1: 127-145.
39. MacLean, D.A., L.L. Spriet, T.E. Graham. 1992. Plasma amino acid and ammonia responses to altered dietary intakes prior to prolonged exercise in humans. *Canadian Journal of Physiology and Pharmacology* 70: 420-427.
40. Mittleman, K., C. Miller, M. Ricci, L. Fakhrzadeh, S.P. Bailey. 1995. Branched-chain amino acid (BCAA) supplementation during prolonged exercise in heat: influence of sex. *Medicine and Science in Sports and Exercise* 27: S148.
41. Nemoto, I., A. Tanaka, Y. Kuroda. 1996. Branched-chain amino acid (BCAA) supplementation improves endurance capacities and RPE. *Medicine and Science in Sports and Exercise* 28: S37.
42. Newsholme, E.A., M. Parry-Billings, M. McAndrew, R. Budgett. 1991. Biochemical mechanism to explain some characteristics of overtraining. In Medical Sports Science, vol. 32, *Advances in nutrition and top sport*, ed. F. Brouns, 79-93. Basel: Karger.
43. Parry-Billings, M., E. Blomstrand, B. Leighton, G.D. Dimitradis, E.A. Newsholme. 1990. Does endurance exercise impair glutamine metabolism? *Canadian Journal of Sport Science* 13: 13P.
44. Parry-Billings, M., E. Blomstrand, N. McAndrew, E.A. Newsholme, 1990. A communicational link between skeletal muscle, brain and cells of tbe immune system. *International Journal of Sports Medicine* 11: S122-S128.
45. Parry-Billings, M., R. Budgett, Y. Koutedakis, E. Blomstrand, S. Brooks, C. Williams, P.C. Calder, S. Pilling, R. Baigrie, and E. Newsholme. 1992. Plasma amino acid concentrations in the overtraining syndrome: Possible effects on the immune system. *Medicine and Science in Sports and Exercise* 24: 1353-1358.
46. Petruzzello, S.J., D.M. Landers, J. Pie, J. Billie. 1992. Effect of branchedchain amino acid supplements on exercise-related mood changes. *Medicine and Science in Sports and Exercise* 24: S2.
47. Rang, H.P., M.M. Dale. 1987. *Pharmacology*, 80-92. Edinburgh: Churchill Livingstone.
48. Schena, F., F. Guerrine, P. Tregnaghi. 1993. Effects of branched-chain amino acid supplementation on amino acid metabolism during endurance exercise. *Medicine and Science in Sports and Exercise* 25: S24.
49. Taylor, T., R. Kreider, L. Ramsey, H. Yamashito, V. Miriel, D. Tulis, E. Bertun. 1996. Effects of amino acid supplementation during a 25-week intercollegiate swim season on fasting immunoglobulins and leukocytes. *International Conference on Overreaching and Overtraining in Sport, Conference Abstracts* 1: 76.
50. Vandewalle, L., A.J.M. Wagenmakers, K. Smets, F. Brouns, W.H.M. Saris. 1991. Effect of branched-chain amino acid supplements on exercise performance in glycogen depleted subjects. *Medicine and Science in Sports and Exercise* 23: S116.
51. van Hall, G., J.S. Raymakers, W.H. Saris. 1995. Ingestion of branched-chain amino acids and tryptophan during sustained exercise in man: failure to affect performance. *Journal of Physiology* 486: 789-794.
52. van Hall, G., G.J. van der Vusse, K. Soderlund, A.J. Wagenmakers. 1995. Deamination of amino acids as a source for ammonia production in human skeletal muscle during prolonged exercise. *Journal of Physiology* 489: 251-261.

53. Wagenmakers, A.J.M., K. Smets, L. Vandewalle, F. Brouns, W.H.M. Saris. 1991. Deamination of branched-chain amino acids: a potential source of ammonia production during exercise. *Medicine and Science in Sports and Exercise* 23: S116.
54. Wagenmakers, A.J.M., E.J. Bechers, F. Brouns, H. Kuipers, P.B. Soeters, G.J. van der Vusse, W.H.M. Saris. 1991. Carbohydrate supplementation, glycogen depletion, and amino acid metabolism during exercise. *American Journal of Physiology* 260: E883-E890.
55. Wilson, W.M., R.J. Maughan. 1992. Evidence for a possible role of 5-hydroxytryptamine in the genesis of fatigue in man: administration of paroxetine, a 5-HT re-uptake inhibitor, reduces the capacity to perform prolonged exercise. *Journal of Physiology* 77: 921-924.
56. Wolfe, R.R., M.H. Wolfe, E.R. Nadel, J.H.F. Shaw. 1984. Isotopic determination of amino acid-urea interactions in exercise in humans. *Journal of Applied Physiology* 56: 221-229.
57. Young, S.N. 1986. The clinical psychopharmacology of tryptophan. In *Nutrition and the brain*, eds. Wurtman, Wurtman, 49-88. New York: Raven Press.
58. Zawadzki, K.M., B.B. Yaspelkis, J.L. Ivy. 1992. Carbohydrate-protein complex increases the rate of muscle glycogen storage after exercise. *Journal of Applied Physiology* 72: 1854-1859.

第VI部 心理学的見地からみた オーバーリーチングと オーバートレーニング

第 16 章
オーバートレーニングに対する心理社会的要因を理解するための組織的モデル

Andrew W. Meyers, PhD, and James P. Whelan, PhD

はじめに

　1996年の夏に行われたアトランタオリンピックの開催間近,連日のようにエリート競技者達の話題が新聞紙上や他のメディアを賑わしていた。我々がこの章の準備をしていた頃,その中でも特に一つの記事が目に止まった。その記事は,その年齢から"ボスティザウルス"の異名を持つ42歳のアメリカ人自転車競技選手,Kent Bostickについてであった。彼は当時のオリンピック予選において男子個人4000 mを制し,アメリカオリンピックチームの一員に選出されたのであった。

　Bostick選手は,この予選会の3週間後に43歳になったが,それまで過去3回のオリンピックでは補欠となっていた。記事の中で彼はこう言ったという,「毎回補欠となるたびに学んだことは,ほんのもう少しの努力が必要であったということである」。そして記事は続く,「この予選会がオリンピックに出る最後のチャンスであると気づいた彼は激しい練習に没頭した。さらにBostick選手は水道関連の仕事もこなしていたのである」[71]。

　ではこの42歳の男は定職と激しい練習スケジュールこなしながら,いかにして体調の崩れ(ステイルネス)やバーンアウトを防止できたのか。彼のトレーニングのほとんどは仕事場への往復40マイルであったという。仕事から帰ってきた後,今度は同じ自転車競技者である妻と一緒に自転車に乗っていたのである。彼が言うところの"夫婦の時間"である。さらに予選会にも観戦にきていた84歳になる彼の母親は,彼が"20歳の身体"を保つために,厳しく管理され,有機作物を基本とした食事が役に立っていたと述べている[5]。思慮深く,また回復力のあるBostick選手には献身的な妻と家族がおり,さらに融通のきく仕事を持っていた。それらによって彼は激しいトレーニングから有効な結果を引き出せたのである。このエピソードは,我々がこの章で述べる事柄に繋がってくる。

　まず,スポーツ心理学においてのオーバートレーニングに関する先行研究について,い

くつかの重要事項を挙げてみたい。これらたくさんの先行研究をすべて網羅するつもりはないが，各文献の長所と短所，およびそれらの争点に焦点を当てて紹介していきたい。そして我々の研究が最初の包括的，組織的なオーバートレーニングに関するモデルであることを説明していくことにしよう。最後に，このモデルの意義を，オーバートレーニング現象の予防と対策（治療）といった面から議論していきたい。

先行研究

オーバートレーニングについての心理学的側面に関するレビューとしては，おそらく Raglin によるもの[74]が最良のものである。詳細は Singer, Murphey, & Tennant による *Handbook of Research on Sport Psychology*（「スポーツ心理学研究ハンドブック」）に収められている Raglin の章を参照されたい[78]。最初に注目すべきは，運動と健全な精神状態の関係についての仮説には明らかに矛盾点が存在することである。つまり，激しいトレーニングによって精神状態が悪化するという議論がある一方で，いくつかのタイプの身体活動が健全な精神状態を生み出すという一般的認識が存在する。

これまで多くの研究によって，抑うつ[38,64]，不安[83]や自尊感情の低下[73]などの様々な心理的問題が身体活動によって改善する可能性が論じられている[63,93]。さらに Morgan と Goldston[63]は，定期的に激しいトレーニングをこなしている競技者は良好な精神状態を保っていると主張している。これらの競技者達は，Morgan & Goldston がアイスバーグプロフィール（Iceberg Profile）と名づけた Profile of Mood States（POMS）において[55]，高い活気，低い緊張，抑うつ，怒り，疲労感，及び混乱を示すとの結果が報告されている

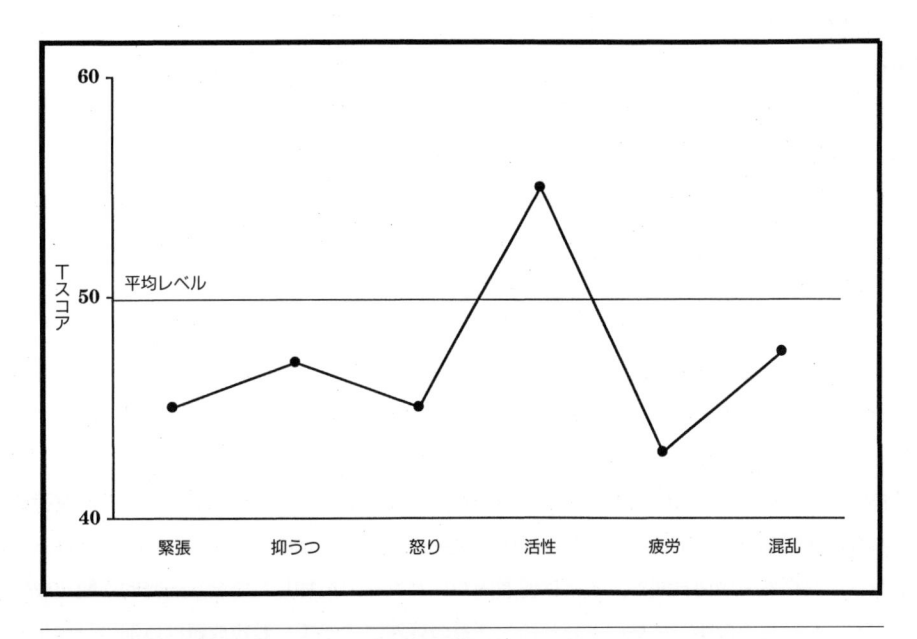

図16.1 POMテストの"アイスバーグ（氷山型）"パターン
Based on data from McNair et al. 1971.

(図 16.1)。

　ここでは運動と精神のメンタルヘルスに関する事柄について直接言及はしない。また，運動と良好な精神状態についての研究における身体活動レベルは，オーバートレーニングを引き起こすそれよりも概して低いレベルであると思われる。実際に今日のエリート競技者達は，パフォーマンスの向上のために長期間にわたって激しいトレーニングを遂行している。この厳しいトレーニングは，その質と量が最大限に競技者にストレスを与えるよう計画されている[35]。ここで予想されることは，競技者は激しいトレーニングによるストレスに順応するよう強制され，そのような過負荷が彼らの身体的，精神的両面の耐性向上に寄与しているということである。そして競技会前のテーパー期間中に，それらのトレーニング効果をしっかりと定着させるのである[23,77]。しかしトレーニングによるストレスに対して適切な順応に失敗すると，パフォーマンスの低下をもたらし，オーバートレーニング，体調不良（ステイルネス），またはバーンアウトなどと呼ばれる心理機能障害を引き起こす[61,77,91]。

　残念ながら，すべての競技者が激しいトレーニングによる恩恵を受けるとは限らない。運動と良好な精神状態に関する次の矛盾点は，競技者の個別性である。似たようなテクニックと運動能力を持った競技者達がほぼ同様のトレーニングメニューをこなしたとしても，非常に様々な結果を生み出す[27,48]。この章では，なぜこのようなことが起こるのかを理解するための枠組み作りに焦点をあてる。

　さらに，心理学的なオーバートレーニング研究の根底にある問題として，その定義づけが挙げられる。その理由として考えられるのは，研究者達がオーバートレーニング現象の共通の定義を作り出すことが出来ないでいることである[74,84]。しかし，オーバートレーニングを説明するための様々なコンセプト[74]が，結果論的なものであることも強調されよう。例えば，Silva[77]はトレーニングによるストレッサーと競技者の順応過程が，彼（彼女）のトレーニングに対する反応を決定付けることを論じている。しかし，ストレッサー及び順応過程が果たす役割は，その競技者の成績が向上するか低下するかの結果によってのみ明らかにされる。同様に，Hackney, Pearman, & Nowacki[28]はその研究の中でこう述べている。「競技トレーニングの最終目標は競技成績を向上させることである。オーバートレーニングは反対の結果をもたらし，競技成績を低下させる。もしトレーニング法が適切でなかったら，つまりオーバートレーニングであったら，競技成績は向上せず，むしろ低下するであろう。」

　明らかにこれらの定義は複雑なオーバートレーニング現象を理解するには物足りないものであるが，残念ながら我々はまだ結果論的な定義づけから抜け出せないでいる。そこで，この章の中ではStoneらによる次の定義[84]を採用するものとする。

　身体的トレーニングの意味におけるオーバートレーニングとは，そのトレーニングの負荷に耐えられないか順応できないことにより，競技成績が停滞もしくは低下することと定義される。もしトレーニング負荷が何日間か，または何週間かにわたって増加した場合，一時的に競技成績は低下する。しかしその後の休養やトレーニング量の軽減によって，競技成績は以前のレベルより向上する。このことはオーバーリーチング，または超回復と呼ばれている。

表 16.1　ステイルネス及びバーンアウトの心理社会的徴候と症状

- 無気力
- 傾眠
- 精神的疲労
- 睡眠障害
- 体重減少
- 筋肉痛
- 胃腸障害
- 食欲減退
- 自信喪失
- 感情変化
- 薬物乱用
- 価値感／信念の変化
- 孤立感
- 心配症

　ここで重要なのは，激しいトレーニングに打ち込む競技者が，その後の休養やトレーニングの軽減期間を通じても競技成績の向上が見込めなくなる時である。他章で言及されているように，まだ不完全ではあるがオーバートレーニングの生理学的指標が徐々に明らかになってきている[28]。また，オーバートレーニングの心理社会的な兆候についても共通認識が出来上がりつつある。表16.1にHackneyら[28]によって提示されたオーバートレーニングやバーンアウトの兆候及び症状を列挙した[32,40,48]。しかし，オーバートレーニング現象の解明が進んでいるとはいえ，まだまだ我々はどのような場合に競技者が良好でない反応を示すか予測できずにいる。

　オーバートレーニング現象の複雑さが，激しいトレーニングに対する好ましくない反応を予測することを困難にしている。多様なスポーツ，または身体活動のトレーニングメニューを比較することは困難であり，さらに各競技者のトレーニング負荷に対する反応には無数の個人差がみられる[13]。このことから，Raglin[74]は順応可能なトレーニングと順応不可能なトレーニングの区別は非常に困難であり，競技結果はトレーニングメニューと個々の競技者要因の相互作用によるものと論じている。

　トレーニングの増加に対する反応を解明するためのもう一つの問題として，少なくとも心理学的研究においては，オーバートレーニング現象の記述的及び相関的な研究が強調され，条件統制されたプロスペクティブな研究がなおざりにされていることが挙げられる。(Lehmannら[47]も，これについては他の広範囲のオーバートレーニング研究にも当てはまる，と論じている。)当然ながらここには，トレーニング負荷を操作して競技成績低下を引き起こすことへの実際的，倫理的問題による制約がある。しかしこれらの問題点を解決す

るために，あるトレーニング期間またはその一部を通じて，競技者もしくはチームの競技成績および心理的要因を観察していくという実験方法が優勢となってきている。こういった努力が，激しいトレーニングの心理的影響を理解するための手助けとなっている。

一つ例を挙げてみよう。Morgan は長期間にわたり大学水泳競技者の激しい練習に対する反応を調べており，この研究がこれまでのオーバートレーニング研究のなかでもっとも注目に値するものである[61,62,70,75]。Morgan らは十年間にわたるウィスコンシン大学の学生競技者に対する研究をまとめた[61]。この期間中，彼らは非臨床的な気分の測定法である POMS を，男子女子それぞれおよそ 200 名の水泳競技者と他の運動競技者に対して実施した[55]。

被験者は様々なスケジュールの中で，オーバートレーニングに関する多くの質問に回答した。この十年間の努力の主な結果は以下の通りであった。

・気分障害総合指数（緊張，抑うつ，怒り，疲労感及び混乱の総計から活気の得点を差し引いたもの）はトレーニング負荷が増加すると共に有意な増加がみられた。
・トレーニング負荷が減少すると共に，気分障害総合指数は平常状態に戻る。つまり，ここにはトレーニングと気分の相関関係が存在する。
・より好ましい精神状態を取り戻すには短期間の休息または練習量の軽減で十分である。
・気分及び競技力の低下によってステイルネスと判断された競技者は，臨床的な鬱と同様の症状が現れる。
・一般学生の間に同じような気分の変化はみられないので，競技者にみられる変化はトレーニングメニューによるものと示唆される。
・どんなスポーツにおいてもトレーニング負荷と気分の変化の相関関係が見出せる。
・激しいトレーニングに対する気分の反応には大きな個人差がみられる。

Morgan の研究の多くが通常のトレーニング場面を対象としている一方，Murphey, Fleck, Dudley, & Callister[67] は実験的にトレーニング負荷を操作していく中で，心理状態を観察していく研究を行った。対象は米国オリンピックセンターで練習を続けていた男性 8 名女性 7 名の柔道競技者で，ナショナルコーチ陣と共同で 10 週間にわたるトレーニング期間中，包括的に観察を続けた。

まず，4 週間にわたる通常のレジスタンス，インターバルそして柔道スキルトレーニングからなるベースライン期間の後，競技者達はトレーニング量が増加された次の 4 週間に入った。ここでは，柔道スキルトレーニングは同じ負荷に留められたが，レジスタンストレーニングとインターバルトレーニングの量が 50%増加された。そして最後の柔道スキル中心のトレーニング期間では，柔道スキルトレーニングの量は倍増され，レジスタンストレーニングを通常量に戻し，そしてインターバルトレーニングは通常レベル以下の量に落とされた。しかしカロリー消費量からみれば最後の期間がもっとも激しいトレーニングとなった。心理的及び身体的パフォーマンスの総合評価が，2 週間目，4 週間目，8 週間目と 10 週間目にそれぞれ実施された。

等速性筋力と無酸素性持久力についてはトレーニング量の増加期間においてパフォーマ

ンスの低下を示し，このことはこれらの期間のトレーニング量が研究目的に添ったものであることを示唆している．POMS においては，予想されたように疲労感と怒りの数値が悪化していた．Morgan ら[61] の結果とは反対に，POMS の気分指数の総和は各トレーニング期間を通じて変化がみられなかった．しかし，不安 (Anxiety) に関する他の二つの指標については 10 週目にピークがみられた．

この結果について Murphy ら[67] は，被験者の中にしっかりとしたトレーニングプログラムをこなしてきているエリート競技者が含まれていたことが，Morgan の研究でのトレーニング負荷と気分の相関関係という結果と相容れなかった理由であると推測している．また一方，被験者の数が少なかったことで，一般化することに制限を与えている．

Morgan ら[61] は気分の変化を観察することがステイルネスの予防に役立つとしているが，我々はトレーニング負荷に対する心理的反応の不一致と個人差といった不確定な要素に直面している．残念ながら，ほんの一握りの研究者のみがこれらの不確定要素の要因，もしくは解明のカギとなるものの研究を行っている[47]．

そのなかでも Gross[27] はオーバートレーニングの心理学的予測要因に関する研究を行っている．彼は心理的要素（気分指数の変化等）がただ単に激しいトレーニングの結果として現れるだけではなく，オーバートレーニングそのものを引き起こす要因にもなりうる，と仮説を立てた．さらに詳しく説明すれば，個々の性格の強さが，要求されるトレーニング負荷に対する反応の個人差を説明するのに役立つだろうと推測したのである．精神的強さは 3 つの特質により定義される――ある活動に熱中していること，それらの活動をコントロール，もしくは影響を与えることが出来るという信念を持っていること，そして，それらの活動にやりがいがあり価値のあるものだと自覚していること，である．Gross は，強い性格の持ち主はストレッサーに対する認知的評価を変え，ストレスに対してより効果的に対処する方法を用いることで実際にかかるストレスを軽減しているのだ，と述べている．

こういった仮説を評価するために，Gross は精神的強さ (Hardiness) の測定に Cognitive hardiness inventory[69] というアンケートを用い，気分の測定には POMS を用いて，競技シーズンにわたって 253 名の中学，高校及び大学の水泳競技者を調査した．日々のトレーニングの泳ぐ距離がシーズンにわたって増加するにつれ（平均して約 1800 m～10000 m），気分を表す指数は悪化していった．

なかでも，シーズンの前中後にかけて顕著な疲労感と全般的な気分障害の増加がみられ，活気は著しく低下した．しかし，精神的に強いグループ（全体平均より 1 SD 上）は弱いグループ（全体平均より 1 SD 下）と比較して，全体的な気分障害指数は著しく低い結果となった．ストレス対処法に関しては，精神的に強い競技者は順応性の高い対処法を身に付けており，あまり非順応的な行動はみられなかった．

Gross の実験結果は，激しいトレーニングに対する多様な反応を概念化するための糸口となった．この研究は競技者の練習過多によって起こる気分の変化を理解するための枠組みを築くのに貢献している．激しいトレーニングに対する競技者の様々な反応を完全に理解するためには，ストレッサー，及びそのストレスに対処するための競技者の能力と周りからのサポートについて把握しておくことが必要である．Smith[81] も同様にこの必要性につ

いて，彼のバーンアウトに関する認知情動モデル（Cognitive-affective Model）研究の中で述べている。Smith のモデルを応用することも可能だが，さらに内容の濃い，体系的なオーバートレーニングのモデルの必要性を，他の研究者たち[40,47,53]と同様に我々は感じている。本章の後に続くページでは，モデルの構築に内容を割くこととしたい。まずはこのモデルの仕組みを理解しやすいように一つのケースを紹介しよう。

カールとハンターの場合

2人の競技者，カールとハンターはある有力なスイミングクラブに所属している。このクラブにはすばらしい施設があり，経験のあるコーチが指導を行っている。そのコーチは皆に好かれ，とてもエネルギッシュであり，最新のコーチング理論やスポーツ科学の情報収集に努めている。6歳から18歳までの水泳競技者が所属しているこのクラブには，活発な父兄会と十分な資金がある。そういったなかで，カールとハンターは他の6，7人と一緒に，14歳から16歳の中距離競技者グループで練習をしている。このグループのほとんどの競技者が，全国ジュニア選手権へ出場するなどの成功を短水路の冬季シーズンの間に収めていた。

コーチはカールとハンターが優秀な選手だと認めてはいながらも，ジュニア選手権に出場できることが，彼らにとってのすばらしい競技成果だとは考えていなかった。しかし長期間に及ぶ本番のシーズンが近づいても，競技者達の記録がジュニア選手権以来伸びてこないことをコーチは非常に心配し始めた。競技者達の才能があればもっと良い記録を出すことが出来るという確信を持ったコーチは，これからの長いシーズンのためにトレーニングメニューの質と量をかなり上げることにした。6月になると，競技者達は1日に8000 m と，それまでの50%増の練習量をこなし，加えてウェイトトレーニングも行うようになった。午前中は主に距離を泳ぎ，午後には厳しいインターバルトレーニングを行った。競技者達はシーズン最初の2試合目までこのペースで練習を続け，悪くはなかったが目立った競技成績の向上がみられたわけでもなかった。

シーズン3試合目，重要な地区予選大会において，軽めの練習を2日間こなして挑んだカールとハンターは長水路でジュニア選手権の標準タイムを突破した。

そしてまた競技者達は激しいトレーニングへ戻った。コーチは毎日の距離を16000 m まで伸ばし，軽い練習メニューは極端に少なくなった。この時点で2人は，疲労や筋肉痛，退屈さを訴え始め，2人とも睡眠を充分すぎるほどとっていたにもかかわらず疲れが抜けきらないと感じていた。イライラしがちになり，感情が不安定になってきた。食欲も落ち，体重も減少していき，練習中の記録も低下していった。彼らはすでにジュニア選手権参加資格を得ていたが，コーチは質の高い練習として地方大会にも参加させていた。また，コーチは休養を少ししか与えなかったが，トレーニングは変化に富むようにし，ときには楽しめる要素も組み込んだりした。しかしトレーニングは長く，厳しいものであった。

いよいよジュニア選手権まで3週間と迫ってテーパー期間（トレーニングを徐々に減少させていく時期）に入った。トレーニングはまだ質の高さに焦点を当て激しいものであったが，長めの休息があり，1週間に一日はオフがあった。そして毎日の総距離は明らかに短くなった。最初の週でカールは元気が沸いてきて，積極的な気分になってきた。彼はトレーニングの間中，集中力を保ち，高い意欲を示し，競技力に対する自信も戻ってきた。プールサイドでは社交的で，チーム

メイトを元気付かせていた。彼は通常の睡眠と食欲がいつもどおりに戻ってきたと報告した。タイムトライアルでの記録も伸び始めたのである。

一方でハンターは，テーパー期が進むにつれてもカールのような良好な順応を示さなかった。彼はますますだるそうにみえ，練習をこなすのが精一杯であった。動きにもはりがなく，コーチからはたくさんの注意を受けた。自分をチームメイトから疎外し，きたる試合への不安や自信のなさを口にした。テーパー期も後半にさしかかったある日，彼は後輩をからかったことを叱られた後，チームメイトと取っ組み合いのけんかをはじめた。体重の減少と不規則な睡眠が続き，記録に向上はみられなかった。

ここにおいてハンターは我々のオーバートレーニングの定義を満たしているといえる。彼は順応できる能力以上のストレスを受けていたのだ。一方でカールは，オーバーリーチングまたは超回復を体験し[84]，激しいトレーニングに順応するためにテーパー期間をうまく使えるようになった。この結果から，次にわれわれのモデルの特殊な構成要素に目を転じてみよう。

オーバートレーニングの複合システムモデル

いかなるオーバートレーニングのモデルによっても挙げられる疑問は，このような結果を競技者に引き起こす要因は何か，そしてハンターを助けるには何が出来るのだろうかということである。なぜ彼は休養を取りながらも記録を伸ばすことに失敗したのだろうか？ このシーズンは彼にとって損失だったのだろうか？ 彼のキャリアは終わってしまったのか？ 彼はステイルネスの状態から抜け出すことができるのか？ 我々は長期的視野にたって彼の健康に気を遣うべきなのか？ ハンターに起きたことは予防できたのか？ そして何が激しいトレーニングへの，カールとハンターの反応の違いをもたらしたのか？

残念ながら，激しいトレーニングの悪影響について，これまでの研究結果は明白な答えを出していない。シンプルでコストのかからないように，少ない要因を観察していくことが我々にとって理想的な予防法かもしれないが，これは非常に難しい。ステイルネスに陥った競技者には救済の介入が必要かもしれない。この分野においての研究者の目標は，有益で，予防的または改善的な介入法につながるオーバートレーニングモデルの構築である。

オーバートレーニングに関する先行研究により，モデル構築に際して少なくとも2つの予備的な結論を導き出せる。一つは，オーバートレーニングまたはステイルネスは，長期間のストレスに対する非効果的な競技者の反応ととらえることが出来るということである。競技者の身体的ストレスへの反応は，他のタイプのストレス，例えば天災に遭遇した者[94]，難病に立ち向かう者[90]と同じような反応を示す。カールとハンターのような競技者達の経験は，ストレス順応に関するこれまでの研究結果にほぼ一致している。

第二に，オーバートレーニングを研究するスポーツ科学者達が競技者の狭い視点に固執しがちになっていることがある。特に競技者達が身体トレーニングと競技会の面からだけ扱われてしまっている。研究者達は競技者を人として正しく評価する一方，彼らが他の世界

についての考えをめぐらすことができないような研究や質問をする傾向がある。こうした狭い方法にも固有な有益性はある(質問は簡単，機械的で，どちらともとれるものとなり，内在する正当性を最大限まで評価できる）が，このように矮小なアプローチをオーバートレーニング研究に適用すると，この問題に対する我々のよりよい理解を導くことができず，より理解しやすい概念づくりを考えていくことが必要になるであろう。この見通しからも，競技選手が個人の社会歴や様々な人生経験を持ってスポーツに参加していることを認識しておくことが極めて重要であることが理解される。

　次項では競技選手と個人の人格が長引く身体的ストレスをどのように処理していくのかについての広角，あるいは multisystemic perspective を扱っていく。これには潜在的なストレスとなるトレーニングを調査したり，扱われるストレスや適応モデルの中に存在するトレーニングについて思考していくことが含まれている。このモデルから競技者の広い視野が組み立てられ，さらに，このストレスと適応のシステムモデルは，カールとハンターの強化ストレストレーニング反応モデルに展開されていくことだろう。

長期間に及ぶストレス：トレーニングメニュー

　オーバートレーニングの過程を調べる上で，計画されたトレーニング量であっても競技者の反応には，膨大な多様性があるということを認めなければなるまい。さらに競技者たちは同じ練習に対し，適切でやる気が起きるトレーニング，厳しすぎるトレーニング，または質の低いトレーニングという異なった認識をする。今日の常識として，競技者が成功するためには量的にも質的にも高いレベルでトレーニングを行わなければならず，エリート競技者達は，そして多くの技術レベルの高い選手やレクリエーションレベルの選手であってもそういった激しいトレーニングメニューに順応しなければならない[48]。そしてそういったトレーニングは，競技結果の良し悪しにかかわらず，多くの身体的，心理的変化をもたらす（図 16.2）。

　カールとハンターの例がこの仮説を描写しているが，もう一つ，激しいトレーニングに対する心理的影響に関する研究を紹介する。我々は二度の夏にわたって，米国ウェイトリ

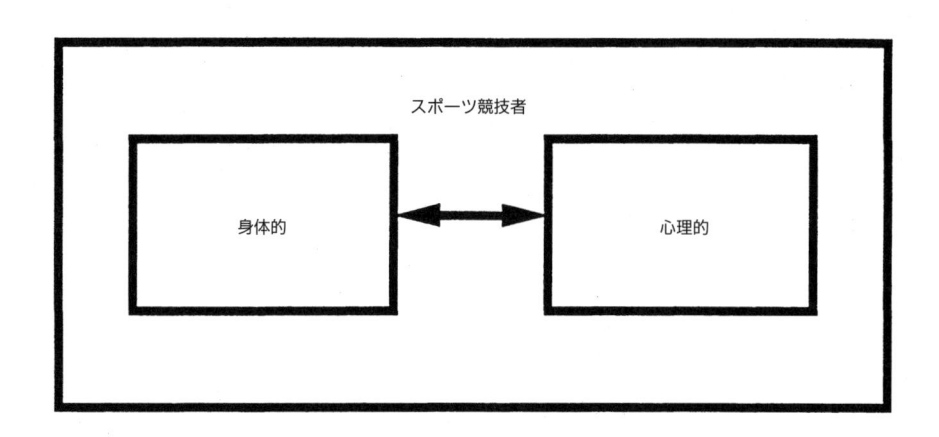

図 16.2　個人の身体的かつ心理的見解の関係

フティング協会協賛の重量挙げ合宿に参加した競技者達を調べる機会があった[8,26]。

　思春期，青年期の男子競技者達が，優秀な競技成績によってこの合宿に選抜された（全員米国ジュニア代表候補であった）。最初の夏合宿の間，30人の競技者は通常のトレーニングの3倍にもなる，2時間に及ぶ練習を1日2〜3回1週間続けた。トレーニングの強度は，競技者達が普段経験しているものよりはるかに高いレベルであった。参加者は感情の不安の値の変化を調べるために，POMSの質問に答え，合宿の前後で目標達成意識の測定を行った。さらに簡素化されたPOMSも合宿中毎日実施された。結果は，合宿前と合宿後では，気分障害総合指数が顕著に増加していた。簡素型のPOMSの結果[16]はこれに沿うものであったが，有為な差がみられるまでにはいたらなかった。目標意識の測定では，トレーニング期間中において，技能習得への意識が減少し，自我または結果に対する意識傾向が増加した。これらの気分や達成意欲のマイナス変化は，合宿中に怪我を報告したものの方が強かった。このことから，この一週間の激しいトレーニングの間に気分と精神的良好状態の著しい低下があったことがわかる。

　次の夏には，同様の18日間の合宿に31人の競技者が参加した。ここでも合宿を通じて明らかな気分指数の悪化がみられ，これは合宿前後のPOMSと簡素化された毎日のPOMSの両方に現れていた。この合宿はまた，Mahoneyら[52]によるPsychological Skills Inventory for Sportというアンケートを用いて競技者の心理的スキルを評価する機会ともなった。この激しいトレーニング期における気分の変化には，人口統計的な測定や心理的スキルともに関係しなかった。Grossが報告した結果とまったく一致しないとしても，以前の選抜合宿において，メンタルトレーニングを経験している身体能力に恵まれた競技者達でも激しいトレーニングメニューに対して気分の低下が起こることがわかった。それはつまり，ここでの激しいトレーニングが，すべきことをしっかりしているということである。競技者は身体的，精神的なストレスを受けることによって，そのストレスに順応しなければならなくなり，そしてそれが競技成績の向上につながることを望むのである[23]。こういったことは身体的，心理的能力にかかわらず，激しいトレーニングにさらされているほとんどの競技者に起こる。

個人：ストレスと適応

　ストレス体験を説明しようとする多くのモデルは，ストレッサーの特質を強調している[14,19]。そのような刺激志向型モデルでは，ストレスは環境的な性質や出来事（つまり身体トレーニング）によって生み出されていて，それが個人への課題を増加させるか個人を混乱させることになる。ここで根底にある仮定は，個人は環境的なストレッサーに耐えられる生まれつきの能力があるということである。ストレスが個人の回復能力を超える時，身体的または心理的能力が低下し始める。そして他のモデルは，反応志向型モデルとして説明できる。これらのモデルは個人がどのようにストレッサーに反応するかによってストレスを分類し，各個人の不適応に焦点を当てる。

　長年，研究結果は刺激と反応の性質の重要性を示してきたが，ストレスに対する個人の反応の膨大な多様性を説明するには不十分であった。そこで，ストレス順応の相互作用的

学説に目が向けられるようになった[31]。これらの学説は，刺激としての環境と，引き起こされた反応を仲介する主要なメカニズムである個人特性に焦点を当てている。

時を経て，刺激と反応の特徴は大切だが，ストレスに対する反応の非常に大きな個体差をそれだけで説明することは不可能だということが研究データによって示されてきた。そのため，研究の注目はストレス適応性の相互セオリーという分野に移っている。このセオリーでは，環境の刺激的特徴とそれによって引き起こされた反応を調節するメカニズムは個人の特徴に依存するということが強調されている。

この分野における有力な学説として，ストレスと対処の相互作用モデル(Transactional Model)が挙げられる[22,42,44,79]。このモデルの核は，個人が環境によって影響され，同時に環境に影響を与えるという仮定にある。Banduraの相互決定論(Reciprocal Determinism)に沿うかたちで，行動，思考，そして感情は，状況を構成するものでもあり，続いて起こる状況を作り出すものでもある。

相互作用モデルにおいて次に重要な仮定は，個人の認知と感情の過程によって定義づけられることである。その状況が大きなストレッサーであったり，生理的，心理的要素がストレス反応を示していたとしても，それが即，その個人がストレスを受けていると判断できるほど正確な予測材料とはならない。Lazarusは，特定のストレス体験は，与えられた要求条件ではなく，個人の知覚と認知プロセス，および行動スキルもしくは行動傾向によるものでもあるとしている。これらのさまざまな過程によって，今現在の状況がストレスかそうではないかが判断される。

Lazarus[43]とFolkmanの相互作用モデルは図16.3のフローチャートで説明される。このモデルの詳細に興味を持った読者の方々には，前に挙げられた研究を参照して頂きたいが，ここで簡単な要約を紹介しよう。Lazarusのモデルを理解するにあたり，まず最初に状況先行要因(Antecedents)を考慮に入れるべきである。この状況先行要因(Antecedents)は二つに分類できる；つまり個人要因と状況要因である。個人要因とは，自分自身と世間に対する信念，迫ってくる挑戦に対する期待，意欲目標，そして自己評価などを含む。状況要因とはストレッサーそのものを構成するものである。Lazarusは個人要因を状況要因との相互作用において，個人がどのように状況を解釈するかを決定づける個人の特性としてとらえた[79]（図16.3参照）。

状況先行要因(Antecedents)はその状況の解釈に色付けをし，遭遇するものやある出来事の重大さの認知評価(Appraisal)につながっていく[44,45]。図16.3で表されるように，認知評価には二つの基本型がある。第一次評価プロセスでは，個人の健康状態(Well-being)に関することが起こったかどうかである。個人がある出来事に対して個人的な思い入れや関心がある時，たとえば（個人にとって意義ある）重要な短期的または長期的な目標が存在する時にのみ，ストレスが生じるのである。この第一次評価プロセスにおいて，以下のような疑問に辿り着く。課題，要求とは何なのか？　それは自分と関連しているのか？　それを挑戦と受け止めるべきか，または脅威と受け止めるのか？

LazarusとSmith[46]は第一次評価の三要素を説明している。まず，目標に関連するものとは，状況が個人の目標にどの程度影響を与えるかを指している。つまり，個人的な興味

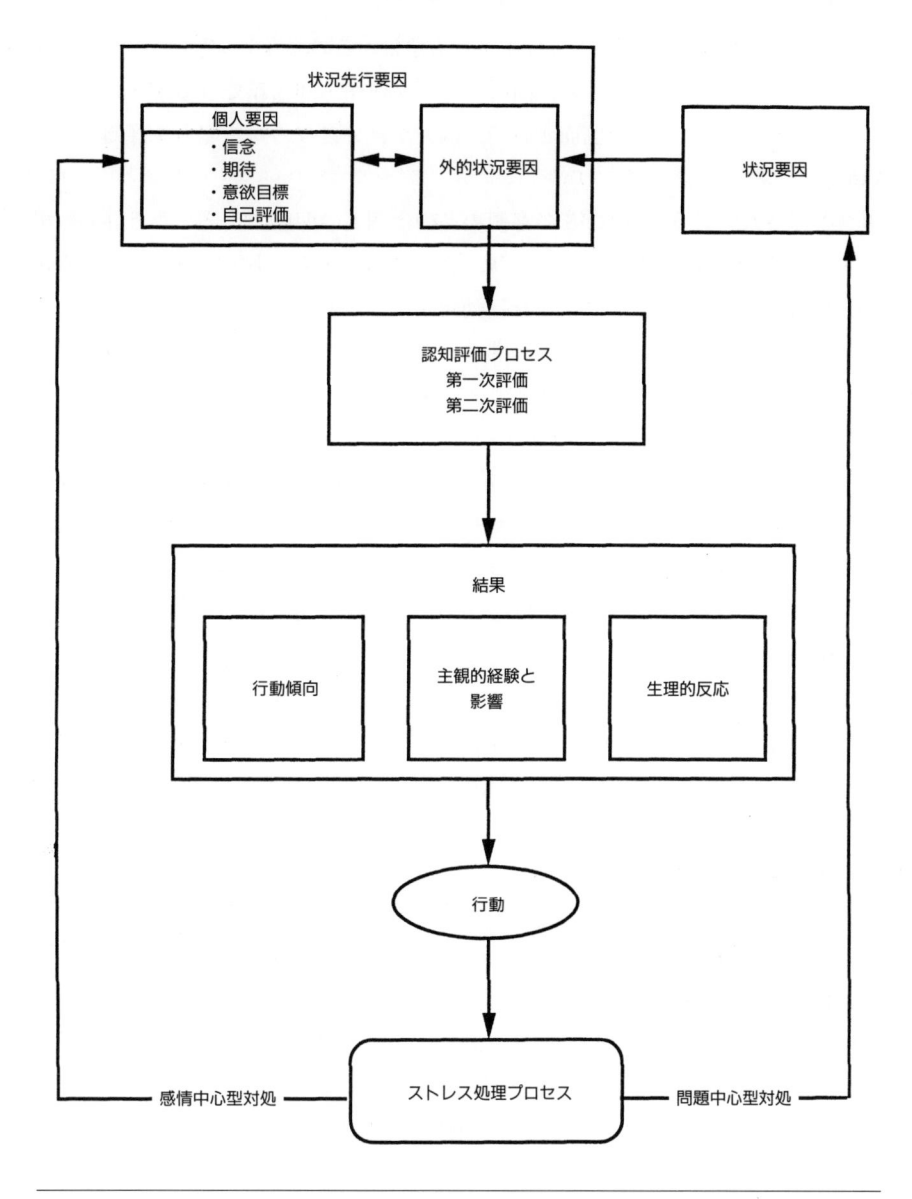

図 16.3　ストレスと適応の相互関連モデル
Reprinted from Lazarus and Folkman 1984.

の中に，直面するものが存在するのである。次の要素は，目標一致，または個人の目標と直面しているものが，どの程度同じ方向を向いているかということである。三つ目の要素は自己の介入 (Ego Involvement)，つまり個人の価値観と倫理観に基づいた自己と社会に対する評価である。

　第二次評価は，様々な対処法に対する個人の知覚である。与えられた行動によって，予防できるのか，改善できるのか，もしくは，さらなる害または利益を生み出すのかを判断しなければならない。ここで以下のような疑問を持つであろう。この状況で何ができただろうか，そしてどのように特定の選択が個人の安寧 (Well-being) に影響するのだろうか？

これらの要求や挑戦を説明できるような十分な方法はあるのだろうか？ LazarusとSmithによると，この過程における一つの側面は，誰が責任があり信頼できるかということを判断することである。もう一つの側面として，個人が自分自身の対処能力を評価しなければならないことである。

図16.3で示されているように，この評価の過程は個人の即座の反応または評価結果を導き出す。この反応は一般的に生理的であり，感情的でもある。ある人は即座に，直接的な行動を起こすかもしれない。そのような行動傾向は，ある感情的な反応と他の反応の区別を促す行為だと考えられる。評価と行動プロセスが実際に環境と相互作用することから，実際，評価は常に続いているプロセスと考えられる。よって，状況の再評価は常に起こっているのである[79]。

図16.3の下の部分は実際の対処過程を示している。LazarusとFolkman[44]は対処について，個人の能力を超えたり重荷となったりする特定の外的または内的な要求に対する，認知行動的努力によって構成されると仮定した。対処することは感情もしくは関連する状況の変化によって方向付けられるが，直接的にまたは間接的にのちの評価過程に影響を与える。Lazarus[21]とFolkmanは以下に述べる二種類の対処について説明している。

まず，問題中心型対処は，大きなストレスの状況を実際に変化させようとする対処過程である。これらは対立や，楽しめるような問題解決方法をも含む行動中心的な試みである。もう一つの感情中心型対処は，個人環境関係に対する認知的理解の修正を含む方法である。しかしこれらの対処法は受動的ではなく，むしろ個人のストレス認識に対する計画，修正という内的な再構築を含んでいる。たとえば，ある脅威についてあまり考えないようにすることで，付随する恐怖心も消すことができるといったことである。

感情中心型の対処法としては，距離をおくこと，逃避，責任や非難を受け入れること，感情表現をコントロールすること，他の人からの助けを求めること，などが挙げられる。しかし問題中心型と感情中心型の対処法はお互いに排他的ではなく，個人は両方の方法を使ってストレスに立ち向かうであろう[21]。

LazarusとFolkman[22,44]によるストレス対処の相互作用モデルは，環境による刺激と引き起こされた反応の仲介要素である個人に焦点を当てている。ここにおいて，ストレス体験を理解するにはその個人自体を理解することが必要だということが示される。反対に，ある個人を理解するには，複雑な組織の中で機能している個人を考慮に入れ，広範囲な枠組みの中で考えなければならない。

複合システム的な見方

我々はこれまで，すべての競技者にとって，競技結果は単にトレーニングや競技会を通じてのみではなく，より大きな世界の出来事にも影響されることを論じてきた。このことは，1988年の冬季オリンピック大会においてのアメリカ人スピードスケート競技者，Dan Jansenの妹の悲劇的な死や，1992年夏季オリンピック大会において崩壊した共産主義国の競技者が受けた影響を思い起こせば理解できる。何が競技者に影響を与えるかは，プール，トラック，または競技場を超えて，家族の支えもしくは家族との軋轢，学校や職場での課

間接的要因論

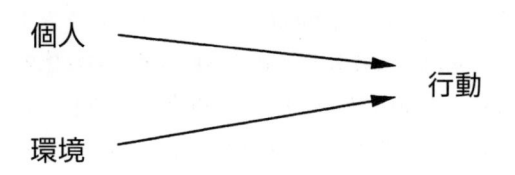

相互決定論

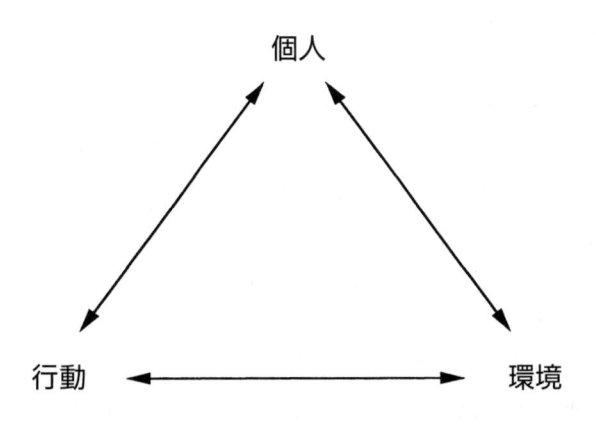

図16.4 間接的要因論と相互決定論のモデル
Bandura, 1978, "The self-system and reciprocal determinism," American Psychologist 33: 344-358. © 1978 by the American Psychological Association. Adapted with permission. より許可掲載

題や達成，さらには友人の助けをも含む。夫であり，一労働者でもある43歳の自転車競技者がオリンピックチーム代表の座をつかめたのは，ただ彼の運動能力によるだけではない。小さな子供が親元を離れてエリートレベルのトレーニングを積むことのつらさは長時間のトレーニングによるものだけではない。

　Bandura[1]は相互決定論を通じ，スポーツ心理における，直線的または単一方向的因果モデルと競技成績への体系的アプローチを結ぶ掛け橋について説明している。彼は個人の行動スキル，認知的媒介，そして環境要素は複雑な相互関係にあるとしている。環境的に起こることは個人の信念と行動に影響し，信念は行動と環境に影響し，そして行動とその結果は環境と次につづく信念に影響する。この相互関係はある出来事の直線的なつながりとは捉えられず，相互作用するフィードバックとフィードフォワードの機構として理解すべきである[95]（図16.4参照）。

　相互決定論は行動スキル，認知的媒介人，そして環境的要素の三点で作られる三角形と

して描くことができる[2]。双方向の矢印は，三つの不確定要素の中に存在する相互的であって直線的ではない影響を表している。その影響はどの点からでも始まり，どの方向にでも進み，どんな状況においても同じ道を進むとは限らない。環境の中でのある出来事は，個人の行動スキルに影響し，そして認知的媒介過程にインパクトを与える。また，認知的媒介は環境的な変化を引き起こす行動スキルに，いとも簡単に影響する。相互決定論を理解する鍵は，ある出来事は直線的連関によっては引き起こされないということである。どんな要素も影響を引き起こすことができ，残りの要素の一つもしくは両方に影響を与えることができる。

競技者が，トレーニングと競技会に限定された環境に置かれた時，相互決定論はスキル確立のための方策を適用したものとして考えることができる。この方策は競技上の難題にうまく対処する能力を伸ばすよう方向づけるものである。競技面からアプローチすることにより，競技者の行動スキルレベルを変化させることにもつながるであろう。こういった介入は認知的媒介及び環境的要素の両方に影響を与えることになる。これらの変化はさらなる競技成績の向上を生み出していくことになろう。処置が競技面に限られたものである場合には，最近のスポーツ心理学的介入方法の基礎である教育的アプローチまたは，認知行動的アプローチによるスキル確立モデルがより有益である[59]。

しかしよくあることだが，問題のある競技者はなかなか一つの型に当てはまらないものである。競技者でもある個人に対し，質問の範囲をスポーツに限定することは，その個人の限定された側面しかみることができない。この限定された見方はときには役に立つかもしれないが，組織体系的な影響を正確には映し出さない介入となり，不十分なカウンセリングに終わる可能性が高くなる。この狭い見方がもたらす落とし穴を避けるため，個人はいろいろな状況の中で行動し，スポーツ的要素は競技者にとって単に一つの状況に過ぎないということに気付く必要がある。さらにいえば，これらの要素と影響は連続的で複雑な相互作用にある（図16.5参照）。このように，複合システムモデルの中において，相互作用は一つの要素の中のみで起こるのではなく，様々な要素の間に起こり，そして，競技の失敗，成功は無数の相互作用のもとに起こっているのだ。結果として，競技成績を理解するには，スポーツとスポーツ以外の要素を両方考慮することが必要とされる。

これらの相互作用の概念化において，もっとも有効的な発見は複合システム的なアプローチであろう[30]。このアプローチの方法は，Banduraの相互決定論よりも実用的であるとも言える。このアプローチにおいては，介入法をデザインし実用化するために，各個人の背景のすべての分野を考慮に入れなければならない。競技者が関係しているそれぞれの分野をすべて評価することによって，競技成績への実際の影響について言及できるであろう。競技者によって提示される事柄に対し組織的なアプローチを行うことによって，競技成績だけでなく，人生の他の分野での機能向上をも図れる，適切な介入につながっていくであろう。個人の複合システム的な見方によって，今ある競技者の問題は，スポーツ，結婚，家族，仕事，そして人間関係といった課題としてうまく対処されるべきものとして理解されることとなる。たとえば，末っ子が独立する際に，お互い新しい生活に順応していかなければいけない中でのストレスによって，夫婦喧嘩は増えてしまうかもしれない。ときに

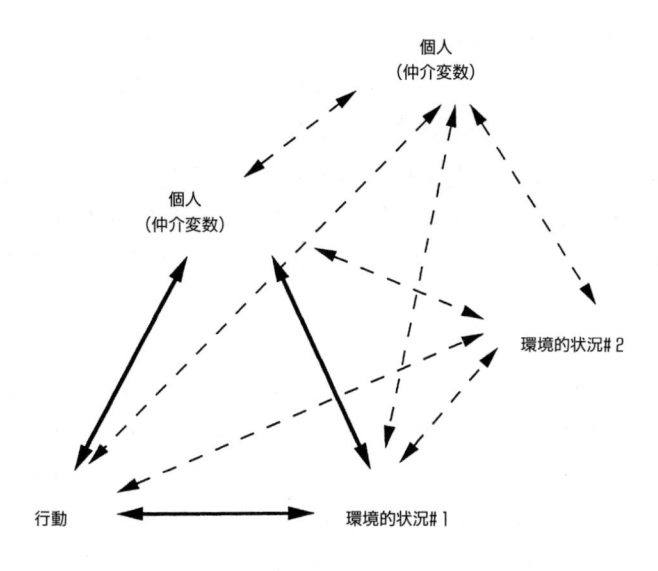

図16.5　競技者のパフォーマンスや個人機能の多因子モデル
Reprinted from Murphy 1995.

は，転職によって仕事の時間が増え，家族との時間が減少してしまうことにより喧嘩が増えてしまうこともあろう．こういった問題は，ストレスや変化への対処過程から生じてくるとともに，各要素の相互作用をも提示することになる．

さて，複合システムのよりよい理解を得るために，Minuchinの学説を簡単にみてみることにする[60]．

・システム体系は整理された統一体であり，その中の構成要素は必ずお互いに依存している．また，これらの要素は，予測可能な相互関係にある．この原則を人間に当てはめると，行動とは，できるだけ多くの状況的影響を考慮に入れることで最もよく理解され，予測される．
・システム体系は円であり，線ではない．ここで，二人の人間関係を考えることでこの原則を理解しやすくなる．たとえば，トライアスロンのトレーニングにおいて，競技者である妻は長期間にわたり，家族と離れて過ごさねばならないこともある．そんな時彼女の夫は，妻が家族をないがしろにしていると感じ，もっと家族の時間を作るように小言を言うかもしれない．それに対し妻は，夫が自分の目標達成の邪魔をする自分勝手な人だと考え，腹を立てた彼女はトレーニングにより時間を費やすようになる．彼はさらに不平を言うようになり，彼女はよりトレーニング時間を増やす．彼女の行動は彼に影響を与え，また彼の行動も彼女に影響を与えており，この堂々めぐりのフィードバックは誰かが介入するまで続く．
・システム体系は恒常性を保とうとする．恒常性を維持するための問題として，どんな組織においても進化と変化はつきものだということが挙げられる．これらの変化は，例えば加齢のように遺伝的，生物学的なもの，あるいは環境的な要因によって引き起こされる．

または成功や失敗の繰り返しによる自身の浮き沈みといった，精神的な変化の結果であるかもしれない。あり得るすべてのストレス要因は，それが発展途上であれ，予測可能もしくは不可能であれ，システムの中に進化と変化をもたらすものである。しかしシステムは，その恒常性を保つために，この変化を最小にくい止めようと抵抗する。時には，このような抵抗が機能的順応的である一方，有害な影響をもたらすこともある。有効な変化をも最小化させてしまおうとする，この恒常性維持のための抵抗も，競技者と関わる時には考慮しなければならない[30]。

・複雑なシステム体系は，常に下位組織によって構成されている。たとえば，家族を複雑な組織と考え，家族調査を行えばその下位組織を識別することができる。これらの下位組織は夫婦，親，兄弟，その他，である。それぞれの下位組織がその機能と境界を備え，全体の組織を形成するために結合しており，どの組織にも互いに補い合うような特例がないことは明らかである。下位組織はより大きい組織と境界線によって分けられており，境界線をまたがる相互作用を管理する暗黙のうちのルールや仕組みが存在する。これらの境界線は，組織間の情報の流れに影響を与える[30]。

　複合システムの影響を図で説明するためには，まず図16.2にある競技者についての基本図に戻って考える必要がある。先に論じたように，この競技者は身体的にも精神的にもさまざまな体験，要求に順応している。相互決定論を思い起こせば，身体的現象と精神的現象の相互作用が常にあることを予測できる。身体的経験は，個人がどう感じ，考え，行動するかということに対し，直接的に，そして多くの場合すぐさま影響する。対応するように，感情，行動，そして認知的フィードバックは反対方向に働く。同時に個人の考え，感情，そして行動は，個人の身体的行為に影響を与えるのである。

　複合システムモデルの働きは，システム中のターゲットとされる個人と他者との相互関係のつながりとして図16.6で表される。重なり合っている楕円は，これらの相互関係を示す。これら楕円が重なるということは，一つの要素への影響はそのまま他の要素やすべての要素に影響を与えるということである。図に表された要素を超えた部分，より正確に言えば個人の要素をあらわすエリアを越えた部分は，文化的要素である。社会，文化，経済のすべては競技者に対して何らかの影響を与える。

　詳しく言えば，図16.6は競技者の複合システム的な影響の総和を表している。スポーツは，練習と試合という二つの主要な要素を持っている。これら二つの要素が多くの性質を分かち合っているが，スポーツを経験したものならばその違いを誰でも理解できる。身体的にも精神的にも，練習前に静かに座っている競技者と，試合前に静かに座っている競技者とでは，まるで別人である。これらの要素を通じて，ほとんどの競技者は，少なくとも1人のコーチとチームメイトや他の競技者達がいるシステムに組み込まれている。

　競技者の大部分にとって，競技者とコーチとの関係は大切で，強力なものである。力のヒエラルキーの中で，通常，コーチは競技者に対して権力を持つ立場におり，競技者はコーチの指示に従う立場にある。こういった関係の典型的な階級構造は，かといって一方通行ではなく，師弟関係の中のコミュニケーションの手段，感情の相違，行動の範囲などと

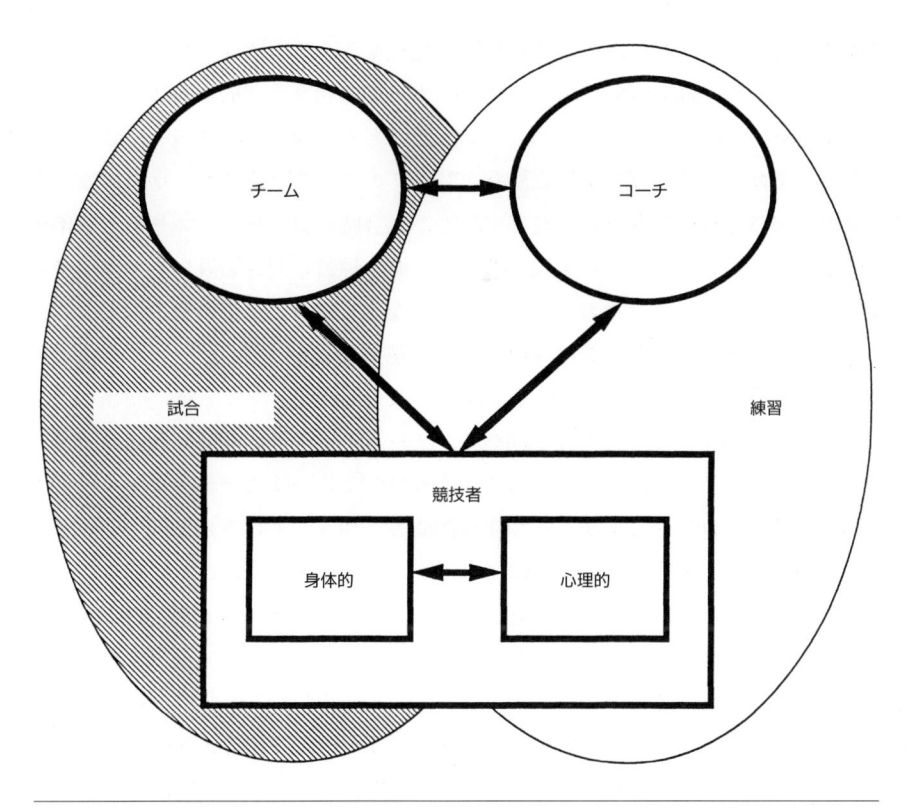

図16.6 スポーツ要因における競技者の複合システム体系

いった性質をあぶりだす。コーチの役割を概念化するためには，競技者との関わりとインプットが必要となってくる。そしてコーチの意志決定，行動，感情（雇用形態も同様に）は，コーチの保護下にある競技者によって大きく影響される。

変化の多い組織の中でも，円満な師弟関係ができることもある。コーチは親，友達，敵，サポートしてくれる人などになり得るし，力，目的，動機付けの原動力にもなる。似たように競技者は子供じみていたり，反抗的であったり，またわがままであったりするし，コーチによって元気付けられたり，従順になったりもする。どんな時でも競技者とコーチの行動や気分は常に相互作用を持っている。

練習と試合という二つの要素は，ときにはコーチと競技者の関係に変化を必要とする。通常，競技者はトレーニングにおいては下位の役割にある。トレーニングのスケジュールやローテーションは主にコーチによって作られる。コーチはトレーニング中，一分目には勇気付けるために叫び，二分目には叱っていて，三分目には見本をみせるなど，様々な表情をみせる。コーチの力量が疑問視されているような時でも，コーチは競技者が付いてくるように期待し，競技者の不満を一時的なものにすることで，この力関係は保たれる。試合時には，競技者のその場のニーズに焦点を当て，これまでの練習の成果をしっかりと出せるよう助言する，といったふうに関係は変化をみせる。

競技者のチームメイト（ときには競争相手）との相互作用もまた，複雑であると共に強力である。スポーツの種類（個人または団体）と仲間の役割（スターと控え）によって，

競技者によってチームメイトとの関係は様々に変化する。チームのメンバーは確実にお互いを影響しあう，双方向の関係でもある。チームのこの相互作用的影響は，階級の維持，下位組織の確立，そして恒常性を保つ，といったことと関係してくる。チームが練習から試合に移行する時，その関係の性質は進化していくのである。あるバスケットボール競技者は，練習中にはレギュラー争いをしているが，試合時にはチームサポートの役割をこなしているかもしれない。また，陸上競技者は長期間の練習の間，お互いをサポートしあって友情を育むが，レース当日はお互い競争相手となる。練習の中での失敗はときには冗談で済むだろうが，試合時の同じ間違いは大きな問題になるであろう。一つの要素の中では遠い関係が，違う要素の中では大変近い存在となりうるのだ。

この下位組織内のルールや境界線と同様に，チームメイト間の相互作用は，コーチの役割に影響され，また逆に影響を与える。このようにしてコーチとそのスタッフは，すべてのチームメンバーだけでなく，チームの下位組織とも相互関係にある。

これまで論じてきたように，競技者は，スポーツの要素と同様に，スポーツ以外の要素をも含む組織の中に組み込まれている(図16.7)。競技者のスポーツ以外の生活も，その人に影響する多様な要素を含んでいる。ここで，主要な環境として，家庭と学校（もしくは職場）について考えてみる。

こういった環境の中において，個人はシステム体系の一部であり，たいていそのシステ

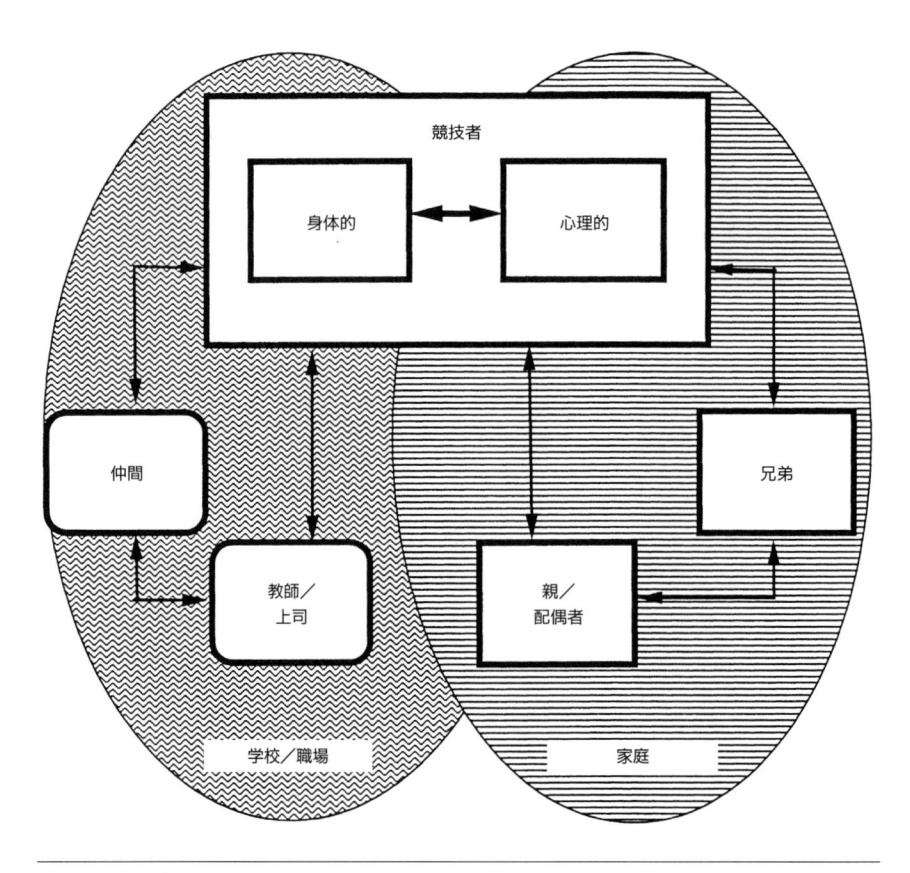

図16.7　非スポーツ要因における競技者の複合システム体系

ム体系の下位組織である。競技者は家では家族の一員であり，妻，夫，親，子，兄弟，またはルームメイトである。家庭での要素としての下位組織には，ある程度の秩序と構造がある。

　親の下位組織はよく別の要素として組織化されるが，他の組織（兄弟など）と関係を持っている。また，下位組織である兄弟の中でも，年齢や性別といった下位組織が形成される。関係は時とともに進化し変化するが，そこにはまた，組織の中の安定を保とうとする傾向も存在する。たとえば，個人が何歳だろうが成熟していようが，母から見れば子は子である。

　学校や職場での要素にも，下位組織，階級，境界，そして恒常性といったことが存在する。職場において，個人にはその要素の構造を決定付ける1人もしくは複数の上司がいる。個人には同僚も存在し，さらにその要素の中に下位組織を形成することになる部下を持っていることもある。学校において，教師はクラスという組織の一部であるが，生徒たちの仲間組織の中には入れない。

　挑戦，課題，脅威などは，どの要素からも，どの組織からも生じてくる。個人が評価し対処していく中で，このような挑戦や課題は競技者の競技成績だけでなく，家庭や学校での役割にも影響を及ぼす。これらの課題は，進展中であったり，予測可能もしくは不可能であったりする。CarterとMcGoldrick[11]によれば，家庭内において，進展中の課題や要求は，どんな人生にもつきものであり，予想可能であるが，しばしば非常に大きなストレスとなる。このようなストレスは，家庭の中で急激に役割分担が変化したり，誰かが家族から離れたりした時に起こる。つまり，親の老いや家族の出産または死亡，そしてこの家からの独立や離婚などである。その他の進展中のストレスは仕事の上にも起こりうる。仕事内容は個人の仕事に関する要素に影響を与えるし，新しい肩書きを維持するために，さらに多くの時間を仕事に費やさねばならなくなるかもしれない。仕事の量が増えれば，他のことに費やす時間が少なくなり，このような変化は競技成績に良くない影響を与える。降格もまた，他の生活の要素に悪影響を及ぼすであろう。昇格も降格も潜在的な財政事情の変化をもたらし，このような変化は他の個人の要素にとって新たなストレスとなっていく。

　進展中ではない予測可能な課題や要求もある。競技者の一トレーニング期間が良い例である。激しいトレーニングに打ち込むことによって，家庭や職場での時間を減らさなければいけなくなるだろう。家庭内では，その競技者の妻あるいは夫に，家事や育児がさらに任されるといったしわ寄せがくるし，夫婦の時間を持つ事も難しくなる。職場においては，何とか今までの仕事量を維持できるかもしれないが，限られた時間の中で質と量を保つことは大きなストレスにつながる。

　さらに問題となる予測不可能な課題や要求もある。競技者はこの気まぐれなストレスに対し準備することは難しいが，常にくるものと考えて対処すべきである。このような予測不可能なストレスとしては，シーズンを終わらせるような怪我，家族の大病，職場や家庭での軋轢などがある。このようなストレスはそれに関係する要素のみならず，個人の人生そのものにも影響を与えるであろう事は想像に難くない。やはり，複数の要素に影響を与

えるストレスを理解することは，競技者の問題を理解するためには重要なことである。この総合的な理解は，対症療法的な一時しのぎのカウンセリングではなく，本当に役に立つ介入法の計画に必要である。競技者に対しマルチシステム的アプローチを取ることは，その競技者の複雑な，多様性のある要素すべてを理解することによって可能になる。

　カールとハンターの例に戻るまえに，いくつかの重要ポイントを繰り返そう。評価は，複数の組織の重要性と影響について考慮に入れなければならない。クライアントの情報を集める時に，スポーツの問題のみに注目することは不十分である。競技者の生活や他の領域にも重要な情報がみつかることを忘れてはいけない。介入についても同じことが言える。彼らの問題をスポーツの中だけで捉えると，原因が他の要素にある場合に，治療の失敗を招く恐れがある。介入は問題となっている状況をみつけることが目的である。もし間違ったやり方で行ったら，他の要素が互いに影響を与え合っているように，介入そのものも何らかの影響を与えることになる。組織の中の構成分子はお互いつながっている。つまり，一つのものが何らかの形で変化した時，その変化は組織全体に影響していくのである。

　ここで，カールとハンターの，二つのケーススタディにおいての仮定を考えてみる。このカールとハンターのケースに，マルチシステムモデルを当てはめてみることで，激しいトレーニングに対する彼らの反応の相違について，より深い理解を導き出すことができるはずである。このモデルによって，我々は「個人差」といったことを超え，同じ身体運動が様々な結果につながる理由を説明する仮説に向かうことができる。このモデルは，トレーニングに対する若い競技者の状況先行要因（Antecedents），さらには対処を成功に導くものの予測材料となる。

複合システムモデルからみたカールとハンター

　カールはテーパー期間を通じ，前向きな順応をみせた。表16.2に，カールのスポーツと非スポーツ要因の鍵となる各性質を，項目別に挙げた。＋は長所を，−は短所を，±はどちらでもないものを，それぞれ表している。個人としてのカールは，有能な自信にあふれた水泳競技者である。身体的には，彼は水をつかむのがとても上手い競技者である。しかし彼は練習には熱心であるが，チームの中でのリーダーとしての自覚に欠けていた。競技会において不安を感じることが多いが，それほどひどいレベルではなかった。ときどき彼は衝動的になったり，集中力を欠いたりもした。彼にとって水泳に関する将来像は曖昧なものであった。

　スイミングプールでのカールの人間関係は良好で，彼にとってそこに所属することは意味のあることで，心地の良いものであった。彼はコーチが協力的だと感じ，コーチに対しては丁寧で，尊敬のこもった態度を示した。対してコーチはカールについて，柔軟性のある練習熱心な生徒で，後輩たちに良い影響を与えている，とみていた。またコーチは，カールには衝動的で集中力のない時があることも知っているようであり，そんな時はすぐわかると感じていた。そして激励の言葉や，遊び心のある目標を作ってやることで，カールの集中力が続くと話している。カールはコーチに目をかけてもらっていることに感謝しており，叱咤激励の言葉は，競技者を賞賛し自信を植え付けるためのコーチのやり方であると認識している。チームメイトとの関係も同様に良好で，

表 16.2　複合システムモデルによるアセスメント：カールの場合

スポーツ要因

個人
　＋自信がある　　　　　　　　　　　　　－集中力がない
　＋やる気が持てる　　　　　　　　　　　－リーダーになりたくない
　＋確固たる使命感　　　　　　　　　　　－試合中不安である
　＋身体的に成熟している
　＋身体的な素質に恵まれている
　＋水泳に熱心である

コーチ
　＋コーチの意見に価値がある　　　　　　－カールの家族がカールが水泳を続けることに反対し
　＋カールに集中力が欠如していることをコーチが理解　　ていることに対して，コーチは我慢できない
　　している
　＋カールはコーチングによく反応しているとコーチは
　　信じている

チームメイト
　＋カールの泳ぎに好感を持ち，尊敬の念を抱いている
　＋チーム内の後輩たちと良い関係にある

非スポーツ要因

個人
　＋外向的　　　　　　　　　　　　　　　－将来に困惑している
　＋自信がある　　　　　　　　　　　　　－怒りのコントロール
　＋社会性がある　　　　　　　　　　　　－情熱的
　＋思慮深い

家族
　＋母親はサポート。しかし理屈っぽい　　－父親は学業重視で水泳を続けることに反対
　＋兄や妹は信頼している　　　　　　　　－カールが水泳を続けることに対して両親が対立
　±家族第一でその他は二の次

学校
　＋仲間や教師とうまくやっている　　　　－学業成績は平均で「C」（父親は不満）
　＋学校は休み　　　　　　　　　　　　　－前学

仲間
　＋社会性をもって友人づきあいもできる
　＋どんなスポーツにも万能
　＋女の子に人気がある

皆に好かれ，水泳の能力を尊敬されていた。後輩たちは彼を尊敬のまなざしでみていたし，他の競技者の父母達は，彼をロールモデルとして捉えていた。しかしながらカールはときどき，リーダーとしての立場に立たされることに気の進まないこともあったが，他の競技者達から注目されることで，それが彼の力ともなっていた。彼は大会になるとチームメイトたちと一緒に過ごし，彼らを励ますのが好きであった。

　スポーツ以外の要素においても，カールは自信に満ちているが，いくらか集中力に欠けるところもあった。社会との関わりが上手で慣れており，他人には思いやりを持って接している。さらに彼の身体能力は他のスポーツにおいても高い。しかし気分が落ち込んでいる時には怒りっぽくなり，将来の目標に関しても明確なものは特にない。

　家族のシステムの中で，カールは三人兄弟の真ん中である。彼は母親と兄弟たちとは助け合う関係を持っている。母親は水泳が好きで，ほとんどの大会に顔を出し，時々練習にも見学にきている。しかし他の子供たちの世話や自分自身の仕事のために，スイミングクラブの父母会にはあまり顔を出すことはできない。カールは母親が水泳に興味があることを知っているが，プレッシャーを感じたり恥ずかしい思いをさせられるようなことはない。兄弟たちも時々大会の応援に駆けつけ，特に妹は彼の兄よりもよく来る。カールは，兄は彼にとってとても近い存在であると語っている。兄は特にスポーツをやっているわけではないが，カールが学校の勉強に困った時に協力してくれる。カールの父は水泳に関しては協力的ではなく，学業の成績にも不満をもっていた。父は，子供たちは何よりもまず家族を大切にすべきと考え，母親もこれに賛成している。よってカールと父の間で，そして父と母の間で，水泳に関することは論争の種になっていた。

　カールに影響を及ぼす他のシステムは，学校とそこでの仲間たちとの関係である。前にも述べたように，学業は彼の苦手な部分であった。平均成績は「可」（C）が多く，前の学期は高校生活の中で最悪であった。ときには，学業そのものもカールにストレスを与えるのだが，彼にとっての本当の負担は父親の対応であった。事実，父親はカールに水泳をやめさせると脅してきた。しかし母親はこの制裁を秋まで延期するよう取り持ってくれた。幸運にも学校は授業期間ではなく，現在この問題は沈静化している。人付き合いにおいては，彼は誰からにも好かれ，女の子からの注目もかなり大きい。彼のスポーツマンらしさが人付き合いを楽にしている。

　学校の中でも外でも，カールの評判はとても良かった。彼がスランプに陥っている時でも，皆は好意を持って彼を励まし，高く評価した。

　激しいトレーニングメニューの体験の中で，カールは彼の人生を構成するこれら多くのシステムの影響を受けている。そしてトレーニング負荷の状況先行要因には，水泳競技者としての自信，コーチとの信頼関係，母の教育，その他の人々の信頼，自分自身が積極的であるという評価，などがある。よって，カールはどんな脅威でも，プールや家での協力的環境によって最小限に食い止めるであろう。彼の難局に対処していく力，そして疲労，痛み，退屈さに立ち向かう姿勢だけでなく，人付き合いのよさとしっかりとした周囲の協力体制は，ストレスの多いトレーニング期間のなかで感情の波があった時に，彼へのさらに大きな助けとなる。

　さて，次にハンターについて考えてみる。彼はテーパー期間中にも，ストレスに対する積極的な順応を示さなかった。ハンターもカールのようにたくさんの長所があるのだが，カールと違う

表16.3 複合システムモデルによるアセスメント：ハンターの場合

スポーツ要因	
個人	
±自信がゆらいでいる	－目標が高い
＋やる気がある	－自己批判的な傾向
＋プール内では真面目	－イライラしやすい
＋不安のコントロールができる	
＋身体的な素質に恵まれている	
＋水泳に熱心である	
コーチ	
＋ハンターの才能を信じている	－コーチはハンターとどう話すべきかとまどっている
＋ハンターの知性や倫理感に一目置いている	コーチの目には，ハンターがコーチからのフィードバックを最も必要な時に拒絶しているように映る
	－ハンターの自己批判的な傾向を治すことはあきらめている
	－ハンターを指導するにあたっては受身的なやり方が一番よい
チームメイト	
＋チーム内に2人仲の良い友人がいる	－チーム内の後輩たちに対して我慢強くない
	－仲間から孤立しているように見られている

ところは，ハンターには支えとなる協力体制が少ないということが，複合システムモデル図からわかる（表16・3参照）。個人として，ハンターは賢く熱心で才能にあふれた水泳競技者である。彼の競技成績はすばらしいものであるが，自己批判的なところもある。結果として，彼の水泳に対する自信は揺れ動き，それが気分の変化や欲求不満に影響を与える。うまく泳げている時は，彼は幸せそうで，やる気のある競技者なのだが，うまくいかなくなると，感情の起伏が激しくなり，孤立し，消極的になる。

彼のプールサイドでの人間関係も，良い面と悪い面を併せ持っている。コーチはハンターの才能を認めてはいるが，彼をどう管理し指導していくかにとまどっている。コーチは，ハンターが良い記録を出した時は1人にさせ，将来への自信につなげさせることができるのだが，うまくいかなかった時のハンターは，コーチの助言さえも拒絶することがあった。こんな時ハンターは，コーチがうわべだけ恩人を装っていて実際はやさしくはないと感じる。

そして彼はますます孤立し，自己批判を繰り返すのである。コーチはそれに対しどうにかしようと，間接的に他の競技者を使ってカールを指導しようとする。このような関係はコーチと競技者間の緊張を高める。そして同じようなことが競技者の間にも起こる。ハンターには2人の仲の良い友人がチーム内におり，いつも一緒にいることが多い。この友人たちも，ハンターの気分が荒れている時は彼を放っておく必要があると感じている。他の競技者たちも，ハンターは孤独で，皆と距離をおいていると感じている。そしてハンターは後輩たちに対してとても厳しくあたる。

表 16.3 （続き）

| 非スポーツ要因 |

個人
　＋知性的，創造的　　　　　　　　　－将来に困惑している
　＋やる気がある　　　　　　　　　　－物事に固執しがち
　＋集中力がある　　　　　　　　　　－自信がない
　＋気遣いができる　　　　　　　　　－恥ずかしがり
　＋魅力的である
　＋自己批判的な傾向がある

家族
　＋アイビーリーグの水泳競技者として活躍した叔父と　－父親との関係はうまくいっていない
　　親しい　　　　　　　　　　　　　　－母親は水泳によって大学への奨学金が得られると信
　±母親やスイミングクラブでの活動に協力的　　　　　　じている
　±1人っ子

学校
　＋優秀な公立校で成績もトップ
　＋教師にその能力を高く評価されている
　＋教師に学業における能力と自らに挑戦する能力を高
　　く評価されている
　＋やはり学業成績優秀な仲の良い友人がいる

仲間
　±嫌われてはいないが友人は少ない　　　　　－女の子に対しては奥手
　±友人たちは協力的だが，彼らもまた孤立気味である

　スポーツ以外の世界では，ハンターはとても賢く，学業成績も良い生徒である。しかし彼の高い目標と厳しい自己批判に，少し問題があるようでもある。背が高く，スポーツマンで，魅力のあるハンターであるが，非常に恥ずかしがりで，人間関係が苦手なようであった。水泳をしている時にたまに見せる自信は，社交的な場面ではみられなかった。
　ハンターの家族は母親と彼だけである。ハンターは，彼がまだ赤ん坊だった頃に家を去った父親について，ほとんど知らない。父親は稀に連絡をとってくるが，ハンターはそれに対し困惑し，怒りを覚えていた。それに対して母親は，息子の生活との係わり合いが強く，過干渉気味である可能性もある。彼女は父母会のリーダーであり，すべての大会に応援に来るし，しょっちゅう練習にも顔を出す。母親はよくハンターに，水泳を続けることが唯一の大学への道であり，優秀競技者には奨学金も出ると言っていた。ハンターにはかつて大学の水泳競技者であった叔父がいる。叔父はハンターに対し，とにかく学業には専念するべきだと助言し，大学での水泳競技界につい

て現実的な部分を教えてくれた。叔父の考え方はハンターにとって役に立つし，価値のあるものであったが，ほとんど顔を合わすことはなかった。

　ハンターは優等生である。彼は優秀な公立校でトップを争う立場にある。先生たちも彼を認め，励ましつづけている。他の勉強熱心な生徒たちからも好かれ，尊敬を受けている。彼の自己批判傾向は学校では役に立ち，さらなる勉強への意欲を掻き立てた。

　学校外での友人関係は様々であった。嫌われているわけではないが，ハンターは仲間内から自分を孤立させがちであった。彼には協力的で忠実な絆を持っている友達がいるが，思春期にある彼らの多くも比較的孤立気味である。ハンターは，自由な時間のほとんどを，これら同じような興味を持った友人たちと過ごすか，読書をしている。女の子たちは彼をかっこいいと思うが，恥ずかしがりでもあると感じている。

　ハンターの激しいトレーニング経験もまた，彼の生活に影響を与える複数のシステムによって反映される。この激しいトレーニングにおいての状況先行要因は，水泳競技者としての自信の揺れ動き，コーチとの関係への欲求不満，がんじがらめではあるが支えともなっている母親からの要求，彼のプールでの自己批判傾向，などである。脅威に対するハンターの査定は，特にテーパー期間前にスランプに陥ったことにもよるのだが，とても大きいものである。彼が自分のストレス対処方法について考え，激しいトレーニングの否定的な効果に立ち向かおうとする時に，他の人からの協力を受け入れることができないことが悪影響になる。それでは次に，こういった事柄の予防と治療法について考えてみよう。

予防と対処療法

予防

　我々はこれまでに，オーバートレーニング症候群に影響を与える，心理社会的なストレス要因の総合的な組織的モデルの枠組みを作った。ここで問題は，このモデルが激しいトレーニング経験について理解するのに役立つのか，そして，良好でない反応に向けた対処法を作り出すことができるのか，ということである。オーバートレーニング現象はストレスと対処の複雑な関係であると論じてきた。そこには，身体トレーニングの多様性，生理的な反応システム，各個人の認知，行動，感情の性質，そして競技者の技術，および非常に多様な環境的ストレスと周囲の協力，といったことが含まれる。こうした関係には，コーチ，オーナー，チームメイト，仲間たち，資金源，家族もしくはその他の親しい者，雇用主，先生と学校，そして，世間一般で起こることや文化，経済などが含まれてくるのである。これら様々な要素の評価，介入の準備を進めることは気の遠くなるような作業だが，我々はしかし，オーバートレーニングの予防と治療法の確立に努力をしなければならない。

　予防することは，あまり高く評価はされていないが，身体と精神的健康を保つためには価値のあることである[33]。病気や機能不全を防ぐことは，後の治療期間においての経済的利益を生み出す質の高い生活につながる。

　これは特に，我々がまだその影響を調べるテストを作り出せないでいる，オーバートレーニングにも関連してくる。オーバートレーニングにおいては，深刻な症状が出てきた時

にはすでにもう手遅れで，競技者のステイルネスやバーンアウトは非常に痛々しいものになってしまっている[84]。

当然ながら，オーバートレーニング予防のためには，精神的なものではなく，まず正しい効果的なトレーニングメニューの作成から取り掛からねばならない[48]。そのためには，コーチと競技者達に最新のオーバートレーニングに関する情報を提供し，このことについて明確なコミュニケーションを取らせるように指導すべきである[48]。多くのコーチや競技者達がオーバートレーニングに関しての知識があるが，それでもしばしば「練習はやればやるほどいい」という考えが優勢になってしまう。

さらに重要なことは，コーチのトレーニング計画を完全に理解している競技者，もしくは計画段階に参加している競技者は，そのメニューに対して責任感を持ち，そのトレーニングによく耐え，そしてコーチとトレーニングの問題点を話し合い[54]，積極的な姿勢を保つことができる（Blaney[6]の「気分をコントロールすることの有効性」を参照）。よって，コーチと競技者は基本的な時間管理[50]と問題解決スキルトレーニング[18]に参加することで，トレーニングメニューをよりよくこなし，他の生活でのストレスを最小限にすることができる。

最も勧めることのできる予防法は，生理的な状態を観察することで結果としてのオーバートレーニングを予測することである[28,32,48]。しかし残念ながら，複雑に絡み合った組織的モデルでの要素によって，まだどの観察法もこの予測をできないでいる。生理的，生物学的な指標も不安定で，弱い傾向をみつけられるにとどまっている[32]。

Morganら[61]とRaglin[74]，そしてその他の研究者達は，生理的指標の観察を伴った連続した精神状態の観察を勧めている。Morganの研究では，オーバートレーニングを示す兆候として，気分を観察することについて議論を展開させている。予防の見地から興味深いのは，比較的簡単な疲労と気分の主観的評価が，競技成績の低下の予測に役立つ可能性があることである。

例を挙げてみると，Hooperら[32]は，国の代表選考会を6カ月後に控えた，14人のオーストラリア人の水泳競技者を研究した。総合的な生理的，生物学的検査が，シーズンのはじめ，中ごろ，終わり，そしてテーパー期間と試合期後の5回にわたって実施された。

さらに毎日のトレーニング日誌の中で，競技者達はその日の疲労感，睡眠，ストレス，そして筋肉の痛みを7段階評価で記入した。Hooperらは，競技者が練習にこなかったり，非常に疲労しているにもかかわらず，何の病気にもかかっていなかった場合に，その競技者をステイル状態と分類した。14人のうち3人がステイル状態と分類されたが，いずれもトレーニングメニューに相違はなかった。Hooperらは，シーズンはじめ，中ごろ，そして終わりにおいての，睡眠，疲労感，ストレス，そして筋肉の痛みの各評価が，ステイルネスを予測するのに役立ったとしている。この少ない量の主観的評価法による予測は，さらに詳しい生物学的および自己申告式の予測法とあまりその効果に差がみられなかった。しかしこの手法には，被験者の少なさと，予測される項目と検査項目の重なり合いについて問題があり，再評価されるべきであろう。しかしこのHooperらの研究結果は，簡単な不満指数の結果と，オーバートレーニングに対する生物学的な予測材料とに高い相関性があ

るとした，Lehmann ら[47] の研究結果に沿うものであった。

　気分，疲労感，ストレス，そして筋肉の痛みについての主観的な値の計測は，我々にとって最も安上がりな予防方法である。しかし，オーバートレーニングは積極的な順応能力の喪失であるとする Stone ら[84] の立場，そしてオーバートレーニングとはストレスとストレス耐性のアンバランスであると一歩進んだ立場をとる Lehmann ら[48] と同様に，競技者のタスクは複雑なストレス対処であることが我々の組織体系的なストレス対処モデルによって，論議されうる。よって，最も効果的な予防方法は，競技者にストレスに対する免疫をつけさせ，自分自身のストレスに対してしっかり自己管理できるように教育することである。

　理想的には，質の高い激しい練習は，そのスポーツに関する見地からだけでなく，モデル内の関係しあう要素の総合的な評価も考慮に入れてデザインされるべきである。しかし，コーチまたはスポーツの管理者には，そのような努力をするための十分な時間も知識もない。そこで社会学者や心理学者，またはその他のカウンセラーへのアクセスがあれば，効果的な解決法につながると我々は考えている[59,95]。よってこれより，競技者の心理的スキルの発達方法を簡単に紹介し，その他の組織的な問題への介入について言及する。これらの方法には，目標の設定，イメージ，覚醒水準のコントロール（Arousal Mnagement），そして認知的再構築（Cognitive Reconstructing）がある。

目標設定——これはもともと産業心理学や組織心理学[49] の中で発達してきたもので，目標を定めることで競技者の様々な努力を整理し，競技力を改善する方向に向けようとするものである。一般的に目標設定によるスポーツへの介入は，練習，試合を問わず，競技者が具体的で測定可能な目標に向かって適切に努力できるように，導き励ましていくためのものである。短期的，長期的目標が，その優先順序により設定されることで，目標達成へのよく計画された道のりが競技者には確保されるのである。ここで目標は，消極的でなくて積極的なものであること，挑戦しがいのあるものだが現実的であること，そして競技者がその目標に立ち向かうのではなくコントロールできるものであること，の3点が重要である[91]。これまでの研究によれば，この目標設定による効果は決定的なものではないが，ある特定の状況においては競技者の動機付けを高め，練習及び試合での競技成績への自己評価の改善につながることを示唆している。こういった変化によって，遂行能力の持続性を高め，結果的に激しいトレーニングによるストレスが多い状況における競技力の向上が見込める[9]。

イメージ——競技者はよくメンタルリハーサルの中でこのイメージの手法を利用するが，このイメージ法は試合準備のための価値ある方法であると認識されている[51]。いくつかの研究は，このイメージを使ったリハーサル[20,65] の効果について支持していないが，これまで競技スキー[85,86]，バスケットボール[58]，体操[82]，ダーツ[97]，ゴルフ[99]，バレーボール[76]，そして水泳[96] の各競技者達の競技向上に貢献してきている。

　さらに，自分の成功をイメージすることの効果[96] と，失敗をイメージすることの逆効果[99]

についての，説得力のある調査結果がある。Suinn[88] は，イメージ法の使用経験のある熟練した競技者は，対処に焦点を置いたイメージ法の応用によって利益を得ているとした。この対処法イメージは，ある見本となる人物が試練を克服し，問題を修正，解決していくことをイメージすることであり，激しいトレーニングへ対処するための効果的な手段になりうる。

覚醒水準のコントロール（Arousal Management）——様々な競技，そして様々なレベルの競技者たちは，練習中及び試合前になると覚醒水準の高まり（Arousal）や，その他の肉体的，感情的変化が起こると報告している[24,51]。我々はたくさんの状況的な，そして個人的な特異性について知っていなければならないが[53]，一般的に適度な興奮は理想的な競技成績を引き出すために必要であり，極端に低すぎたり，または高すぎたりする場合，逆に競技の場面でマイナスの影響を及ぼす[41,53]。競技者の経験する有害な興奮を介入によって減少させることは一般的に行われている[72,87]。これらの過度の興奮を抑える試みは，臨床心理学における不安の減少およびストレスマネジメントの試みに反映されている[80]。漸進的リラクゼーション法，バイオフィードバック，そしてストレス免疫耐性訓練[56,98] は，競技者の興奮や不安を低下させるために効果的に利用されている[17,68,80,100]。

興奮を増加させる，もしくは競技者のやる気を引き出すための努力は，競技者自身の精神的に準備できる能力や，興奮材料を活用できる能力にかかっている。これらやる気を出させる努力は，精神的な準備によって興奮を高め，よって目標とする競技成績に見合った状態へと競技者を導く，という仮定に基づいている[92]。興奮を適当なレベルへ上げたり下げたりするコントロール能力は，困難なトレーニングメニューや単調で反復されるトレーニングにもがいている競技者に効果的である。

興奮レベルは，競技成績における不安の影響を和らげるような，結果としての要素であるだけではもちろんない[53]。競技者の不安と興奮材料への認識の仕方，以前の興奮レベルの変化の経験，そして興奮を管理またはコントロールする認識能力は，興奮レベルと競技成績の関係の中で重要な役割を果たしている。この関係の認知的な貢献は，認知再構築に基づいた介入を通じて扱われる。

認知的再構築（Cognitive Reconstructuring）—— Kirschenbaum ら[36,37] は運動スキル発達の自己調整モデルを提案している。Kirschenbaum は，競技者の競技力とは，少なくとも部分的には，認知と行動の自己決定における個人スキルを試すものであるとしている。個人はまず一つの運動スキルをやり通すべきであり，その結果を観察し，自分のスタンダードや目標と比較してその結果を評価し，そしてもう一度修正した運動スキルをやり抜いてみることが必要である。Bandura[3] はこの議論をさらに深め，課題の開始とその継続は，自分自身の遂行能力，つまり一つの課題をうまく達成できる能力に対する自信にかかっているとした。

この過程に焦点を置いた介入の標的は，認知的再構築による介入を通じた，競技者の自己観察[34]，自己指導的行動[57]，そして競技者の認知の核となるもの（競技者の価値観や認

知的な信念のシステム；Beck[4] 参照)に影響を与える具体的な試み，である。競技者の激しいトレーニングに対する理解や反応は，高い競技力の維持のために決定的であるから[81]，認知的な自己調整法は，激しいトレーニングへの対策としては有望な介入方法であろう。

処置

オーバートレーニングの処置に関するどんな議論も，可能な限りの早期介入を勧めることから始まり，これまで挙げた予防手段はここでも重要となってくる。結果として，どんな処置手段も効果的な予防方法として位置付けされる。確かに多くの心理学者たちも早期介入を二次的な予防とみなしている[33]。激しいトレーニングへの消極的な反応に対する最も簡単な方法は，トレーニングの中断と休養である[40]。休養とはトレーニングそのものだけでなく，スポーツ以外のことも含めたすべてのストレスからの解放である。組織的なストレス管理という考えから，ステイルネスの競技者は，問題解決のために新たなものを取り入れる前に，まずトレーニングやトレーニング以外からのストレスを減らさなければならない。

短期的目標の構築は，競技者が生産的な行動に再び焦点を当てる手助けとなる。コーチやチームメイト，そしてその他の重要な人々とのコミュニケーショントレーニングも，周りのサポートを求めやすくさせるのに役立つ[54]。認知的再構築は，オーバートレーニングを体験した者へ，さらに積極的な動機を持つ性質を根付かせるのに役立つ[91,95]。個人療法[10,25,89]，家族療法[29]，夫婦療法[12]，そして職業カウンセリング[15,66]のすべてが，競技者を立ち直らせるのに役立つのである。

処置問題：カールとハンターの場合

最後にもう一度カールとハンターに戻ってみたい。カールは競技生活の中での一般的なストレスを体験しており，生産的な方法でこの段階的な挑戦に対応している。我々は彼のむらっ気や試合への不安，学業成績と父親との関係などの問題を挙げることもできるが，彼が必要としない限り介入することもないであろう。カールとコーチの良好な関係をみてみれば，コーチがカールを励まし，彼の問題に対処できることを希望する。

ハンターは休養を必要としているだけでなく，この問題の原因でもある母親との複雑な関係からの解放も必要である。彼はまた，高いプライドと自己批判傾向，そして感情障害としばしば関連している感情の起伏や孤独感という典型的な三要素を体験している。ハンターについてはこういった事柄と，その原因となる感情的な衝突に注目することが有益であろう。感情に焦点を当てた，または逃避することに基づいた対処法を用いることによって，ハンターは今のところ機能的な問題には直面していない。効果的に自己管理させるために，水泳に戻るための目標を設定し，彼の母親とコーチそしてチームメイトとの問題解決につながるカウンセリングが，彼にとって重要であり，効果的であろう。

要約

　オリンピック直前の新聞上に現れた事柄の中でもうひとつ，米国女子ボートチームのコーチである Harmut Buschbacker は，彼の競技者達との関わりの中で，「トレーニングプログラムにおいて重要なことは，選手達を痛めつけるのではなく，より良くしていくことだ」[7] と語っていた。彼のコメントにはまったく同感であり，スポーツ科学者たちにも当てはめることができよう。我々は，オーバートレーニングの予防と処置への心理学的なアプローチが，競技者とコーチの目的，つまり「痛めつけずにより良くする」ことの助けになると信じている。（辻秀一）

参考文献

1. Bandura, A. 1977. *Social learning theory*. Englewood Cliffs, NJ: Prentice Hall.
2. Bandura, A. 1978. The self system and reciprocal determinism. *American Psychologist* 33: 344-358.
3. Bandura, A. 1989. Human agency in social cognitive theory. *American Psychologist* 44: 1175-1184.
4. Beck, A.T. 1976. *Cognitive therapy and the emotional disorders*. Madison, CT: International Universities Press.
5. Becker, D. 1996. 42-year-old Bostisaurus joins cyclists. *USA Today*, 7 June, sec. C, p. 8.
6. Blaney, P.H. 1977. Contemporary theories of depression: critique and comparison. *Journal of Abnormal Psychology* 36: 203-223.
7. Brown, B. 1996. We're the ones to beat: extremely demanding regimen produces confident crew. *USA Today*, 11 January, sec. C, p. 3.
8. Bryant, V., A.W. Meyers, J.P. Whelan. 1990. Overtraining and mood change in elite junior Olympic weightlifters. Paper presented at the *Association for the Advancement of Applied Sport Psychology*, September, San Antonio.
9. Burton, D. 1993. Goal setting in sport. In *Handbook of research on sport psychology*, eds. R.N. Singer, M. Murphey, L.K. Tennant, 467-491. New York: Macmillan.
10. Carr, C.M., S.M. Murphy. 1995. Alcohol and drugs in sport. In *Sport psychology interventions*, ed. S. M. Murphy, 283-306. Champaign, IL: Human Kinetics.
11. Carter, B., M. McGoldrick, eds. 1988. *The changing family life cycle*. New York: Gardner Press.
12. Coppel, D.B. 1995. Relationship issues in sport: a marital therapy model. In *Sport psychology interventions*, ed. S. M. Murphy, 193-204. Champaign, IL: Human Kinetics.
13. Costill, D.L., M.G. Flynn, J.P. Kirwan, J.A. Houmard, J.B., Mitchell, R. Thomas, S.H. Park. 1988. Effects of repeated days of intensified training on muscle glycogen and swimming performance. *Medicine and Science in Sports and Exercise* 20: 249-254.
14. Cox, T. 1978. *Stress*. Baltimore: University Park Press.
15. Danish, S.J., A. Petitpas, B. Hale. 1995. Psychological interventions: a life development model. In *Sport psychology interventions*, ed. S. M. Murphy, 19-38. Champaign, IL: Human Kinetics.
16. Dean, J., J.P. Whelan, A.W. Meyers. 1990. An incredibly quick way to assess mood states: the incredibly short POMS. Paper presented at the *Association for the Advancement of Applied Sport Psychology*, September, San Antonio.
17. DeWitt, D.J. 1980. Cognitive and biofeedback training for stress reduction with university athletes. *Journal of Sport Psychology* 2: 288-294.
18. D'Zurilla, T.J., M.R. Goldfried. 1971. Problem solving and behavior modification. *Journal of Abnormal Psychology* 78: 107-126.
19. Elliott, G.R., C. Eisdorfer. 1982. *Stress and human health*. New York: Springer.
20. Epstein, M.L. 1980. The relationship of mental imagery and mental rehearsal to performance on a motor task. *Journal of Sports Psychology* 2: 211-220.
21. Folkman, S., R.S. Lazarus. 1980. An analysis of coping in middle-aged community sample. *Journal of Health and Social Behavior* 21: 219-239.
22. Folkman, S., R.S. Lazarus. 1988. The relationship between coping and emotion: Implications for theory and research. *Social Science and Medicine* 26: 309-317.
23. Fry, A.C., W.J. Kraemer, F. van Borselen, N.T. Lynch, N.T. Triplett, L.P. Koziris, S.J. Fleck. 1994. Catecholamine responses to short-term high intensity resistance exercise overtraining. *Journal of Applied Physiology* 77: 941-946.
24. Gould, D., T. Horn, J. Spreemann. 1983. Sources of stress in junior elite wrestlers. *Journal of Sport Psychology* 5: 159-171.

25. Greenspan, M., M.B. Anderson. 1995. Providing psychological services to student athletes: a developmental psychology model. In *Sport psychology interventions*, ed. S. M. Murphy, 177-192. Champaign, IL: Human Kinetics.
26. Grieve, F., F.B. Whelan, A.W. Meyers, J.P. Whelan. 1992. The psychological effects of overtraining on elite Olympic weightlifters. Paper presented at the meeting of the *American Psychological Association*, August, Washington, D. C.
27. Gross, J.D. 1994. Hardiness and mood disturbances in swimmers while overtraining. *Journal of Sport and Exercise Psychology* 16: 135-149.
28. Hackney, A.C., S.N. Pearman, J.M. Nowacki. 1990. Physiological profiles of overtrained and stale athletes: a review. Journal of Applied Sport Psychology 1: 21-33.
29. Hellstedt, J.C. 1995. Invisible players: a family systems model. In *Sport psychology interventions*, ed. S. M. Murphy, 117-146. Champaign, IL: Human Kinetics.
30. Henggeler, S.W., C.M. Borduin. 1990. *Family therapy and beyond: a multisystemic approach to treating the behavior problems of children and adolescents.* Pacific Grove, CA: Brooks/Cole.
31. Henry, J.P., P.M. Stephens. 1977. *Stress, health and the social environment: a sociobiological approach to medicine.* New York: Springer.
32. Hooper, S.L., L.T. Mackinnon, A. Howard, R.D. Gordon, A.W. Bachman. 1995. Markers for monitoring overtraining and recovery. *Medicine and Science in Sports and Exercise* 27: 106-112.
33. Iscoe, I., B.L. Bloom, C.D. Spielberger, eds. 1977. *Community psychology in transition.* Washington, D. C.: Hemisphere.
34. Johnston-O'Conner, E. J., D.S. Kirschenbaum. 1986. Something succeeds like success: positive self-monitoring in golf. *Cognitive Therapy and Research* 10: 123-136.
35. Kibler, W.B., T.J. Chandler. 1994. Sport specific conditioning. *American Journal of Sports Medicine* 22: 424-432.
36. Kirschenbaum, D.S., R.M. Bale. 1980. Cognitive behavioral skills in golf: brain power golf. In *Psychology in sports: methods and application*, ed. R. M. Suinn, 334-343. Minneapolis: Burgess International.
37. Kirschenbaum, D.S., D.A. Wittrock. 1984. Cognitive behavioral interventions in sport: a self-regulatory perspective. In *Psychological foundations of sport*, eds. J. M. Silva, R.S. Weinberg, 81-98. Champaign, IL: Human Kinetics.
38. Klein, M., J. Greist, A. Gurman, R. Neimeyer, D. Lesser, N. Bushnell, R. Smith. 1985. Comparative outcome study of group psychotherapy versus exercise treatments for depression. *International Journal of Mental Health* 13: 148-177.
39. Kobasa, S.C., S.R. Maddi, M.C. Puccetti, M.A. Zola. 1985. Effectiveness of hardiness, exercise and social support as resources against illness. *Journal of Psychosomatic Research* 29: 525-533.
40. Kuiper, H., H.A. Keizer. 1988. Overtraining in elite athletes. *Sports Medicine* 6: 79-92.
41. Landers, D.M. 1980. The arousal-performance relationship revisited. *Research Quarterly for Exercise and Sport* 51: 77-90.
42. Lazarus, R.S. 1976. *Patterns of adjustment.* New York: McGraw-Hill.
43. Lazarus, R.S. 1991. Cognition and motivation in emotion. *American Psychologist* 46: 352-367.
44. Lazarus, R.S., Folknan, S. 1984. *Stress, appraisal and coping.* New York: Springer.
45. Lazarus, R.S., R. Launier. 1978. Stress-related transactions between person and environment. In *Perspectives in interactional psychology*, eds. L.A. Pervin, M. Lewis, 287-327. New York: Plenum Press.
46. Lazarus, R.S., C.A. Smith. 1988. Knowledge and appraisal in the cognition-emotion relationship. *Cognition and Emotion* 2: 28 1-300.
47. Lehmann, M., H.H. Dickhuth, G. Gendrisch, W. Lazar, M. Thum, R. Kaminski, J.F. Aramendi, E. Peterke, W. Wieland, J. Keul. 1991. Training-overtraining: a prospective, experimental study with

experienced middle-and long-distance runners. *International Journal of Sports Medicine* 12: 444-452.

48. Lehmann, M., C. Foster, J. Keul. 1993. Oventaining in endurance athletes: a brief review. *Medicine and Science in Sports and Exercise* 25: 854-862.

49. Locke, E.A., G.P. Latham. 1990. *A theory of goal setting and task performance*. Englewood Cliffs, NJ: Prentice Hall.

50. Maher, C.A. 1981. Time management training for school psychologists. *Professional Psychology* 12: 613-620.

51. Mahoney, M.J., M. Avener. 1977. Psychology of the elite athlete : an exploratory study. *Cognitive Therapy and Research* 1: 135-141.

52. Mahoney, M.J., T.J. Gabriel, T.S. Perkins. 1987. Psychological skills and exceptional athletic performance. *Sport Psychologist* 1: 181-199.

53. Mahoney, M.J., A.W. Meyers. 1989. Anxiety and athletic performance : traditional and cognitive developmental perspectives. In *Anxiety and sports*, eds. C. Spielberger, D. Hackfort, 77-94. New York: Hemisphere.

54. McCann, S. 1995. Overtraining and burnout. In *Sport psychology interventions*, ed. S. Murphy, 347-368. Champaign, IL: Human Kinetics.

55. McNair, D.M., M. Lorr, L.F. Droppleman. 1971. *Profile of mood states manual*. San Diego, CA: Educational and Industrial Testing Services.

56. Meichenbaum, D. 1977. *Cognitive-behavior modification*. New York: Plenum Press.

57. Meyers, A.W., R. Schleser, C.J. Cooke, C. Cuvillier. 1979. Cognitive contributions to the development of gymnastic skills. *Cognitive Therapy and Research* 3: 75-85.

58. Meyers, A.W., R. Schleser, T.M. Okwumabua. 1982. A cognitive behavioral intervention for improving basketball performance. *Research Quarterly for Exercise and Sport* 53: 344-347.

59. Meyers, A.W., J.P. Whelan, S. Murphy. 1995. Cognitive behavioral strategies in athletic performance enhancement. In *Progress in behavior modification*, eds. M. Hersen, R. M. Eisler, P. M. Miller, 137-164. Pacific Grove, CA: B rooks/Cole.

60. Minuchin, P.P. 1985. Families and individual development: provocations from the field of family therapy. *Child Development* 56: 289-302.

61. Morgan, W.P., D.R. Brown, J.S. Raglin, P.J. O'Connor, K.A. Ellickson. 1987. Psychological monitoring of overtraining and staleness. *British Journal of Sports Medicine* 21: 107-114.

62. Morgan, W.P., D.L. Costill, M.G. Flynn, J.S. Raglin, P.J. O'Connor. 1988. Mood disturbance following increased training in swimmers. *Medicine and Science in Sports and Exercise* 20: 408-414.

63. Morgan, W.P., S.E. Goldston. 1987. *Exercise and mental health*. New York: Hemisphere.

64. Mulling, C., A.W. Meyers, M. Summerville, R. Neimeyer. 1986. Aerobic exercise and depression: is it worth the effort? Paper presented at the *Association for the Advancement of Applied Sport Psychology*, October, Jekyll Island, GA.

65. Mumford, B., C. Hall. 1985. The effects of internal and external imagery on performing figures in figure skating. *Canadian Journal of Applied Sport Science* 10: 171-177.

66. Murphy, S.M. 1995. Transitions in competitive sport: maximizing individual potential. In *Sport psychology interventions*, ed. S. M. Murphy, 331-346. Champaign, IL: Human Kinetics.

67. Murphy, S.M., S.J. Fleck, G. Dudley, R. Callister. 1990. Psychological and performance concomitants of increased volume training in elite athletes. *Journal of Applied Sport Psychology* 2: 34-50.

68. Murphy, S.M., R.L. Woolfolk. 1987. The effects of cognitive interventions on competitive anxiety and performance on a fine motor skill accuracy task. *International Journal of Sport Psychology* 18: 152-166.

69. Nowack, K.M. 1990. Initial development of an inventory to assess stress and health risk.

    American Journal of Health Promotion 4: 173-180.
70. O'Connor, P.J., W.P. Morgan, J.S. Raglin. 1991. Psychobiological effects of 3 days of increased training in female and male swimmers. *Medicine and Science in Sports and Erercise* 23: 1055-1061.
71. Old man of cycling riding to Olympics. 1996. The *Memphis Commercial Appeal*, 7 June, sec. D, p. 2.
72. Orlick, T. 1986. *Psyching for sport: mental trainingfor sport*. Champaign, IL: Leisure Press.
73. Raglin, J. 1990. Exercise and mental health: beneficial and detrimental effects. *Sports Medicine* 9: 323-329.
74. Raglin, J. 1993. Overtraining and staleness: psychometric monitoring of endurance athletes. In *Handbook of research on sport psychology*, eds. R.N. Singer, M. Murphey, L.K. Tennant, 840-850. New York: Macmillan.
75. Raglin, J.S., W.P. Morgan, P.J. O'Connor. 1991. Changes in mood states during training in female and male college swimmers. *International Journal of Sports Medicine* 12: 849-853.
76. Shick, J. 1970. Effects of mental practice on selected volleyball skills for college women. *Research Quarterly* 41: 88-94.
77. Silva, J.M. 111. 1990. An analysis of the training stress syndrome in competitive athletics. *Journal of Applied Sport Psychology* 2: 5-20.
78. Singer, R.N., M. Murphey, L.K. Tennant, eds. 1993. *Handbook of research on sport psychology*. New York: Macmillan.
79. Smith, C.A., R.S. Lazarus. 1990. Emotion and adaptation. In *Handbook of personality: theory and research*, ed. L. A. Pervin. New York: Guilford.
80. Smith, R.E. 1985. A component analysis of athletic stress. In *Competitive sports for children and youths: proceedings of Olympic Scientlfic Congress, eds*. M. Weiss, D. Gould, 107-112. Champaign, IL: Human Kinetics.
81. Smith, R.E. 1986. Toward a cognitive-affective model of athletic burnout. *Journal of Sport Psychology* 8: 36-50.
82. Start, K.B., A. Richardson. 1964. Imagery and mental practice. *British Journal of Educational Psychology* 34: 280-284.
83. Steptoe, A., M. Kearsley, N. Walters. 1993. Acute mood responses to maximal and submaximal exercise in active and inactive men. *Psychology and Health* 8: 89-99.
84. Stone, M.H., R.E. Keith, J.T. Keamey, S.J. Fleck, G.D. Wilson, N.T. Triplett. 1991. Overtraining: a review of the signs, symptoms and possible causes. *Journal of Applied Sports Science Research* 5: 35-50.
85. Suinn, R.M. 1972. Behavioral rehearsal training for ski racers. Behavior Therapy 3: 519-520.
86. Suinn, R.M. 1977. Behavioral methods at the Winter Olympic Games. *Behavior Therapy* 8: 283-284.
87. Suinn, R.M. 1983. *The seven steps to peak performance: manual for mental training for athletes*. Fort Collins, CO: Colorado State University.
88. Suinn, R.M. 1993. Imagery. In *Handbook of research on sport psychology*, eds. R. N. Singer, M. Murphey, L. K. Tennant, 492-510. NewYork: Macmillan.
89. Swoap, R.A., S.M. Murphy. 1995. Eating disorders and weight management in athletes. In *Sport psychology interventions*, ed. S.M. Murphy, 307-330. Champaign, IL: Human Kinetics.
90. Taylor, S.E., L.G. Aspinwall. 1993. Coping with chronic illness. In *Handbook ofstress: theoretical and clinical aspects*, 2d ed., eds. L. Goldberger, S. Breznitz, 511-531. New York: Free Press.
91. Weinberg, R.S., D. Gould. 1995. *Foundations of sport and exercise psychology*. Champaign, IL: Human Kinetics.
92. Weinberg, R., D. Gould, A. Jackson. 1980. Cognition and motor performance : effect of psyching-up strategies on three motor tasks. *Cognitive Therapy and Research* 4: 239-245.
93. Weinstein, W. S., A.W. Meyers, 1983. Running as a treatment for depression: is it worth it? *Journal*

of Sport Psychology 5: 288-301.
94. Weisaeth, L. 1993. Disasters: psychological and psychiatric aspects. In *Handbook of stress: theoretical and clinical aspects*, 2d ed., eds. L. Goldberger, S. Breznitz, 59 1-616. New York: Free Press.
95. Whelan J.P., M.J. Mahoney, A.W. Meyers., 1991. Performance enhancement in sport: a cognitive behavioral domain. *Behavior Therapy* 22: 307-327.
96. White, K.D., R. Ashton, S. Lewis. 1979. Learning a complex skill: effects of mental practice, physical practice, and imagery ability. *International Journal of Sport Psychology* 10: 71-78.
97. Wichman, H., P. Lizotte. 1983. Effects of mental practice and locus of control on performance of dart throwing. *Perceptual and Motor Skills* 56: 807-812.
98. Woolfolk, R.L., P.M. Lehrer, eds. 1984. *Principles and practice of stress management*. New York: Guilford.
99. Woolfolk, R.L., M.W. Parrish, S.M. Murphy. 1985. The effects of positive and negative imagery on motor skill performance. *Cognitive Therapy and Research* 9: 335-341.
100. Ziegler, S.G., J. Klinzing, K. Williamson. 1982. The effects of two stress management training programs on cardiorespiratory efficiency. *Journal of Sport Psychology* 4: 280-289.

第VII部

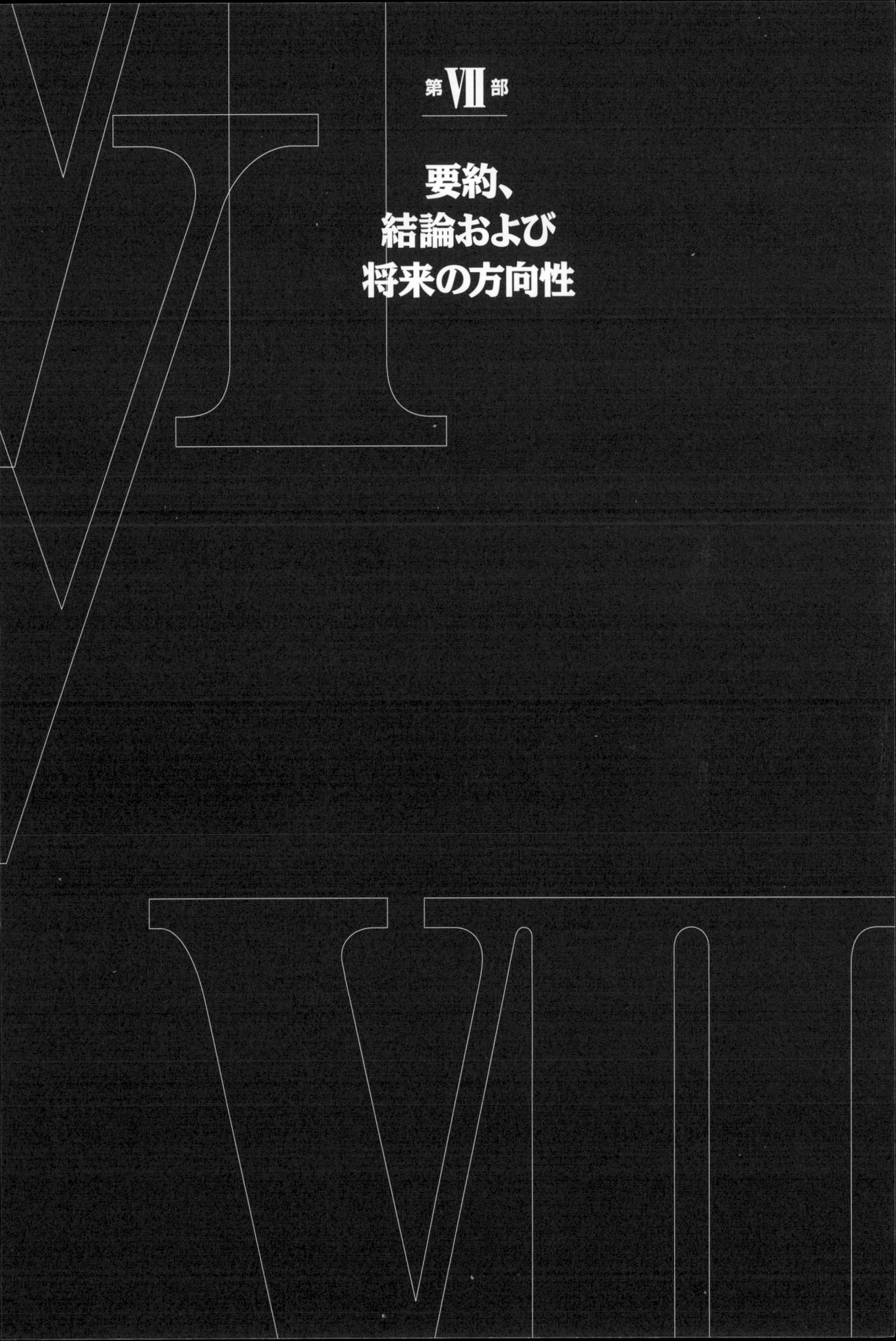

要約、結論および将来の方向性

第17章

将来の研究の必要性と方向

Michael G. Flynn, PhD

はじめに

　議論ならびにテキストを要約し，この分野における将来の研究の必要性と方向を結論づけることは，名誉であるとともに躊躇させられる挑戦である。この領域における将来の研究の方向を予想するのは困難であるが，これまでの章が過去の研究の歴史を提供し，今後の研究の適切な方向を決定する手助けになる。将来の研究の必要性と方向を示すこの章が著者の研究での関心と偏見を反映するのは避けがたい。しかし，これまでの章をみてもらえれば，これらの，あるいは他の研究者の多大な努力にもかかわらず，我々の知識にはまだたくさんのギャップが存在することがご理解いただけるであろう。それゆえ，さらに注目の必要な研究領域のすべてについて言及することはできないので，この章では，オーバートレーニングとオーバーリーチング研究に関連する一般的な問題と可能性のある解決策について焦点を当てたい。

　極端なトレーニングの効果が最初に研究者の注目を引いたのは，1950年，1960年代であった[7,24]が，オーバートレーニングとオーバーリーチングに焦点を当てた研究はまだ未発達であった。オーバートレーニング研究が新たに強調されたのは，1980年代半ばであった。例えば，1986年，そして1987年に再び，「オーバートレーニングとトレーニングからの回復」が合衆国オリンピック委員会スポーツ医学評議会[32]によってエリート競技者が直面する深刻な問題として同定された。この声明と同時に合衆国オリンピック委員会が基金を提供し，北米でオーバートレーニング研究への関心が産み出された。同時に，特別な要因を特定できないが，同様の研究先導が他の多くの国でも開始された。

　オーバートレーニングとオーバーリーチング領域の研究は，競技者やコーチの努力を手助けするというエキサイティングな機会を提供する。しかしながら，スポーツ科学者が実質的な支援ができるようになるには，非常に多くのことをなさなければならないのは明ら

かである。それまでは，常識というものがオーバートレーニングを予防する最も効果的な道具の一つであるだろう。理想は，スポーツ科学者と競技者が，パフォーマンスを最高に高め，オーバートレーニングのリスクを少なくするトレーニングプログラムを作り上げるためのモニタリングシステムを，一緒になって作っていくことであろう。

　オーバートレーニングの有効な指数や指標に関しては意見の一致をみていないということが，これまでの章で明らかになっている。当然，脈拍[8]や血圧[17]といった単純な指標が最も望ましいが，これらの単純な指標で常に予測できるとは限らないことが示されている[9,15]。オーバートレーニングの指標を同定することの問題は，トレーニング負荷に対する耐性の著しい個人差によって一層大きくなる。例えば，Peter Snellはシンポジウムの冒頭で，たった1年間で，19回のトライアスロン競技会に出場した競技者の誓いについて議論した。さらに，我々はオーバートレーニングの治療についても意見が一致していないことも明らかである。例えば，観察や症例報告から，オーバートレーニングの回復には数週間から数カ月の完全なトレーニングの休止が必要であることが，よく主張されるが[18]，コーチはしばしば休養を恐れるので，治療プログラムをより洗練させる必要がある。さし当たっては，唯一の「治療」は予防である。スポーツ界は注意を払うようになり，競技者やコーチは「安全なトレーニング」を実践していると主張することはできるが，一方で，スポーツ科学者が実質的で，有益な助言を競技者に提供できるようになるためには，長い道のりがある。

オーバートレーニングとオーバーリーチングに関する研究の現状

　オーバートレーニングの研究に関して，「我々はどこにいるのか」という疑問を問うことは重要である。これまでの章はオーバートレーニングのいくつかの分野における研究の優れた枠組みを提供しているが，これらの章はまた，我々の知識に多くのギャップがあることも明らかにした。例えば，過去10年間の熱狂的な研究活動にもかかわらず，現在のところ，持久系競技者のオーバートレーニングについての単一の指数や指標はない。このことは，我々が，急性の運動やトレーニングの増強に対する反応とオーバートレーニングを区別できていないということによるのかもしれない（3章を参照）。このような難しさは，これらを研究するためにしばしば採用されるモデルによって増幅される[9,20,30]。

　すなわち，学会の編集委員は，競技者にオーバートレーニングを引き起こす研究デザインに対して，当然すぐさま疑問を呈するため，オーバートレーニングに似せた方法をとらざるを得なくなり，なげかわしいことに，研究で意図したものとはほど遠いものに陥ってしまう。不幸にも，いくつかの領域の研究（たとえば，無酸素性あるいはパワー系競技者におけるオーバートレーニング）では，現時点では不一致を検討するにもあまりにも情報が少ない。

用語

　用語について合意を形成することは，オーバートレーニングの研究を促進するために単

純だが重要な要素である。ハードトレーニングに対する急性と慢性の反応の定義を提示している文献がたくさん報告されている[4,18,25]。これまでの章で使用されている用語は，一般的に受け入れられているわけではないが，この分野の将来の研究での混乱を防ぐことに役立つ。これまでのページで使用された用語をさらに明確にするために，本書の序文は読者によって徹底的に読み返されるべきである。少なくとも本書は，これらの定義のどれかを選択する人にとっての参考にはなる。しかし，また，混乱させる要素もいくらかある。例えば，多くの研究者はオーバートレーニングという用語をオーバーロードと同じように使用している。例えば，「オーバートレーニングは生理学的適応に対する刺激を提供し，オーバートレーニング症候群あるいはステイルネスは慢性のオーバートレーニングから生じる[25]」というようなものがそれである。この本ではオーバートレーニングをオーバートレーニング症候群やステイルネスの同義語として使用している。

よく使われるわけではないが，交感神経型と副交感神経型のオーバートレーニングが時として[18,19]区別されてきた。理論では交感神経型オーバートレーニングは交換神経の興奮性亢進と落ち着きのなさを伴い，副交感神経型オーバートレーニングは交感神経不全と末梢のカテコールアミン感受性の低下を伴う。自律神経バランスとアドレナリン感受性の検査はオーバートレーニング研究の将来有望な新しい領域である（第2章を参照）。しかし，この用語は，北米や他の多くの研究機関の論文では長い間無視されてきた。

この用語については，一部の研究者が使う一方，他の研究者が交感神経型と副交感神経型のオーバートレーニングを区別することをしない，あるいは区別することを拒否していることによって相当な混乱が生じている。オーバートレーニングはオーバートレーニングの異なった様々な段階を表している可能性がある。そして，競技者は，例えば，異なった段階で交感神経型，副交感神経型のオーバートレーニングの症状を起こしてくるのかもしれない。応急的解決策としては，交感神経型，副交感神経型という用語を使用しないことであろう。しかし，短期的には，この用語を使用する研究者が，2つのタイプのオーバートレーニングを明確に区別するよう主張するのが適切であろう。長期的には，これら2つのタイプのオーバートレーニングは単にオーバートレーニングの異なる段階で観察されるもの[18]なのか，特別なトレーニング状況で，あるいは競技者が特定の活動を行うことによって惹起されるのか，を結論づけるのに役立つ研究をしていく必要がある。

我々は，用語を一貫させ，もともと研究が困難な領域の周辺に新たな混乱を追加しないように努力しなければならない。将来研究しようとする研究者は用語の不一致が存在することを心に留め，同義語を使用するか，研究で使用する用語を明確に定義して使用すべきである。

予防

上に述べたように，オーバートレーニングの確たる指標はなく，オーバートレーニングに対する最も有効な武器は予防である。常識的には単純に競技者はトレーニングをより少なくということ，また，より少ないトレーニングで競技成績が良い可能性を示す研究がい

トレーニング量と泳パフォーマンス

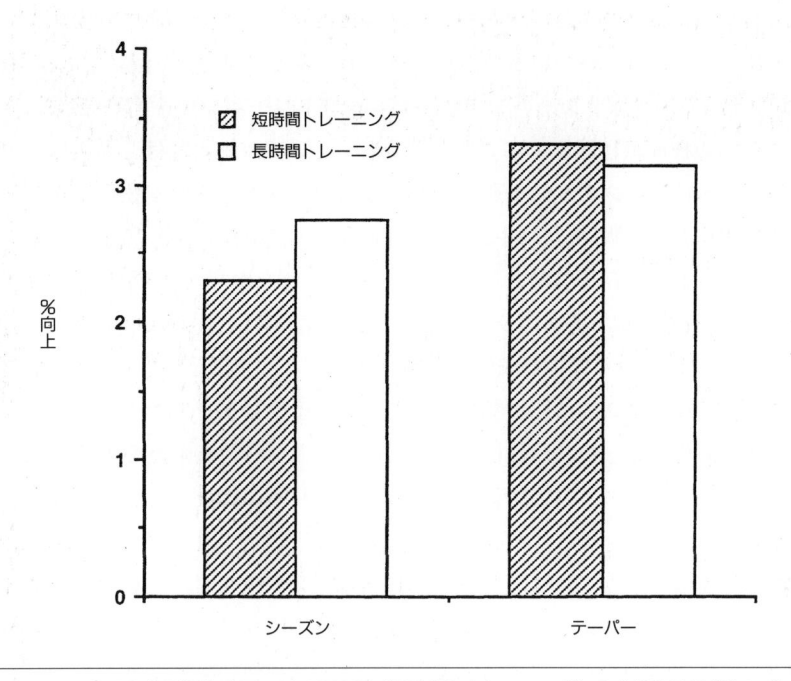

図17.1 1日1回（短時間）あるいは1日2回（長時間）トレーニングした水泳競技者グループにおける，前シーズンに比較したパフォーマンスの%向上率（シーズン）と，シーズンの終わりに3週間テーパーした前後の%向上率（テーパー）
Costillら（1991）より引用

くつも出されている[14,16,23]。例えば，Costillら[6]は，大学の競泳チームを練習が1日1回（1.5時間/日）と1日2回（3時間/日）のグループに分けた（図17.1参照）。水泳競技者はシーズン初期6週間はこのグループのままとし，その後，2週間，1000m/日に減少させた。驚くべき事に，水泳競技者の練習量減少に続く競技成績は，2つのグループで同様であり，シーズンでの向上には差がなかった。この研究には限界があるが，競技者がより少ないトレーニングで，良い競技成績を示す他の報告もこれを支持している[14,16,23]。

Keizerはよくデザインされた計画は，単に「疲労と競技している」だけだと指摘している（第8章を参照）。さらに，競技者やコーチはトレーニング負荷を軽減することに気が進まない。したがって，オーバートレーニングを予防するもう一つの強力な道具は，競技者の種目特有のトレーニングに異なるトレーニング様式を追加することである（つまりクロストレーニング）。オーバートレーニングのモデルにはクロストレーニングに適用可能な様々な例がある。しかし，最も多く研究されているのは，通常のランニングに別の様式を追加するものである[10-12,21,27]。我々は，よく鍛錬されたランナーに10日間，すべてランニングだけでトレーニング量を倍にしてもらうか，ランニングと自転車で倍にしてもらったが，パフォーマンスやオーバートレーニングの一般的な指標に差はなかった[10,27]。

われわれの初期の研究[10,27]は，極端なトレーニングモデルで，ハードなトレーニングを競技特有な様式か，特有でない様式で追加して，効果の差をみるものだった。しかし，最

も適切なクロストレーニングのオーバートレーニングへの適用は，競技特有なトレーニングをクロストレーニングに代える，あるいは，競技特有なトレーニングの量や質を増やす代わりに少量のクロストレーニングを追加することであろう[11,12,26]。例えば，Fosterら[12]は，市民ランナーで，水泳トレーニングかランニングトレーニングを追加(毎週10%増加，8週間)した後，競技成績は同様であったと報告している。われわれは，鍛錬しているランナーに，通常のトレーニング量に1週間当たり3回の自転車あるいは3回のランニングトレーニング（2回は高強度，1回は中強度）の追加を6週間行ったが，5kmのタイムトライアルの成績はいずれも有意に向上したが，2群では差がなかった[11]（図17.2参照）。最後に，われわれは，鍛錬された男女のランナーに30日間浮き具を使った水中運動のみをさせたが，5kmのタイムトライアルの成績は維持されることを見出した[5]。これらの結果は特に興味深く，パフォーマンスに悪影響を与えないで，よりストレスの少ないトレーニングの代替が可能であることをわれわれに示唆している。これらの有効性やオーバートレーニングの予防における役割について結論づけるには，エリート競技者でのこれらの研究からの返答が必要である。

この領域の研究の圧倒的多数は，ハードトレーニングや短期間のトレーニングの増加に

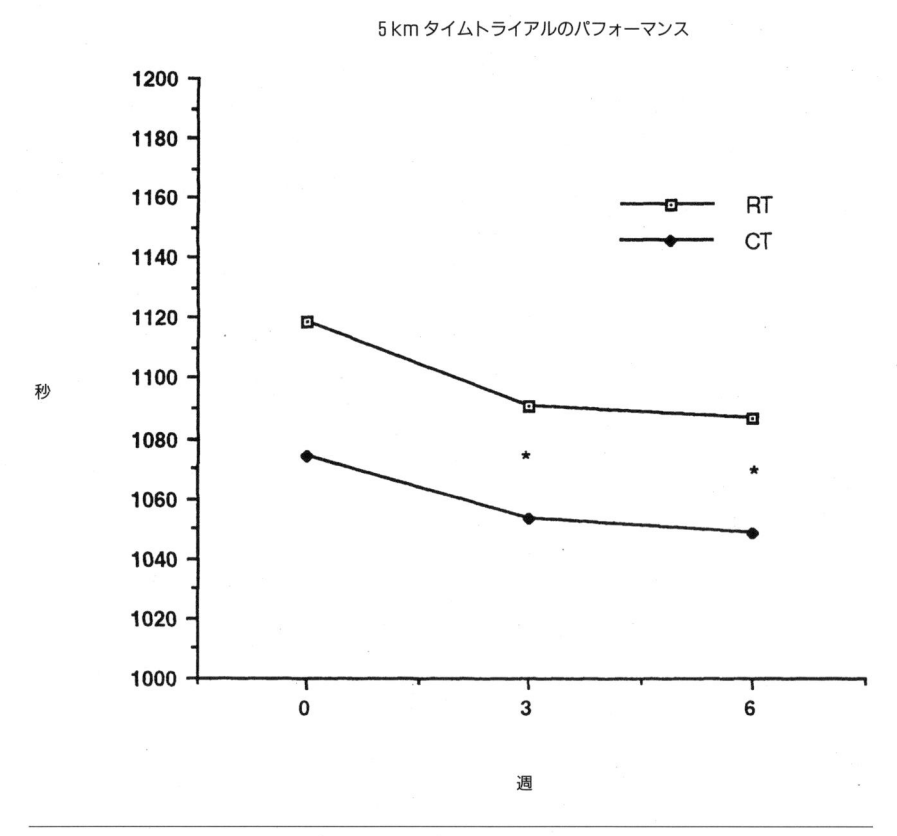

図17.2 インターバル・ランニン（RT）グあるいはインターバル・サイクリング（CT）でトレーニング量と強度を6週間増加したランナーにおける5kmタイムトライアルのパフォーマンス(秒)。＊＝有意なタイム変化，0週に比較して3週目と6週目の5kmのパフォーマンスは両グループで向上 (11)。
Fryら (1994) より引用

対する競技者とその反応に焦点を当てている[1,3,9,15,17,25,27,30,31]。このアプローチは一見論理的のようであるが，オーバートレーニングを助長しやすい影響——コーチ——を無視している。つまり，意欲の高い競技者と熱意のあり過ぎるコーチの組み合わせは危険で，オーバートレーニングに陥りやすいものである。われわれはみな，練習の距離が成果に結びつくという考えを明確にもっているコーチに会った経験がある。スポーツ科学界は，もし，コーチがより少ないトレーニングを競技者に処方すれば，実際にもっと成功するだろうと一致して考えているようである。一方で，強度のトレーニングをしないで，ハイレベルのパフォーマンスを達成できると論じるのは，バカげているだろう。解決策はより良いコミュニケーション，コーチ教育の改善や科学者と競技団体が仕事をする上でより良い関係を継続的に発展させていくことであろう。これはもう1つの領域であって，競技者のモニタリングを改善することが，効果的な予防手段と教育の道具の両方になるだろう。悪いコーチ，例えば，病気や障害の競技者を多く抱えているようなコーチ，を判定するための研究を開始することも可能であろう。しかしながら，このようなアプローチは不信を助長し，コーチとスポーツ科学者の関係改善を発展させる妨げになるであろう。

スポーツ競技生活を越えた示唆

　伝統的な定義[4]によれば，オーバートレーニングは気分の障害，感染の増加，全身倦怠感，内分泌機能不全，体重減少，不眠，トレーニングや競技パフォーマンスの低下などを含む症状の複合体として記述されている。スポーツ科学の人たちがオーバートレーニングのパフォーマンスの面に注目するのは自然であるが，この症候群は広範囲，多岐に渡り，また，競技者の生活の他の面にも多くの強い影響を与える可能性があるということを忘れないようにすることが重要である（第16章参照）。例えば，トップ競技者のかなりの人は大学生でもあり，彼らの生活のこの面へのオーバートレーニングの影響は研究者にはほとんど無視されてきた。

　おそらく，1つの例が，この点についてのさらなる説明になるだろう。テストステロンなどの内分泌指標にハードトレーニングが及ぼす影響について調べた研究はいくつもあるが[1,9,10,13,28,29]，慢性的なテストステロンレベルの低下が男性の生殖機能に与える影響については研究は少ない。Ayersら[2]は横断的な研究で20人のマラソンランナーではコントロール群に比べて，テストステロンレベルが低下していたが，マラソンランナーの値はおおむね正常範囲であったと報告している。20人のランナーのうち18人では精子の数は正常範囲であったが，最もテストステロンの値が低かった2人のランナーでは精子が減少していた。鍛錬された市民ランナーのトレーニング量の40%増加を2週間，80%増加をさらに2週間続けたところコントロールと比較して生殖の指数に影響はなかった[13]。しかしながら，2人のランナーはトレーニング量を増加した時期に精子数が減少した（図17.3参照）。これらのランナーのトレーニング量を減少（通常のトレーニングの50%で2週間）させたところ，彼らの精子数はまた，正常範囲に回復した。

　他のオーバートレーニングの症状は精神的な悩みのある競技者の生活に大きな影響を与

総精子数

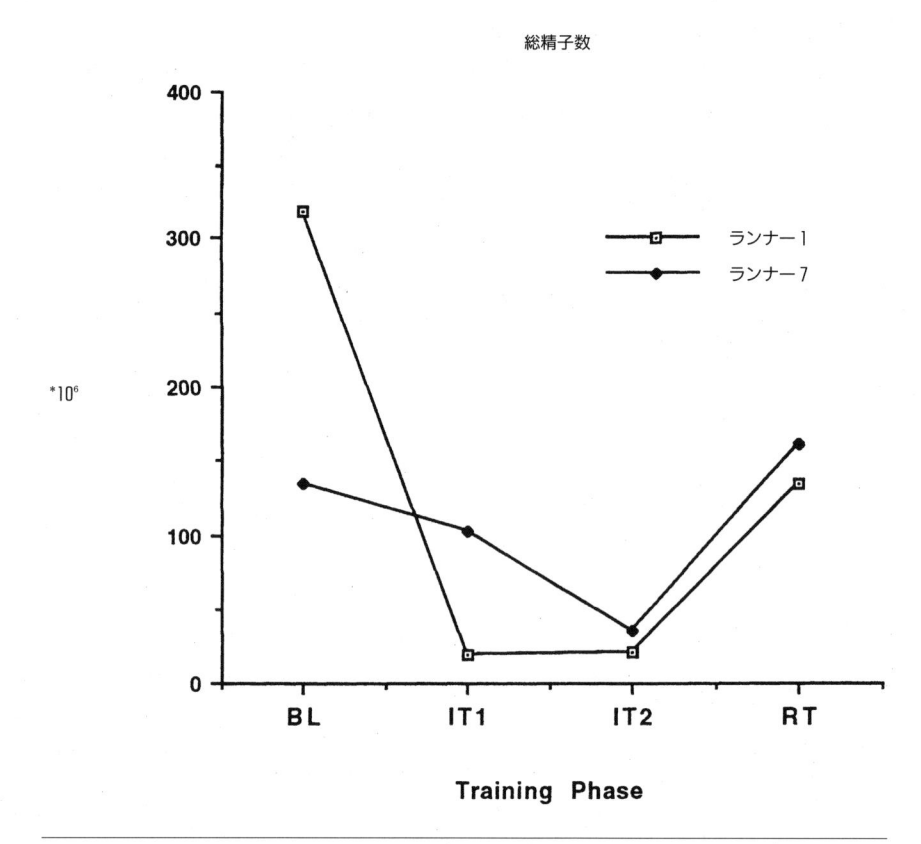

図17.3 8週間のトレーニング研究期間における2人の鍛錬されたランナーの総精子数($*10^6$)。 BL＝通常あるいはベースラインのトレーニング2週間後のサンプル。 IT1＝ベースラインの140％のトレーニング2週間後のサンプル。 IT2＝さらにベースラインの180％のトレーニング2週間後のサンプル。 RT＝ベースラインの50％の回復トレーニング2週間後のサンプル
Hallら（1994）のデータに基づく

える可能性がある。オーバートレーニングの競技者（鬱状態や倦怠感，病気のある）が試験のための勉強，あるいは家族，友人，ルームメイトとの交流をしようと努力するのを想像してほしい。これらのあまり研究されていないオーバートレーニングの領域はこれらの競技者のスポーツ競技生活を越えた広範囲の示唆を提供する可能性がある。

標準化された方法

ある領域の研究の初期段階では，しばしば方法の違いから混乱，誤解や行き詰まりが生じることがある。これらの数々の問題，例えば，標準化された採血時間，血漿量の補正，トレーニングとモニタリングの間に十分な休息をとることなど，については第3章で取り上げられている。方法の違いが間違った解釈を引き起こす1つの分かりやすい例として，遊離テストステロンの測定がある。遊離テストステロンは固相ラジオイムノアッセイで直接測定できる[3,9,10]が，テストステロンと性ホルモン結合グロブリンの測定から間接的に算出することもできる[1,3]。Banfiら[3]は，テストステロンのコルチゾルに対するモル比は直

接法と間接法で異なり，かなり異なった解釈になってしまうだろう．

研究のこの領域で何が最も良いのかを探す努力をする時間違いが起こるのは避けられない．しかし，われわれは，測定法に影響する他の要因に注意深く配慮し，不注意にオーバートレーニングのせいにしないようにしなければならない．現在のところ，サンプリングの時刻に十分注意し（前のトレーニングから十分な回復ができるように6～8時に標準化するのが望ましい），年周期の変化や年齢，性差に配慮し，また，強度のトレーニングは血漿量を増加させることが知られており[9]，研究による血漿量の変化で補正した値と補正しない値の両方の報告に配慮しなければならない．

かかりやすさ

競技者のあるグループが，単純にその競技特有な要求があるという理由から，オーバートレーニングになり易いということがありうるだろうか？ トレーニング量を急激に増加させた時に筋骨格系の傷害が起こることは，競技者がオーバートレーニングになるのを防ぐのだろうか？ これらの疑問両方に答えられる例として，水泳とランニングトレーニングとの比較がある．ミクロ週期のピークでは，水泳競技者が15000 m/日のトレーニングをするのは希ではないが，これはカロリー的にはランニングのおよそ40～60 km/日に相当する[22]．短期間のこの走行距離の後に多くのランナーが疲労骨折や他の筋骨格系の傷害に屈してしまうことは十分ありうるが，多くの水泳競技者では，この量のトレーニングにも長期間耐えられる．だからといってこれをランナーはオーバートレーニングにならないことを示唆していると誤って解釈してはならない．これは筋骨格系へあまりストレスを起こさないスポーツに参加している競技者はよりオーバートレーニングになりやすいことを示唆しているのである．

どの競技者がよりオーバートレーニングになりやすいかを同定することは重要である．そうすれば，われわれの努力は最も効果の大きいところに焦点できるであろう．

研究モデルの有効性

多くの研究者が短期間のトレーニングの増強とそれに対して反応する生理学的指標を決定することで，オーバートレーニングを起こすことなく，オーバートレーニングを研究しようとしてきた[10,17,20]．

望ましい結果は無気力にすることであるため，実際にはオーバートレーニングのモデルを開発するのは困難である．魅力的代替としては，競技者のグループを，競技シーズンあるいはトレーニングの特定のミクロ週期の期間にモニターすること[9,15]であるが，このモデルは多くの要因によって複雑になりうる．最初に，このタイプの研究モデルでは，コーチが何を処方するか，また，それにコーチと研究者が合意できるかに大きく左右される．さらに，チームのゴールは試合で成功することに方向づけられているため，研究の期間に何人かのあるいは全ての競技者がオーバートレーニングになるかは保証できない．チームの

モニタリングは極めて効果的になっているが，3番目の代替案はあまり使われてこなかった。この代替案はオーバートレーニングと診断された競技者を特定する必要がある。これはBarronら[4]の研究によってうまく行われ，オーバートレーニングにおける視床下部—下垂体—副腎系の機能不全の可能性を検討するいくつかの研究につながった。このモデルの最も有効な適応は，オーバートレーニングの競技者に遭遇する可能性の高い，プライマリ・ケアのスポーツ医学プログラムでの共同研究であろう。

結論と新しい方向

　われわれが本当に競技者を支援できるようになるには，多くの仕事が必要であることは明白である。しかし，オーバートレーニングの競技者のプロフィールを決定することにおいて，いくつかの大きな前進があった。さらに競技者のモニタリングプログラムの開発においてスポーツのある程度のレベルで優れた進歩があった。オーバートレーニングの背景にあるメカニズムに関する研究が重要であるが，単純な予防方法がコーチや競技者に提供されれば，採用される可能性が高く，最も多くの競技者に届くだろう。

　リストを作り，新しく重要な研究の領域を無視する危険を冒すには，この研究の領域には，はるかに多くの新しい方向がある。しかしながら，全般的には，これからの研究者は以下のことに配慮すべきである。休養をより重視する方法をみつけること，オーバートレーニングの症状が表れた後どれくらいの休養が必要かを明らかにすること，性差，特にオーバートレーニングの性特有の指標について評価すること，有酸素的オーバートレーニングと無酸素的オーバートレーニングの違いを明らかにすること，シニア，思春期後，思春期前の競技者のオーバートレーニングへのなりやすさを検討すること，クロストレーニングや水中ランニングのような予防的，代替のトレーニングモデルを検討することである。もし，われわれが，オーバートレーニングの手ひどい影響から競技者を守らなければならないとすると，注目すべきいくつかの領域がある。これらの問題や，競技者たちが直面する他の問題の解決には，研究が鍵となる。当面，われわれの唯一の防御は，現在のところ，常識や観察から得られている不十分な盾しかない。（川原　貴）

参考文献

1. Adlercreutz, H., M. Hark6nen, K. Kuoppasalmi, I. Huhtaniemi, H. Tikhanen, K. Remes, A. Dessypris, J. Karvonen. 1986. Effect of training on plasma anabolic and catabolic steroid hormones and their response during exercise. *International Journal of Sports Medicine* 7: S27-S28.
2. Ayers, J.W.T., Y. Komesu, T. Romani, R. Ansbacher. 1985. Anthropometric, hormonal, and psychologic correlates of semen quality in endurance-trained male athletes. *Fertility and Sterility* 43: 917-921.
3. Banfi, G., M. Marinelli, G.S. Roi, V. Agape. 1993. Usefulness of free testosterone/cortisol ratio during a season of elite speed skating athletes. *International Journal of Sports Medicine* 14: 373-379.
4. Barron, G.L., T.D. Noakes, W. Levy, C. Smith, R.P. Millar, 1985. Hypothalamic dysfunction in overtrained athletes. *Journal of Clinical Endocrinology and Metabolism* 60: 803-806.
5. Bushman, B.A., M.G. Flynn, F.F. Andres, C.P. Lambert, M.S. Taylor, W.A. Braun. 1997. Effect of four weeks of deep water run training on running performance. *Medicine and Science in Sports and Exercise* 29: 694-699.
6. Costill, D.L., R. Thomas, R.A. Robergs, D. Pascoe, C. Lambert, S. Barr, W.J. Fink. 1991. Adaptations to swim training: influence of training volume. *Medicine and Science in Sports and Exercise* 23: 371-377.
7. Counsilman, J.E. 1968. *The science of swimming*. Englewood Cliffs, NJ: Prentice Hall.
8. Dressendorfer, R.H., C.E. Wade, J.H. Scaff Jr. 1985. Increased morning heart rate in runners: a valid sign of overtraining? *Physician and Sportsmedicine* 13: 77-86.
9. Flynn, M.G., F.X. Pizza, J.B. Boone Jr., F.F. Andres ; T.A. Michaud, J.R. Rodriguez-Zayas. 1994. Indices of training stress during competitive running and swimming seasons. *International Journal of Sports Medicine* 15: 21-26.
10. Flynn, M.G., F.X. Pizza, P.G. Brolinson. 1996. Hormonal responses to excessive training: influence of cross training. *International Journal of Sports Medicine*, in press.
11. Flynn, M.G., K.K. Carroll, H.L. Hall, B.A. Kooiker, C.A. Weideman, C.M. Kasper, P.G. Brolinson. 1994. Cross training : indices of training stress and performance. *Medicine and Science in Sports and Exercise* 26: S 153.
12. Foster, C., L.L. Hector, R. Welsh, M. Schraeger, M.A. Green, A.C. Snyder. 1995. Effects of specific versus cross-training on running performance. *European Journal of Applied Physiology* 70: 367-372.
13. Hall, H.L., M.G. Flynn, K.K. Carroll, P.G. Brolinson, S. Shapiro, B.A. Kooiker. 1994. The effects of excessive training and detraining on testicular function. *Medicine and Science in Sports and Exercise* 26: S181.
14. Hickson, R.C., M.A. Rosenkoetter. 1981. Reduced training frequencies and maintenance of increased aerobic power. *Medicine and Science in Sports and Exercise* 13: 13-16.
15. Hooper, S.L., L.T. Mackinnon, A. Howard, R.D. Gordon, A.W. Bachmann. 1995. Markers for monitoring overtraining and recovery in elite swimmers. *Medicine and Science in Sports and Exercise* 27: 106-112.
16. Houmard, J.A. 1991. Impact of reduced training on performance in endurance athletes. *Sports Medicine* 12: 380-393.
17. Kirwan, J.P., D.L. Costill, M.G. Flynn, J.B. Mitchell, W.J. Fink, P.D. Neufer, J.A. Houmard. 1987. Physiological responses to successive days of intense training in competitive swimmers. *Medicine and Science in Sports and Exercise* 20: 255-259.
18. Kuipers, H., H.A. Keizer. 1988. Overtraining and elite athletes: review and directions for the future. *Sports Medicine* 6: 79-92.

19. Lehmann, M., C. Foster, J. Keul. 1993. Overtraining in endurance athletes: a brief review. *Medicine and Science in Sports and Exercise* 25: 854-862.
20. Lehmann, M., U. Gastnann, K.G. Petersen, N. Bachl, A. Seidel, A.N. Khalaf, S. Fischer, J.Keul. 1992. Training-overtraining: performance, and hormone levels, after a defined increase in training volume versus intensity in experienced middle-and long-distance runners. *British Journal of Sports Medicine* 26: 233-242.
21. Loy, S.F., J.J. Hoffman, G.J. Holland. 1995. Benefits and practical use of cross training in sports. *Sports Medicine* 19: 1-8.
22. McArdle, W.D., F.I. Katch, V.L. Katch. 1996. *Exercise physiology: energy, nutrition and human performance*, 4th ed. Baltimore: Williams & Wilkins.
23. McConnell, G.K., D.L. Costill, J.J. Widrick, M.S. Hickey, H. Tanaka, P.B. Gastrin. 1993. Reduced training volume and intensity maintain aerobic capacity but not performance in distance runners. *International Journal of Sports Medicine* 14: 33-37.
24. Michael, L. 1961. Overtraining in athletes. *Journal of Sports Medicine and Physical Fitness* 1: 99-104.
25. Morgan, W.P., D.R. Brown, J.S. Raglin, P.J. O'Connor, K.A. Ellickson. 1987. Physiological monitoring of overtraining and staleness. *British Journal of Sports Medicine* 21: 107-114.
26. Mutton, D.L., S.F. Loy, D.M. Rogers, G.J. Holland, W.J. Vincent, M. Heng. 1993. Effect of run vs. combined cycle/run training on VO₂max and running performance. *Medicine and Science in Sports and Exercise* 25: 1393-1397.
27. Pizza, F.X., M.G. Flynn, R.D. Starling, P.G. Brolinson, J. Sigg, E.R. Kubitz, R.L. Davenport. 1995. Run training vs. cross training: influence of increased training on running economy, foot impact shock, and run performance. *International Journal of Sports Medicine* 26: 180-184.
28. Urhausen, A., T. Kullmer, W. Kindermann. 1987. A 7-week follow-up study of the behavior of testosterone and cortisol during the competition period in rowers. *European Journal of Applied Physiology* 56: 528-533.
29. Urhausen, A., H. Gabriel, W. Kindermann. 1995. Blood hormones as markers of training stress and overtraining. *Sports Medicine* 20: 251-276.
30. Verde, T.J., S.G. Thomas, R.W. Moore, P. Shek, R. J. Shephard. 1992. Immune responses and increased training of the elite athlete. *Journal of Applied Physiology* 73: 1494-1499.
31. Vervoorn, C. L., J.M. Vermulst, A.M. Boelens-Quist, H.P.F. Koppeschaar, W.B.M. Erich, J.H.H. Thijssen, W.R. deVries. 1992. Seasonal changes in performance and free testosterone/cortisol ratio of elite female rowers. *European Journal of Applied Physiology* 64: 14-21.
32. United States Olympic Committee RFP. 1987. Research Committee of the U.S.O.C. Sports Medicine Council, October.

監訳者あとがき

　オーバートレーニングとは過剰なトレーニングの結果，パフォーマンスが低下し，容易には回復できなくなった状態で，一種の慢性疲労といえる。急性の疲労は休養により回復する生理現象であるが，急性疲労が回復しないままトレーニングを繰り返すと身体機能は低下し，休養しても完全には元のレベルまで回復しなくなる。この状態でトレーニングを再開すると身体機能はさらに低下するという悪循環に陥り，種々の疲労症状も慢性的となるわけである。

　パフォーマンスを向上させていくには，トレーニング負荷を増して行かなければならないが，トレーニング負荷を増していくとオーバートレーニングの危険がある。いかにオーバートレーニングを防ぎつつ，トレーニング負荷を増すかが，パフォーマンスを向上させる鍵である。したがって，トレーニングを適切なものにするためには，オーバートレーニングについての理解が不可欠である。

　スポーツの現場では，これまで，オーバートレーニングについての理解が必ずしも十分ではなかったが，最近，少しずつ認識されるようになってきた。

　本書は，序文にあるように，1996年アトランタオリンピックに先立つ形で米メンフィス大学で開催された「スポーツにおけるオーバートレーニングに関する国際会議」での発表と議論から生まれたものである。オーバートレーニングについて生理学，臨床医学，栄養学，心理学などの各領域から包括的に扱った初めてのテキストである。これまでのオーバートレーニングに関する研究がまとめられており，スポーツに関わるドクター，研究者，指導者あるいはオーバートレーニングに関心を持つすべての人にとって参考となるバイブルといえる。

　本書の17章「将来の研究の必要性と方向」にあるように，これまでの研究者の多大な努力にもかかわらず，研究成果を実際のトレーニングに生かすためには，明らかにすべきことが多く残されており，さらなる研究が必要である。

　本書がオーバートレーニングに対する理解とさらなる研究に貢献することを願うものである。最後に，本訳書の完成まで，終始お世話をいただいた大修館書店編集部の改発祐一郎氏に深く感謝したい。

2001年6月吉日

川原　貴

★索引

【あ行】

アイソカイネティック運動 125
亜鉛 271
アキレス腱炎 191
亜最大負荷運動 23
足関節捻挫 189
アスパラギン酸塩 299
アスピリン 219
アデニンヌクレオチド 324
アデニンヌクレオチド分解 323
アドレナリン作動性受容体活性 129
アドレナリン作動性類似物 132
アドレナリン受容体 47
アナボリックステロイド 132
アミノ酸 68,283
アミノ酸のアンバランス 31
アラニン 299
アルブミン 320
アンジオテンシンⅡ 159
安静時血圧 146
安静時コルチゾル血中濃度 126
安静時心拍数 23,33,146
安静時心拍数増加 122
アンダートレーニング 58
アンドロゲン 162
アンドロゲン受容体 161
アンドロジェン 245
アンモニア 45,65,99
アンモニア生成 324
異化作用 31
異化ホルモン 84
イソプロテレノール 43,145
イソロイシン 318
胃腸障害 254
イノシンモノリン酸酵素 324
イブプロフェン 219
イメージ 371
インスリン 105
インスリン誘発性低血糖 45
インスリン様効果 156
インスリン様成長因子（IGF I） 106,156
インターバルトレーニング 19,25
インターフェロン 205
インターフェロン-α（IFN-α） 253
インターフェロン-γ（IFN-γ） 253
インターフェロン製剤 252
インターフェロン製剤 257
インターロイキン-2（IL-2） 253
咽頭気管支炎 253
インフルエンザ 218,253
ウイルス感染 18
ウイルス感染後疲労症候群（PVFS） 218
ウイルス性気道感染症 252
ウェイトトレーニング 105,163
内側上顆炎 188
鬱病 160,320
鬱病患者 157,169
運動強度 161
運動後血圧 146
運動持続時間 161
運動処方 117
運動耐容能 110
運動の耐容能力 20
運動誘発性免疫抑制 272
エストラジオール 162,163
エストラジオール-17βレベル 162
エストロゲン 155,162
エネルギー基質レベル 34
エネルギー摂取 282,291
エピネフリン 65,157,300
エンケファリン 245
2塩酸化脱水素酵素（BCコンプレックス） 299
黄体期 291
黄体期中期 162
黄体期の欠損 163
黄体形成ホルモン（LH） 162
黄体ホルモン 163,292
オーバートレーニング 1
オーバートレーニング症候群 14,25,80,以下頻出
オーバートレーニングの心理社会的な兆候 347
オーバートレーニングの予防 68
オーバーリーチング 1,15,25,80以下頻出
オーバーリーチングの初期の徴候 19
オーバーロード 43
オーバーワーク 145
オキシトシン 159
オズグッド-シュラッター病 187,190
オピオイド 160
オピオイド受容体活性 265

【か行】

カーディアックドリフト 141
概日周期 65
外旋筋群 182
回旋腱板腱炎 188,190
外側外上顆炎 191
外転筋 182
カイネティック・チェーン 189
概年周期 65
回復局面 20
回復時間 20
回復時心拍数 146
解剖学的パラメーター 196
カウンセリング 358
科学的根拠 58
覚醒水準のコントロール 371,372
拡張期血圧 103
拡張期血圧 146
獲得免疫（適応免疫） 205
下垂体 47
下垂体活性 127
下垂体前葉 157,162
下垂体-副腎系 264,266
家族療法 373
活性酸素種産生能 214
カテコールアミン 35,63,65,68,105,119,127,145,244,264
カテコールアミン感受性 43,146
カテコールアミン前駆体 43
カテコールエストロゲン 168
果糖 310
可動域 85,178
可動域の適応 180
過負荷 23
過負荷トレーニング 154
可変性レジスタンス 85
可溶性因子 205,237
可溶性調節因子 245,264
カルシウム放出 179
カルニチンアシル転位酵素 300
加齢変化 67
感情中心型対処 356
関節 178
感染症 23,39
感染率 204
肝臓のグリコーゲン貯蔵 302
気管気管支炎 253
気管支炎 253
希釈性貧血 147
基礎カテコールアミン排泄量 40-43
基礎血漿コルチゾルレベル 47
基礎尿中ノルアドレナリン排泄量 41
拮抗筋 187
気道感染 253
気道感染症 253
稀発月経 163
気分の変化 31
気分障害総合指数 348
給水状態 67
急性運動 161
急性運動ストレス 154
急性期蛋白 205
休息 94
休息量 88
休養 58
競技スポーツ 58
競技力指標 59
胸腺ホルモン 257
筋グリコーゲン 61,179,282,304
筋グリコーゲン濃度 305
筋グリコーゲン量 65,67
筋グリコーゲンレベル 20
筋原線維損傷 180
筋原線維ダメージ 179
筋骨格系の障害 22
筋骨格系の適応 180
筋骨格損傷 178
筋収縮 164

筋線維　89,92,179
筋線維タイプ　125
筋線維の破壊　148
筋代謝　164
筋蛋白質合成　156
筋断裂　193
筋痛　218
筋肉の違和感　31
筋の弱化　187
筋肥大　89
筋力　90
筋力／パワー系競技者　81,98
筋力の適応　181
筋の不均衡　187
空腹　283
駆出分画　143
グリコーゲン合成　157,161
グリコーゲン枯渇　61
グリコーゲン水準　336
グリコーゲンの超過代償　20
グリコーゲンの不足　31
グリコーゲン分解　51
グリコーゲンレベル　125
グリセリン　300
グルカゴン　105
グルコース　287,288
グルココルチコイド　161,162,264
グルタミン　65,65,148,272,287,299,318
グルタミン生成　45
グルタミン濃度　288
クレアチンキナーゼ　148
クレアチンキナーゼ（CK）活性　20,179
クレアチンキナーゼ（CK）活性亢進　61
クレアチンホスホキナーゼ　148
クレアチンモノハイドレート　132
クレアチンリン酸　157
クロスカントリースキー　262
クロストレーニング　385
m-クロロフェニルピペラジン（m-CPP）
　321
経僧坊弁 LV 充満パターン（心房収縮期血
　流速度の上昇）　143
ゲータレード　219
血圧　103
血圧の増大　254
血圧の低下　143
血液　60
血液（生化）学的（パラメーター）　34
血液乳酸濃度　61
血管拡張　141
月経機能　291
月経周期　65,163
月経不順　290
血漿 ACTH　161
血漿 IgG　336
血漿 T レベル低下　162
血漿エストラジオール　163
血漿エピネフリン濃度　105

血漿オピオイド活性　266
血漿グルタミン　241
血漿グルタミン濃度　62
血漿コルチゾル値　160
血漿性腺ホルモン　163
血漿テストステロン　298
血漿乳酸　161
血漿乳酸値　65
血漿尿素レベル　148
血漿ノルアドレナリン濃度　43
血漿量　67
血清アルドステロンレベル　45
血清アルブミン　34,301
血清コルチゾル　61
血清テストステロン　61,65
血清テストステロン濃度　67
血清鉄　148
血清尿素濃度　20
血清ノルエピネフリン水準　18
血清フェリチン　147
血清フェリチン濃度　34
血清フェリチンレベル　67,147
血清免疫グロブリン（Ig）　237
血中カテコールアミン濃度　128
血中クレアチンキナーゼ値　125
血中コルチゾル濃度　128
血中テストステロン濃度　128
血中乳酸　35
血中乳酸値　125
血中乳酸濃度　103
血糖　35
血糖値　99,289
血流力学的影響　149
腱炎　188
嫌気性解糖システム　125
研究の現状　383
限局性心筋ジストロフィー　266
肩甲帯　183
顕性傷害のカスケード　188
顕性軟部組織損傷　190
腱板炎　188
顕微鏡的な筋ダメージ　179
抗インスリン効果　156
高エネルギー燐酸系　23
好塩基球　205
交感神経型　19
交感神経型オーバートレーニング　39,384
交感神経活性　41
交感神経機能不全　41
交感神経系　24,159
交感神経-副交感神経系　39
交感神経-副腎系　266
膠原線維の縦方向への断裂　179
好酸球　205
甲状腺　157
甲状腺機能亢進　157
甲状腺機能低下　157
甲状腺刺激ホルモン　157,158

甲状腺刺激ホルモン放出ホルモン（TRH）
　157
甲状腺ホルモン　155
甲状腺ホルモン　157
合成ポリペプチド　257
高相対強度レジスタンス運動オーバート
　レーニングプロトコール　130
抗体産生低下　271
コーチの力量　361
好中球　147,205
好中球機能　205,206
好中球数　148,233
行動中心的な努力　356
行動反応　160
高年齢者　157
後部（内側）脛骨ストレス反応　190
抗ミオシン抗体　145
股関節外転　185
個人療法　373
骨髄ヘモジデリン　148
骨粗鬆症　290
骨ミネラル　194
固定型（運動）器具　85
コミュニケーション　361
コルチコステロイド　244
コルチコトロピン分泌刺激ホルモン（ACTH
　-RH）　109
コルチコトロピン分泌ホルモン（GHRH）
　47
コルチゾル　18,65,68,84,159,160,161,
　165,298
コロニー刺激因子（CSF）　244

【さ行】
サイクリック AMP 活性　43
サイクリック AMP 系　157
サイクリング　163
最大下運動時　61
最大化運動負荷　34
最大下負荷　43
最大酸素摂取量（$\dot{V}O_2max$）　21,22,59,
　91,118 以下頻出
最大心拍数　118
最大乳酸産生　24
最大乳酸値　19
最大有酸素パワー　311
サイトカイン（産生）　160,242,244
サイトカイン産生低下　271
細胞間腫脹　179
細胞質の石灰化　179
サイロキシン　157
左心機能障害　143
サッカー選手　184
殺菌能（活性酸素種産生）　206
サプリメント　271,331
酸塩基緩衝システム　88
酸素摂取量　142
自覚的運動強度（RPE）　38,161

持久系運動　14
持久力　90
刺激筋力　125
刺激志向型モデル　353
脂質　289
脂質代謝　157
視床下部　154
視床下部-下垂体系　154
視床下部-下垂体-成長ホルモン（HPGH）系　155
視床下部-下垂体-副腎（HPA）系　159
視床下部室傍核　159
視床下部-下垂体-性腺（HPG）系　162
自然免疫（系）　205
持続性運動性頻脈　145
持続性疲労　254
膝蓋腱炎　191
室傍核　161
至適トレーニング　58
自転車エルゴメーター　67
RPE（自発的呼吸困難度）スコア　62
脂肪酸（FFA）　283, 289, 300
脂肪質　99
脂肪分解　51, 155
若年性離断性骨軟骨炎　187
尺骨　194
自由型運動器具　85
収縮期血圧　103, 146
収縮率　143
柔軟性の低下　187
重量挙げ競技者　119
腫瘍壊死因子（TNF）　210
上気道粘膜組織　210
小筋群　106
上室性頻脈　145
情動的行動の変化　154
将来の研究　131
上腕関節窩関節　183
上腕骨骨量　194
職業カウンセリング　373
食事　68, 282
食欲　284
除脂肪体重　111
女性競技者の3徴　290
ショック蛋白　49
蔗糖　309
暑熱馴化　67
自律神経系　31, 39, 145, 159
自律神経の不安定　31
自律神経反応　160
心機能障害　140
心機能低下　140
心筋疲労　140
心筋疲労　142
神経筋系環境　83
神経筋構造　47
神経筋興奮性（NME）　45
神経伝達物質　155, 320

神経伝達物質代謝　169
神経伝達抑制物質　51
神経内分泌　263
神経内分泌系　66, 146, 164
神経内分泌系の不安定　31
神経内分泌反応　160
神経内分泌変化　67
神経内分泌免疫学　268
神経内分泌-免疫系　264
神経ペプチド　155
神経内分泌-免疫プロフィール　266
心血管系　21, 140
心室　140
心臓痛　254
靭帯の損傷　189
伸張性運動　179
伸張性過負荷　179
心拍出量　141, 143
心拍数　19, 103, 141
心拍反応　51
心ポンプ機能低下　143
心理学的側面　345
心理社会的なストレス要因　369
心理神経免疫学　268
心理的反応　129
随意筋力　125
水球選手　182
推骨終板　187
錐体外路系　160
水分　27
水分補給　145
睡眠障害　122, 154, 166
睡眠不足　254
スクワット　87
ステイルネス　15, 31, 346
ストレス　20
ストレッサー　346
ストレス蛋白　49
ストレスと適応　353
スポーツ心理学　344
生殖機能の抑制　31
精神的ストレス　88
性腺刺激ホルモン　160
性腺刺激ホルモン放出ホルモン（GnRH）　162
性腺ホルモン　162
精巣血流の低下　163
成長ホルモン（GH）分泌　155
成長ホルモン　105, 106, 265
成長ホルモン産生細胞　155
成長ホルモン刺激ホルモン（GHRH）　47
成長ホルモン放出ホルモン（GHRH）　155
成長ホルモン放出抑制ホルモン（SRIH）　155
生物学的指標　60
生理学的指標　18
生理学的反応　123
生理的パラメーター　33

脊椎すべり症　187, 190
脊椎分離　187
脊椎分離症　190
赤血球　148
赤血球数　61, 146
摂食障害　272, 290
絶対強度　118
セット回数　88
セロトニン　43
繊維　272
全身倦怠感　387
全身疲労　140
せん断力　81
前疲労テクニック　87
前方灌流欠損　144
総血清アミノ酸濃度　34
相互決定論　357
相互作用モデル　354
総鉄結合能　147
総熱量　99
総白血球数　148
足底（の）筋膜炎　181
足底筋膜炎　188, 192
速筋線維集団　92
外側広筋　179
外側上顆炎　188
ソマトスタチン　157

【た行】
体位性低血圧症　320
ダイエット　291
体温調節　140
体温調節機能　21
体温調節反応　141
大筋群　106
体脂肪率　291
耐性単核細胞　336
大腿四頭筋　125, 185
多運動量持久系運動オーバートレーニングプロトコール　130
多運動量レジスタンス運動オーバートレーニングプロトコール　130
唾液中 IgA　210, 238
多段階運動負荷テスト　24
タリウムスキャニング　144
単一方向的因果モデル　357
単球　205
炭水化物　20, 26, 61, 99, 125, 272, 285, 301
炭水化物摂取　307, 308, 309
炭水化物代謝　157
炭水化物の補給　322
蛋白異化　109
蛋白異化活性　109
蛋白異化作用　108
蛋白質　99, 286, 299
蛋白質摂取量　288
蛋白質の分解代謝　287

蛋白質分解 148
蛋白同化 109
蛋白同化活性 109
蛋白同化作用 108,155
70 kDa 蛋白類 49
チームメイト間の相互作用 362
チームメイトとの関係 362
蓄積疲労 69
窒素バランス 288
窒素バランスの陽転化 106
遅発性過敏反応 271
遅発性筋肉痛（DOMS） 179
肘外反過負荷 189
中隔部壁 145
中枢ストレス反応系 159
中枢疲労仮説 318
肘離断性骨軟骨炎 189
超回復 23,80,306,346
長期的な運動 161
長鎖脂肪酸 320
超低密度リポ蛋白 301
チロシン 43
使い過ぎ（オーバーユース）症候群 22,126
定義 117
低血漿 GH レベル 156
低乳酸反応 125
テーパー期 148
テーパリング 26
テーピング 192
適応サイクル 20
適応症候群 20
適応不全 23
テストステロン 18,65,84,107,155,162,163
鉄 271
鉄欠乏 148
鉄の必要性 147
鉄飽和度 148
テニス肩 186
テニス選手 194
テニス肘 188
電解質 140
天然ポリペプチド 257
銅 271
同化作用 31
同化ホルモン 84
橈骨 194
等尺性 85
等尺性筋力 124
糖新生 108,161,299
等速性 85
等速性膝関節進展筋力 122,124
等張性 85
動の伸縮性 85
糖分解 51
ドーパミン 321
特異免疫機能 264
トライアスリート 20

トリグリセリド（TG） 300
トリプトファン 43,318
トレーニング意欲の欠如 166
トレーニング許容量 123
トレーニング時間積算法 38
トレーニングの強度 23
トレーニングの周期性 26
トレーニングの単調性 38
トレーニングの適合性 89
トレーニング反応 20
トレーニング誘発性月経周期異常 168
貪食機能 271
貪食細胞 205
貪食能 206

【な行】
内因性オピオイド 162
内因性交感神経活性 40
内腔拡大 143
内側外上顆炎 191
内転筋 182
内分泌機能不全 266
内分泌系 119,126,127
内分泌的側面 154
ナチュラルキラー細胞 205
ナチュラルキラー細胞活性 205,211
ナロキソン 161
軟部組織損傷 188
肉体的ストレス 88
肉離れ 188
ニューキャッスル病ウイルス（NDV） 253
乳酸 59
乳酸閾値 22
乳酸値 19,99
乳酸濃度 24
乳酸レベル 23
尿酸 65,68,148
尿素生成 45
尿中エピネフリン 127
尿中カテコールアミン排泄量 39
認知情動モデル 350
認知的再構築 372
認知的媒介 358
ヌクレオチド合成 287
捻挫 186
粘膜免疫系 210
年齢 67
ノルエピネフリン 127,145,313
ノンレム／レム睡眠サイクル 160

【は行】
ハードトレーニング 14,384
バーンアウト 31,346
麦芽糖デキストリン 309
バソプレシン 161
白血球数 34,230
発熱 218
鼻づまり 262

パフォーマンス停滞 31
パフォーマンスの低下 2
パフォーマンスの低下 320
ハムストリング 185
ハムストリングの肉離れ 191
バリン 318
パロキセチン（Paroxetine） 322
汎適応症候群 123
反復性微細外傷 189
反応志向型モデル 353
ヒートショックプロテイン（HSP） 49
鼻炎 253
鼻腔出血 254
膝関節進展筋力 124
ビタミンA 271
ビタミンB1 272
ビタミンB6 271
ビタミンB6 272
ビタミンC 271
ビタミンE 271
ヒトインターフェロン-α 257
5-ヒドロキシインドール酢酸（5-HIAA） 321
5-ヒドロキシトリプタミン（5-HT） 320
腓腹筋の肉離れ 191
標的細胞 264
ピルビン酸 158
疲労 20
疲労感 31,166,218
疲労骨折 14,187
貧血 61,320
夫婦療法 373
フェニルアラニン 43
フェリチン 61
フェリチンレベル 272
副交感神経型オーバートレーニング 39,384
副交感神経型オーバートレーニング症候群 31
副交感神経系 160
複合システムモデル 351
副腎 163
副腎クロム親和性細胞 128
副腎コルチゾル反応 47
副腎作用 89
副腎髄質機能 161
副腎皮質 46,47,266
副腎皮質機能亢進症 161,169
副腎皮質刺激ホルモン 46,47,159
副腎皮質刺激ホルモン放出ホルモン 257
腹筋の肉離れ 191
物質合成代謝 298
ぶどう糖 283
フリーウェイト 85,122
フリートリプトファン 319
フルオキセチン（Fluoxetine） 322
ブレース 192
プロラクチン 265

プロゲスチン 162
プロゲステロン 155
プロゲステロン水準 291
プロスタグランジン 218
プロスペクティブな研究 32,66,145,229
プロテアーゼ作用 179
分岐鎖アミノ酸（BCAA） 132,299
BCAAの補給 324-331
分泌型Ig 238
分泌型IgA 210,238
平均血球数 148
β2アドレナリン受容体 35,43
βアドレナリン作動性システム機能 128
βアドレナリン作動性受容体 128
βアドレナリン作用 128
βアドレナリン受容体 51
βアドレナリン受容体密度 43
βアドレナリン反応性 145
βエンドルフィン 109,159,160,161,165,167,244
βブロッカー 43,51
ペプチドF 129
ヘマトクリット 45,61,67,146,148
ヘモグロビン 67,146,148
ヘモグロビン濃度 61,146
辺縁部位 159
ベンチプレス 85
補助トレーニング干渉モデル 89
補体 205
ホメオスタシス 26
ホメオスタシスプロセス 154
ポリペプチド蛋白類 49
ホルモン 60
ホルモン環境 87

【ま行】

マイクロダイアリシス法 169
マイトジェン 271
マグネシウム 271
マクロ周期 26,69
マクロファージ 179,205,272
末梢の適応不全 125
マラソンランナー 216
慢性運動ストレス 154
慢性疲労 59,145
ミオシンH鎖 49
ミオシンアイソフォーム 157
ミクロ周期 26,69
ミトコンドリア 300
ミトコンドリア酵素 21,179
ミネラル 271
無気力 31,166
無機リン酸 158
無月経 163,320
無酸素運動 117
無酸素作業域値 22
無排卵周期症 163
メソ周期 26,69

メディシンボール 85
めまい 254
免疫 60
免疫学的パラメータ 230
免疫機能 228
免疫機能障害 148
免疫機能の抑制 266
免疫グロブリン 205
免疫系 66,204,263
免疫調節薬 252,256
免疫反応性成長ホルモン 127
免疫抑制 228,320
免疫抑制メカニズム 243
目標設定 371
目標達成意識 353
モノカイン 179
問題中心型対処 356

【や行】

夜間性パルス 157
宿主防御力 204
油圧 85
有酸素運動 117,140,149
有酸素運動競技者 98
有酸素持久力トレーニングプログラム 89
有酸素代謝 21
有酸素トレーニング 21
遊離テストステロン 18,165
遊離脂肪酸 35,43
遊離脂肪酸（FFA）濃度 105
用語 383
腰椎終板損傷 190
抑鬱状態 31
抑制性オピオイドコントロール 160
予防と治療 369

【ら行】

ライソザイム 205
ライノウイルス感染 258
ランニング 163
卵胞期後期 162
卵胞刺激ホルモン（FSH） 162
理学療法 257
罹患率 229
力学的緊張作用 179
リコンビナントIFN-α 257
理想的な適応
リバウンド 80
リハビリテーション 184,192
リンパ球 272
リンパ球活性化 235
リンパ球数 234
リンパ球増殖 235
リンパ球増殖活性 266
リンパ球増殖反応 205,207
リンパ節の腫脹 218
リンフォカイン 179
レクリエーショナルな競技者 34

レジスタンストレーニング 193
レトロスペクティブな見解 31
レトロスペクティブな研究 163
ロイシン 318
ローテーターカフ 182

【本文中英文表記のもの】

ACTH 160
ACTH 産生細胞（corticotroph） 159
AVP 159
B・Tリンパ球 205
Ca-ATP チャンネル 157
CRH 160
Diphyridamole 258,262,263
Diuciphone 258,259
Fosterの単調説 38
glycemic index 310
IL-1 244
in vitro 159
in vivo 159
LDL受容体 160
Levamisole 258,259
MHCアイソザイム遺伝子 50
Na-K APTase 157
NK細胞 236
POMS 129,284
RIA法 99
Sever病 187
TGリパーゼ 300
Thymalin 257
Thymogen 257
Thymosin fraction 5 257
Thymosin-α 257
Thymostimulinn 257
Thymulin 257
TNF-α 244

【監訳】
川原 貴（国立スポーツ科学センター）

【編訳】
河野一郎（筑波大学体育科学系）　第7章～第12章
辻 秀一（エミネクロスメディカルセンター）　第13章～第16章

【訳者】
第1章　野田晴彦（川崎市生涯学習振興事業団）
第2章　和久貴洋（国立スポーツ科学センター）
第3章　山澤文裕（丸紅健康開発センター所長）
第4章　小松 裕（東京大学消化器内科）
第5章　長嶋淳三（聖マリアンナ医科大学横浜市西部病院循環器内科）
第6章　高田英臣（横浜市スポーツ医科学センター内科診療科長）
第7章・第8章・第9章　赤間高雄（日本女子体育大学）
第7章・第8章・第9章　津内 香（JOC）
第7章～第12章　秋本崇之（東京大学）
第13章　辻 秀一
第14章　辻 秀一
第15章　辻 秀一
第16章　辻 秀一
第17章　川原 貴

スポーツのオーバートレーニング
©Takashi Kawahara, Ichiro Kono, Shuichi Tsuji　2001

初版発行──── 2001年7月10日

編著者────リチャード・B・クレイダー／アンドリュー・
　　　　　　　C・フライ／メアリー・L・オトゥール
訳者　────川原 貴／河野一郎／辻 秀一
発行者────鈴木一行
発行所────株式会社大修館書店
　　　　　　　〒101-8466　東京都千代田区神田錦町3-24
　　　　　　　電話 03-3295-6231（販売部）03-3294-2358（編集部）
　　　　　　　振替 00190-7-40504
　　　　　　　［出版情報］http://www.taishukan.co.jp
装丁者────中村友和（ROVARIS）
印刷所────広研印刷
製本所────司製本

ISBN 4-469-26457-1　　Printed in Japan
Ⓡ本書の全部または一部を無断で複写複製（コピー）することは，
著作権法上での例外を除き禁じられています。

スポーツ関係者必携!!

スポーツ選手の摂食障害
Disordered Eating Among Athletes

NATA（全米アスレティックトレーナーズ協会）編による初の体系的テキスト待望の邦訳!

NATA（全米アスレティックトレーナーズ協会）[編]
辻 秀一（北里研究所病院スポーツ&骨粗鬆症予防クリニック）[監訳]

拒食症、過食症といった摂食障害から選手をどう守ればよいのか？

◆目次◆第1章：摂食障害の特徴及び関連する問題点／・摂食障害とは何か？／・家族の圧力／・ダイエット、エクササイズ、強制的な行動／第2章：摂食障害とゆがんだ食行動について知る／・ゆがんだ食行動の定義／・脱水症状／・自励嘔吐／第3章：摂食障害とゆがんだ食行動の理解／・拒食症を確認する方法／・過食症を確認する方法／・摂食障害の診断／第4章：スポーツが健全なボディイメージを崩す時／・スポーツ選手の間に広まる摂食障害／・スポーツにおける体重制限／・コーチからのプレッシャー／第5章：摂食障害の選手への対応／・選手からの様々なリアクションを知っておく／・治療プランの作成／第6章：摂食障害を持つ選手に対する長期的サポート／・チームメイトとのコミュニケーション／・コーチとのコミュニケーション ほか

●A5判・160頁
本体1,500円

ボディワイズ・ウーマン
女性のための知的フィットネス・ライフのすすめ

J.ルター&L.ジャフィー[著]
辻 秀一[監訳]

ダイエットから年齢とのつきあい方までより健康的で活動的な人生のために。

各種エクササイズやスポーツの効用を女性特有の生理現象との関連をふまえてわかりやすく解説。なぜ、どのように、どのような環境下でそれを行えば望ましい効果がえられるのか？複合的な視点から女性特有の健康づくり、身体づくりを実践していくための具体的知識とノウハウを丁寧に解き明かす。

◆主な内容◆第1章：心の鏡にどんな自分が映っていますか？／第2章：さあ身体を動かそう！／第3章：月経とは／第4章：妊娠中も活動的に過ごす／第5章：子どものフィットネス／第6章：活動的な女性と年齢とのつき合い方

●A5判・288頁
本体2,500円

柔軟性トレーニング
その理論と実践

クリストファーM.ノリス[著]
山本利春[監訳]
吉永孝徳・日暮 清[訳]

柔軟性に関する知識が満載の本邦初の書。

スポーツパフォーマンスを高めるうえでも、障害を予防するうえでも、筋力やスタミナ、柔軟性のバランスは不可欠である。なかでも、柔軟性の果たす役割は極めて高い。本書は、筋や骨、関節、神経などの構造と機能から、柔軟性がなぜ重要なのか、そのためには具体的にどうすべきかをわかりやすく解説。

◆主な内容◆第1部 柔軟性トレーニングの科学的原理／1章：ストレッチングの力学的要素／2章：関節の構造と機能／3章：筋活動／4章：トレーニングの原理／5章：ストレッチングに関する概念／6章：姿勢 第2部 柔軟性トレーニングの方法／7章：エクササイズ／8章：柔軟性の測定／9章：柔軟性、スポーツ、治療／10章：個々のスポーツに応じたストレッチング

●B5変型判・122頁
本体2,000円

大修館書店 〒101-8466 東京都千代田区神田錦町3-24　販売部電話 03-3295-6231　FAX 03-3295-4108